毛泽东年谱

第六卷

中共中央党史和文献研究院 编

主　编　逄先知　冯　蕙

副主编　陈　晋　李　捷　熊华源　吴正裕　张素华

中央文献出版社

参加本卷编写的有：

李　捷　冯　蕙　黄允升　郝首栋

目　　录

1956 年（10 月—12 月） …………………………………… (1)
1957 年 ……………………………………………………… (59)
1958 年 …………………………………………………… (272)
1959 年（1 月—3 月） …………………………………… (572)

1956年 六十三岁

10月1日 上午十时，和刘少奇、周恩来、朱德、陈云、邓小平、宋庆龄〔1〕等党和国家领导人出席在天安门举行的中华人民共和国成立七周年庆祝大会，检阅中国人民解放军部队和群众游行队伍。苏加诺、阿查里雅〔2〕出席庆祝大会。晚八时，陪同苏加诺、阿查里雅在天安门城楼观看焰火和广场的群众联欢。

同日 晚十一时，在中南海颐年堂会见参加中共八大的法国共产党代表团杜克洛〔3〕等，邓小平、王稼祥〔4〕在座。毛泽东说：中国是未被开垦的处女地。中国前途是好的，但有艰苦的任务。在落后的经济基础上建设工业化国家并不容易。他问杜克

〔1〕刘少奇，当时任中共中央副主席、全国人大常委会委员长。周恩来，当时任中共中央副主席、国务院总理兼外交部部长、全国政协主席。朱德，当时任中共中央副主席、中华人民共和国副主席、国防委员会副主席。陈云，当时任中共中央副主席、国务院副总理。1956年11月又任商业部部长。1958年6月、10月又先后任中共中央财经小组组长、国家基本建设委员会主任。邓小平，当时任中共中央总书记、国务院副总理、国防委员会副主席。宋庆龄，当时任全国人大常委会副委员长、全国政协副主席、中华全国民主妇女联合会名誉主席。

〔2〕苏加诺，当时任印度尼西亚总统。阿查里雅，当时任尼泊尔王国首相。

〔3〕杜克洛，当时任法国共产党中央书记处书记、法国国民议会共产党议会党团主席。

〔4〕王稼祥，当时任中共中央书记处书记、中央对外联络部部长、中央国际活动指导委员会主任委员、外交部副部长。

洛：你看法国政府能否摆脱美国干涉，同中国建立外交关系，在贸易上能把成套设备卖给我们，要很久还是不很久？技术和装备出口的可能性怎样？不是指一般地做生意，是说替中国设计工厂、供应装备、安装装备并教会中国工人开动机器。杜克洛说，我们在这方面可能做些推动工作。最后，毛泽东就尚未取得革命胜利的国家是否能够和平过渡的问题，发表了意见。他说：关于未取得政权国家和平过渡到社会主义的问题，共产党人总的说法有两条。第一条，我们愿意和平过渡，只要资产阶级也愿意这样，那很好。第二条，如果他们不干呢？不是要打吗？他们要打，没有办法只有被迫回击，用暴力斗争。看样子世界上资产阶级心甘情愿走上交出政权的路是不会有的，非得在群众逼迫之下才有可能。我们提出两条，两方面都有充分理由。第一条表示我们要和平，不要战争，我们要他们和平地把政权交出来。如果光有这一条就危险，当他们不肯移交政权时怎么办？如果他还利用国家机器来镇压人民时又怎么办？所以势必要有第二条，只要人家用战争来压迫我们的时候，那就得有武装斗争。现在划分哪些国家可以和平过渡，哪些国家得进行武装斗争，是否为时过早。我们也观察了好几个国家，在战后的确不是经过武装斗争而把帝国主义赶走的，例如印度、锡兰〔1〕、埃及、缅甸等。帝国主义国家看到了这些国家群众运动的力量很大，就实行了退让，而且将来有些地方也还可能是这样。但是这些国家的变革不是社会主义革命的变革，因为它并没有废除资本主义，只是一部分资产阶级对另一部分资产阶级让步，也就是宗主国家资产阶级对殖民地资产阶级的让步。我们刚才讲的革命是指无产阶级对资产阶级的关系。对于这种革命，是否准备好两条为稳当。不管是什么国

---

〔1〕 锡兰，今斯里兰卡。

家，能够和平转移很好，否则，要打就打，现在世界上还没有和平转移政权的经验。

同日 为鲁迅新墓在上海虹口公园落成题写墓碑：鲁迅先生之墓。

10月2日 下午六时，在中南海怀仁堂举行国宴，欢迎印度尼西亚总统苏加诺，刘少奇、周恩来、朱德、宋庆龄等国家领导人参加。宴会后，陪同苏加诺出席京剧晚会。毛泽东在宴会上致欢迎词说：我们热烈地欢迎中国人民的好朋友苏加诺总统前来我国访问。我们感谢苏加诺总统给我们带来了八千二百万印度尼西亚人民兄弟般的友谊。印度尼西亚人民是伟大的人民。中国人民对印度尼西亚人民和苏加诺总统怀有最大的敬意。曾经被殖民主义统治了三百五十年的印度尼西亚，经过长期艰苦的斗争以后，终于赢得了民族的独立。印度尼西亚执行积极的独立自主的外交政策，无论对印度尼西亚人民，对世界和平，都有很大好处。万隆会议已经产生了广泛而深远的影响，印度尼西亚对这次会议的召开曾经作了重大的贡献。印度尼西亚在国际事务上正起着越来越重要的作用。我们亚洲、非洲和拉丁美洲爱好自由和独立的人民，都在反对殖民主义。在埃及收回苏伊士运河公司的问题上，我们亚洲、非洲、拉丁美洲和全世界爱好和平的人民，必须继续对埃及的正义斗争给予坚决的支持。殖民主义者希望我们不团结，不合作，不友好。我们必须用加强团结、加强友好合作来回答他们，我们必须使殖民主义者的阴谋彻底破产。中国人民和印度尼西亚人民历来就是很好的朋友。近年来，我们两国人民在反对殖民主义和维护世界和平的共同事业中的友谊，更加加强了。我深信，中国和印度尼西亚两国建立在平等互利和和平共处的原则上的友好合作关系，今后必将更加巩固和日益发展。

10月3日 下午，在中南海颐年堂会见新闻记者曹聚仁〔1〕，张治中、邵力子、徐冰、童小鹏〔2〕参加。曹聚仁说：台湾方面了解第三次世界大战已经没有可能，反攻大陆也不可能。他们曾表示，国共和谈，条件成熟时，可能在一个晚上成功。毛泽东说：也可能很快，也可能很慢，但我们并不着急。台湾以前说，一年准备，二年反攻，三年扫荡，四年成功。现在四年已过了，又改说七年了。第三次世界大战是越来越远了，因为有九亿人口的社会主义国家，有约十亿人口的亚、非两洲和拉丁美洲反殖民主义的国家反对战争，英、美、法也不是一致的，还有他们自己国家人民的反对。现在他们对苏伊士运河都没有办法。美国怕苏联三分，因为苏联有原子弹。美国也怕我们一分，因为我们有影响，当然我们也有点怕美国。台湾只要同美国断绝关系归还祖国，其他一切都好办。现在台湾的连理枝是接在美国的，只要改接到大陆来，可派代表参加人民代表大会和政协全国委员会，台湾一切照旧。台湾何时进行民主改革和社会主义改造，则要取得蒋先生的同意后才做，现在可以实行三民主义。可以同大陆通

---

〔1〕曹聚仁，文史学家、记者。20世纪二三十年代在暨南大学、复旦大学等校任教授。抗日战争期间任国民党中央通讯社记者。抗日战争胜利后在上海任《前线日报》编辑兼香港《星岛日报》特约记者。1950年移居香港，先后任香港《星岛日报》编辑和新加坡《南洋商报》驻香港特约记者。

〔2〕张治中，当时任全国人大常委会委员、全国政协常委、国防委员会副主席、中国国民党革命委员会中央副主席（1957年2月兼民革中央和平解放台湾工作委员会主任委员）。邵力子，当时任全国人大常委会委员、全国政协常委、中国国民党革命委员会中央常委（1957年2月兼民革中央和平解放台湾工作委员会副主任委员）。徐冰，当时任中共中央统战部副部长、全国政协秘书长。童小鹏，当时任中共中央统战部秘书长。1958年4月任国务院总理办公室主任。

商，但是不要派特务来大陆破坏。最近他们派特务从香港运了几十个定时炸弹来，企图破坏八大和国庆节。我们也不派“红色特务”去破坏他们。谈好了可以定个协定公布。我们现在已不骂蒋介石了。大陆上的人民对蒋的仇恨也慢慢淡了。我们也不会拿从前蒋对我们的办法对付他，因为没有必要。目前台湾为了对付美国和内部，可以反共，因为他们要生存。台湾可以派些人来大陆看看，公开不好来可以秘密来。谈到加入联合国问题时，毛泽东说：我们并不着急去加入联合国，但进行这种斗争是必要的。我们进入联合国的条件是：只能一个中国，不仅要进入联合国大会，而且要进入安全理事会和其他各种组织，否则就不干。反对“两个中国”这一点，台湾和我们是一致的。（张治中：在反对南越占领西沙群岛问题上台湾也是和我们一致的。）这次联合国大会可能美国方面的票仍是多数，但迟早总要承认我们的。外交关系是要严肃的，因为英国在联合国还投蒋介石的票，所以只能跟它建立半外交关系，只能派代办来。谈话结束时，毛泽东告诉曹聚仁，去台湾见到熟人时代他致意。曹聚仁出门时，张治中提醒说：今天主席提到蒋时称“蒋先生”，请注意。

10月4日 下午，在中南海颐年堂同苏加诺交谈，周恩来、宋庆龄、陈毅、张闻天、黄镇〔1〕参加。苏加诺问：苏伊士运河的局势是更紧张了，还是有些和缓。周恩来说：整个说来是和缓了，大战打不起来的，英、美、法从内部破坏。毛泽东说：现在双方都在拖时间。英、美、法拖时间，有两个目的。第一是动员有利于他们的舆论。但是，舆论越来越对他们不利，巴基斯坦、

〔1〕 陈毅，当时任中共中央政治局委员、国务院副总理、国防委员会副主席。1958年2月、3月、6月又先后任外交部部长、国务院外事办公室主任、中共中央外事小组组长。张闻天，当时任中共中央政治局候补委员、外交部副部长。黄镇，当时任中国驻印度尼西亚大使。

伊朗、埃塞俄比亚都逐渐在起变化，英国工党和法国社会党也不一致。第二是在内部组织破坏，这是他们从一开始就这样计划的。他们要把纳赛尔[1]搞倒，但是到现在为止还没有成功。不但埃及内部团结一致，所有阿拉伯国家也在这个问题上团结起来。日子一长，英、法内部也会起变化。苏加诺问：日本人口多、土地少，会不会向外侵略？毛泽东说：这要制度改变以后，才能解决。想侵略的不是人民，而是垄断财团。日本扩张的可能是存在的，但是另一方面，日本内部也起了变化，包含社会党和久原房之助[2]这类旧人物在内。美国是第一个最大的敌人，日本不是我们的敌人，我们和日本有共同的敌人，那就是美国。我看，你们还是早日同日本建交好。关于我们同日本建交，我们当然要求尽快，但是我们不着急。日本现在有一个困难，美国不让它同我国建交，还有一个台湾问题，日本承认台湾，不承认我们。参加交谈的印度尼西亚驻中国大使问：日本人脑子里的想法同过去是否有改变？毛泽东说：不见得有很大的改变。比如我们放回去的人，还有很多是旧脑筋，不承认失败，复仇主义还很厉害。但是另一方面，日本大学生、工人、妇女的反美情绪、要求和平反对日本重新武装的情绪，正在发展。

10月5日 下午六时，和刘少奇、周恩来、朱德、宋庆龄出席苏加诺在北京饭店举行的宴会。宴会后，同苏加诺到中南海勤政殿观看苏加诺赠送的礼品。晚九时半，一同去怀仁堂观看印度尼西亚巴厘歌舞团的演出。

10月6日 上午九时二十分，到西郊机场欢送苏加诺离京去外地参观。去机场欢送的还有刘少奇、周恩来、朱德、陈云、邓

---

〔1〕 纳赛尔，当时任埃及总统。

〔2〕 久原房之助，当时任日本恢复日中、日苏邦交国民会议会长。

小平。毛泽东在返回途中，十时半到新街口西安饭馆吃羊肉泡馍。

同日 上午十一时，参观日本商品展览会，日本国际贸易促进会会长、日本商品展览会总裁村田省藏及南汉宸、雷任民[1]陪同。在参观日本农业机器时，村田对毛泽东说：主席对这些东西一定很熟悉的。毛泽东说：不敢说，我是来学习的。在参观日本各县的展品时，村田说：日本各地各县都很支持这个展览，拿出自己的产品来中国展出，他们热爱新中国。毛泽东说：日本人民是了不起的，压迫这种人民是一定不行的。村田提出，希望能够得到另一个机会拜访主席。毛泽东表示：欢迎愿意和我谈话的任何一位朋友。参观展览后，为日本商品展览会题词："看了日本展览会，觉得很好。祝贺日本人民的成功。"十二月十日，毛泽东和刘少奇、陈云等在中南海勤政殿会见村田省藏。

10月7日 下午，和刘少奇、朱德等在中南海勤政殿出席周恩来总理和尼泊尔首相阿查里雅联合声明的签字仪式。

同日 晚上，在中南海勤政殿会见南斯拉夫军事代表团，彭德怀、陈赓、萧克、萧华、萧向荣[2]在座。在谈到中美关系时，毛泽东说：我们的政策是这样，我们主张与他们和平相处，建立外交关系，解决台湾问题，欢迎他们来中国。可是他们没有改

---

〔1〕 南汉宸，当时任全国人大常委会委员、中国国际贸易促进委员会主席、中华全国工商业联合会副主任委员、中国民主建国会中央副主任委员。雷任民，当时任对外贸易部副部长、中国国际贸易促进委员会副主席。

〔2〕 彭德怀，当时任中共中央政治局委员、国务院副总理兼国防部部长、国防委员会副主席。陈赓，当时任中国人民解放军副总参谋长、军事工程学院院长。萧克，当时任国防部副部长、中国人民解放军训练总监部副部长。萧华，当时任中共中央监察委员会副书记、中国人民解放军总政治部副主任。1956年12月又任中国人民解放军总干部部部长。1957年2月又任中共中国人民解放军监察委员会副书记。萧向荣，当时任中共中央军委副秘书长兼办公厅主任。

变，在板门店谈了两年多，现在又在日内瓦谈[1]，还不知道谈到什么时候。许多国家都愿意与我们来往，只有美国不愿意，当然还有一些别的国家。美国有新闻记者要来中国访问，但是美国政府不允许。当客人谈到中国军队的纪律与民主、军官与士兵的关系给他们的印象很深时，毛泽东说：我们的力量主要是靠这方面，就是军队与人民的关系、军官与士兵的关系。有了这个，就能同武装占优势的敌人打仗。我军同帝国主义军队的基本区别不在装备上，而在与人民的关系上。形式主义就是使官兵隔离、军民隔离。这种情况，我军过去有，现在更多一些，必须克服这些缺点。形式也是需要的，军队没有形式也不好，但变成了形式主义，改变了军官与士兵的关系，这是错误的，在军队中我们称它为军阀主义，在政府在地方上叫做官僚主义，要经常注意克服这些东西。毛泽东还谈到对犯错误的看法。他说：错误有两重性。我们党也犯过许多错误，这教育了党，也教育了人民，能够从错误中学到很多东西，切不可把错误简单地丢掉。错误有两方面的影响，一方面它损害了党，另一方面也教育了党；它损害了人民，也教育了人民。过去我们也是简单地去看错误，连一点好处也看不到，老是只反对错误、仇恨错误，这种看法不是马克思主义，而是形而上学的。你们是将军，打过仗的，打仗总要有几次失败，没有打过败仗的将军是没有的，从败仗中获得了教育。中国有句谚语叫“失败是成功之母”，这句话是马克思主义的，但这句话在马克思主义以前很久就有的，马克思主义是集中了人类思想的大成。

10月8日　晚上，在中南海颐年堂主持召开中共八届中央政治局常委第一次会议（扩大），刘少奇、周恩来、邓小平、彭

---

〔1〕 指1955年8月1日在日内瓦开始举行的中美大使级会谈。

真、李富春[1]、彭德怀、李先念、陆定一、陈伯达、薄一波[2]、王稼祥、胡乔木、罗瑞卿[3]出席。会议讨论书记处成员的分工问题、经济问题、军事问题、台湾问题、波兰形势问题等。会后，毛泽东同刘少奇、周恩来、邓小平、彭真谈话。

10月9日 下午，和刘少奇、周恩来、朱德去中南海东八所投票选举北京市西单区人大代表。

10月12日 下午，和周恩来在中南海勤政殿会见印度军事代表团，彭德怀、谭政、李达、李克农[4]、萧向荣等在座。毛泽东说：我们对你们是没有戒心的，因为是友好国家，是朋友。你们与美帝国主义不同，我们对美帝国主义是有戒心的。我们打了几十年仗，已经打得厌烦了，老百姓也都要和平。从一九一一

---

〔1〕 彭真，当时任中共中央政治局委员、中央书记处书记、北京市委第一书记、全国人大常委会副委员长兼秘书长、全国政协副主席、北京市市长。李富春，当时任中共中央政治局委员、国务院副总理兼国家计划委员会主任。

〔2〕 李先念，当时任中共中央政治局委员、国务院副总理兼国务院第五办公室主任、财政部部长。陆定一，当时任中共中央政治局候补委员、中央宣传部部长。陈伯达，当时任中共中央政治局候补委员、中央宣传部副部长、中央政治研究室主任、中国科学院副院长、毛泽东的秘书、中国科学院哲学社会科学部委员。1958年6月又任《红旗》杂志总编辑。薄一波，当时任中共中央政治局候补委员、国务院第三办公室主任兼国家经济委员会主任。1956年11月又任国务院副总理。1958年6月又任中共中央财经小组副组长。

〔3〕 胡乔木，当时任中共中央书记处候补书记、毛泽东的秘书。罗瑞卿，当时任国务院第一办公室主任兼公安部部长、中国人民解放军公安军司令员兼政治委员。1958年10月又任中共中央政法小组组长。

〔4〕 谭政，当时任中共中央书记处书记、国防部副部长、中国人民解放军总政治部副主任（1956年12月任主任）。李达，当时任国防部副部长、中国人民解放军训练总监部副部长。李克农，当时任中国人民解放军副总参谋长。

年辛亥革命以来，连续不断打了四十多年。在长期战争中，社会上有许多秘密团体，像一贯道就有一千万信徒。这些秘密团体之所以存在，是因为社会不安定。以后这些团体为日本人所利用，又为蒋介石利用。现在这类秘密团体已经没有了。讲到武器问题，毛泽东说：实际上，所有兵器全是炮，坦克是路上行动的炮，飞机是空中飞的炮，军舰是海上行动的炮。开始，我们陆上、海上、空中行动的炮全没有，后来才有一些牲口驮着行动的炮。前美驻华大使司徒雷登写了一本书，其中说："共产党已经通过蒋介石得到了不少美国武器了。"客人说：世界上第一本战术书是中国孙武子写的。毛泽东说：那本书有一部分是有用的。

同日　晚上，在中南海勤政殿会见南斯拉夫妇女代表团，刘少奇、蔡畅、邓颖超〔1〕等在座。毛泽东问客人：南斯拉夫妇女的权利怎么样？客人答：在宪法里规定妇女与男子享受同等的权利。毛泽东说：宪法还只是纸上的东西，实际的执行与宪法的条文还有差别。在中国参加政府或全国人民代表大会工作的妇女毕竟也在少数。妇女的权利在宪法中虽有规定，但是还需要努力执行才能全部实现。我们全国人民代表大会中女同志占百分之十二，在基层人民代表大会中女同志占百分之十七，将来女同志的比例至少要和男同志一样，各占百分之五十，超过了男同志也没有坏处。这个目标只能在全世界不打仗了，都进入了社会主义社会，生产有了高度的发展，人民的文化、教育水平有了很大提高的时候，才可以完全实现。不尊重妇女权利的情况，是在阶级社会产生后才开始的。在阶级社会前，有一个女权时代，据说那时

---

〔1〕 蔡畅，当时任中共中央妇女工作委员会书记、中华全国民主妇女联合会主席。邓颖超，当时任中共中央妇女工作委员会副书记、中华全国民主妇女联合会副主席。

候妇女是占统治的地位。只有当阶级社会不存在了，笨重的劳动都自动化了，农业也都机械化了的时候，才能真正实现男女平等。农业合作化后，妇女们在经济上显出了能力，参加了生产。过去她们搞家务多，搞农业生产少，现在她们多搞农业生产，权利也增加了。现在，在重工业部门中，主要还是男同志从事劳动，轻工业部门中女同志比较多。毛泽东特别谈到计划生育问题。他说：过去有些人骂我们提倡节育，但是现在赞成的人也多起来了。夫妇之间应该订出个家庭计划，规定一辈子生多少孩子。这种计划应该和国家的五年计划配合起来。目前中国的人口每年净增一千二百万到一千五百万。社会的生产已经计划化了，而人类本身的生产还是处于一种无政府和无计划的状态中。我们为什么不可以对人类的生产也实行计划化呢？我想是可以的。我们有一个民主人士叫邵力子，他提倡节育。不论是工人或是知识分子，只要是孩子多的、家庭负担重的，都赞成节育。

10月13日 机要秘书报告毛泽东：关于“百家争鸣”问题，陆定一同志有些意见，已同少奇同志谈过。少奇同志要陆定一同志提到常委会上谈一下，叫转告主席。

同日 晚上，同林彪〔1〕谈话。

同日 复信戴毓本〔2〕：“给我的信收到，甚为感谢。很久以前的一信，也早已收到，因忙未复，幸谅。希望你继续努力工作，争取光明的前途。”

10月15日 机要秘书报告毛泽东：罗瑞卿来电话说，警卫

〔1〕 林彪，当时任中共中央政治局委员、国务院副总理、国防委员会副主席。1958年5月又任中共中央副主席。

〔2〕 戴毓本，杨开慧在湖南长沙福湘女校、岳云中学读书时的同学，五四运动后曾在毛泽东等创办的自修大学学习。当时是北京苏联红十字会医院（今北京友谊医院）医生。

工作改革问题的文件，已经写出一个初稿，准备再讨论几次并征求有关同志意见修改后，送毛主席阅，如果需要在中央常委会上谈一下也可以。毛泽东表示同意。

10月17日　晚上，在中南海颐年堂主持召开中共中央政治局常委扩大会议，讨论“百家争鸣”问题和彭德怀提出的缩减军队问题，刘少奇、周恩来、朱德、陈云、邓小平、彭德怀出席。讨论“百家争鸣”问题时，陆定一、胡乔木、张际春、周扬、田家英〔1〕参加。讨论缩减军队问题时，李富春、李先念、薄一波、陈赓、黄克诚〔2〕、谭政参加。会后，毛泽东同刘少奇、周恩来、陈云、邓小平谈其他问题。

10月18日　下午二时半，同罗瑞卿谈公安部队归国防部领导等问题。五时，同陆定一、胡乔木、田家英谈话。

10月19日　下午，在中南海勤政殿会见巴基斯坦总理苏拉瓦底，朱德、刘少奇、周恩来、陈云、李济深、沈钧儒、黄炎培〔3〕等在座。毛泽东说：我们是邻国，两国之间有共同的边界。我们愿意看到你们的事情办好，人民幸福，国家富强。我们尤其

〔1〕张际春，当时任中共中央宣传部副部长。1957年6月又任国务院第二办公室副主任。周扬，当时任中共中央宣传部副部长、中国文学艺术界联合会副主席、中国作家协会副主席、中国科学院哲学社会科学部委员。田家英，当时任中华人民共和国主席办公厅副主任、中共中央政治研究室副主任、毛泽东的秘书。

〔2〕黄克诚，当时任中共中央书记处书记、中央军委秘书长、国防部副部长兼航空工业委员会副主任、中国人民解放军总后勤部司令员兼政治委员（至1957年夏）。1958年10月又任解放军总参谋长。

〔3〕李济深，当时任全国人大常委会副委员长、全国政协副主席、中国国民党革命委员会中央主席。沈钧儒，当时任全国人大常委会副委员长、全国政协副主席、中国民主同盟中央主席。黄炎培，当时任全国人大常委会副委员长、全国政协副主席、中国民主建国会中央主任委员。

希望看到你们同邻国发展相互友好的关系，特别是同印度发展友好关系。我们将高兴地看到你们同印度用协商办法解决问题。我们愿意进一步搞好我们两国的关系，如果你们也有同样的愿望，我们两国的关系是可以搞好的。亚非各国，根据万隆会议精神，都应该建立和平共处和友好的关系。苏拉瓦底说：我们从远处一直注意着新中国的产生，新中国的精神和新中国如何照顾人民的生活。今天中国已经是个不能忽视的大国。毛泽东讲了中间地带重要性的问题。他说：在这个地区的一边是社会主义阵营，另一边是美国。中间地带从英国一直到拉丁美洲。这个地带有最多的人口，最多的国家。这个地带包括三种性质的国家。第一类是拥有殖民地的帝国主义国家，如英国、法国；第二类是亚洲、非洲、拉丁美洲的国家，有的已经取得民族解放，有的正在争取民族解放，像你们就属于第二类国家；第三类是在欧洲的不拥有殖民地的自由国家。这些中间地带的国家，两边都怕，他们怕苏联，有的也怕中国，但是同时也怕美国，而且特别怕美国。在这些中间地带国家之间存在着一些内部纠纷，如英国、法国同北非和阿拉伯国家之间的纠纷，又如英国同马来亚、新加坡之间的纠纷。对于这种纠纷，英国的办法是搞一个巴格达条约〔1〕。我们认为，这些纠纷应该用和平方法解决，殖民主义的统治必须取消。美国到亚洲搞了一个东南亚条约，这是我们很不高兴的。美国跑到离它那么远的地方来搞这个条约，究竟是干什么呢？我曾同你们的

〔1〕 1955年2月，伊拉克和土耳其在伊拉克首都巴格达签订《伊拉克和土耳其间互助合作公约》，简称“巴格达条约”。英国、巴基斯坦、伊朗相继于同年4月、9月和11月加入这个条约。1955年11月，成立巴格达条约组织，美国以“观察员”身份参加该组织，并是军事委员会、经济委员会和“反颠覆”委员会的成员国。1959年3月伊拉克宣布退出该组织，同年8月巴格达条约组织改名中央条约组织。1979年9月，该组织解散。

大使说过，这个条约使条约南北两边的国家都害怕。如果没有这个条约，是不是更好些呢？我们承认，中巴之间没有利害冲突，我们知道巴基斯坦不会利用这个条约来打我们，我们也不会去打你们。如果你们说这个条约是为了对付印度的，那末是不是可以用另外的办法来搞好同印度的关系呢？你刚才说，有些国家可以从中调停，我们同意这个意见。同双方友好的国家可以从中调停，但是只能作为非正式的调停者。我们也曾经对印度说过，希望印度同你们搞好关系，今天我也对你们说，希望你们同印度搞好关系。你们两国之间争执的问题，主要靠你们两国自己去谈判解决，我们作为友好的国家可以帮助，但是只能是非正式的，不能作正式的调停。

同日 尤金〔1〕向刘少奇递交苏共中央十月十九日关于波兰问题〔2〕给中共中央的通知。尤金说：波兰党中央内部对一些根本政策问题发生了严重分歧，而这些政策关系到苏联和东欧很多国家的利益。他们还准备改组政治局。苏共中央认为，波兰存在脱离社会主义阵营、投入西方集团的危险。为了阻止波兰局势的这种发展，苏共中央派了一个代表团去波兰。

10月21日 苏共中央通知中共中央，说波兰情况极为严重，要求中共中央派一个代表团去莫斯科商谈。当晚九时半，毛

〔1〕尤金，当时任苏联驻中国大使。

〔2〕波兰问题，起因于波兹南事件后苏联对波兰内政的干预。1956年6月发生波兹南事件，暴露出波兰政府在处理工人罢工问题上的严重官僚主义。波兰统一工人党在7月召开的七中全会上，总结波兹南事件的教训，提出进一步加强党和国家政治生活民主化和社会主义法制等改革措施。随后，又决定在10月召开八中全会，准备改组政治局，选举哥穆尔卡为第一书记。从10月17日起，苏共中央第一书记赫鲁晓夫一面令驻扎在波兰及其附近的苏军向华沙及波兰其他地区调动，一面率苏共代表团一行4人强行参加波兰统一工人党的八中全会。苏波两国关系突然紧张起来。

泽东在中南海颐年堂召开中共中央政治局常委扩大会议，专门研究波兰问题，次日晨零时四十五分结束。由于情况紧急，会后毛泽东立即约见尤金，刘少奇、周恩来、陈云、邓小平参加。毛泽东答复尤金，同意派一个代表团去莫斯科，并且表示了中共中央对波兰问题的意见。尤金离开后，二十二日晨三时，中央政治局常委扩大会议继续讨论波兰问题。会议决定由刘少奇、邓小平、王稼祥、胡乔木组成中共代表团去莫斯科同苏共中央商谈波兰问题。随后，又听取周恩来介绍同苏拉瓦底会谈的情况。

10月22日　下午，在中南海勤政殿第二次会见苏拉瓦底，朱德、周恩来、张闻天等在座。对于巴基斯坦参加马尼拉条约〔1〕和巴格达条约，毛泽东表示了中国的态度：我们原来希望你们不参加这两个条约。但是你们已经参加了，没有办法。你们有自己的政策，我们只能作为朋友提出建议，不能干涉，无权告诉你们采取什么外交政策。我们建议，将来是不是可以使这两个条约着重经济方面，而不着重军事方面，以和缓局势。我们都是亚非国家，万隆会议参加国，希望你们对亚非国家采取基本上团结的政策。我们很愿意看到印、巴两国友好。你们可不可以派这次这样规模的代表团到印度去，不一定要达成什么协议，而只是去作友好访问，印度也可以派代表团来访问巴基斯坦，这样就可以和缓气氛。你们最好能经常来往，以协商精神来解决问题。我们并不怕参加这两个条约的亚非国家，而是怕美国和英国。你知道我们身上背了多大的压力吗？单单在日本，美国就有八百多个

---

〔1〕 1954年9月，在美国策动下，由美国、英国、法国、澳大利亚、新西兰、菲律宾、泰国和巴基斯坦8国在菲律宾首都马尼拉签订《东南亚集体防务条约》，简称“马尼拉条约”。1955年条约生效时，成立了东南亚条约组织，总部设在泰国首都曼谷。1977年6月，该组织解散。

军事基地。南朝鲜、台湾、菲律宾、南越都在美国的控制之下。美国给我们的压力很大。会见结束后，设宴招待苏拉瓦底。

同日　晚上，在中南海颐年堂主持召开中共中央政治局扩大会议，讨论波兰问题。会议结束后，次日晨一时，毛泽东约见尤金，对他说：看来波兰还不像马上要脱离社会主义阵营，加入西方集团。他们要改组政治局似乎是坚决的。对于这种情况，苏联方面到底采取什么方针？无非一种是软的办法，一种是硬的办法。所谓硬的办法就是派军队，把他压下来，比如武装干涉；软的办法是劝告他。劝他，他不听，剩下一个就是让步。他要改组政治局，就让他改组，承认哥穆尔卡〔1〕为首的中央，同他打交道，在平等的基础上跟他合作。他不是要独立要平等吗？就让他独立，跟他讲平等。这样，就可以争取到波兰留在社会主义阵营里面，留在华沙条约〔2〕里面。尤金将这些意见立即报告赫鲁晓夫〔3〕。

10月23日　上午九时，中共代表团刘少奇、邓小平、王稼祥、胡乔木乘飞机去苏联，当晚到达莫斯科。赫鲁晓夫在同中共代表团的交谈中表明，苏共中央对波兰的方针已经转变，撤退了军队，准备承认哥穆尔卡为首的波兰党中央，形势已经缓和下来，问题基本得到解决。赫鲁晓夫对中共代表团说，他们对波兰的怀疑是没有根据的，并且也了解到中国方面的意见，所以改变

---

〔1〕 哥穆尔卡，当时任波兰统一工人党中央第一书记。

〔2〕 1955年5月14日，苏联、波兰、捷克斯洛伐克、德意志民主共和国、罗马尼亚、匈牙利、保加利亚、阿尔巴尼亚8国在华沙签订《友好合作互助条约》，通称“华沙条约”。同年6月4日条约生效时，华沙条约组织正式成立，总部设在莫斯科。1991年7月1日宣布条约结束，华沙条约组织解散。

〔3〕 赫鲁晓夫，当时任苏联共产党中央第一书记。1958年3月又任苏联部长会议主席。

了方针，准备承认波兰党的新领导。

同日 晚七时半，在中南海勤政殿出席周恩来总理和巴基斯坦总理苏拉瓦底联合声明的签字仪式。签字仪式结束后，和周恩来、朱德、陈云等在北京饭店出席苏拉瓦底举行的告别宴会。

同日 晚十一时，在中南海颐年堂主持召开中共中央政治局会议，讨论波兰问题。当晚，刘少奇从莫斯科打来电话，告知匈牙利发生了暴乱〔1〕。

10月24日 晨四时，同陆定一谈话。

同日 晚上，在中南海颐年堂主持召开中共中央政治局会议，讨论波兰问题和匈牙利问题。会前，同在莫斯科的胡乔木通电话。会后，同周恩来、陈云、彭真、陈毅、彭德怀、张闻天进行商谈。

10月25日 晚十一时半，在中南海颐年堂主持召开中共中央政治局扩大会议，讨论关于发表波兰统一工人党新任第一书记哥穆尔卡的讲话及其他问题。

10月26日 晨二时十五分至三十五分，同在莫斯科的胡乔木通电话。晚十一时三十五分至十二时八分，同在莫斯科的刘少奇通电话。次日晨零时半，在中南海颐年堂主持召开中共中央政治局常委会议，讨论波兰问题和匈牙利问题，晨一时五十分结束。晨二时，和周恩来、陈云、张闻天邀波兰驻中国大使基里洛

---

〔1〕 1956年10月23日，在匈牙利首都布达佩斯，爆发了20万人参加的示威游行，反动分子、亲法西斯分子也混进队伍。一些示威游行者在右翼势力的煽动下，提出反政府口号，占领了电台和一些军事设施，冲击劳动人民党和政府的机构，后来又杀害不少匈牙利劳动人民党党员及政府官员，致使这场游行变成反政府暴乱。当晚，匈牙利劳动人民党中央召开紧急会议，改组中央领导机构，纳吉进入中央政治局，并担任部长会议主席。在10月25日的政治局会议上，选举卡达尔担任党中央第一书记。

克谈话，至晨五时结束。随后，又同周、陈商谈。晨五时三十五分至六时十分，同在莫斯科的刘少奇通电话。

10月27日 晚上，在中南海颐年堂主持召开中共中央政治局扩大会议，讨论波兰问题和匈牙利问题。

10月28日 下午，在中南海菊香书屋同警卫战士谈学习问题。在了解他们的学习情况后说：你们文化学习的课程太少了。你们要学自然、地理、历史、物理、化学等中学全部课程。我准备给你们成立一个学校，我当名誉校长，再请个副校长，教员不够去调。以后你们站岗每次站一小时到一个半小时就可以了，其余时间都拿来学习。

10月29日 晚九时至次日晨零时二十分，在中南海颐年堂主持召开中共中央政治局扩大会议，讨论波兰问题和匈牙利问题。开会中间，十时半至十一时五十五分，同在莫斯科正与赫鲁晓夫、莫洛托夫、布尔加宁〔1〕会商的刘少奇通一次电话，要他跟苏方商量：苏联是不是可以对其他社会主义国家在政治上、经济上放手，放开，让这些国家独立自主。刘少奇在向苏方转达上述意见的时候还说："我听毛泽东同志讲过，在社会主义国家之间，也可以实行和平共处五项原则。"苏方开始并不接受这个意见，极力进行辩解，经过双方长时间的讨论，最后接受了这个意见。

10月30日 苏联发表《苏联政府关于发展和进一步加强苏联同其他社会主义国家的友谊和合作的基础的宣言》。宣言采纳了中共关于社会主义国家之间也应该遵守和平共处五项原则的意见，并对苏联在同其他社会主义国家之间关系上的错误作了自我批评。

---

〔1〕莫洛托夫，当时任苏联共产党中央主席团委员、苏联部长会议第一副主席。1956年11月又任国家监察部部长。布尔加宁，当时任苏联共产党中央主席团委员、苏联部长会议主席。

同日 晚上，在中南海颐年堂主持召开中共中央政治局扩大会议，讨论波兰问题和匈牙利问题。会前同刘少奇通了一次电话。

10月31日 晚七时，在中南海颐年堂主持召开中共中央政治局常委会议，讨论关于发表苏联政府宣言和波兰问题、匈牙利问题。八时十五分，会见波兰驻中国大使基里洛克，周恩来、朱德、陈云在座。毛泽东说：现在问题已经解决了，苏联已经发表了宣言，大体上是和平共处五项原则的精神，就是我们跟印度提出的那个五项原则。这一来，不仅你们波兰，所有社会主义国家都自由、独立了。关于苏联驻军问题，苏联政府的宣言是这么说的，“任何一个华沙条约参加国的军队驻扎在另一个华沙条约参加国的领土，应该根据所有条约参加国之间的协议，并且必须取得这些军队根据请求已经驻留或者准备驻留的国家的同意”。（陈云：意思就是：各国协议和本国同意。）就是这样。就是完全有自由。比如你们波兰，你们认为有必要，他们就驻，认为不必要，他们就不驻，你们可以自己决定。宣言上还检讨了一些错误，承认对兄弟国家关系有错误。我们代表团完全支持这个宣言，同这些意见一致。我们庆贺你们的胜利，庆贺整个社会主义阵营这种协调的胜利。团结起来，一致对付帝国主义。应该估计到，我们这方面缓和了，没有紧张局势了，帝国主义各国之间的矛盾就要尖锐化了，就紧张起来了。我们松了一口气。基里洛克说：我们非常感谢中共中央和毛泽东同志。他当场宣读了波兰统一工人党中央政治局致中共中央和毛泽东的电报，内称：“波兰统一工人党中央政治局对英明的中国共产党和毛泽东同志本人，对波兰目前政治局势的变动所表示的关怀，以及你们提出的意见，表示衷心的感谢。中国同志的这些意见，对于维护波苏友谊，对于波兰的发展，对于社会主义事业的发展，都是极有教益的。”谈话中，毛泽东还讲到党与党之间、国家与国家之间的平等关系问题。他说：这些问题，主要是要解决社会沙文主义，尤其是大国主义。大国容易产生这种东西。这个问题不解决，别的问题都不能解决，还会发生一系列的错误，甚至非常荒谬的错误。反对个人崇拜，并没有提出本质的问题。要反对主张沙文主义的个人崇拜，要反对个人专制和个人独裁的崇拜。不讲本质不行。我们不是也崇拜马克思吗？波兰人民现在不也是崇拜哥穆尔卡吗？比如，在中国，人们也崇拜我，崇拜朱德同志、崇拜刘少奇同志、崇拜周恩来同志。每个工厂有个领袖，每个合作社有个领袖，但是，要搞独裁就不行。斯大林就是搞社会沙文主义。斯大林做了许多好事，但是，他犯了大国主义的错误，在苏联国内各民族之间的关系问题上，有民族沙文主义的错误，在国与国之间有大国沙文主义的错误。我们中国也在注意这个问题。今年我们党的八大特别提出这个问题。对外反对大国沙文主义，在国内，在对待少数民族的关系问题上提出反对大汉族主义，也就是国内的沙文主义。在汉族内部，我们反对专制主义，要真正实行民主集中制，不然也是沙文主义。苏联现在在对外关系问题上还没有提出反对沙文主义。请你告诉哥穆尔卡同志，我们大家都要做工作，来帮助苏联同志。这一次，你们的工作做得很好。基里洛克讲到波兰目前经济困难，必须削减基建投资，用这些财力改善人民生活。毛泽东说：应该多搞些轻工业和农业。我们也有这个问题，我们正在注意轻工业和农业，重工业不能搞得太多。苏联牺牲轻工业和农业来搞重工业的这条路，恐怕不那么合适。过去，批评资本主义国家，说他们是先搞轻工业后搞重工业。结果，社会主义国家重工业搞起来了，轻工业很差，人民不满意，农民不满意。斯大林错误中，恐怕也要算进这一条。九时半，会见结束。接着，毛泽东主持召开中央政治局扩大会议。会议中间（十时至十时二十分），同刘少奇通电话。会议于次日晨零时二十分结束。随后又同周恩来、李维汉、吴冷西[1]谈话一小时。

11月1日 下午四时十五分，在中南海颐年堂主持召开中共中央政治局常委会议，讨论《中华人民共和国政府关于苏联政府一九五六年十月三十日宣言的声明（草稿）》。晚八时，主持召开最高国务会议第九次会议，讨论并通过《中华人民共和国政府关于苏联政府宣言的声明》。这个声明于当晚发表，支持苏联政府宣言。声明指出：苏联政府的这个宣言是正确的。声明说：中国一向认为，互相尊重主权和领土完整、互不侵犯、互不干涉内政、平等互利、和平共处五项原则，应该成为世界各国建立和发展相互关系的准则。社会主义国家以无产阶级的国际主义精神团结在一起，因此社会主义国家的相互关系就更应该建立在五项原则的基础上。声明还指出：中国政府注意到波兰和匈牙利人民在最近的事件中提出加强民主、独立、平等以及在发展生产的基础上提高人民物质福利的要求，这些要求是完全正当的。

同日 晚十一时十五分，刘少奇、邓小平、王稼祥、胡乔木由莫斯科回到北京。次日晨零时，毛泽东和周恩来、陈云、彭真听取刘少奇等汇报同苏共中央磋商的情况和匈牙利问题，晨五时结束。

11月2日 晚上，在中南海颐年堂主持召开中共中央政治局扩大会议，听取刘少奇汇报同苏共中央磋商的情况和匈牙利问题，周恩来、朱德、陈云、邓小平等二十六人出席。

11月4日 中午十二时四十五分，在中南海勤政殿宴请缅甸联邦反法西斯人民自由同盟主席吴努及随同人员和正在中国访问的缅甸妇女代表团。下午三时，和周恩来同吴努谈话，朱德、

---

[1] 李维汉，当时任中共中央统战部部长、全国人大常委会副委员长、全国政协副主席、国务院第八办公室主任。吴冷西，当时任新华社社长。1957年6月又任《人民日报》总编辑。

陈云、彭真、贺龙[1]、李济深、沈钧儒、黄炎培、郭沫若、程潜、龙云[2]等参加。谈到中缅边界问题时，毛泽东说：这个问题，周总理读了几本书，我们把过去的文件和书都研究了研究，也把地方干部调到北京研究了一下，又派了一个将军去查了一下，又和法律专家研究了一下，于是才订出一个包括南线和北线统一解决的方案。我们和缅甸的关系是长治久安。过去我们不承认一九四一年线，这条线是英国人乘人之危强迫中国承认的，现在我们下决心把军队从这条线以西的地区撤出来，你们的军队也从北部三点[3]撤出来。我们要和一切邻国采取友好态度，要真正友好，不是讲讲。吴努表示：关于边界问题，我们愿意接受周恩来提出的建议[4]。

同日 下午五时四十五分，在中南海颐年堂主持召开中共中央政治局常委扩大会议，讨论匈牙利问题，刘少奇、周恩来、朱德、陈云、邓小平、彭真、陆定一、王稼祥、胡乔木、吴冷西出席。会议中间，约见尤金。本日，以卡达尔为总理的匈牙利工农

---

〔1〕 贺龙，当时任中共中央政治局委员、国务院副总理兼国家体育运动委员会主任、国防委员会副主席。

〔2〕 郭沫若，当时任全国人大常委会副委员长、全国政协副主席、中国科学院院长兼中国科学院哲学社会科学部主任、中国文学艺术界联合会主席。程潜，当时任全国人大常委会委员（1958年2月任副委员长）、全国政协常委、国防委员会副主席、中国国民党革命委员会中央副主席。龙云，当时任全国人大常委会委员、全国政协常委、国防委员会副主席、中国国民党革命委员会中央副主席。

〔3〕 指中缅边界北段的片马、岗房、古浪。

〔4〕 周恩来建议的主要内容是：在中缅边界的南段，即使我们承认1941年线是有困难的，但是我们还是愿意考虑把中国军队撤离1941年线以西的地区。我们同时要求在北段，缅甸军队也从片马、岗房、古浪这3个同样由英国文件承认是中国的地方撤走。我们还要求缅甸军队撤出今年在北段所占领的5个地方。

革命政府宣告成立。应卡达尔的请求，苏联军队重新回到布达佩斯。毛泽东在发言中说：在匈牙利，完全照过去一套是不行的，而新的一套还要靠匈牙利的同志自己去摸索，我们也要支持他们。波匈事件应使我们更好地考虑中国的问题。苏共二十大有个好处，就是揭开盖子，解放思想，使人们不再认为苏联所做的一切都是绝对真理，不可改变，一定要照办。我们要自己开动脑筋，解决本国革命和建设的实际问题。我们四月间发表了一篇文章，评苏共二十大，讲的道理现在看来还是对的，在国际上也是有影响的。但是经过半年时间，特别是经过波匈事件，原来文章所谈的已经不够了，需要再写一篇。根据波匈事件的教训，好好总结一下社会主义究竟如何搞法。矛盾总是有的，如何处理这些矛盾，就成为我们需要认真研究的问题。

同日 晚九时半，同张经武〔1〕谈西藏问题。

11月5日 晚上，在北京体育馆观看苏联马戏团的表演，并接见马戏团全体演员。

11月6日 和刘少奇、周恩来致电苏联领导人，祝贺十月社会主义革命三十九周年。贺电说：我们高兴地看到，最近苏联政府发表了关于发展和进一步加强苏联同其他社会主义国家的友谊和合作的基础的宣言。毫无疑问，苏联政府所采取的这个步骤将会进一步加强社会主义国家间的团结和友好关系，从而促进社会主义各国的共同的经济高涨。

同日 晚上，在中南海勤政殿会见意大利社会党农业考察

〔1〕 张经武，当时任中共西藏工委书记、中央人民政府驻西藏代表、中华人民共和国主席办公厅主任。1958年11月又任中国人民解放军西藏军区第一政治委员。

团，周恩来、邓小平、刘宁一、廖鲁言、陈正人〔1〕在座。毛泽东说：中国农业是很落后的，工业也是很落后的，这些方面有待改进。中国的群众是热情的，这是好的条件，但领导群众的工作方法还须改善，有不少问题需要解决。中国的农业同欧洲国家有很大的不同，像波兰、匈牙利等东欧国家也同我们的农业不同，西欧国家的农业就更不同了。波兰解放已有十一年了，但是只有百分之六的农村人口加入了合作社。这种合作社不增产，还在赔钱，政府要津贴，这样社会主义就没有优越性了。我们这里农业生产合作社比较容易组织，通过许多过渡步骤，在七年内都组织起来了。合作社能增产，政府不津贴。农民组织起来，但生产工具没有什么改善，可是比个体生产好，能增产，能增加收入。中国是一个古老的国家，但由于长期受帝国主义压迫，过去没有什么东西贡献于世界，在现代化方面很落后，资本主义不发达。解放后，把帝国主义赶走，把封建势力推翻，人民获得解放，这才有可能逐步建设现代化的工业和农业，现代化的文化和科学，不过现在刚开始。

11月7日　晚上，在中南海颐年堂主持召开中共中央政治局常委会议，讨论召开八届二中全会问题，刘少奇、周恩来、朱德、陈云、邓小平出席，彭真列席。

11月8日　晚上，在中南海颐年堂邀集准备出席或列席中共八届二中全会的部分省市委书记柯庆施、曾希圣、陶铸、李井

---

〔1〕刘宁一，当时任中共中央国际活动指导委员会副主任委员，中华全国总工会副主席（1958年8月任主席）、书记处书记。1957年5月又任中共中央对外联络部副部长。1958年3月又任国务院外事办公室副主任。廖鲁言，当时任中共中央农村工作部副部长、国务院第七办公室副主任兼农业部部长。陈正人，当时任中共中央农村工作部副部长（1957年8月兼秘书长）、国务院第七办公室副主任。

泉、林铁、欧阳钦、王任重[1]座谈，邓小平、彭真、谭震林[2]参加。毛泽东讲话。他说：现在天下基本上太平了，阶级斗争基本上过去了，还有一部分没有过去，那就是资产阶级思想、小资产阶级思想还存在，这是一个长期的斗争。百家争鸣，小资产阶级都跑到街上来了，无产阶级要辩论，要反驳，你们要写文章，三百字五百字都要写。享乐思想在滋长，把远大目标忘记了。我看高级干部十一级以上的不增加工资是可以的，要艰苦奋斗，到二十世纪末、二十一世纪再享福。波兰一股风，匈牙利一股七级风，把一些人吹动摇了，思想混乱。一个制度要经过考验，光说社会主义如何好，可是好处人们还没有充分看到。思想领导不能

〔1〕 柯庆施，当时任中共中央上海局书记兼上海市委第一书记、上海市政协主席。1958年5月、6月、9月、11月又先后任中共中央政治局委员、华东协作区委员会主任委员、上海市市长、中国人民解放军南京军区第一政治委员。曾希圣，当时任中共安徽省委第一书记、安徽省政协主席、中国人民解放军安徽省军区第一政治委员。陶铸，当时任中共广东省委第一书记、广东省省长、广东省政协主席、中国人民解放军广州军区第一政治委员。1958年6月又任华南协作区委员会主任委员。李井泉，当时任中共四川省委第一书记、四川省政协主席、中国人民解放军成都军区政治委员。1958年5月、6月又先后任中共中央政治局委员、西南协作区委员会主任委员。林铁，当时任中共河北省委第一书记、河北省省长、中国人民解放军河北省军区政治委员。1958年3月、6月又先后任河北省政协主席、华北协作区委员会主任委员。欧阳钦，当时任中共黑龙江省委第一书记、黑龙江省省长、黑龙江省政协主席、中国人民解放军黑龙江省军区政治委员。1958年6月又任东北协作区委员会主任委员。王任重，当时任中共湖北省委第一书记、湖北省政协主席、中国人民解放军武汉军区政治委员。1958年6月又任华中协作区委员会主任委员。

〔2〕 谭震林，当时任中共中央书记处书记兼书记处第二办公室主任。1958年5月、6月又先后任中共中央政治局委员、中央财经小组副组长。

放松，要用马克思去和孔子对抗，争取群众，你有孔夫子，我有马克思。要辨别风向，才好写文章。我也想写，想辞去国家主席，当主席写篇短文好像不像样子。一个人经不起风不行。我叫孩子们去算命，让他们取得经验。动摇分子有风就动摇。有些党内的高级知识分子提意见，要“议会民主，新闻自由，言论自由”。有人说我们应该搞大民主。我说什么是大民主呢？难道打倒蒋介石，推翻封建制度，打了二十二年革命战争，不是大民主吗？“三反”“五反”、镇压反革命不是大民主吗？所谓共产党内有阴暗面，这是必然的，太阳一出来总有向阳的一面和背阴的一面，天天都有，年年都有。苏共二十大是大民主，一鸣惊人，把斯大林打倒。我们是搞小民主，对资产阶级和平改造也是小民主。我们准备明年或者后年（大家要求明年）再整一次风，整三个东西——主观主义、官僚主义、宗派主义。搞几个文件，要反对骄傲自满、贪污浪费。我们从来不搞一鸣惊人的事情，我们什么事都慢慢来，实际上很快。关于整社问题，毛泽东说：一反强迫命令，二反贪污腐化，想个办法解决，用半年时间使那些干部有个回旋余地，只要肯承认错误，偿还或者分期偿还贪污款，就可以不算贪污。这一次不要来个急风暴雨，留个余地，使其善自处理。还要注意贫农和中农的关系，一定要中农参加合作社的领导，支部要团结几个中农在自己周围。关于少数民族问题和统一战线问题，毛泽东说：汉人压迫剥削少数民族年代很久了，现在要还债，要尊重少数民族，不要包办代替。以为少数民族落后，我来帮助你们，有这种情绪，所以工作搞不好。我们身边要有几个右派，没有右派，统一战线就不完备。要和中派、右派多谈一点。民主人士要见我，我一定见，跟他们接触可以增加知识，跟资产阶级人士接触很有教育意义。听说你们不大和民主人士接近，人家说架子大。一个调查组从浙江回来，说乡代表中有三分之一党员就足够了，三分之二的是非党员。关于学习问题，毛泽东说：没有哪一个大问题是我们主观可以想出来的，都是根据下面的意见来的。合作化就是先从安徽、浙江看到新区可以大发展，又看到黑龙江双城县希勤村的全面规划，才使我有可能写出《关于农业合作化问题》那篇文章来。公私合营是经过开资本家的会议搞出来的，第一条讲功劳，第二条讲缺点，资本家高兴了。不要光骂，天天骂不行，会造成矛盾的对抗。这样搞，连父子关系也不行，社会上就更不行（反革命分子除外）。写大文章不是大笔一挥，滔滔不绝，要根据下级和群众的意见，要有材料有分析，过细研究才行。

11月9日 晨，在中南海颐年堂会见尤金，刘少奇、邓小平、彭真在座。会见结束后，同刘、邓、彭谈话。

同日 阅《我们一个社要养猪两万头》一文[1]，写批语："此文印发八届二中全会各同志阅看。请各省市区负责同志注意：如果你们同意的话，就把这篇文章印发一切农业合作社，以供参考，并且仿照办理。要知道，阳谷县是打虎英雄武松的故乡，可是这一带没有喂猪的习惯。这个合作社改变了这种习惯，开始喂猪。第一年失败，第二年成功，第三年发展，第四年大发展，平均每人约有猪二头，共计二万头。这个合作社可以这样做，为什么别的合作社不可以这样做呢？"三十日，又批示："少奇、陈云、小平阅，此件似可转各省市区党委参考，请小平酌处。"

同日 晚八时，在中南海颐年堂同部分省市区党委书记座谈，周小舟、舒同、江华、陈丕显、黄火青、陶鲁笳、吴德、黄

〔1〕 这篇文章刊载于1956年6月《农村工作通讯》第2期，作者是山东省阳谷县石门宋乡农业生产合作社副主任宋保恩。

欧东、张仲良、王恩茂、谢富治、吴芝圃、张德生[1]出席，邓小平、彭真参加。十一时二十分座谈结束后，主持召开中共中央政治局常委会议，讨论有关召开八届二中全会问题。

11月10日—15日　中共八届二中全会在北京中南海怀仁堂举行。

11月10日　下午，中共八届二中全会开幕，毛泽东主持。刘少奇作《目前时局问题的报告》，周恩来作《关于一九五七年国民经济发展计划和财政预算控制数字的报告》。

---

〔1〕周小舟，当时任中共湖南省委第一书记、湖南省副省长、湖南省政协主席、中国人民解放军湖南省军区第一政治委员。舒同，当时任中共山东省委第一书记、中国人民解放军济南军区政治委员。江华，当时任中共浙江省委第一书记、浙江省政协主席、中国人民解放军浙江省军区政治委员。陈丕显，当时任中共中央上海局委员、上海市委书记处书记、中国人民解放军上海警备区第二政治委员（1958年11月任第一政治委员）。黄火青，当时任中共天津市委第一书记、天津市市长、天津市政协主席。1958年6月任中共辽宁省委第一书记、中国人民解放军辽宁省军区政治委员。陶鲁笳，当时任中共山西省委第一书记、山西省政协主席、中国人民解放军山西省军区政治委员。吴德，当时任中共吉林省委第一书记、中国人民解放军吉林省军区第一政治委员。黄欧东，当时任中共辽宁省委第一书记、辽宁省政协主席、中国人民解放军辽宁省军区政治委员。张仲良，当时任中共甘肃省委第一书记、甘肃省政协主席。王恩茂，当时任中共新疆维吾尔自治区委员会第一书记、中国人民解放军新疆军区司令员兼政治委员、新疆生产建设兵团政治委员。谢富治，当时任中共云南省委第一书记、云南省政协主席、中国人民解放军昆明军区司令员兼政治委员。吴芝圃，当时任中共河南省委第二书记（1958年8月任第一书记）、河南省省长。1959年2月又任河南省政协主席。1958年9月又任中国人民解放军河南省军区政治委员。张德生，当时任中共陕西省委第一书记、陕西省政协主席、中国人民解放军陕西省军区第一政治委员。1958年6月又任西北协作区委员会主任委员。

11月11日 为孙中山诞辰九十周年纪念大会题写："孙中山先生诞辰九十周年纪念大会"。[1] 下午二时，和刘少奇、周恩来同民革中央主席李济深、副主席何香凝[2]等，在政协礼堂出席孙中山诞辰九十周年纪念大会。

同日 下午三时半至七时五十分，在政协礼堂先后会见苏联参加孙中山纪念会的代表团、叙利亚议员访华团、西德作家魏森堡、意大利作家马拉巴德、印度国际大学中国学院院长谭云山。会见时，刘少奇等在座。

同日 晚上，出席中共八届二中全会。刘少奇主持会议，陈云作关于粮食和主要副食品（猪肉和食油）问题的报告。

11月12日 发表《纪念孙中山先生》一文。文章写道："纪念伟大的革命先行者孙中山先生！纪念他在中国民主革命准备时期，以鲜明的中国革命民主派立场，同中国改良派作了尖锐的斗争。他在这一场斗争中是中国革命民主派的旗帜。纪念他在辛亥革命时期，领导人民推翻帝制、建立共和国的丰功伟绩。纪念他在第一次国共合作时期，把旧三民主义发展为新三民主义的丰功伟绩。""我们完成了孙先生没有完成的民主革命，并且把这个革命发展为社会主义革命。我们正在完成这个革命。事物总是发展的。一九一一年的革命，即辛亥革命，到今年，不过四十五年，中国的面目完全变了。再过四十五年，就是二千零一年，也就是进到二十一世纪的时候，中国的面目更要大变。中国将变为一个强大的社会主义工业国。中国应当这样。因为中国是一个具有九百六十万平方公里土地和六万万人口的国家，中国应当对于

---

〔1〕 毛泽东还为孙中山诞辰90周年展览会题写："孙中山先生生平事迹展览会"。

〔2〕 何香凝，当时还任全国政协副主席、国家华侨事务委员会主任、中华全国民主妇女联合会名誉主席。

人类有较大的贡献。而这种贡献，在过去一个长时期内，则是太少了。这使我们感到惭愧。但是要谦虚。不但现在应当这样，四十五年之后也应当这样，永远应当这样。中国人在国际交往方面，应当坚决、彻底、干净、全部地消灭大国主义。”“像很多站在正面指导时代潮流的伟大历史人物大都有他们的缺点一样，孙先生也有他的缺点方面。这是要从历史条件加以说明，使人理解，不可以苛求于前人的。”

同日　中午十二时十分，在中南海颐年堂召开会议，听取中共八届二中全会各组组长柯庆施、李井泉、陶铸、张德生、欧阳钦、林铁汇报讨论一九五七年财政问题的情况，刘少奇、周恩来、陈云、邓小平、彭真、李富春、李先念、乌兰夫〔1〕、薄一波等出席。晚七时会议结束后，召集刘少奇、周恩来、陈云、邓小平、王稼祥开会，至次日晨一时半。其间曾会见尤金。

11月13日　为转发第五十五军政治委员王振乾关于团结该军军长陈明仁一起工作问题给广州军区党委的报告，写批语：“各同志阅。退彭德怀同志。转发各军区、各军事学校以及有同样统战问题的军或师的党委阅读，加以讨论，仿照办理，认真解决团结党外军人问题。”王振乾的报告，讲了第五十五军党委常委在同陈明仁相处中存在的缺点，以及为团结他一起工作所采取的具体改进措施。通过相见以诚，多次找他个别恳谈和集体交换意见，并改进领导制度，从而增强了团结。陈明仁表示对他帮助很大，希望今后大家常谈心。

同日　下午，在中南海颐年堂召开会议，听取八届二中全会

〔1〕乌兰夫，当时任中共中央政治局候补委员、内蒙古自治区委员会第一书记、国务院副总理兼国家民族事务委员会主任、中国人民解放军内蒙古军区司令员兼政治委员。

各组组长汇报讨论情况，刘少奇、周恩来、朱德、陈云、邓小平、李富春、李先念、薄一波等出席。根据几次会议讨论的情况，毛泽东作了发言。这个发言经整理后于十五日印发全会。内容如下：“（一）一九五六年社会主义改造基本完成，农业、重工业和轻工业的生产都有所增长。（二）一九五六年的国家建设事业是有成绩的。一九五六年的基本建设投资和其他事业开支，大部分是正确的，一部分不正确。在308亿元（旧价〔1〕）的预算开支中，有20亿元到30亿元用得不恰当或者用多了，其中基本建设投资约占15亿元左右。（三）一九五六年的人民生活有所改善，就业有所增加，人民是高兴的。但是，人民生活的改善，必须是渐进的，支票不可开得过多。过高的要求和暂时办不到的事情，要向人民公开地反复地解释。（四）一九五七年的预算，收支各为308.65亿元（折合旧价为317.65亿元）。……一九五七年度预算是平衡的，但是打的较紧，并且应该使它与现金平衡相结合。（五）钱和材料只有这样多，一九五七年的年度计划，在某些方面必须比一九五六年作适当压缩，以便既能保证重点建设，又能照顾人民生活需要。压缩的重点在中央，地方也应尽可能地压缩。虽然如此，总的说来，我们的建设事业还是前进的，因为一九五七年的收支均比今年有所增加，收入增加22.5亿元，即增长8.2％；支出增加9.53亿元，即增长3.2％。关于压缩问题，必须做到合理安排，不出乱子。物资不足，应该首先支持必要的生产，同时注意平衡。（六）要在全党和全国人民中发动一个增产节约运动。增产必须在原料有保证和社会需要的条件下进行，同时必须保证质量和减少工伤事故。节约是有希望的，必须在不降低质量和减少工伤事故的条件下讲求节约。在企业、事业

〔1〕 指1955年的价格。

和行政开支方面，必须反对铺张浪费，提倡艰苦朴素作风，厉行节约。在生产和基本建设方面，必须节约原材料，适当降低成本和造价，厉行节约。（七）国内阶级矛盾已经基本解决，但是应该注意仍然存在的一部分反革命分子的活动。对于资产阶级分子和知识分子的旧思想和旧习惯的改造，要在巩固团结他们的方针下，继续进行长期的教育。人民内部的问题和党内问题的解决的方法，不是采用大民主而是采用小民主。要知道，在人民方面来说，历史上一切大的民主运动，都是用来反对阶级敌人的。”

11月14日　下午，在中南海颐年堂召开会议，听取八届二中全会各组组长汇报讨论情况，刘少奇、周恩来、朱德、陈云、邓小平、彭真、李富春、李先念、薄一波等出席。

11月15日　下午二时半，在中南海怀仁堂召开会议，谈八届二中全会大会发言问题，刘少奇、周恩来、朱德、陈云、邓小平、彭德怀、柯庆施、李井泉、陶铸、张德生出席。

同日　下午三时，出席中共八届二中全会。邓小平主持会议。在朱德、彭德怀、柯庆施、张德生发言后，毛泽东作总结性讲话。讲了四个问题。一、经济问题。他说：我们的计划经济，又平衡又不平衡，不平衡是绝对的，平衡是相对的。我们的经济建设有进有退，主要还是进，各级党委和政府根本上是促进的。第一个五年计划根本正确。至于错误，确实有，这也是难免的，因为我们缺少经验。成绩有两重性，错误也有两重性。成绩能够鼓励人，同时会使人骄傲；错误使人倒霉，使人着急，是个敌人，同时也是我们很好的教员。要保护干部和人民群众的积极性，不要在他们头上泼冷水。我们这些人，我们的省、市、自治区党委书记，要抓财政，抓计划。粮食、猪肉、鸡蛋、蔬菜等问题，请同志们注意。这个问题相当大。从去冬今春以来，集中搞粮食，忽略了副业和经济作物。后头又纠正这个偏差，偏到副业和经济作物。谷贱伤农，农民不种粮食了。这个问题很值得注意。要勤俭建国，反对铺张浪费，提倡艰苦朴素的作风，与群众同甘共苦。中央，各级党委，都要把办报看成大事。今年这一年，报纸上片面地、不合实际地宣传要改善人民生活，而对勤俭建国，反对铺张浪费，提倡艰苦朴素、同甘共苦这些东西，宣传很少，以后报纸的宣传重点要放到这方面来。二、国际形势问题。他说：总的看来是好的。现在有两个地方发生问题，一个是东欧，一个是中东。波兰、匈牙利出了乱子，英、法武装侵略埃及，我看这些坏事也都是好事。坏事有两种性质：一种性质就叫坏，我们说还要加一个意义，它又是好事，这就是所谓“失败是成功之母”。匈牙利事件教育了匈牙利人民，同时教育了苏联的一些同志，也教育了我们中国的同志。我们就要从这些事情中得到教育。将来全世界的帝国主义都打倒了，阶级没有了，那个时候还有生产关系同生产力的矛盾，上层建筑同经济基础的矛盾。生产关系搞得不对头，就要把它推翻。上层建筑（其中包括思想、舆论）要是保护人民不喜欢的那种生产关系，人民就要改革它。三、中苏关系问题。他说：我们跟苏联同志说，十个指头，九个指头是拥护你们的，是跟你们一致的，只有一个指头我们有矛盾，我们不同意你们一些事情。中国和苏联两个国家都叫社会主义，但苏联和中国的民族不同。至于所做的事，那有很多不同。比如，我们的农业合作化经过三个步骤，跟他们不同；我们对待资本家的政策，跟他们不同；我们的市场物价政策，跟他们不同；我们处理农业、轻工业同重工业的关系，跟他们不同。我们军队里头的制度和党里头的制度也跟他们不同。有些同志就是不讲辩证法，不分析，凡是苏联的东西都说是好的，硬搬苏联的一切东西。说到苏共二十次代表大会，我想讲一点。我看有两把“刀子”：一把是列宁，一把是斯大林。现在，斯大林这把刀子，俄国人丢了。列宁这把刀子我看也丢掉相当多了。十月革命还灵不灵？还可不可以作为各国的模范？苏共二十次代表大会赫鲁晓夫的报告说，可以经过议会道路去取得政权。这个门一开，列宁主义就基本上丢掉了。东欧一些国家的基本问题是阶级斗争没有搞好，那么多反革命没有搞掉，没有在阶级斗争中，分清敌我，分清是非，分清唯心论和唯物论。现在呢，自食其果，烧到自己头上来了。四、大民主小民主问题。他说：有几位司局长一级的知识分子干部，主张要大民主，说小民主不过瘾。他们要搞的“大民主”，就是采用西方资产阶级的国会制度，学西方的“议会民主”、“新闻自由”、“言论自由”那一套。这是缺乏马克思主义观点，缺乏阶级观点，是错误的。民主是一个方法，看用在谁身上，看干什么事情。我们爱好的是无产阶级领导下的大民主，它是对付阶级敌人的，民族敌人也是阶级敌人。大民主也可以用来对付官僚主义者。县委以上的干部有几十万，国家的命运就掌握在他们手里。如果不搞好，脱离群众，不是艰苦奋斗，那末，工人、农民、学生就有理由不赞成他们。我们一定要警惕，不要滋长官僚主义作风，不要形成一个脱离人民的贵族阶层。谁犯了官僚主义，不去解决群众的问题，骂群众，压群众，总是不改，群众就有理由把他革掉。我说革掉很好，应当革掉。我们准备在明年开展整风运动。整顿三风：一整主观主义，二整宗派主义，三整官僚主义。官僚主义就包括许多东西：不接触干部和群众，不下去了解情况，不与群众同甘共苦，还有贪污、浪费，等等。整风是在我们历史上行之有效的方法。以后凡是人民内部的事情，党内的事情，都要用整风的方法，用批评和自我批评的方法来解决，而不是用武力来解决。我们主张和风细雨，真正达到治病救人的目的。也就是从团结的愿望出发，经过批评和自我批评，在新的基础上达到新的团结。我历来主张军队要艰苦奋斗，要成为模范的。艰苦奋斗是我们的政治本色。锦州那个地方出苹果，辽西战役的时候，正是秋天，老百姓家里很多苹果，我们战士一个都不去拿。我看了那个消息很感动。人是要有一点精神的，无产阶级的革命精神就是由这里头出来的。毛泽东讲话后，八届二中全会闭幕。

11月16日 晚上，在中南海颐年堂主持召开中共中央政治局常委扩大会议，讨论波兰问题和匈牙利问题等，刘少奇、周恩来、朱德、陈云、邓小平、陆定一、王稼祥、胡乔木、罗瑞卿出席。

11月18日 晚上，在中南海勤政殿会见日本冈山县文化学术访华代表团，郭沫若、谢鑫鹤、王拓〔1〕在座。

11月19日 晚上，听取邓华〔2〕访问南斯拉夫、保加利亚情况的汇报。

11月20日 晚上，在中南海颐年堂主持召开中共中央政治局常委扩大会议，刘少奇、朱德、陈云、邓小平、陆定一、王稼祥、李维汉、胡乔木出席。

11月21日 审阅陈云主持起草的《中共中央、国务院关于发展养猪生产的决定（草案）》，作两处修改：（一）在决定草案的“今后收购的肥猪，每头给养猪农民留肉十斤到十五斤”一句后，加写：“（其中应有猪油四斤到五斤）”；（二）修改一句话（加写和改写的文字用着重号标明）：“除大城市城区以外，大城市郊区和中小城镇各机关、部队、学校的伙食单位，凡有条件的都可以养猪”。

11月22日 晚上，在中南海颐年堂主持召开中共中央政治局常委扩大会议，讨论中国人民志愿军海军和空军从朝鲜撤回等

〔1〕谢鑫鹤，当时任中国科学院副秘书长。王拓，当时任中国科学院对外联络局局长。

〔2〕邓华，当时任中国人民解放军副总参谋长兼沈阳军区司令员。

问题，刘少奇、陈云、邓小平、彭德怀、陆定一、王稼祥、胡乔木、罗瑞卿出席。

11月24日　阅新华社十一月二十一日编印的《内部参考》第二〇五七期，批示："送陈云、李维汉同志阅，退毛。请陈云同志看建屏[1]一条消息，我看这种情况，在全国是相当多的，应当统一加以处理。请维汉看武汉的一条消息。"建屏一条消息反映：河北省建屏县贸易系统有些单位，在收购农民土特产品时压秤压价，非法赢利，引起农民不满。武汉的一条消息披露：武汉市有的民主人士说："中共重视民主党派只是上面的号召，下面没有很好的遵照执行，看不起民主党派、民主人士的宗派主义还很严重。"他们要求采取措施改变"五统五不统[2]"的现象。毛泽东批注："请李维汉同志电话询问武汉什么叫五统五不统。并要你改善工作。"

同日　晚上，在中南海颐年堂主持召开中共中央政治局常委扩大会议，讨论苏联《真理报》批评南斯拉夫共产主义者联盟主席铁托的普拉演说[3]，和达赖、班禅[4]去印度等问题，刘少

〔1〕建屏县于1958年并入河北平山县。

〔2〕这是当时武汉民主人士中对中共统战工作的意见，指统上不统下，统大不统小，统工商不统党派，统进步不统落后，统政治不统思想。

〔3〕铁托1956年11月11日在南斯拉夫普拉发表演说指出：波兰和匈牙利事件的根源，是有人把斯大林主义的倾向强加在他们头上。而斯大林错误的产生，"问题不仅仅是个人崇拜，问题是使个人崇拜得以产生的制度"，"在于官僚主义组织机构"，等等。

〔4〕达赖，即达赖喇嘛·丹增嘉措，当时任全国人大常委会副委员长、全国政协常委、西藏自治区筹备委员会主任委员、中国佛教协会名誉会长。班禅，即班禅额尔德尼·确吉坚赞，当时任全国政协副主席、全国人大常委会委员、西藏自治区筹备委员会第一副主任委员、中国佛教协会名誉会长。1959年3月28日又任西藏自治区筹备委员会代理主任委员。

奇、陈云、邓小平、张闻天、陆定一、王稼祥、胡乔木出席。

11月25日 审阅彭德怀十一月二十三日报送的中共中央军委关于在一九五七年一月召开军委扩大会议的通知和关于裁减军队数量加强质量的决定（草稿），批示："刘、朱、陈、邓即阅，退彭照办。"决定草稿指出：党的八大提出要动员一切积极因素，尽快地把我国从落后的农业国变为先进的社会主义工业国。为了实现这个伟大的历史任务，我们必须集中更多的资金投入经济建设事业，而集中建设资金的一个最有效的方法，就是进一步削减军政费用。因此，军委决定，在裁减军队数量加强质量的原则下，把我军现有的员额裁减三分之一。决定草稿最后说"全军裁减方案和新的编制，报军委审核定案"，毛泽东将"报军委审核定案"改为："报军委审核后，请中央批准执行"。

同日 晚上，在中南海颐年堂主持召开中共中央政治局常委扩大会议，讨论苏波关系问题，刘少奇、陈云、邓小平、张闻天、陆定一、康生〔1〕、王稼祥、胡乔木、邓拓〔2〕、吴冷西出席。

11月26日 上午，同陈叔通〔3〕谈公私合营后资产阶级的思想改造问题，陈云、邓小平参加。

11月27日 晚上，在中南海颐年堂召集陈云、邓小平、张闻天、陆定一、康生、王稼祥、胡乔木、吴冷西开会，商谈就目前东欧一些社会主义国家所发生的事件，再写一篇文章的问题。

---

〔1〕 康生，当时任中共中央政治局候补委员。1958年6月又任中共中央文教小组副组长。

〔2〕 邓拓，当时任人民日报社社长兼《人民日报》总编辑、中国新闻工作者联谊会会长、中国科学院哲学社会科学部委员。

〔3〕 陈叔通，当时任全国人大常委会副委员长、全国政协副主席、中华全国工商业联合会主任委员。

11月29日　晨，在中南海颐年堂同刘少奇、陈云、邓小平、彭德怀谈裁减军队与军队编制问题。

同日　晚九时，同陈正人谈话。

同日　晚十一时，在中南海颐年堂召集刘少奇、陈云、邓小平、陆定一、胡乔木、吴冷西、田家英开会，谈再写一篇文章问题。

11月30日　审阅修改邓小平为中共中央起草的给正在印度访问的周恩来的电报稿。电报稿说：昨日尤金大使见少奇同志时，口头转达赫鲁晓夫的意见，即希望邀请周恩来同志于访问阿富汗后到莫斯科一谈，并问是否需要由苏方发出正式的邀请书。政治局常委认为，在目前形势下，我国总理由苏联正式邀请访问苏联，是有必要的。你的意见如何，请考虑电复，以便中央再行考虑决定后答复苏共中央。毛泽东在电报稿的末尾加写："苏方邀请书似以在十二月中旬或下旬发出较为适宜。此外请你看形势，对于西方在匈牙利组织颠覆活动一点，在适当时机加以揭露，你以为如何?"十二月三日，周恩来复电中央：同意中央政治局常委意见，此行中访苏是必要的。

同日　阅国家计委商业局一位副处长关于江苏昆山县同心农业生产合作社养猪办法的报告，批示："少奇、陈云、小平阅，此件似可转各省市区党委参考，请小平酌处。"报告介绍了这个社养猪的具体办法。说该社平均每户养猪（包括公养的和私养的）三头，计划到一九六二年，除公养外，平均每户养猪十头。这种办法在有条件的地方是值得提倡的。十二月五日，中共中央向各省市自治区党委转发了这一报告，并望转发各县委参考。

同日　晚上，在中南海颐年堂召集刘少奇、陈云、邓小平、张闻天、王稼祥、胡乔木开会。会议中间，和刘、陈、邓、张、王一起会见尤金。毛泽东就朝鲜问题、铁托普拉演说问题和周恩来访苏问题，同尤金进行交谈。在谈到铁托普拉演说时，毛泽东说：演说的基本论点没有促进社会主义国家的团结，反而破坏了这种团结。它不利于社会主义，而有利于帝国主义。最近，我们才收到铁托演说的全文，我们也看到了苏联对此发表的文章，现正在研究。此外，我们还在读其他国家发表的文章，我们都想研究一下。我们过几天也准备发表一篇文章，用马克思的口号作为标题，就是“全世界无产者，联合起来”。基本论点是：十月革命是各国必经的道路，这就是阶级斗争、推翻旧政权、进行革命、建设新政权、实行无产阶级专政，这就是马列主义的总路线。十月革命不是个别现象，而是一个国际现象。第二个论点是：各国有各国不同的面貌和特点，各国有不同的具体办法来解决各自的问题。有共同性，也有差别。只讲差别，不讲共同性，铁托的演说就是如此。苏联建设时期，斯大林执政期间的根本方针和路线是正确的，是应当加以肯定的。苏联成为世界上第二个现代工业化的国家，打败了法西斯主义。当然，在这期间也有些缺点，专政过火了。斯大林并未破坏全部法制，他只破坏了一部分法制，民法未破坏，刑法破坏了一部分，未全部破坏，宪法破坏了一小部分，刑事诉讼法破坏了一部分。苏联的制度是好的，但其中一部分是不好的，那就是内务部。斯大林在这方面犯了错误。我们向世界上各个国家，甚至帝国主义国家，都提议要共同缓和紧张局势，为什么我们社会主义国家内部就不能缓和紧张局势呢？我们可以用和平协商的办法来解决自己内部的一切问题。在解决内部问题方面，我们有批评和自我批评的武器。我们应当区分敌人和自己同志，不能用对待敌人的办法来对待自己的同志。民主和专政都是上层建筑，它们是手段，而不是目的，是为基础服务的，是基础的工具。关于苏联邀请周恩来访问莫斯科，毛泽东说：这很好。我们建议周恩来同志缩短原定出访计划的期限，缩短十天。这样他访问各国，包括莫斯科在内，仍将是一个半月。周恩来同志访问莫斯科后，中苏两国自然会发表联合声明。这个联合声明，将是一种示威，不是战争的示威，而是中苏团结一致的示威，向帝国主义者和国际工人运动中一切动摇分子进行示威。我们不要战争，我们要和平。目前的局势要求发表这样的声明，要求这样的主题：长自己的志气，灭敌人的威风。尤金表示完全同意。

12月2日　晚九时半，在中南海勤政殿会见四位巴西访华议员，刘少奇、郭沫若、陈叔通等在座。

同日　晚十时四十五分，在中南海颐年堂召集刘少奇、陈云、陆定一、王稼祥、杨尚昆〔1〕、胡乔木、吴冷西开会，讨论胡乔木等起草的《全世界无产者团结起来》一文初稿。毛泽东提出：文章的题目可以考虑用《再论无产阶级专政的历史经验》，和四月间写的文章相衔接，表示我们在苏共二十大后写的文章的连续性，而且用这个题目理论性更强一点。这篇文章形式上面向国内，实际上面向世界。接着，他提出了这篇文章的要点：一、要讲世界革命的基本规律、共同的道路。一定要遵循十月革命的基本规律，然后讲各国革命的具体道路，马列主义的基本原理要和各国具体实际相结合。二、讲清什么是斯大林主义，为什么把共产党分为斯大林分子和非斯大林分子是错误的。所谓非斯大林主义化就是非马克思主义化，就是搞修正主义。三、讲清沙文主义。大国有沙文主义，小国也有沙文主义。要提倡国际主义，反对民族主义。四、先要分清敌我，然后在自己内部分清是非。要指出敌我矛盾和人民内部矛盾是两种性质根本不同的矛盾，要采

〔1〕杨尚昆，当时任中共中央书记处候补书记、中央办公厅主任、中央直属机关委员会书记（1957年12月改称第一书记）。

取不同的方针、不同的办法，解决不同性质的矛盾。五、既要反对教条主义，也要反对修正主义。六、文章从团结讲起，最后也落脚到团结。

12月3日 阅邓子恢[1]关于福建龙岩县农业合作社若干问题的报告，批示："少奇、陈云、尚昆阅，请尚昆转发各省市区党委作参考。"报告反映以下几个问题：（一）社员收入，各社多少不一。收入多的主要是搞好了副业，收入少的主要是靠种粮食。（二）社员分散搞副业影响农业生产，合作社要求除饲养家畜家禽、种菜等外，一般副业由社统一经营。（三）大家要求公益金应多留，不能少于全年收入的百分之二。（四）龙岩是山区，县委拟将现有的七百多个社合并为三百个左右，平均每社一百二十户。（五）区、乡政府按照上级的要求，不征求各社意见，机械地分配生产任务实际上是行不通的。

同日 晚九时，在中南海颐年堂会见波兰驻中国大使基里洛克，刘少奇、陈云、张闻天等在座。基里洛克向毛泽东递交了波兰政府的一封邀请信，邀请他于明年访问波兰。毛泽东说：我是打算去的，而且还要到别的国家去看看。我决定接受你们的邀请，但时间是否可以商量。我们读了哥穆尔卡的演说，那里关于无产阶级专政的问题谈得很好。还有一条我们读了也很高兴，那就是对那些为人民服务而跟党犯了错误的同志，采取团结的办法，而不是把他们都整下去。这是很好的政策，执行得好，党的生活就会很健全。基里洛克说：在这方面，我们看到了中国经验，也采用了这种经验。中国在解放前，在许多问题上和共产国际也不是一样的。毛泽东说：不仅不一样，而且还完全相反。第

〔1〕 邓子恢，当时任中共中央农村工作部部长、国务院副总理兼第七办公室主任。

三国际“左”得要死。第二国际是右了，第三国际则是“左”了。第三国际只有在两个时期是正确的，那就是列宁在世的时候和季米特洛夫主持的时候。基里洛克说：我们都认为是由于中国的帮助，才使我们免除了发生像匈牙利那样事件的危险。

同日　晚十时四十分，在中南海颐年堂主持召开中共中央政治局扩大会议，讨论《再论无产阶级专政的历史经验》一文和其他问题，刘少奇、朱德、陈云、胡乔木、吴冷西等共十七人出席。

12月4日　阅新华社十二月三日编印的《内部参考》第二〇六八期刊登的《民建一届二中全会批评章乃器[1]的一些情况》一文，批示：“少奇、陈云同志阅，退毛。此件第一篇关于章乃器的，值得一阅。”这篇文章简要介绍了章乃器的主要论点。章乃器说，民族资产阶级的两面性，在全行业合营后，已经基本上消灭了。民建一届二中全会批评了章乃器的上述观点，指出公私合营后，中国民族资产阶级的两面性还是存在的。

同日　致信黄炎培。信中说：“你们的会议[2]开得很好，谨致祝贺之忱！批评和自我批评这个方法竟在你们党内，在全国各地工商业者之间，在高级知识分子之间行通了，并且做得日益健全，真是好消息。社会总是充满着矛盾。即使社会主义和共产主义社会也是如此，不过矛盾的性质和阶级社会有所不同罢了。既有矛盾就要求揭露和解决。有两种揭露和解决的方法：一种是对敌（这说的是特务破坏分子）我之间的，一种是对人民内部的（包括党派内部的，党派与党派之间的）。前者是用镇压的方法，

---

〔1〕章乃器，当时任全国政协常委、粮食部部长、中国民主建国会中央副主任委员、中华全国工商业联合会副主任委员。

〔2〕指中国民主建国会在1956年10月召开的中央常务委员会扩大会议和11月召开的第一届中央委员会第二次全体会议。

后者是用说服的方法，即批评的方法。我们国家内部的阶级矛盾已经基本上解决了（即是说还没完全解决，表现在意识形态方面的，还将在一个长时期内存在。另外，还有少数特务分子也将在一个长时间内存在），所有人民应当团结起来。但是人民内部的问题仍将层出不穷，解决的方法，就是从团结出发，经过批评与自我批评，达到团结这样一种方法。我高兴地听到民建会这样开会法，我希望凡有问题的地方都用这种方法。国际间麻烦问题不少，但是总有办法解决的。我是乐观主义者，我想先生也会是这样的。”“去年和今年各填了一首词〔1〕，录陈审正，以答先生历次赠诗的雅意。”

12月5日　复信周世钊〔2〕：“两次惠书均已收到，情意拳拳，极为高兴。告知我省察情形，尤为有益。校牌〔3〕仍未写，因提不起这个心情，但却时常在念，总有一天要交账的。时常记得秋风过许昌之句〔4〕，无以为答。今年游长江，填了一首水调歌头，录陈审正。”

同日　复信贺果〔5〕：“惠书敬悉。告我以中小学情形，极为有益。我暂时不会出国，请放心。情意勤恳，极为感念。”

---

〔1〕指1954年写的《浪淘沙·北戴河》和1956年写的《水调歌头·长江》（1957年《诗刊》1月号发表时，题目改为《水调歌头·游泳》）。

〔2〕周世钊，毛泽东在湖南省立第一师范学校读书时的同学。当时任湖南省教育厅副厅长兼湖南省第一师范学校校长。1957年5月又任湖南省政协常委。1958年6月任湖南省副省长。

〔3〕指为湖南省第一师范学校题写校名。

〔4〕这是周世钊1950年9月下旬赴北京参加国庆观礼路过许昌时作的《过许昌》诗中的一句。全诗如下：“野史闻曹操，秋风过许昌。荒城临旷野，断碣卧斜阳。满市烟香溢，连畦豆叶长。人民新世纪，谁识邺中王!”

〔5〕贺果，毛泽东在湖南省立第四师范学校和第一师范学校读书时的同学。当时任贵州贵阳市副市长。

同日　晚上，在中南海颐年堂同陈叔通谈话，许涤新[1]参加。陈叔通要求毛泽东与工商界见一次面，并提出三个问题：（一）资本家对定息很担心能拿多久，怕取消太快。（二）资本家担心现在安排工作，再有两年会不会一脚踢开。（三）合营以后如何自我改造。毛泽东说：对资本家要解决两个问题，一是物质问题，二是思想问题。物质问题就是有职有权问题，有工资可拿，拿到工资能过生活。思想问题要资本家改造自己，发挥他们的作用，不但使用老经验，而且使得他们能够发展新的经验。比如荣毅仁[2]年纪轻轻的，这种人来日方长，还可以学新的经验。现在看起来，苏联消灭阶级太早了，不能够使用资本家的能力。定息拿多久呢？可以问资本家，要拿多久就拿多久。主要是要解决问题，不能解决问题时还要叫他拿下去。取消定息不要来个高潮。资本家拿定息如两个五年计划不能解决问题，拖到三个五年计划，带个尾巴进工会，你看怎么样？现在资本家积极学习。（陈叔通：学习是为了自己。）资本家学习是为了自己，同时也为了国家。中国过去是不行，经济落后，现在虽然是好了一点，但还要大家努力，学本事好嘛！定息问题重要，思想改造也很重要。思想不通事情不好办。让资本家多拿几年定息，安心工作，安心学习，对工人阶级是有利的。资本家学习改造要自己努力，大家帮助。这一次民建会开得很好，想不到民建会能这样严肃地自我批评。资产阶级政党如果都能严肃地自我批评，那是个大事

---

〔1〕许涤新，当时任中共中央统战部副部长、国务院第八办公室副主任兼中央工商行政管理局局长、中华全国工商业联合会副主任委员、中国科学院哲学社会科学部委员。

〔2〕荣毅仁，当时任全国政协委员、中华全国工商业联合会副主任委员兼上海市工商联副主任委员、申新棉纺织印染厂总管理处总经理、中国民主建国会中央常委兼上海市委副主任委员。1957年1月又任上海市副市长。

情。民建会这样严肃地自我批评，证明中国民族是很有希望的。章乃器说资产阶级只有积极的一面，没有消极的一面，是把资产阶级同工人阶级一样看待了，这是不对的。这种说法不利于广大工商界的改造。章乃器只说资产阶级好，不敢说资产阶级有缺点；我们过去有的共产党员只说资本家坏，而不说资本家进步。一副对子有两边，这都是对子出了一边的情况。我们把资本家当成真正的财富，重视工商界，他们有现代文化。我们党说话要有信用，说话算数的。八九号召集资本家开座谈会，公股代表不要来，要他们说心里话。人数不要多，人太多了不能讲话了。有人献股，可以劝他一下。

12月6日 晚上，在中南海颐年堂召开会议，讨论有关定息和廖鲁言在农业工作会议的报告等问题，刘少奇、陈云、陆定一、薄一波、王稼祥、谭震林、杨尚昆、廖鲁言、许涤新、赖若愚、胡耀邦〔1〕、吴冷西出席。

12月7日 晚上，在中南海颐年堂邀集全国工商联和民主建国会在京的主任委员和副主任委员座谈，陈叔通、黄炎培、李烛尘、胡厥文〔2〕、荣毅仁、盛丕华、黄长水、巩天民、施复亮、

〔1〕 赖若愚，当时任中华全国总工会主席、书记处书记。胡耀邦，当时任共青团中央第一书记。

〔2〕 李烛尘，当时任全国人大常委会委员、全国政协常委、天津市政协副主席、中华全国工商业联合会副主任委员兼天津市工商联主任委员、中国民主建国会中央副主任委员。胡厥文，当时任全国政协委员、上海市政协副主席、中华全国工商业联合会执行委员兼上海市工商联副主任委员、中国民主建国会中央副主任委员。

孙起孟、南汉宸〔1〕、许涤新、陈经畬〔2〕出席，刘少奇、陈云、陆定一、薄一波、徐冰等参加。座谈开始时，毛泽东问：有什么问题、疑问？盛丕华说：定息问题，摘帽子问题。陈叔通说：是否要来个高潮？毛泽东说：唱戏要有高潮，这个东西恐怕不好来个高潮，一搞高潮就是整拿定息较多的人，而他们大都是先进核心分子。我们团结的主要对象、定息的主要对象是大的资本家，我们不要使对国家经济起重要作用的人利益受到损害。荣毅仁问：现在民族资产阶级是革命的阶级，还是反革命的阶级，还是半革命的阶级？毛泽东说：不能说是反革命的阶级。他们有选举权，历来反对帝国主义，同政府合作，遵守宪法。工人阶级同民族资产阶级的矛盾是对抗性的还是非对抗性的？妥协了，还有什么对抗。民族资产阶级遵守《共同纲领》，拥护宪法，接受公私合营，没有对抗了。资产阶级在“三反”、“五反”中只是部分的对抗，只有完全违法户才是对抗的。最近几年，更融洽了。资产

〔1〕盛丕华，当时任全国政协常委、上海市副市长、上海市政协副主席、中华全国工商业联合会副主任委员兼上海市工商联主任委员、中国民主建国会中央副主任委员兼上海市委员会主任委员。黄长水，当时任全国政协委员、全国侨联副主席、广州市副市长、中国民主建国会中央常委、中华全国工商业联合会副主任委员兼广州市工商联主任委员。巩天民，当时任全国政协委员、辽宁省副省长、辽宁省政协副主席、中华全国工商业联合会副主任委员兼辽宁省工商联主任委员。施复亮，当时任全国人大常委会委员、全国政协常委、中国民主建国会副主任委员。孙起孟，当时任全国人大常委会副秘书长、全国政协常委、国务院第八办公室副主任、中华全国工商业联合会执行委员、中国民主建国会副主任委员兼秘书长。南汉宸，当时任中国国际贸易促进委员会主席、党组书记，中华全国工商业联合会副主任委员。

〔2〕陈经畬，当时任全国人大代表、全国政协委员、武汉市副市长（1957年1月任湖北省副省长）、中华全国工商业联合会副主任委员兼武汉市工商联主任委员。

阶级中，不革命的和反革命的是个别的，整个阶级不能说是不革命的或反革命的。现在有些文章太“左”了。但是，资产阶级还有两面性，一面进步，一面落后。荣毅仁说：现在供、产、销三项计划对不起头，要搞到中央部里才能解决。陈云说：计划要分批。重要产品要有计划，日用产品要自由主义。毛泽东说：现在我国的自由市场，基本性质仍是资本主义的，虽然没有资本家。它与国家市场成双成对。上海的地下工厂同国有企业也是对立物。因为社会有需要，就发展起来。要使它成为地上，合法化，可以雇工。现在做衣服要三个月，合作工厂做的衣服裤腿一长一短，扣子没眼，质量差。最好开私营工厂，同地上的作对，还可以开夫妻店，请工也可以，这叫新经济政策。我怀疑俄国新经济政策结束得早了，只搞了两年退却就转为进攻，到现在社会物资还不充足。还可以考虑，只要社会需要，地下工厂还可以增加。可以开私营大厂，订个协议，十年、二十年不没收。华侨投资的，二十年、一百年不没收。可以搞国营，也可以搞私营。可以消灭了资本主义，又搞资本主义。现在国营、合营企业不能满足社会需要，如果有原料，国家投资又有困难，社会有需要，私人可以开厂。定息时间要相当长，急于国有化，不利于生产。韩愈有一篇文章叫《送穷文》，我们要写送穷文。中国要几十年才能将穷鬼送走。荣毅仁说：对民主党派长期共存，互相监督，对工商联怎么搞？毛泽东说：可以长期共存，互相监督。工商联这个名称可以保存下来。历史名字要保存，商务印书馆、中华书局的名字为什么不要，瑞蚨祥、同仁堂一万年要保存。王麻子、东来顺、全聚德要永远保存下去。内容是社会主义的，名称是封建时代的也可以。黄长水说：小的工商业者，改造好的，可否先摘帽子？毛泽东说：过两三年后可以摘。定息几角钱的不算资本家，百分之七八十的工商业者不算资本家，算成小资产阶级。十三万户工商业中，决定命运的经济上起重大作用的，只几千、几万户。代表资产阶级是大的资本家，小的不能代表。

12月8日　晚七时，在中南海颐年堂会见巴西雕塑家马丁斯夫人等，郭沫若、张奚若[1]等在座。毛泽东说：我们见到三个地方的朋友最亲热，就是亚洲、非洲和拉丁美洲，我们感到平等。同西方其他国家的人见面，总感到有些不平等。中国人很苦，在过去的政府统治下没有出路。现在正在建设好一点的生活。客人说：我们所看到的和所读到的报道，感到主席很仁慈。毛泽东说：这是因你们总是以同情的眼光来看我们，因为我们两个国家所处的地位相同。

同日　晚七时五十分，在中南海勤政殿邀集出席全国工商联第二届会员代表大会的各省市代表团负责人座谈，刘少奇、陈云、薄一波及有关部门负责人参加。毛泽东说：我看公私合营以来，工商界有很大进步，我感觉比过去更加熟悉了，更加靠拢了。我对资本家的看法比过去有了进步，从前认为改造很困难，你们自己也可能没料到变化会这样快，学习中还开展了批评和自我批评。开展批评和自我批评，这是人民内部解决问题的方法。共产党、政府、民主党派、工人、农民、工商界，包括恢复了选举权的地主，都属于人民内部。资产阶级作为一个阶级是要消灭的，但人都包下来了。工商业者不是国家的负担，而是一笔财富，他们过去和现在都起了积极作用。在资本家中要宣传把个人的事情和国家的事情联系起来，提倡爱国主义，总要想到国家的事情。为什么要搞公私合营，搞社会主义？就是为了便于把国家发展起来，社会主义比私有制更有利于发展国家的经济、文化，

---

〔1〕 张奚若，当时任全国政协常委、教育部部长（至1958年2月）、中国人民外交学会会长。1958年2月又任中国对外文化联络委员会主任。

使国家独立。大学生中百分之七十是资产阶级的子弟，要把他们培养成为国家建设人才，我们是完全信任他们的。至于入学、助学金、入团和戴红领巾这些问题，要一视同仁，只看条件如何，不要看家庭出身。中国的民族资产阶级是爱国的阶级，但是不要说是红色资产阶级。民族资产阶级中有先进的、中间的、落后的，颜色不一，思想状态不一，并且有两面性，有进步的一面，有落后的一面。我们政府的性格，你们也摸熟了，是跟人民商量办事的，可以叫它是个商量政府。我们不是板起面孔教训人的，不是意见提得不对就给他一棒子。我们叫人民政府，你们有话尽可以讲，不会借故整人的。我主张把占百分之九十的中小资本家不划入资产阶级范围，拿到的定息只够买几包香烟的，就叫他们小资产阶级。资方代理人也是属于小资产阶级范围，叫上层小资产阶级。关于定息的时间问题，解决这个问题有一个原则，就是不要损害资本家的利益，特别是不要损害大资本家的利益。对国家经济生活作用大的，还是大资本家。从公私合营和国有化来说，大资本家对国家的意义更大。定息到底搞多长时间，中共中央讨论过，认为时间太短了不好。赎买就是真赎买，不是欺骗的。以七年为期，从今年算起到第二个五年计划最后一年。我说还可以拖一个尾巴，拖到第三个五年计划，总要天理人情过得去。大资本家人数少，但他们的资本多，比中小资本家对国家的作用来得大，所以中小路线是不对的，应该是大中小路线。要对工人说清楚，我们采取这个政策对整个民族是有利的。一些外国人到中国来都要到上海看看荣毅仁先生，看看他有几部汽车，房子里有没有钢琴。有一个法国资本家看过以后说，只要法国共产党这样做，他就放心了。我们这样做，对亚非国家和欧洲一些国家的影响也很大。所以，急于取消定息是没有好处的。革命是为建设扫清道路。革命把生产关系和上层建筑加以改变，把经济制度加以改变，把政府、意识形态、法律、政治、文化、艺术这些上层建筑加以改变，根本目的不在于建立一个新的政府、一个新的生产关系，而在于发展生产。现在我们年产只有四百万吨钢，再搞五年也只有一千多万吨，我们六亿人口，这点钢不算事。要赶上美国一亿吨钢，还要四五十年才有希望。请大家把目标转向这个方面。我希望各位朋友引导参加会议的这一千多人，把目标向着生产方面。我们要有几十年的时间才能在生产上、科学上、文化上翻身，所以我们要团结一切可以团结的人。

同日　阅新华社十二月六日编印的《内部参考》第二〇七一期刊登的《浙江省许多地区在执行侨务政策中存在不少严重缺点》一文，批示："罗瑞卿同志：一一一页上关于浙江省的一条消息值得一看。"这条消息说，出席浙江省最近召开的侨眷归侨代表会议的代表反映：不少青年由于亲属在国外不能入团，甚至入工会也受阻碍；国外来信被拆阅以至传阅；干涉侨汇使用，强迫借贷、捐款和购买公债；一些公安部门对归国观光、探亲的华侨出国多方限制、留难。代表们认为，政府的政策是很好的，但宣传工作做得不够，下面执行得不好，要求大力宣传和重视贯彻侨务政策的问题。

12月10日　晚上，在中南海颐年堂召开会议，讨论《再论无产阶级专政的历史经验》稿修改问题和其他问题，刘少奇、朱德、陈云、张闻天、陆定一、康生、薄一波、王稼祥、杨尚昆、胡乔木、吴冷西、田家英出席。

12月12日　晚上，和刘少奇在中南海颐年堂会见尤金，谈关于南斯拉夫问题及赫鲁晓夫来中国访问问题。会见时，陈云、张闻天、王稼祥、胡乔木等在座。会见后，同刘少奇、陈云、张闻天、王稼祥、胡乔木继续商谈《再论无产阶级专政的历史经验》稿修改问题。

同日 复信刘松林[1]："两信均收，甚慰。留一年，很有益。别人闲话，可以置之不理。岸青[2]暂时不见也罢，将来总可以见着的。这里一切如常，弟妹均尚勤学。我亦好，不劳系念。祝好！"

12月13日 复信杨开智[3]："历次惠书并寄照片均已收到，甚谢。敬问老太太[4]及阖家安吉！"

同日 复信毛春秀[5]："给我的信早已收到，多年不见，甚为高兴。调你儿子做财经工作一事，我不能办，要在当地所属机关自己申请，乞谅为荷！"

同日 晚上，同廖鲁言、刘建勋[6]谈话。

12月14日 阅彭德怀关于军事系统向中央汇报工作问题给毛泽东的报告，批示："退彭德怀同志：可以准备在春季或春夏之间了解几个军事部门的工作情况。"

12月15日 下午，同周扬谈话。

12月16日 审阅中共中央关于西藏可能发生暴乱的对策问题给西藏工委等的电报稿，重写一段文字："中央和毛主席历来认为改革一定要得到达赖、班禅和僧侣领导人的同意，要各方条件成熟，方能实行。现在无论上层和人民条件都不成熟，所以目

---

〔1〕 刘松林，原名刘思齐，当时在苏联莫斯科大学数学力学系学习。1949年10月同毛岸英结婚，1950年11月25日毛岸英在抗美援朝战争中牺牲。

〔2〕 岸青，即毛岸青，毛泽东的次子。

〔3〕 杨开智，杨开慧的哥哥。

〔4〕 指杨开智、杨开慧的母亲向振熙。

〔5〕 毛春秀，毛泽东的族姑母。

〔6〕 刘建勋，当时任中共中央农村工作部副部长（至1957年12月）、广西省委书记处书记（1957年6月任第一书记）。1957年6月、9月又先后任中国人民解放军广西省军区政治委员、广西省政协主席。

前几年都不能实行改革，中央认为第二个五年计划时期是不能实行的，第三个五年计划时期也还要看情况如何才能决定。但如果受外国指挥的反革命分子不通过协商而一定要通过反叛和战争破坏十七条协议，把西藏情况打烂，那就有可能激起劳动人民起来推翻封建制度，建立人民民主的西藏。目前应把在六年内不改革的方针在党内在藏族上层普遍加以传达，工委可以在最近约自治区筹委会和噶厦的主要官员座谈，向他们说清上述中央的方针。”并批示：“少奇阅，即刻发，再送朱、陈、彭、谭〔1〕、徐冰、洛甫、汉夫〔2〕阅。”

同日　为转发南京军区党委关于密切军队和地方关系的报告，写批语：“请总政用中央和军委名义将此件发给各省、市、自治区党委和军区党委及志愿军党委，一律仿照办理，并以结果上报。”报告说：为了进一步密切军队与地方党政的关系，解决现存的一些问题，建议在拥政爱民、拥军优属月期间，请地方各级党委主持召开有驻军党委同志参加的会议，检查军队和地方的关系，商讨今后密切联系、加强团结的措施，研究如何共同努力加强治安工作，搞好新兵征集、复员转业等项工作。

同日　复信黄炎培：“惠书敬悉。前信〔3〕无甚深意，以不发表为妥。水调歌头：逝者如斯乎的‘乎’错了，请改为‘夫’字。赠吴湖帆〔4〕先生、张叔通〔5〕先生各五百元，敬请转致

---

〔1〕 朱、陈、彭、谭，指朱德、陈云、彭德怀、谭政。

〔2〕 洛甫，即张闻天。汉夫，即章汉夫。当时任中共外交部党组副书记、外交部副部长。

〔3〕 指毛泽东1956年12月4日写给黄炎培的信。

〔4〕 吴湖帆，中华人民共和国成立后曾任上海市政协委员、中国美术家协会上海分会副主席、上海中国画院画师。

〔5〕 张叔通，上海中国画院画师。

为荷。”

同日 复信杨开英[1]：“很久以前接你一信，甚为高兴。拖延未复，以后查不到你的地址了。近日毛世美[2]他们来看我，知道你在大连的育英中学做教务长，又说你仍患肺病，甚为系念。寄上一点钱以供医药之用。如有所需，尚望告我。我的情况尚好。杨老太太及杨子珍[3]夫妇和我仍有联系。便时望以你的情况见告。”

同日 下午三时，同张闻天谈话。其间，同在拉萨的西藏工委书记张经武通电话，了解西藏情况。下午六时五十五分，同在云南芒市的周恩来通电话，告知西藏的情况，要他访问缅甸、尼泊尔[4]后再到印度，十二月底回到北京，三五天后再去苏联、波兰等国访问。

同日 晚上，在中南海颐年堂召开会议，讨论西藏问题和《再论无产阶级专政的历史经验》稿修改问题，刘少奇、朱德、陈云、张闻天、陆定一、王稼祥、谭震林、杨尚昆、胡乔木、章汉夫出席。

12月17日 晚九时，和陈云在中南海勤政殿会见日中输出入协会理事长南乡三郎。

同日 晚十时四十五分，在中南海颐年堂同青藏公路管理局局长慕生忠谈话。

12月18日 中午，同胡乔木谈《再论无产阶级专政的历史经验》稿修改问题。

同日 将新华社关于扩大《参考消息》和《参考资料》的订

---

〔1〕 杨开英，杨开慧的堂妹。当时任大连市第三中学副教导主任。

〔2〕 毛世美，毛泽东的远房侄孙。

〔3〕 杨子珍，即杨开智，字子珍。

〔4〕 后来，周恩来因出访时间过长身体疲劳，改变出访行程，推迟对尼泊尔的访问，在访问巴基斯坦之后即再到印度。

阅范围报中央的计划，批送刘少奇、朱德、谭震林阅，交杨尚昆办。这个计划是根据毛泽东的指示作出的。

12月19日 晚上，在中南海颐年堂召开会议，讨论《再论无产阶级专政的历史经验》第三稿，刘少奇、朱德、陈云、张闻天、陆定一、康生、薄一波、王稼祥、谭震林、杨尚昆、胡乔木、吴冷西、田家英出席。

12月20日 晚上，召集刘少奇、陈云、李先念、薄一波、谭震林、杨尚昆、刘瑞龙〔1〕开会，听取廖鲁言汇报全国农业工作会议情况及会议中提出的几个问题。

12月21日 阅邓子恢关于福建龙岩县白土区撤区并乡试验情况给中共中央的报告，批示："震林、尚昆同志：此件请书记处加以讨论，如大家赞成的话，则转发各地仿办。"二十八日，中央批转邓子恢的报告，中央批语指出：中央认为龙岩县白土区撤区并乡的经验是好的，可供各地参考。但目前对全国撤区并乡问题还不能作出统一的规定，各地可以根据不同情况和自己的经验，自行决定撤区或不撤区、并乡或不并乡，以及何时撤区并乡。

同日 阅中共中央统战部内部刊物刊载的《上海市卢湾区宗教界人士的思想情况》一文，批示："此条可以一阅。阅后退毛。""陆定一同志：天主教事现在是否仍归你管理？上海的天主教工作值得加以研究，将那里的有关管理和接触天主教的干部和天主教中的进步分子加以教育，使他们善于做工作。"

12月22日 下午，同即将率中国军事友好代表团出访缅甸的叶剑英〔2〕谈话。

---

〔1〕 刘瑞龙，当时任农业部副部长。

〔2〕 叶剑英，当时任中国人民解放军武装力量监察部部长、国防委员会副主席。1957年11月又任中国人民解放军军事科学院院长（1958年1月兼政治委员）。

12月23日 下午，中共中央政治局扩大会议在中南海西楼会议室举行，由刘少奇主持讨论《再论无产阶级专政的历史经验》第四稿。晚上，毛泽东在颐年堂召开会议，讨论《再论无产阶级专政的历史经验》第四稿，刘少奇、陈云、陆定一、康生、薄一波、谭震林、王稼祥、杨尚昆、胡乔木、罗瑞卿出席。

12月24日 审阅中共中央为转发广东省委关于退社问题报告的批语稿，加写一段话："各地合作社对于富裕中农急急忙忙叫他们入社，或者让他们入社，本来是不策略的。按照毛泽东同志一九五五年七月三十一日的报告所规定的策略，是首先让一部分觉悟了的贫农下中农入社，然后让后觉悟的大部分贫农下中农入社（分批分期），不要忙于动员富裕中农入社。后来在合作化潮流高潮中富裕中农勉强入社，就有些人来说，当时也很难劝阻。今年分配所得，他们的收入一般都有些减少，因此怨言甚多，有些人要求退社。中央认为让一部分（不是大部分，更不是全部）坚决要求退社的富裕中农退社，不但无害，而且有益。请你们考虑这个政策是否可行。如果认为可行，就下决心让一部分人退社。"

同日 阅陈云十二月二十三日嘱高智送阅的一月二十六日《人民日报》[1]，批示："此件送陈叔通先生一阅，退还陈云副总理。我在这里讲的是'大约三年基本上完成社会主义革命'，并没有讲三年全部完成。所谓基本完成，在工商业就是公私合营，但不是三年而是半年即完成了，我多估计了两年半。所谓全部完成，就是国有化，即取消定息，那是至少需要七年的。"

---

〔1〕 1956年1月26日《人民日报》发表了毛泽东1月25日在最高国务会议上的讲话，其中说："大约再有三年的时间，社会主义革命就可以在全国范围内基本上完成。"

同日　审阅修改中共中央为转发中央统战部《关于加强政协地方委员会工作的意见》的指示稿，加写一段话："大约在一九五七年夏季，中央将召开一次专门讨论全国统一战线工作的会议，请你们早作准备，将所属地区的统一战线工作（包括少数民族工作）加以认真的检查和安排。对于有些在党外人士面前爱摆老爷架子，宗派主义作风极为严重的同志，应当认真地给以批评和教育，端正他们的态度和作风。"并批示："在中央指示的末尾加了一段，请少奇、徐冰同志再阅，交尚昆办。"

同日　下午，同胡乔木谈《再论无产阶级专政的历史经验》第四稿修改问题。

12月25日　晚上，在中南海颐年堂召开会议，讨论《再论无产阶级专政的历史经验》第五稿，刘少奇、陈云、张闻天、陆定一、康生、王稼祥、胡乔木、吴冷西、田家英出席。

12月26日　阅彭德怀关于援助埃及军事装备问题给中共中央的请示报告，批示："筹划的两项〔1〕，可以进行筹划。具体援助事项，须经国务院统筹酌定。刘、朱、陈、闻天阅，退彭。"

同日　晚上，在中南海颐年堂召开会议，讨论《再论无产阶级专政的历史经验》第六稿，刘少奇、陈云、张闻天、陆定一、康生、王稼祥、胡乔木、吴冷西、田家英出席。

12月27日　晚九时，在中南海颐年堂召开会议，讨论《再论无产阶级专政的历史经验》第八稿，刘少奇、陈云、邓小平、张闻天、陆定一、康生、王稼祥、胡乔木、吴冷西、田家英出

---

〔1〕指彭德怀报告中提出的已告总参谋部筹划的两件事情：一、具体研究一下我国生产的轻武器有哪些可以出口，以便为政府以后商谈援助埃及问题作好准备。二、我国生产并可出口的步兵轻武器样品，准备给埃及大使参观一下。

席。会议于次日零时二十分结束。由胡乔木、吴冷西、田家英根据讨论的意见作最后一次修改。毛泽东阅后决定二十八日晚上广播，二十九日《人民日报》发表。

12月29日 《人民日报》发表《再论无产阶级专政的历史经验》，题下注明“这篇文章是根据中国共产党中央政治局扩大会议的讨论由《人民日报》编辑部写成的”。全文共两万字，前面一个引言，末尾一个结束语，中间四个部分分别论述由苏共二十大关于斯大林问题引发的四个重大问题：关于苏联革命和建设道路的基本估计；关于斯大林的功过的估计；关于反对教条主义和反对修正主义；关于各国无产阶级的国际团结。在引言中，有一大段是根据毛泽东多次修改意见形成的文字，集中表达了他在国内外新情况下，对整个世界范围内矛盾问题的理论思考：“在我们面前有两种性质不同的矛盾：第一种是敌我之间的矛盾（在帝国主义阵营同社会主义阵营之间，帝国主义同全世界人民和被压迫民族之间，帝国主义国家的资产阶级同无产阶级之间，等等）。这是根本的矛盾，它的基础是敌对阶级之间的利害冲突。第二种是人民内部的矛盾（在这一部分人民和那一部分人民之间，共产党内这一部分同志和那一部分同志之间，社会主义国家的政府和人民之间，社会主义国家相互之间，共产党和共产党之间，等等）。这是非根本的矛盾，它的发生不是由于阶级利害的根本冲突，而是由于正确意见和错误意见的矛盾，或者由于局部性质的利害矛盾。它的解决首先必须服从于对敌斗争的总的利益。人民内部的矛盾可以而且应该从团结的愿望出发，经过批评或者斗争获得解决，从而在新的条件下得到新的团结。当然，实际生活的情况是复杂的。有时为了对付主要的共同的敌人，利害根本冲突的阶级也可以联合起来。反之，在特定情况下，人民内部的某种矛盾，由于矛盾的一方逐步转到敌人方面，也可以逐步转化成为对抗性的矛盾。到了最后，这种矛盾也就完全变质，不再属于人民内部矛盾的范围，而成为敌我矛盾的一部分了。这种现象，在苏联共产党和中国共产党的历史上，都曾经出现过。总之，一个人只要站在人民的立场上，就决不应该把人民内部的矛盾同敌我之间的矛盾等量齐观，或者相互混淆，更不应该把人民内部的矛盾放在敌我矛盾之上。否认阶级斗争、不分敌我的人，决不是共产主义者，决不是马克思列宁主义者。”毛泽东在审阅胡乔木修改的第三、四、五、六稿时，作了许多修改，其中加写的，主要有：在文章讲到保卫十月革命所开辟的马克思列宁主义的道路的地方，加写：“几十年来，一切修正主义者对于马克思列宁主义所提出的修正意见，所传播的右倾机会主义思想，也正是想避开无产阶级解放的这一条必由之路。”在文章讲到斯大林的功过问题的地方，加写：“尽管在某些时候为了纠正这些错误而对这些错误加以强调是必要的，但是为了作出正确的估价，不使人们发生误解起见，将这些错误放在适当的地位也是必要的。我们认为，斯大林的错误同他的成绩比较起来，只居于第二位的地位。”在文章讲到中国共产党在一九三一年到一九三四年间，由于教条主义者否认中国的特点，而照抄苏联的某些经验，使革命力量遭到严重失败的地方，加写：“我们的党在一九三五年的遵义会议到一九四五年的第七次全国代表大会期间，曾经彻底地清算了这条为害严重的教条主义路线，团结了全党同志，包括犯过错误的同志在内，发展了人民的力量，从而取得了革命的胜利。如果不是这样做，取得胜利是不可能的。”毛泽东还删去文中的“中国社会主义建设事业的迅速发展，在很大程度上就是学习苏联经验的结果”一句，并批注：“中国建设事业的方针是否正确，还待将来证明，这里不说为宜。”

12月31日　下午，同朱德谈话。

1957年　六十四岁

1月1日　晚上，在中南海怀仁堂出席新年团拜晚会。

1月2日　晚上，在中南海瀛台参观工业展览。

1月3日　审阅邓小平一月二日报送的拟提交中共中央军委扩大会议讨论的关于裁减和整编军队问题的报告（草稿）。邓小平建议，在政治局常委会上谈谈这个问题，文件可先予原则同意，待军委扩大会议讨论后，再报中央正式批准。毛泽东批示："退小平同志。此件已阅，可以在这几天谈一下。"

同日　阅陆定一一月二日为报送加拉赫和阿诺德关于《毛泽东选集》英文版翻译问题的意见〔1〕给毛泽东的信。信中还提出高士的文章〔2〕可否在《世界知识》杂志上登载。毛泽东批示："退陆定一同志：此件看过。高士文章也看过，可以登《世界知识》。我已转胡乔木、田家英二同志一阅，大概不久就可以退还你了。"

---

〔1〕参加中共八大的英国共产党代表团成员加拉赫和阿诺德1956年10月26日关于《毛泽东选集》英文版的翻译问题提出的意见是：目前的英译本不能令人满意，译本和原著的重要性不相称，毛泽东出色的文体也未能得到体现。建议本着信、达、雅的原则，组织精通中英文和具有将作者的特性翻译过来的特殊才能的人，对这一译本进行修订。

〔2〕指印度共产党中央总书记高士在印度《新世纪》月刊1956年第10期发表的《论印度的发展道路》一文，后在《世界知识》1957年第2期转载。

同日 晚上，在中南海颐年堂主持召开中共中央政治局扩大会议，听取周恩来访问越南、柬埔寨、印度、缅甸和巴基斯坦情况的汇报。

1月4日 阅中共江苏省委关于开展增产节约运动的情况和部署的报告和中央转发这个报告的批语稿，批示："请尚昆注意，待省市委书记到京时将此件印发给他们。此件请乔木看一下，退尚昆办。"对报告提出的冻结现有机构和人员编制，制定整编方案，中央批语指出：在没有找到妥善安置办法以前，不要把精简人员从现在工作岗位上减出去。

同日 晚上，在中南海颐年堂主持召开中共中央政治局常委扩大会议，讨论周恩来准备出访苏联等七国事宜及其他一些具体问题，刘少奇、周恩来、朱德、陈云、邓小平、张闻天、陆定一、康生、王稼祥、胡乔木出席。

1月5日 审阅修改中共中央为转发天津市委关于一九五七年肃反规划的批语稿，批示："增加一条，这是在中央会议上谈过的，并已向陈叔通、荣毅仁及各省市资本家代表宣布过。刘、陈、邓、瑞卿、震林再阅。"加写的一条是："关于在公私合营企业中进行肃反工作的问题，不但应吸收那些自愿参加的资方人员参加，而且应和工商联及民建会协商，取得他们同意，方可进行。对于资方人员中查出的反革命分子，在结案时也要有工商联、民建会参加审查，得其同意，方可结案。各省市目前是否在私方人员中进行肃反，由各省市自己决定。"

同日 阅陈伯达一九五六年十二月三十日关于乡干部工资问题给李先念电话的记录，批示："少奇、陈云、小平、尚昆同志：此件应发在京中委及省、市、区党委，并准备发一月十五日开会[1]各同志。请书记处考虑处理办法。”陈伯达认为乡干部的工资高低与农民有直接关系，过高了并无好处，反而影响了农民的生产情绪。建议对乡干部的工资，没有增加的不再增加，已经增加了的应从下一个月起减下来。

1月6日 致信苏联最高苏维埃主席团主席伏罗希洛夫[2]，邀请他来中国访问。十八日，伏罗希洛夫复信毛泽东，定于四月十五日至五月五日访问中国。

同日 晚上，在中南海颐年堂主持召开中共中央政治局常委扩大会议，刘少奇、周恩来、朱德、陈云、邓小平、彭德怀、贺龙、张闻天、陆定一、康生、王稼祥出席。

1月7日 阅《人民日报》发表的陈其通、陈亚丁、马寒冰、鲁勒[3]的文章《我们对目前文艺工作的几点意见》，批示：“尚昆同志：请将此文印发政治局、书记处及月中到会各同志。”并注明“此文见一九五七年一月七日《人民日报》”。

同日 晚上，同师哲[4]谈话。

1月8日、9日、10日 连续三天晚上，在中南海颐年堂召开会议，讨论经济问题，出席会议的人数分别为十九人、十七人、十八人。陈云、李富春、李先念、薄一波等在会上发言。十日会后，毛泽东同陈云、贾拓夫[5]、杨尚昆谈话。

---

〔1〕 指中共中央1957年1月18日至27日在北京召开的省市自治区党委书记会议。

〔2〕 伏罗希洛夫，当时还任苏联共产党中央主席团委员。

〔3〕 陈其通、陈亚丁，当时任中国人民解放军总政治部文化部副部长。马寒冰、鲁勒，当时分别任中国人民解放军总政治部文化部文艺处处长、副处长。

〔4〕 师哲，当时任中共山东省委书记处书记。

〔5〕 贾拓夫，当时任国务院第四办公室主任、国家经济委员会副主任。1958年任国家计划委员会副主任。

1月11日 晚上，在中南海颐年堂召集刘少奇、陈云、邓小平开会，讨论达赖喇嘛去噶伦堡[1]等问题。

1月12日 复信臧克家[2]等："惠书早已收到，迟复为歉！遵嘱将记得起来的旧体诗词，连同你们寄来的八首，一共十八首，抄寄如另纸，请加审处。这些东西，我历来不愿意正式发表，因为是旧体，怕谬种流传，遗误[3]青年；再则诗味不多，没有什么特色。既然你们以为可以刊载，又可为已经传抄的几首改正错字，那末，就照你们的意见办吧。《诗刊》出版，很好，祝它成长发展。诗当然应以新诗为主体，旧诗可以写一些，但是不宜在青年中提倡，因为这种体裁束缚思想，又不易学。这些话仅供你们参考。"二十五日，毛泽东的十八首诗词[4]在《诗刊》创刊号发表。

同日 为刘胡兰烈士陵园重写的题词"生的伟大，死的光荣"，在《人民日报》发表。

1月14日 致电正在波兰访问的周恩来。电报说："（一）波兰党的根本路线应当承认是正确的。关于团结一切可以团结的积极力量向党内外的右倾力量和暗藏反革命分子进攻（在实际行

---

〔1〕 1956年11月，达赖喇嘛和班禅额尔德尼应邀去印度参加释迦牟尼涅槃2500周年纪念活动。回国时，达赖喇嘛不听中央政府的劝阻，坚持要经噶伦堡返回西藏。噶伦堡是印度东北边境城镇，当时有不少外逃的中国藏族上层反动分子及帝国主义和台湾的特务聚集在那里。

〔2〕 臧克家，诗人。当时任中国作家协会书记处书记、《诗刊》主编。

〔3〕 "遗误"应为"贻误"。

〔4〕 这18首诗词是：《沁园春·长沙》、《菩萨蛮·黄鹤楼》、《西江月·井冈山》、《如梦令·元旦》、《菩萨蛮·大柏地》、《清平乐·会昌》、《忆秦娥·娄山关》、《十六字令》三首、《七律·长征》、《念奴娇·昆仑》、《清平乐·六盘山》、《沁园春·雪》、《七律·和柳亚子先生》、《浣溪沙·和柳亚子先生》、《浪淘沙·北戴河》、《水调歌头·游泳》。

动上要分期分批）的问题，请你找一个机会向波兰领导同志谈一下，并征求他们的意见，因为这个问题是波兰各项问题中的最根本的问题。关于匈牙利十月事件和波兰十月事件有根本不同的性质这个问题，也请你同波兰同志谈一下，并征求他们的意见。（二）关于你们代表团是否在访问三个亚洲国家以后，立即再访东欧及巴尔干几个国家的问题，（甲）立即再访，（乙）过一个时期再访，二者各有利弊。请你和代表团同志商量一下，在回莫斯科的时候，用电话和我交换一下意见，再行决定较妥。”毛泽东批示：“即送刘、陈、邓、闻天阅，尚昆发王炳南〔1〕。”十五日晚，周恩来同波兰统一工人党中央第一书记哥穆尔卡进行第二次单独谈话。在周恩来转达毛泽东的意见后，哥穆尔卡表示感谢毛泽东的关怀和周恩来提醒的许多问题，说其中很多都是正确的。

同日 下午，同臧克家、袁水拍谈诗歌创作问题。毛泽东说：我已经看了关于新诗旧诗争论的文章。关于诗，有三条：（一）精练，（二）有韵，（三）一定的整齐，但不是绝对的整齐。要从民间歌谣发展。过去每一时代的诗歌形式，都是从民间吸收来的。要调查研究，造成一种形式。过去北京大学搜集过民谣，现在有没有人做？要编一本现代诗韵，使大家有所遵循。诗必须有诗意，要含蓄。我写词，因为词比较自由，句子长短不等。不要在青年中提倡旧诗。现在看到的有些旧体诗较好，并不都好，有些不好。有些诗不好，在于需要注解，诗不宜多注解。不能依靠注解。鲁迅写了新体诗《野草》，不流行。他的旧体诗却流行很广。因为旧体诗的形式容易背诵记忆。我过去以为明朝的诗没有好的。《明诗综》没有看头，但《明诗别裁》有些好诗。明朝

〔1〕 王炳南，当时任中国驻波兰大使、中美大使级会谈中方首席代表。

的诗里面，李攀龙、高启等人有些好诗。全集是没有看头的，有许多诗是不好的，如李白、杜甫、李义山的全集，没有多少好的，但少量的诗非常好。又说：听说提出百花齐放、百家争鸣后，大家不写革命题材了。对作家要安排，要管与不管相结合，要写重大题材。

1月15日 晚上，在中南海颐年堂召开会议，讨论召开省市自治区党委书记会议问题，刘少奇、陈云、邓小平、李富春、彭德怀、李先念、张闻天、陆定一、薄一波、谭震林、黄克诚、邓子恢、陶铸、杨尚昆、胡乔木、廖鲁言出席。

1月16日 晚上，在中南海颐年堂召开会议，听取部分省市委书记的工作汇报，刘少奇、邓小平、杨尚昆、廖鲁言、陶铸、于一川、常颂、林乎加〔1〕、曾希圣、李井泉、马国瑞〔2〕等出席。

1月17日 晚上，在中南海颐年堂召开会议，听取部分省市委书记的工作汇报，刘少奇、陈云、邓小平、谭震林、陈正人、杨尚昆、胡乔木、刘仁〔3〕、黄火青、陶鲁笳、吴德、欧阳钦、柯庆施、刘顺元〔4〕、吴芝圃、张德生、李景林〔5〕、王恩茂、舒同等出席。

1月18日—27日 在中南海勤政殿主持召开省市自治区党

---

〔1〕 于一川，当时任中共云南省委书记处书记。常颂，当时任中共贵州省委书记处书记兼监察委员会书记。林乎加，当时任中共浙江省委书记处书记兼秘书长。

〔2〕 马国瑞，当时任中共河北省委书记处书记、河北省政协主席。

〔3〕 刘仁，当时任中共北京市委第二书记、北京市政协主席。

〔4〕 刘顺元，当时任中共江苏省委书记处书记、江苏省副省长。

〔5〕 李景林，当时任中共甘肃省委书记处书记兼监察委员会书记。1958年10月任宁夏回族自治区政协主席。

委书记会议。会议的主要议题是思想动向问题、农村问题、经济问题。

1月18日 下午三时，主持省市自治区党委书记会议。陈云作关于财政经济问题的报告，毛泽东多次插话。他说：各部门之间的比例究竟怎样平衡才恰当？重工业各个部门之间的比例，轻工业各个部门之间的比例怎样平衡才恰当？这个比例再搞五六年是不是能搞得出来？我希望缩短这个时间。建设这个过程，我希望缩短时间，并且不要付那样大的代价。苏联是付了很大代价的，竭泽而渔，搞了二十一年，钢从四百万吨只增加到一千八百万吨。我们是不是可以也在同样的时间，不采取那个竭泽而渔的办法，把我们的重工业建设得比它还多一点呢？苏联付出的代价相当大，人民束紧裤带。他们是有了重工业，丧失了人民。我们是不是可以又有重工业，又得了人民？这个问题没有解决，要靠以后找出一条道路来。有些东西现在不能定的，哪样东西多，哪样东西少？煤、电、油应该搞多少？轻工业究竟搞哪些东西？农业搞多大的规模，投多少资？这要过一个时期才能看得出来。现在脑筋里想的是主观安排，有很多东西可以断定是不合实际的。但是，不合实际为什么要安排？你不安排不行。现在只好开工厂，究竟开得恰当不恰当，那要将来才能知道。保证必要的民生，无非是使轻工业发展起来，这是增加积累的道路。重工业、轻工业投资的比例问题，要重新研究，现在可不可以七比一？苏联是重工业九、轻工业一；我们是重工业八、轻工业一，准备七比一。就是说，在轻工业方面要多投点资，这样恐怕有利。去年四月，我们在这里谈过重、轻、农的比例问题。适当地（不是太多地）增加轻工业方面的投资、农业方面的投资，从长远来看（五年、十年），既可以搞积累，又满足了人民的需要，反而对于重工业的发展有利。这样一来，就跟苏联走的那条路有点区别，不完全抄它那条路。但是不能光讲，要在具体实行时，比如在物资分配和材料分配时，哪方面为第一，哪方面为第二，搞出一个界限来。现在，陈云同志搞出了一个界限。他说是先满足轻工业、农业最低限度的需要，第二才满足基本建设。没有这一条就没有个界限。十二年以后，农业要有大发展，要由古代农业转为近代农业。农业大量增产，生活是一定会改善的，是有希望的，社会主义是一定会有优越性的。第一个五年计划，是以工业、交通为主。所谓工业，就是重工业。至于轻工业、农业，是“行有余力，则以学文”。这是制定第一个五年计划以及后头实行的基本办法。现在要采用你（指陈云——编者注）讲的第二种方法，是先搞轻工业、农业，行有余力再搞重工业。轻工业、农业当然是最低限度的，必要的，重工业在投资里头总是居最大多数。即使搞到六比一，重工业、交通也是要占六，轻工业和农业占一。国防工业的投资和非国防工业的投资的比例，要重新考虑。国防工业是消费性的，你建立那么多，民用工业没有搞起来，将来真正打起仗来就不能打了。因为你没有经济基础，基本工业投资少，没有建立起来。经济基础行了，普通民用工业投资用的数字大了，即使国防工业用得少，打起仗来也有办法。它一变、一转，就是了。中国民用工业没有基础，三个五年计划恐怕是不够的，可能要四个五年计划，就是说要二十年，至少十五年。二十年以后，我们的国防就有一点底子了。那时要打仗，我有了十五年至二十年的工业基础，要造什么武器就容易了。

陈云作报告后，毛泽东讲话，着重讲思想动向问题。他说：思想动向问题，我们应当抓住。这里当作第一个问题提出来。现在，党内的思想动向，社会上的思想动向，出现了很多值得注意的问题。有一种问题是我们自己家里出的。比如，现在有些干部争名夺利，唯利是图。他们不是比艰苦，比多做工作少得享受，而是比阔气，比级别，比地位。这类思想在党内现在有很大的发展，值得我们注意。农业合作化究竟是有希望，还是没有希望？是合作社好，还是个体经济好？这个问题也重新提出来了。前年反右倾，去年反冒进，反冒进的结果又出了个右倾。我说的这个右倾，是指在社会主义革命上，主要是在农业社会主义改造问题上的右倾，出来这么一股风。在学校里头也出了问题，好些地方学生闹事。在一些教授中，也有各种怪议论。去年一年，国际上闹了几次大风潮。对苏共二十次代表大会，我们党内绝大多数干部是不满意的，认为整斯大林整得太过了，这是一种正常的反映。但是，也有少数人起了波动。这是党内的动摇分子，一有机会他就要动摇。从前拥护斯大林非常积极的，这时候也反得积极。我看这种人缺乏道德，马克思主义也包括道德。台风年年都有的，国际上思想台风、政治台风也是年年都有的，要注意这个动向。毛泽东批评了一种说法，认为我们党的政策是农村“左”了，城市右了。他说：所谓农村政策“左”了，就是说农民收入不多，比工人少。这要有分析，不能光看收入。工人生产的价值比农民大，生活必需的支出也比农民多。政府对农民大力帮助，比如修水利、发放农贷等。我们对于工农业产品的交换是缩小剪刀差，而不是像苏联那样扩大剪刀差。不能说我们的农村政策“左”了。至于说城市政策右了，看起来也是有点像，把资本家包起来，还给他们定息。这个政策中央是仔细考虑过的。出这样一点钱，就买了这么一个阶级，把他们的政治资本剥夺干净了。全中国知识、文化、技术比较高的就是这个阶级。其办法，一个就是出钱买，我一买，政治资本就不在你的手里，而在我们手里；一个就是安排，使他有事做。所以，也不能说我们的城市政策右了。我们的农村政策是正确的，我们的城市政策也是正确的。所以，像匈牙利事件那样的全国性大乱子闹不起来。无非是少数人要搞所谓大民主。我说对大民主，第一不怕，第二要加以分析。在知识分子问题上，现在有这样一个偏向，叫做重安排不重改造。百花齐放、百家争鸣一来，不敢去改造知识分子了。我们敢于改造资本家，为什么对知识分子和民主人士不敢改造呢？百花齐放，我看还是要放。有些同志认为，只能放香花，不能放毒草。这就有问题了。田里头长着两种东西，一种叫粮食，一种叫杂草。农民需要年年跟田里的杂草作斗争，我们党的作家、艺术家、评论家、教授，也需要年年跟思想领域的杂草作斗争。

1月20日　晚上，在中南海颐年堂召开会议，听取王稼祥关于周恩来率团访问苏联、波兰、匈牙利情况的汇报，刘少奇、陈云、邓小平、李富春、彭德怀、李先念、乌兰夫、张闻天、陆定一、康生、薄一波、谭震林、杨尚昆出席。

1月22日　审阅邓小平一月十七日报送的关于撤销公安军军种番号问题的请示报告，批示照办。

1月26日　下午，在中南海颐年堂召开会议，讨论关于向南斯拉夫共产主义者联盟中央提出召开一次世界各国共产党代表会议的建议问题，以及为此给正在国外访问的周恩来、彭真发电报问题〔1〕。刘少奇、陈云、邓小平、张闻天、王稼祥出席会议。

〔1〕 1957年1月18日，正在苏联访问的周恩来向南斯拉夫驻苏联大使转达了中共中央提出的由中共和南共共同发起召开一次社会主义国家的共产党和政府的代表会议的建议，请他将这一建议报告铁托。后铁托表示还是双边或多边会谈好。1月25日，周恩来将这个情况电告中共中央，说目前举行兄弟党会议的可能性不大。1月27日，中共中央致电正在南斯拉夫访问的彭真，指出：在会见铁托时，对目前召集兄弟国家会议问题不要表示意见。

同日 致信宋庆龄[1]："亲爱的大姐：贺年片早已收到，甚为高兴，深致感谢！江青到外国医疗去了，尚未回来。你好吗？睡眠尚好吧。我仍如旧，十分能吃，七分能睡。最近几年大概还不至于要见上帝，然而甚矣吾衰矣。望你好生宝养身体。"

同日 复信黄宗溍[2]："多次惠书均已收到，迟复甚歉！文史馆事，已将尊函转去，成否不一定。送上人民币一千元，聊佐杯水之资。"

同日 复信许志行[3]："十月八日惠书早已收到，甚为感激，迟复为歉。现在是寒假，如果你愿意，可以来北京一叙（到中南海找叶子龙）。暑假可去韶山。"

1月27日 下午，主持省市自治区党委书记会议最后一次会议并讲话，讲七点意见。（一）要足够地估计成绩。我们的革命和建设，成绩是主要的，缺点错误也有。有那么多成绩，夸大是不行的，但是估低了就要犯错误，可能要犯大错误。这个问题，本来八届二中全会已经解决了，这次会上还多次谈到，可见在一些同志思想上还没有解决。（二）统筹兼顾，各得其所。这是我们历来的方针，在延安的时候，就采取这个方针。这是一个

---

〔1〕 毛泽东这封信落款署的日期为"1956年1月26日"，其中的"1956年"系笔误，应为1957年。另据档案中保存的这封信信封的邮戳日期为"57.1"。

〔2〕 黄宗溍，毛泽东在湖南省立第一师范学校读书时的地理教师。毛泽东这封信落款署的日期为"一九五六年一月廿六日"，其中的"一九五六年"系笔误，应为1957年。

〔3〕 许志行，当时在上海格致中学任教。1919年冬在武汉同毛泽东相识，1926年曾应毛泽东的邀请到广州国民党中央宣传部工作。毛泽东这封信落款署的日期为"1956年1月26日"，其中的"1956年"系笔误，应为1957年。据许志行回忆，毛泽东给他复信的时间为1957年。按信中所约，毛泽东于1957年6月22日在中南海会见了许志行。

什么方针呢？就是调动一切积极力量，为了建设社会主义。这是一个战略方针。实行这样一个方针比较好，乱子出得比较少。（三）国际问题。在中东，出了一个苏伊士运河事件。从这个事件可以看出当前世界斗争的重点。目前，帝国主义国家的争夺集中在中东这个具有重大战略意义的地区，特别是埃及苏伊士运河地区。在那里冲突的，有两类矛盾和三种力量。两类矛盾，一类是帝国主义跟帝国主义之间的矛盾，即美国跟英国、美国跟法国之间的矛盾，一类是帝国主义跟被压迫民族之间的矛盾。三种力量，第一种是最大的帝国主义美国，第二种是二等帝国主义英、法，第三种就是被压迫民族。对于国际问题的观察，我们认为还是这样：帝国主义之间闹，互相争夺殖民地，这个矛盾大些。他们是假借跟我们的矛盾来掩盖他们之间的矛盾。我们可以利用他们的矛盾，这里很有文章可做。这是关系我们对外方针的一件大事。在我们自己方面，对外宣传不要夸大。无论什么时候，都要谦虚谨慎，把尾巴夹紧一些。对苏联的东西还是要学习，但要有选择地学。世界上所有国家的有益的东西，我们都要学。（四）百花齐放，百家争鸣。这个方针，我看还是对的，是合乎辩证法的。从对立统一的观点出发，我们提出了百花齐放、百家争鸣这个方针。真理是跟谬误相比较，并且同它作斗争发展起来的。禁止人们跟谬误、丑恶、敌对的东西见面，跟唯心主义、形而上学的东西见面，跟孔子、老子、蒋介石的东西见面，这样的政策是危险的政策。它将引导人们思想衰退，单打一，见不得世面，唱不得对台戏。我们有些共产党员、共产党的知识分子的缺点，恰恰是对于反面的东西知道得太少。讲话，写文章，缺乏说服力。你不研究反面的东西，就驳不倒它。在放香花的同时，也必然会有毒草放出来。这并不可怕，在一定条件下还有益。发行《参考消息》以及出版其他反面教材，就是“种牛痘”，增强干部和群众在政治上的免疫力。对于一些有害的言论，要及时给予有力的反驳。社会上的歪风一定要打下去。打的办法就是说理。只要有说服力，就可以把歪风打下去。对于重大问题，要作好充分准备，在有把握的时候，发表有充分说服力的反驳文章。书记要亲自管报纸，亲自写文章。无论在党内，还是在思想界、文艺界，主要的和占统治地位的，必须力争是香花，是马克思主义。毒草，非马克思主义和反马克思主义的东西，只能处在被统治的地位。从这样的观点看来，百花齐放，百家争鸣，就是有益无害的了。（五）闹事问题。在社会主义社会里，少数人闹事，是个新问题，很值得研究。基本原因就在于社会上仍然有各种对立面——正面和反面，仍然有对立的阶级，对立的人们，对立的意见。发生少数人闹事，有些是由于领导上存在着官僚主义和主观主义，在政治的或经济的政策上犯了错误。还有一些不是政策不对，而是工作方法不对，太生硬了。再一个因素，是反革命分子和坏分子的存在。我们对于少数人闹事，应当采取积极态度，不应当采取消极态度，就是说不怕，要准备着。我看要准备出大事。你准备出大事，就可能不出。对于少数人闹事，第一条是不提倡，第二条是有人硬要闹就让他闹。要学会这么一种领导艺术，不要什么事情总是捂着。要揭露矛盾，解决矛盾。对闹事又怕，又简单处理，根本的原因，就是思想上不承认社会主义社会是对立统一的，是存在着矛盾、阶级和阶级斗争的。对于建设时期的阶级斗争和人民内部的矛盾，我们缺乏经验。革命时期的人民内部的斗争很少，因为都集中力量去对付阶级斗争去了。建设时期，剩下一部分阶级斗争，大量表现的是人民内部的矛盾。当前的少数人闹事就反映了这种状况。对于这个东西我们的经验不足，这是一门科学，应该好好研究。（六）法制问题。一定要守法，不要破坏革命的法制。我们的法律，是劳动人民自己制定的。它是维护革命秩序，保护劳动人民利益，保护社会主义经济基础，保护生产力的。我们要求所有的人都遵守革命法制，并不是只要民主人士守法。肃反要坚持，有反必肃。肃反的成绩是伟大的。错误也有，当然要严肃对待。（七）农业问题。全党一定要重视农业，农业关系国计民生极大。要注意，不抓粮食很危险。不抓粮食，总有一天要天下大乱。农业关系到五亿农村人口的吃饭问题。农业搞好了，农民能自给，五亿人口就稳定了。农业也关系到城市和工矿区人口的吃饭问题。有了饭吃，学校、工厂少数人闹事也不怕。农业发展起来了，就可以为发展工业提供更多的原料、资金和更广阔的市场。因此，在一定的意义上可以说，农业就是工业。农业本身的积累和国家从农业取得的积累，在合作社收入中究竟各占多大比例为好？请大家研究，议出一个适当的比例来。先让农业本身积累多，然后才能为工业积累更多。只为工业积累，竭泽而渔，对于工业的发展反而不利。合作社的积累和社员收入的比例，也要注意。合作社要利用价值法则搞经济核算，要勤俭办社，逐步增加一点积累。毛泽东最后说：要照辩证法办事。这是邓小平同志讲的。我看，全党都要学习辩证法，提倡照辩证法办事。

同日　阅周恩来一月二十四日对苏共领导方面几个主要问题的说明的报告，批示："小平同志：我看此件可以印发到会各同志，阅后即收回，请酌定。"周恩来报告的主要内容是：（一）苏共领导同志的错误基本上是思想问题。他们常把苏共的利益同各兄弟党的利益、个人领导的利益同党的利益、苏联的利益同世界人民的利益对立起来。（二）中苏关系问题。现在正是大敌当前，所以苏联同志对中苏团结态度甚殷。但是我看苏联领导者并非心悦诚服。（三）在国际局势的问题上，我觉得他们考虑或者应付具体的现实问题多，缺乏对于整个局势的全面分析和预见，考虑和讨论世界战略和远景问题很差。在策略问题上由于原则性不够明确，故有时灵活无边，常常不能通过具体策略的正确运用去圆满地实现总的战略方针。更主要的是他们缺乏对于局势的好坏两种估计，缺乏辩证观点，所以在国际事务中也常有发生使人担心的事件的可能。我觉得对他们不做工作已经势在不许，但是又绝不能求成太急。

同日　阅陆定一一月二十六日报送的青年团中央大学工作部一位干部关于兰州林业学校对闹事学生处理做法过于偏激问题的来信，批示："此件各同志阅后，交尚昆印发到会各同志。"

1月28日　下午，在中南海菊香书屋会见程潜、王季范〔1〕等，共进晚餐，并看电影《家》。

1月30日　下午，在中南海颐年堂召集刘少奇、陈云、邓小平、张闻天、康生、王稼祥开会，讨论一月二十九日彭真关于同铁托谈话情况向中共中央的电话汇报。

2月1日　下午，在中南海颐年堂主持召开中共中央政治局委员和书记处书记会议，听取彭真关于率全国人大代表团访问苏联和东欧社会主义国家情况的汇报。

2月2日　审阅中共公安部党组一月二十九日关于对在押病残战犯处理问题的请示报告，批示："不但这些人应当处理，其他战犯凡犯罪较轻、表现较好的，都应考虑判决释放，因为已关了七八年了。只留下犯罪较重的和最重的两类，待后处理。请公安部将战犯全体审查一下，定出一个处理方案送中央审阅。"

---

〔1〕王季范，毛泽东的表兄，毛泽东在湖南省立第一师范学校读书时的教师。当时任全国人大代表。

同日 下午，在中南海含合堂看戏曲片《荒山泪》。

2月6日 阅邓子恢二月五日关于建议按原定计划动工修建三门峡水库的请示报告，批示："小平同志：此件请印发政治局、书记处各同志研究，请陈云同志的五人小组〔1〕处理。"邓子恢在报告中说：三门峡水库是黄河综合利用的水利枢纽，目前准备工作已经就绪，建议不要停止兴建，按原定计划在今年二月开工，以争取在一九五九年汛期内部分蓄洪。三月七日，中央经济工作五人小组研究后提出调整意见，先行开工，适当延长工期，并对基建规模作必要的压缩。四月十三日，三门峡水库工程正式开工。

同日 审阅中共中央防治血吸虫病九人小组《一九五七年全国防治血吸虫病工作要点》、《关于第三次全国防治血吸虫病会议的报告》和中央批转这两个文件的通知，批示："退尚昆办。"

2月8日 晚九时半，在中南海勤政殿接见西藏青年参观团。

同日 晚九时五十分，在中南海颐年堂主持召开中共中央政治局常委会议。其间，和刘少奇、陈云、邓小平会见尤金。

2月10日 晚上，同谭震林谈话。

2月11日 复信黄炎培："惠书盛意可感！那些东西，既已发表，不改也可。游长江二小时飘三十多里才达彼岸，可见水流之急。都是仰游侧游，故用'极目楚天舒'为宜。"

2月12日 下午四时，周恩来出国访问后回到北京。晚八时，毛泽东在中南海颐年堂主持召开中共中央政治局扩大会议，

〔1〕 指由陈云、李富春、薄一波、李先念、黄克诚组成的中央经济工作五人小组，陈云任组长。

听取周恩来汇报访问情况。

2月14日　晚上，和刘少奇、周恩来、陈云、邓小平在中南海勤政殿接见出席全国学联第十六届委员会第二次会议的代表。接见前，同全国学联主席、副主席谈话，胡耀邦、胡启立〔1〕等参加。毛泽东详细询问了会议的有关情况。在听取胡启立汇报时，插话说：有困难要讲清楚。现在的困难不算什么，往后的困难还要大，总要有困难的。六亿人口怎么能没有困难呢？将来发展到九亿、十亿人口，那时你们会觉得现在的日子好过得很。当然也不能说是越搞越困难，整个社会的前途是越来越光明，不会越来越黑暗。我们这一辈人死了，困难是你们的。那时候你们的基础会更好。国家的事情不是那么容易办的。从一八四〇年林则徐销毁鸦片起，到一九四九年，搞了些什么事情呢？就是搞了革命，搞了个上层建筑，推翻了旧政权（清朝、北洋军阀政府、蒋介石政府）。这一百年就是反帝反封建，土地改革主要还是一九四九年以后搞的。改变生产关系，搞社会主义革命，只是最近几年的事情。革命用了那么长时间，建设才刚刚几年，这几年又是一边建设一边革命，抗美援朝、镇压反革命、“三反”“五反”、资本主义工商业改造和农业合作化。现在还有一部分农民没有加入合作社，工商业还不是全部国营，人民的思想中还有旧社会遗留下来的思想，干部、教授、学生中都有。中国人多，也好也不好。我们是白手起家，困难总是有的，你们要有准备。青年没有经验，对工作中的困难认识不足，老年人有时也认识不足。建设比革命更困难。

2月15日　审阅《中共中央关于一九五七年开展增产节约运动的指示》（一月三十日修正稿），批示：“退胡乔木同志。此

〔1〕　胡启立，当时任中华全国学生联合会主席。

件可用。请用中央名义写一电报，请中央各部委及党组，地方各省市自治区党委，于收到此件后，迅即转发县委，城市的区委和军队的团委，并在党刊上登载。”本日，中共中央发出这个指示。指示说：一九五六年我国社会主义改造和建设取得的成就是巨大的。但这一年经济建设也有进展过快的缺点，基建发展速度过高，职工人数增加过多，城市人口增加过快，造成消费品供应的紧张局面。必须在一九五七年对建设的规模和速度作适当调整，必须用更大的努力在全国范围内开展群众性的增产节约运动。

同日 阅《东海》文艺月刊编辑部关于请求发表毛泽东在长征途中写的一首旧体诗的来信〔1〕，复信编辑部：“记不起了，似乎不像。腊子口是林彪同志指挥打的，我亦在前线，不会用这种方法打电报的。那几句不宜发表。《东海》收到，甚谢!”

---

〔1〕 1957年2月6日，《东海》文艺月刊编辑部写信给毛泽东，随信寄来一首旧体诗：“山高路远坑深，大军纵横驰奔，谁敢横刀立马？唯我彭大将军!”信中说“据说这是您庆贺彭副总司令员率兵强攻腊子口时写的一份电报”，请求毛泽东校阅此诗并准予在《东海》月刊上发表。据查，这首诗最早发表在1947年8月1日冀鲁豫军区政治部主办的《战友报》，发表时《战友报》有一简短说明，说这首诗是写在长征途中打腊子口战斗后毛泽东发给彭德怀的一封电报中。经考证，这首诗不是写在打腊子口战斗后，而是1935年10月红一方面军到达陕北吴起镇时，毛泽东获悉彭德怀在前线指挥红军击溃马鸿逵、马鸿宾骑兵部队的追击后写的。《战友报》不准确的说明和《东海》月刊编辑部的来信中对这个说明的沿用，误导了毛泽东的回忆。后来，这首诗以《六言诗·给彭德怀同志》为题，编入1986年出版的《毛泽东诗词选》和1996年出版的《毛泽东诗词集》。

同日 起草李维汉致章士钊〔1〕信。信中说："两次惠书及附件各种，先后收到，两同志业已看过。精心谋国，甚叹贤劳。几方面搭些线是有用的，认真解决问题，则目前还不是时候。有可为联络之处，相机为之，不宜勉强，不要使人感觉我方急于求成。相反，要表示我方愿意长期等待，并不着急。扶桑方面，彼不来访，我不宜催。""寄上港币二万，以助米盐之需。完全信任先生，不要有所顾虑。无可为时，可赋归欤，将来再去。总的形势，是于我们有利的。海云在望，不尽神驰。春到南洲，尚希珍摄。"并批示："刘、周、陈、邓阅后，交李维汉同志阅办。章的两信及附件，请周看一下。"

2月16日 上午，在中南海颐年堂召集中央各报刊、中国作家协会、中国科学院和青年团的负责人开会，讨论文艺思想问题。周恩来、邓小平、郭沫若、胡乔木、胡耀邦、周扬等二十八人出席会议。毛泽东讲话说：王蒙最近写了一篇《组织部新来的年轻人》。这篇小说有缺点，需要帮助他。对待起义将领也要帮助，为什么对青年人不采取帮助的态度呢？我们许多的文化人是同胡风有区别的。对于他们要又批评又保护，在保护下批评。王蒙写正面人物无力，写反面人物比较生动，原因是生活不丰富，也有观点的原因。有些同志批评王蒙，说他写得不真实，中央附近不该有官僚主义。我认为这个观点不对。我要反过来问，为什么中央附近就不会产生官僚主义呢？中央内部也产生坏人嘛！总之，我们对人民中的错误，采取如何处理的方针，有大量的人是没有弄清楚的。我们要采取保护的方针，应该是从团结的愿望出发，经过批评以便在新的基础上达到新的团结。我们党经常有不

〔1〕 章士钊，当时任全国人大代表、中央文史研究馆副馆长。1957年3月又任全国政协常委。这时他在香港做有关和平解放台湾方面的事宜。

正常的东西存在。在全国有很大的成绩和威信之下，滋长了一些坏的作风。我们讲过要“统筹兼顾，各得其所”，思想上和工作上都要从帮助人出发。我们有些同志不从帮助人出发，而是一脚踢倒，这是国民党的作风。任何事情都有两重属性。我们有些同志用片面性来反对片面性，这是形而上学的方法，是教条主义的方法。用教条主义来批评人家的文章，是没有力量的。教条主义不是马列主义。我们开始批判胡适〔1〕时很好，但后来就有点片面性了，把胡适的一切全部抹杀了，以后要写一两篇文章补救一下。对康有为、梁启超〔2〕也不能抹杀。对思想上有严重错误的人，有敌对思想的人，也要团结他们，改造他们。只有这样，我们才能贯彻“统筹兼顾，各得其所”。马列主义不能从真空中间生长出来，只能从对敌斗争中，并从对立面中吸收合理的部分，才能生长和发展。我们的危险就在革命成功了，四方无事，天下太平了。只允许香花，不允许毒草，这种观念是不对的。香花是从同毒草作斗争中出来的。香花与毒草齐放，“落霞与孤鹜齐飞”。斯大林的教条主义不是两点论，而是一点论，我们的同志看事物应该是两点论。过去我们提倡一家独鸣，那是历史条件决定的，不如此就不能对付国民党“一家独鸣”的理论。现在要警惕简单化。我们要充分收集材料，不打无准备之仗，不打无把握之仗。要有准备才有说服力。一些事物都有它的产生、发展和灭亡，都有始有终。如果马列主义叫永恒的真理，就不叫马列主义。马克思没有看到社会主义，列宁也看得不长。社会主义的时

〔1〕胡适，曾任国民党政府驻美国大使，北京大学教授、文学院院长、校长。1949年4月去美国，1958年4月到台湾。

〔2〕康有为、梁启超，中国近代改良派代表人物，戊戌维新运动的重要活动家。

间不长，还没有充分的经验。苏联有成绩，也有问题。许多问题要创造，要发展。不要怕交锋，真理是越斗越明。

2月17日 晚上，在中南海颐年堂召集刘少奇、周恩来、邓小平、彭真、康生、王稼祥、胡乔木开会。

2月20日 晚上，在中南海颐年堂会见尤金，王稼祥在座。

2月21日 阅日本战犯榊原秀夫的女儿榊原公子、榊原贵子和妻子榊原房子一九五六年底的来信，批示："请周办理。此人及其他重病战犯宜予释放。"信中说："一九五六年十一月二十日——这一天是我们从中国回国后的第四个年头里在日本最愉快而高兴的一天！这是由于日本朝日新闻社的记者先生报道了毛泽东主席接见日本冈山县学术文化视察团，并说'战犯榊原如果有病的话，可以考虑释放'的新闻所致。""过去在国家战争政策的压力下，我的父亲进行了细菌研究，的确是一个犯了罪恶的人。""家父患肋骨溃疡症，由于得到了贵国浓厚的看护，暂时痊愈了。但是听说在八月末又患了咳血病，这使我们非常担心。""关于家父的病，听说在日本手术和进行疗养比较妥善。""如果蒙您赐给宽大考虑的机会，对于我们来说，没有比这再高兴的事了。在这种喜悦的同时，为了向中国的许多牺牲者各位表示追悼之意，特约定：我们一定要尽全力为日中友好和世界和平而努力活动。"四月十一日，榊原秀夫和其他四名因病或在服刑期间表现良好的日本战争犯罪分子被提前释放，于五月二十日乘船回日本。

2月23日 晚上，在中南海颐年堂召集周恩来、陈云、邓小平、彭真、李维汉、徐冰开会，讨论周恩来准备在三月召开的全国政协二届三次会议上作的报告和二月二十四日下午召开最高国务会议的问题。二十四日下午，毛泽东同邓小平、彭真、李维汉商量后，决定推迟几天召开最高国务会议。

2月24日 阅冶金工业部一位副局长关于河北涿县尚庄乡联

盟农业生产合作社一九五六年生产情况的调查报告。报告说：现在农民的生产情绪低落，社员不愿上工，积肥不积极；一九五六年灾情同上年差不多，但减产严重，农民收入普遍下降。报告认为一九五六年大量减产是人为的灾害，是主观主义、强迫命令和组织管理不善造成的。报告还反映了社员对社领导和党支部的意见。毛泽东批示："此件寄河北省委马国瑞同志：此件所说是否属实，原因何在，请派人去涿县尚庄乡切实调查一下，以其结果告我为盼!"

2月25日 阅彭德怀二月二十一日关于拟同陈赓、谭政、陈士榘〔1〕等到南京军区检查国防工事和勘察地形的请示报告，批示："同意。注意军中思想动态、政治教育。""大量裁兵，一定要有出路，不能推出了事。要作至少一个月还乡态度、策略教育，设想各种困难，作好精神准备。"

同日 阅中共中央军委二月二十二日关于军事系统各部门、各军种兵种向中央汇报工作问题的请示报告。报告说：军委经过讨论，初步预定：按总参、总政、总干、训练总监部、武装力量监察部、总后勤部、空军、海军、炮兵、装甲兵、通信兵、工程兵、铁道兵、防化学兵的次序，依次汇报，最好都能分别汇报一次，以使政治局同志多了解一些军队工作情况，多给些指示。汇报时间可在三月二十日至四月中旬以前。毛泽东批示："军委：上半年忙，下半年为妥。不要都准备，有四总〔2〕、空、海即够，看情形酌定。"

同日 晚上，在中南海颐年堂召集陈云、邓小平、彭真、李维汉、罗瑞卿、徐子荣〔3〕开会。

---

〔1〕 陈士榘，当时任中国人民解放军工程兵司令员。

〔2〕 指中国人民解放军总参谋部、总政治部、总后勤部、总干部部。

〔3〕 徐子荣，当时任公安部副部长。

2月26日 下午，在中南海颐年堂主持召开最高国务会议第十次会议，讨论人民内部矛盾和敌我矛盾的处理问题。出席会议的党内外人士共三十七人。

2月27日—3月1日 在中南海怀仁堂主持召开最高国务会议第十一次（扩大）会议。各方面人士一千八百多人出席会议。

2月27日 下午，在最高国务会议第十一次（扩大）会议作题为《如何处理人民内部的矛盾》的讲话，在会前写了一个讲话提纲〔1〕。讲话共分十二个问题。（一）两类矛盾问题。毛泽东说：敌我之间的矛盾，人民内部相互之间的矛盾，是两个问题。但今天重点要谈人民内部的矛盾。因为现在我们所碰到的问题，人民内部的问题是一个重要问题，问题很多，占我们很多的时间。这两类问题的性质不同，解决的方法也不同。叫作两个口号：分清敌我，分清是非。敌我矛盾是对抗性矛盾，人民内部矛盾是非对抗性矛盾。专政就是解决敌我之间矛盾的。人民自己不能向自己专政，人民有言论自由、集会自由、结社自由、游行示威自由。这是民主的问题。民主是有领导的民主，是集中指导下的民主，不是无政府主义的。有些人不懂得世界上的具体情况，以为欧洲的民主自由很好，喜欢议会民主，说人民代表大会跟西

〔1〕这个讲话提纲的题目是《如何处理人民内部的矛盾》，共12个问题：（一）两类矛盾：敌我阶级之间，人民内部之间；（二）肃反；（三）社会主义改造——合作化；（四）资本主义改造；（五）知识分子和青年学生；（六）增产节约，反对铺张浪费；（七）统筹兼顾，适当安排；（八）百花齐放，百家争鸣，长期共存，互相监督；（九）如何处理罢工，罢课，游行示威，请愿；（十）闹事，出乱子，都不好吗？（十一）少数民族与大汉族民族问题，西藏问题；（十二）中国可能在三四个五年计划内，初步地改变面貌。毛泽东在最高国务会议第十一次（扩大）会议上的讲话，基本上是照这个提纲展开的。

方议会民主比要差，主张两党制。还要有两个通讯社，唱对台戏。有人提出早一点取消专政。有人说民主是目的。我们说，民主是手段，也可以说又是目的又是手段。民主是属于上层建筑，属于政治这个范畴。马克思主义的政治经济学告诉我们，人类社会的上层建筑归根结底是为经济基础服务的，改善人民生活是它的目的。有人说外国的自由很好，我们这里自由很少。我说，没有抽象的自由，只有阶级的自由，具体的自由。思想问题，人民内部的问题，不能够采用粗暴的方法来解决。用粗暴的方法来解决思想问题，解决精神世界的问题，解决人民内部的问题，这样的想法是错误的。民族资产阶级的问题应该放在哪一类矛盾？民族资产阶级是放在人民内部矛盾这一类的。因为民族资产阶级有两面性，民族资产阶级愿意接受宪法，愿意接受社会主义改造，愿意走向社会主义。工人阶级跟民族资产阶级是对抗性的两个阶级，但是对抗性矛盾如果处理得当，可以转变为非对抗性的矛盾。如果我们处理不当，势必会走向对抗。如何处理人民内部的矛盾，是一个新问题。《再论无产阶级专政的历史经验》主要是说国际方面的问题，很少说国内方面的事，并且关于人民内部的矛盾究竟如何解决，没有详细的分析，只有一个原则的说明。历史上，马克思、恩格斯对于这个问题谈得很少。列宁简单地谈到社会主义社会对抗消灭了，矛盾存在着。〔1〕列宁已经说人民之间还有矛盾，但还来不及全面地分析这个问题。至于人民内部的矛盾，有没有可能由非对抗性的矛盾转化成对抗性的矛盾，应该说是有可能的。但是列宁那个时候还没有可能来详细观察这个问题。在斯大林时期，他在很长的时期内把这两类矛盾混淆起来

〔1〕见列宁《在尼·布哈林〈过渡时期经济学〉一书上作的批注和评论》。原文是："在社会主义下，对抗将会消失，矛盾仍将存在。"

了。这两类矛盾本来是容易混淆的，我们也混淆起来过。我们在肃反工作中，也曾经并且常常容易把好人当作坏人去整，把本来不是反革命的怀疑他是反革命。这个问题，从前有，现在还有。但是我们有一条，反革命一个不杀。有了这么一条，就保证在万一错了的时候，有挽回的余地。在延安的时候，一九四二年我们提出过这样的口号，叫作团结——批评——团结，来解决人民内部的矛盾，我们找到这么一个公式。讲详细一点，就是从团结的愿望出发，经过批评或者斗争，在新的基础上达到新的团结。后来我们把这个公式逐步推广到党外。把这个方法推广到整个人民内部，还可以推广到解除武装的敌人。（二）肃反问题。毛泽东说：肃反问题就是第一类矛盾的问题。我们的方针是有反必肃，有错必纠。还有反革命，但是不多了。这两条都是要肯定。如果说现在还有很多反革命，这个意见是不对的，其结果就会要搞乱。（三）农业社会主义改造。毛泽东说：去年下半年以来，上半年那个热潮过去以后，人们冷静地想一想，又发生了一些问题。上半年合作化优越性很大，一到下半年好像优越性就小了，来了一阵风，说合作化不行了！现在的合作社绝大多数还只有一年多一点的历史，是要逐步才能巩固的，大概需要有五年。农民生活有所改善，所谓农民生活没有改善这种观点是不符合事实的。在我们这个国家里，能够这么快地合作化，有好多原因。第一，最基本的原因就是由于中国地少人多，穷得要命，每个人的土地很少，集合起来比较好。第二，我们党和人民政府所采取的是有步骤的，分几步走。我们的合作化是增产，如去年增产二百亿斤粮食。（四）关于资本主义的改造问题。现在有人说资本家不要改造了，跟工人差不多了，甚至还说资本家比工人还高明一点。又有人说，如果要改造，为什么工人阶级不改造？谁说工人阶级不要改造！在阶级斗争中改造整个社会，也改造工人阶级自己。资本家一点也不需要改造吗？我看不然。说资产阶级没有两面性了，只有一面性，这是形而上学的观点。（五）知识分子和青年学生问题。毛泽东说：知识分子和青年学生也有很大进步，但是也有不正确的思想，也有歪风，有那么一些波动。匈牙利事件出来之后，有一些怪议论，讨厌马克思主义，只愿意钻业务，至于什么政治，什么前途、理想，这些东西不看重。好像马克思主义时兴了一个时期，到去年下半年就不那么时兴了。所以要加强思想工作，要加强政治工作。努力学习，除专业之外，在思想上有所进步，政治上也有所进步，学点马克思主义，学点时事，学点政治，很有必要。如果没有这个东西，就没有灵魂。从前叫德育、体育、智育，我们现在变成“两育”了，德育不要了。所谓德育，就是学点马克思主义，学点政治。（六）增产节约，反对铺张浪费。毛泽东说：现在要搞全国范围内的增产节约运动，反对铺张浪费。反对贪污浪费就等于我们洗脸，人就是要经常洗脸。全国六亿人口都来提倡节约。现在许多人升官发财的思想大为发展，去年评级就评出一个毛病来了，叫作争名夺利，争名于朝，争利于市。（七）统筹兼顾，适当安排。毛泽东说：这是一条战略方针。所谓统筹兼顾，就是我们作计划、办事、想问题，总要从六亿人口这一点出发。我们做的一些事，比如救灾，比如统购统销，比如安排工商业者，安排失业人员就业，所有这些都是统筹兼顾，适当安排。要提倡节育，要有计划地生育。政府设一个生育计划部好不好？或者设一个委员会，节育委员会，作为政府的机关。人民团体也可以组织一个，组织个人民团体来提倡。因为要解决一些技术问题，要拨一笔经费，要想办法，要做宣传。（八）百花齐放，百家争鸣，长期共存，互相监督。毛泽东说：应该肯定，社会主义社会矛盾是存在的。基本的矛盾就是生产关系同生产力之间、上层建筑同经济基础之间的矛盾，这些矛盾都是表现为人民内部的矛盾。百花齐放，百家争鸣，长期共存，互相监督，这几个口号是怎样提出来的？就是承认社会上各种不同的矛盾。在艺术上、文学上，它就是要表现为百花齐放。在旧社会，几乎一切新生事物在开始出现的时候，都是受打击的。新生力量要被社会承认，要经过艰苦奋斗。社会主义社会不同一些，但是还是有许多新东西是受压抑的，碰上官僚主义者，碰到顽固派。资产阶级，小资产阶级，他们的思想意识一定要反映的，而且用各种办法顽强地千方百计地要表现自己，我们不能用压制的办法不让他们表现，只能够在他们表现的时候，跟他们辩论，加以分析，写文章批评。这些文章不是教条主义的文章，要有充分的说服力。对于文艺作品中反映资产阶级、小资产阶级倾向的东西，应该给予批评，就是要有有说服力的批评。教条主义的批评就不能解决问题，而是助长这些不好的东西。批评和自我批评是人民内部教育自己和发展自己事业的一个方针。正确的东西是跟错误的东西作斗争而发展起来的，马克思主义就是这样。（九）如何处理罢工、罢课、游行示威、请愿。毛泽东说：这些闹事，不能说主要是因为反革命，而主要是因为我们工作中的缺点，我们不会教育，不会领导。我说人民内部经常不断地发生矛盾，罢工、罢课，农民打扁担，去年有，今年还会有，以前几年就有，不能都归咎于匈牙利事件。关于这个问题，我搞了四条办法。第一，克服官僚主义，适当地处理矛盾，使其不闹。第二，官僚主义没有克服，要闹就让他闹，因为你没有解决问题。第三，要闹就让他闹够。应该把工人罢工，学生罢课，农民打扁担，看作是我们改善工作，教育工人、农民、学生的一个过程。第四，除个别人以外，一般不要开除。我看将来问题还多。（十）闹事、出乱子是好事还是坏事？毛泽东说：罢工、罢课、游行示威、请愿这许多事，我看又好又不好，有两重性。匈牙利事件有两重性，反革命帮了我们的大忙，社会主义阵营都取得了教训。批评斯大林这个事情，也有两重性。揭破对斯大林的迷信，揭开盖子使人家解放，这是一个解放运动。但因为揭的办法不对，没有作好好的分析，一棍子打死，这么一个方法引起全世界去年下半年的几次大风潮，后头又引起波兰、匈牙利事件，所以有其错误的方面。美国不承认我们，我看也有两重性。我们应该被承认，而它不承认，这当然不好。但是这有个极大的好处，最好再过十一年，第三个五年计划完成，等我们建设得差不多了，请他们来看一看，他们就悔之晚矣。但是有个台湾问题，台湾必须归我们。不归还台湾，你承认我们不算。去年出现了几篇错误文章，错误文章也办了件好事，给我们工具，使我们有了批评对象。坏事越多，好处就要来了。这个辩证法不是马列主义才发明的。在我们中国的老子早就说过，祸兮福所倚，福兮祸所伏。塞翁失马，焉知非福。现在会不会打第三次世界大战？第一条，准备他打。第二条，我看一个长时期打不起来，可能给我们十几年，或者更多一点时间。现在，帝国主义对社会主义阵营主要是搞渗透，他们希望波兰、匈牙利事件发生。世界上有三种力量在斗争，一种叫社会主义，一种叫民族独立运动，一种叫帝国主义。第二种力量在某些问题上，如和平问题，反对帝国主义问题，可以跟我们合作。目前，打仗对帝国主义利益不大。（十一）少数民族与大汉族主义问题。毛泽东说：我国少数民族有几千万，居住地区广大，占中国总面积百分之五十至六十，人口占全国总人口百分之六。这个问题主要是解决大汉族主义。（十二）关于中国可能在三四个五年计划之内逐步改变面貌的问题。毛泽东说：工业化的道路，苏联有一条。我们现在走的跟苏联有些不同。重工业、轻工业、农业的投资比例，应该比较过去有一点改变。苏联是九比一，即百分之九十的重工业，百分之十的轻工业和农业，对于农业刮得太多。这里有个问题，就是农民的积极性不高，市场就不繁荣。重工业的市场在什么地方？在轻工业和农业。我们第一个五年计划的比例是八比一，实行的结果是七比一，比苏联好。（周恩来：没有农业，是重工业比轻工业。）重工业还是优先发展，但要走新的道路。这是否能比苏联工业化的速度快一些？看起来要慢一些，实际上反而要快一些。经济问题我们还缺乏经验，我希望不要像革命斗争翻那样大的筋斗。对一切国家都要学，对美国也要学，这是肯定了的。但是我们主要还是学习苏联。学习有两种态度。一种是什么都学，教条主义，好的坏的都搬来。这种态度不好。我们讲的是学习苏联先进经验。

2月28日 晚上，在中南海游泳池住处召集邓小平、彭真、陆定一、王稼祥、胡乔木、徐冰开会。

2月 阅中共中央办公厅秘书室报送的复旦大学中文系学生黄任轲一月三十日来信、湖南资兴煤矿职工业余学校教员冯文冰二月十日来信和江苏泰县茆戚小学校长孟运荣来信。前两信提出毛泽东所作《菩萨蛮·黄鹤楼》一词手迹中的“把酒酎滔滔”一句，其中的“酎”字应为“酹”字。后一信提出毛泽东一九五七年一月十二日给臧克家等的复信中，“遗误青年”的“遗”字应为“贻”字。毛泽东要秘书室分别复信告以他们的意见是对的。

3月1日 下午，主持最高国务会议第十一次（扩大）会议的大会讨论。李济深、章伯钧〔1〕、黄炎培、马叙伦、陈嘉庚〔2〕、陈叔通、郭沫若、程潜、马寅初、许德珩、达浦生、刘

〔1〕 章伯钧，当时任全国政协副主席、交通部部长、中国农工民主党中央主席、中国民主同盟中央副主席。

〔2〕 马叙伦，当时任全国人大常委会委员、全国政协常委、中国民主促进会中央主席、中国民主同盟中央副主席。陈嘉庚，当时任全国政协副主席、中华全国归国华侨联合会主席。

文辉、车向忱〔1〕、盛丕华、孙蔚如、黄琪翔〔2〕对毛泽东二月二十七日讲话发表感想和意见。毛泽东作总结讲话，对讨论中提出的若干问题作了回答。（一）关于马列主义能不能批评的问题。毛泽东说：刚才有人提到，马列主义能不能批评？马列主义是不是可以不规定为指导思想？因为规定它为指导思想，使得有些人有点害怕。关于这个问题，应当看到我们这个国家现在有很大的改变，就是由过去的作为买办阶级、官僚资产阶级、封建地主阶级的集中表现的国民党蒋介石的领导，让位于工人阶级及其政党共产党的领导。这是大家都承认的，宪法上也规定了的。也就是以工人阶级为领导的、以工农联盟为基础的人民民主专政，作为我们的国家制度。工人阶级及其政党共产党的指导思想，就是马列主义、共产主义思想。问题是它如何领导，如何指导。并不是说要一切人都进共产党，都相信共产党的道理，去讲唯物辩证法的世界观。世界观的问题只能够是逐步地使人了解，不能强迫人家相信。精神上的东西不能强迫人相信，也不能强迫人不相信。强迫人相信马克思主义的世界观，也是不行的。但是，事实上相信马克思主义世界观的人一天天多起来。马克思主义能不能批

〔1〕马寅初，当时任全国人大常委会委员、全国政协常委、北京大学校长、中苏友好协会总会副会长。许德珩，当时任全国人大常委会委员、全国政协常委、水产部部长、九三学社中央主席。达浦生，当时任全国人大代表、全国政协常委、中国伊斯兰教协会副主任。刘文辉，原国民党军将领。当时任全国政协常委、国防委员会委员、中国国民党革命委员会中央常委。车向忱，当时任全国人大代表、全国政协常委、辽宁省副省长、中国民主促进会中央副主席。

〔2〕孙蔚如，当时任国防委员会委员、陕西省政协副主席，中国国民党革命委员会中央委员、民革陕西省委主任委员。黄琪翔，当时任全国政协常委、国防委员会委员、国家体育运动委员会副主任、中国农工民主党中央秘书长（1957年4月又任副主席）。

评？马克思主义是不怕批评的，马克思主义如果能够批评倒，能够证明马克思主义不是真理，那末这个东西就不行了。所以，不发生马克思主义可不可以批评的问题。老干部可不可以批评？老干部如果批评倒了，那就是该批评的。怕批评，总是有弱点就是了。我看，老干部、新干部都有弱点，弱点方面都应该批评。无论哪级政府和干部有缺点错误，都应该批评，并且要成为一种习惯。批评对了当然很好，批评不对也没有事，这就是言者无罪。人民范围之内的事，人民是有批评的权利的。我们只是不把这个权利给反革命。（二）关于长期共存、互相监督的问题。毛泽东说：长期共存，互相监督，有人说我讲得不够。说得对，这也是一种批评。什么叫“长期”？就是共产党的寿命有多长，民主党派的寿命就有多长。如何监督？就是用批评、建议的方法来监督。主要的方法就是批评，从团结的愿望出发，经过批评，达到团结，把工作改善。（三）关于大民主和小民主的问题。毛泽东说：所谓大民主是对付阶级敌人的，这是我们过去所做的。现在工作方法已经改了，是小民主。但有些地方不实行小民主，任何民主都没有，横直是官僚主义。这样逼出一个大民主来了，于是乎罢工、罢课。我们不提倡罢工、罢课，提倡在人民范围之内的问题使用批评的方法来解决。如果个别地方官僚主义十分严重，在这样一种范围内允许罢工、罢课。我们把罢工、罢课、游行、示威、请愿等，看作是克服人民内部矛盾，调整社会秩序的一种补充方法。要见世面，要了解国际情况，敌人的情况。我们准备扩大发行《参考消息》，准备从过去两千份扩大到三十万份，发到县一级，党内党外都可以看。要使我们的人懂得外界的事情。我就赞成出蒋介石全集。就是说，要见世面，要经风雨，不要藏在暖室里头，暖室里头长大的东西是不牢固的。（四）关于控制人口的问题。毛泽东说：我们现在每一年人口增长一千多万，现在是无政府主义。在这方面，人类完全不自觉，没有想出办法来。我们可以研究这个问题，而且应该研究。政府应该设一个部门或者一个委员会。人民团体可以广泛地研究这个问题，可以想出办法来。总而言之，人类要自己控制自己。有些时候使他能够减少一点，有些时候使他能够增长一点，有些时候使他能够停顿一下子，是不是可以搞成有计划的生育。这是一种设想。这一条马寅老〔1〕今天讲得很好，我跟他是同志。不要向科学家泼冷水，别的家，政治家、艺术家、文学家，一切家，也不要泼冷水。有时候工作做得不好，我们也不要泼冷水，帮助他去改正错误。（五）关于单纯技术观点抬头的问题。毛泽东说：技术观点是好的，就是要发展科学技术，要有科学技术观点，要发展到大家都热心。但是，不要搞单纯技术观点。希望我们的同志们关心新的政治，关心新的大局。我们有些所谓的思想工作、政治工作、教育工作使人不能接受，无非是一种教条主义的，没有说服力，引不起他们的兴趣。所以，应该改善我们这个政治工作。（六）关于"邦有道，贫且贱焉，耻也"的问题。毛泽东说：这个问题的确不是个别问题，是所谓安排问题。这里有两个问题，一个是对有些人没有安排，一个是安排不适当。所谓不适当者，就是有职无权，没有事做，或者就是安排的位置跟他那个学问、才干不适合。人们承认邦有道，这个好。"邦有道"，"邦"就是中华人民共和国，"道"无非是社会主义，辩证法。"贫且贱焉"，"贫"就是薪水不行，"贱"就是没有工作。他是用孔夫子的话来批评我们。这是统一战线工作方面的缺点。中共中央准备今年开一次中央全会，专门讨论统一战线方面的问题，希望各民主党派、无党派的同志们有所准备，提意见给我们。毛泽东最后说：我们在前

〔1〕 指马寅初。

进中间有很多困难，但是不要忘记，美国也有它的困难。《红楼梦》里头的著名人物王熙凤有言，“大有大的难处”。美国的月亮也不一定那么好。它有那么些原子弹，多了些钢铁，现在很强大。这一点要承认。我们骂它是纸老虎，就是说它这些东西是建立在不很稳固的基础上。我们也有毛病，也有缺点。我们的人民对我们有许多不满意。我们的经济、文化还很落后。可是，西方国家是建立在一个矛盾更多更大的基础之上的，不要忘记这一点。

3月4日　阅新华社二月二十七日编印的《内部参考》第二一三九期刊载的《对中央负责同志的肉食供应工作浪费情况甚为严重》〔1〕的情况反映，批示：“尚昆同志：内有对中央负责同志肉食供应严重浪费一文，请据此检查，分清责任，予以处罚。并将情形告我为盼！”毛泽东批示后，新华社派记者对此事进行调查，并在新华社四月四日编印的《内部参考》第二一七〇期刊载了《关于对中央负责同志肉食供应有严重浪费现象的调查》。调查说，《大公报》通讯员所反映的情况，经记者复查，有些情况是事实，但不够全面，并有夸大之处。实际情况是：北京市对中央负责同志的肉食供应，几年来和特种供应（对象是各国使馆、大饭店、外宾、专家、高级医院等）的标准相同，并没有其他特殊的要求和规定。全市每天特种供应的猪六十口，占全市每天供应量的百分之五，其中只有三口左右是供应部分中央负责同志的（目前约一百六十户），不足全市特种供应量的百分之五。至于要求严格，是因为此类供应如质量不好或不卫生，极易造成不好的

〔1〕这个材料说，据《大公报》通讯员反映，北京市食品公司对中央负责同志的肉食供应，规格要求很高，食品公司需费很大的力气，经过严格的挑选，才能符合标准，因而造成了严重的浪费。

政治影响。四月六日，毛泽东看了这个调查，再次批示："尚昆同志：一百六十户每天三头猪，如以每头一百五十斤计算，共有四百五十斤。每户每天得肉约三斤弱，仍太多，有一斤或一斤半就够了，可减少一半，请你研究是否可行，我以为是可行的，似应减半执行，以示同甘共苦。现在供应油肉到用户，实际上有很大浪费，至少有三分之一浪费掉了。请酌办。"

同日　晚上，在中南海颐年堂主持召开中共中央政治局常委扩大会议，讨论西藏、新疆问题和召开全国宣传工作会议问题，周恩来、邓小平、彭真、陆定一、康生、李维汉出席。

3月5日　下午，出席全国政协二届三次会议。会议听取周恩来作关于访问亚洲、欧洲十一国的报告和陈叔通作全国政协常委会工作报告。

同日　阅陈正人三月三日的请示报告。报告说：根据政治局、书记处会议讨论的指示，起草了一个准备在政协会议上的发言，讲的是农业合作化估计问题、农民生活现状问题、乡村干部问题、农村当前任务问题。现将这个草稿送上，请审阅指示。同时希望对王国藩合作社〔1〕的那篇稿子给予批示，这会加强各地对其经验的重视。毛泽东批示："退陈正人同志：据邓小平同志说，他已和你商好改写的方针；此件就不看了。王国藩社准备在数日内写几句话。"

3月6日—13日　中国共产党全国宣传工作会议在北京召开。与会者中有科学、教育、文学、艺术、新闻、出版界等的党外文化人士约一百六十人。会议首先听取了毛泽东在最高国务会议第十一次（扩大）会议上所作的《如何处理人民内部的矛盾》

---

〔1〕指河北省遵化县西四十里铺村以王国藩为社长的建明农林牧生产合作社。

讲话的录音。会议期间，毛泽东分别同宣传、普通教育、文艺、新闻、出版、高等教育、科学等方面的几十位党内外代表人士举行了六次座谈，并在大会上作了讲话。

3月6日　晚上，在中南海颐年堂召集九省市宣传文教部长座谈会。彭真、陆定一、康生、胡乔木、张际春、周扬以及高教部、教育部的负责人参加座谈会。座谈中，毛泽东不断插话，谈了以下内容：希望第一书记把思想工作抓起来，第一书记才行，第二书记也不行。光是宣传部抓，孤单单的不好办。管业务管得很好，不管思想工作，结果来了大民主，就会把你搞掉。各部门、各党组一定要管思想工作。省委要抓好思想工作，特别是第一书记。各厅局都要管思想工作。领导要对问题进行研究分析，才能解决问题。无产阶级思想要同资产阶级思想作斗争，是不错的，但必须采取说服教育的方法。百花齐放中，资产阶级思想的出现会多起来，但并非都是资产阶级思想，并非无一可取。扣帽子会把人家吓倒，不必每篇文章一出就马上驳倒。问题是我们现在有些文章没有说服力。企图压服是压不服的。无产阶级思想与资产阶级思想的斗争要几十年。批评人家一定要研究，想打几棍子不是办法，不能解决问题。过去思想改造是有成绩的，那是大风暴，是粗枝大叶的，基本解决分清敌我，这是有效的。现在是分清是非，就要具体地讲，仔细地一件一件地讲。思想工作不能用一个简单的口号去套一切，现在与过去不同了，要对具体问题进行具体分析。我们要向党内外宣布，在人民内部无所谓专政，在人民内部讲专政是错误的。我们对资产阶级与小资产阶级思想有两条：第一必须批评；第二必须批评得好。我们如何对付不正确思想？不要急躁，不要简单，应该讲究方法。现在是转变时期、大变化时期，在观念形态上一定有所表现的。百分之九十九或者还要多一点的人是能够教育过来的。问题在于方法，在于有说服力的文章。我们要取得经验，要学会如何掌握。我们对付蒋介石和帝国主义是有经验的，掌握得好的。匈牙利的问题，我们也掌握了。对问题必须研究，要用脑子，要学习，重要的是在斗争中取得经验。过去搞阶级斗争，我们是有办法的。现在是思想斗争，不能再用老办法了。思想斗争是动口不动手，而且动口要恰当，不是采取专政的办法。思想斗争是文的，要惩前毖后，治病救人，统一战线，团结——批评——团结。我们是当医生，开刀是为了把人救出。谁说不需要继续改造？我六十多岁了还要改造，一万年还要改造。人要前进，就要改造，这是合乎规律的。如果老是一套，像过去骑在马上打蒋介石那样，就不行，就要改。说到学术，人家说我们"不学无术"，我们在这方面的确也是不多，所以很需要学习研究。政治是为业务服务的。政治是上层建筑，为基础服务。我们提出"向科学进军"、"十二年规划"，至于半导体、原子能等专门的科学技术，就应该由知识分子去搞，我就不懂。过去我们是搞阶级斗争，是一种攻势。现在搞建设，知识分子就出来讲话，批评我们的官僚主义。他们的批评是好的。我们为什么不可以把尾巴夹起来呢？"百花齐放、百家争鸣"，各有各的目的，其结果是我们的目的能够达到。党能不能领导科学？能够领导，我们是从政治上来领导科学。他们事实上是说这么一个问题，共产党还没有科学家。整个人民政府就是为工农服务的，也为科学技术服务。搞得好一点就发展得快一点，就是为其服务，而且全心全意地服务。

同日 复电班禅额尔德尼："你从印度回到日喀则时给我拍来的电报和火鸡年〔1〕元旦给我的贺电，我都收到了，谢谢你的祝贺。这次你和达赖喇嘛去印度参加释迦牟尼涅槃二千五

〔1〕 火鸡年，藏历纪年。藏历火鸡年是公元1957年。

百年纪念会，在加强中印友谊方面做出了有益的贡献。祝你在新的一年内在西藏地区各项工作上取得新的成就，祝你身体健康。”

3月7日 晚上，在中南海颐年堂召集普通教育工作座谈会，钱俊瑞、董纯才、罗承烈、曲乃生、何启君、刘健飞、古楳、周世钊、吴江声〔1〕等出席，彭真、康生、胡乔木、张际春参加。座谈中，毛泽东谈了以下内容：我们的教学计划、教科书都是全国一致的。这种做法是不是有问题？各省是不是可以增加一些教材？各省是不是感到受限制？各省是不是还有私立中学？私立中学还是可以办的，办了之后政府不要去接收。办戴帽中学〔2〕还是一种好办法。中学办在农村是先进经验，农民子弟可以就近上学，毕业后可以回家生产。如果说教师比较差，可以从好的中学抽调一部分来支援。这是要解决农民子女就近读中学的问题。在农村，教育要强调普及，不要强调提高，不要过分强调质量。这些学校主要是解决农民生产劳动中需要的知识，如要升学也不限制，成绩好的学生可以升学，有的就不一定升学。助学金应该加以调整。按照当前的经济情况，准备两三年内将助学金扩大一些，使百分之七八十的农家子女能享受助学金，帮助农民解决一些困难。经过三年，农业合作社的困难减少了或者没有了，助学金就可以逐渐减少。为了解决高小毕业生升学紧张的问

〔1〕 钱俊瑞，当时任中共文化部党组书记、国务院第二办公室副主任兼文化部副部长、中苏友好协会总会秘书长。董纯才，当时任中共教育部党组书记、教育部副部长。罗承烈，当时任四川省教育厅副厅长。曲乃生，当时任河南省教育厅副厅长。何启君，当时任天津市教育局局长。刘健飞，当时任山东省教育厅副厅长。古楳，当时任江苏省教育厅副厅长。吴江声，当时任陕西省教育厅副厅长。

〔2〕 戴帽中学，指在小学增设的初中班。

题，中学招生可以增加一些。小学也同时增加一些学生。学校要大力进行思想教育，进行遵守纪律、艰苦创业的教育。学生要能耐艰苦，要能白手起家。社会主义是艰苦的事业。我们以后对工人、农民、士兵、学生都应该宣传艰苦奋斗的精神。在学校中要提倡一种空气，教师与学生同甘共苦，一起办好学校。应当重视培养学生的创造精神，不要使他们像温室里的花朵一样。今后无论谁去招生都不要乱吹，不要把一切都讲得春光明媚，而要讲困难，使他们有思想准备。学生谈恋爱的风气应当加以扭转。婚姻法有关结婚年龄的规定不必修改，但要劝青年晚点结婚。教育部应当编写一些课文，专门论述艰苦奋斗的，从小学到大学都要讲。要加强学校政治思想教育，每省要有一位宣传部长、一位教育厅长亲自抓这项工作。中学应当有政治课。政治课要联系实际，生动有趣，不要教条式的，要使中学生知道一些为人在世的道理。讲猴子变人的社会发展史如果同历史课有重复，历史课可以从中华人民共和国成立讲起，讲胜利，讲困难，不过猴子变人还要讲，阶级斗争也要讲。课本要两三年修改一次，使之不脱离实际。党委应当指导青年的思想，指导教师的思想。为什么县委书记一年内不能找中小学校长谈一两次话，开一两次会呢？要责成省委、地委、县委书记管思想工作，管报纸、学校、文学艺术和广播。苏联的教材，应当学的就要学，不应当学的就不要学。你们要来一个改革，不要照抄外国的，一定要符合中国的情况，并且还要有地方的特点。农业课本要由省里编，地理可以编地方地理，文学也要有乡土文学，历史可以有各省自己的史料。课程要减少，分量要减轻，减少门类，为的是全面发展。现在作文太少，至少每星期作一次，如果有困难少一点也可以。

同日　阅中共四川省委三月五日关于甘孜藏族自治州是否继续进行民主改革的意见向中央的请示报告。报告说：甘孜藏族自治州农业区（约三十二万人）的民主改革，十四万人的地区已经完成，其他地区正在进行和准备继续进行。省委认为，这样做符合整个藏族人民的根本利益。坚决完成这一地区的改革，必将促进整个藏族地区的发展和进步，增进民族团结，也可减少云南后顾之忧。如果不坚持改下去，势必伤害干部，加深群众痛苦，助长上层右倾，甚至造成更加混乱局面，脱离群众，前功尽弃。毛泽东批示："刘、周、朱、彭真阅，退小平（或尚昆）办。我认为应当同意这个方针。"

3月8日 审阅修改邓小平三月七日报送的《中共中央关于处理罢工、罢课问题的指示（修正稿）》，批示："退小平办。略有修改。"毛泽东修改了一段话（加写和改写的文字用着重号标明）："对于闹事群众中的领导分子，如果行动合理合法，当然不应该加以歧视；即使犯有严重错误，一般也不应该采取开除办法，而应该将他们留下，在工作和学习中教育他们。对于抱着恶意煽动群众反对人民政府的坏分子，应该加以揭露，使群众彻底认识他们的面目。对这些分子中犯了严重错误的人应该给以适当的处罚，但是不应该开除他们，而应该不怕麻烦地教育他们，帮助他们改正错误。"同时，加写第五点："各级党委，特别是省、市和自治区一级的第一书记，对于了解工厂、学校以及报纸、刊物的思想政治动向，加强思想政治工作，解决这些方面的具体问题等项任务，应该立即抓起来，并且教会地委、县委两级和城市区级第一书记抓起这些工作。不应该只委托宣传部长、文教部长、教育和文化厅、局长这些同志去做而自己不去管它们。"这个指示于三月二十五日发出。

同日 阅中共中央宣传部办公室三月六日印发的《有关思想工作的一些问题的汇集》。《汇集》共编入三十三个问题，供全国宣传工作会议参阅。毛泽东对其中二十个问题作了二十二条批注，主要有：（一）针对“科学家（特别是自然科学家）中认为党不能领导科学工作的人不少。他们还认为党的领导对科学的发展没有好处”，批注：“有一半对。”（二）针对“不少科学家认为，如果工作条件没有很好解决，就拿不出什么科学成果，因此‘百家争鸣’对他们的实惠不大”，批注：“他们是有些理由的。”（三）针对“‘百家争鸣’与‘马克思列宁主义是国家的指导思想’两者间的关系怎样”，批注：“应当弄清这种关系。”（四）针对有人认为科学界已有定论的事情就不再允许争鸣，有人认为不实事求是研究问题而是狂妄自大夸夸其谈的文章不应允许出来争鸣，有人认为讨论问题态度不好的文章不应允许争鸣，批注：“戒律太多。”（五）针对“目前文艺界一方面‘左’的教条主义、宗派主义倾向仍然很严重，另一方面资产阶级、小资产阶级思想又确实有些抬头。哪一方面是主要危险”，批注：“目前不要去找主要危险，而应按具体问题处理。”（六）针对“目前有些作家认为文学的目的就是写真实，因此，‘看到什么就写什么’，‘感受即真实’，至于作品对人民有什么教育作用，作家用不着考虑”，批注：“不对。但可以允许少数人这样做。”（七）针对“报刊上是否允许发表和党不同的主张？就是说党的政策和党、政府的工作方针能否在报刊上‘争鸣’”，批注：“这个问题值得研究。”（八）针对党校的“争鸣”“只能限于对马克思列宁主义的理解不同之争，不能容许非马克思列宁主义的理论、思想来争鸣”，批注：“似乎不很对，何必怕争鸣？”（九）针对“有人说，‘经典著作是不许怀疑的’”，批注：“不许怀疑吗？”（十）针对“党的政策是否允许怀疑？对党的政策的怀疑的意见是否允许争论”，批注：“为什么不允争论呢？”（十一）针对“党员在理论上怀疑或反对马克思列宁主义的个别原理是否允许？如果根本怀疑马克思列宁主义的哲学、经济学或社会主义理论，可否留在党内

(例如有人入党后仍然相信凯因斯学说，如何办?)”，批注：“前者是肯定的，后者是否定的。”（十二）针对“如何克服马克思列宁主义教学中的教条主义”，批注：“就是允许批评、争论。”（十三）针对“目前许多理论课程教员，埋头准备讲稿，照念讲稿，不关心国内外大事，不学习党的重要文献，不研究现状”，批注：“应当改变。”（十四）针对“高等学校的党和行政的领导干部有两种表现：一种是放弃领导，对群众的错误思想行为不进行教育批评，以致产生若干混乱现象；一种是在党的这一重大的方针政策面前，迟疑观望，甚至有抵触情绪，对各方面的工作不敢放手”，批注：“两者都不对。”（十五）针对“党内党外都有一些人认为学校的党员领导干部对科学和教学都没有什么研究，领导教学和科学研究工作困难较多，部分党委书记和党员校（院）长对此也缺乏信心。这个问题应该如何从思想认识上和具体作法上求得解决”，批注：“此点值得重新研究。”（十六）针对“自从提出‘向科学进军’以后，高等学校教师偏重于搞科学研究工作，不愿多作教学工作，从而发生了教学工作与科学研究工作如何适当安排的问题”，“同时，党的干部和政治工作干部多希望作科学研究工作或教学工作，不安心政治工作，忽视政治思想工作的倾向相当严重”，批注：“都是不对的。”（十七）针对“过去学校对于学生管理得死死的。自提出百家争鸣方针和讨论全面发展、因材施教以来（还有外国的影响)，已开始表现出另外一个偏向，学生强调自由、民主、个人专长的发展，不遵守学校纪律，对教师不礼貌，缺乏艰苦耐劳的思想；而在学校和教师方面，则变得束手束脚，不敢管理和教育学生”，批注：“都是不对的。”（十八）针对“有些教育行政领导部门和学校当局不重视学校的政治思想领导，有单纯搞业务的现象。还有学校课程多，教材分量一般较重，因此，形成学生的负担重”，批注：“前者是错误的，后者应当改革。”（十九）针对“目前，在党内思想斗争中，对资产阶级思想与小资产阶级思想的含义，区别得不清楚，有时叫这样，有时又叫那样，怎样划分这个界限”，批注：“是一个东西。”

同日 晚上，在中南海颐年堂召集文艺界座谈会，沈雁冰、老舍、巴金、周信芳、徐平羽、方纪、于黑丁、周钢鸣、常苏民、蔡楚生、路坎、胡采、赵丹[1]等出席，彭真、陆定一、康生、胡乔木、周扬、钱俊瑞等参加。座谈中，毛泽东谈了以下内容：党内提过批评主观主义、官僚主义、宗派主义，现在还没有展开。中央委员会要开一次会，发一个指示。这也要有一个酝酿时期。决议要在今年上半年做出来。现在党内还没有统一思想，什么是官僚主义，如何批评，认识还不一致。整风开展起来，那时候就好批评了。现在刚刚批评一下，陈其通等就发表文章，无非是来阻止百花齐放、百家争鸣。整风，整主观主义，重心放在教条主义；整宗派主义，他们总是想一家独霸；整官僚主义，多得很。好几年没有整风了。从汇集印发的那三十三个问题，可以

---

〔1〕 沈雁冰，作家。当时任全国政协常委、文化部部长、中国文学艺术界联合会副主席、中国作家协会主席、中国科学院哲学社会科学部委员。老舍，作家。当时任中国作家协会副主席、北京市文学艺术工作者联合会主席。巴金，作家。当时任中国作家协会副主席兼中国作协上海分会主席。周信芳，京剧表演艺术家。当时任全国人大代表、上海京剧院院长。徐平羽，当时任上海市文化局局长。方纪，作家。当时任天津市文化局局长、中国作家协会天津分会主席。于黑丁，作家。当时任湖北省文学艺术界联合会主席。周钢鸣，作家。当时任华南文学艺术界联合会副主席、中国作家协会广州分会副主席。常苏民，音乐家。当时任四川省文学艺术界联合会副主席、四川省音乐家协会主席、西南音乐专科学校校长。蔡楚生，电影艺术家。当时任文化部电影事业管理局副局长、中国电影工作者联谊会主席。路坎，作家。胡采，作家。当时任西安市文化局局长、中国作家协会西安分会副主席。赵丹，演员。当时任全国人大代表、上海海燕电影制片厂演员。

看出来问题很多。有一种看法，实际上是认为思想不能指导创作，这种看法跟对社会主义现实主义的不正确看法有关系。要求所有的作家接受马克思主义世界观是不可能的。大多数作家接受马克思主义世界观大概需要几十年才有可能。在还没有接受马克思主义世界观的时间内，只要不搞秘密小团体，可以你写你的，各有各的真实。这里边，当然还要有帮助。现在思想这样混乱，汇集中提出的许多问题，就是社会基础变动而来的反映。全国知识分子就算五百万吧，恐怕相信马克思主义的没有十分之一，抵触马克思主义的也没有十分之一。剩下中间的还有百分之八十左右，他们中间，大多数人是拥护社会主义制度的，但不一定相信马克思主义，用它来指导创作的就更少了。所以，社会主义现实主义也不能强制人家接受。教条主义不是马克思主义，而是反马克思主义。要好的、真正马克思主义的、真正社会主义现实主义的作品，哪怕少一点，有那么几部，写得较好，用几十年工夫，去影响那百分之八十的知识分子，因为这些作品是为工农兵服务的。有人说为工农兵服务的方向也不要了，我看为工农兵服务是不错的。资产阶级也要改造成工人阶级，知识分子也要是工人阶级，你说不要为他们服务，中国就没有其他人了。有人说文艺不要目的，一有目的就概念化。我看，不要目的的文艺作品，也可以出一些吧。总之，对人民的教育是一个长期的过程。解决思想问题，不能用专制、武断、压制的办法。文学艺术家恐怕也要经过一个锻炼的过程。有些主张文艺不要目的的，其实是要目的，只是不要你这个目的，在无目的掩护下，有他的目的，就是要小资产阶级、资产阶级的目的。报纸、广播、文工团、剧团、文学艺术都是教育人民的。有人说，“不讲教育，说娱乐好了”，这也可以，但是你演戏，总要影响人。所以教育者首先应当受教育，这是马克思讲的。[1] 我们这些人应当受教育，说不用受教育是站不住脚的。这些教育人的人，他们从事的工作，整个说来，是教育人的过程，要几十年，把六亿人口教育好。苏联十月革命后，教条主义也厉害得很，那时的文学团体“拉普”[2] 曾经对作家采取命令主义，强迫别人必须怎样写作。我们的文化教育政策不采取他们的办法，我们采取有领导的百花齐放、百家争鸣。现在还没有造成放的环境，还是放得不够，是百花想放而不敢放，是百家想鸣而不敢鸣。陈其通他们四人的文章，我就读了两遍，他们无非是“忧心如焚”，唯恐天下大乱。应该估计到中国的情况，两头小中间大，小资产阶级那么多，无非是思想混乱，要求解答问题。我说这些话，是想和同志们交换意见，看看客观情况是否如此。假如经过三个或者四个五年计划，有三分之一的人相信马克思主义世界观，又不是教条主义，不是机会主义，那就好了。鲁迅不是共产党员，他是了解马克思主义世界观的。他的杂文有力量，就在于有了马克思主义世界观。我看鲁迅在世还会写杂文，小说恐怕写不动了，大概是文联主席，开会的时候讲一讲。这三十三个题目，他一讲或者写出杂文来，就解决问题。他一定有话讲，他一定会讲的，而且是很勇敢的。真正的马克思主义者是不怕什么的。文艺批评怎么样了？这也要看到知识分子是两头小、中间大这个基本状况，这就是为什么要采取百花齐放、百家争鸣政策的缘故。为什么有人怕放呢？就是没有看到大多数知识分子是要走社会主义道路，希望国家富强、人民生活好、文化提高，要经过他们去教育中国几亿人民。文艺批评问

〔1〕 见马克思《关于费尔巴哈的提纲》。原文是：“教育者本人一定是受教育的。”

〔2〕 “拉普”，“俄罗斯无产阶级作家联盟”简称的音译。成立于1925年。1932年联共（布）中央作出《关于改组文学艺术团体的决定》，解散“拉普”，成立苏联作家协会。

题，这方面的文章我读得不多，感觉恰当的批评不多。有些批评粗暴得很。现在文艺批评可以说有三类：一类是抓到痒处，不是教条的，有帮助的；一类是隔靴搔痒，空空泛泛，从中得不到帮助的，写了等于不写；一类是教条的，粗暴的，一棍子打死人，妨碍文艺批评开展的。要批评一个人的文章，最好跟被批评人谈一谈，把文章给他看一看，批评的目的，是要帮助被批评的人。可以提倡这种风气。无论资产阶级思想也好，小资产阶级思想也好，在知识分子中还是占大多数的，他们还没有跟群众打成一片。我看还是跟工农兵打成一片才有出路，不能打成一片，你写什么呢？光写那五百万知识分子，还有身边琐事？不能永远只写这些人，这些人也会要变的。去年，我们一年摄制三十多部故事片，太少了。日本八千多万人口，去年出三百多部故事片。中国六亿人口，才出三十多部，你们最好也出他三百多部。赵丹！孙瑜〔1〕没有安排好吧？你是和他合作过的。有了安排那就很好。你们两个合作搞的电影《武训传》，曾受到批评，那没有什么，一个作品写得不好，就再写嘛，总该写好它。关于继承文化遗产问题，我并不赞成牛鬼蛇神，可以让它演出来，批评一下。文化遗产中有许多毒素和糟粕呢！对一些传统剧目过去我们禁了几年，别人有些反感，现在开放了，也可以批评，但批评要说理。放一下就大惊小怪，这是不相信人民，不相信人民有鉴别的力量。

3月9日 在中南海勤政殿会见由总理西罗基率领的捷克斯洛伐克政府代表团，周恩来在座。毛泽东说：你看究竟是帝国主义的事情好办，还是我们的事情好办？依我看还是我们的事情好办一些，帝国主义的事情难办一些。你们处在西方的最前线，可以说我们是在东方的最前线。匈牙利事件证明，我们每个国家把

---

〔1〕 孙瑜，当时任上海电影制片厂导演，曾编导电影《武训传》。

工作做好是多么重要。中国的群众很好，就是很穷，经济落后，文化落后，还要几十年才能改变这种情况。政治情况较好，这就是说人民是团结的。在团结方面也还有些问题，人民内部不是没有矛盾的，工作中也有缺点，官僚主义、主观主义、宗派主义也还存在，有些地方影响了党和群众的关系。这些缺点要整，我们准备在全党整顿作风，准备在几个月或更长一些时间，一面工作，一面学习、批评，把官僚主义、主观主义、宗派主义整一整。我们的党很大，掌握权力，做了许多好事，人民就拍掌，毛病就产生了，官僚主义就出来了。

3月10日 下午，在中南海颐年堂召集新闻出版界座谈会，邓拓、金仲华、徐铸成、赵超构、杨永直、范瑾、吴象、李超、常芝青、朱穆之、舒新城、曾彦修、黄洛峰、王芸生〔1〕等出席，康生、陆定一、胡乔木、周扬、钱俊瑞等参加。座谈中，毛泽东谈了以下内容：你们说自己的马克思主义水平低，在社会主义社会办报心中无数。现在心中无数，慢慢就会有数。一切事情开头的时候总是心中无数的。现在我们要处理人民内部矛盾问题，不

〔1〕金仲华，当时任上海市副市长、上海市政协副主席、中国新闻工作者联谊会（1957年3月16日改为中华全国新闻工作者协会，下同）副会长、新闻日报社社长。徐铸成，当时任全国人大代表、文汇报社社长兼《文汇报》总编辑。赵超构，当时任全国人大代表、新民报社社长。杨永直，当时任《解放日报》总编辑、中国新闻工作者联谊会上海分会副会长。范瑾，当时任北京日报社社长、中国新闻工作者联谊会北京分会会长。吴象，当时任《山西日报》副总编辑。李超，当时任《南方日报》副总编辑。常芝青，当时任《光明日报》总编辑。朱穆之，当时任新华社副社长。舒新城，出版家、辞书编纂家。当时任全国人大代表。曾彦修，当时任人民出版社副社长。黄洛峰，当时任文化部部长助理、出版事业管理局局长。王芸生，当时任全国政协常委、北京大公报社社长、中国新闻工作者联谊会副会长。

像过去搞阶级斗争，当然也夹杂一些阶级斗争，心中无数是很自然的。无数并不要紧，我们可以把问题好好研究一下。谈社会主义的书出了那么多，教人们怎样去具体地搞社会主义的书，在俄国社会主义革命的时候还没有；也有些书把社会主义社会的东西什么都写出来，但那是空想的社会主义，不是科学的社会主义。有些事情还没有出现，虽然可以预料到，却不等于能够具体地提出解决的方针和办法。说到马克思主义修养不足，这是普遍的问题，解决这个问题，只有好好地学。当然，学是要自愿的。在知识分子当中提倡学习马克思主义是很有必要的，要提倡大家学他十年八年，马克思主义学得多了，就会把旧思想推了出去。但是学习马克思主义也要形成风气，没有风气是不会学得好的。目前思想偏向有两种：一种是教条主义，一种是右倾机会主义。教条主义和右倾机会主义都是片面性，都是用形而上学的思想方法去片面地孤立地观察问题和了解问题。思想方法上的片面性，同没有好好学习马克思主义有关系。我们要用十年八年的时间来努力学习马克思主义，逐步抛弃形而上学的思想方法。那样，我们的思想面貌就可能有很大的不同。报纸要搞得活泼，登些琴棋书画之类，我也爱看。群众来信可以登一些出来，试试看。报纸是要有领导的，但是领导要适合客观情况。马克思主义是按客观情况办事的，客观情况就包括客观效果。群众爱看，证明领导得好；群众不爱看，领导就不那么高明吧？正确的领导按客观情况办事，符合实际，群众欢迎；不正确的领导，不按客观情况办事，脱离实际，脱离群众。报纸有一些专业化的东西也好，但是太过于专业化，有时就容易枯燥，人家看的兴趣就少。搞专业的人也要看专业之外的东西。社会主义国家的报纸总比资本主义的报纸好。我们的报纸毒少，对人民有益。报上的文章，“短些，短些，再短些”是对的，“软些，软些，再软些”要考虑一下。不要太硬，太硬了人家不爱看，可以把软和硬两个东西统一起来。文章写得通俗、亲切，由小讲到大，由近讲到远，引人入胜，这就很好。板起面孔办报不好。有人问，鲁迅现在活着会怎么样？我看鲁迅活着，他敢写也不敢写。在不正常的空气下面，他也会不写的，但更多的可能是会写。现在有些作家不敢写，有两种情况：一种情况，是我们没有为他们创造敢写的环境，他们怕挨整；还有一种情况，就是他们本身唯物论没有学通。文章的好坏，要看效果，自古以来都是看效果作结论的。听说你们那里有人提出通讯社的消息有没有阶级性的问题。在阶级消灭之前，不管通讯社或报纸的新闻，都有阶级性。在报纸上开展批评的时候要为人家准备楼梯，否则群众包围起来，他就下不了楼。现在搞大民主不适合大多数人民的利益。有些人对别人总想用大民主，想整人，到了整自己，民主就越小越好。我看在文学、新闻等方面，解决问题要用小小民主，小民主之上再加上一个“小”字，就是毛毛雨，下个不停。说到办报，共产党不如党外人士。办学，搞出版，科学研究，都是这样。说共产党不能领导科学，这话有一半真理。现在我们是外行领导内行，搞的是行政领导、政治领导，至于具体的科学技术，共产党是不懂的。这种行政领导的状况，将来是要改变的。现在很多干部没有读书的习惯，把剩余的精力放到打扑克、看戏、跳舞上面去。大家不应该把时间浪费掉。对具体问题要作具体分析，新闻的快慢问题也是这样。有的消息，我们就不是快登慢登的问题，而是干脆不登。前年年底，北京几天就实现了全行业公私合营，宣布进入社会主义，本来对这样的消息就要好好考虑，后来一广播，各地不顾本身具体条件，一下子都干起来，就很被动。对人民内部问题进行批评，锋芒也可以尖锐。我也想替报纸写些文章，但是要把主席这个职务辞了才成。我可以在报上辟一个专栏，当专栏作家。文章要尖锐，刀利才能裁纸，但是尖锐得要帮了人而不是伤了人。关于百家争鸣问题，完全学术性的，在报上争来争去不会有影响。至于政策性的，恐怕就要分别一下情况。如果发现宣传上产生一些不良后果，可以写文章来解释说明。

3月11日 晚上，在中南海颐年堂召集高等教育工作座谈会，杨秀峰、陈望道、彭康、匡亚明、彭迪先、冯乃超、杨献珍、冯友兰、胡锡奎[1]等出席，彭真、陆定一、陈伯达、康生、胡乔木、张际春、周扬、钱俊瑞等参加。

3月12日 下午，在中国共产党全国宣传工作会议上发表讲话，共讲八个问题。主要内容如下：（一）我们现在是处在一个社会大变动的时期。社会经济制度变化了，个体经济变为集体经济，资本主义私有制正在变为社会主义公有制。在不同的阶级、阶层、社会集团的人们中间，对于这个社会制度的大变动，有各种不同的反映。推翻旧的社会制度，建立新的社会制度，即社会主义制度，应该说，情况基本上是健康的。但是，新的社会制度还刚刚建立，还需要有一个巩固的时间。我们一定会建设一个具有现代工业、现代农业和现代科学文化的社会主义国家。（二）关于我国知识分子的情况。在五百万左右的知识分子中，绝大多数人都是爱国的，愿意为人民服务，为社会主义国家服务。有少数知识分子对于社会主义制度是不那么欢迎、不那么高

〔1〕 杨秀峰，当时任国务院第二办公室副主任兼高等教育部部长。陈望道，当时任复旦大学校长、中国科学院哲学社会科学部委员、中国民主同盟上海市委副主任委员。彭康，当时任交通大学校长。匡亚明，当时任东北人民大学校长、党委书记。彭迪先，当时任四川大学校长。冯乃超，当时任中共广东省委高等学校委员会第一书记。杨献珍，哲学家。当时任中共中央高级党校校长、中国科学院哲学社会科学部委员。冯友兰，哲学家。当时任全国政协委员、中国科学院哲学社会科学部委员、北京大学教授。胡锡奎，当时任中国人民大学党委书记、副校长。

兴的，但是在帝国主义面前，他们还是爱国的。对于我们的国家抱着敌对情绪的知识分子，是极少数。五百万左右的知识分子对待马克思主义的态度是：赞成而且比较熟悉的，占少数；反对的也占少数；多数人是赞成但不熟悉，赞成的程度又很不相同。我们做宣传工作的同志有一个宣传马克思主义的任务。如果在今后几个五年计划的时间内，在我们的知识分子中间，能够有比较多的人通过工作和生活的实践，通过阶级斗争的实践、生产的实践、科学的实践，懂得比较多的马克思主义，这样就好了。（三）知识分子的改造问题。没有知识分子，我们的事情就不能做好，所以要好好地团结他们。知识分子是脑力劳动者。他们的工作是为人民服务的，也就是为工人农民服务的。知识分子又是教育者。因为他们是教育者，是当先生的，他们就有一个先受教育的任务。知识分子如果不把自己头脑里的不恰当的东西去掉，就不能担负起教育别人的任务。我们的任务是，在知识分子自愿学习的基础上，好心地帮助他们学习，通过适当的方式来帮助他们学习，而不要用强制的方法勉强他们学习。（四）知识分子同工农群众结合的问题。知识分子既然要为工农群众服务，那就首先必须懂得工人农民，熟悉他们的生活、工作和思想。我们提倡知识分子到群众中去，到工厂去，到农村去。书当然不可不读，但是光读书，还不能解决问题。一定要研究当前的情况，研究实际的经验和材料，要和工人农民交朋友。知识分子如果同工农群众相结合，和他们做了朋友，就可以把他们从书本上学来的马克思主义变成自己的东西。那末，我们大家就有了共同的语言，不仅有爱国主义方面的共同语言、社会主义制度方面的共同语言，而且还可以有共产主义世界观方面的共同语言。（五）关于整风。现在共产党中央作出决定，准备党内在今年开始整风。党外人士可以自由参加。这一次整风，主要是批评几种错误的思想作风和工作作风：主观主义、官僚主义、宗派主义。在整风中间，一方面要严肃认真，对于错误和缺点，一定要进行认真的而不是敷衍的批评和自我批评，而且一定要纠正；另一方面又要和风细雨，惩前毖后，治病救人，反对采取“一棍子把人打死”的办法。中国的改革和建设靠我们来领导。我们国家有很多诚心为人民服务、诚心为社会主义事业服务、立志改革的人。我们共产党员都应该是这样的人。但是仅仅靠我们还不够。我们还需要有一批党外的志士仁人，他们能够按照社会主义、共产主义的方向，同我们一起来为改革和建设我们的社会而无所畏惧地奋斗。要使几亿人口的中国人生活得好，要把我们这个经济落后、文化落后的国家，建设成为富裕的、强盛的、具有高度文化的国家，这是一个很艰巨的任务。我们所以要整风，把我们身上的错误的东西整掉，就是为了使我们能够更好地担负起这项任务，更好地同党外的一切立志改革的志士仁人共同工作。（六）片面性问题。片面性就是思想上的绝对化，就是形而上学地看问题。对于我们的工作的看法，肯定一切或者否定一切，都是片面性的。所谓片面性，就是违反辩证法。我们要求把辩证法逐步推广，要求大家逐步地学会使用辩证法这个科学方法。我们现在有些文章，神气十足，但是没有货色，不会分析问题，讲不出道理，没有说服力。当着自己写文章的时候，要采取和读者处于完全平等地位的态度。我们应该老老实实地办事，对事物有分析，写文章有说服力，不要靠装腔作势来吓人。百花齐放、百家争鸣的方针，对于科学和艺术的发展给了新的保证。在我们的社会里，革命的战斗的批评和反批评，是揭露矛盾，解决矛盾，发展科学、艺术，做好各项工作的好方法。（七）“放”还是“收”？这是个方针问题。百花齐放，百家争鸣，这是一个基本性的同时也是长期性的方针，不是一个暂时性的方针。百花齐放、百家争鸣这个方针不但是使科学和艺术发展的好方法，而且推而广之，也是我们进行一切工作的好方法。这个方法可以使我们少犯错误。各种不同意见辩论的结果，就能使真理发展。有比较才能鉴别。有鉴别，有斗争，才能发展。真理是在同谬误作斗争中间发展起来的。我们要提倡正确的东西，反对错误的东西，但是不要害怕人们接触错误的东西。单靠行政命令的办法，禁止人接触不正常的现象，禁止人接触丑恶的现象，禁止人接触错误思想，禁止人看牛鬼蛇神，这是不能解决问题的。（八）各个省、市、自治区的党委应该把思想问题抓起来。我们国内革命时期的大规模的急风暴雨式的群众阶级斗争已经基本结束，思想问题现在已经成为非常重要的问题。各地党委的第一书记应该亲自出马来抓思想问题。

3月13日 晚上，在中南海颐年堂召集科学工作者座谈会，郭沫若、童第周、钱三强、谈家桢、潘梓年、向达、费孝通、沈志远、翦伯赞、张劲夫、于光远〔1〕等出席，彭真、陆定一、陈

---

〔1〕 童第周，生物学家。当时任全国人大代表、中国科学院生物学地学部副主任。钱三强，核物理学家。当时任第三机械工业部（1958年2月改为第二机械工业部）副部长，中国科学院秘书长兼近代物理研究所所长、中国科学院学部委员。谈家桢，遗传学家。当时任复旦大学生物系主任。潘梓年，哲学家。当时任中国科学院哲学社会科学部副主任兼哲学研究所所长。向达，历史学家。当时任中国科学院哲学社会科学部委员、历史研究所第二所副所长，北京大学教授。费孝通，社会学家。当时任国务院外国专家局副局长、中央民族学院副院长、中国民主同盟中央常委。沈志远，经济学家。当时任上海市政协副主席、中国民主同盟中央常委兼上海市委主任委员、中国科学院哲学社会科学部委员。翦伯赞，历史学家。当时任中国科学院哲学社会科学部委员、北京大学历史系主任。张劲夫，当时任中共中国科学院党组书记、中国科学院副院长、国务院科学规划委员会秘书长（至1957年6月）。于光远，当时任中共中央宣传部科学处处长、国务院科学规划委员会副秘书长、中国科学院哲学社会科学部委员。

伯达、康生、胡乔木、张际春、周扬、钱俊瑞、杨秀峰、黄松龄〔1〕参加。毛泽东说：将来党员整风，要有党外人士参加，一切问题要摆出来讨论，党内有问题不要关起门来搞。凡吸收党员、开除党员，都可以由党外人士参加讨论，不要搞神秘了。现在，高等学校的学生百分之八十是非工农成分。这种情况要过十几年后才能改变。说党不能领导科学，有一个原因是科学家中党员少。党领导科学可以通过计划来领导，把科学研究纳入整个计划。至于科学研究的具体计划，那就由科学家自己去做。工人阶级作为领导阶级，是领导各项工作的阶级。至于原子能、数学等具体研究工作，那由科学家去领导。对于科学，工人阶级能领导，又不能领导。将来党的中央委员会要有科学家组成。思想改造，不是你改造我，要平等。六亿人民，人人要改造，工人阶级和共产党也要改造。思想问题、思想改造，不能搞简单化，简单化总是不行的。学校可以实行集体讲话，校长每个月讲一次，联系学校师生员工的思想实际来讲，学校里的政治课主要靠这个，大学、中学、小学都可以这么办。各个学校的校长、副校长都应该当政治教员，解决师生员工的思想问题。学校里发生问题，应该由党内党外合起来解决。各党派可以开自己的会，但是应该有合起来开的会。要发挥各方面的力量，现在有些人还感到有力无处使。马克思列宁主义实际上有三家争鸣：一家是真正的马克思列宁主义，一家是修正主义，一家是教条主义。教条主义是极端专制派，它肯定一切，不承认社会主义社会内部有矛盾，混淆敌我矛盾和人民内部矛盾，实行无情打击。去年这一年，修正主义泛滥，反对苏联，反对斯大林，否定一切，否定苏联的一切，否定斯大林的一切。否定无产阶级，就是要肯定资产阶级。在我们

〔1〕 黄松龄，当时任高等教育部副部长、中国科学院哲学社会科学部委员。

党内，修正主义和教条主义都有。也就是说，有肯定一切和否定一切这两种片面性。我们的任务就是要进行两条战线的斗争，既不肯定一切，又不否定一切。

3月15日　晚上，在中南海颐年堂召集陆定一、陈伯达、康生、胡乔木、胡绳〔1〕、田家英等谈逻辑学问题。

3月16日　晨，审阅修改《中共中央关于传达全国宣传工作会议的指示》稿，批示："即送周、陈、彭真、定一阅，尚昆用电报发去，另印发如前示。"毛泽东将指示稿中的"现在，阶级斗争已经基本结束"，改为"现在，大规模的群众行动的阶级斗争已经结束"。中共中央指示指出："党中央提出'百花齐放，百家争鸣'政策的目的，是用说服的方法、自由辩论的方法，而不是用粗暴的方法，向知识分子进行长期的、耐心的、细致的马克思主义的宣传，促进我国的科学、文艺在马克思主义的指导下迅速地繁荣起来。"指示肯定了全国宣传工作会议吸收党外人士参加的重要经验，同时要求各省市委召开同样的宣传工作会议，第一书记必须亲自领导思想工作，并指导会议的进行。

同日　晚上，同陈伯达谈话。陈伯达送来两本书〔2〕。

3月17日　中午，乘专列到达天津。在专列上同天津市负责人黄火青、吴砚农、万晓塘、李耕涛、李华生〔3〕等谈话。

同日　晚上，到天津市人民剧场，在天津市党员干部会议上发表讲话。毛泽东说：在我们过去几十年，主要的工作就是阶级

---

〔1〕胡绳，当时任中共中央政治研究室副主任、中国科学院哲学社会科学部委员。1958年6月又任《红旗》杂志常任编辑。

〔2〕可能是两本关于逻辑学的书。

〔3〕吴砚农，当时任中共天津市委书记处书记、天津市政协副主席。万晓塘、李耕涛，当时任中共天津市委书记处书记、天津市副市长。李华生，当时任天津市副市长。

斗争。打倒蒋介石，抗美援朝，土地改革，还有社会主义改造，这些都是属于阶级斗争的范围。这个斗争时间很长，从一八四〇年鸦片战争算起，有一百多年。这是一个很大的斗争。在作这个斗争的时候，人们对于我们在开头也是不相信的。现在人们就相信了，说共产党行了。至于建设，人们历来就说共产党恐怕是不行的。我们过去是阶级斗争为主，不是说没有搞建设，还是有建设。要讲不会，也会一点儿。因为过去做阶级斗争的时候，在根据地也多多少少学了一点。但是盖大工厂，搞自然科学、工程技术、教育那一套东西，我们就不会了。现在有些人说，共产党搞科学不行，大学里头教书不行，医院里头当医生不行，工厂里头当工程师、当技术人员不行。我说这个话讲得对，讲得合乎事实。但是他们这个话也是不全面的，讲对了一半，还有一半不对。为什么共产党也能领导呢？我们把这些科学家、大学教授、工程师、医生统统放到计划里头，作出长远计划、年度计划，以计划去领导他们。此外，就是以政治去领导他们，就是以马克思主义去领导他们。但是无论如何，我们现在是不会的。世界上的事情是可以学会的，我们现在要学。现在，大规模的、群众性的阶级斗争基本上结束，八大决议上面说了。我们全党要来搞建设，要学科学，要学会在大学里头当教授，要学会在科研机关里头做实验、研究科学，要学会当工程师、当技术人员、当医生。要学会率领整个社会跟自然界作斗争，要把中国的面貌加以改变。政治面貌改变之后，必须要使经济面貌加以改变。为了改变中国的政治面貌，我们花了几十年时间。要大体上改变中国的经济面貌，跟过去有所不同，也要有几十年时间。我们过去搞阶级斗争经过许多失败，现在搞建设是不是可以比我们在学习阶级斗争时所付的代价少一点？如果我们现在不重复以前的错误，我们就可以少付代价，可以避免像匈牙利事件那样的事情。我们现在才开始学习，这种情况的改变大概需要三个五年计划，更大的改变时间还要多一点。那末，先生是谁？先生就是现在的党外民主人士。我们态度要好，不摆官僚架子，首先承认自己一窍不通。现在我们党内有种风气是不大好的，就是脑筋里头装满了过去那些东西，新的风气没有养成，没有养成阅读看书的习惯，没有把我们的剩余精力放在学习上头去。你完全不懂，又不肯学，又要摆那么一副架子，这就不好了。就具体的业务来说，我们是不能领导；就整个科学的前进这方面，我们能够领导，就是以政治去领导，以国家计划去领导。所以我们有学习的任务。有十年到十五年，就可以学到。不仅在政治上领导他们，而且在业务上、在技术上领导他们。对于阶级斗争基本结束而显露出来的各种东西，各种不满意，许多错误的议论，我们应该采取什么方针？我们应该采取“百花齐放、百家争鸣”的方针，在讨论中、在辩论中去解决。只有这个方法，别的方法都不妥。而现在党内有一种情绪，就是继续过去那种简单的方法，你不听话，就“军法从事”。那是对付敌人的，那个办法不行了。凡是科学方面的问题，思想方面的问题，精神方面的问题，都不能够用粗暴的方法。有两个方法，是采取压服的方法，还是采取说服的方法？现在我们有一些同志等不及了，大有要压一下的想法。压是压不服人的，只会使我们处于不利的地位。如果用压服的办法，我们就没有理，就站不住脚，就输了。我们要学会说理，学会写说理的文章，学会作说理的报告。至于各种错误的意见在报纸上、刊物上发表，开座谈会评论，会不会把我们的天下搞乱，把人民政府搞倒，我说完全不会。因为他们不是反革命，不是特务，他们中的大多数愿意跟我们合作，只有极少数人是敌视我们的。我们现在扩大发行《参考消息》，无代价地替帝国主义出份报纸来骂我们。我每天都看。党内党外都应该受锻炼，见世面，知道一点世界上的事情，敌人怎么骂我们，敌人家里的事情是怎么样。把自己关在房子里，把眼睛封起来，把耳朵封起来，那就很危险。我们就是叫人们自己去思考，就是不要把自己封锁起来。马克思主义是同它的敌对力量作斗争中创造出来的，发展起来的，现在还要发展。比如我们中国办事情，如果我们不发展马克思主义，那末事情就办不好。马克思主义的原理原则到中国来实行的时候，就要带有中国的色彩，就要按照具体情况解决问题。若采取压服的方法，不让百花齐放、百家争鸣，那就会使我们的民族不活泼，简单化，不讲道理，使我们的党不去研究说理，不去学会说理。马克思主义要跟非马克思主义作斗争才能发展起来，百花齐放、百家争鸣之所以需要，就是这个道理。当晚，毛泽东乘专列离开天津，继续南下。

同日 在天津致信周恩来、陈云、彭真、陆定一："大学、中学都要求加强思想、政治领导和改进思想、政治教育，要削减课程，要恢复中学方面的政治课，取消宪法课，要编新的思想、政治课本，要下决心从党政两系统抽调几批得力而又适宜于做学校工作的干部去大、中学校工作，要赋予高等教育部和教育部以领导思想政治工作的任务。以上各点，请中央讨论一次，并作出决定。"

3月18日 晨，到达济南。下午，在专列上同山东省委负责人舒同、赵健民、李广文〔1〕、师哲、夏征农〔2〕等谈话。

同日 晚上，到山东省政府大礼堂，在山东省级机关处以上党员干部会议上发表讲话。毛泽东说：我只讲一个问题——思想问题。去年下半年以来，我们党里头，社会上，人们的思想有一

〔1〕 赵健民，当时任中共山东省委书记处书记兼监察委员会书记、山东省省长。李广文，当时任中共山东省委书记处书记。

〔2〕 夏征农，当时任中共山东省委书记处书记。

些乱，比如批评共产党的人多了，党外人士比过去敢于讲话了，敢于讲我们党的缺点了。有人说共产党不能领导科学，对社会主义有没有优越性也发生怀疑了。有一些人讲社会主义没有优越性，合作社办得不好。有一些知识分子讲，美国比中国好，比苏联好。去年这一年，特别是下半年，人民内部闹事也发生了不少。报纸上，小品文、讽刺文章多起来了，批评缺点，冷嘲热讽。在这种情况下，有些共产党员、青年团员就跟着资产阶级走，否定一切，不加分析，把情况看得比较坏。另外一些共产党员就不服气，说："都是百花齐放、百家争鸣这两条闹出来的"。所以，我们党里头有两种人。一种人，外面讲什么，他们也跟着讲；另一种人就想收，谁不听话的时候就想压一下子。这是现在的情况。当然，外国的事情对我们有影响，比如苏共二十大把斯大林批评了，后头发生波兰、匈牙利的事件，国际上有反苏反共的风潮。还有我们工作中的错误，无论是肃反、土改、社会主义改造的工作中间，都有主观主义的错误，有官僚主义的错误，也有宗派主义的错误。这些引起一些人的思想混乱。有外国的影响，但主要还是我们国内的原因。我们现在处在这么一个时代，就是大规模的阶级斗争基本上结束，社会主义改造基本完成，这是第八次代表大会作了结论的，这个结论是合乎情况的。人民内部的问题多起来了，就暴露出来许多思想问题，就有一些乱了。过去是不是有思想问题呢？过去有的，实际上我们刚进城那几年更乱一些。但是，那些不同的意见，那些意见分歧，被大规模的阶级斗争所掩盖了。去年上半年，阶级斗争基本结束。所谓基本结束，就是说还有阶级斗争，特别是表现在意识形态这一方面。只说基本结束，不说全部结束。这一点要讲清楚，不要误会。这个尾巴要吊很长时间。特别是意识形态这一方面的阶级斗争，就是无产阶级思想跟资产阶级思想的斗争，这个争鸣是要争几十年的。刚才讲有阶级斗争，特别表现在意识形态上面的，我们是把它当作内部矛盾来处理的。百花齐放、百家争鸣，还有长期共存、互相监督，这些方针在我们党里头还有相当多的同志不甚了解，有一些同志不大赞成这样的方针。采取这些方针有什么理由呢？百花齐放、百家争鸣，是一种使得文学、艺术、科学能够繁荣起来的一种方法，也是一条方针。至于长期共存、互相监督，其原因就是因为我们这个党功劳太大，在中国社会的威望太大，这就发生一个危险，容易包办代替，用简单的行政命令行事。所以，我们特地请几个民主党派来监督我们，并且跟我们长期共存。所以，现在的方针不是收，而是还要放，现在还是放得不够。思想的问题，精神方面的问题，不是用粗暴的方法能够解决的。我们应当提倡大家公开民主的讨论、平等的讨论，互相争辩，这样的方法就是用说服的方法，不用压服的方法。如果我们是采取放的方法，采取说服的方法，我们的国家就会兴盛起来。专政是对付敌人的，民主是对人民的。人民内部的关系是一种民主的关系。如果我们搞错了，把专政的范围扩大到人民内部，凡是有矛盾、有问题的时候就用压服的方法，那末我们这个国家就可能受到很大的损失。而且总有一天要回过头来，有压服不了的时候。人民内部矛盾发展起来了，又不要压服，不要用行政命令，这样一来是不是很危险？据我看，没有什么危险。不同的意见只会因为辩论、民主的讨论而得到正确的解决，得出真理，文学艺术方面会更活泼，会发扬创造性，科学方面会要更加发展起来。这种功效不是一年两年看得出来的，可能要十几年到几十年才能看得出它的效力来。阶级斗争基本结束，我们的任务转到什么地方？就是要转入到搞建设，率领整个社会，率领六亿人口，同自然界作斗争，把中国兴盛起来，变成一个工业国。现在社会主义同资本主义两种制度的斗争谁胜谁负的问题解决了没有呢？

按照八次大会所说的，基本上分了胜负的，就是资本主义失败了，社会主义基本上胜利了。是不是最后胜利了呢？那还没有。最后胜利还要有一个时期，大概要三个五年计划。至于两种思想的斗争，资产阶级思想同无产阶级思想，马克思主义同非马克思主义的斗争，意识形态方面的谁胜谁负，那就要更长一点了。我们国家是文化落后的国家，要好好利用知识分子的队伍。在我们这个国家，知识分子是相当值钱的，我们一天也离不开他们。所以，我们要争取他们，在世界观这个问题上，要使他们变成无产阶级知识分子。这大约需要经过三个五年计划的时间，到那个时候，马克思主义就可以取得决定性胜利。我们要争取知识分子，要争取党外人士，先要做一件事情，就是先把自己的作风整顿一下。我们党现在准备开展一次整风运动。整风是用批评和自我批评解决党内矛盾的一种方法，也是解决党同人民之间的矛盾的一种方法。要经过整风，把我们党艰苦奋斗的传统好好发扬起来。因为革命胜利了，有一部分同志，革命意志有些衰退，革命热情有些不足，全心全意为人民服务的精神少了，过去跟敌人打仗时的那种拼命精神少了，而闹地位，闹名誉，讲究吃，讲究穿，比薪水高低，争名夺利，这些东西多起来了。人没有饿死，就要做革命工作，就要奋斗。一万年以后，也要奋斗。共产党就是要奋斗，就是要全心全意为人民服务，不要半心半意或者三分之二的心三分之二的意为人民服务。革命意志衰退的人，要经过整风重新振作起来。下点毛毛雨，吹点微微风，把我们的官僚主义、主观主义、宗派主义这些东西吹掉。我们是从保护同志出发，从团结的愿望出发，经过适当的批评，达到新的团结。当晚，毛泽东乘专列离开济南。

3月19日　晨，到达徐州。在专列上同中共徐州地、市委负责人谈话，了解徐州市工业生产方面的情况。随后，改乘专机前往南京。在专机上书写元代萨都剌的《木兰花慢·彭城[1]怀古》和北宋王安石的《桂枝香·金陵怀古》两首词。中午到达南京。

同日 起草准备在南京、上海党员干部会议上讲话的提纲，共六个部分。要点如下：(一)“现在处在转变时期：由阶级斗争到向自然界斗争，由革命到建设，由过去的革命到技术革命和文化革命。许多人还不认识，还企图用过去的方法对待新问题。”(二)“如何解决矛盾，人民闹事如何处理？第一类矛盾还存在，右的观点要防止，但不要夸大。第二类矛盾显著起来了，同志中观察也有‘左’有右。将罢工、罢课、游行、示威、请愿看作调整社会秩序的一种方法。”(三)“统筹兼顾，适当安排，加强思想教育。”“六亿和五百万[2]——左、中、右。能在大约三个五年计划中争取三分之一——一百五十万人真心接受马克思主义就很好了。使中间派进一步。我们必须使用他们，否则一步也不能动。共产党不能领导科学？我们必须学文化（科学、技术），学建设。我们是否可以学会科学技术？如过去一样，可以学会的。”(四)“百花齐放、百家争鸣，长期共存，互相监督。”“要善于说服，要学会以理服人。”(五)“为工农服务，与群众打成一片，不是两片。考验知识分子的主要标准，一条心、半条心（党内党外）。争取百分之七十下厂下乡。我们干部要经常下厂下乡。”(六)“要展开讨论，整风，团结、批评、团结公式，它的发展史。”“要讲真心话，很多事不要两套。要艰苦奋斗……。要养成学习习惯。”“向新任务前进，不要忘记敌人，不要忘记政治（政治是人的灵魂）。如果不注意，很可能在几年以后，政治兴趣低落，政治觉悟不高，因此要加强。”“中国应当是辩证法发展的国

---

〔1〕 彭城，徐州市的古称。

〔2〕 指当时所说的中国6亿人口和500万知识分子。

家。采取现在的方针，文学艺术、科学技术会繁荣发达，党会经常保持活力，人民事业会欣欣向荣，中国会变成一个大强国而又使人可亲。”

同日　下午，在南京住处同江渭清〔1〕、曾希圣、刘顺元等谈话。

3月20日　上午，到南京市人民大礼堂，在江苏、安徽两省及南京军区党员干部会议上发表讲话。毛泽东说：现在我们处在一个转变的时期，就是过去的阶级斗争基本上结束了，这是我们几十年斗争的结果。拿共产党的历史来说有三十几年，从鸦片战争反帝国主义算起有一百多年，我们仅仅做了一件事，就是搞阶级斗争。阶级斗争改变上层建筑和社会经济制度，这仅仅是为建设、为发展生产、为由农业国到工业国开辟道路，为人民生活的提高开辟道路。现在是处在这么一个变革的时期：由阶级斗争到向自然界作斗争，由革命到建设，由过去反帝反封建的革命和后头的社会主义革命到技术革命，到文化革命。我们国家要建设，就要有技术，就要懂得科学，这是一个很大的革命。没有这样一个革命，单是政治改变了，社会制度改变了，我们国家还是一个穷国，还是一个农业国，还是一个手工业、手工技术的国家。为了这个，我们就要进行一个文化革命。现在，似乎还有一些人不认识这么一种变化。现在，社会主义这种新的生产关系刚刚建立，还没有完全建立好，至于用主要力量搞生产，我们才刚刚开始。没有生产就没有生活，没有多的生产就没有好的生活。把我们的国家建设好要多少年呢？我看大概要一百年吧。要分几步来走：大概有十几年会稍微好一点；有个二三十年就更好一

---

〔1〕　江渭清，当时任中共江苏省委第一书记、江苏省政协主席、中国人民解放军江苏省军区政治委员（1958年9月又任南京军区第三政治委员）。

点；有个五十年可以勉强像个样子；有一百年那就了不起，就和现在大不相同了。要向广大人民，特别向青年进行教育，进行艰苦奋斗、白手起家的教育。我们现在是白手起家，祖宗给我们的很少。让我们跟全国人民一道，跟国家一道，跟青年们一道，干他个几十年。这个世纪，上半个世纪搞革命，下半个世纪搞建设。现在的中心任务是建设。毛泽东说：要分清两类矛盾。对于第一类矛盾，敌我矛盾，现在存在的两种观点都不妥当。一种是右的观点，认为世界上太平无事了，对于一些应该依法处理的反动分子和坏人不依法处理。这方面，现在各省都有发生，应该注意。另一种是夸大的观点，"左"的观点，说现在还有很多反革命。现在还有暗藏的反革命，这一点要肯定。但是过去肃反根本上是正确的，我们中国不会出匈牙利那样的事情，其中有一条原因，就是我们肃清了反革命。对人民闹事，要采取完全新的方法。对犯了法的人，应该按照法律程序处理。对于人民闹事，有主张用老办法对付的，就有几个地方叫警察抓人。这是国民党的办法。也有束手无策的，完全是没有办法。对人民闹事，很值得研究。要在党内党外展开讨论，办法就出来了。对于全国，我们的方针是要统筹兼顾，适当安排，加强思想教育。这个方针可以说是战略方针。中国这个国家，知识分子太少。对这几百万知识分子，我们如果看不起他们，如果以为可以不要他们，这种观点是不妥当的。我们离不开他们。这几百万知识分子，是有用之人，是国家的财产，是人民的教员。对这些人不能搞唯成分论，对他们的进步应该肯定。我们党提出百花齐放、百家争鸣，长期共存、互相监督的方针是有理由的。现在党外人士生怕我们"收"，说我们"放"得不够。我们的同志则有一点想收。中央的意见是应该坚持百花齐放、百家争鸣的方针，应该放，而不是收。高压政策不能解决问题，人民内部的问题不能采取高压政策。这么一放，会不会天下大乱？会不会像匈牙利事件那样把人民政府打倒？不会。中国的情形跟匈牙利不同，共产党有很高的威信，人民政府有很高的威信。马克思主义是真理，这是批评不倒的。不管刮多大的台风，我看人民政府、共产党、老干部、新干部，只要是真心真意为人民服务的，吹不倒；半心半意为人民服务的，那就要吹倒一半；一点心思都没有，跟人民敌对的，那末就该吹倒。批评是可以的，但是批评的结果，批评的目的，就是要巩固民主集中制，巩固党的领导，绝对不能像敌人所希望的那样，造成无产阶级队伍的涣散和混乱。这是原则性，必须如此。我们要发挥民主党派、民主人士的作用，他们可以做一些我们所不能做的工作。要同他们讲真心话。关系政策的事情不要用两套，不要党内一套、党外一套。现在要提倡艰苦奋斗。我们要保持过去革命战争时期的那么一股劲，那么一股革命热情，那么一种拼命精神，把革命工作做到底。我们从前干革命，就是有一种拼命精神。有些同志缺乏这种热情，缺乏这种精神，停滞下来了。这种现象不好，应当对这些同志进行教育。全党都要加强政治思想工作。不要因为有了军衔制度和其他一些制度，而使上下级、官兵、军民、军队同地方的密切关系受到损害。毫无疑义，上下级的关系应当密切，应当是一种同志的关系。我们的同志应当注意，不要靠官位，不要靠职位高，不要靠老资格吃饭，要靠解决问题正确吃饭。毛泽东最后说：全党应当加强思想工作，我今天讲的总题目就是思想工作，思想问题。

同日 下午二时，乘专机到达上海。五时，到上海中苏友好大厦，在上海市党员干部会议上发表讲话。毛泽东说：现在是一个转变的时期，由革命到了建设。在我们面前的新的任务就是建设，建设也是一种革命，这就是技术革命和文化革命，要团结整个社会的成员，向自然界作斗争。当然，在建设过程中还是离不了人与人之间的斗争，在目前的过渡时期中，人与人之间的斗争还包括着阶级斗争。我们说阶级斗争基本完结，就是说还有些没有完结，特别是在思想方面，无产阶级与资产阶级之间的斗争，还要延长一个相当长久的时间。这样一种形势，我们党是看到了的。在党的第八次全国代表大会上，刘少奇同志的报告和大会的决议都说到，大规模的群众性的阶级斗争已经基本结束了。但是，至今还有许多同志对于这种形势不很清楚，还有讲清楚的必要。这个问题不能怪同志们。在过去一个时期内，中央对于这个问题也没有作详细的说明，这是因为，这个变化还是在不久以前才成熟的。比如我在去年四月政治局扩大会议上讲了十条关系，其中有两条，一条是敌我问题，一条是是非问题。在那个时候，还没有说到阶级斗争基本上结束了，到了去年下半年党召开代表大会的时候，才可以肯定地讲这一点。现在情况更明白了，就需要更加详细地告诉全党：不要使用老的方法来对待新的问题，要分清敌我之间的矛盾和人民内部的矛盾。必须承认社会主义社会存在矛盾。我们今天应该公开讲这个问题，不但在内部，在党内，而且在报纸上讲清楚这个问题，作出适当的结论。比如讲群众闹事这样的问题，是若干个别的现象，但是会经常不断地有，因为官僚主义总是会存在的。凡是出官僚主义的地方，那个地方的群众就可能闹事。那末，出了闹事的事我们怎么看？应该看到这是正常的现象，并且把处理闹事作为调整社会秩序的一种方法。对于知识分子，我们的任务就是争取他们。要在比如三个五年计划之内（还有十一年），使整个知识分子在学习马克思主义、跟工人农民结合的问题上进一步。其中大概要有三分之一的知识分子或者入了党，或者是党外积极分子。然后再进一步，争取其余的知识分子。我们要这样分步骤地改变知识界的状况，改变他们的世界观。知识分子是为工人农民服务的，它本身的性质要逐步变为工人阶级内部的知识分子。文艺当然是工农兵方向，没有别的方向。那些怀疑工农兵方向的知识分子，是反映了资产阶级以及小资产阶级的富裕阶层的思想。我们要把资产阶级小资产阶级的知识分子团结争取过来，条件是完全充分的。但是也还需要时间，不能慌，不能忙。马克思主义只能逐渐地说服人，不能强迫灌进去，灌是解决不了问题的。不但在纯粹科学艺术的问题上，而且在涉及政治性的是非问题上，只要不属于反革命一类，也让他们自由讲话。一般人民说错了话，或者闹了事，不能对他们使用专政的方法，只能采取民主的方法。我们跟党外人士的关系应该比过去进一步。现在是隔着一层。党与非党，有一点界限是必要的，应该有区别，这是第一；第二，就是不要有一条深沟。现在的情况就是有许多地方党内党外这个沟太深了，应该把这个沟填起来。要跟他们讲真心话，这样，他们会进步得更快些。阶级斗争、革命搞了几十年，革命仅仅是为建设开辟道路，建设时间长得多。建设是另外一场战争。过去我们是跟阶级敌人作战，现在是团结人民向自然界作战，这是一场新的战争。我们要取得这场战争的胜利，并且希望在不要很久的时间内，使我们的国家变得比现在要富，比现在要强。革命就是为了这个目的。建设比革命要艰苦，时间更长。我们采取上面所说的这些方针，我相信，我们的文化、科学、经济、政治，我们的整个国家，一定可以繁荣发展起来，我们国家就会变成一个有近代农业的、工业化的国家，人民的生活会要好起来，人民的政治情绪，人民跟政府的关系，领导者跟被领导者的关系，人民与人民之间的关系，将是一种合理的、活泼的关系。我们希望的就是要造成这样一个中国，把我们中国变成这样一个活泼的国家，使人民敢于批评，敢于说话，有意见敢于说，不要使人不敢说。不论什么都可以说，使我们这些在台上的同志有错误、缺点逼着改，不解决不行。按照这样的方针，我们的希望就一定可以实现。

3月21日　下午，约周谷城[1]谈话，鼓励周谷城继续写有关逻辑学问题的文章，继续辩论。晚九时十分，乘专列离开上海。次日晨零时二十分，到达杭州，住刘庄。

3月22日　晚上，在杭州刘庄再次会见捷克斯洛伐克总理西罗基，周恩来、习仲勋、黄敬[2]等在座。毛泽东说：我们很穷，一下子富不起来，人口又多，要慢慢地来，急不得。我们总的情况是好的，但矛盾还有很多。斯大林在很长的一段时期内，不肯承认社会主义社会有矛盾，把人民的某些不满、人民对政府的批评这些人民内部的矛盾看成是阶级矛盾，当作敌人处理，结果打错了许多人。鉴于这种教训，我们把矛盾分成两种，第一是阶级矛盾，我们基本上已解决；第二是人民内部的矛盾。对人民内部的矛盾则应用民主的方法，但这种民主应该是有领导的民主，不是无政府主义。在人民内部民主和集中的关系是很重要的。我现在正在反复说明这个道理，到处进行游说，成了一个游说家。我们说知识分子并不可怕。虽然他们的思想有很多是资产阶级的，但是知识分子的社会基础已经不同了，知识分子只有依靠工人和农民才有前途。他们必须为工农服务，而且要全心全意。把知识分子的思想、世界观改造过来，需要很长的时间，需要耐心，需要帮助他们，同他们商量办事。我们的重要任务就是让党员知识分子和左翼作家们不要生硬办事、简单化，要他们学会善于说理，使他们讲话、写文章有充分的说服力。我还想同你们谈谈我国外交方面的某些政策问题。台湾的情况现在有变化。

---

〔1〕周谷城，历史学家。当时任全国人大代表、中国农工民主党中央委员兼上海市委主任委员、复旦大学教授。

〔2〕习仲勋，当时任国务院秘书长。黄敬，当时任国家技术委员会主任、第一机械工业部部长。1957年5月又任国务院科学规划委员会副主任。

美国现在想搞垮蒋介石，它正在扶植一派人，想用这派人来代替蒋介石。现在我们需要帮助蒋介石来反对美国。美国、英国这些国家要搞“两个中国”的阴谋。我们的方针是：承认我们就不能承认台湾。我们不怕它们不承认，美国愈晚承认愈好。我们同美国也进行谈判，这是为了在外交上采取攻势。只要它愿意谈下去，我们就陪它谈下去，谈几十年也可以，看样子有可能长期拖下去。关于参加国际组织问题，有些兄弟国家不大了解我们，一片好心，总希望我们参加这些组织，认为我们太“左”。我们的看法是：如果这些组织内有国民党代表在，我们就不参加；如果参加了，那就是承认“两个中国”。美国现在搞禁运，我们愿意它搞。到第二个或第三个五年计划后它解除禁运时，那我们就会有些东西同它搞贸易，到那时我们可以同它建立关系。

3月23日 晚上，在杭州刘庄召开会议，听取薄一波关于一九五七年国民经济计划问题的汇报，周恩来、陈云、李先念、柯庆施、黄克诚、宋劭文、孙志远〔1〕出席。

3月24日 晚上，在杭州刘庄召开会议，听取李先念关于一九五六年财政收支情况和一九五七年财政预算的汇报，周恩来、陈云、薄一波、柯庆施、黄克诚、段云、吴波〔2〕出席。

3月31日 周恩来本日从昆明发来致中共中央、毛泽东并告外交部的电报。电报说：经过三月二十九日和三十日两次同吴努会谈，双方同意在中缅边界问题得到最后解决的同时，由中缅两国签订一个体现友好合作和互不侵犯原则的友好条约。毛泽东阅后表示同意。

---

〔1〕宋劭文，当时任国务院第四办公室副主任兼国家经济委员会副主任。孙志远，当时任国务院第三办公室副主任兼国家经济委员会副主任。

〔2〕段云，当时任国务院第五办公室副主任。吴波，当时任财政部副部长。

4月2日 对陈嘉庚一九五六年十二月三十日的来信作批示："周总理，此件请酌办，我已复。"陈嘉庚在信中就节约用粮、实行晚婚和解放金门等问题提出建议。

4月3日 下午，同王震〔1〕谈话。后同陆定一、柯庆施、江华谈话。

4月4日—6日 在杭州南屏游泳池召开会议，听取上海、江苏、浙江、安徽、福建四省一市关于思想动态的汇报。出席会议的有陆定一、谭震林、柯庆施、魏文伯、曹荻秋、刘季平、宋季文〔2〕、石西民、江渭清、刘顺元、刘子见、陈书同、余克、方乙〔3〕、江华、林乎加、吕志先、叶飞〔4〕、许彧青、杨文蔚〔5〕、曾希圣、黄岩、吴文瑞〔6〕、李彬、李继祥〔7〕等。在上海市委宣传部部长石西民、安徽省委宣传部部长李彬、江苏省委宣传部副部长刘子见、浙江省委宣传部部长吕志先、福建省委宣

〔1〕 王震，当时任农垦部部长、中国人民解放军副总参谋长兼铁道兵司令员和政治委员。

〔2〕 魏文伯，当时任中共中央上海局秘书长、上海市委书记处书记兼监察委员会书记。1958年11月又任上海市政协副主席。曹荻秋，当时任中共上海市委书记处书记、上海市常务副市长。刘季平，当时任中共上海市委教育卫生工作部部长兼国际活动指导委员会主任、上海市副市长。宋季文，当时任上海市副市长。

〔3〕 陈书同，当时任中共江苏省委财贸工作部部长、江苏省副省长。余克，当时任中共江苏省委农村工作部部长。方乙，当时任江苏省计划委员会副主任。

〔4〕 叶飞，当时任中共福建省委第一书记、福建省省长、中国人民解放军福州军区司令员兼政治委员。

〔5〕 杨文蔚，当时任中共福建省委财贸工作部部长。

〔6〕 黄岩，当时任中共安徽省委书记处书记、安徽省省长。吴文瑞，当时任中共安徽省委财贸工作部部长。

〔7〕 李继祥，当时任中共安徽省委财贸工作部副部长。

传部部长许彧青先后汇报时，毛泽东插话谈了以下内容：（一）要让人家批评，一点不生气，然后再去分析。现在知识分子像惊弓之鸟，怕得厉害，他们要看一看，他们是一定要看的，可能看上一二十年，二十年以后也还是要看的。我们党内同志也是要看一看的。如“治病救人”一条，过去一些犯了错误的同志也是不相信的，经过七大、八大，做了许多具体工作才相信。总之，共产党的政策要让大家来考验，领导者也要受被领导者考验。党与群众，有的隔着一张纸，有的隔着一层木板，有的隔着一堵墙。第一书记要经常接近党外的人，要跟他们交朋友，经常把底拿出来。八大已做了结论，大规模阶级斗争已经基本结束，提出“百花齐放、百家争鸣”正是时候。党与非党之间有堵墙，墙不拆，如何争取群众？什么叫政治思想工作？政治思想工作是为了争取群众嘛。不考虑争取群众，谈不上政治思想工作。现在党与非党之间有条沟，而且很深。我并不是说党与非党不要有界限，应该有条线，混起来不好，但是不应该变成鸿沟，脱离群众。中央的精神现在党外传达很快，党内反而迟，报上也很少反映。回去就要批评《人民日报》，是什么人的报纸？我们要靠做艰苦的群众工作，不能靠压，也不能靠简单几篇文章。共产党对人民是讲民主的，国民党对人民才是搞专政的。（二）毒草怎么能够避免？其实，毒草也不那么多，似毒非毒的多一些，这是中间人物占多数的缘故。对片面性问题，只能要求逐步有比较多的人使用辩证法，比较能全面一些看问题，少一些片面性，而不是立即要求党内党外人士都避免片面性。凡政策性问题，党内讲的都向党外人士讲，缺点也向他们讲。我们讲了自己，这样就好讲他们的缺点了。人总有懂得与不懂得的矛盾，马克思也是如此。已知与未知的矛盾，工作做好与做不好的矛盾，永远存在。巴金向我说杂文难写。我说有两条：一条是共产党整风，整好了，就有自由批评的环境了；还有一条是，彻底的唯物论者是不怕什么的。当然，讲真理也有选择时机的问题，但不要真理不敢说出来。（三）不能靠历史吃饭，不能靠威势吃饭。要以理服人，不能以力服人。理不足，不能服人，势力大也不能解决问题。以力只能服敌。对人民只有说理，只要没理，不管势力多大，资格多老，也输了。因此给我们一个任务，要研究，要学习，要教育我们的干部和党员靠道理，靠学问，别的都不靠。这一点要进行广泛的教育，干部靠资格、靠势力是很危险的。一听到闹事，就想到敌人，就实行专政。阶级斗争搞惯了，将对付反革命的办法用到闹事的人民身上。过去在革命的时候，我们和人民一起，向封建势力要民主。现在我们胜利了，自己掌握政权，很容易强调专政，忽略民主的一面。闹事闹够，坏花也放，形式上看来是右倾了一点。可是如果不如此，来一个不准闹，草率收兵，开除，虽然简单明了，痛快一时，但是这不是彻底解决问题的路线，与我们的群众路线是不符合的。说服群众不是简单化的办法能解决问题的。任何事情处理过分了，就会变质的。对牛鬼蛇神、迷信的东西，它们有观众，不能压，只能搞些好的东西，与它唱对台戏。我心里想，应该让社会复杂些，各种对立物都有，我们的任务就是提高大家的科学知识。（四）知识分子应吸收一批进党内来训练。争取三分之一的知识分子入党，已加入民主党派的也可以跨党，只有民主党派的主要骨干应劝他不进党。知识分子入党条件不能太高。这里有个政策问题。如不争取一批人入党，将来无人去做争取知识分子的工作，对我们党团结大多数知识分子为社会主义工作的总方针不利。“百花齐放、百家争鸣”，这是争取知识分子的政策，是开放的政策，而组织上是关门的，这不行，不协调。当然，也要稳步地吸收他们参加。要改善共产党与知识分子的关系。不与知识分子接近是宗派主义的作风。主要原因不是他们，是我们，是第一书记。第一书记不仅要抓思想，而且要看各种文章，要看哲学、历史、经济、文学、逻辑、艺术方面的文章，自己这方面的知识要逐步增长起来，兴趣要养成。忙，就应该把其他事情让旁人多搞一些，多抽出些时间抓思想工作，思想工作是灵魂嘛，这就抓起纲领来了。（五）八大决议关于先进生产关系与落后生产力之间的矛盾的说法，是犯了个错误，理论上是不正确的。有的同志说，所谓落后的生产力是与外国比较的，是与将来比较的。与外国比有什么意义呢？有矛盾，是指生产力本身由落后到先进。生产力怎能与外国比呢？我们的生产力与苏联、美国比是落后。比中国，怎么能说是落后呢？比蒋介石，比一九五〇年，不是先进了吗？有些同志说这是与将来比的，将来有一万万吨钢。那是将来的事情嘛。这样比在理论上是说不通的。这个错误如何纠正，请大家想办法。（六）我们的宣传会议为什么不报道？党内外人士都有会议为什么不报道？对最高国务会议一声不响，宣传会议还不响。《人民日报》对处理人民内部矛盾问题一声不响。陈其通的思想恐怕代表了党内大多数，所以我这个报告毫无“物质基础”，与大多数同志的想法抵触嘛。怕人家批评怎么能办好报纸？人家提提意见有什么不好？文教、报纸、刊物、戏剧，都是教育人民的工具，要经常教。不要头痛医头，脚痛医脚。报纸、学校、戏剧，各地无人管，这种现象不能再继续下去。你们这些书记管得太少了。对于党外党内人的意见都不能采取一下子顶回去的办法，要采取分析的态度，不然会犯错误。有人说，赵超构的《新民晚报》是黄色报纸，我在北京就看了一下，我看不能说是黄色报纸，我看还不错嘛。有人说我们不能领导科学，也不能一下子顶回去，要分析。不懂就是不懂，不要装懂。一装，人家就说你水平不高，进步不快了。自己不讲人家还是要讲的，自己主动讲不是更好？相当多的党外话是对的，他们讲话是考虑过的。有的讲得不对，是不了解情况，如果一下子顶回去，就会处于被动。

4月7日 下午四时，乘专机从杭州回到北京。

4月8日 下午四时，在中南海勤政殿同朱德、陈云、彭真、李富春、聂荣臻〔1〕谈话。

同日 下午五时四十分，在中南海勤政殿会见并宴请由部长会议主席西伦凯维兹率领的波兰政府代表团，周恩来、朱德、陈云、彭真、李济深、沈钧儒等参加。毛泽东说：波兰问题是大家所关心的。去年十月间有些人不知波兰的前途怎样，当时的一个基本问题是波兰的方向还是不是社会主义。但是没有很久就得到证明了，就澄清了。另外，波兰同其他社会主义国家的关系如何，现在这一条大家也清楚了。有些国家不了解情况，不要怪他们，而要向他们多做些解释工作。谈到困难，每个国家都有困难。中国可以说基本上还算好，但不是没有问题。我们是个落后的国家，要改变这种状况就需要艰苦奋斗。国家内部有矛盾，社会主义阵营各国间也有矛盾。主要矛盾要解决，次要矛盾可暂置一旁，对社会主义国家也可采取求同存异的方针。你们应该争取大多数，对不了解你们的人要等待，事实可说明一切。要证明你们对那些同志是信任的，要说服，不要用机械命令的办法。

4月9日 晚上，和周恩来、朱德、陈云等出席西伦凯维兹在北京饭店举行的招待会。

同日 审阅《中国共产党第八届中央委员会第三次全体会议关于在全党进行整风运动的决定（草案）》，将题目改为《关于整

---

〔1〕 聂荣臻，当时任国务院副总理兼国防部航空工业委员会主任、国防委员会副主席。1957年5月又任国务院科学规划委员会主任。1958年11月国务院科学规划委员会和国家技术委员会合并为国家科学技术委员会，仍任主任。

风运动的决定（草案）》，批示：“彭真同志：此件请商周在政治局会议上通过发出。此件以早发出为有利。”同时起草中央通知如下：“各级党委和党组：现将关于整风运动的决定草案发给你们，请即试行，取得经验，报告我们，以便修改，在中央全会通过，然后正式施行。你们试行的时候，必须作出部署，并且根据地方特点发出省市一级的指示。然后在试行中密切注意随时纠正运动中发生的缺点。文件以能阅读者为限，不能阅读者以讲演代之。农村整风，由省市级另定办法。”决定草案主要内容是：中央决定在全党开展一次以反对主观主义、官僚主义和宗派主义为内容的整风运动。一九五七年进行准备工作，并在适当范围内试行，一九五八年全面开展，大约在二至三年时间内完成。这个决定草案和通知都没有下发。

4月10日 下午，召集陈伯达、胡乔木、周扬、邓拓、胡绩伟、王揖、林淡秋、黄操良、袁水拍、王若水〔1〕等开会，对《人民日报》这一时期的工作提出批评。毛泽东说：看了今天的社论〔2〕，虽然发得晚了一些，总算对陈其通四人的文章表了态。最高国务会议和宣传工作会议，已经开过一个多月了，共产党的报纸没有声音。陈其通四人的文章发表以后，《人民日报》长期以来也没有批评。你们按兵不动，反而让非党的报纸拿去了我们的旗帜整我们。过去我说你们是书生办报，不是政治家办报。不对，应当说是死人办报。你们到底是有动于衷，还是无动于衷？我看是无动于衷。你们多半是对中央的方针唱反调，是抵触、反

〔1〕 胡绩伟、王揖、林淡秋、黄操良，当时任《人民日报》副总编辑。袁水拍，诗人。当时任《人民日报》文学艺术和副刊部主任、中国作家协会理事。王若水，当时任《人民日报》理论部编辑。

〔2〕 指1957年4月10日《人民日报》社论《继续放手，贯彻百花齐放、百家争鸣的方针》。

对中央的方针，不赞成中央的方针的。党的报纸对党的政策要及时宣传。最高国务会议以后，《人民日报》没有声音，非党报纸在起领导作用，党报被动，党的领导也被动。党报在非党报纸面前丢脸。我在最高国务会议上的讲话目前还不能发表，但可以根据讲话的意思写文章。对党的政策的宣传，《人民日报》不是没有抓紧，而是没有抓。《光明日报》接连发表几篇文章，都是讨论当前重要政治情况的。这些情况，《人民日报》编辑部也应该讨论。编委会应该谈谈费孝通的文章〔1〕。这些文章提供了高级知识分子的思想动态。这些思想情况，你们没有注意。《光明日报》有几个副刊也还好。《文汇报》、《中国青年报》、《新民晚报》或者《大公报》、《光明日报》，最后是《人民日报》和各地党报，这样一个名次。《人民日报》标题就不吸引人，有些文章开头一段就不吸引人。《人民日报》社论《教育者必须受教育》，讲了知识分子的问题。文章一开始就引用恩格斯的一段话。从引文讲起，总是先讲死人、外国人，这不好，应当从当前形势讲起。今后写文章要通俗，使工农都能接受。整个报纸的文风要改进。我辞去国家主席职务以后，可以给你们写些文章。最后毛泽东提出：（一）报纸的宣传，要联系当前政治，写按语，写社论，都要这样。（二）中央每一重要措施，报纸宣传都得有具体布置，看要写哪些评论、新闻和讨论文章。（三）要在现有条件下，努力改进工作，包括领导工作。编委会可以扩大一点。要改进编排和文风。文章要写得短些，通顺些，标题要醒目些，使读者爱看。（四）要吸收社外的人参加编辑工作，团结好报社以外的专家、学者、作者。第七、第八版请了一些顾问，这办法很好。这

---

〔1〕 指费孝通《知识分子的早春天气》一文，发表在1957年3月24日《人民日报》。

两个版要有专门的编委会，请报社外的人参加，半独立性质。

4月11日　和朱德、李济深、沈钧儒等出席中华人民共和国政府和波兰人民共和国政府联合声明的签字仪式。周恩来、西伦凯维兹分别代表本国政府签字。

同日　上午十时，同周谷城谈话。十一时半，在中南海颐年堂邀集冯友兰、周谷城、郑昕、金岳霖、贺麟〔1〕、费孝通、王方名〔2〕等座谈逻辑学问题，陈伯达、胡绳、田家英参加。

4月12日　下午，邀请几位乡亲来中南海菊香书屋谈话，了解乡间情况，王季范在座。

同日　晚上，同胡乔木谈话。

4月14日　晚上，在中南海颐年堂主持召开中共中央政治局常委扩大会议，朱德、周恩来、邓小平、彭真、李富春、李先念、陆定一、康生、薄一波、王稼祥、谭震林出席。

4月15日　下午，和刘少奇、周恩来、朱德、陈云、邓小平等到南苑机场迎接应邀来访的苏联最高苏维埃主席团主席伏罗希洛夫一行。毛泽东致欢迎词，代表中国人民、中国政府和中国共产党向伏罗希洛夫及其随同人员表示最热烈的欢迎和兄弟的敬意。晚上，设便宴欢迎伏罗希洛夫一行。

同日　复信张维〔3〕暨夫人："来信收到，深为系念。病情虽重，可能痊愈。尚望安心休养，争取好转。家属诸同志努力上进各

〔1〕郑昕，当时任北京大学哲学系主任、教授。金岳霖，哲学家。当时任全国政协委员、中国科学院哲学社会科学部委员、哲学研究所副所长，北京大学教授。贺麟，哲学家。当时任中国科学院哲学研究所研究员、北京大学教授。

〔2〕王方名，当时任中国人民大学哲学系教授。

〔3〕张维，早年同毛泽东有较多交往。当时任上海中国人民解放军第二军医大学教授。

节，自当遵嘱帮助，以尽故人应尽之责。请张夫人随时以情况见告。”

4月中旬 阅四月十三日《大公报》社论《在社会大变动的时期里》，批示：“送胡乔木同志阅。可惜《人民日报》缺乏这样一篇文章。”社论说：我们国家目前正处在大变动的时期，时代带给我们巨大的历史任务。在经济战线上，我们要把人民的经济事业组织好、管理好，这就要求我们学会经营管理社会主义的企业，也要求我们学会逐步进行国民经济的技术改造。在思想建设战线上，人民的思想状况应符合于社会主义的经济基础，并且能推动经济事业的发展。

4月16日 下午，和刘少奇、周恩来、朱德出席全国人大常委会扩大会议，伏罗希洛夫在会上发表演说。晚上，和刘少奇、朱德、陈云、邓小平等出席周恩来总理在北京饭店举行的欢迎伏罗希洛夫一行的酒会。

4月17日 下午，在中南海游泳池住处召集刘少奇、周恩来、朱德、陈云、邓小平、彭真开会。

同日 晚上，在中南海怀仁堂举行国宴欢迎伏罗希洛夫一行。毛泽东致词说：四十年前，苏联人民在伟大的革命导师列宁和苏联共产党的领导下，作为新世界的开路先锋，建立了第一个社会主义国家。这是人类历史的转折点。四十年来，苏联人民不但在国内进行了辉煌的社会主义的建设，而且对整个世界的和平和进步事业作出了无可比拟的贡献。毛泽东在致词中，对苏联人民在中国人民争取解放的过程中给予的同情和支持，苏联对于中国的社会主义建设给予的全面的、巨大的援助，代表中国人民和中国政府再一次表示衷心的感谢。刘少奇、周恩来、朱德、陈云等出席国宴。

4月18日 下午，和刘少奇、周恩来、朱德、彭真等出席北京市在先农坛体育场举行的欢迎伏罗希洛夫一行的群众大会。

晚上，和刘少奇、周恩来、朱德陪同伏罗希洛夫出席在中南海怀仁堂举行的京剧晚会。

4月19日 为中共中央起草《中央关于检查对正确处理人民内部矛盾问题的讨论和执行情况的指示》，并写批语："刘、周、陈、朱、小平、彭真阅，尚昆用电报发出，另印如前示。"指示全文如下："上海局，各省市委、自治区党委，中央一级各部门和国家机关各党组：关于正确处理人民内部矛盾问题，各地正在讨论。请将党内党外赞成、反对两方面的意见，你们自己的意见，你们对整个形势的估计，地县两级态度如何，你们委员会和书记处或党组是否深刻地多次地讨论了这个问题，第一书记和中央一级党员部长或副部长（指党外人士当部长的那些部）是否自己将这个极重要的思想政治工作问题认真抓起来了，还是依然委托二、三把手去管，自己仍和过去那样不大去动脑筋，第一书记和各书记和各党员部长或副部长将报纸刊物和学校管起来没有，看过报纸刊物上有关这类问题的文章没有，重要社论在发表之前你们看过没有，动笔修改过没有，党和党外人士（主要是知识界）间的不正常的紧张气氛是否有了一些缓和，你们对人民闹事采取了什么态度，党内某些人中存在的国民党作风（即把人民当敌人，采取打击压迫方法，所谓人民民主，所谓群众路线，所谓和群众打成一片，所谓关心群众疾苦，对于这些人说来，只是骗人的空话，即是说党内有一部分人存在着反动的反人民的思想作风）是否开始有所变化，你们向学校学生和工厂工人做过讲演没有，做过几次，效果如何。以上各项问题，请即写成报告，在接此电报以后十五天内用电报发来。北京各部门的报告，用书面送来。"

同日 晚上，在中南海颐年堂主持召开中共中央政治局委员和书记处书记出席的会议。会上，毛泽东、刘少奇、邓小平就外出视察期间所发现的问题及工作中存在的其他问题讲话。

4月20日 致信袁水拍："你的《摇头》[1]写得好（陈毅的六言诗[2]也好），你应该多写些。我感到你做编辑不如出外旅行。可以请人代理你的职务，出外跑几个月回来，做几个月编辑再出去。是否可行，请加斟酌，并和领导同志商量。李希凡[3]宜于回到学校边教书，边研究。一到报社他就脱离群众了，平心说理的态度就不足了。请你和他商量一下。致同志的敬礼!"

4月21日 晚上，在中南海勤政殿会见由浅沼稻次郎[4]率领的日本社会党访华亲善使节团，周恩来在座。毛泽东说：我们可以说是朋友。你们的看法很多和我们一致。两国要友好，这是重要的。要恢复邦交。中国只有一个，没有两个，这也是重要的。台湾问题是一个困难，是中日两国之间的障碍，解决起来可能时间会长一些，但迟一点也没有什么。要尽量努力，但也要准备迟一点。日本有先进的工农业技术，中国有丰富的资源，如果能合作交流，一定能使两国繁荣。希望这一天早日到来。还有一点我想谈谈，就是关于人民力量的问题。人民力量一定要胜过反人民力量。我们党为什么能取得政权呢？为什么能和有外国援助的军队打仗呢？就是因为有人民。我们在延安时，只有几根破枪，国民党有四百多万军队，又有美国援助，但是我们打胜了。再以印度为例，英国很强，又有资本，但也撤走了。这就是人民运动的力量。这就可以得出个结论：美国钢铁多，有原子弹、氢弹，但只要世界人民团结，就可以战胜美国。中国共产党是一个

---

〔1〕《摇头》，是袁水拍写的一首政治讽刺诗，发表在1957年4月18日《人民日报》。

〔2〕指陈毅写的《游玉泉山纪实》一诗，发表在1957年4月18日《人民日报》。

〔3〕李希凡，当时任《人民日报》文艺部编辑。

〔4〕浅沼稻次郎，当时任日本社会党书记长。

力量很大的党，如搞不好，人民就要怕我们。一个党使人民怕，这个党就不好了，就危险了。党内党外的紧张要缓和，要充分展开辩论，讲道理，这样党和人民才能接近。

4月22日 复电达赖喇嘛："你四月一日从拉萨拍给我们的电报收到了，谢谢你的问候。你同班禅额尔德尼出国参加释迦牟尼涅槃两千五百周年纪念和访问印度，为增进中印两国的友好作了重要贡献，并且给各方面人士留下了深刻的印象。经过这次长途旅行，请你对身体多多保重。祝你在加强祖国各民族团结和西藏内部团结的工作中作出新的成就。"

同日 晚上，在中南海颐年堂会见越南民主共和国总理范文同一行，周恩来、陈云、邓小平、彭德怀、王稼祥、李初梨、方毅〔1〕等在座。

4月23日 审阅修改中共中央四月二十二日关于转发全面检查肃反工作文件〔2〕的批语稿，批示："彭真、小平再阅，尚昆办。必须把目的提出，因此加了几句话。"批语稿中的"关于全面检查肃反工作问题，毛泽东同志在二月二十七日召开的最高国务会议扩大会议上，就已经提出"这句话，毛泽东改写为："关于全面检查肃反工作问题，为了健全我国社会主义法制，正确地实事求是地肃清反革命残余分子和处理尚待处理的反革命案件，科学地总结肃反经验，以便发扬正气，批判歪风，帮助绝大多数正直地忠心耿耿地在肃反战线和司法战线上为人民服务的工作同

〔1〕 李初梨，当时任中共中央对外联络部副部长。方毅，当时任中国驻越南总顾问和经济代表处代表。

〔2〕 中共中央转发的3个文件是：《最高人民法院、司法部关于准备迎接人大代表和政协委员全面检查肃反工作的通知》、《最高人民检察院关于准备迎接全面检查肃反工作的通知》、《公安部党组关于通知各地公安机关准备迎接全面检查肃反工作的报告》。

志，进一步提高政治水平和业务水平之目的，毛泽东同志在二月二十七日召开的最高国务会议扩大会议上，根据中央的意图，就已经提出全面检查的要求。”

同日 晚上，同邓子恢谈话。

4月24日 晚上，开始修改《如何处理人民内部的矛盾》讲话记录整理稿。

4月25日 晨一时，同彭真谈关于整风运动指示稿修改问题。

同日 晚九时，在中南海勤政殿会见柬埔寨驻中国经济代表团团长杨安和副团长乃瓦朗丹，章汉夫、雷任民、章文晋〔1〕在座。

同日 晚十一时，接受保加利亚新任驻中国大使涅加尔科夫递交国书。在同大使交谈中，毛泽东说：人民有意见就应当让他们说出来，不然这些意见一旦爆发成为对抗性的矛盾就不得了。建设社会主义真不是一件容易事，让几亿人民都和平共处也不是一件容易事。建设了社会主义，丢了人民，建立了重工业，丢了人民，这是不成的。在最高国务会议上的讲话，我正在修改。讲起来很容易，几个小时就够了，写成文字就困难了。我的官僚主义也很厉害，二月二十七日讲的话，到现在已经两个月了，还没有整理出来。现在可以看党报上的几篇社论，里面主要意思都有了。

4月26日 阅四月二十四日《大公报》，写批语：“乔木阅。《大公报》、《中国青年报》的理论水平高于《人民日报》及其他京、津、沪各报，值得深省改进。《人民日报》社论不涉及理论（辩证法、唯物论），足见头脑里没有理论的影子，所以该报只能算是第二流报纸。”《大公报》第一版在“全力以赴学会正确处理人民内部矛盾”的通栏标题下，发表题为《广泛深入地学习正确

---

〔1〕 章文晋，当时任外交部亚洲司司长。

处理人民内部矛盾》的社论。

同日　晚九时，同陈伯达谈话。

同日　晚十时五十分，接受越南新任驻中国大使阮康递交国书。在同大使交谈中，毛泽东说：中国搞“百花齐放，百家争鸣”，是在建国七年后，在完成了土改、肃反和基本完成了社会主义改造之后才提出来的。对知识分子要进行马克思主义教育，要使大多数知识分子（不是每一个人）都多少懂得些马克思主义。群众闹事在中国也有发生。对待这类事件有两种办法，一种办法是镇压，另一种办法是说理。第一种办法是对待敌人的，对人民内部不能采用。对人民只能采取说理的办法。无产阶级专政是对敌人，不是对人民。我们镇压宗教界中的反革命破坏分子，并不是因为他们信仰宗教，而是因为他们搞反革命破坏活动。对待宗教问题，不能采取强制的办法。

4月27日　为中共中央起草《关于整风和党政主要干部参加劳动的指示》，批示：“政治局会议讨论通过，尚昆用电报发去，另印如前示。本件及附件登党刊。”指示指出：“党的整风指示，日内即可发出，即以正确处理人民内部矛盾为主题，发扬正确的思想作风，纠正主观主义、官僚主义、宗派主义的错误的思想作风。党的另一通知[1]日内也可发出，这个通知提倡县区乡三级党政主要干部，凡能劳动的，每年抽一部分时间下田参加生产，从事一小部分体力劳动。县以上各级党政军主要干部（不是一般干部），凡能劳动的，也要这样做，每年以一部分时间，分别下田、下工场、下矿山、下工地或者到其他场所和工人农民一道从事可能胜任的一小部分体力劳动（哪怕是很少一点）。这样

〔1〕 指中共中央1957年5月10日《关于各级领导人员参加体力劳动的指示》，5月15日在《人民日报》发表。

一来，党和群众就打成一片了，主观主义，官僚主义，老爷作风，就可以大为减少，面目一新。此外，请你们注意，分别在党与（一）工人、（二）农民、（三）学生、（四）解放军战士、（五）知识分子、（六）民主党派、（七）少数民族等七个方面之间所存在的各项具体矛盾，分别召集会议，加以分析研究，使自己心中有数，由盲目到自觉，以便有根据地说服干部和群众。”

同日 阅中共中央组织部四月十八日关于中国驻苏人员的一些思想问题和留学生、实习生派遣中一些问题的报告，批示：“陈云同志：这个问题，请你与有关人员研究一下，严格控制，统一解决，并指定一个机关统一管理。以后应当少派，派去的要精。已去而品格恶劣或程度太低的，可否考虑调回。”五月二十二日，国务院常务会议决定，今后只派遣研究生，基本上不再派遣高中毕业生。

4月28日 审阅修改中共中央关于整风运动的指示稿，批示：“即送刘、朱、陈、乔木阅，尚昆于今日下午用电报发去，另印如前示。准备五月上旬或中旬公开发表。”毛泽东对指示稿所作的修改是（加写和改写的文字用着重号标明）：（一）“我们的党和工人阶级要能够进一步地更好地领导全社会的改造和新社会的建设，要能够更好地调动一切积极力量，团结一切可能团结的人，并且将消极力量转化为积极力量，为着建设一个伟大的社会主义国家的目标而奋斗，必须同时改造自己。”（二）“检查对于党的‘百花齐放、百家争鸣、长期共存、互相监督’方针和‘勤俭建国’方针的执行情况”。（三）“应该在全党提倡各级党政军有劳动力的主要领导人员以一部分时间同工人农民一起参加体力劳动的办法，并且使这个办法逐步地形成为一种永久的制度。”（四）“这种体力劳动，哪怕很少一点也是好的。待取得经验之后，经过适当步骤，再有计划地逐步地普及到一切凡能多少从事劳动的党政军领导工作人员和经济、文化组织中的主要管理人员。”

4月29日 晨，同胡乔木谈中共中央关于整风运动的指示稿修改问题。上午，同朱德谈话。

同日 晚上，在中南海颐年堂召开会议，讨论整风运动的有关问题，刘少奇、周恩来、陈云、邓小平、彭真、陈伯达、康生、杨尚昆、胡乔木、李维汉出席。

4月30日 上午，在中南海颐年堂主持召开最高国务会议第十二次（扩大）会议，党内外人士共四十四人出席。毛泽东讲话，他说：几年来都想整风，但找不到机会，现在找到了。凡是涉及到许多人的事情，不搞运动，搞不起来。需要造成空气，没有一种空气是不行的。现在已造成批评的空气，这种空气应继续下去，以正确处理人民内部矛盾为题目，分析各个方面的矛盾。过去在工业、农业、文教等方面有什么矛盾是盲目的，现在把矛盾排一个队，算一个账。整风总的题目是要处理人民内部矛盾，反对三个主义。中共中央指示中有一条特别的规定，就是要参加生产劳动。这并不是提倡在座的人都去耕田，主要是表明一种态度，要砍掉官僚主义、主观主义，加上一个参加劳动的办法。不劳动，不能和农民打成一片，老百姓就不信任你，不和你讲真话。整风会影响党外，规定非党员自愿参加，自由退出。最近两个月就是这个方式，有意见就说，党内外打成一片，此即整风。统战工作中的矛盾，几年不得解决，过去不好解决的原因主要是思想不通。过去是共产党员有职有权有责，民主人士只有职而无权无责。现在应是大家有职有权有责。现在党内外应改变成平等关系，不是形式上的而是真正的有职有权。以后无论哪个地方，谁当长的就归他管。教授治校恐怕有道理。是否分两个组织，一个校务委员会管行政，一个教授会议管教学。这些问题要研究。由邓小平同志负责找党外人士和民盟、九三学社等开座谈会，对有职有权和学校党委制的问题征求意见。整风指示说到唯物辩证法，现在要搞政治关系，反对三个主义，不要钻到世界观、思想方法里头去，那些问题放在将来搞，以免把政治关系冲淡。唯物辩证法以后再搞，这个问题会影响到民主党派、民主人士。解决世界观问题是一个长期的问题。马列主义世界观不要强迫人家相信，要人家相信，要有过程。过去搞的是阶级斗争，现在进入另一种战争，就是向自然界开战。总的说来，是新时代和新任务。我们需要学习，学自然科学，学计划经济，要积累经验，需要积累几十年经验。有些朝令夕改，是因为没有经验。我的脑子开始也有点好大喜功，去年三四月间才开始变化，找了三十几个部门的同志谈话，以后在最高国务会议上说了十大关系，其中有五条是属于经济方面的。社会大变动时期使知识分子吃了苦头，主要是社会科学方面的，这里有个经济基础的问题。过去五百万知识分子所依附的经济基础，现在垮了。有人说，私有制没有了，还有什么两面性呢？这是不对的。“皮之不存，毛将焉附？”现在五百万知识分子是吃工农的饭，吃国家所有制和集体所有制的饭。现在知识分子有些不自觉，他们的墙角（经济基础）早已挖空了，旧的经济基础没有了，但他们的头脑还没有变过来。毛已经附在新皮上，但思想还是认为马列主义不好。北京是个好地方，又是不好的地方。共产党的负责人每年要有四个月在外，八个月在北京。你们也可以这样做。中央机关的特点，一是空，二是全面。缺点就是空，一离开北京就舒服了。明年二届人大，一定辞去国家主席，减少一部分工作，以便集中精力研究一些问题。

同日 阅四月二十九日《光明日报》刊登的北京大学教授李汝祺的文章《从遗传学谈百家争鸣》，批示：“送乔木同志：此篇有用，请在《人民日报》上转载。南京一篇，上海一篇，尚未转载，请给我，写上按语。”毛泽东将文章的原题《从遗传学谈百家争鸣》作为副题，重新拟题为《发展科学的必由之路》，并为《人民日报》起草编者按："这篇文章载在四月二十九日的《光明日报》，我们将原题改为副题，替作者换了一个肯定的题目，表示我们赞成这篇文章。我们欢迎对错误作彻底的批判（一切真正错误的思想和措施都应批判干净），同时提出恰当的建设性的意见来。"五月一日，《人民日报》加编者按转载这篇文章。

4月 阅《争鸣》一九五七年四月号刊登的《如何开展学术界的"百家争鸣"问题（座谈记录）》，在范朴斋〔1〕的发言旁批示："送胡乔木同志阅。范朴斋有对《人民日报》的批评。"范朴斋在发言中，对《人民日报》关于郭沫若《汉代政权严重打击奴隶主》一文展开的学术争鸣所作的处理提出了批评。

5月1日 《中国共产党中央委员会关于整风运动的指示》（一九五七年四月二十七日）在《人民日报》发表。指示说：几年以来，在我们党内，脱离群众和脱离实际的官僚主义、宗派主义和主观主义，有了新的滋长。因此，中央认为有必要按照"从团结的愿望出发，经过批评和自我批评，在新的基础上达到新的团结"的方针，在全党重新进行一次普遍的、深入的反官僚主义、反宗派主义、反主观主义的整风运动。这次整风运动应当以毛泽东同志今年二月在扩大的最高国务会议上和三月在中央召开的宣传工作会议上所作的两个报告为思想的指导，把正确处理人民内部矛盾的问题作为当前整风的主题。这次整风运动，应该是一次既严肃认真又和风细雨的思想教育运动，应该是一个恰如其分的批评和自我批评的运动，而不要开批评大会或者斗争大会。非党员愿意参加整风运动，应该欢迎。但是必须完全出于自愿，

---

〔1〕 范朴斋，当时任国务院参事室参事、中国民主同盟中央委员和宣传委员会副主任委员。

不得强迫，并且允许随时自由退出。在进行整风运动的同时，应该在全党提倡各级党政军有劳动力的主要领导人员以一部分时间同工人农民一起参加体力劳动的办法，并且着手进一步建立党和国家的领导工作人员的脑力劳动和体力劳动相结合的根本制度。整风应该贯彻整风和工作两不误的原则，并且使整风运动的进行同工作的改进结合起来，同人民内部矛盾的具体解决结合起来，防止关门整风，妨害工作。

同日 上午十时，和刘少奇、周恩来、朱德、陈云、邓小平同苏联最高苏维埃主席团主席伏罗希洛夫出席在天安门举行的庆祝五一国际劳动节大会，检阅群众游行队伍。晚上，和刘少奇、周恩来、朱德等在天安门城楼观看焰火和广场的群众联欢。

5月2日 《人民日报》发表经毛泽东审阅的社论《为什么要整风?》。社论说：党中央关于整风运动的指示，实质上是党的第八次全国代表大会决议的继续。这次整风的目的，就是要全党学会正确地处理人民内部的矛盾，以完满地完成发展社会主义建设、建成社会主义国家的伟大任务。在革命胜利以后，党内的官僚主义、宗派主义、主观主义倾向有了新的滋长，许多同志喜欢采取单纯的行政命令的办法处理问题，对于名誉地位和形形色色的特权表现了很大的兴趣，而不愿意深入群众，同群众同甘共苦，坚持群众路线的工作方法，其中有少数人竟至沾染国民党作风的残余，不把工人、农民、学生、士兵、知识分子、民主党派、少数民族的群众看作自己人，不让他们有说话的机会，如果他们说了不满意的话，就对他们采取打击办法。很明显，我们党绝不能允许这种情况继续下去。

同日 晚上，和刘少奇、周恩来、朱德、陈云等在政协礼堂出席中苏友好协会总会和北京市中苏友好协会为欢迎伏罗希洛夫举办的京剧晚会，观看京剧《野猪林》。

5月3日 晚上，和刘少奇、周恩来、朱德等出席苏联驻中国大使尤金为伏罗希洛夫访问中国在北京饭店举行的招待会。毛泽东和伏罗希洛夫先后致词。

5月4日 晨，在中南海颐年堂会见由国防部第一副部长兼人民军总参谋长波奇瓦罗夫率领的保加利亚军事代表团，周恩来、彭德怀、萧向荣等在座。毛泽东说：你们对西方帝国主义来说，也是东方。我们都是东方集团，亚非国家也是东方集团。世界上爱好和平的国家多了，想打仗的国家就少了。我们这次关于整风的指示，你们知道不知道？要把党内外矛盾处理好，思想上的错误和缺点纠正过来。公开在报纸上批评党的缺点，党内党外合作一块来批评错误和缺点，这样党就更团结。要使公开批评成为习惯。共产党的缺点可以批评，人民政府的缺点可以批评，言者无罪。各国有不同的情况，应按照各国的特点办。

同日 为中共中央起草关于继续组织党外人士对党政所犯错误缺点展开批评的指示，批送刘少奇、周恩来、朱德、陈云、彭真、邓小平阅，由杨尚昆发出。指示全文如下："最近两个月以来，在各种有党外人士参加的会议上和报纸刊物上所展开的关于人民内部矛盾的分析和对于党政所犯错误缺点的批评，对于党与人民政府改正错误，提高威信，极为有益，应当继续展开，深入批判，不要停顿或间断。其中有一些批评得不正确，或者在一篇批评中有些观点不正确，当然应当予以反批评，不应当听任错误思想流行，而不予回答（要研究回答的时机并采取分析的态度，要有充分说服力），但是大多数的批评是说得中肯的，对于加强团结，改善工作，极为有益。即使是错误的批评，也暴露了一部分人的面貌，利于我们在将来帮助他们进行思想改造。现在整风开始，中央已同各民主党派及无党派领导人士商好，他们暂时（至少几个月内）不要表示态度，不要在各民主党派内和社会上号召整风，而要继续展开对我党缺点错误的批判，以利于我党整风，否则对于我党整风是不利的（没有社会压力，整风不易收效）。他们同意此种做法。只要我党整风成功，我党就会取得完全的主动，那时就可以推动社会各界整风了（这里首先指知识界）。此点请你们注意。党外人士参加我党整风座谈会和整风小组，是请他们向我们提意见，作批评，而不是要他们批评他们自己，此点也请你们注意。如有不便之处，则以不请党外人士参加整风，而由党邀请党外人士开座谈会，请他们畅所欲言地对工作上缺点错误提出意见为妥。请你们按当地情况斟酌处理。”

同日 下午，在中南海颐年堂会见缅甸民族院议长萧恢塔，林伯渠〔1〕、李济深、余心清〔2〕等在座。毛泽东说：今后准备造成比较活泼的空气，叫人民可以讲话，可以发表意见，不受官僚主义的打击。做得如何还要看，我们是向着这个方向努力的。工业我们也搞了一点，但很少，也正在向这个方向努力，变成工业国恐怕还要几十年。亚非国家除日本外都是农业国，都要建设工业。我们都是不愿意打仗的，打起仗来会把我们的一套打烂的。我们要好好干五十年，把工业建起来，要有美国那样多的钢铁。苏联建设了四十年还没有赶上美国，我们要好好努力才能赶上，美国也是要前进的。毛泽东最后说：我们希望你们内部和解，双方让步团结就好搞。不然就要用许多钱作军费，这些钱是可以用来建设工业的。

同日 晚上，和刘少奇、周恩来、朱德等陪同伏罗希洛夫，在中山公园出席五四青年节游园晚会。

---

〔1〕 林伯渠，当时任中共中央政治局委员、全国人大常委会副委员长。

〔2〕 余心清，当时任全国人大常委会副秘书长、全国政协委员、北京市政协副主席、中国国民党革命委员会中央常委。

5月5日 上午，阅陈叔通、黄炎培五月一日关于不赞成毛泽东提议的第二届人大不再提名他继续担任国家主席职务给刘少奇、周恩来的信，批示："刘、周、朱、陈、邓、彭真阅，小平办。此件须经政治局同意，然后发出。请少奇同志召集一次有一百人左右参加的政治局会议，展开讨论一次，取得同意。此事去年在北戴河已在几十人的会上谈过，大家认为可行。并且谈到党的主席，也认为将来适当时机可行，只是暂时还不可行。"又批示："刘、周、朱、陈、邓、彭真阅，请小平印发全体中央委员、候补委员，党的全体八届全国代表，各省市区党委及全国人大代表所有代表及政协委员。请看末页我写的一段话及文中四处注解，都要印上。此事应展开讨论，才能打通思想，取得同意。修改宪法，值得考虑。(此数句不要印)"毛泽东在信的末页写的一段话是："可以考虑修改宪法，主席、副主席连选时可以再任一期，即在今年人代大会修改宪法，请邓小平同志准备。第一任主席有两个理由说清楚可以不连选：(一)中央人民政府主席加上人民共和国主席任期已满八年，可不连选；(二)按宪法制定时算起，可连选一次，但不连选，留下四年，待将来如有卫国战争一类重大事件需要我出任时，再选一次，而从一九五八年起让我暂时摆脱此任务，以便集中精力研究一些重要问题(例如在最高国务会议上，以中共主席或政治局委员资格，在必要时，我仍可以做主题报告)。这样，比较做主席对国家利益更大。现在杂事太多，极端妨碍研究问题。现在党内高级领导同志对此事想通了的多起来了，而党外人士因为交换意见太少，想不通的还多，因此，有提出来从容交换意见的必要。"毛泽东写的四条批注是：(一)针对信中所说"我们两个人意见：不说拥戴的空话，而要从我们国家的现实着想，我们的国家由民主革命进入社会主义革命，是一个翻天覆地的大变革。就七年来说，发展要算顺利的。

但不可以不看出发展超过了巩固，就是不可以说国家已经巩固了，而况台湾尚未解放，国际两大阵营尚在剧烈斗争的时候”这段话，批注：“以上两个理由，因时期太长，连任四年，问题还是存在，故不宜论及。国家的根本巩固，现在已经有了，这个国家已经推不动了。说到国家的完全巩固，依苏联经验，可能要十五至二十年，台湾解放和两个阵营对立时间可能更长。”（二）针对信中所说“在此期间，最高领导人还是不更动为好。诚然要强调集体领导，但在短期过程中全国人民还认识不清楚，集体领导中突出的个人威信，仍是维系全国人民的重要一环”这段话，批注：“我仍存在，维系人心的个人威信不会因不连任而有所减损。”（三）针对信中所说“似应再连一任，而于宪法第三十九条第二项‘任期四年’下加一句‘连选不得过两任’，则以后依法办事，可以解除全国人民的种种惶惑”一句，批注：“事前在人民中展开讨论，说明理由，可以减少惶惑。那时我将公开声明理由。”（四）针对信中所说“不然，可能因国内人心的震动，而给以国际间推波助澜的造谣机会”一句，批注：“造一阵谣言，真相自明，谣言便息。”八日，刘少奇主持召开中共中央政治局扩大会议，讨论陈叔通、黄炎培的信和毛泽东写的一段话及批注，会议同意毛泽东的意见。

5月7日 继续修改《如何处理人民内部的矛盾》讲话记录整理稿，形成“自修稿第一次稿”，题目改为《关于正确处理人民内部矛盾的问题》。批示：“即刻打印清样二份，于明（八）日上午，连原稿送我再看。版不要拆，以便再改。”讲话稿中的十二个问题是：（一）关于敌我之间的矛盾和人民内部的矛盾；（二）关于肃清反革命分子；（三）关于农业合作化；（四）关于资本家的改造；（五）关于知识分子和青年学生；（六）关于节约；（七）从六亿人口出发；（八）关于百花齐放、百家争鸣、长期共存、互相监督；（九）关于如何处理罢工、罢课等事件；（十）乱子是坏事还是好事？（十一）少数民族问题；（十二）关于中国工业化的道路。这一稿对讲话稿的内容作了较大的修改和补充。补充的内容主要有：第一个问题，增加了关于民主和集中、自由和纪律相互关系的论述；增加了一大段关于用马克思主义对立统一规律来观察和处理问题的论述。第三个问题，增加了以下论述："我国有五亿多农业人口，农民的情况如何，对于我国经济的发展和政权的巩固，关系极大。"第五个问题，增加了肯定知识分子的绝大多数在最近几年中有了很大的进步的论述；强调团结知识分子、改善同他们的关系的重要性，指出"我国的社会主义建设，离开这些知识分子，就一步也不能前进"。第七个问题，加强了对统筹兼顾、适当安排方针的阐述。第十二个问题，增加了有关中国工业化道路的论述，明确提出"发展工业必须和发展农业同时并举"。

同日　审阅《中共中央关于各级领导人员参加体力劳动的指示（初稿）》，批示："伯达阅，小平同志办。政治局通过后，填上日子，在报上发表。在第四页上有一些修改。"十日下午，刘少奇主持召开中共中央政治局会议，讨论通过这个指示。十一日，毛泽东再次审阅指示稿，批示："可用。公开发表。"

同日　阅中共湖北省委五月四日关于正确地处理人民内部矛盾问题执行情况的报告，批示："小平同志：此件可转发各地参考，连北京市委一件〔1〕，均登党刊。"

5月8日—6月3日　中共中央统战部受中央委托，在政协礼堂连续召开各民主党派负责人和无党派民主人士座谈会，征求

---

〔1〕 指中共北京市委1957年5月4日关于传达和学习正确地处理人民内部矛盾问题给中央的报告。

对共产党工作的意见。

5月8日 上午，修改形成《关于正确处理人民内部矛盾的问题》自修稿第二次稿，批示："照此校正，再打清样三份，于今日下午连原稿送来再看。"这一稿的修改主要集中在第一、第八这两个问题。修改和补充的内容主要有：第一个问题，补充了一段话："人民为了有效地进行生产和有秩序地过生活，要求自己的政府和生产的领导者发布各种适当的带强制性的行政命令。没有这种行政命令，社会秩序就无法维持，这是人们的常识所了解的。这和用说服教育的方法去解决人民内部的矛盾是两件事，不能混为一谈。为着维持社会秩序之目的而发布的行政命令，也要伴之以说服教育，单靠行政命令，许多时候就行不通。何况政府与人民之间或者各部分人民之间已经发生矛盾，不去调查研究矛盾的情况，讨论解决的方法，单靠行政命令，会有什么效力呢？至于人们精神世界的问题，例如艺术、科学、哲学、宗教等，那就更加不能采用强制方法了。"第八个问题，将有关现在的社会主义制度既优胜又需要进一步完善和巩固的论述加以充实，补写一些话："我国现在的社会制度比较旧时代的社会制度要优胜得多。如果不优胜，旧制度就不会被推翻，新制度就不能建立。但是这并不是说新社会就没有矛盾了。没有矛盾的想法是很天真的想法。""所谓社会主义生产关系比较旧时代生产关系更能够适应生产力发展的性质，就是指这种能够容许生产力不断扩大，因而使人民不断增长的需要能够得到相当满足的情况。我国解放才七年，社会主义制度刚刚建立，广大群众一面欢迎新制度，一面又还不大习惯，政府工作人员经验也不多，需要有一个巩固、习惯、重新学习和取得经验的过程。在这个时候，我们提出严格划分敌我与人民内部两类矛盾的界限，采取和平方法解决人民内部的矛盾，以便团结全体人民进行一场新的战争——向自然界开战，发展我们的经济，发展我们的文化，使全体人民比较顺利地走过目前的过渡时期，巩固我们的新制度，建设我们的新国家，就是十分必要的了。”毛泽东在第八个问题补写的这些话，后来移到第一个问题中。

同日　晚十时，修改形成《关于正确处理人民内部矛盾的问题》自修稿第三次稿，批示：“请在几小时内照此改好，打清样二份，送我再看（能在九日早上二时以前送来最好）。”这一稿的修改主要在第一、第七、第八、第十这四个问题。修改和补充的内容主要有：第一个问题，进一步充实了有关民主和专政、民主和自由相互关系的论述。第七个问题，增加和改写了一段话：“为什么要提出这样一个问题，难道还有人不知道我国有六亿人口吗？知道是知道的，不过办起事来有些人就忘记了，似乎人越少越好，圈子紧缩得越小越好。抱有这种小圈子主义的人们，对于这样一种思想是抵触的：调动一切积极因素，团结一切可能团结的人，并且将一切消极因素转变为积极因素，为建设社会主义的伟大目标服务。我希望这些人扩大眼界，真正承认我国有六亿人口，承认这是一个客观存在，是我们的本钱。”第八个问题，对中国共产党同各民主党派“长期共存、互相监督”的方针作了进一步的补充。第十个问题，加写了一段关于矛盾着的对立面互相转化问题的论述：“总之，互相对立的两方面，无不在一定条件下互相转化其地位。在这里，条件是重要的。没有一定的条件，斗争着的双方都不会转化。世界上最愿意变化自己地位的是无产阶级，其次是半无产阶级，因为一则全无所有，一则有也不多。现在美国操纵联合国的多数票和控制世界很多地方的局面只是暂时的，这个局面总有一天要起变化的。中国的穷国地位和在国际上无权的地位也会起变化，穷国将变为富国，无权将变为有权——向相反的方向转化。在这里，决定地需要的条件就是社会主义制度和人民一齐努力。”

5月10日 修改形成《关于正确处理人民内部矛盾的问题》自修稿第四次稿，注明为“草稿第一稿”，批示：“请收到此件的同志提出修改意见，交陈伯达同志汇总修改。”这次修改稿分送刘少奇、周恩来、朱德、陈云、邓小平、彭真、陆定一、陈伯达、康生、胡乔木、李维汉、胡绳、邓力群〔1〕、田家英。这一稿改动不多。将第四个问题的标题改为“关于私营工商业者”；第七个问题，删去了有关计划生育问题的论述，并加写一句话：“我国人多是好事，当然也有困难。”

同日 晚上，在中南海勤政殿会见马格里布（摩洛哥）国民协商议会访华代表团全体人员，陈叔通、张奚若、乔冠华〔2〕等在座。

5月11日 阅中共甘肃省委五月四日关于正确处理人民内部矛盾问题的学习和执行情况的报告，批示：“小平同志：此件请转各地参考。”

同日 复信李淑一〔3〕：“惠书收到。过于谦让了。我们是一辈的人，不是前辈后辈关系，你所取的态度不适当，要改。已指出‘巫峡’，读者已知所指何处，似不必再出现‘三峡’字面。大作读毕，感慨系之。开慧所述那一首〔4〕不好，不要写了吧。有《游仙》一首为赠。这种游仙，作者自己不在内，别于古之游仙诗。但词里有之，如咏七夕之类。我失骄杨君失柳，杨柳轻飏直上重霄九。问讯吴刚何所有，吴刚捧出桂花酒。 寂寞嫦娥舒广袖，万里长空且为忠魂舞。忽报人间曾伏虎，泪飞顿作倾盆

〔1〕 邓力群，当时任中共中央办公厅财经组组长。1958年6月又任红旗杂志社秘书长、《红旗》杂志常任编辑。

〔2〕 乔冠华，当时任外交部部长助理、中国人民外交学会副会长。

〔3〕 李淑一，柳直荀的妻子，杨开慧的好友。

〔4〕 指毛泽东1921年写的《虞美人·枕上》。

雨。暑假或寒假你如有可能，请到板仓代我看一看开慧的墓。此外，你如去看直荀[1]的墓的时候，请为我代致悼意。你如见到柳午亭[2]先生时，请为我代致问候。午亭先生和你有何困难，请告。为国珍摄！”

同日　下午四时半，在中南海颐年堂会见由帕伏列斯库[3]率领的罗马尼亚大国民议会和布加勒斯特市人民会议代表团，彭真、屈武[4]、余心清等在座。毛泽东说：我们国家很落后，文化水平不高，文盲很多，科学研究是很落后的，这就是我们国家落后的现象。中国人民是组织起来了，但是还不习惯于这种新社会的组织。每一个人都有缺点，但不愿被别人指出来，为什么要把丑事放在家里呢？这使人造成错觉，大家认为平安无事，可以高枕无忧。外表好看里面不好看是不行的。我们的一些工厂、学校都有罢工、罢课，这样引起了党中央的注意，想到了应该如何解决人民内部的矛盾。说社会主义社会内部不存在矛盾是骗人的，社会的进步就是由矛盾来推动的。我们不要求外国同志学我们的做法，每个国家有自己的习惯，生硬的抄袭是无益的。我们革命历史很长，声势很大。在这种情况下，有许多民族资产阶级分子、民主党派成员不敢讲话，在和共产党接触过程中他们有一部分有不满意的地方。因此现在让他们讲话，通过这种批评才能

〔1〕 直荀，即柳直荀。毛泽东的早年战友。1924年2月加入中国共产党。曾任湖南省农民协会秘书长、中国工农红军第2军团政治部主任、中共鄂西北临时分特委书记。1932年9月牺牲。

〔2〕 柳午亭，柳直荀的父亲。

〔3〕 帕伏列斯库，当时任罗马尼亚工人党中央政治局委员、罗马尼亚大国民议会主席。

〔4〕 屈武，当时任全国人大常委会副秘书长、中国国民党革命委员会中央常委兼民革中央和平解放台湾工作委员会副主任。

提高党。我们这里的墙不像匈牙利那么高和厚，但是存在着的，我们也需要拆墙，但还是应该保持一条界线的。知识分子对我们提出的批评是有用的，我们也要主动地自我批评来巩固党与政府。

同日 下午六时半，在中南海颐年堂会见由马尔科〔1〕率领的阿尔巴尼亚人民议会代表团，彭真、张苏〔2〕、余心清在座。毛泽东说：对西方国家来说，我们都是东方国家，是社会主义阵营。他们想把我们钓到他们那边去，他们是钓不过去的。世界在起变化。在亚洲、非洲还可以找到我们的盟友。现在双方都在争这块中间地带。现在我们就缺工业，尤其缺乏石油。我们在设法搞些工业，苏联在帮助我们，各兄弟国家也帮助我们。大概要一百年可以搞好，砍掉一半也要五十年。有五十年不打仗，对我们就非常有利。

5月14日 阅五月十日上海《解放日报》第二版刊登的中等初等学校教师座谈会记录，批示："少奇、恩来、陈云、小平、彭真同志阅。这一整版值得过细一看，不整风党就会毁了。请你们注意看上海《解放日报》，南京《新华日报》，上海《文汇报》，《北京日报》，《光明日报》，集中看人民内部矛盾和我党整风消息，这是天下第一大事。"

同日 晚九时，在中南海颐年堂主持召开中共中央政治局常委扩大会议，分析整风鸣放情况，刘少奇、周恩来、朱德、陈云、邓小平、彭真、陆定一、康生、李维汉出席。会议开至次日晨一时。

5月15日 针对开门整风期间出现的极少数资产阶级右派对共产党和社会主义制度发起的猖狂进攻，写《事情正在起变

---

〔1〕 马尔科，当时任阿尔巴尼亚劳动党中央政治局委员、阿尔巴尼亚人民议会主席。

〔2〕 张苏，当时任全国人大常委会副秘书长兼办公厅主任、全国人大法案委员会主任委员。

化》一文。文章指出：几个月以来，人们都在批判教条主义，却放过了修正主义。教条主义应当受到批判，不批判教条主义，许多错事不能改正。现在应当开始注意批判修正主义。最近这个时期，在民主党派中和高等学校中，右派表现得最坚决最猖狂。现在右派的进攻还没有达到顶点。我们还要让他们猖狂一个时期，让他们走到顶点。他们越猖狂，对于我们越有利益。人们说：怕钓鱼，或者说：诱敌深入、聚而歼之。现在大批的鱼自己浮到水面上来了，并不要钓。我们和右派的斗争集中在争夺中间派，中间派是可以争取过来的。右派的企图，先争局部，后争全部。先争新闻界、教育界、文艺界、科技界的领导权。他们知道，共产党在这些方面不如他们，情况也正是如此。新闻界右派还有号召工农群众反对政府的迹象。资产阶级和曾经为旧社会服务过的知识分子的许多人总是要顽强地表现他们自己，总是留恋他们的旧世界，对于新世界总有些格格不入。要改造他们，需要很长的时间，而且不可用粗暴方法。但是必须估计到他们的大多数，较之解放初期是大为进步了，他们对我们提出的批评，大多数是对的，必须接受。只有一部分不对，应当解释。他们要求信任，要求有职有权，是对的，必须信用他们，必须给以权责。右派的批评也有一些是对的，不能一概抹杀。凡对的就应采纳。右派的特征是他们的政治态度右。他们同我们有一种形式上的合作，实际上不合作。有些事合作，有些事不合作。平时合作，一遇有空子可钻，如像现在这样时机，就在实际上不想合作了。他们违背愿意接受共产党领导的诺言，他们企图摆脱这种领导。而只要没有这种领导，社会主义就不能建成，我们民族就要受到绝大的灾难。全国有几百万资产阶级和曾为旧社会服务的知识分子，我们需要这些人为我们工作，我们必须进一步改善和他们的关系，以便使他们更有效率地为社会主义事业服务，以便进一步改造他们，使他们逐步地工人阶级化，走向现状的反面。大多数人一定可以达到这个目的。改造就是又团结，又斗争，以斗争之手段，达团结之目的。多数人的批评合理，或者基本上合理，包括北京大学傅鹰教授那种尖锐的没有在报纸上发表的批评在内。这些人的批评目的，就是希望改善相互关系，他们的批评是善意的。右派的批评往往是恶意的，他们怀着敌对情绪。善意，恶意，不是猜想的，是可以看得出来的。这一次批评运动和整风运动是共产党发动的。毒草共香花同生，牛鬼蛇神与麟凤龟龙并长，这是我们所料到的，也是我们所希望的。毕竟好的是多数，坏的是少数。共产党整风告一段落之后，我们将建议各民主党派和社会各界实行整风，这样将加速他们的进步，更易孤立少数右翼分子。现在是党外人士帮助我们整风。过一会我们帮助党外人士整风。这就是互相帮助，使歪风整掉，走向反面，变为正风。人民正是这样希望于我们的，我们应当满足人民的希望。这篇文章，题目原为《走向反面（未定稿）》。

同日 下午，和刘少奇、周恩来、朱德、陈云、邓小平等在政协礼堂出席中国新民主主义青年团第三次全国代表大会开幕式，并接见大会主席团成员。

5月16日 为中共中央起草《关于对待当前党外人士批评的指示》，批示：“刘、周、陈、朱、彭真、小平阅，尚昆用电报发出，另印如前示。”指示全文如下：“自从展开人民内部矛盾的党内外公开讨论以来，异常迅速地揭露了各方面的矛盾。这些矛盾的详细情况，我们过去几乎完全不知道。现在如实地揭露出来，很好。党外人士对我们的批评，不管如何尖锐，包括北京大学傅鹰化学教授在内，基本上是诚恳的，正确的。这类批评占百分之九十以上，对于我党整风，改正缺点错误，大有利益。从揭露出来的事实看来，不正确地甚至是完全不合理地对党外人士发号施令，完全不信任和不尊重党外人士，以致造成深沟高墙，不讲真话，没有友情，隔阂得很。党员评级评薪和提拔等事均有特权，党员高一等，党外低一等。党员盛气凌人，非党员做小媳妇。学校我党干部、教员、助教、讲师、教授资历低，学问少，不向资历高学问多的教员、教授诚恳学习，反而向他们摆架子。以上情况，虽非全部，但甚普遍。这种错误方向，必须完全扳过来，而且越快越好。无论文教界和其他方面，凡态度十分恶劣，已为多数群众所不信任的同志应当迅速调动工作，以党外资历深信誉好的人员充任，或以胜任的党员充任，以利团结党内外，改进工作。最近一些天以来，社会上有少数带有反共情绪的人跃跃欲试，发表一些带有煽动性的言论，企图将正确解决人民内部矛盾、巩固人民民主专政、以利社会主义建设的正确方向，引导到错误方向去，此点请你们注意，放手让他们发表，并且暂时（几个星期内）不要批驳，使右翼分子在人民面前暴露其反动面目，过一个时期再研究反驳的问题。这一点，五月十四日我们已告诉你们了〔1〕。为了研究问题，请你们多看几种报纸。有些地方例如上海党外批评相当紧张，应当好好掌握形势，设法团结多数中间力量，逐步孤立右派，争取胜利。”

同日 阅邵式平〔2〕三月十九日关于江西省中等学校政治思想教育工作问题的报告，批示：“送周总理：此件可以看一下。”报告说，当前中等学校政治思想教育的问题是：（一）有关政治思想教育课程很少；（二）文学教材内容与现实生活、与当前社会主义革命斗争是脱节的；（三）教育部对中等学校的课程规定

---

〔1〕 指中共中央1957年5月14日发出的《关于报道党外人士对党政各方面工作的批评的指示》。

〔2〕 邵式平，当时任中共江西省委书记处书记、江西省省长。

得很多，课外作业分量也很重。

同日 晚九时，在中南海颐年堂主持召开中共中央政治局常委扩大会议，分析整风鸣放情况，刘少奇、周恩来、朱德、陈云、邓小平、彭真、陆定一、康生、李维汉、吴冷西出席。

5月17日 晨二时，听取陆定一汇报同柯庆施通电话的情况。

同日 晚九时半，接受匈牙利新任驻中国大使诺格拉第递交国书。在同大使交谈中，毛泽东说：对匈牙利事件我们的看法是，这不是一件好事情，给社会主义事业带来了损失，但是也有它积极的一面。这次风暴教育了党，教育了政府，教育了军队，有了经验，得到了锻炼。这次事件也教育了广大的人民。同时，对社会主义各国都有极大的教益，有很多经验可以汲取。群众需要教育。过去风向那边吹，群众就站在那边；现在风向这边吹，群众就站在这边来了。现在，我们正在报纸上组织资产阶级和资产阶级的知识分子对我们的批评。我们对革命是内行的，但是对科学、文化就不内行了，那就有必要使用这些知识分子。在过去几年革命的风暴中他们被压下去了，但是他们中间有些人心中不满。而我们有些同志以为天下太平，没有问题了，脚伸得太长了一些，使我们同他们的关系在有些地方搞得不太好，有官僚主义、宗派主义。我们要让他们讲，让他们批评。这样对我们有好处，使我们的同志清醒一些，不是没有问题了，而是问题很多。他们的意见大多数是正确的，也有些是不正确的。我们整风有传统，批评和自我批评有传统。十二年来革命的任务很忙，小规模的整党搞了，大规模的整风运动没有进行。

同日 晚十一时半，在中南海菊香书屋召集周恩来、彭真、陆定一、陈伯达、吴冷西开会。

5月18日 晚上，在中南海勤政殿会见印度尼西亚军事代表团，周恩来、彭德怀、陈赓、萧向荣在座。毛泽东说：我们经济还落后，是处在过渡时期。这个过渡时期，可能还要几十年。我们有三百八十万军队，准备减八十万，还有三百万。我们军队现有的这些武器，对付原子弹是没有办法的。所以要提高武器的质量，减少人数。我们军队主要是防止帝国主义的侵略。现在我们钢的产量已达四百五十万吨。中国这么大的国家，人口很多，这样的数量是很少的，只有日本的一半，比利时也比我们多，因此要搞工业。你们也需要搞工业，自己炼钢，自己制造机器。如果没有工业，帝国主义就要打你，欺侮你。中国所以老被外国人欺侮，就是没有工业。亚非国家要搞自己的工业。

同日 审阅代拟的毛泽东给蒙古人民革命党中央第一书记达姆巴复信稿，批示："退周总理：是否可以加上派去的人在教会他们的人以后即可撤回来这样一个意思。"五月二十日，这封复信根据毛泽东的批示作了修改后发出。复信说："我们研究了你在来信中提到的由中国供给蒙古人民共和国劳动力的问题。我们认为，这件事情是应该做的。但是，如你们所设想的，大量迁移我国内蒙古自治区的蒙族居民去蒙古人民共和国定居，是有困难的。""我们设想，只能动员汉族人去蒙古人民共和国参加工、农业方面需要劳动力的部门的工作。即便如此，我们每年能够派去的人数也不能很多。因为人数过多，在语言方面，在生活习惯方面，在行政管理方面，都会有困难的。我们设想，在派往蒙古人民共和国参加工业建设的劳动力中，主要应该是些技术工人，以便帮助蒙古居民学会某些生产操作的技能。我们意见，当这些从事工、农业生产的中国技术工人，在双方规定的期限之内教会蒙古居民生产操作的技能以后，他们就可以回国了。根据我们的计算，在最近几年内，每年供给数千人是可能的。""我们建议，关于供给劳动力问题，可以由我们两国政府通过外交途径办理。如果你们认为汉族人不熟悉蒙古语言和生活习惯因而有困难的话，我们可以少派一些，或者不派。总之，一切都应该根据你们的需要，并且对于你们方便，作出决定。目前，我们已经派有八千多人在蒙古人民共和国从事各方面的劳动。根据我们所知道的情况，他们之中有不少人违犯了蒙古人民共和国的法律。我们对于这些人，在蒙古人民共和国有关机关的协助之下，已经作了一些处理，其中有些人已经调回中国，另一些人，则根据他们违犯法律的情节按照蒙古人民共和国的法律处理了。我们设想，今后这类事情还是会发生的。我们今后也将本着这个原则，凡是违犯蒙古人民共和国法律的中国员工都应该按照蒙古的法律法办。如果你们认为有不宜于留下工作的人员，可以通知我们，我们准备随时调动他们回来，以免增加你们管理中的困难。”

5月19日　晨，听彭真汇报情况。

同日　晚上，在中南海颐年堂召集彭真、陆定一、胡耀邦开会，后又增加刘少奇、周恩来、陈云、邓小平、赖若愚参加。

5月20日　晚上，在中南海颐年堂主持召开中共中央政治局常委扩大会议，刘少奇、周恩来、陈云、邓小平、彭真、陆定一、陈伯达、康生、胡乔木、李维汉、罗瑞卿、吴冷西、田家英出席。

5月22日　晚上，听彭真汇报情况。

5月23日　晚十时，在中南海勤政殿会见锡兰首任驻中国大使威·阿·佩雷拉，章汉夫、章文晋在座。毛泽东说：亚非国家中同我们友好的，我们都要团结。西方国家只要愿意，我们也和他们来往，搞一个和平局面。要求和平的人越来越多，发动战争就困难。中国同英国多做点生意当然好，我们希望英国政治上更独立些。

同日　晚十一时十五分，在中南海勤政殿会见由主席纳·马·佩雷拉率领的锡兰新平等社会党代表团，彭真在座。会见后，同彭真谈关于整风和召开省市委书记会议问题。

5月24日　阅中共中央办公厅五月二十一日编印的《情况简报》第一一八号刊登的福建省监察厅党组关于晋江专区税收工作中违法乱纪情况严重的报告，批示："陈云同志阅后，转李先念同志阅，退毛。我看此种现象不但福建有，各省都可能有，似宜采取措施，加以处理。可否举行一些典型调查，然后制定一个法令。不然，如福建那样，是危险的。"二十九日，李先念写报告给陈云并报毛泽东，建议将福建省监察厅党组的报告转发各省市，要求各地检查纠正。毛泽东批示杨尚昆办。六月四日，中共中央批转了这个报告。

同日　修改形成《关于正确处理人民内部矛盾的问题》草稿第二稿，批示："各同志：此件请即看，在你们认为应当修改的地方动笔加以修改，于五月二十六日退回中央办公厅杨尚昆同志，为盼。""再打清样（大本），即发在京各中央委员，候补委员。外加田家英、胡绳、邓力群。"

同日　晚上，在中南海颐年堂主持召开中共中央政治局常委扩大会议，刘少奇、周恩来、朱德、陈云、邓小平、彭真、彭德怀、陆定一、康生出席。会后，同彭真谈话。

5月25日　修改形成《关于正确处理人民内部矛盾的问题》草稿第三稿，写三条批示：一、"各位同志：这是第三稿，还要修改。请你们在收到后，在你们认为应当修改的地方即行动笔加以修改，于六月五日以前将原件退还杨尚昆同志为盼！"二、"田家英同志：即印发在京各中央委员、候补委员、田家英、胡绳、邓力群、今天到会各省市区负责同志（二十余人）。务于今晚十二时以前送到各人手里，特别是各省市来的人。"三、"我在百花齐放部分有一些重要修改。请田于今午打清样校正一下。"毛泽东在"关于百花齐放、百家争鸣、长期共存、互相监督"这个问题中所作的修改主要有两处：（一）改写了一段话（加写和改写的文字用着重号标明)：“在我国，虽然社会主义改造已经基本完成，大规模的群众性的阶级斗争已经基本结束，但是被推翻的地主买办阶级的残余还是存在，资产阶级还是存在，小资产阶级刚刚在改造。阶级斗争还没有结束。无产阶级和资产阶级之间的斗争，无产阶级和资产阶级以及资产阶级知识分子之间在意识形态方面的斗争，意识形态方面的阶级斗争，还是尖锐的，长期的，有时甚至是很激烈的，表现为一种你死我活的斗争。在这一方面，社会主义与资本主义之间的谁胜谁负问题还没有解决。”(二)增加关于辨别香花和毒草的六条政治标准。

同日 下午，和刘少奇、周恩来、朱德、陈云、邓小平等接见中国新民主主义青年团第三次全国代表大会全体代表。毛泽东在讲话中说：“中国共产党是全中国人民的领导核心。没有这样一个核心，社会主义事业就不能胜利。”“一切离开社会主义的言论行动是完全错误的。”

同日 晚上，在中南海颐年堂会见即将结束访问的伏罗希洛夫一行，并设宴为他们饯行，刘少奇、周恩来、朱德、陈云、邓小平、彭真等参加。伏罗希洛夫代表苏共中央、苏联最高苏维埃主席团和苏联政府，正式邀请毛泽东访问苏联，毛泽东接受了邀请。毛泽东说：现在要使蒋介石和美国的矛盾发展起来，使我们和蒋介石的矛盾缓和一下。我们提出了愿意和台湾和平的口号。我们不急于和美国建立外交关系。我们和英国只有一半的外交关系。这个方针，斯大林在世的时候，我和他讲过。我们的中心是亚非国家，是团结这些国家的人民。争取欧洲、美国这些资本主义国家的人民不是一下子的事。世界是一定要起变化的，美国人称霸世界的形势要变化。在尤金谈到中国已有一批很好的理论干部成长起来时，毛泽东说：有一些，但是很少，和资产阶级知识分子比较起来少得很。应该承认，比较起来资产阶级知识分子的学问是较丰富的。中国的知识分子大约有五百万，在政治上有左的有右的。过去看起来好像问题都解决了，马列主义、唯物主义他们也都赞成，在政治上也以为没有问题了，跟共产党走了，方向是社会主义，不是资本主义了。但是还有一部分人并不是这样的，他们的方向还是资本主义。我们党内有相当部分党员是为土地革命、反帝反封建而入党的，所以需要有一个教育过程。所谓主观主义包括两个方面：一个是教条主义，一个是修正主义。在我党历史上犯教条主义错误的同志容易改变，因为这些同志要革命，就是看得不对就是了，只讲一方面，讲片面，“左”的片面，好好批评一下，这些同志就能改好。毛泽东说：党内“左”的情绪多，脱离群众，搞教条主义，工农干部出身的，和群众关系不大好。所谓“左”的情绪，就是对这次运动不了解，对资产阶级知识分子不好，这样就脱离群众。会见伏罗希洛夫一行后，同刘少奇、周恩来、朱德、陈云、邓小平、彭真开会。

5月26日　和刘少奇、周恩来、朱德等前往北京南苑机场送别伏罗希洛夫一行。同日，《关于苏联最高苏维埃主席团主席伏罗希洛夫访问中华人民共和国的公报》发表，其中说：“伏罗希洛夫主席邀请毛泽东主席在他认为适当的时候访问苏联。毛泽东主席高兴地接受了这一邀请。”

同日　晚上，在中南海颐年堂召开会议，听取省市自治区党委负责人的汇报。刘少奇、周恩来、朱德、陈云、邓小平、彭真，以及一些省市自治区党委和大中城市市委的负责人林铁、陶鲁笳、王恩茂、黄欧东、欧阳钦、吕志先、叶飞、潘复生〔1〕、

〔1〕 潘复生，当时任中共河南省委第一书记、河南省政协主席、中国人民解放军河南省军区政治委员。

王任重、李井泉、谢富治、周林、高峰[1]、张仲良、张德生、吴德、曾希圣、刘顺元、柯庆施、黄火青、李琦、杨一木、方仲如、王平夷、王伯谨、宋黎、杨士杰、宋洁涵、任仲夷、任白戈、廖井丹、宋侃夫[2]出席会议。毛泽东讲话，他说：放的目的，是整我们党的缺点，争取中间派，以孤立右派。我们认为小乱可以，大乱不要。要设想会不会大乱？右派希望天下大乱，我们则是要有步骤，把战线缩在一定范围内大放特放，把牛鬼蛇神都放出来。有小匈牙利可以避免大匈牙利。看来，没有美国人的帮忙，天下是乱不了的。现在被攻击的是左派。搞教条主义的人是忠心耿耿的，但方法不对。民主党派、知识分子都分左、中、右三派。对我们的批评有两种，一种是善意的，一种是恶意的。把恶意的批评登出来照个相，使右派的面目尽人皆知，不要把右派发言的“角”抹去，那等于替他擦粉。党内也有左、中、右，有叛变分子。

5月27日 修改形成《关于正确处理人民内部矛盾的问题》草稿第四稿。起草一个通知：“各位同志：这是第四稿。请看‘百花齐放’那一节，有一段重要的修改。还要修改。请你们在

---

〔1〕 周林，当时任中共贵州省委第一书记、贵州省省长、中国人民解放军贵州省军区第一政治委员。高峰，当时任中共青海省委第一书记、青海省政协主席、中国人民解放军青海省军区第一政治委员。

〔2〕 李琦，当时任中共太原市委第一书记。杨一木，当时任中共兰州市委第一书记。方仲如，当时任中共陕西省委书记处书记。王平夷，当时任中共杭州市委书记处书记。王伯谨，当时任中共沈阳市委第二书记。宋黎，当时任中共旅大市委第二书记、旅大市市长。杨士杰，当时任中共鞍山市委第一书记。宋洁涵，当时任中共长春市委第一书记。任仲夷，当时任中共哈尔滨市委第一书记。任白戈，当时任中共重庆市委书记处书记、四川省副省长兼重庆市市长。廖井丹，当时任中共成都市委第一书记。宋侃夫，当时任中共武汉市委第一书记。

收到后，在你们认为应当修改的地方，即行动笔加以修改，于日内将原件退还杨尚昆同志为盼!”并批示：“田家英同志：请再印，印数如此次到会人数，于今天晚上九时以前发到到会各人手里。改处校正勿误。”毛泽东的修改主要是在第三稿中的“关于百花齐放、百家争鸣、长期共存、互相监督”这一节，改写一段话和加写一段话。（一）改写的一段话是（加写和改写的文字用着重号标明）：“在我国，虽然社会主义改造，在制度方面说来，已经基本完成，大规模的急风暴雨式的群众性阶级斗争已经基本结束。但是，被推翻的地主买办阶级的残余还是存在，资产阶级还是存在，小资产阶级刚刚在改造。阶级斗争还没有结束。无产阶级和资产阶级之间的阶级斗争，各派政治力量之间的阶级斗争，无产阶级和资产阶级以及资产阶级知识分子之间在意识形态方面的斗争，也就是意识形态方面的阶级斗争，还是尖锐的，长时期的，有时甚至是很激烈的，表现为一种你死我活的斗争。”（二）在关于社会主义与资本主义在意识形态方面的斗争需要很长时间才能基本解决的论断之后，加写一段话：“这是因为资产阶级和资产阶级知识分子的影响必然要在我国长期存在，不可能在短时间，作为阶级意识形态根本消灭。如果对于这种形势认识不足或根本不认识，那就要犯绝大的错误。要消灭它，就要作战。而这种战争是思想战争，它同军事方面的战争、经济方面的战争、政治方面的战争都不相同，它不能用粗暴的方法去作战，只能用细致的讲理的心平气和的方法去作战。对于每一个资产阶级分子和资产阶级知识分子，要用诚恳的态度，一个一个地和他们谈话，交朋友。这就需要很长的时间。而在过去的七年，我们的态度是粗暴的不细致的，没有交到较多的朋友，反而造成了许多矛盾和对立。今后要改变态度，改变方法，主要是向中间派人士请教，也要向一切有希望的即敌意不很深的右派人士请教。不要摆出训人的面孔同他们接触，而要用商量和请教的态度同他们接触。在业务方面，一定要拜他们为师，执弟子礼，认真向他们学习。这样一来，我们就有可能在两个至三个五年计划期内把他们的大多数争取过来，我们也学会了业务。这就是在思想战争方面打了一个大胜仗。一切共产党员和社会左翼人士如果不能用这种态度和方法，在这方面不打一个大胜仗，取得决定的胜利，社会主义制度是不能最后巩固的，社会主义工业国是不能建成的。这样说，不是不要批评和斗争，这些都是要的，但是要恰当，要采取与人为善的态度，才能收到成效。”毛泽东加写的这段话，在《关于正确处理人民内部矛盾的问题》发表时改为：“这是因为资产阶级和从旧社会来的知识分子的影响还要在我国长期存在，作为阶级的意识形态，还要在我国长期存在。如果对于这种形势认识不足，或者根本不认识，那就要犯绝大的错误，就会忽视必要的思想斗争。思想斗争同其他的斗争不同，它不能采取粗暴的强制的方法，只能用细致的讲理的方法。”

同日 晚上，在中南海颐年堂召开会议，继续听取省市自治区党委负责人汇报。出席人增加陆定一、杨尚昆，以及一些省市自治区党委和大中城市市委的负责人刘仁、乌兰夫、陈丕显、舒同、王路宾、彭冲〔1〕、江华、周小舟、白栋材〔2〕、陶铸、赵武成〔3〕、刘建勋。会后，毛泽东同刘少奇、周恩来、陈云、邓小平、彭真开会。

5月28日 修改形成《关于正确处理人民内部矛盾的问题》

〔1〕 王路宾，当时任中共济南市委第一书记。彭冲，当时任中共南京市委第一书记、南京市市长。

〔2〕 白栋材，当时任中共江西省委书记处书记。

〔3〕 赵武成，当时任中共广州市委书记处书记。

草稿第五稿，批示："在三小时内，印发各省市区党委书记，每省（市、自治区）一份，另发各政治局委员、候补委员，中央书记处书记、候补书记每人一份，另发田家英、邓力群、胡绳各一份。将以前几次所发各稿全都收回。原稿退毛。"同时写批语："各位同志：这是第五稿。请你们在收到后，在你们认为应当修改的地方，即行动笔加以修改，于日内将原件退还杨尚昆同志为盼！"当日下午，同陈伯达、胡乔木、田家英谈草稿第五稿修改问题。

5月29日　晚上，在中南海颐年堂主持召开中共中央政治局常委扩大会议，刘少奇、周恩来、陈云、邓小平、彭真、陆定一、陈伯达、康生、胡乔木、李维汉出席。

5月30日　阅五月二十九日《新闻日报》刊登的署名小雅的文章《关于"特殊材料制成的"——和章乃器先生商榷》，批示："乔木同志：此篇似可转载，何时转载适宜，请你和报馆商量一下。"六月八日，《人民日报》转载了这篇文章。整风运动中，章乃器在一九五七年五月十四日《人民日报》发表了《从"墙"和"沟"的思想基础说起》一文。其中说："已经有不少人说过，党与非党之间有'一道墙'，'一条沟'。""《联共党史》记载了斯大林在哀悼列宁时候的誓词，一开头就说：'我们共产党员是具有特种性格的人。我们是由特殊材料制成的。'由于这一句话的影响，可能有不少非党人士便以特殊的眼光看待党员，某些修养不够的党员，也就不免以特殊自居了。这样，这一句话自然也就成为'墙'和'沟'的一种思想基础了。"小雅的文章不同意章乃器的这种说法，认为斯大林所说的"特种性格"、"特殊材料"，不同于旧时法国贵族所自诩的在他们身上流着"高贵的血液"，而是说作为工人阶级的先锋战士的共产党员，担负着伟大的历史任务，献身于一个崇高的理想，他们必须具有大无畏的、自我牺牲的精神，必须具有前所未有的革命者的高尚品格，全心全意为人民服务的精神。至于某些修养不够的党员，看了斯大林的话，竟飘飘然以“特殊”自居了，这种情形不是没有，但这是他们自身的问题，不能据此就把斯大林的话贬为“墙”和“沟”的“思想基础”。

同日 晚上，在中南海颐年堂会见法国前总理富尔和夫人，周恩来、张奚若等在座。

5月31日 上午，同陈伯达、胡乔木、田家英谈话。晚上，同彭真谈话。

5月下旬 阅五月二十四日《解放日报》刊登的贾亦斌〔1〕在上海市政协第四次全会上的发言《笼统地说“农民生活苦”不合事实，强调农村干部“一团糟”不够公平》，批示胡乔木：“此篇可转载。”三十日，《人民日报》转载了这篇发言。

6月1日 修改形成《关于正确处理人民内部矛盾的问题》草稿第六稿，批示：“即印二十六份，于本日上午十点交陈伯达同志，原稿退毛。”

同日 本日下午和次日下午，同曾志〔2〕谈话，了解中国人民大学整风情况。

同日 晚上，在中南海颐年堂主持召开中共中央政治局常委扩大会议，刘少奇、周恩来、朱德、陈云、邓小平、彭真、陆定一出席。

6月2日 中午，同周恩来、彭真、李维汉谈话。

6月3日 中午，同彭真、刘仁谈话。

6月4日 晚上，在中南海颐年堂主持召开中共中央政治局

---

〔1〕 贾亦斌，当时任全国政协委员、上海市政协委员。

〔2〕 曾志，当时任中共广州市委书记处书记。

常委扩大会议，刘少奇、周恩来、朱德、陈云、邓小平、彭真、彭德怀、陆定一、陈伯达、康生、胡乔木、李维汉出席。

6月5日　晚九时四十分，在中南海颐年堂同陈叔通、黄炎培谈鸣放情况，六日晨零时十五分结束。零时二十五分，召集刘少奇、周恩来、彭真、罗瑞卿开会，谈整风问题。

6月6日　为中共中央起草《关于加紧进行整风的指示》，并批示："即送刘、周、陈、朱阅，尚昆用电报于今日发出。另印如前示。""不发新疆、西藏。发后留交小平阅。"指示说："根据北京的经验，在机关及高等学校内部出大字报，一可以揭露官僚主义等错误缺点，二可以暴露一部分有反动思想和错误思想的人的面貌，三可以锻炼党团员及中间派群众（他们应当在大字报上批评错误思想和反动思想），故利多害少，毫不足怕。""将来中等学校及工厂整风时是否允许出大字报，那时再考虑。至于各民主党派及社会人士大放大鸣，使建设性的批评与牛鬼蛇神（即破坏性批评）都放出来，以便分别处理，大有好处。必须注意争取中间派，团结左派，以便时机一成熟，即动员他们反击右派和反动分子。这是一场大规模的思想战争和政治战争，我们必须打胜仗，也完全有条件打胜仗。党内团内一部分右倾分子叛变出去，是极好的事，切记不要可惜。对于工厂和中等学校，目前不要整风，但要主动下楼，改善作风，广交朋友，深入群众。不可乱许愿，乱答应，又要避免出乱子，以便上层中层整好，腾出手来，再整好下层。北京的情况证明，各民主党派、高等学校和许多机关中暴露出一大批反动思想和错误思想，反动分子乘机活跃，但是他们只占各单位人数的百分之几，最反动的分子不过百分之一，百分之九十几是中间派和左派。请你们注意将你们的单位人数，在运动中，按左中右标准，排一下队，使自己心中有数。暑假将届，京沪及各地大学生将回家，其中有些人将到处活动，你们应争取主动，并准备适当应付。最后请你们注意一点，在各高等学校和各机关，凡不合理的事而又现在能解决的，应当尽快解决一批，以利争取中间派，孤立右派。”

同日 阅陆定一报送的一份《高等学校整风情况简报》，批示：“完全造谣，但值得注意。尚昆印发在京各中委一阅。”简报说：北京大学有一学生写了一篇题为《我的忧虑和呼吁》的文章，在校内外散发，造谣说党中央已开始分裂，毛主席的“鸣”、“放”方针遭到了党内百分之九十的人反对和党内保守势力的反击，有人想逼迫毛主席下台。

6月7日 阅六月六日《文汇报》刊登的笪移今[1]的文章《知识分子应怎样对待整风》，批示：“乔木同志：此文很好，可以转载在显著地位。”文章说，知识分子对待整风应做到：要认识到党是以全国人民意见为制定政策的依据的，敢于公开承认错误、纠正错误，整风就是党以实际行动来证明克服缺点的决心。要掌握和风细雨的精神，要接受过去有些过火批评的教训。非党人士帮助整风，要在不与党对立的认识下，监督党贯彻整风精神；发现批评离事实太远，要出来说话。要提出解决矛盾的办法，协助领导共同解决矛盾，缩小矛盾。要领会整风运动的实质，整风的目的就是巩固党的威信，加强党的战斗力，使党能有效地团结六亿人民，为加速建设社会主义而奋斗。

同日 上午，同胡乔木、吴冷西谈话，要吴冷西去人民日报社工作。在谈话中提出，要借国务院秘书长助理、民革中央委员

---

〔1〕 笪移今，当时任九三学社中央委员、上海分社副主任委员，复旦大学经济系教授。

卢郁文收到带有恫吓内容的匿名信[1]的机会，由《人民日报》发表一篇社论，发起反击右派的斗争。

同日　下午，同刘仁谈整风情况。晚上，同周恩来、李维汉、徐冰、童小鹏谈整风情况。

6月8日　起草《中共中央关于组织力量准备反击右派分子进攻的指示》，并批示："即送刘、周、朱、陈阅，尚昆用电报于今天发去。另印如前示。新疆、西藏不发。"指示说：省市级机关和高等学校大放大鸣的时间，大约十五天左右即足。反动分子猖狂进攻。广大党团积极分子及中间群众起而对抗。反动分子将到本机关本学校以外的工厂学校去活动，要预作布置，实行挡驾。要注意组织左派和中派力量反击右派分子的猖狂进攻，并推动左派，团结中派，反击右派，将空气完全转变过来。整个过程，做得好，有一个月左右就够了，然后转入和风细雨的党内整风。"这是一个伟大的政治斗争和思想斗争。只有这样做，我党才能掌握主动，锻炼人才，教育群众，孤立反动派，使反动派陷入被动。过去七年，我们形式上有主动，实际上至少有一半是假主动。反动派是假投降，中间派的许多人也不心悦诚服。现在形势开始改变，我们形式上处于被动，实际上开始有了主动，因为

---

[1]　1957年5月25日，卢郁文在中国国民党革命委员会中央扩大会议上发言，批评现在有一些人提意见有片面性，只许自己提意见，不许人家说明。会下，他收到一封匿名信。信中说他"为虎作伥"，恫吓他"及早回头"，否则"不会饶恕你"。匿名信还说，"共产党如果只认你这般人的话"，"总有一天会走向灭亡"。6月6日，在国务院秘书长习仲勋召集的党外人士座谈会上，卢郁文宣读了这封匿名信。他说："我不理解为什么只许说反面话不许说正面话，对讲了正面话的人就这样仇视"。"我们应当深思，我们对共产党的批评究竟是从什么地方出发？要到什么地方去呢？"

我们认真整风。反动派头脑发胀，极为猖狂，好似极主动，但因他们做得过分，开始丧失人心，开始处于被动。各地情况不同，你们可以灵活运用策略，灵活做出部署。总之，这是一场大战(战场既在党内，又在党外)，不打胜这一仗，社会主义是建不成的，并且有出匈牙利事件的某些危险。”

同日 晨，同胡乔木谈话。

同日 《人民日报》发表经毛泽东审定的社论《这是为什么?》。全国开始转入反右派斗争。

同日 阅陈正人六月七日来信，批示：“陈伯达同志：此件请参酌。如果文件今晚搞不完，明日下午二时交我也可以。”陈正人在信中建议，在《关于正确处理人民内部矛盾的问题》初稿中的“大规模的群众性的阶级斗争已经结束”这一句前面，加上“革命时期”四个字。毛泽东采纳了这一建议。

同日 下午二时半，同陈伯达、胡乔木谈话。

同日 下午六时，在中南海游泳池住处召集刘少奇、周恩来、朱德、陈云、邓小平、彭德怀、陆定一、康生、李维汉开会。

同日 复信孙燕〔1〕：“五月十六日的信收到。已在初中毕业，甚慰。升学的事，我不宜于向学校写信。能否考取，听凭学校。如不能升学，可以在家温课。寄上三百元给你母亲。以后还可寄一些。不要忧虑。”

6月9日 晨二时，修改形成《关于正确处理人民内部矛盾的问题》草稿第七稿，注明为“六月八日修正稿”，并批示：“即打清样三十五份，于本日上午九时交杨尚昆同志，即分送政治

---

〔1〕孙燕，又名孙配君，她的母亲陈玉英1926年冬到毛泽东和杨开慧的家里做保姆。1930年10月随杨开慧一起被国民党反动派逮捕，在狱中同敌人作了不屈的斗争。

局、书记处各同志，及田家英。另即刻付翻译。”这一稿的修改主要集中在第一个问题，增补形成了五段话，分别论述我国的空前统一和两类矛盾，人民和敌人的范畴，人民内部矛盾和敌我矛盾的区别，工人阶级同民族资产阶级的矛盾，如何分清敌我与分清是非。还增加了关于社会主义社会的矛盾同资本主义社会的矛盾本质不同的论述，以及对上层建筑和经济基础又相适应又相矛盾的分析。在第八个问题，增添了关于各党派长期共存的政治基础，即“确实致力于团结人民从事社会主义事业”和“得到人民信任”。

同日　审阅邓小平六月九日起草的中共中央关于转发湖北省委建议提前发表毛主席讲话〔1〕和推迟暑假日期报告的指示，批示照发。

同日　晨，同胡乔木谈话。

同日　下午，同曾志谈整风情况。

同日　晚上，同李达〔2〕谈话。

6月10日　为中共中央起草《关于反击右派分子斗争的步骤、策略问题的指示》，并批示：“即送刘、周、陈、朱阅，尚昆用电报发出。另印如前示。新、藏不发。”指示全文如下：“（一）北京条件已成熟，《人民日报》已于六月八日开始反击反动派。但建设性的批评将永远继续登载。也将继续登载一些突出的反动言论，使人民得到警惕，以利批判。各地情况不同，何时开始反击，要看当地情况决定。目前应着重组织各民主党派和高等学校开座谈会，推动左中右三派人物展开争论，最为重要。北京正在广泛开座谈会，极有效益。（二）一个月后，学校将放暑假，许

〔1〕指毛泽东《关于正确处理人民内部矛盾的问题》的讲话。

〔2〕李达，哲学家。当时任全国人大代表、全国政协委员、武汉大学校长、中国科学院哲学社会科学部委员。

多学生将回家乡。你们应当立即通知地、县、区、乡四级，特别是乡级，预作准备。原则是：（1）善意欢迎；（2）向回乡学生解释合作化的优越性，解释二类社三类社现在所以还没有办好的理由，过几年就会办好的。回乡学生可能有许多地富子弟，你们要对地富做好工作，要他们善于教育子弟。学生如果煽动农民反对政府，就要批评他们的错误，给以坚决的教训，但不可骂人打人，讲理为上，以理服人。此点甚重要，请即办。城市也要注意。（三）在此次浪潮中，资产阶级大多数人表现很好，没有起哄。你们要注意召集公方代表、党委书记、工会主席等人开会，迅即改善与私方的关系，有鼓励，有批评，拆墙，交朋友。现在工商联、民建会正在向章乃器、李康年等作批判，所以我们不要大搞，以便团结资产阶级大多数，孤立民主党派中知识分子中和学生中的右派和反动分子。（四）无论民主党派、大学教授、大学生，均有一部分右派和反动分子，在此次运动中闹得最凶的就是他们，他们历史复杂，或是叛徒，或是在过去三反、肃反中被整的人，或是地富资本家子弟，或是有家属亲戚被镇压的。但他们人数不多，一时可以把空气闹得天昏地暗，日月无光，但是急风暴雨，不崇朝而息。就北京而论，闹了几个星期，现在劲头已不大了，有些动摇恐慌了。各党派中，民革、民建、九三、民进等颇好，民盟、农工最坏。章伯钧、罗隆基拼命做颠覆活动，野心很大，党要扩大，政要平权，积极夺取教育权，说半年或一年，天下就将大乱。毛泽东混不下去了，所以想辞职。共产党内部分裂，不久将被推翻。他们的野心极大。完全是资本主义路线，承认社会主义是假的。民盟右派和反动派的比例较大，大约有百分之十以上，霸占许多领导职位。我们任务是揭露和孤立他们。他们的臭屁越放得多，对我们越有利。但民盟的多数仍然是好的，或者有希望改造好的。你们也要作具体的人物分析，实事求是，看得准，打得准。在这次运动中，一定要使反动分子在公众面前扫脸出丑。我们一定要团结大多数，孤立极少数，给扫脸的更是极少数。”

同日　晚八时，同陈伯达、胡乔木谈话。

同日　晚九时半，在中南海颐年堂主持召开中共中央政治局扩大会议，讨论整风反右问题。刘少奇、周恩来、朱德、陈云、林伯渠、董必武〔1〕、彭真、罗荣桓〔2〕、李富春、彭德怀、贺龙、李先念、陆定一、陈伯达、康生、薄一波、王稼祥、谭政、杨尚昆、胡乔木、邓子恢、罗瑞卿、徐冰、吴冷西、刘仁出席会议。

6月上旬或中旬　审阅邓小平六月九日报送的中共上海市委五月三十一日关于吸收陈望道入党的请示报告。邓小平提出：“拟同意陈望道入党，可由上海市委与他一谈，但正式入党时间可在一两个月之后，届时还应吸收一批在这次运动中表现好的左派分子入党。”毛泽东批示：“同意。”

6月11日　致信清华大学校长兼党委书记蒋南翔，党委副书记、校长助理陈舜瑶：“兹派我的秘书林克同志来看你们，请由你们中任何一位和他谈一下你们学校目前的动态。如果你们忙，则请你们指定一位别的同志和他一谈为盼！”

同日　修改《事情正在起变化》一文，批示：“刘、周、朱、陈、彭真阅。如认为可用，请尚昆印若干份，发给中央一级和省市一级负责同志。退尚昆办。”又批示：“尚昆同志：此文请即印发中央一级若干同志并印送各省市委、内蒙党委，新疆、西藏不要发。北京及外地各发多少份为宜，请加酌定。”十二日，《事情

---

〔1〕董必武，当时任中共中央政治局委员、中央监察委员会书记、最高人民法院院长、全国政协副主席。

〔2〕罗荣桓，当时任中共中央政治局委员、全国人大常委会副委员长、中国人民解放军政治学院院长、国防委员会副主席。

正在起变化》一文在党内印发。

同日 下午，同陆定一、陈伯达、康生、王稼祥、胡乔木、胡绳、田家英谈话。晚上，同习仲勋谈话。

6月12日 《人民日报》发表经毛泽东审阅修改的社论《正确地对待善意的批评》。

同日 下午，同彭真、陆定一、李维汉谈话。

同日 晚上，同陈伯达、康生、胡乔木谈《关于正确处理人民内部矛盾的问题》草稿第七稿的修改问题。

6月13日 阅六月十二日《北京日报》，批示："乔木同志：《北京日报》比《人民日报》编得好，有工人、农民、学生、左翼党外人士的批判反动言论的大量报道，极为丰富，文字也较人民日报生动，编排也好。请看第二版全部报道。""请在人民日报召集一个会议，有较多人参加。事先要他们读这第二版，全部读一遍，然后开会。你的编排水平应当提高。文字也有些八股味，例如不感觉《怎样对待批评》〔1〕这个概念化的标题是不好的，不感觉这篇文章通体是一个八股调。希望思索改进。"

同日 上午，同朱仲丽〔2〕谈话。

同日 晚上，在中南海游泳池住处召开会议，讨论修改为《人民日报》撰写的"本报编辑部"文章《文汇报在一个时间内的资产阶级方向》，刘少奇、朱德、陈云、彭真、胡乔木、李维汉、吴冷西等出席。

6月14日 为《人民日报》编辑部撰写的《文汇报在一个时间内的资产阶级方向》一文本日发表。文章说：上海《文汇

---

〔1〕 这是《人民日报》一篇社论稿的原题目。毛泽东审阅时，将题目改为《正确地对待善意的批评》。

〔2〕 朱仲丽，当时任北京中苏友谊医院副院长。

报》和北京《光明日报》在过去一个时间内，登了大量的好报道和好文章。但是，这两个报纸的基本政治方向在一个短时期内，变成了资产阶级报纸的方向。他们混淆资本主义国家报纸和社会主义国家报纸的原则区别。党外报纸当然不应当办得和党报一模一样，应有它们自己的特色。但是，它们的基本方向，应当是和其它报纸一致的。在世界上存在着阶级区分的时期，报纸又总是阶级斗争的工具。我们希望在这个问题上展开辩论，以求大家在这个问题上取得一致的认识。新闻记者中，有一部分共产党员和共青团员也有资产阶级新闻观点，也应当考虑、研究、批评这个错误观点。教条主义的新闻观点和八股文风，也是应当批判的。这样一来，在新闻问题上就要作反“左”反右的两条战线的斗争。

同日 修改形成《关于正确处理人民内部矛盾的问题》六月十四日修正稿。

同日 分别复电达赖喇嘛和班禅额尔德尼，祝贺西藏和平解放六周年，希望把西藏各阶层各方面的力量团结起来，进一步实现和平解放西藏办法的协议，使西藏更加团结、进步和发展。

同日 下午，同彭真、胡乔木、吴冷西谈话。

6月16日 修改《关于正确处理人民内部矛盾的问题》六月十四日修正稿。

同日 下午，同曾志谈话。

同日 晚上，在中南海颐年堂召集刘少奇、周恩来、陈云、彭真、胡乔木、李维汉开会。

6月17日 《关于正确处理人民内部矛盾的问题》定稿，六月十九日在《人民日报》全文发表。

同日 晚上，在中南海颐年堂主持召开中共中央政治局扩大会议，听取邓小平汇报东北、西北、西南、华东地区的大鸣大放情况。会后，同彭真、陆定一、李维汉谈话。

6月18日 致信北京师范大学党委书记兼第一副校长何锡麟："现派我的秘书林克同志到你们那里，请你将你们学校的情况告诉他。如果你无时间，请你介绍一位别的同志同他一谈为盼！"

6月19日 上午，同朱仲丽谈话。

同日 苏联《真理报》用三个版面刊登毛泽东《关于正确处理人民内部矛盾的问题》。

6月20日 审阅彭德怀六月十九日的请示报告。报告说：关于改进兵役工作指示，已经多次讨论和修改，准备以中共中央军委名义发出。毛泽东批示："同意。刘、周、朱、陈、小平、彭真即阅，退彭德怀同志办。"

同日 阅中共河南省委六月十七日关于开展整风运动情况的第二次简报，批示："小平同志：此件请即转发各省市。"简报分析了自六月八日《人民日报》发表《这是为什么？》社论等以后，河南省各民主党派及知识分子中的左、中、右的变化情况，以及为取得反右派斗争胜利所采取的措施。

同日 晚上，同邓子恢谈水利问题和农业合作化问题。

6月21日 晚上，在中南海游泳池住处主持召开中共中央政治局常委扩大会议，刘少奇、朱德、陈云、邓小平、彭真、彭德怀、陆定一、陈伯达、康生、胡乔木、李维汉出席。

6月22日 《人民日报》发表社论《不平常的春天》。毛泽东曾两次审阅修改这篇社论稿，最主要的修改是：在"因此，无论如何，一场争论是不可避免的"之前，加写："现在已经有了许多事实证明，某些人老早就是另有企图的，他们不但是不赞成社会主义革命，而且也早就不赞成反帝反封建的彻底的民主革命。"

同日 晚上，在中南海游泳池住处会见许志行，并共进晚餐，谢觉哉、易礼容[1]参加。本日，致信韶山乡人民委员会、生产合作社委员会各同志："许志行先生是我的朋友，他现在是上海学校的教师。他在几十年前曾在湖南读书，并且到韶山住过一个暑期。他现在再到你们那里来看看，请你们以朋友的态度接待他，告诉他一些事情。问候你们！"

6月23日　下午，同曾志谈话。

同日　晚八时半，同周谷城谈大鸣大放中的一些问题。

同日　晚十时十分，在中南海游泳池住处主持召开中共中央政治局常委扩大会议，讨论周恩来《政府工作报告》稿和大鸣大放的情况，刘少奇、周恩来、陈云、邓小平、彭真、董必武、陆定一、李维汉出席。

6月25日　晨，审阅修改周恩来《政府工作报告》稿，批示："即送周总理：在讲社会主义改造的地方都加上'生产资料私人所有制'等字为宜，以区别人的改造尚未完成。"

同日　上午，同朱仲丽谈话。

6月26日　下午三时，第一届全国人民代表大会第四次会议在中南海怀仁堂开幕。毛泽东出席会议。会议听取周恩来作《政府工作报告》。会前，毛泽东召集刘少奇、周恩来、朱德、陈云、邓小平、彭真、李维汉开会。

同日　阅中共河南省委六月二十四日关于整风运动情况的第五次简报，批示："小平同志：此件请用电报即刻转发各省市。"简报总结了在反右派斗争中一些单位的经验，指出在目前反击右派阶段中存在的问题，以及必须做好的几项工作。

同日　阅新华社六月二十四日编印的《参考资料》第一四三

---

〔1〕 谢觉哉，当时任内务部部长、中国政治法律学会副主席。易礼容，当时任全国政协副秘书长。

五期刊载的美国《新共和》杂志上题为《在我们的对华政策上的辩论》的文章，批示："陈云同志：十七页有一句话，值得研究一下。这一句是唱反调的，但也应当促使我们注意。有人提议农业投资应占百分之二十，少了不利，请你研究一下。"十七页的这句话是："'一百万人委员会'〔1〕说：'北京政权现在并不能牢靠地控制住大陆。'工业产品、猪肉、棉花和煤的缺乏，反映出一种'严重的经济危机'。"

同日 中午，接见陈玉英，并一起吃午饭。次日，再次接见陈玉英。

同日 晚上，和周恩来在中南海颐年堂会见由拉赫曼〔2〕率领的巴基斯坦议会代表团，彭真、耿飚、张邦英〔3〕、屈武、余心清在座。毛泽东说：二十年的和平是有可能的。只要美国不打，就可以没有战争。大多数美国人是不要打仗的。任何国家与我们能达成协议不打仗，我们都欢迎。要是一百年不打仗就更好了。

6月27日 致信邓小平："情况简报的《整风专辑》很有用。现请：（一）将六月十五日至六月二十五日共十一天的'专辑'立即印成一集（印成一本），印若干份，用飞机火车迅即分送各省市委及地市委，每单位多的有十几本，少的有三四本即够，供其参考。（二）以后每三天印一集，分送。如你同意的话，请照办为盼！"

---

〔1〕"一百万人委员会"，是在美国众议员、共和党人周以德的创议下设立的一个私人组织，其宗旨是反对中华人民共和国进入联合国，反对美国同中华人民共和国开展贸易往来，反对承认中华人民共和国。

〔2〕拉赫曼，当时任东巴基斯坦人民联盟总书记、国民议会议员 、东巴基斯坦政府工商业部部长、劳工部部长兼反贪污部部长。

〔3〕耿飚，当时任中国驻巴基斯坦大使。张邦英，当时任中共中央交通工作部副部长。

同日　阅谭震林六月二十四日关于在湖南攸县贯彻民主办社和整风问题的报告，批示："小平同志：此件值得一看。除印发政治局、书记处及在京中委外，请考虑可否转发地方各级党委参考。"

6月下旬　审阅《中共中央关于在一两个月后吸收一批高级知识分子入党的通知（草稿）》，批示："退邓。"这个通知于六月二十八日发出。

6月28日　阅《光明日报》本日刊登的郭沫若对记者的谈话《拨开云雾见青天》，批示："乔木同志：郭沫若此篇，请要《人民日报》全文转载，新华社全文播发。"二十九日，《人民日报》全文转载了郭沫若的这篇谈话，题目改为《乌云消散，太阳更加万丈光芒——郭沫若谈反右派斗争》。

同日　晚七时，在中南海游泳池住处同费孝通谈话。

同日　晚九时，在中南海游泳池住处召开会议，刘少奇、周恩来、陈云、邓小平、彭真、彭德怀、陆定一、陈伯达、康生、王稼祥、胡乔木、徐冰、吴冷西出席。会后，同陆定一、胡乔木、吴冷西谈话。

6月29日　审阅修改《中共中央关于争取、团结中间分子的指示》稿，批示："送刘、周、朱、陈、邓、彭真即阅，尚昆用电报发去。另印如前示。"毛泽东的修改主要有：（一）改写一段话（加写和改写的文字用着重号标明）："对于那些仅有右派言论，但并无右派行动的那些人，应把他们和既有言论又有行动（许多人还有历史上劣迹）的那些极右派加以区别，在对前者进行批评的时候，要完全采取说理和与人为善的态度，不要轻率地扣以右派的帽子。"（二）加写一段话："右派和极右派的人数，以北京三十四个高等学校及几十个机关中，需要在各种范围点名批判的，大约有四百人左右，全国大约有四千人左右，你们应当排个队，使自己心中有数。"

同日　中午，在中南海游泳池住处同赵超构、刘述周〔1〕谈话。

6月30日　审阅彭德怀六月二十九日报送的在即将召开的国防委员会会议上作的军事建设问题报告（草稿），批示："请小平同志审阅，退彭。"报告稿共六个问题：一、军事建设的方向和步骤；二、积极防御的战略方针；三、军队建设；四、如何解决平时养兵少、战时用兵多的矛盾问题；五、国防工程建筑；六、军事科学研究工作。

同日　晚八时二十分，同胡乔木、李维汉、吴冷西谈话。十时二十分，在中南海游泳池住处召集刘少奇、周恩来、朱德、陈云、邓小平、彭真、胡乔木、李维汉、吴冷西开会。

同日　晚九时二十分，会见冒鹤亭〔2〕。

7月1日　为《人民日报》撰写的社论《文汇报的资产阶级方向应当批判》本日发表。社论从最近《光明日报》和《文汇报》的检讨谈起，谈到有些民主党派在运动中的表现，特别点了民主同盟和农工民主党的名，点了"章罗同盟"的名。社论说："自本报编辑部六月十四日发表《文汇报在一个时间内的资产阶级方向》以来，《文汇报》、《光明日报》对于这个问题均有所检讨。""《文汇报》写了检讨文章，方向似乎改了，又写了许多反映正面路线的新闻和文章，这些当然是好的。但是还觉不足。"社论说："不是东风压倒西风，就是西风压倒东风，在路线问题上没有调和的余地。""资产阶级右派就是前面说的反共反人民反社会主义的资产阶级反动派，这是科学的合乎实际情况的说明。这是一小撮人，民主党派、知识分子、资本家、青年学生里都

〔1〕刘述周，当时任中共上海市委统战部部长、上海市副市长、上海市政协副主席。

〔2〕冒鹤亭，即冒广生，当时任上海市文物管理委员会顾问，上海市图书馆、博物馆的顾问。

有，共产党、青年团里面也有，在这次大风浪中表现出来了。他们人数极少，在民主党派中，特别在某几个民主党派中却有力量，不可轻视。这种人不但有言论，而且有行动，他们是有罪的，‘言者无罪’对他们不适用。”“一个伟大的巩固的国家，保存这样一小批人，在广大群众了解了他们的错误以后，不会有什么害处。要知道，右派是从反面教导我们的人。在这点上，毒草有功劳。毒草的功劳就是它们有毒，并且散发出来害过人民。”“共产党继续整风，各民主党派也已开始整风。在猖狂进攻的右派被人民打退以后，整风就可以顺利进行了。”

同日　上午，乘专机从北京到达杭州，住刘庄。

7月2日　上午，听刘亚楼、何廷一〔1〕汇报情况。中午，听江华汇报情况。

7月3日　晨一时五十分，接到刘少奇从北京打来的电话：今晚〔2〕尤金来向常委会告诉苏共中央党内发生大问题。晚七时二十五分至八时十分，同刘少奇通电话。九时，刘少奇主持召开中共中央政治局扩大会议，讨论《苏共中央关于马林科夫、卡冈诺维奇〔3〕和莫洛托夫反党集团的决议》。

7月4日　晚九时二十五分至四十五分，同刘少奇通电话。十时，刘少奇主持召开中共中央政治局常委扩大会议，研究对苏

---

〔1〕刘亚楼，当时任中国人民解放军空军司令员。何廷一，当时任中国人民解放军空军副参谋长。

〔2〕指7月2日晚上。

〔3〕马林科夫，原任苏联共产党中央主席团委员、苏联部长会议副主席、电站部部长。卡冈诺维奇，原任苏联共产党中央主席团委员、苏联部长会议第一副主席。1957年6月29日，苏共中央全会通过《苏共中央关于马林科夫、卡冈诺维奇和莫洛托夫反党集团的决议》，撤销他们党内一切职务。

共中央决议表态问题。

7月5日 晨，刘少奇主持召开中共中央政治局扩大会议，讨论通过中共中央致苏共中央电，支持苏共中央决议。

同日 下午五时二十分，在杭州刘庄召开会议，研究苏共中央决议问题。紧急赶来杭州的刘少奇、周恩来、陈云、邓小平、陈伯达、王稼祥、李维汉、胡乔木、田家英出席会议。

同日 晚八时至次日晨四时，和刘少奇、周恩来、陈云、邓小平在杭州刘庄会见苏共中央主席团委员、苏联部长会议第一副主席米高扬。陈伯达、王稼祥、李维汉、胡乔木、田家英参加会见。在听取米高扬关于马林科夫、卡冈诺维奇、莫洛托夫反党集团和苏共中央全会决议情况的通报后，毛泽东表示支持苏共中央的决议。他说：这件事在我们党内有些震动。我们已经采取了措施。由刘少奇同志召开了政治局扩大会议，决定支持你们的决议，并且用电报通知了各省省委。今天我们中央发了一个电报给你们中央，已经广播了。会见后，同刘少奇等谈话。

7月6日 下午，乘专列从杭州去上海。

同日 晚上，在上海会见印度尼西亚制宪议会议长韦洛坡，柯庆施、曹荻秋、魏文伯等在座。毛泽东说：我们是友好的国家。我们之间没有隔阂，是友好的关系，没有敌对的关系，在历史上也是如此，在历史上没有打过仗，并且现在很需要合作。我们有共同的基础，所以很容易谈得来。我同苏加诺谈过，外国财产最后是要归你们所有的，但要一步一步来。假如经济基础长期在外国人手里，经济就不稳定。还要发展经济。国家和私人都应该发展，国家办工厂，私人也可以办工厂，这样就能更快地发展国民经济。

7月7日 致电中共中央并转罗瑞卿、王任重：“我拟七月二十四日到重庆，二十五日乘船东下，看三峡。如果峡间确能下水，则下水过三峡，或只游三峡间有把握之一个峡。如不可能，则于船出峡口时下水到宜昌，或径到沙市。然后乘船到武汉。此事，已与瑞卿谈过。请中央考虑批准。如果中央同意的话，则（一）请瑞卿即带孙勇、韩队长[1]等能游者十人左右，到武汉与已试航试泳一次之船队再去试行，反复几次。（二）王任重同志不要去，我拟于七月中旬到武汉和省委谈一些问题。”

同日　晚上，刘少奇主持召开中共中央政治局常委扩大会议，讨论毛泽东要去三峡游泳的提议，周恩来、朱德、陈云、邓小平、彭真、杨尚昆、罗瑞卿出席。本日，政治局常委会复电毛泽东：“来电收到，常委作了郑重的讨论，决定由瑞卿同志带同孙勇、韩队长等人，于九日飞汉口率原来的试水人员和船队，溯江而上，进行反复调查和试水，研究防护办法，以期确保安全。中央等到瑞卿同志两星期内提出调查报告之后，再作决定。”后来，经过试水情况，政治局常委会没有同意毛泽东在三峡游泳。

同日　晚上，在上海中苏友好大厦会见上海科学、教育、文学、艺术和工商界的代表人士，同他们围桌谈话约两小时。毛泽东谈到延安整风、上海反右派斗争、高等教育和消灭血吸虫病等问题。出席的有漆琪生[2]、谈家桢、笪移今、孙怀仁、周煦良、李锐夫、殷宏章、汪猷、应云卫、沈浮、郑君里[3]、赵丹、金

---

〔1〕孙勇，当时任中共中央办公厅警卫处警卫科副科长。韩队长，指韩庆余，当时任中央警卫团一中队中队长。

〔2〕漆琪生，经济学家。当时任复旦大学经济系教授。

〔3〕孙怀仁，当时任上海财经学院教授。周煦良，当时任中国民主促进会中央委员、上海市委副主任委员，华东师范大学外文系教授。李锐夫，当时任华东师范大学数学系教授。殷宏章，当时任中国科学院学部委员、上海植物生理研究所副所长。汪猷，当时任全国政协委员，中国科学院学部委员、有机化学研究所副所长。应云卫，导演。当时任上海江南电影制片厂厂长。沈浮，导演。当时任全国政协委员、上海海燕电影制片厂厂长、中国文学艺术界联合会委员、上海电影工作者协会主席。郑君里，当时任上海海燕电影制片厂导演。

焰、黄宗英、陈鲤庭、章靳以、罗稷南、丁善德、陈大燮、武和轩、钱宝钧、傅于琛、丁忱、徐子威、蒋学模、刘念义、吴中一、李国豪、王元美、黄晨、苏德隆、陈铭珊、叶宝珊、聂传贤、束世澂、史慕康〔1〕等三十六人，柯庆施、陈丕显、曹荻秋、魏文伯、马天水〔2〕参加。谈话后，毛泽东和出席座谈的人员一起观看越剧《杜十娘》。

7月8日 上午十一时，在柯庆施、陈丕显等陪同下视察上海机床厂。中午十二时至下午二时五分，乘船游黄浦江。在船上

〔1〕 金焰，当时任上海演员剧团团长、中国文学艺术界联合会委员。黄宗英，上海海燕电影制片厂演员。陈鲤庭，当时任上海天马电影制片厂厂长。章靳以，当时任中国作家协会书记处书记、上海作家协会副主席、复旦大学教授。罗稷南，翻译家。当时任华东作家协会理事。丁善德，音乐家。当时任上海音乐学院副院长、中国文学艺术界联合会委员。陈大燮，当时任交通大学教务长。武和轩，当时任上海市政协委员、中国国民党革命委员会中央委员。钱宝钧，当时任华东纺织工业学院副院长。傅于琛，当时任上海市房地产管理局副局长。丁忱，当时任上海市工商业联合会副秘书长。徐子威，当时任上海第二师范学院化学系副主任、教授。蒋学模，经济学家。当时任复旦大学经济系副教授。刘念义，当时任全国政协委员、中华全国工商业联合会执行委员、上海市火柴塑料工业公司经理。吴中一，当时任申新第九棉纺织厂厂长。李国豪，桥梁结构专家。当时任同济大学副校长、中国科学院学部委员。王元美，作家。黄晨，电影演员。苏德隆，流行病学专家。当时任全国血吸虫病研究委员会副主任委员、上海第一医学院公共卫生系主任。陈铭珊，当时任上海信谊药厂厂长、中国民主建国会上海市委秘书长。叶宝珊，当时任上海黄浦区副区长、上海市工商业联合会黄浦区委主任委员。聂传贤，当时任上海第二医学院医疗系第二主任。束世澂，历史学家。当时任华东师范大学教授。史慕康，当时任上海市普陀区副区长、上联电工器材厂经理、中华全国工商业联合会执行委员、中国民主建国会上海市委副主任委员。

〔2〕 马天水，当时任中共上海市委书记处书记。

听取上海市工作汇报，柯庆施、刘晓〔1〕、陈丕显、曹荻秋、马天水、魏文伯、刘季平、石西民、舒文〔2〕等参加。

同日　晚上，在上海中苏友好大厦对上海各界人士发表讲话。毛泽东说：三月间，我在这个地方同党内的一些干部讲过一次话。从那个时候到现在，一百多天了。这一百多天，时局有很大的变化。每一个运动都证明，多数人是好人，所谓多数人，不是百分之五十一，而是百分之九十以上。他们的心总是善良的，是诚实的，不是狡猾的，不是别有用心的。比如这一次，拿学生来说，北京大学有七千多人，右派只有百分之一、二、三。就是说，坚决的骨干分子，经常闹的，闹得天翻地覆的，始终只有五十几个人。那个时候我们讲不要怕，我们党里头就有一些同志，就是怕天下大乱。我说，这些同志是忠心耿耿，为党为国，就是没有看见大局面，就是没有估计到大多数是好人。无论什么地方，百分之九十几的人是我们的朋友、同志，怕群众是没有道理的。我们这些人总是有那么一点政治资本，就是替人民多少做了一点事。现在把火放起来烧，百分之九十以上的人，是希望把我们的同志烧好。一个时期天昏地暗，日月无光。就是两股风来吹：一个是大多数好人，他们贴大字报，讲共产党有缺点，要改；另外是极少数右派，他们是攻击我们的。多数人的进攻是应当的，攻得对，这对我们是一种锻炼。右派的进攻，对我们也是一种锻炼。民主革命是人民的事业，社会主义革命是人民的事业，社会主义建设是人民的事业。那末，革命和建设好不好？有没有成绩？成绩是主要的，还是错误是主要的？这是第一条。第二条，走哪一个方向呢？社会主义还是资本主义？第三条，要搞

〔1〕 刘晓，当时任中国驻苏联大使。

〔2〕 舒文，当时任中共上海市委教育卫生工作部副部长。

社会主义，谁人来领导？是无产阶级领导，还是资产阶级领导？共产党领导好不好，要不要？我看这一回是一次大辩论，就是在这三个问题上的大辩论。辩论一次好。民主革命是经过长期辩论，经过长期精神准备的。社会主义革命是短促突击，在六七年之内，在所有制方面的改革就基本上完成了。但是人的改造，也改造了一些，那就还差。社会主义改造有两个方面，一方面是制度的改造，一方面是人的改造。制度不单是所有制，而且有上层建筑，主要是政权机关、意识形态。各种意识形态都是要反映阶级关系的。比如报纸，这是属于意识形态范围的，学校教育、文学艺术，也是一种意识形态，上层建筑。自然科学分两个方面，就自然科学本身来说是没有阶级性的，但是谁人利用自然科学，是有阶级性的。这次斗争的性质，主要是政治斗争。思想斗争主要还在下一阶段，那要和风细雨。我看过了七月，到了八月那个时候就可以和风细雨了。有些人非常怕改造，说改造就出“自卑感”，越改造越自卑。我看不应该这样解释。改造这个东西，应该是越改造越自尊，因为是自己觉悟到需要改造。中华民族是个好民族。我们这个民族是很讲道理的，很热情的，很聪明的，很勇敢的。我希望造成这么一个局面，就是又集中统一，又生动活泼，就是又有民主又有集中，又有自由又有纪律。两方面都有，不是只有纪律，只有集中。不要怕群众，要跟群众在一起。人民就像水一样，各级领导者就像游水一样，你要顺那个水，不要离开水，不要逆那个水。不要骂群众，不要跟群众对立，总要跟群众一道。群众也可能犯错误，要好好跟他讲道理，用好好讲的方法他不听，就等一下，有机会又讲，但是不要脱离他。刘备得了孔明，说是如鱼得水。群众就是孔明，领导者就是刘备。智慧都是从群众那里来的。知识分子应当成为无产阶级的知识分子，没有别的出路。“皮之不存，毛将焉附”，这是上海的一个资本家讲的，我这里是引申其义。一百多天以前，我在这个地方讲过，从旧社会来的知识分子，丧失了原来的社会经济基础。这些人叫“梁上君子”，老家没有了，又不甘心情愿附在无产阶级身上。我们所劝的，就是这些处在中间状态的人。他们应该觉悟，尾巴不要翘得太高，你那个知识是有限的。决定大局，决定大方向，要请无产阶级。中共中央好比是一个加工厂，原料都是从工人、农民那里拿来的。它拿这些原料还要制作得好，制作不好就要犯错误。知识的来源出于群众。归根到底就是群众路线四个字。什么叫正确解决人民内部矛盾？就是实事求是，群众路线。

7月9日　为中共中央起草关于增加报纸上点名批判的右派骨干分子人数等问题的通知。通知说：（一）反右派斗争正在深入，准确的右派骨干名单扩大了一倍，全国不是四千人，而是大约有八千人。这些都是在不同范围内点名批判的右派骨干分子。现在的问题是在报纸上点名批判的大约不过占右派骨干的百分之三左右，应当分阶段逐步增加一些人，最后增到右派骨干的百分之十左右为止。其他百分之九十的右派骨干，则在所在单位点名批判，不要登报。报上点名的百分之十，应包括学生中的著名右派分子在内。凡报上点名的必须证据充分，最好还有历史劣迹、素来不大得人心的人。（二）北京哲学社会科学家十六人已就右派在学术方面的猖狂进攻，开始举行反攻了。北京此种反攻应当扩大，各地应当响应。自然科学家中在政治方面和学术方面的猖狂进攻，只要有准确的事实，也应组织反击。

同日　下午，乘专列从上海到达南京。

7月10日　晚上，在南京中山陵路七号楼召开华东六省一市党委书记会议，柯庆施、江渭清、刘顺元、惠浴宇〔1〕、舒同、

〔1〕 惠浴宇，当时任中共江苏省委书记处书记、江苏省省长。

叶飞、江华、曾希圣、杨尚奎、唐亮[1]等出席。十一日下午，会议继续举行。

7月12日 上午，乘专机从南京到达青岛，住迎宾馆。

7月14日 下午，同刘少奇通电话。

7月15日 下午，同刘澜涛、舒同谈话。

7月17日—21日 在青岛主持召开省市党委书记会议。出席会议的有：刘少奇、周恩来、朱德、邓小平、彭真、陆定一、陈伯达、谭震林、胡乔木、李维汉、徐冰、田家英、李井泉、张仲良、张德生、陶鲁笳、陶铸、周惠[2]、王任重、张平化[3]、马国瑞、潘复生、舒同。在第一天的会议上，毛泽东谈了以下问题：（一）农村中的阶级路线问题；（二）反右派问题；（三）知识分子问题。会议根据毛泽东的建议，确定整风分为四个阶段：大鸣大放阶段；反击右派阶段；着重整改阶段；研究文件，批评反省，提高自己阶段。

7月19日 写出《一九五七年夏季的形势》草稿。并在草稿的基础上修改形成《一九五七年夏季的形势》第一次修改稿，注明“内部文件，不得遗失”，在省市委书记会议上印发。

7月20日 修改形成《一九五七年夏季的形势》第二次修改稿。随后又形成第三次修改稿，注明：“内部文件，不得遗失，待政治局批准之后，由中央发至地委一级。”

7月23日 下午，同柯庆施、江华、江渭清、曾希圣谈话。

同日 下午，刘少奇在北京主持召开中共中央政治局扩大会

---

〔1〕 杨尚奎，当时任中共江西省委第一书记、江西省政协主席、中国人民解放军江西省军区政治委员。唐亮，当时任中国人民解放军南京军区政治委员。

〔2〕 周惠，当时任中共湖南省委书记处书记（1957年8月代理第一书记）。

〔3〕 张平化，当时任中共湖北省委书记处书记。

议，讨论并原则通过《一九五七年夏季的形势》。

7月24日　下午，在青岛海滨第二浴场召集陈云、李先念、柯庆施、江华、江渭清、曾希圣、陈伯达、田家英开会，谈整风及农村情况。

7月25日　修改形成《一九五七年夏季的形势》第四次修改稿，注明："内部文件，不得遗失，待政治局批准之后，由中央发至县委及其他相当于县委的一级。"

7月26日—30日　在青岛继续主持召开省市党委书记会议，讨论《一九五七年夏季的形势》修改稿、农业发展纲要四十条草案等。出席会议的有：陈云、李先念、邓子恢、张鼎丞〔1〕、陈伯达、陈正人、田家英、柯庆施、江华、江渭清、曾希圣、欧阳钦、黄欧东、吴德、乌兰夫、舒同。

7月26日、27日　在青岛省市党委书记会议期间，先后修改形成《一九五七年夏季的形势》第五、第六、第七、第八次修改稿，并注明："这个文件，是一九五七年七月，在青岛，同各省市书记谈话的一些要点。"

7月27日　审阅修改邓小平七月二十一日报送的《中央统战部关于帮助各民主党派整风的意见》稿，批示："即送邓小平同志办。"

7月29日　修改形成《一九五七年夏季的形势》第九次修改稿。

7月30日　修改形成《一九五七年夏季的形势》第十次修改稿，批示："小平同志：此是最后定稿，请你提交政治局批准。如有修改，请告知。如无修改，即可发出。"八月一日晚上，刘少奇主持召开中共中央政治局会议，讨论通过《一九五七年夏季

---

〔1〕张鼎丞，当时任最高人民检察院检察长、党组书记。

的形势》。同日，中共中央将这篇文章印发县一级党组织和干部阅读。《一九五七年夏季的形势》一文指出："在我国社会主义革命时期，反共反人民反社会主义的资产阶级右派和人民的矛盾是敌我矛盾，是对抗性的不可调和的你死我活的矛盾。""最后不能转变的那一部分资产阶级右派分子是死硬派，只要他们不当特务，不再进行破坏活动，也给他们一点事做，也不剥夺他们的公民权。这是鉴于许多历史事件采取了极端政策的后果，并不良好。""我们的目标，是想造成一个又有集中又有民主，又有纪律又有自由，又有统一意志又有个人心情舒畅、生动活泼，那样一种政治局面，以利于社会主义革命和社会主义建设，较易于克服困难，较快地建设我国的现代工业和现代农业，党和国家较为巩固，较为能够经受风险。总题目是正确地处理人民内部的矛盾和正确地处理敌我矛盾。方法是实事求是，群众路线。派生的方法是党内党外在一起开一些有关大政方针的会议，公开整风，党和政府的许多错误缺点登报批评。""必须坚定地信任群众的多数，首先是工农基本群众的多数，这是我们的基本出发点。""我赞成迅即由中央发一个指示，向全体农村人口进行一次大规模的社会主义教育，批判党内的右倾机会主义思想，批判某些干部的本位主义思想，批判富裕中农的资本主义思想和个人主义思想，打击地富的反革命行为。""所谓正确处理人民内部矛盾问题，就是我党从来经常说的走群众路线的问题。共产党员要善于同群众商量办事，任何时候也不要离开群众。党群关系好比鱼水关系。如果党群关系搞不好，社会主义制度就不可能建成；社会主义制度建成了，也不可能巩固。""共产党员一定要有朝气，一定要有坚强的革命意志，一定要有不怕困难和用百折不挠的意志去克服任何困难的精神，一定要克服个人主义、本位主义、绝对平均主义和自由主义，否则就不是一个名副其实的共产党员。""这一次批判资产阶级右派的意义，不要估计小了。这是一个在政治战线上和思想战线上的伟大的社会主义革命。单有一九五六年在经济战线上（在生产资料所有制上）的社会主义革命，是不够的，并且是不巩固的。匈牙利事件就是证明。必须还有一个政治战线上和一个思想战线上的彻底的社会主义革命。”“必须懂得，在我国建立一个现代化的工业基础和现代化的农业基础，从现在起，还要十年至十五年。只有经过十年至十五年的社会生产力的比较充分的发展，我们的社会主义的经济制度和政治制度，才算获得了自己的比较充分的物质基础（现在，这个物质基础还很不充分），我们的国家（上层建筑）才算充分巩固，社会主义社会才算从根本上建成了。现在还未建成，还差十年至十五年时间。为了建成社会主义，工人阶级必须有自己的技术干部的队伍，必须有自己的教授、教员、科学家、新闻记者、文学家、艺术家和马克思主义理论家的队伍。这是一个宏大的队伍，人少了是不成的。这个任务，应当在今后十年至十五年内基本上解决。十年至十五年以后的任务，则是进一步发展生产力，进一步扩大工人阶级知识分子的队伍，准备着逐步地由社会主义过渡到共产主义的必要条件，准备以八个至十个五年计划在经济上赶上并超过美国。共产党员、青年团员和全体人民，人人都要懂得这个任务，人人都要努力学习。有条件的，要努力学技术，学业务，学理论，造成工人阶级知识分子的新部队（这个新部队，包含从旧社会过来的真正经过改造站稳了工人阶级立场的一切知识分子）。这是历史向我们提出的伟大任务。在这个工人阶级知识分子宏大新部队没有造成以前，工人阶级的革命事业是不会充分巩固的。”“各省、市、自治区要有自己的马克思主义理论家，自己的科学家和技术人才，自己的文学家、艺术家和文艺理论家，要有自己的出色的报纸和刊物的编辑和记者。第一书记（其他书记也是一样）要特别注意报纸和刊物，不要躲懒，每人至少要看五份报纸，五份刊物，以资比较，才好改进自己的报纸和刊物。”文章最后提出：“八月，请省市委、自治区党委一级和地委一级的第一书记，抽出一段时间，摸一下农村中整社、生产、粮食等项问题，以备九月中央全会之用。四十条农业纲要，请你们逐条研究一下是否需要修改。”

7月31日 起草中共中央关于召开八届三中全会的通知。通知说：“决定于今年九月下半月召开中共中央委员会第八届第三次全体会议。请各省委、中央直属市委、自治区党委、地委、上开省属市委〔1〕选派代表一人参加，最好是第一书记。省级第一书记为中央委员或候补中央委员者，不再选派代表。议程主要为：（一）整风问题；（二）农村问题。特此通知，请各有资格到会的同志们在会前对此两项问题加以研究为盼。”同时批示：“刘、邓：此件请提政治局通过，发出。省属市委提名是否恰当，请酌。”这个通知经八月一日召开的中央政治局会议讨论通过后发出。

8月1日 为中共中央起草《关于进一步深入开展反右斗争的指示》。指示说：在深入揭发右派分子的斗争中，右派分子将继续发现和挖掘出来，人数将逐步增多。“右派中的极右分子，即骨干分子，登报的人数，也应适当增加，不是百分之几，也不是百分之十，而是要按情况达到极右派的百分之二十、三十、四十或五十。”“深入挖掘期间，必须实事求是，有些单位右派少，或者确无右派，就不要主观主义地勉强去找右派。”“要准确地鉴定极右派、普通右派和中间偏右分子这三种人的界限，以免泛滥无归，

〔1〕指通知上款中所列的哈尔滨、长春、沈阳、抚顺、鞍山、旅大、济南、青岛、南京、杭州、广州、长沙、重庆、成都、兰州、西安、太原各省属市的市委。

陷入被动，丧失同情。此点必须注意。”“反右斗争，必须坚持辩论方式，摆事实，讲道理。而且事实要是准确的事实，不是虚构的‘事实’，讲理要讲得使大多数人心服，切不可以强词夺理。”

同日 《解放军报》刊登毛泽东为中国人民解放军建军三十周年的题词：“为建设强大的国防军而奋斗！”

同日 对范仲淹的《苏幕遮》、《渔家傲》两首词〔1〕作评注：“词有婉约、豪放两派，各有兴会，应当兼读。读婉约派久了，厌倦了，要改读豪放派。豪放派读久了，又厌倦了，应当改读婉约派。我的兴趣偏于豪放，不废婉约。婉约派中有许多意境苍凉而又优美的词。范仲淹的上两首，介于婉约与豪放两派之间，可算中间派吧；但基本上仍属婉约，既苍凉又优美，使人不厌读。婉约派中的一味儿女情长，豪放派中的一味铜琶铁板，读久了，都令人厌倦的。人的心情是复杂的，有所偏但仍是复杂的。所谓复杂，就是对立统一。人的心情，经常有对立的成分，不是单一的，是可以分析的。词的婉约、豪放两派，在一个人读起来，有时喜欢前者，有时喜欢后者，就是一例。睡不着，哼范词，写了这些。江青看后，给李讷〔2〕看一看。”

8月2日 晚上，在青岛市政协礼堂会见由民族院副院长德钦登貌率领的缅甸国会访华代表团，周恩来等在座。毛泽东说：你们的国家是多民族的，我们也是多民族的。你们的粮食比我们

〔1〕 范仲淹的《苏幕遮》原词为：“碧云天，黄叶地，秋色连波，波上寒烟翠。山映斜阳天接水，芳草无情，更在斜阳外。 黯乡魂，追旅思，夜夜除非，好梦留人睡。明月楼高休独倚。酒入愁肠，化作相思泪。”《渔家傲》原词为：“塞下秋来风景异，衡阳雁去无留意。四面边声连角起。千嶂里，长烟落日孤城闭。 浊酒一杯家万里，燕然未勒归无计。羌管悠悠霜满地。人不寐，将军白发征夫泪。”

〔2〕 李讷，毛泽东的女儿。

种得好些，我们有些地方产量很低，我们想把粮食增产。许多地方缺水，我们的化肥也不多，要搞些化肥才好。我们国家刚建立不久，事情办得不多，钱又少，人口又多，要吃又要穿，这是个大事情。我们提倡节育。你们应该增加些人口。缅甸的天然资源很丰富，是一个很有希望的国家。应该多培养些工程师、科学家和技术人才。中国的工业建设刚开始，还没有基础。这需要时间，不是一点时间，需要相当的时间。现在有了各民族团结的基础，这是建设的有利条件。我们的问题是人多，吃掉穿掉的太多，剩下的就不多了。劳动力多了，拖拉机就不用了，只要用两只手，用牛拉。牛是好东西。什么时候能离开它，用机器加以现代化？

8月4日 致信林克："请找列宁《做什么?》〔1〕、《四月提纲》（一九一七年）两文给我一阅。我这几天感冒未好，心绪不宁，尚不想读英文。你不感到寂寞吧？你可看点理论书。你需要学理论。兴趣有，似不甚浓厚，应当培养。慢慢读一点，引起兴趣，如倒啖蔗，渐入佳境，就好了。"

同日 复信刘松林："信收到。回来了，很高兴。转学事是好的，自己作主，向组织申请，得允即可。如不得允，仍去苏联，改学文科，时间长一点也不要紧。不论怎样，都要自己作主，不要用家长的名义去申请，注意为盼。"

8月6日 下午，同舒同谈话。

8月8日 中共中央发出《关于向全体农村人口进行一次大规模的社会主义教育的指示》。

8月9日 晚上，同萧劲光〔2〕、刘亚楼、徐深吉〔3〕谈话。

---

〔1〕《做什么?》，今译《怎么办?》。

〔2〕萧劲光，当时任国防部副部长、中国人民解放军海军司令员。

〔3〕徐深吉，当时任中国人民解放军空军副司令员。

同日　复信刘松林："信收到。我在此间有事，又病，不要来。你应当遵照医生、党支部、大使馆的意见，下决心在国内转学文科。一切浮言讥笑，不要管它。全部精力，应当集中在转学后几年的功课上，学成为国服务。"

8月11日　上午，乘专机从青岛回到北京。

8月18日　晨，乘专列从北京到达北戴河，住一号楼。

同日　复信达赖喇嘛："你托阿沛·阿旺晋美〔1〕带给我的信收到了。我很高兴。阿沛我也见到了，并且由周总理和他谈了话。西藏自治区筹备委员会在你领导下工作是做得好的，有成绩的。去年对实行民主改革提得早了，工作机构也太大了，这是缺点。现在决定在第二个五年计划期内不改革，并且把过大的机构作了精简，这就改正了缺点。工作中发生缺点总是难以完全避免的。对缺点，我们的态度应该是正确分析，积极改正，记取经验，继续前进。我们改掉了缺点以后，工作就会做得更好一些。你在访问印度期间，拒绝了那些逃亡国外的反动分子出的坏主意，是做得很对的。他们大概还要找机会进行反动活动，要教育僧俗官员对他们保持警惕。西藏地方政府和堪厅间的关系问题，希望都能从团结愿望出发，双方好好协商加以解决。""很惦念你，希望你多注意健康，并多来信。"

8月19日　上午，同彭真谈北京市的情况。

同日　阅陈其通、陈亚丁的《克服教条主义，投入反右派斗争》一文〔2〕清样稿，批示："退人民日报吴冷西同志。看过，可

〔1〕阿沛·阿旺晋美，当时任西藏地方政府噶伦、西藏自治区筹备委员会秘书长、昌都地区人民解放委员会副主任、中国人民解放军西藏军区副司令员。

〔2〕这篇文章对陈其通等4人1957年1月7日在《人民日报》上发表的《我们对目前文艺工作的几点意见》一文作了自我批评。

用。”二十一日，该文在《人民日报》发表。

8月20日 下午，在北戴河一号楼召集刘少奇、周恩来、朱德、陈云、邓小平、彭真、陈伯达、李维汉、胡乔木开会。

8月22日 下午，在北戴河浴场同陈伯达、田家英谈《一九五六年到一九六七年全国农业发展纲要》草案的修改问题。

8月23日 晚上，同陈正人谈话。

8月24日 下午，同李富春、蔡畅谈话。

8月下旬 审阅修改中共中央统战部《关于在工商界全面开展整风运动的意见》稿，主要加写以下一些内容：“全国约有十万右派分子，知识分子居多，有些人是有用人才，应当大力争取过来。”“左派在增多，有的达到百分之十，这是可喜现象。但中间派仍占大多数，……他们是动摇的，可以进步的，大概再有五年，他们将大进一步。”“这一段时间〔1〕只有一年多，许多人从旧立场到新立场，转不过弯子来。反右派斗争和整风运动，可以促使多数人转过这个弯子，并大进一步。”二十八日，中共中央转发了这个文件。

8月28日 乘专列由北戴河回到北京。途中，先后同中共唐山市委、天津市委负责人谈话。

8月29日 下午，在中南海颐年堂主持召开中共中央政治局常委扩大会议，刘少奇、周恩来、朱德、陈云、邓小平、彭真、王稼祥、杨尚昆出席。

同日 晚上，在中南海颐年堂会见胡志明〔2〕，刘少奇、周恩来、邓小平、彭真在座。会见后，同刘少奇、周恩来、邓小平、彭真谈话约一小时。

---

〔1〕 指从工商业全行业公私合营至鸣放前这段时间。

〔2〕 胡志明，当时任越南劳动党中央主席、越南民主共和国主席。

8月30日　致电马来亚联合邦最高元首拉赫曼，祝贺马来亚联合邦宣布独立。

9月2日　下午，同罗瑞卿谈话。后同吴冷西谈话。

9月3日　审阅《中共中央关于在农业合作社内部贯彻执行互利政策的指示》稿，批示："此件可用。略有修改。"

同日　下午，在中南海颐年堂召集刘少奇、周恩来、陈云、邓小平、林伯渠、董必武、彭真、彭德怀、陆定一、康生开会。会后，乘专列离开北京，下午六时半到达保定。

同日　晚上，在停靠保定的专列上同中共河北省委及保定地委、满城县委的负责人马国瑞、阎达开、张承先、谷云亭、李悦农、王涛〔1〕谈话。

9月4日　晨，乘专列从保定到达邯郸。中午，在停靠邯郸的专列上同中共河北省委书记处书记马国瑞、石家庄市委第一书记康修民〔2〕、石家庄地委第一书记梁双璧、邢台地委书记李吉平、邯郸地委第一书记庞均谈农业生产、地方工业和反右派等情况。座谈中，毛泽东说：大字报本身是没有阶级性的，阶级性是看它的内容。"大鸣大放"是右派创造的，我讲的是"百花齐放、百家争鸣"，他们把科学艺术上的口号变成政治口号，叫做"大鸣大放"，来向共产党争"自由"。现在这一口号被我们抓住了。所谓正确处理人民内部矛盾就是群众路线。我们国家的基础，就在工人、贫农、下中农身上。第一书记要自己下去钻一钻。真正的知识不在机关里，而在下边，在工厂、农村、学校里。没有原

〔1〕谷云亭，当时任中共河北省委书记处书记兼监察委员会书记。李悦农，当时任中共河北保定地委第一书记。王涛，当时任中共河北满城县委书记。

〔2〕康修民，1958年5月任中共石家庄地委第一书记。

料制造不出政策来。《一九五七年夏季的形势》这篇文章，开始我脑子里只有点影子，要是不到下边来了解情况，就产生不出来。县、地、省委和中央就是要找这些生动的东西。第一书记要抓一个工厂、一个农业社、一个商店、一个学校。第一书记下去，就可以带起别人来，使大家都下去找知识。全国人民，都要把勤俭建国、勤俭办社、勤俭持家结合起来，把爱国、爱社、爱家结合起来。过去的口号提得不全面，今后要把三个“勤俭”、三个“爱”结合起来。订个计划，搞十五年，就富裕起来了。现在少吃一点，少穿一点，积累起来。全国好了，就保障住国和家了。社队的规模要稳定十年。

同日 晚上，到达郑州。在专列上同中共河南省委负责人吴芝圃、潘复生、史向生、杨珏〔1〕谈农业生产和反右派等情况。

9月5日 上午，在专列上同中共河南省委及部分地委的负责人谈话，吴芝圃、潘复生、省委秘书长王庭栋和新乡、许昌、安阳、洛阳、开封的地委书记耿起昌、赵天锡、陈东升、王慧智、张申参加。下午，继续开会。

同日 下午，乘专机从郑州到达武昌，立即到长江游泳。

9月6日 下午一时半，在武昌东湖客舍听取中共湖北省委书记处关于农村情况的汇报，王任重、张平化、张体学、王延春、许道琦、赵辛初、王良、梅白〔2〕参加。汇报中讲到，红安、浠水、麻城、黄陂、孝感等县，今年全县粮食亩产可以达到八百斤以上，其中孝感可达到一千斤。毛泽东说：凡是条件和这几个

---

〔1〕史向生，当时任中共河南省委书记处书记、河南省副省长。杨珏，当时任中共河南省委书记处书记。

〔2〕王延春、许道琦、赵辛初，当时任中共湖北省委书记处书记。赵辛初1958年12月又任湖北省副省长。王良、梅白，当时分别任中共湖北省委秘书长、副秘书长。

县大体相同的地方，都应当做到这样。在汇报到湖北今年合作社增加生产、社员增加收入的情况时，毛泽东说：目前要求百分之九十的合作社增加生产、百分之九十的社员增加收入，一般地有困难。再过几年，可能达到百分之九十或百分之九十五。当汇报到农村丰收后出现严重浪费的情况时，毛泽东说：要大搞节约运动，提倡勤俭持家、勤俭办社，反对大出丧，反对大吃大喝，反对一办喜事就办几十桌酒。总而言之，要用各种办法使他们多积一点钱，存到信用社，存到农业社，存到银行，多买一点公债。这样，家兴起来了，社兴起来了，国也兴起来了。汇报说：湖北打算在今后十年内，开垦六百万亩水田，改四百万亩旱田为水田。毛泽东说：你们这个计划好，什么时候能够实现？到了那个时候，湖北省的面貌就要根本改变了。汇报说：到一九六七年，全省粮食亩产可达到八百七十斤，超过了农业发展纲要规定的指标。毛泽东说：这个好啊，中央提出一九六七年搞八百斤，就是有这个意义，逼你们想办法。当大家谈到如何揭发和批判富裕中农的资本主义言行时，毛泽东再三问：你们是否有计划地、分批分期地让合作社的生产水平赶上或超过富裕中农的生产水平？在现阶段，教育农民最好的先生是富裕中农。除了富裕中农的资本主义思想可以作为反面的教材之外，富裕中农的勤俭持家、勤劳生产，都值得合作社社员学习。在这一方面，合作社社员应该以富裕中农为师。汇报中谈到，黄冈有一个干部，三代当雇工，讨过米，解放后，翻了身，当了干部，在这次鸣放中放出一些反动意见。后来在干部会上，把他当雇工、讨米时穿用的破烂东西，同他当干部后穿用的东西，拿到会上展览。他痛哭流涕地说，就是开除我的党籍，我也要跟着共产党走。参观的人都受到很大的教育。毛泽东说：这个故事好。你们把他的东西都买下来，送到北京展览。南北朝时期的宋，有个皇帝叫刘裕，过去就是讨过饭的。他当了皇帝以后，还把过去讨饭的东西留下来教育子孙。毛泽东问：刚才说的那个干部叫什么名字？答：叫刘介梅[1]。毛泽东说：他也姓刘。

同日 下午四时四十分，视察裕华纱厂，看了厂内的大字报。随即登船，下水在长江中游泳。上岸后，参观即将通车的武汉长江大桥。

9月7日 下午一时，在武昌东湖客舍同湖北省部分地委书记座谈，王任重、梅白、黄冈地委第一书记姜一、襄阳地委第一书记赵修、荆州地委书记孟筱澎、孝感地委第一书记王家吉参加。在听说黄冈地区农村工作的各级负责干部几乎都有试验田，把党的领导、技术改革、合作社经营管理三者结合起来时，毛泽东说：这个办法很好，别的地方也可以这样办。要争取三年到五年大部分合作社的生产水平赶上和超过富裕中农的生产水平。要提倡节约，省吃俭用。这个要从三个方面说通，一是为国才能保家，一是合作社要有个底子不能搞光了，一是社员分到手的东西要注意节俭。毛泽东说：摆事实讲道理，这个方法很重要。这个方法关系到社会主义制度能否巩固的问题。如果方法不对头，人心不服，如何巩固呢？有些地方强迫命令比较严重，这是军阀带兵的方法。过去军阀说，不打不骂不枪毙逃兵，军队就带不走。我们不打不骂也不枪毙逃兵，军队带走了，巩固了。有些人只知用武办法去带兵，不知用文办法去带兵，文办法就是摆事实、讲道理。我们要学会摆事实、讲道理，不要你打我通，你说我服，要互相打通，互相说服。汇报中，有人问：在社会主义教育中，

---

〔1〕 刘介梅，当时任湖北省黄冈县马曹庙乡农业技术指导站站长。1957年12月6日起，在北京举办了刘介梅今昔生活对比展览会，在全国产生很大影响。

对痛改前非的人怎么处理，如对刘介梅怎么办？毛泽东说：不要处分他。这个人很典型，可以写小说，写电影。他的那些东西，可以在汉口展览，也可以在北京展览，这个人是个很好的教员。最后，毛泽东问：大家对新修改的农业发展纲要四十条有什么意见，目前农民有些什么要求？答：农民要求农药、化肥、水车、抽水机、脱粒机、缝纫机。又问：要不要拖拉机，要不要运输工具？答：要。毛泽东说：这些东西，有些要靠你们自己搞。湖北有几千万人，相当于一个大国，不搞化学肥料还行？你们需要发展化学工业、电力工业、煤炭工业等等。我们第一个五年计划是建立和巩固合作社，第二个五年计划使合作社赶上和超过富裕中农的生产水平，第三个五年计划就有农业机械化的希望了。

同日　下午五时，乘专机从武汉到达长沙。在湘江游泳近一小时。

9月8日　下午，在长沙蓉园召开座谈会。中共湖南省委负责人周惠、胡继宗、李瑞山〔1〕，常德地委书记孙云英、湘潭地委书记王治国、长沙市委书记曹痴参加。会后，去湘江游泳。九日下午，座谈会继续进行。

同日　晚上，在长沙蓉园会见唐生智〔2〕。

9月9日　下午，乘专机从长沙到达南昌。晚上，同中共江西省委负责人杨尚奎、邵式平、方志纯〔3〕、白栋材，抚州地委书记王敬民、吉安地委书记朱继先、南昌市委书记郭光洲座谈。十日中午，座谈会继续进行，参加座谈的人增加上饶地委书记黄

〔1〕 胡继宗，当时任中共湖南省委书记处书记。1957年12月又任湖南省副省长。李瑞山，当时任中共湖南省委书记处书记兼秘书长。

〔2〕 唐生智，当时任全国人大常委会委员、全国政协常委、湖南省副省长、湖南省政协副主席。

〔3〕 方志纯，当时任中共江西省委书记处书记、江西省副省长。

永辉、九江地委书记吴平、南昌地委书记张国震。座谈后，到江西省政府看大字报。

9月10日 下午，乘专机从南昌到达杭州，住刘庄。随即去钱塘江游泳。

9月11日 上午，从杭州乘车到海宁县七里庙，观赏钱塘江大潮。下午，在返回的路上，又游钱塘江。后，作《七绝·观潮》："千里波涛滚滚来，雪花飞向钓鱼台。人山纷赞阵容阔，铁马从容杀敌回。"

同日 陈云受毛泽东委托在全国第四次农村工作会议上作关于水利建设等问题的报告，并传达毛泽东的建议精神。陈云说：毛主席希望在这个会议上讨论一下，今年冬天、秋季搞一个大的水利运动，像一九五五年那样的运动。主要靠群众来搞小型的。搞这样一个大的运动可不可以？可不可以每个省都确定任务？这个运动不是公家出多少钱，而是依靠群众，大家来搞，搞小型的。

9月12日 审阅修改《人民日报》社论稿《为什么说资产阶级右派是反动派》，加写一段话："拥护社会主义的，不但有无产阶级，而且有最广大的劳动人民，其人数达全人口的百分之八十至九十。反对的，或者暂时不赞成的，或者勉强赞成而实际不赞成的，只占人口的极少数。"并批示："退胡乔木同志。此件可用。"十五日，这篇社论在《人民日报》发表。

9月15日 审阅修改《人民日报》社论稿《这是政治战线上和思想战线上的社会主义革命》，批示："退胡乔木同志。此件可用。请送刘、邓、伯达、定一再加斟酌。"毛泽东对社论稿加写一段话："我们现在所说的社会主义革命，许多时候叫作社会主义改造。在一九五六年，在经济制度方面，即在生产关系方面，主要是在生产资料所有制方面的社会主义改造，基本上完成了（没有最后完成），人的改造则没有完成。而资产阶级右派分子则最坚决地反对这种改造。中国共产党曾经再三再四地指出人的改造的必要性和可能性，可是无法说服反动的资产阶级右派。”十八日，这篇社论在《人民日报》发表。

同日　阅九月十四日《杭州日报》刊登的反右派论文摘要《哲学思想中有哪些修正主义观点》〔1〕，批示林克：“请在杭州找一本《哲学研究》本年第四期。”

同日　下午，在杭州大华饭店召集中共上海市委和江苏、安徽、浙江省委的主要负责人开会，研究农业生产和反右派问题，柯庆施、马天水、刘顺元、曾希圣、江华、林乎加出席。十六日下午，会议在刘庄继续进行。

9月16日　复信陈云〔2〕：“八月二十八日的信收到。你父亲入党时间及其工作情况，我都不清楚，因为那个时期我不在湖南。你们努力工作，帮助你母亲〔3〕治病，甚慰。请代问你母亲安好。”

9月17日　下午，乘专列从杭州到达上海。

同日　晚七时，在上海住处同新民报社社长赵超构、出版界人士舒新城、华东师范大学教授束世澂谈话。毛泽东对赵超构说：你的检查，我看很够了。批评与自我批评，开始总怕运用这个武器，一旦用上了，就会感到有滋味的。我常看《新民报》。前一个时期在北京时，曾对你们放了一把火。你们回来检查工作，改正错误，这很好。现在看来，你们报上的东西，不是政治少，而是太多了。《新民报》在国内是一张有自己风格特点的报

〔1〕 这篇摘要摘自《哲学研究》1957年第4期发表的《反对哲学思想中的修正主义》一文。

〔2〕 陈云，陈昌的儿子。当时任湖南省幼儿师范学校附属小学教师。陈昌，毛泽东在湖南省立第一师范学校读书时的同学、中国共产党早期党员。1930年2月牺牲。

〔3〕 指陈昌的妻子毛秉琴，早年同毛泽东熟识。

纸，应该继续维持自己的特点。毛泽东对舒新城说：《辞海》要重加增订[1]，要你挂帅搞起来。要人要钱，找柯庆施商量。没有人，可以把能做这个工作的右派分子集中起来。谈话后，共进晚餐。柯庆施、陈丕显、许建国[2]参加。

同日 晚九时，在上海住处同中共黄浦区委书记陆文才、上海动力学校校长仇启琴、上海锅炉厂党委书记刘东海和厂长王伟光座谈，了解机关、学校、工厂的鸣放等情况。

9月18日 上午，前往上海国棉一厂看大字报，柯庆施、马天水、许建国陪同。下午，乘专机回到北京。

同日 晚上，在中南海颐年堂会见印度副总统拉达克里希南一行，刘少奇、周恩来、朱德、李济深、沈钧儒、陈叔通、郭沫若、黄炎培等在座。毛泽东说：在机械化这一点上，我们两国也有相同之处，太多机械化就会造成失业，不机械化却又不行，这里有些矛盾。原来有人担心我们合作化以后劳动力会过剩，但是事实证明劳动力不够。农村中有些劳动是可以机械化的，例如搬运、抽水，甚至收割、插秧。我们也想要机械化，机械化要逐步来搞，十年二十年逐步机械化。我知道罗素，听过他的讲学。罗素曾经到过我的家乡长沙。他很喜欢中国的手工业。但是他怕中国的手工业像英国的一样，维持不久。其实，手工业是一种过渡性的生产方式，迟早是要让位给机械化工业的。手工业还会维持很久，但是最后恐怕也只是保留一些工艺品制造，像象牙雕刻这样的美术品要用手工。我们手工业工人现在有六百万，如果包括家属在内约有二千万左右。这就说明我们的国家还靠手工业，说

---

〔1〕 新版《辞海》的编辑工作启动后，1965年出版《辞海》（未定稿），重新修订后于1979年正式出版。

〔2〕 许建国，当时任中共上海市委书记处书记兼政法工作部部长、上海市副市长。

明我们的国家很落后。

9月19日　下午，在中南海颐年堂主持召开中共中央政治局扩大会议，并讲话。毛泽东说：这次全会[1]讨论的问题，整风是一个纲。其他问题，工业、农业、商业、学校、机关，不仅是作风问题，而且是制度问题，要花几天工夫讨论。接着，他讲了几个问题。（一）整风决心和整风方式。小鸣小放、中鸣中放，还是大鸣大放？小鸣小放天下大乱，中鸣中放天下中乱，大鸣大放天下不乱。鸣放要有决心，很多人怕放。各种经验证明，不应该怕。（二）两类矛盾。矛盾历来是提两个，敌我矛盾与是非问题。同资产阶级的矛盾是人民内部矛盾，但在斗争中把他们划出去一部分（右派）为敌我矛盾。过一时期，要拿回来一部分（经过分化），现在是右派，过几年又摘掉右派的帽子。整个过渡时期，总的矛盾是社会主义与资本主义，即工人阶级与资产阶级的矛盾。我们过去一个时期，主要是提人民内部矛盾，敌我矛盾没有提。甘肃省委去年提出两个矛盾究竟哪个矛盾为主？当时没有答复，要看一看。现在看来，两个矛盾都同时存在。去年所有制是改变了，但人并没有改造。工人阶级与资产阶级的矛盾、社会主义与资本主义的矛盾是整个过渡时期的主要矛盾。工人阶级与资产阶级、社会主义与资本主义的矛盾中，包含两类矛盾。八大讲当前敌我矛盾基本上解决了，现在看来也对，但只能是在经济方面的，如从政治方面、思想方面看，就不能这样说了。社会主义与资本主义的矛盾有两种：一为敌我，一为思想。（三）第二个五年计划赶上富裕中农的问题。过去只提要赶上中农，现在看大多数合作社要赶上和超过富裕中农的生产水平。富裕中农在农村中各方面是先生，要向他们学习，他们勤劳、节约、有计划。

---

〔1〕 指即将召开的中共八届三中全会（扩大）。

要想赶上他们只有勤和俭。但在政治上，富裕中农要向贫农学习。（四）农业机械化问题。很多地方要抽水机、拖拉机、运输和加工的机器。中央与省这几年没有认真地研究这个问题，要彻底研究一下。合作化以后，劳动力不是多了，而是少了。水利、肥料我谈了很多，大家注意了，但机械问题都未注意，只靠两只手。（五）粮食问题。大有可为。真正缺粮的不太多。我调查了一个村，四百多户中有三百多户叫缺粮，这次大鸣大放，真缺的只有六户。过去我们没有底，现在有了底了。（六）积累问题。现在要提留积累，国家、合作社、个人都要有积累。去年讲积累不要多，要多分。今年要转变一下。当然留得太多也不行。（七）宣传。几年来偏重于工业的宣传，这在当时也对。好处是把工业搞起来了。现在要宣传农业。农业是工业的基础，没有农业就没有基础。许多轻工业大部甚至全部都要依靠农业。宣传工业的偏向使我们很被动，许多人只愿进城，不愿意下乡找工作。在一个时期要把农村宣传得高一点，要偏一下才能平衡。两只手，一只抓工业，一只抓农业，现在要好好搞农业，要有近代工业和近代农业。

9月20日—10月9日　中共八届三中全会（扩大）在中南海怀仁堂举行。各省市自治区党委第一书记、各地委第一书记、直辖市的区委书记以及中央各部门负责人参加会议。会议听取邓小平作关于整风运动的报告、陈云作关于改进国家行政管理体制问题和农业增产问题的报告、周恩来作关于劳动工资和劳保福利问题的报告。会议基本通过《一九五六年到一九六七年全国农业发展纲要（修正草案）》、《关于改进商业管理体制的规定（草案）》、《关于改进财政体制和划分中央与地方对财政管理权限的规定（草案）》等文件。

9月20日　晨，审阅修改邓小平关于整风运动的报告稿后，批示："即送小平同志：此件很好。有若干小的修改，请酌定。此件最好今天晚上能印发到到会人手里。”毛泽东在报告稿的第三部分关于农村问题中加写一句话：“我们应争取在第二个五年计划时期内使大多数合作社赶上或超过当地富裕中农的生产水平。”

同日 下午，在中南海勤政殿再次会见拉达克里希南。会见后，同他前往新侨饭店，出席印度驻中国大使拉·库·尼赫鲁举行的欢迎晚宴。刘少奇、周恩来、朱德等参加。

9月21日 晚上，在中南海游泳池住处同出席中共八届三中全会的黄欧东、欧阳钦、吴德、林铁、陶鲁笳、舒同谈话。

9月22日 下午，在中南海游泳池住处同出席中共八届三中全会的张德生、张仲良、李井泉、谢富治、陶铸、柯庆施、曾希圣、刘建勋、叶飞谈话。毛泽东说：（一）反右派今后会不会纠偏、翻案？审批时要注意。这次都登了报，许多话都是他们自己说的，都不是孤立的几句话。北京也有人说过不好的话，没有划成右派。反右派斗争不搞好，社会主义建设不成，他们会搅乱人心。要教育中间派和左派。这次斗争，他们受到很大的教育和锻炼。大鸣大放、大字报，都是学来的，有的是群众创造的，有的是右派创造的。名词和形式没有阶级性，左、中、右都可以利用。（二）究竟有多少人反对社会主义？要调查几个合作社、工厂、基层单位，加以研究。河南说，一类社没有人反对合作化，可见，有些东西是工作问题、教育问题。大鸣大放是最好的教育方式。（三）党员中反对社会主义的有多少？要当作一个问题好好研究一下。大概也是百分之二到三。过去教育不够，今后要加强教育。教育好就会起变化，比例就少了。（四）放与改要同时并进。人家帮助整风，不改就不得人心，人家不佩服。当然，改要抓住重点。（五）鸣放的方式，各地可以不同，不一定千篇一律。整风有两个方面，一是解决作风问题，二是解决思想问题。有右倾思想的要改正，没有右倾思想的要提高。（六）南北干部的团结问题。中国有几次北伐，只有一次南伐，带了成套的干部南下。南下的北方干部有个很重要的任务，培养本地干部，把他们带在身边做工作。地县两级要有南方人参加，否则不好做工作。（七）在延安打仗时很艰苦，许多人挤在一个窑洞里，只有两个炕，也不闹病。现在住了那么多房子还闹病。（八）化学肥料、机械，各省都要自己搞。农业生产主要靠水利、肥料、深耕细作。这次会议对农业四十条要搜集些意见，搞一个修改稿。（九）关于大会发言。我最喜欢听典型，各地委要多讲典型，如石家庄讲合作社生产如何赶上富裕中农。

同日 晚上，会见周世钊。

9月23日 下午三时，出席中共八届三中全会。会议听取邓小平作关于整风运动的报告。

同日 晚上，在中南海颐年堂会见即将离京的印度副总统拉达克里希南一行，刘少奇、周恩来、朱德在座。

9月24日 下午三时，出席中共八届三中全会。会议听取陈云作关于改进国家行政管理体制问题和农业增产问题的报告。

同日 晚上，在中南海颐年堂会见印度尼西亚前副总统哈达和夫人，刘少奇、周恩来、朱德、彭真、张闻天在座。毛泽东回答了哈达的提问。哈达问：你们将来怎样解决人多土地少的问题？毛泽东说：办法是增加单位面积产量。增产的办法是改良土壤和种子，增加肥料，兴修水利，深耕细作等。现在还有一种新办法，即密植法。这都需要进行很大量的组织工作。我们没有化学肥料，现在才开始建立化学肥料工业。哈达问：中国是否有可能在西部开垦？是否能向西部移民？毛泽东说：西部还可以开垦，但可耕地很少，要开垦投资很大。我们西部地方大，但不容易长粮食。在中国，百分之六十的土地只住了百分之六的人口，百分之四十的土地却住了百分之九十四的人口。我们的方针，首先是增产，开垦、移民放在第二位。哈达问：中国过去纪律差，现在纪律良好。你们的纪律是如何培养的？毛泽东说：我们的纪律不能算好，只是比较以前好一些。纪律好基本上是依靠群众的觉悟和认识，还要靠组织，如通过合作社把农民组织起来。现在我们正在进行社会主义教育，经过教育，工厂里的纪律提高了，出勤率也提高了。哈达问：中国建设着重在哪一方面？周恩来说：第一个五年计划着重重工业。第一是钢铁；第二是动力工业，如电力、石油、煤等；第三是交通事业；第四是机器工业，要自己能够装备工厂。第一个五年计划因为有抗美援朝战争，所以建设了一些国防工业。在第一个五年计划时期，我们对化学工业注意不够。我们是农业国，应发展肥料工业，也要发展人造纤维。还有一些大型的和精密的机器我们不能制造，无线电工业也比较落后。所以，第二个五年计划的方针是在优先发展重工业的基础上，工农业并举。工农业并举很重要，如果农业减产，粮食和原料供应不上，发展工业也困难。

9月25日　下午三时，出席中共八届三中全会。会议进行大会发言。

同日　阅九月二十二日上海《新民报》晚刊登载的题为《摆事实，讲道理，比过去，看现在——工商界舌战右派高方[1]》的报道，批示：“乔木、冷西同志：批评高方，写得很好，请转载在《人民日报》上。以后请鼓励这样有充分说服力的批评。现在的批评中，有很大一部分缺乏充分的说服力，提倡浮夸，很不切实。右派浮夸，左派不应当浮夸。”二十九日，《人民日报》转载了这篇报道。

9月26日　下午三时，出席中共八届三中全会。会议听取

〔1〕高方，当时任上海统益纱厂总管理处副总经理。

周恩来作关于劳动工资和劳保福利问题的报告。

同日 晚上，同陈伯达谈《一九五六年到一九六七年全国农业发展纲要（修正草案）》的一些问题。

9月27日 下午三时，出席中共八届三中全会。会议进行大会发言。

同日 晚上，在中南海勤政殿会见由总理卡达尔率领的匈牙利政府代表团，刘少奇、周恩来、朱德、陈云、邓小平、贺龙、张闻天等在座。

9月28日 下午三时，出席中共八届三中全会。会议进行大会发言。

同日 晚上，在中南海春耦斋看意大利电影《警察与小偷》。

9月29日 晚七时半，在中南海勤政殿会见由主席斯坦鲍利奇率领的南斯拉夫国民议会代表团，彭真等在座。毛泽东说：像我们这样的国家，粮食是一个很重要的问题，吃饭和穿衣是大问题。人多，吃得多，穿得多，生活水平不高。在这方面有进步，需要时间。革命成功是一个好条件，但还要有一个条件，这就是技术革命。我们还是农业国，工业化要很长时间，要半个世纪。要吃饭，要穿衣，工业缺乏积累，不解决这些问题，不可能迅速发展工业。建钢铁厂，我们的同志很喜欢大的，现在已经转过来了。大的要一些，小的也得要。总起来说，应作长期打算。要有几十年的努力才能作出这些成绩来。当然，更需要和平环境，打仗就不好办事。我们需要有朋友。不仅社会主义国家要团结，而且要团结世界上一切可能团结的国家。

同日 晚九时，在中南海勤政殿会见由主席费林格率领的捷克斯洛伐克国民议会代表团和市长斯沃波达率领的布拉格市中央人民委员会代表团，彭真等在座。毛泽东说：我们的政治革命、经济基础的革命已经花了几十年，技术革命恐怕也得几十年，才能达到你们的水平。我们的外交政策原则是：首先是和社会主义阵营各国团结；第二是和亚、非、拉丁美洲及北欧的一部分国家建立关系；第三是对西方主要国家，现在主要是和他们斗争，不忙于建交。所以这和杜勒斯〔1〕的方针相同，他们怕我们去闹事，不同我们建交。

9月30日　致信邓小平："办公厅印发的《全会各小组活动情况》，只发给'各组长'，使多数人不知道别组的意见。似宜发给到会的一切同志。第一星期的，应重印补发。如你认为可行，请即办。"

同日　晚八时半，在中南海勤政殿会见由阿里斯托夫〔2〕率领的苏联最高苏维埃代表团，彭真等在座。阿里斯托夫说，准备盛大欢迎毛泽东访问苏联。毛泽东说：就是不想让你们这般欢迎。我本想在辞去共和国主席职务之后再出国访问。党中央主席、共和国主席有些繁重，身体吃不消。我不能承受这种欢迎，希望迎接搞小一点。又说：我们的政策不同于苏联当年对资产阶级采取的政策。中国民族资产阶级在民主革命时期有反帝、反封建、反官僚资产阶级的一面，在经济上、文化上我们现在也离不开他们。经济上同他们进行合作，文化上离开他们我们就没有这些人。这一次，我们提出反对教条主义也反对修正主义。有了右派，就不得不使我们把反对修正主义作为斗争的中心。党确实有错误有缺点。没有群众参加，是不能克服错误和缺点的。不能简单化、公式化，采取教条主义方式去克服缺点。你们能否帮忙使中国少生人口？不打仗，又讲卫生，人口不断增多起来。这件事

〔1〕杜勒斯，当时任美国国务卿。

〔2〕阿里斯托夫，当时任苏联共产党中央主席团委员、书记处书记，苏联最高苏维埃联盟院法案委员会委员。

人不能控制它，是无政府主义。要搞一个计划生育。

同日 晚十时四十五分，在中南海勤政殿会见由部长会议主席于哥夫率领的保加利亚政府代表团，周恩来、邓小平等在座。毛泽东说：事情都有好的一面、成功的一面，也有坏的一面、失败的一面。所以我们需要分析。一万年以后也还是这个样子。我们中国有很多落后的东西、黑暗的东西，有很多错误，但这些都是可以克服的。这一年当中我们变化很大，这主要是讲在政治方面。最近我们在整风，以克服党的错误和缺点，让人们批评我们的错误和缺点，同时在反右派。我们过去会打仗，搞阶级斗争，但不会搞工业、搞农业，不会当大学教授，不会当工程师，所以我们要利用资产阶级知识分子。再有十年、十五年，我们就可以造就出大批无产阶级知识分子。我们同时还要把大多数旧知识分子化为新知识分子。脑子也是一种物质，但是它转变起来比钢铁还要难，思想改造是更困难的。经过这次辩论，方向比较清楚了。

10月1日 上午十时，和朱德、刘少奇、周恩来等党和国家领导人出席在天安门举行的中华人民共和国成立八周年庆祝大会，检阅中国人民解放军部队和群众游行队伍。晚上，和朱德、刘少奇、周恩来在天安门城楼会见外宾，观看焰火和广场的群众联欢。

10月2日 晚上，在中南海颐年堂会见由副总理兼国防部部长斯多夫率领的德意志民主共和国军事代表团，彭德怀、李达、萧向荣等在座。毛泽东说：我们的国家，在政治、经济方面的革命都没有完成。经济上要建立社会主义基础，没有社会主义的经济基础，社会主义就只是空名。我国已过了八年，往后至少还得十至十五年，才能为社会主义打下基础。现在百分之九十的人拥护社会主义，百分之十的人反对社会主义，其中坚决反对社会主义的人只有百分之二，但这也有一千二百万人。他们想搞资本主义复辟，高兴匈牙利事件，我们正在批评他们，进行思想教育。这便是整风和反右派，划清社会主义和资本主义的界限。在目前，谁战胜谁的问题尚未最后解决，但我们有信心，在中国建成社会主义的可能性是很大的。苏联经过十七年，从一九一七年到一九三四年，解决了谁战胜谁的问题。这不是一件容易的事。我们这些国家都要很注意这个问题，不要认为已经胜利了，其实还没有最后胜利。社会主义阵营和资本主义阵营，两边都怕战争。究竟是哪边怕得更多呢？这个问题很值得研究。我看帝国主义也怕战争。社会主义国家的军事家应同时是政治家，军队是阶级斗争的工具。

同日　致信林克："多日不见，有些寂漠吧？钻到看书看报看刊物中去，广收博览，于你我都有益。略为偏重一点理论文章，逐步培养这一方面的兴趣，是我的希望。年纪大起来了，是下苦功学习的时候了，但以不损害健康为原则。请你找一部《六朝文絜》〔1〕及其他六朝人各种文集给我为盼！"

10月3日　晚上，在中南海颐年堂会见由国防部部长斯彼哈尔斯基率领的波兰军事代表团，周恩来、朱德、彭德怀等在座。毛泽东说：斯大林在后期犯了一些错误，那是局部的、暂时的现象。应把局部的、暂时的现象与整体的、长远的现象区别开。错误和缺点，当然会引起不愉快。不愉快的事我们也遇到过。但十月革命、社会主义建设、打垮法西斯、帮助全世界无产阶级等是主要的，从这方面看，就可以想得通了。尽管苏联有缺点，它是反对帝国主义、保卫和平的主要力量。我们也有机械搬

〔1〕《六朝文絜》，是清代许梿选编的一本骈体文集。该书选录晋至隋的骈文72篇，大多是篇幅短小、语言精美，颇有抒情写景的名篇。

用苏联经验的问题并曾受到损失。我们不把此事归罪于第三国际和斯大林，我们把此事看作应由自己负的责任。第三国际后期的那种生硬作风是错误的，但谁叫你中国人听呢？我劝波兰同志也自己负起责任来。我们在一九四二年进行整风批评了教条主义以后，一方面反对硬搬，另一方面强调学习。近十五年来我们得了很大好处。在此期间硬搬的情况也还有，但只是局部的，已没有大危险了。苏联的经验有两种，正确的和错误的，正确的是主要的、大量的，错误的是局部的、暂时的。国际无产阶级运动的错误经验，也可以教育我们。那些错误已经犯过了，只仇恨是不行的，应该以科学的态度客观地对待错误，取得经验。波兰同志们可能气还未完全消，我劝同志们让过去的问题慢慢过去，气慢慢消下来，把错误当成教训，自己担起担子来。要解决社会主义、资本主义谁胜谁负的问题，需要时间。资产阶级是我国文化最高的阶级，他们在社会上还造成了一种习惯，自由主义、个人主义的影响很深。但是，我们不能不要他们，否则就没有教授、工程师、科学家、艺术家，所以对他们是改造的问题。我们认为，大部分知识分子、富裕中农、地主、资本家是可以改造的。我们相信社会主义一定胜利，这是不可动摇的，但可能性和现实性这是两个问题。我们需要争取和平时间，如果二十年内无战争，事情就好办了。中国是在一片落后的基地上开辟了道路，落后的尚未扫清，基本道路已开辟了。我们的经济计划搞得是否对，还要十年到十五年后才能断定。

10月4日　下午三时，出席中共八届三中全会。会议进行大会发言。会后，同刘少奇、陈云、邓小平谈话。

10月6日　晚上，在中南海怀仁堂召开会议，讨论派代表团访问苏联问题，刘少奇、周恩来、朱德、陈云、邓小平、彭真、彭德怀、王稼祥、杨尚昆出席。

10月7日 下午一时半，在中南海颐年堂主持召开中共八届三中全会各组组长会议。毛泽东讲话。他说：我们有两次革命。一次是反帝反封建的民主革命，集中打倒国民党，对民族资产阶级和个体经济采取保护的方针，财产不动，只是在党内反资本主义思想。第二次是无产阶级的社会主义革命，推翻资产阶级，是社会主义与资本主义两条道路的斗争，这在理论上是没有问题的。一九五三年提出过渡时期总路线，到现在四年半，基本上改变了私有制。反映到八大文件上是肯定基本上解决了无产阶级与资产阶级的矛盾。现在看，这也没有错。基本上解决，并不是说完全解决。所有制解决了，政治上、思想上还没有解决。资产阶级和资产阶级知识分子、富裕中农中有一部分人不服。八大没有完全看清楚。那时对阶级斗争强调得不够，因为他们表现服服帖帖。现在他们又造反，所以又要强调，青岛会议文件是一个补充。过渡时期主要矛盾是无产阶级和资产阶级的矛盾。阶级斗争，十年、十五年以后还会有。只要世界上还有帝国主义和资产阶级，反革命分子和资产阶级右派分子的活动，不但总是带着阶级斗争的性质，而且总是同国际上的反动派互相呼应的。现在按青岛会议的文件去讲，但不要登报，不要广播。我们确有三大主义〔1〕，现在大讲阶级矛盾是主要的，就容易把党内的三个主义都挂在无产阶级与资产阶级矛盾的账上。实际上不完全都是这个矛盾，还有领导与被领导、这一部分与那一部分、老工人与新工人、群众与官僚主义的矛盾。否则，只把主要矛盾集中到资产阶级与富裕中农身上，容易放松了对人民内部矛盾的处理。阶级矛盾与敌我矛盾有区别。资产阶级同我们的矛盾，有对抗性的和非对抗性的两面。一般说来，资产阶级、富裕农民同我们的矛盾仍

---

〔1〕 指主观主义、官僚主义、命令主义。

作为人民内部矛盾来处理，是非对抗性的，但处理得不好也会转化成敌我矛盾。阶级矛盾，重要的是在同资产阶级、上层小资产阶级及他们的知识分子这三部分人民之间，有的不对抗，有的对抗。人民内部矛盾包括着阶级矛盾（因为资产阶级还有选举权）。敌我矛盾是阶级矛盾，但阶级矛盾不一定就是敌我矛盾。阶级矛盾内有敌我矛盾，但不是主要的，大部分是人民内部矛盾。总起来讲，过渡时期的主要矛盾是无产阶级与资产阶级、社会主义与资本主义的矛盾。八大文件上只讲所有制、生产关系与生产力的关系，没有讲人与人的关系。八大反映那时的情况，现在反映现在的情况。八大决议说，目前的主要矛盾是先进的社会制度与落后的生产力之间的矛盾。这个矛盾将来还会有，因此这句话从长远讲也对，但现在看则不适当。现在我们的生产关系与生产力基本上还是适合的，现在我们经过价值法则来管理经济、发展社会主义，是比较好的。但也有不完善的地方，如三个主义。为什么说现在的社会主义制度基本适合？如搞水利，不搞不能增产，但没有合作社，搞水利是搞不起来的。如搞工业，那么多项重点建设，没有社会主义制度不行。印度第一个五年计划只发展了几十万吨钢，证明我们的社会制度是优越的。所以说，我们的社会制度基本上是适合的，但不是完全适合，与斯大林的提法不一样。八大决议的那句话是不适当的，但也没有坏处，它不妨碍生产，不妨碍反右派等。同时它也反映了一个要求，要求加强物质基础（和外国比较，我们是很落后），那句话并非专门从矛盾这个范畴来讲的。既没有害处，现在就不必去改它，否则引起麻烦和争论，将来再作适当的解释。要研究矛盾，七届二中全会决议〔1〕、

〔1〕指在中共八届三中全会上印发的七届二中全会决议中关于中国革命在全国胜利以后，中国尚存在着两种基本矛盾的一段话。

少奇同志在八大上的报告〔1〕、八大决议〔2〕、《关于正确处理人民内部矛盾的问题》、《一九五七年夏季的形势》、《中国农村的社会主义高潮》中对上海文章的批语〔3〕，可供你们参考。

同日　下午三时四十分，出席中共八届三中全会。会议进行大会发言。

10月9日　上午八时，阅山东莒南县厉家寨大山农业社争

---

〔1〕指在中共八届三中全会上印发的刘少奇八大政治报告中的两段话：（一）"我们要用社会主义的、马克思列宁主义的思想去武装知识分子和人民群众，对封建主义的、资本主义的思想进行批判。在过去几年中，我们已经在这一方面进行了大规模的工作，这一工作对于我国社会主义改造事业的胜利起了伟大的作用。但是大家知道，改造旧的思想意识比改造旧的生产关系更困难些，更需要时间。我们必须继续加强思想战线上的工作。在我们对于封建主义与资本主义的思想体系进行批判的时候，我们对于旧时代有益于人民的文化遗产，必须谨慎地加以继承。"（二）"民族资产阶级的大多数人，近年来正在经历着社会主义改造的深刻变化。我们的任务是要继续和改进同他们的合作关系，使他们有充分的机会发挥能力和专长，并且进行进一步的自我改造。同过去一样，这种合作仍然是有团结又有斗争的。在社会主义改造完成以前，阶级斗争仍然继续存在。在社会主义改造完成以后，社会主义和资本主义的立场、观点和方法之间的斗争，还会继续一个很长的时间。我们进行这种斗争的主要方法是说服教育的方法，只是对于那些对社会主义采取敌对态度并且违抗国家法律的个别的人，才必须分别情况采取必要的强制改造方法。"

〔2〕指在中共八届三中全会上印发的中共八大对政治报告的决议中关于中国国内主要矛盾问题的一段话。

〔3〕指《中国农村的社会主义高潮》一书中毛泽东为《机会主义的邪气垮下去，社会主义的正气升上来》一文写的按语。见本书第5卷第492至493页。

取丰收的报告[1]后，批示："此件值得一阅。愚公移山，改造中国，厉家寨是一个好例。请同志们在今冬明春每县选一个好例寄给我，准备编一本书。请在一九五八年二月底以前直接寄我。要是经过考察无虚假内容的一个合作社的生动叙述。如蒙做到，十分感谢。此外，省、地、县三级的农业计划纲要，也请你们同时寄给我。尚未做好的，可在一九五八年五月一日前寄给我。"又批示："此两件[2]立即付印。本日下午三时三中全会开会时发给每人一份。请尚昆办。"

同日 阅中共浙江省委五月四日关于从发展农业生产看社会主义建设的协作问题的报告[3]，写批语："农、工、商、学四业必须协作，值得一阅。此件是我在华东五省一市[4]一九五七年四月杭州会议上在听了浙江省委的口头报告之后，觉得很有意思，因此请他们写成书面给我。他们就在一九五七年五月四日写成寄来了。"同日，中央办公厅将浙江省委的报告和毛泽东的批语印发八届三中全会。

---

〔1〕 这个报告是中共莒南县委工作组1957年4月29日写的，同年10月13日在《人民日报》发表，题为《英雄社战胜穷山恶水——记大山农业社建设山区的丰功伟绩》。

〔2〕 指中共莒南县委工作组的报告和毛泽东的批语。

〔3〕 中共浙江省委的报告说，上海局四月会议讨论经济问题的时候，我们曾经提出"从农业生产看社会主义建设的协作问题"，现在遵照主席指示，写成报告。报告指出，为了实现全国农业发展纲要，必须解决工业和农业、财政贸易和农业、文化教育和农业的相互配合、相互支援的关系。报告强调在我国社会主义制度下拥有国家范围的协作规模，如能使工业、农业、商业、文化教育等等方面的科学成果，集中应用到实现农业发展纲要上来，农业的发展速度可以期望出现更高的增长。

〔4〕 参加1957年4月杭州会议的是华东的四省（江苏、浙江、安徽、福建）一市（上海）的负责人。

同日　下午三时，中共八届三中全会举行最后一次会议。邓小平就全会讨论中提出的问题作总结发言。毛泽东讲话，要点如下：（一）这次会议的评价。这样的中央全会，实际是三级干部会，对于明确方针、交流经验、统一意志有好处。最好每年开一次这样的会议，因为我们这么一个大国，工作复杂得很。建议各省也开一次全省性的三级干部会或者四级干部会，把问题都扯清楚。（二）整风。湖北提出这样的口号：大胆地放，彻底地放，坚决地放。广东采纳这个口号。要大胆地放，彻底地放，坚决地放；要大胆地改，彻底地改，坚决地改。这表示决心。那末，还要不要加一个反右派，大大地反？那可以不加。因为反右派是上了轨道的。今年这一年，群众创造了一种革命形式，群众斗争的形式，就是大鸣、大放、大辩论、大字报。现在我们革命的内容找到了它的很适合的形式。大是大非也好，小是小非也好，革命的问题也好，建设的问题也好，都可以用这个鸣放辩论的形式去解决，而且会解决得比较快。我们党有个民主的传统，我们的民主传统今年是一个很大的发展。在这样的基础上，集中制就更加巩固了。（三）农业。四十条加以修改后，不久就可以发出去，请同志们在农村中很好地组织一次讨论。请你们注重抓紧搞一搞这个农业规划。省、地、县、区、乡、社都要搞农业规划。全面规划，加强领导，书记动手，全党办社。我看中国就是靠精耕细作吃饭。将来，中国要变成世界第一个高产的国家，人多一点，还是有饭吃。当然，还是要节制生育，我不是来奖励生育。请同志们摸一下农民用粮的底。要提倡勤俭持家，节约粮食，以便有积累。国家有积累，合作社有积累，家庭有积累，有了这三种积累，我们就富裕起来了。不然，统统吃光了，有什么富裕呀？中国人要有志气。我们应当教育全国城市、乡村的每一个人，要有远大的目标，有志气，要勤俭持家，作长远打算。我看，我们有个四五十年，事情就好办了。还有一个除四害，讲卫生。消灭老鼠、麻雀、苍蝇、蚊子，我是很注意这四样东西的，我看还是要把这些东西灭掉，全国非常讲卫生。这是文化，要把这个文化大为提高。计划生育也来个十年规划。少数民族地区不要去推广，人少的地方也不要去推广。就是在人口多的地方，要进行试点，逐步推广，逐步达到普遍计划生育。计划生育，也要公开教育。人类在生育上头完全是无政府状态，自己不能控制自己。将来要做到完全有计划的生育，没有一个社会力量，不是大家同意，不是大家一起来做，那是不行的。我们要摸农业技术的底，搞农业不学技术不行了。政治和业务是对立统一的，政治是主要的，是第一位的，一定要反对不问政治的倾向；但是，专搞政治，不懂技术，不懂业务，不行。十二年过去两年了，十年之内必须要精通工业、农业以及其他各业的技术和业务，把自己还有许多人都变成又红又专。在这十年内（科学规划也是十二年，还有十年），要完成这样的任务，就要建立无产阶级知识分子的队伍。我们的党员同党外积极分子都要努力争取变成无产阶级知识分子，组成庞大的技术专家队伍。无产阶级没有自己的庞大的技术队伍和理论队伍，社会主义是不能建成的。农业与工业的关系，小平同志讲了，当然是以重工业为中心，优先发展重工业，这一条毫无问题，毫不动摇。在这个条件下，必须实行工业与农业同时并举，逐步建立现代化的工业和现代化的农业。（四）两种方法。做事情，至少有两种方法：一种，达到目的比较慢一点，比较差一点；一种，达到目的比较快一点，比较好一点。一个是速度问题，一个是质量问题。不要只考虑一种方法，经常要考虑两种方法。过去革命，这种方法、那种方法，这种政策、那种政策，党内有过很多不同意见，结果我们采取了一种比较适合情况的政策。建设的方针也是可以这样，可以那样，我们也要采取比较适合情况的方针。苏联的建设经验，根本上是好的，苏联的经验比我们的完全。不学习苏联有很大损失，学习苏联有很大利益。在批评了教条主义之后，来强调学习苏联，所以就没有危险。我们是不是可以把苏联走过的弯路避开，比苏联搞的速度更要快一点，比苏联的质量更要好一点？应该争取这个可能。（五）去年这一年扫掉了几个东西。一个是扫掉了多、快、好、省，还扫掉了农业发展纲要四十条，还扫掉了促进委员会。我们讲的是实事求是的合乎实际的多、快、好、省，不是主观主义的多、快、好、省。总是要尽可能争取多一点，争取快一点。去年下半年一股风，把这个口号扫掉了。我还想恢复。这个“四十条”不吃香了，现在又“复辟”了。党委应当是促进委员会。可以临时组织促退委员会，因为某些东西实在跑得太快了，实在跑得不适合。至于总的方针，还是前进的。有些暂时的局部的促退正是为了促进。我看现在的这次会议，大家都是想要促进，没有一个讲要促退的。（六）无产阶级和资产阶级的矛盾，社会主义道路和资本主义道路的矛盾，毫无疑问，这是当前我国社会的主要矛盾。我们现在的任务跟过去不同了。过去主要是无产阶级领导人民大众反帝反封建，那个任务已经完结了。那末，现在的主要矛盾是什么呢？主要矛盾就是社会主义和资本主义，集体主义和个人主义，概括地说，就是社会主义和资本主义两条道路的矛盾。八大的决议没有提这个问题。但是八大的决议并没有否定阶级斗争，并没有否定资产阶级分子、资产阶级知识分子、农民需要改造，它是分别在别的地方讲的。在写那一段的时候，讲主要矛盾是先进的社会主义制度同落后的社会生产力的矛盾，说是生产力现在落后，同人民要求先进，同人民的需要这个矛盾。那个时候有那个时候的原因。我们在七届二中全会上提出，全国胜利以后，国内主要矛盾是工人阶级和资产阶级的矛盾，国外是中国和帝国主义的矛盾。后头为什么没有提了？就是因为事实上在那里做了，革命已经转到社会主义革命了。我们干的就是社会主义革命这件事，也可以提了，没有提。去年下半年，阶级斗争有个缓和，那是有意识地要缓和一下。但是，你一缓和，资产阶级、资产阶级知识分子、地主、富农以及一部分富裕中农，就向我们进攻，这是今年的事。正如《人民日报》一篇社论说的，“树欲静而风不止”。他要吹几级台风，那末好，我们就搞“防护林带”，这就是反右派，就是整风。（七）要振作精神，下苦功学习。学什么东西呢？一个是马克思列宁主义，一个是技术科学，一个是自然科学，还有哲学、文学（主要是文艺理论），还有什么新闻学、教育学。这些学问都要懂得一点，我们要领导这些事情嘛！总而言之，学问很多，大体要稍微摸一下。要把工作以外的剩余精力主要放在学习上，养成学习的习惯。

10月10日 晚八时，和刘少奇、周恩来、朱德、陈云、邓小平等应邀出席尤金大使在苏联驻中国大使馆举办的音乐会，欣赏著名小提琴家奥伊斯特拉赫演奏的世界名曲。

同日 晚十时，在中南海颐年堂主持召开中共中央政治局常委扩大会议，讨论派代表团访问苏联问题，刘少奇、周恩来、朱德、陈云、邓小平、彭真、彭德怀、李先念、张闻天、陈伯达、王稼祥、杨尚昆出席。

同日 审阅修改《在苏联伟大的十月社会主义革命庆祝会上的致词（草案）》，批示：“请尚昆于今日抄送刘、周、朱、陈、毛、邓、彭、彭〔1〕、乔木审阅，提出意见，准备明（十一）日谈一下。”

10月11日 阅十月六日《光明日报》哲学周刊刊登的且大

---

〔1〕 彭、彭，指彭真、彭德怀。

有的文章《对于探讨辩证逻辑的对象问题的几点意见》[1]，批示：“送陈伯达同志。这里辩证逻辑一文可以一阅。此人有些新颖见解。阅后还我。”

同日　晚上，和刘少奇去北京苏联展览馆参观印度展览会。

10月12日　审阅修改《一九五六年到一九六七年全国农业发展纲要（草案的修改稿）》，批示：“即送刘、周、朱、陈、邓、彭真、陈伯达同志看一遍，印若干份发给人大常委政协常委各人，并召开联席会议讨论一次，争取于十月二十日在报上公布。政治局是否还要讨论一次，请刘、邓决定。有所修改，是否妥当。阅后退田家英办。”毛泽东的主要修改如下（加写和改写的文字用着重号标明）：（一）“这个纲领草案是中国共产党中央委员会在一九五六年一月间提出的，在实际生活中已经起了积极的

[1]　这篇文章就辩证逻辑的对象问题谈了意见：一、辩证逻辑必须是一门独立的科学，把辩证唯物主义或把马克思主义的辩证方法（即唯物辩证法）看作辩证逻辑，都是不正确的，都是把关于思维的一般学说和辩证逻辑关于正确思维的规律与形式的学说等同起来，实质上否认辩证逻辑这门科学有独立的研究对象，否认它是一门独立的科学。二、辩证逻辑不是与辩证唯物主义或马克思主义的辩证方法并列的哲学科学。二者的区别在于：（一）科学对象的区别。马克思主义的辩证方法是研究自然、社会和人类思维一般的运动、变化与发展规律的科学；辩证逻辑是研究思维领域中特殊的运动、变化与发展规律的科学。（二）认识范围的区别。马克思主义辩证法适用于人类认识的全部领域，包括感性认识和理性认识的历程；而辩证逻辑仅适用于理性认识的范围。（三）阶级性上的区别。马克思主义的辩证方法是无产阶级政党的世界观，是有阶级性的；辩证逻辑不是马克思主义哲学的组成部分，它是探讨思维领域的具体科学之一，因而是没有阶级性的。三、辩证逻辑是而且也只能是关于正确思维的规律和形式的具体科学。四、辩证逻辑不仅研究概念和范畴之间的关系，还应研究思维规律，还要探讨一些逻辑方法。

作用。现在根据两年来一些事实的变化和工作的经验，作了一些必要的修改和补充，提交农民和全体人民展开讨论，再作修改，准备提交中国共产党全国代表大会通过，然后提交国务院讨论通过，最后提交全国人民代表大会讨论通过，作为正式文件公布。估计到今后十年中，一定会有许多新的情况出现，还会要作某些修正的。”〔1〕（二）“加强对现在还存在的少数个体农民的教育和领导，争取他们自愿地陆续加入合作社。不愿入社者，听其自便。”（三）“随着国家工业化的发展，有步骤地积极地实行农业机械化。从一九五六年起，在尽可能短的时间内，机械制造部门和农业部门应当经过广泛的试验研究工作，拟出一个适合我国条件的农业机械化方案，为推广农业机械化做好准备，随即制造适合各地的机械，供应农民；随时改良，积极推广。”（四）“注意介绍农家精打细算、省吃俭用、增加积蓄和积累的模范事例。不作长远打算、不注意家庭积累、随时吃光用光的思想，是错误的。”（五）“除四害的根本精神，是清洁卫生，人人振奋，移风易俗，改造国家。”（六）“除疾病的根本精神，跟除四害是一样的。”（七）“城市的中、小学毕业的青年，除了能够在城市升学、就业的以外，应当积极响应国家的号召，下乡去参加农业生产，参加社会主义农业建设的伟大事业。我国人口百分之八十五在农村，农业如果不发展，工业不可能单独发展。到农村去工作是非常必要的和极其光荣的。”十月二十六日，《一九五六年到一九六七年全国农业发展纲要（修正草案）》在《人民日报》发表。

10月13日 上午，在中南海勤政殿主持召开最高国务会议第十三次会议，通报中共八届三中全会讨论整风问题的情况和全

〔1〕《一九五六年到一九六七年全国农业发展纲要（修正草案）》（1957年10月25日）发表时，这段话作为修正草案的题下说明。

国农业发展纲要的主要内容。刘少奇、周恩来、朱德、陈云、邓小平等及各民主党派、人民团体的负责人和无党派民主人士共六十一人出席会议。毛泽东最后讲话。他说：现在整风找出一个形式，就是大放、大鸣、大辩论、大字报。搞社会主义这个事，我们都是生手。我们过去只搞过民主革命，那是资产阶级性质的，不破坏个体所有制，不破坏资本主义所有制。所以，有许多人在民主革命阶段可以过得来。而社会主义这一关，就有些人难过了。因为这是最后一关，要破坏私人所有制，变为集体所有制。当然，这个斗争要搞很多年，究竟多少时候叫过渡时期，现在也还很难定。大体上我看要三个五年计划，或者还要多一点时间。我说全国人民中间有百分之十的人不赞成社会主义。这样我们就有两个出发点：第一点，我们的基础有百分之九十的人赞成社会主义，工人阶级有广大的同盟军；第二点，在百分之十不赞成的人里头，经过大辩论还可以争取百分之八，那个坚决死硬派只有百分之二左右。百分之九十的人不愿意国家乱，而愿意建成社会主义。百分之十的人中间，有许多人是动摇的，至于坚决分子只有百分之二。我们讲阶级在起变化，除了工人阶级以外，其他几个阶级都是过渡的阶级，都要过渡到工人阶级那方面去。讲消灭阶级，不是讲把人灭掉，人是可以慢慢变的。右派许多人是有才干的，在这一点上我倒还相当地赏识他们。要交几个右派朋友。各界都要有朋友，左、中、右里头都要有朋友。现在许多知识分子没有工人的朋友，没有农民的朋友，这是很大的缺点。要承认有改造的必要。我们估计，大多数人是能够前进的，知识分子能够变成无产阶级的知识分子。一个政权没有自己的知识分子是不行的。无产阶级专政要造成无产阶级自己的知识分子，这要写一篇社论，把这个问题讲清楚。“皮之不存，毛将焉附”，现在总起来说，是吃社会主义所有制的饭，吃公有制这个饭。全国农业发展纲要四十条，经过两年的实践，基本要求还是那个目的，就是粮食亩产黄河以北四百斤、淮河以北五百斤、淮河以南八百斤，十二年要达到这个目标，这是基本之点。发动全体农民讨论这个农业发展纲要很有必要，要鼓起一股劲来。农业发展纲要四十条是比较适合中国国情的，不是主观主义的。原来有些主观主义的东西，现在我们把它改掉了。总的说来，实现这个纲要是有希望的。我们中国可以改造，无知识可以改造得有知识，不振作可以改造得振作。纲要里头有一个除四害，就是消灭老鼠、麻雀、苍蝇、蚊子。如果动员全体人民来搞，搞出一点成绩来，我看人民的心理状态是会变的，我们中华民族的精神就会为之一振。我们要使我们这个民族振作起来。我们要做的事情很多，包括扫盲，包括有计划的生育，那四十条里头有很多事情。这仅是农业计划，还要有工业计划和文教计划。三个五年计划完成以后，我们国家的面貌是会有个改变的。

同日　下午，乘专机从北京到达杭州，住刘庄。在杭州期间，为下个月访问苏联做准备工作。

10月17日　致电叙利亚总统库阿特利，指出："当美帝国主义正在驱使土耳其向叙利亚进行挑衅，阴谋发动侵略战争的时候，我谨重申中国政府和中国人民坚决支持叙利亚人民保卫独立、保卫和平的正义斗争的严正立场。"

10月17日、18日、20日　同陈伯达、田家英、浦寿昌〔1〕谈访苏期间讲话稿的修改问题。

10月22日　下午，在杭州刘庄召集邓小平、陆定一、陈伯达、胡乔木、田家英、浦寿昌开会。

10月23日　晨三时，阅印度共产党总书记高士十月九日致

〔1〕浦寿昌，当时任国务院总理办公室秘书兼英语翻译。

中共中央的信，批示："小平同志：此件请交陈、乔、陆、田、浦各同志一阅，准备于今日下午或晚上谈一下。因此请你们集合先谈一下，准备意见。高士提出了一批值得想一想的问题[1]。另请你找九月《人民日报》的文艺社论[2]看一下。"

10月24日 下午，同江华谈话。

10月25日 下午二时，乘专机从杭州回到北京。

同日 下午五时四十分，在中南海勤政殿会见阿富汗首相达乌德一行，并设晚宴款待，周恩来、朱德、宋庆龄、贺龙、陈毅、张闻天等参加。

10月26日 为中共中央起草《关于组织讨论全国农业发展纲要修正草案的指示》，批示："即送刘、周、朱、陈、邓、彭真、陈伯达、田家英阅，尚昆办。"指示如下："修正的农业纲要四十条今天已经发表，你们应当注意：（一）在全民中展开一次讨论，即在农村、工厂、机关、学校、部队和街道居民中展开一次大辩论，目的在认清方向，坚定信心，人人努力，改造中国。（二）农村讨论应在冬季，以便掀起一个生产高潮，争取一九五八年丰收。讨论时间大约有七个至十个晚上就够了，每一个晚上讨论几条，征求意见。讨论时应以一人逐条宣读，宣读一条，讨论一条。（三）工厂、街道、机关、学校、部队讨论办法大体仿

---

〔1〕 高士在信中提出的问题是：（一）人民包括我们影响下的群众，他们提出一个问题，假使通过我们的支持，你们当了权，当我们发现你们不按照你们的诺言来做事的时候，我们是否可以和平地把你们从政权上换掉，而建立另一个政府？是否允许反对党派活动？（二）如何理解"文艺工作应当无条件地接受共产党的领导"？是否意味着作家不能写批评共产党某些政策的书籍？高士特别说明，他的这些问题"是作为实际问题提出"，并希望在莫斯科见面时能当面讨论这些问题。

〔2〕 指1957年9月1日《人民日报》社论《为保卫社会主义文艺路线而斗争》。

照农村。（四）地方性的问题，应在各级地方规划列入，不可能都列入全国纲要，此点应在讨论结束时加以说明。（五）群众所提修改意见，由省、直属市、自治区党委加以分析，汇报中央。（六）此项辩论与整风的鸣放辩论相辅而行，但时间应分开，应以一段时间专门讨论纲要。（七）群众最有兴趣的问题多作讨论，兴趣不大的问题讨论的时间应当少些。（八）民主党派，知识分子，工商业者，应注意组织他们加以讨论。”

同日 下午，在中南海颐年堂主持召开中共中央政治局常委扩大会议，刘少奇、周恩来、朱德、邓小平、彭真、彭德怀、李先念、陆定一、陈伯达、康生、杨尚昆、胡乔木出席。

同日 新华社发布消息：“应苏联共产党中央委员会和苏联部长会议的邀请，中华人民共和国全国人民代表大会常务委员会、中华人民共和国国务院和中国共产党中央委员会决定派出以毛泽东主席为首的中国代表团到莫斯科参加伟大的十月社会主义革命四十周年的庆祝典礼。中国代表团的组成如下：团长毛泽东，团员宋庆龄、邓小平、彭德怀、郭沫若、李先念、乌兰夫、陆定一、陈伯达、沈雁冰、王稼祥、杨尚昆、胡乔木、刘晓、赛福鼎〔1〕。”

10月28日 下午，在中南海颐年堂主持召开中共中央政治局常委扩大会议，讨论中国代表团赴苏联参加十月革命节纪念活动等有关问题，刘少奇、周恩来、朱德、邓小平、彭真、李先念、陆定一、陈伯达、康生、杨尚昆、胡乔木出席。

10月29日 晚八时，在天桥剧场观看苏联新西伯利亚歌舞剧院芭蕾舞团演出的古典芭蕾舞剧《天鹅湖》。

〔1〕 赛福鼎，即赛福鼎·艾则孜，当时任中共新疆维吾尔自治区委员会书记处书记兼自治区区委党校校长、全国人大常委会副委员长、新疆维吾尔自治区人民委员会主席、中国人民解放军新疆军区副司令员。

同日　晚九时至十一时四十分，在中南海颐年堂会见苏联大使尤金，谈朱可夫问题[1]和对苏共中央起草的社会主义国家共产党工人党代表会议宣言、公报的草案的修改意见。刘少奇、周恩来、邓小平参加。毛泽东说：我们收到了赫鲁晓夫给我的来信、苏共中央两位联络部长的报告、公报草案和宣言草案等四个文件。我们讨论了一次，有些初步意见。对这个宣言草案大部分意见我们是同意的。一些不同的看法，我们准备到莫斯科和赫鲁晓夫交换意见。现在就其中的几个问题和你谈谈，请你转告苏共中央。（一）关于和平过渡的问题。一般说来，在资本主义国家是存在着两种可能性的。第一，是和平过渡的可能性。我们提出这种可能性，就表示我们并不提倡战争，并不提倡要用暴力来推翻政府。第二种可能性，就是资产阶级如果要用暴力来镇压无产阶级，要发动内战来反对无产阶级，那末无产阶级就将被迫以内战来回答。这样就使无产阶级一只手争取和平过渡，另一只手准备对付资产阶级的暴力镇压，不致没有准备而推迟了革命。现在很难设想有多少国家的资产阶级能让无产阶级和平过渡。这两个可能性要同时提出。（二）关于对社会民主党的估计问题。对社会民主党的工作是一定要做的，要争取社会民主党和它们影响下的工人阶级中的大多数，这样革命才会有希望。和社会民主党建立统一战线，很重要，很必要。至于说，现在这个工作是否做得好了，成绩怎样，或者说社会民主党的政治立场和我们的政治立场有很大的接近等等，还是不讲为好。（三）在宣言草案中，提到反党集团时，提到了莫洛托夫等人的名字。有反党集团，是一

〔1〕朱可夫，原任苏联共产党中央主席团委员、苏联国防部部长。1957年10月26日被苏联最高苏维埃主席团解除国防部部长职务，10月底被撤销苏共中央主席团委员和中央委员的职务。

件不愉快的事。既然不愉快，是否就不提他们的名字了，只提反党集团。不提名字，一般干部和群众容易接受。（四）在各国党的会议上，要不要提出这个文件[1]，值得考虑。现在看来，南斯拉夫是不同意发表这个文件的，波兰也可能不同意。这次庆祝大会，到的人很多，全世界各国的党都会派人来参加。根据这些情况，我们认为有两种方式，从中选择一种。第一是求同。要使得所有的社会主义国家都能接受，要使这次庆祝会和会议表示出我们的团结，搞一个简短的公报，写上几点大家都能接受的东西。比如：（一）要团结；（二）要和平，反对战争；（三）支持民族解放运动，支持各国的正义斗争，支持进步事业；（四）如果有可能的话，写上“走十月革命的道路，按照各国的民族特点进行工作”。至于大家意见一致的其他问题，当然也可以写在公报上。第二种方案，就是把原来的文件加以修改和缩短后，让大家讨论。这样，签字的国家就是那些同意这个文件的国家。发表这个文件就会告诉全世界，我们社会主义国家大多数是团结的，有一两个国家在这些问题上和我们是有分歧的。如果这个文件提出讨论，大家意见不一致，不能通过，帝国主义一定会大肆宣传。所以，需要考虑是否不提出来为好。当然，如果提出来没有通过，改为发表公报，这也没有什么了不起，不会天下大乱的，大多数国家会签字的。要有这种决心，才可以提出这个文件。

10月30日 晚上，在中南海颐年堂主持召开中共中央政治局常委扩大会议，刘少奇、周恩来、朱德、邓小平、彭真、彭德怀、李先念、乌兰夫、陆定一、陈伯达、康生、杨尚昆、胡乔木出席。

10月31日 下午，同周扬谈话。

---

〔1〕 指社会主义国家共产党和工人党代表会议宣言草案。

10月下旬　阅王桂芹[1]写的《暑假归乡散记》（十四篇日记），写了三条批语："此文可在报刊上发表。""每年暑假回乡一次，极为有益。此文写得很好。住半个月不够，最好住一个月。""李讷细看两遍，退李敏。李敏也要看两遍。"一九五八年二月十六日，《中国青年》第四期发表毛泽东的第一条批语及王桂芹的日记（题为《假期回乡日记》）。

11月2日　晨七时二十五分，在中南海颐年堂召集中国代表团全体成员开会。

同日　上午九时，率中国代表团全体成员乘专机离开北京，前往莫斯科参加十月社会主义革命四十周年的庆祝典礼。刘少奇、周恩来、朱德、陈云等到机场送行。途中在伊尔库茨克、鄂木斯克作短暂停留，受到苏共中央代表和当地党政负责人的迎接。

同日　莫斯科时间下午三时二十分[2]，率中国代表团全体成员到达莫斯科。苏联党和国家领导人赫鲁晓夫、布尔加宁、伏罗希洛夫、伊格纳托夫、库西宁[3]、米高扬、苏斯洛夫、福尔采娃、柯西金[4]等到机场迎接。毛泽东在伏罗希洛夫陪同下检阅仪仗队，并在机场发表讲话。他说："我在一九四九年底、一

〔1〕王桂芹是李敏（毛泽东的女儿）的高中同班同学。1957年暑假，王桂芹回到河北阜平县家乡探亲半个月。她将在故乡的见闻和参加劳动的体会写在自己的日记中，从8月4日至17日共计14篇，约一万多字。

〔2〕从这里至11月20日毛泽东率中国代表团的访苏活动，本书记的均为莫斯科时间。

〔3〕伊格纳托夫，当时任苏联共产党中央主席团委员。库西宁，当时任苏联共产党中央主席团委员、书记处书记。

〔4〕苏斯洛夫，当时任苏联共产党中央主席团委员、书记处书记。福尔采娃，当时任苏联共产党中央主席团委员、书记处书记兼莫斯科市委第一书记。柯西金，当时任苏联共产党中央主席团候补委员、苏联部长会议副主席。

九五〇年初访问过苏联。那时，我们两国政府签订了《中苏友好同盟互助条约》，从此开始了我们两个伟大社会主义国家的亲密结合。”“十月革命节是苏联人民的伟大胜利节日，也是全世界无产阶级、劳动群众和一切被压迫人民的伟大胜利节日。四十年前，苏联人民在伟大的列宁和伟大的苏联共产党的领导下所取得的这个胜利，创始了人类历史的新纪元。在四十年的建设过程中，苏联异常迅速地获得了辉煌的成就，许多方面都站在世界各国的最前列，为追求进步和幸福的人民树立了卓越的榜样。苏联发射第一个人造地球卫星不是一个简单的事件，人类进一步征服自然界的新纪元从此开始了。”“十月革命使中国人民找到了彻底解放和繁荣富强的道路。中国人民在自己的事业中得到苏联人民巨大的同情和慷慨的援助。我们两国人民已经在共同的斗争中结成了兄弟般的同盟。”随后，同中国代表团全体成员在苏联党政领导人陪同下前往克里姆林宫。

11月3日 上午八时，在克里姆林宫住所召集代表团全体成员谈话，并共进早餐。

同日 晚七时至十二时，和邓小平去赫鲁晓夫处共进晚餐并举行会谈，就即将召开的各国兄弟党会议交换意见。关于会议文件问题，赫鲁晓夫说：尤金已经把你们的意见转告给苏共中央，我们正在根据你们提的意见修改原来的草案。我们同意你们提出的意见，比如说，不要提马林科夫、卡冈诺维奇、莫洛托夫的名字，把文件搞短一些等。各国共产党都同意在会议上通过这样一个文件，哥穆尔卡已表示同意在文件上签字。毛泽东说：现在的稿子可以压缩一半。从内容上来说，原来文件中百分之九十或更多一些，我们都同意。对于资本主义国家的党，可否在文件的适当地方或者在末尾提这么一段话：文件中的各点，对十二个执政党（不包括南斯拉夫）来说，是必须执行的，它们对文件负有责任。而对资本主义国家的兄弟党来讲，所提到的事情只作为建议提出，因为资本主义世界的情况很复杂。这样提一句，会使这些国家的党能机动一些，更多地让它们自己去考虑自己的问题。毛泽东还建议：由中国代表团的一些同志和苏联同志一起研究修改这个宣言，并指定邓小平、陆定一、陈伯达、胡乔木参加；推迟会议召开的时间，使宣言的修改时间更加充裕。赫鲁晓夫表示同意。赫鲁晓夫再次提出要办一个指导各国共产党和工人党的刊物，并要成立一个统一的组织。毛泽东表示：这样的刊物用处不大，而且也不容易办好，评论其他国家的情况很难，评价也不容易恰当，过去的经验也证明了这一点。我们在原则上不反对成立组织。我们又考虑，暂时不搞组织，可以使一些国家安心一些。我不是指帝国主义国家，而是指亚非国家。建议用定期召开会议的方式交换意见，由苏共作会议召集人。赫鲁晓夫希望由毛泽东出面做波兰、意大利、法国、英国等国党的工作，毛泽东表示同意。毛泽东回到住地后，召集代表团会议，讨论同赫鲁晓夫会谈的情况。

11月4日　中午，率中国代表团在克里姆林宫先后拜会苏共中央第一书记赫鲁晓夫、苏联最高苏维埃主席团主席伏罗希洛夫。

同日　下午二时半，在克里姆林宫住所召集代表团会议，讨论起草兄弟党代表会议文件问题。六时，率中国代表团拜会苏联部长会议主席布尔加宁。晚上，继续召集代表团会议。

11月5日　上午，在克里姆林宫住所召集代表团会议，讨论中方起草的宣言草案。下午，继续讨论。

同日　中午十二时，率中国代表团全体成员前往红场拜谒列宁斯大林陵墓，并敬献花圈。陪同代表团谒陵的有苏联外交部副部长费德林、苏联驻中国大使尤金等。

同日　晚上，在克里姆林宫住所约尤金谈话。

11月6日 上午十时，率中国代表团全体成员在卢日尼基体育宫出席由苏联最高苏维埃联盟院和民族院联合举行的庆祝十月社会主义革命四十周年大会。苏共中央第一书记赫鲁晓夫在大会上作《伟大的十月社会主义革命四十周年》的报告。

同日 下午四时，中国代表团继续出席庆祝十月社会主义革命四十周年大会。毛泽东首先讲话。〔1〕他说："苏联人民在四十年前举行的这个伟大的革命，正如革命导师列宁多次指出的，开始了全世界历史的新时代。历史上发生过各种的革命。但是，过去的任何一次革命，都不能够同十月社会主义革命相比拟。建立一个没有人剥削人的社会，曾经是世界上的劳动人民和进步人类千百年来的梦想。十月革命破天荒第一次在世界六分之一的土地上，把这个梦想变成了现实。这个革命证明：没有了地主和资产阶级，人民完全能够有计划地建设自由幸福的新生活。同时又证明：没有了帝国主义的压迫，世界各民族完全能够和睦共处。""中国人民感到幸运，因为有十月革命和苏联社会主义建设的经验，使自己可以减少或者避免许多错误，可以比较顺利地进行自己的事业，虽然中国人民面前的困难还很多。事情很明显，在十月革命以后，各国无产阶级的革命家如果忽视或者不认真研究俄国革命的经验，不认真研究苏联无产阶级专政和社会主义建设的经验，并且按照本国的具体条件，有分析地、创造性地利用这些经验，那末，他就不能通晓作为马克思主义发展新阶段的列宁主义，就不能正确地解决本国的革命和建设的问题。那末，他就会

---

〔1〕 据《杨尚昆日记》记载："今天主席出现在纪念会上，大受欢迎。主席一出场，全体即起立致敬。下午大会时，主席第一个讲话，全场起立。讲话中不断地鼓掌，讲完了全场又起立，为纪念会致最高敬意的表现。其余各兄弟党代表讲话，都是鼓掌没有起立。"

或者陷入教条主义的错误，或者陷入修正主义的错误。我们需要同时反对这两种错误倾向，而在目前，反对修正主义的倾向尤其是迫切的任务。”“社会主义制度终究要代替资本主义制度，这是一个不以人们自己的意志为转移的客观规律。不管反动派怎样企图阻止历史车轮的前进，革命或迟或早总会发生，并且将必然取得胜利。”“社会主义各国的政府和人民是和平的新生活的建设者。我们完全不需要战争，并且坚决反对新的世界大战。”“我们坚决主张，社会主义国家和资本主义国家实行和平竞赛，各国内部的事务由本国人民按照自己的意愿解决。我们坚决主张，一切国家实行互相尊重主权和领土完整、互不侵犯、互不干涉内政、平等互利、和平共处这样大家知道的五项原则。”毛泽东在讲话中还讲到中国的整风运动。毛泽东讲话后，波兰等十一个国家党的领导人先后讲话。六十八个国家的共产党和工人党代表团参加了庆祝大会。

同日 中午和晚上，在卢日尼基体育宫同波兰统一工人党中央第一书记哥穆尔卡举行第一次会谈，交换对宣言草案的意见。哥穆尔卡认为，在对国际形势的估计上，宣言草案的一些措词可能会刺激美国等西方大国，使国际形势更加尖锐化。毛泽东说：现在是国际形势的转折点，我们要占上风。可能争取十年到十五年的和平。帝国主义和社会主义两方面互相都怕，但总的来说，他们怕我们怕得多一些。第二次世界大战以后，有些时候美国占上风，有时又是势均力敌，现在是我们占上风，是东风压倒西风。每个国家都有其困难。我们现在的手是受约束的，再过十五年我们就能自由了。再过十五年，苏联能超过美国，中国有可能超过英国。现在得争取十五年和平。新的领导的形成是多灾多难的。赫鲁晓夫的领导也是多灾多难的。我们中国也是如此。我们批判了教条主义，然后形成了一条适合中国情况的新路线。我们的口号是将马列主义的真理与中国的实际情况相结合。在建设上还没有证明自己是对的，还须看十年。哥穆尔卡提出：在波兰党内可以说主要是反对修正主义，但不同意说各国党内都主要是这个问题。毛泽东说：不能两条线开弓，应该有重点，还是以反修正主义为重点。哥穆尔卡担心通过这次会议和共同宣言，会使共产国际或情报局复活。毛泽东说：这次共同宣言实际就是我们的纲领，它不涉及具体事，提的都是原则问题，并不管波兰和中国具体怎么做法。这次开会实质上就是成立一个新的国际，但是没有机构，由各党的领导人参加，一切事情都需要经过大家同意，不能强迫接受，各国的党也并不是其支部。

11月7日 上午九时，率中国代表团全体成员在莫斯科红场观看阅兵式和群众游行。

同日 下午，在意大利共产党总书记陶里亚蒂下榻的别墅，同陶里亚蒂举行第一次会谈，杨尚昆在座。陶里亚蒂提出：如果法国、意大利两国的共产党在宣言上签字，这样会造成一个印象，在资本主义世界里从事共产主义运动的只有这两个国家的党，但他可以单独发表声明，对宣言表示原则上赞同。毛泽东说：资本主义世界的党，不论是两个党或是三个党，在文件上签字都不好。还是由执政的党签字比较好。我们对资本主义国家工人运动的估计上，对社会民主党的估价上作了修正。文件没有牵涉内政和国内的具体问题，因为各国的情况不同。苏共二十大和波匈事件后，有人认为马克思主义不灵了，因此有必要重申马克思主义原则。这对全世界会产生好的影响。在批评斯大林的错误以后，像英国、美国这样的党内，又产生另外一种偏向，修正主义的偏向。毛泽东还说：关于在资本主义国家里进行革命的问题，原来的文件比较强调和平过渡。我们和苏联交换了意见，最好两个可能性并提，一个是和平过渡的可能性，一个是用战争的方法。我很关心这个问题。一年以来，我们没有表示态度，因为没有机会与苏共中央交换意见。和平过渡包括激烈的阶级斗争。或许到一定的国内和国际条件下，可以通过群众斗争逼得资产阶级无法使用暴力。但是，我们不大相信，现在的资产阶级都是武装起来的。还是两个并提：我们要和平，被迫的时候也要使用暴力。关于后者谈上几句，不会解除我们武装，我们就有两只手。要用战争的一只手，是从防御出发的。陶里亚蒂表示同意这一看法。关于对国际形势的估计问题，毛泽东说：现在的形势正处在转折点。社会主义力量走在前面了，资本主义力量后退了。这包括亚非国家反对殖民主义的因素，也包括法、意、英、美等西方国家的人民与政府、工人与资本家之间的不一致或不完全一致的因素，还包括资本主义世界不一致的因素，这些因素是有利于社会主义阵营的。我从一九四六年就注意这个问题。

同日　晚上，率中国代表团全体成员在克里姆林宫出席苏联最高苏维埃主席团、苏共中央、苏联部长会议举行的庆祝十月社会主义革命四十周年招待会。

11月8日　中午十二时十五分，率中国代表团全体成员在卢日尼基体育宫出席莫斯科各界庆祝十月社会主义革命四十周年大会。宋庆龄代表中国代表团发表题为《全人类将坚持社会主义》的讲话。

同日　下午二时半，在卢日尼基体育宫同英国共产党中央主席波立特、中央总书记高兰举行第一次会谈，杨尚昆在座。毛泽东说：关于国际形势的转折点问题，我一直有这样的想法，资本主义和社会主义两大集团之间，也就是东方和西方两大集团之间的斗争，究竟哪一方面占优势？社会主义阵营生产的钢，只占世界钢产量的百分之三十一。从这一点看来，好像在经济力量对比中，资本主义世界占了优势。美英资产阶级也在渲染，资本主义世界在经济上、科学上、武装力量上超出社会主义世界，如果不超出，至少也是平行的。但是在我看来，社会主义国家走在前面，资本主义国家落在后面了。决定问题的不是钢的多少，重要的是他们面临的矛盾。经过十一年的观察，我认为双方都怕对方。社会主义国家怕资本主义国家，资本主义国家也怕社会主义国家。我看，资本主义国家怕社会主义国家多一点。这样，就有可能争取十年到十五年的和平，还有可能停止使用原子弹、氢弹和火箭。在这次要达成的宣言里，重申了马克思主义的重要原则，其中有从资本主义过渡到社会主义的方式问题，即通过和平呢，还是通过战争。为了争取群众，我们要提出和平的口号。可是，我们决不能在精神上解除自己的武装。在宣言里，我们要表示和平过渡的愿望，但是也要提到，如果资产阶级发动内战，我们就不得不用内战来对付他们。我们设想，宣言由社会主义国家的党签字。南斯拉夫的党不准备签字，那不要紧。我们在宣言中提出了资本主义国家的党的任务，但这是作为建议提出来供你们考虑的。至于执行这些任务的方式和方法，要由各国的党自己决定。波立特表示，我们要竭力争取在宣言上签字。

同日　晚七时半，在法国共产党中央总书记多列士下榻的别墅，同多列士举行会谈。向多列士详细了解法国、英国等国工人运动的情况，并就宣言草案达成了基本共识。

同日　晚十一时半至九日晨二时，邓小平、陆定一、陈伯达、杨尚昆、胡乔木同苏方波斯伯洛夫、波诺马廖夫、安德罗波夫〔1〕协商修改宣言草案的有关问题〔2〕。

---

〔1〕波斯伯洛夫，当时任苏联共产党中央主席团候补委员、书记处书记。波诺马廖夫，当时任苏联共产党中央国际部部长。安德罗波夫，当时任苏联共产党中央联络部部长。

〔2〕据《杨尚昆日记》记载："一般均顺利，只对有关和平过渡一段，还有不同意见，双方均允再行考虑，以便十日再谈。"

11月9日 晨，在克里姆林宫住所听取关于中苏双方协商修改宣言草案的情况汇报。上午，召集代表团会议，讨论宣言草案中尚有分歧的问题。毛泽东接受邓小平关于向苏共提交对和平过渡问题的书面意见提纲的建议，并指定陈伯达、胡乔木起草意见提纲。

同日 下午四时，在克里姆林宫住所会见金日成、南日、金昌满〔1〕。

同日 晚七时半，在克里姆林宫住所同波立特、高兰举行第二次会谈。在会谈中详细了解英国国内情况、北大西洋公约集团情况等。毛泽东说：苏联在十五年后，将会在总产量方面和按人口平均的产量方面超过美国。中国在十五年后将超过英国。我们今年的钢产量是五百二十万吨，第二个五年计划之后将是一千二百万吨，第三个五年计划之后将是两千万到两千五百万吨，第四个五年计划之后，也就是十五年之后，将是四千万到四千五百万吨。毛泽东问波立特：英国现在的钢产量是二千万吨，你们看十五年后能增加到多少？顶多三千五百万吨吧！高兰说：十五年后，顶多增加到三千万吨。关于宣言，毛泽东说：我们已经搞出一个修正草案。你们不要一心一意地想在宣言上签字，你们要想想问题的另一面，不签字会更有利些。我们向赫鲁晓夫同志提出，一切资本主义国家的党不参加签字，会更有利一些，更便利你们的工作，否则资产阶级又要攻击你们，说你们接受了莫斯科的命令。法国和意大利的党已经决定不签字。南斯拉夫的党也不签字。宣言只由十二个社会主义国家的党签字。我们现在正在说

---

〔1〕 金日成，当时任朝鲜劳动党中央委员会委员长、朝鲜民主主义人民共和国内阁首相。南日，当时任朝鲜劳动党中央常委、朝鲜内阁副首相兼外务相。金昌满，当时任朝鲜劳动党中央委员会副委员长。

服波兰，如果波兰不愿意签字，我们准备由十一个国家的党签字。

同日 晚十一时，在克里姆林宫住所会见尤金。

11月10日 上午十时，在克里姆林宫住所召集会议，讨论中方起草的《社会主义国家共产党和工人党代表会议宣言（草案）》和关于和平过渡问题的意见提纲。

同日 下午三时至晚八时，中方代表和苏方代表对宣言草案再次进行商谈。邓小平宣读了《中共中央关于和平过渡问题的意见提纲》，阐明中国共产党在和平过渡问题上的原则立场。双方商定将宣言草案于次日下午印发各兄弟党代表团征求意见。

11月11日 下午三时，在克里姆林宫住所接受伏罗希洛夫的回拜，宋庆龄、邓小平、彭德怀、杨尚昆在座。

同日 下午五时，在苏共中央大厦同赫鲁晓夫举行会谈，邓小平和费德林〔1〕参加。

同日 北京时间晚八时（莫斯科时间下午三时），刘少奇主持中共中央政治局会议，讨论并原则同意苏共中央和中共中央共同起草的《社会主义国家共产党和工人党代表会议宣言（草案）》。

同日 晚九时，去胡志明住处会见胡志明，越南劳动党中央政治局委员、中央书记处书记黎笋和政治局委员范雄在座。

11月12日 上午，召集代表团会议，由邓小平通报同苏方会商的情况和有关宣言的一些问题。

同日 下午，在克里姆林宫住所会见印度共产党中央总书记高士。毛泽东说：尼赫鲁〔2〕的外交政策有利于和平，有利于印度同社会主义国家的合作，这是反帝的一面。印度的独立，印度在苏伊士运河问题上的态度，印度参加组织亚非会议，印度同中

---

〔1〕 费德林，当时任苏联外交部副部长。

〔2〕 尼赫鲁，当时任印度政府总理。

国建立友好邦交，这都是好的。同时，他的外交政策也有软的一面，他不敢过分得罪帝国主义。毛泽东说：经常改变领导是不利的，不能积累经验。一条路线的正确，必须要能够在客观上见效。列宁说，铁的纪律是建立在正确的政治路线上的。正确的政治路线是慢慢形成的，因为人对客观事物的认识是逐步深入的。要研究问题，想问题，多和同志交换意见。真理必须坚持，错误必须纠正。这样，同志们就会看到共同事业有希望，看到我们在同志关系中没有宗派主义。这样，领导就可以继续下去。我们党的领导从一九三五年到现在，维持了二十三年，逐步形成了一条路线。我们的路线只在一方面证明是正确的，那就是在革命的方面，在阶级斗争方面。因为我们取得了胜利。但是，在建设社会主义的经济和文化方面，还没有得到证明。如果我们吹嘘说，我们的路线是百分之百正确的，那是危险的，因为我们在革命方面有经验，在建设方面没有经验。我们取得政权才八年，大体上说情况不错。但是，有些问题现在还看不出，要十年之后才看得出来。经过两个五年计划或者更多一点的时间，就可以说中国的社会主义基础建成了，无产阶级和资产阶级谁战胜谁的问题解决了，而现在这个问题还没有解决。当发现这条路线不符合客观事实的时候，要主动改正。群众是要找领导的，但是他们没有义务一下子支持你。如果你还没有给他们好处，你的工作还没有成绩，他们为什么要支持你呢？只有胜利是多数，才能在实践中证明路线是有效的，才能得到多数人的赞成。必须从对形势的观察开始。要观察国内的形势，全面的和局部的，也要观察国际形势。对形势的观察要正确，如果老估计不对，并且按照这种估计工作，那末失败的将是多数。还要准备另外一条可能性：尽管我们的路线是正确的，但是多数的人还不觉悟，还看不到，而不正确的路线却被多数人接受，正确的路线被称为是机会主义的，而机会主义的路线却被称为是正确的，我们还会受到攻击。在这种情况下，一个马克思主义者就要能够忍耐，等待群众的觉悟。我说以上这些话，是希望你们党好，希望你们的党兴旺起来。但是，外国人的话常常是不准确的。正确的路线只有你们的党自己找。不要抄袭外国党的经验，外国党的经验只能参考。毛泽东说：明年我想辞掉中华人民共和国主席的职位，因为事务性的事情太多，一天有一两个节目就没有时间考虑问题了。我还保留党内主席的职位，实际上只保留半个，另外一半的事务已经由副主席刘少奇和总书记邓小平在处理。辞去主席的职务后，可以有时间写写文章，想想问题。我还得准备后事，不要像斯大林一样，死的时候权力集中在他一个人手中。我想由政治舞台上退到幕后，但是这并不是不管事。这样做，对国家、对我的工作和对我的健康都比较有利。这件事我们政治局已经一致同意，我也已经向国内民主党派领导人讲过。驻北京的英国路透社记者曾经发过消息说我要辞去主席的职务，以便多写一点文章。我们现在正在透露一点消息，以免将来人家说我辞职是因为犯了错误。

11月13日 下午，在克里姆林宫住所听取邓小平关于宣言草案修改情况的汇报。本日上午，邓小平召集陆定一、杨尚昆、陈伯达、胡乔木等开会，研究各国兄弟党对宣言草案提出的修改意见，着重研究了波兰方面的意见。

同日 晚上，在克里姆林宫住所先后两次同从会场回来的中方代表商议根据兄弟党提出的意见对宣言草案的修改问题。〔1〕

---

〔1〕据《杨尚昆日记》记载：1957年11月13日下午5时至次日晨零时30分，邓小平、陈伯达、杨尚昆、胡乔木在苏共中央大厦同苏斯洛夫等对中苏两党共同提出的宣言草案逐页进行研究修改。晚9时许，毛泽东要陈伯达、杨尚昆回住所研究问题。晚10时至11时，会议休会，中方全体代表回克里姆林宫住所，同毛泽东商议有关问题。

11月14日—16日 社会主义国家共产党和工人党代表会议在莫斯科举行。

11月14日 晨，在克里姆林宫住所听取中方代表关于同苏方研究修改宣言草案情况的汇报。

同日 下午三时，率中国代表团的邓小平、彭德怀、李先念、乌兰夫、陆定一、陈伯达、王稼祥、杨尚昆、胡乔木、刘晓、赛福鼎出席社会主义国家共产党和工人党代表会议。赫鲁晓夫宣布会议开始。毛泽东首先讲话，着重谈"以苏联为首"加强社会主义阵营团结的问题。毛泽东说：我们这里这么多人，这么多党，总要有一个首。就我们阵营的内部事务说，互相调节，合作互助，召集会议，需要一个首。就我们阵营的外部情况说，更需要一个首。我们面前有相当强大的帝国主义阵营，它们是有一个首的。如果我们是散的，我们就没有力量。所以，我们必须有那么一个国家，有那么一个党，它随时可以召集会议。为首同召集会议差不多是一件事。既然需要一个首，那末，谁为首呢？苏联不为首哪一个为首？我们中国是为不了首的，没有这个资格。有些同志因为苏联在斯大林时期犯了一些错误，对苏联同志的印象就不大好。我看这恐怕不妥。各国共产党过去相互关系中间有些不愉快的事，不仅别的国家有，中国也有，但是我建议我们要看大局。苏联是个社会主义国家，是个消灭了阶级的国家。它由一个比较落后的国家变成一个世界上先进的国家。没有苏联，我们都有可能被人家吞掉。当然，要说没有苏联，社会主义各国就统统被帝国主义吞下去，而且统统消化掉，各个民族都灭亡了，那也不见得。但是无论如何，不能不看到，现在我们的敌人是全副武装的，我们只有一个苏联有全副武装，这就是大局。其他我们一些小别扭是小局。小道理要服从大道理。应该承认，现在苏联同志的作风有很大的改变，并且还会改变，还会进步。苏联的发展是一个曲线，它是按照辩证法走路的。列宁的辩证法，斯大林的形而上学（若干部分，相当大一部分），现在又在回到辩证法。我很高兴，看见苏联同志们的一些辩证法的文章，讨论社会主义社会的矛盾，社会主义国家相互间的矛盾。斯大林时代就不敢讲。我到莫斯科来了两次，头一次使人不愉快。“兄弟党”，那是一句话，讲得好听，实际上不平等。现在我感觉到有一种平等气氛。所以我认为：第一，现在承认以苏联为首有必要，承认以苏联共产党为会议召集人有必要；第二，这在现在没有害处了。

同日 和宋庆龄、邓小平、彭德怀等前往捷克斯洛伐克驻苏联大使馆，吊唁萨波托斯基总统去世。

11月15日 下午五时半，听取中方代表关于宣言起草委员会争论情况的汇报〔1〕。

同日 下午六时半，在波兰代表团住处同哥穆尔卡举行第二次会谈，就起草委员会商谈中存在的三点分歧意见进行了坦诚的讨论，最终达成比较一致的意见。（一）把“美国侵略集团依靠实力政策企图独霸世界”一句中的“独霸世界”，改为“独霸世界大部分地区”。（二）把“企图在社会主义国家里复辟资本主义”一句中的“复辟资本主义”，改为“进行颠覆活动”。（三）把“美帝所采取的侵略政策使它成为世界反动之中心”一句中的“使它成为”，改为“企图使它成为”。毛泽东说：这样提对你们可能接近些，我们是退了一步，这表示我们是想妥协的。这次应创造一种有事能商量的气氛。

同日 晚十时，应赫鲁晓夫邀请在苏联大剧院观看古典芭蕾舞剧《天鹅湖》。

---

〔1〕 据《杨尚昆日记》记载：“起草委员会争论了一天，有几个问题还未与波兰取得协议。”

同日　晚十一时半，在克里姆林宫住所同赫鲁晓夫等谈话，通报和哥穆尔卡交换意见的情况，并商议有关第二天会议的问题。

11月16日　下午三时，率中国代表团的邓小平等出席社会主义国家共产党和工人党代表会议第二次全体大会。在苏斯洛夫报告宣言草案的修改情况后，毛泽东首先讲话。他说：我认为我们的宣言是好的。我们用了一个很好的方法达到目的，这就是协商的方法，坚持了原则性，又有灵活性，是原则性、灵活性的统一。这么一种进行协商的气氛现在形成了，在斯大林的后期不可能。我们没有强加于人。我们现在用说服的方法代替了压服的方法。我们的方法是又有中心，又有大家，中心与大家的统一。在一种意义上，也可以说又有集中，又有民主。这个宣言是正确的。它没有修正主义或者机会主义的因素，也看不见冒险主义，是一篇马克思列宁主义性质的宣言。这个宣言总结了几十年的经验，尤其是最近几年的经验。有些经验是从痛苦中得来的，这些痛苦教育了我们。我们不要对于这些痛苦生气。相反，我们要感谢这些痛苦，因为它使我们开动脑筋，想一想，努力去避免那些痛苦。果然，我们就避免了那些痛苦。会议通过了《社会主义国家共产党和工人党代表会议宣言》（又称“莫斯科宣言”）。

11月16日—19日　各国共产党和工人党代表会议在莫斯科举行，六十八个国家的共产党和工人党代表团出席会议〔1〕。

11月16日　下午五时半，会见高士率领的印度共产党代表团，邓小平在座。在谈话中介绍中国革命和建设的经验，阐明中国的内外政策。毛泽东说：我们解决台湾问题，有两个办法，一为和平解放，一为武力解放。他们总是要打，我们总是要和。打也打不成，和也和不成。美国怕我们打过去，便提出了一个办法，

---

〔1〕　其中有4个党由于所处的特殊环境，没有公开党的名称。

他们说我们来谈吧。那好，谈便谈吧！谈判在日内瓦举行。他们的谈判代表是美国驻捷大使，我们的谈判代表是我国驻波大使。我们的政策是，在任何国际会议上，只要有蒋介石分子，我们决不参加。我们对西方国家的总方针是不依靠他们，而依靠兄弟国家。这对我们是有利的。被压迫的人民是受我们的政治影响的，但是他们也是受反动派影响的。反动派正在设置条件反射，天天讲共产党很坏，老讲老讲，于是劳动人民就受了欺骗。我们也要设置条件反射，就是要艰苦地耐心地做群众的说服教育工作。不仅要对工人做工作，而且还要对农民做工作。假如我们不努力在农民中设置条件反射，就不可能设想革命会取得胜利。革命的发展总是经过迂回的道路，逐步上升，而不是直线的发展。把革命看成直线发展，是形而上学。把革命看成曲线与直线的统一，是辩证法。

11月17日 下午三时，率中国代表团全体成员出席苏共中央主席团在克里姆林宫为招待参加十月社会主义革命四十周年庆祝典礼的各国代表团举行的宴会。毛泽东讲话，说：我们开了两个很好的会，大家要团结起来，这是历史的需要，是各国人民的需要。中国有句话：两个泥菩萨，一起都打碎，用水一调和，再来做一个，我身上有你，你身上有我。

同日 下午六时，和邓小平、彭德怀等在莫斯科大学大礼堂接见在莫斯科学习的大约三千五百名中国留学生和实习生。毛泽东讲话。他说：世界是你们的，也是我们的，但是归根结底是你们的。你们青年人朝气蓬勃，正在兴旺时期，好像早晨八九点钟的太阳。希望寄托在你们身上。最近几天在莫斯科开了个会。这个会开得很好，既有集中，又有民主，这就是列宁的民主集中制。我们社会主义阵营需要有一个头，就是苏联；各国共产党也得有个头，就是苏联共产党。我们的敌人是有头的，那就是美国。我们如果没有头，就是只有民主，没有集中，就是无政府主义，力量就会削弱。现在世界上的风向变了。去年的气候对我们很不利，今年的气候好了。社会主义阵营和资本主义阵营之间的斗争，不是西风压倒东风，就是东风压倒西风。一个社会主义阵营，一个资本主义阵营，当中还有一个中间地带。帝国主义阵营中间，德、意现在不想打仗，英、美、法不合作。中间地带有十三亿人口，两个阵营都在争夺。现在看起来，他们大多数是倾向我们的，我们的影响比帝国主义的影响还是大一些。目前是世界局势的一个转折点。在人类历史上，十月革命是一个伟大的转折点。此外还有很多转折点，像斯大林格勒战役是第二次世界大战的转折点。现在，我们有两个人造卫星上天，六十八个国家的共产党开会，又是一个大的转折点。这是世界上两个阵营力量对比的转折点。从今以后，西风压不倒东风，东风一定要压倒西风。真正彻底的社会主义革命不是一朝一夕可以成功的。在我国，真正的社会主义革命的胜利，有人认为是在一九五六年，我看是在一九五七年。一九五六年所有制改变了，这是比较容易的，较困难的倒是人心，是人心之所向，是人们的思想。经过几个月来的大鸣、大放、大争，辨明了大是大非，右派并没有称心如意，中间派靠到我们这边来，看来我们基本上是胜利了。右派的进攻被我们打垮了，但是我们工作中的缺点还是存在的。建国八年来，我们工作中的缺点和错误是有的。这次整风就是要改正这些缺点和错误，所以是一件大事。我们要认真地改。世界上怕就怕“认真”二字，共产党就最讲认真。我们的目的就是让全国六亿四千万人一起动手，人人振奋，移风易俗，改造我们的国家。要做到这一点，当然不是很轻易的，问题很复杂。我们现在生产力还很低，钢只有五百二十万吨。过了第二个五年计划后，将有一千二百万吨。再过一个五年计划，钢的产量可以到两千二百万到两千四百万吨。到第四个五年计划完成时，就会有四千多万吨。我问过波立特同志，再过十五年英国的钢产量可以到多少？他说现在是两千万吨，再过十五年顶多达到三千万吨。那末，再过十五年，苏联超过美国，中国超过英国，那时候世界的面貌就要大大改变了。要完成这个任务还需要十五年或者再多一点的时间。这个责任就落在你们身上了。我一开头就说了，世界是你们的。现在我再说一遍：世界是属于你们的。中国的前途是属于你们的。接着，毛泽东来到学生俱乐部，对在那里的中国留学生说：我只说三句话。第一，和苏联朋友们要亲密团结；第二，青年人既要勇敢又要谦虚；第三，祝同学们身体好、学习好、将来工作好。随后，参观了莫斯科大学中国留学生宿舍。

同日 晚十时，在克里姆林宫住所同法国共产党中央书记、法共议会党团主席杜克洛会谈，详细了解法国和西方阵营的对外政策，以及资本主义国家中各共产党之间的关系，邓小平、杨尚昆在座。毛泽东说：一个国家的党不自己形成一个马克思主义的有理论基础的核心骨干是不行的。在这次会议的宣言上，我们提出加上一句话，各国党的事情由他们自己决定，这样对各个党就没有束缚了。各个党都会自己坚持原则。不要为别人起草决议，马列主义原则比什么决议都好。

11月18日 下午，在各国共产党和工人党代表会议上讲话，着重谈国际形势和团结问题。（一）关于国际形势。毛泽东说：现在我感觉到国际形势到了一个新的转折点。目前形势的特点是东风压倒西风，也就是说，社会主义的力量对于帝国主义的力量占了压倒的优势。究竟是东风压倒西风，还是西风压倒东风？我有十件证据来说明这个问题。第一件，美国人、英国人请求苏联帮助打败德国和日本。这件事很有说服力，说明物质力量多少不完全决定问题，人是主要的，制度是主要的。第二件，中国革命。第三件，朝鲜战争。整个朝鲜战争差不多打了三年。双方同意讲和。那么厉害、有那么多钢的美国人，也只得如此。第四件，越南战争。法国人被胡志明打得呜呼哀哉，于是乎有日内瓦会议，把大半个越南划给越南民主共和国。第五件，苏伊士运河事件。两个帝国主义国家进攻，打了几天，苏联人讲了几句话，就缩回去了。当然还有第二个因素，就是全世界在讲话，反对英法侵略。第六件事是叙利亚。美国作好了计划要打，又是苏联人讲了几句话，还任命了一个将军。做了这两件事，他们说不好打了。第七件，是苏联抛上了两个卫星。由这七件事，我想可以得出一个概念：西方世界被抛到我们后面去了，永远地抛下去了。在苏联发射人造卫星以前，社会主义国家在人心归向、人口众多方面已经对于帝国主义国家占了压倒的优势；而在苏联发射人造卫星以后，就在最重要的科学技术部门方面也占了压倒的优势。中国从政治上、人口上说是个大国，从经济上说现在还是个小国。要把中国变成一个真正的大国。赫鲁晓夫同志告诉我们，十五年后，苏联可以超过美国。我也可以讲，十五年后我们可能赶上或者超过英国。归根结底，我们要争取十五年和平。到那个时候，我们就无敌于天下了，没有人敢同我们打了，世界也就可以得到持久和平了。第八件是英国退出亚洲、非洲很大一片土地。第九件是荷兰退出印尼。第十件是法国退出叙利亚、黎巴嫩、摩洛哥、突尼斯。我看所有帝国主义国家都是下午六点钟的太阳，而我们呢，是早上六点钟的太阳。问题是不能用钢铁数量多少来作决定，而是首先由人心的向背来作决定的。历史上从来就是如此。历史上从来就是弱者战胜强者，没有枪的人战胜全副武装的人。我们的道路是曲折的，是按照螺旋形上升的。为了同敌人作斗争，我们在一个长时间内形成了一个概念，就是说，在战略上我们要藐视一切敌人，在战术上我们要重视一切敌人。也就是说在整体上我们一定要藐视他，在一个一个的具体问题上我们一定要重视他。打仗只能一仗一仗地打，敌人只能一部分一部分地消灭。这叫做各个解决，军事书上叫做各个击破。（二）关于团结问题。毛泽东说：这次大会反映了全世界无产阶级和人民的上升的朝气、东风压倒西风这么一种形势，并且一致承认要有一个头，这个头就是苏联，就是苏共中央。我高兴哥穆尔卡同志昨天的演说，他说，承认苏联为首是一个真理，不是人为的，是历史上自然形成的。我又高兴南斯拉夫的同志们在第二个宣言上准备签字。这表示一件什么事情呢？就是表示团结。在团结问题上我想讲一点方法问题。我说对同志不管他是什么人，只要不是敌对分子、破坏分子，那就要采取团结的态度。对他们要采取辩证的方法，而不应采取形而上学的方法。什么叫辩证的方法？就是对一切加以分析，承认人总是要犯错误的，不因为一个人犯了错误就否定他的一切。一个好汉也要三个帮，一个篱笆也要三个桩。这是中国的成语。中国还有一句成语，荷花虽好，也要绿叶扶持。我们中国还有一句成语，三个臭皮匠，合成一个诸葛亮。辩证法的基本观点就是对立面的统一。对犯错误的同志第一是要斗争，要把错误思想彻底肃清；第二，还要帮助他。一曰斗，二曰帮。从善意出发帮助他改正错误，使他有一条出路。我提议同志之间有隔阂要开谈判。也就是说，在不损伤马克思列宁主义的原则下，接受人家一些可以接受的意见，放弃自己一些可以放弃的意见。这样我们就有两只手，对犯错误的同志，一只手跟他作斗争，一只手跟他讲团结。斗争的目的是坚持马克思主义原则，这叫原则性，这是一只手。另一只手讲团结，团结的目的是给他一条出路，跟他讲妥协，这叫做灵活性。原则性和灵活性的统一，是马克思列宁主义的原则，这是一种对立面的统一。无论什么世界，当然特别是阶级社会，都是充满着矛盾的。没有一处不存在矛盾，没有一个人是不可以加以分析的。如果承认一个人是不可加以分析的，就是形而上学。总之，对立面的统一是无往不在的。我说辩证法应该从哲学家的圈子走到广大人民群众中间去。斯大林领导苏联党做了伟大的工作，他的成绩是主要的，缺点错误是第二位的。但是他在一个长时间内发展了形而上学，损害了辩证法。个人崇拜就是形而上学，任何人不能批评他。我看苏联的四十年是一个辩证法的过程。列宁的辩证法，斯大林有许多形而上学观点，这些观点见之行动，达于极点，势必走到它的反面，再来一个辩证法。最后，再讲一句：我赞成两个宣言。

同日　晚上，在克里姆林宫住所同陶里亚蒂举行第二次会谈，详细询问意大利共产党和社会党的情况，以及意大利社会的有关情况。杨尚昆在座。毛泽东说：必须大力争取十年到十五年的和平。十五年以后战争就很难打起来了。我所指的是世界范围的战争。当然，帝国主义内部还是可能局部打仗。世界上要出现二三十年的僵局。世界是一定要爆炸的。有两个爆炸的方法。一个是战争的方法。如果苏联、中国发展很快，这种爆炸的可能性就不大了。可能性不是没有，但是大大减少了。第二种爆炸是革命的爆炸。美国虽然也会出来干涉，但是这种爆炸的可能性最大。我们不怕美国的干涉。印度独立的时候，英国不是跑了吗？越南、摩洛哥、突尼斯、叙利亚不是也独立了吗？埃及也独立了，英国不服，在苏伊士运河刚一出兵就退回去了。我看了名叫《警察与小偷》的意大利电影，里面反映资产阶级性质的反美情绪，也反映意大利人民的反美情绪。

11月19日　下午，率中国代表团全体成员出席各国共产党和工人党代表会议。会议一致通过《和平宣言》。接着，进行《社会主义国家共产党和工人党代表会议宣言》签字仪式，毛泽东代表中国代表团签字。

同日　晚七时，会见苏联外交部部长葛罗米柯。

同日 晚九时半，在克里姆林宫住所会见卡德尔[1]率领的南斯拉夫共产主义者联盟代表团，杨尚昆在座。双方就两党的国内外政策和国际共产主义运动的团结问题交换意见。（一）关于各国共产党和工人党代表会议。卡德尔说：昨天您在世界共产党代表会议上的讲话中对帝国主义的估计，我们认为是正确的。我们没有在社会主义国家共产党代表会议的宣言上签字，不是因为我们反对社会主义国家的团结，也不是因为我们对社会主义力量估计不足，而是因为我们的处境不同。毛泽东说：我很高兴你们在六十四国共产党代表会议的宣言上签了字。你们虽然没有在十二国共产党代表会议的宣言上签字，但终究会有一天大家在一起签字的。卡德尔说：我们很高兴毛泽东同志所说的话，需要给我们更多的时间，因为我们的情况不同。尽管如此，我们的目的和方向是一致的。（二）关于社会主义阵营的团结和对斯大林的评价。毛泽东说：一切只听一个党，那是很危险的。原则一定要坚持，次要问题上要让步。卡德尔说：在一两个问题上暂时存在的分歧，不应该妨碍在十五个问题上的合作。我们常常是因为一两个问题而妨碍其他一切问题。毛泽东说：这是片面性，是形而上学。我批评过斯大林的这一点，这是他的错误当中的一部分。但是，他的错误即使有几十条，在他一生中也只占小部分，他大部分是正确的，反映了苏联和苏联人民的努力。卡德尔说：我们对斯大林是有意见的，和他的冲突很大。但我们没有忘记他在第二次世界大战中间保持了社会主义，他和苏共支持了所有共产党人，历史会对他的功绩作出结论的。毛泽东说：这不是斯大林个人作出的功绩，而是苏联全党和全国人民作出的功绩。卡德尔

---

〔1〕 卡德尔，当时任南斯拉夫共产主义者联盟中央执行委员会委员、南斯拉夫联邦执行委员会副主席。

说：对，错误也不只是斯大林一个人的。毛泽东说：错误是一种社会现象。每个党都有自己的缺点。我们党在历史上犯了许多次错误，我们也有责任，不能只怪共产国际和斯大林，我们是中央犯了错误。斯大林的问题，过些时候你们可以谈，先批评他，然后原谅他。再过十年，你们人民的气就消了。我和波兰同志也谈了这个问题。（三）关于矛盾学说和辩证法。卡德尔说：同意您的看法，一切都是在矛盾中发展的，没有任何事物是直线发展的。我们同意您说的社会主义社会中存在着矛盾。毛泽东说：这是我们的思想基础。辩证唯物主义不仅适用于社会主义，而且适用于一切社会形态。事物总是肯定——否定——肯定——否定的。不变和不发展是形而上学的反映。卡德尔说：您的论人民内部矛盾的文章在我国引起了热烈的争论。毛泽东说：但我还有很多辩证法问题搞不清楚，需要继续研究。

11月20日 在克里姆林宫住所同哥穆尔卡举行第三次会谈，邓小平在座。毛泽东说：在走以前，我还要同赫鲁晓夫同志谈对外国党进行批评的问题。一般地讲，我们是不赞成公开批评的。各个党及民族都很敏感。假如有错误的话，为什么不通过本国的党出来批评呢？同样是正确的意见，但由外国人提出就不能接受。至于错误的批评，那损害各国的利益就大极了。像路线这样的思想问题，短期是不能解决的，要很长时间，要用科学的、很有说服力的语言才能说服人，单单大喊大叫“打倒”是不行的。人和肉体可以打倒，但魂魄打不倒，魂魄过了一个时期还会在很多人的脑子里复活起来。第三国际的头和尾巴好。头是列宁，他对各国共产党的建立起了作用。尾巴是季米特洛夫。历史也很怪，社会主义国家的成立都是没有国际的时候。去年四月米高扬到北京，建议成立社会主义国家的联络局来代替情报局，并且要出个刊物。我建议不要成立联络局，也别出刊物，召集会议就是了，不要成立像第三国际和情报局这样的固定机构，成立了会害死人的。会议有事则开，无事则不开，并且事先要有题目，要有一个文件供各国参考。这一次会议也有一个文件，只是时间迟了些。我们上月二十八日才接到它。在国内来不及从容讨论了，因此就采取早一点到莫斯科来的办法。二号到的，三号、四号、五号赶出了一个文件。他们有两个文件，两个我们都不能接受。内容上有百分之九十是可以接受的，但百分之十不能赞成。另外，应有的一些东西其中没有，文章的写法和逻辑的安排等也不能接受。所以六号才与苏联同志交换意见。两个代表团扯了五天。到十一号，各个代表团才得到两党共同提出的宣言草案。十一号到十六号，这才基本上达成协议。昨天签字前，胡志明和高士还提出了两点意见。可见要有很多脑壳才行，一个脑壳不成。毛泽东说：我还想讲一点意见，供你们参考。对犯错误的人应采取两种态度：政治上和思想上要进行严格的批判，决不能妥协；在组织结论上可以宽大些。这没有害处，在党内可以造成和平空气。我们党现在这个核心领导是经过多少年才形成的？从一九三五年遵义会议开始到一九五七年，共二十三年，这么久的时间。现在要动摇它是很难的。要在全国人民和全党面前证实你的领导路线正确，至少需要十年，我劝你们要有这点自觉。我对赫鲁晓夫说，米高扬到中国来解释斯大林问题时，我对他说了四个字"谨慎小心"。就是说别粗心大意，别以为一切都好了。有很多事是料不到的，可能炸弹就在我们脚底下。国内外一些料不到的事情一定会有的，不意识到这一点就等于毁灭自己。集体与个人两样东西，不能只有一个。只讲集体不讲个人，这有缺点。个人的作用与集体是对立的统一。自力更生为主，外国支持为辅。虽然为辅，但还是要支持，这并非依赖。要分别依赖和依靠。我们是互相依靠嘛，决不依赖。

同日 下午五时，在克里姆林宫的叶卡捷琳娜大厅会见苏联各界著名人士。宋庆龄、邓小平、郭沫若、乌兰夫、陆定一、陈伯达、沈雁冰、杨尚昆、胡乔木、刘晓等参加，赫鲁晓夫等苏联党和国家领导人陪同。应邀出席会见的有：苏共中央各部负责人、苏联政府各部部长、苏联元帅，苏联科学院主席团全体委员、科学院所属各研究所的负责人，著名的科学家、工程师、诗人、作家、画家、作曲家，妇女和青年代表，苏中友好协会和各社会团体的负责人，苏共莫斯科市委负责人和各大报刊总编辑。

同日 晚七时，和中国代表团全体成员出席苏共中央主席团在克里姆林宫举行的送别宴会。

同日 晚十时，和宋庆龄、邓小平、李先念、乌兰夫、陆定一、陈伯达、杨尚昆、胡乔木等中国代表团成员乘专机离开莫斯科回国。赫鲁晓夫等苏联领导人及各界代表几百人到机场送行。本日，致信苏联《真理报》编辑部，感谢苏联人民对中国代表团所表达的诚挚的情谊。途经伊尔库茨克时，受到苏联当地党政领导人和群众代表的欢迎。在伊尔库茨克致电赫鲁晓夫、伏罗希洛夫、布尔加宁，对苏联共产党、苏联政府和苏联人民非常亲切的接待和深厚的兄弟情谊表示感谢。

11月21日 下午一时十分（北京时间），和宋庆龄、邓小平、李先念、乌兰夫等中国代表团成员抵达北京南苑机场，刘少奇、周恩来、朱德等到机场迎接。

11月22日 下午，同胡乔木谈起草关于各国共产党和工人党代表会议的社论问题。二十五日，《人民日报》发表题为《伟大的革命宣言》的社论。

11月24日 阅周扬十一月二十一日报送的他在中国作家协会党组扩大会上所作的题为《不同的世界观，不同的道路》讲话的修改稿，批示：“周扬同志阅后，即送胡乔木同志转小平同志：

此事前日和你[1]顺便谈过：应印发给以小平为首的会议各同志，作一二次认真的讨论（事前细看周文），加以精密的修改，然后发表。发表前可送我看一次。会议讨论时要有周扬和其他几位文艺领导同志参加。此事请你告小平办。这是一件大事，不应等闲视之。我现在不看。待小平会议讨论再加修改后，我再看。”这个讲话修改稿，是在周扬九月十六日讲话的基础上根据毛泽东等人的意见修改而成的。周扬的讲话，后来以《文艺战线上的一场大辩论》为题，在一九五八年二月二十八日《人民日报》发表。

11月25日 复信湖南师范学院语文系学生张明霞：“来信早收到，迟复为歉！《蝶恋花》[2]一词可以在你们的刊物[3]上发表。《游仙》改《赠李淑一》。祝你们好！”

同日 晚上，在中南海勤政殿会见由苏中友好协会主席安德列耶夫率领的苏联各界代表团，宋庆龄、吴玉章、廖承志[4]等在座。

11月27日 晨，同彭真谈话。

---

〔1〕 指胡乔木。

〔2〕 即《蝶恋花·答李淑一》一词。这首词是毛泽东1957年5月11日写给当时的湖南长沙第十中学语文教员李淑一的，原题为《蝶恋花·游仙》。

〔3〕 指《鹰之歌》。这是湖南师范学院语文系张明霞等9位同学组织的“十月诗社”办的一个油印诗刊。他们从李淑一处抄录到毛泽东写的《蝶恋花》词以后，于1957年6月1日写信给毛泽东，要求允许在《鹰之歌》上发表。毛泽东回信时《鹰之歌》已停刊，这首词于1958年1月1日在湖南师范学院院刊《湖南师院》首次发表，题为《蝶恋花·赠李淑一》。1963年12月出版的《毛主席诗词》，题目改为《蝶恋花·答李淑一》。

〔4〕 吴玉章，当时任中国人民大学校长、中国教育工会全国委员会主席、中国文字改革委员会主任、中苏友好协会总会副会长。廖承志，当时任中共中央统战部副部长、中央国际活动指导委员会副主任委员、国家华侨事务委员会副主任、中华全国民主青年联合会主席。1958年3月又任国务院外事办公室副主任。

同日　下午二时半，在中南海颐年堂召集刘少奇、周恩来、朱德、邓小平、彭真、杨尚昆等开会。下午三时半，主持召开中共中央政治局扩大会议。出席会议的有：刘少奇、周恩来、朱德、邓小平、彭真、罗荣桓、陈毅、李富春、贺龙、李先念、乌兰夫、张闻天、陆定一、陈伯达、康生、薄一波、谭震林、李雪峰、刘澜涛[1]、聂荣臻、黄克诚、罗瑞卿、邓子恢、杨尚昆、胡乔木、赖若愚。

11月29日　下午，同薄一波谈话。

12月2日　上午，同李富春谈第二个五年计划问题。

同日　下午，和刘少奇、周恩来、朱德、邓小平等在全国政协礼堂出席中国工会第八次全国代表大会开幕式。出席开幕式前，分别接见工会八大主席团全体人员和前来参加工会八大的各国工会代表团。

12月4日　致电印度尼西亚总统苏加诺，对他十一月三十日突遭歹徒袭击表示慰问。电报指出："中国人民坚决支持印度尼西亚为收复西伊里安而进行的正义斗争，并且深信一切危害印度尼西亚民族利益的阴谋活动一定要失败。"

同日　下午，同黄敬谈第一机械工业部的情况。

12月5日　上午，同王鹤寿[2]谈话。

12月6日　下午，在中南海颐年堂主持召开中共中央政治局常委会议，听取彭德怀关于中国军事代表团访问苏联情况的汇报，刘少奇、周恩来、朱德、邓小平出席，彭真列席。

12月7日　阅十二月四日《安徽日报》社论《四害不除，

---

〔1〕 李雪峰，当时任中共中央书记处书记、中央工业工作部部长。刘澜涛，当时任中共中央书记处候补书记、中央监察委员会副书记。

〔2〕 王鹤寿，当时任国家建设委员会主任、冶金工业部部长。

决不罢休》，批示：“送胡乔木同志：（一）此文好，转载并广播。（二）中央和国务院应联合发一个指示，号召全民动员，讲卫生，除四害，立即动手，分步进行；此点请你和邓、周一商，指人起草，两星期内务必发出。（三）接着《人民日报》写一篇好社论。”〔1〕八日，《安徽日报》社论在《人民日报》转载。

同日 中午，同罗瑞卿谈话。

同日 下午三时，在中南海颐年堂会见由国防部部长洛姆斯基上将率领的捷克斯洛伐克军事代表团，周恩来、彭德怀、萧华、萧向荣在座。

同日 下午五时半，在中南海颐年堂召集周恩来、李富春、李先念、薄一波、王鹤寿、黄敬开会。

12月8日 上午九时二十分，同林铁谈话。

同日 上午十一时，在中南海颐年堂同各民主党派负责人和无党派民主人士谈话，刘少奇、周恩来、朱德、邓小平、彭真等参加。毛泽东谈三个问题。（一）关于莫斯科会议。莫斯科会议有很深远的意义。人们对世界被压迫人民的力量和共产党的力量常常是看不上眼的。对客观形势的估计不足，是值得大家注意的。莫斯科会议的两个宣言，讲的都是原理原则的事，没有规定什么具体任务。重申马列主义的原理原则和对国际形势作出估计，有必要。许多人往往过高估计西方力量，以为美国了不起。我在六十八国会议上举了十个证据，证明世界形势到了新的转折点，资本主义远远地抛在我们后面了。这些事实，都表现了反帝国主义的力量超过了帝国主义的力量。国际形势对我们有利，但

〔1〕 1958年2月12日，中共中央、国务院发出《关于除四害讲卫生的指示》。13日，《人民日报》发表题为《一定要在全中国除尽“四害”》的社论。

也要估计到有少数疯子闹乱子。基本的情况是帝国主义不敢打。两方面都怕，只说帝国主义怕我们不合事实，我们也怕他们。我看，帝国主义怕我们多一点。归根结底是争取十五年和平。在全国人民中要进行教育，各民主党派也要进行教育，要有革命的乐观主义，要长自己的志气、灭他人的威风。（二）关于十五年赶上英国的问题。以十五年或稍多一些时间，在钢铁和其他重要工业产品的产量方面赶上或超过英国，是可能的。电力：英国现有九百多亿度，二千四百万千瓦；我们只有一百九十亿度，四百多万千瓦。我们如有年增百分之十八点二的速度，就能在十五年后赶上英国。我国有丰富的水力资源可用来发电，英国则很少水力资源。煤：英国一九五六年产煤两亿二千万吨，但挖得差不多了；我们一九五六年产煤一亿二千万吨，今后可发展。我国地下资源丰富。钢：英国一九五六年已达两千一百万吨；我们一九五七年五百二十万吨，第二个五年计划（到一九六二年）可达一千二百万至一千五百万吨，到一九七二年可能超过四千万吨，英国是不能达到这个水平的。重要的是搞农业。工农业像一个人的两只脚，缺了一只就成跛子。工业生产，在第二个五年计划中，百分之九十至九十五的机器可以自己制造，到第三个五年计划时全部都可以造了。再过十年八年，卫星、火箭都可以造。最难造的是棉花和粮食，要把农业切实搞一下。发展农业希望各民主党派和知识分子都要注意。（周恩来：要争取在十五年后，工业超过西方的英国，农业单位面积产量超过东方的日本。）（三）对右派分子的处理。右派同我们唱了对台戏。对台戏也有两种，一种是不相容的，一种是和平共处的。等几个月，要同右派谈谈，指出两条路，坚持右派立场，或者接受多数人的意见进行改造。要化无用为有用，化消极因素为积极因素。右派中可能有部分人会分化的，我看可给他们充分的时间。对右派的处理，现在就要准备，希望各民主党派研究。第一，要处理，要处分，否则会脱离群众；第二，处分过严也不利，要批判从严、处理从宽，除个别很坏的以外，选举权不取消，有一些还给他一些地位。这样做的理由，一是为了争取中间。在知识分子中，有大量的人看我们如何处理右派，处理过分了，会伤他们的心，会不高兴。二是为了分化右派，希望三七开，十个人大概有七个人可争取。给他们五年、七年的时间，那时思想有觉悟，改造好了，右派帽子可以取消。

同日　下午，乘专机从北京到达济南。在山东省委交际处同舒同、师哲、谭启龙[1]、林铁谈话。九日上午，同谭启龙、师哲谈话。

12月9日　下午一时十五分，乘专机从济南到达南京。同江渭清、刘顺元谈话。

同日　下午三时，乘专机到达杭州，住刘庄。

12月12日　致电非洲人国民大会秘书长达姆波转非洲人国民大会第四十五次年会："值此非洲人国民大会召开第四十五次年会之际，我代表中国人民对南非人民争取基本人权和反对种族歧视的斗争表示同情和支持，并且祝你们在团结南非各族人民争取和平和民主的事业中不断获得成就。"

同日　《人民日报》发表经毛泽东修改并经部分政治局委员事先看过的社论《必须坚持多快好省的建设方针》，全面阐述多快好省的建设方针，批评反冒进思想。

12月14日　下午，在杭州南屏游泳池会见由副总理吴巴瑞、吴觉迎分别率领的缅甸友好代表团和缅甸经济考察团，周恩来等在座。毛泽东说：我们同印度、缅甸、老挝、柬埔寨都是友

---

〔1〕谭启龙，当时任中共山东省委书记处书记、山东省政协主席。1958年11月又任山东省省长。

好的邻国，所以我们对我国的西南部很放心，对北部也很放心，因为有苏联、朝鲜和蒙古人民共和国。现在我们不放心的是东部，美国利用这些地方搞我们的鬼。我们的海岸线很长，有一万八千多公里，所以我们要更注意海防。中国国家大，事情多，连管自己都管不过来，怎么还会想到去侵略别人呢？我们人口虽多，但是可以依靠自己满足人民的吃、穿。有些西方观察家认为，中国人多，将来出路成为问题。他们不知道，中国平均养活一个人只要一亩地就够了，有些地方只要半亩。估计到二十世纪末中国人口将达到十亿，可是到那时我们的工农业都发展了，因此不会发生对外扩张的事。重工业是工业的基础。开始时苏联供给我们成套设备，慢慢地我们自己就可设计和制造机器了。旧中国的机器制造业很落后，多数只是一些修配厂。现在我们可生产百分之六十的国内需要的机器，再过五年就可达到百分之九十以上，基本上可自给。第一个五年计划中规定建立八百项工业企业，其中一百多项是苏联帮助设计和建立的，六百多项由中国自己的技术人员设计。国民党最后为什么会垮台，应该说他们在统治中国这么长的时间内没有搞出什么名堂来是原因之一。我们都是亚洲国家，建设国家的任务基本上是一样的。当然，我们之间也可能产生一些误会，不过这是很少的。

12月15日 下午，同柯庆施、江华谈话。

12月16日 中午，在杭州刘庄会见胡志明，并共进午餐，周恩来、柯庆施、江华参加。

同日 下午，在杭州刘庄主持召开华东五省一市党委第一书记会议，周恩来、柯庆施、舒同、曾希圣、刘顺元、叶飞、江华出席。毛泽东讲话，要点如下：（一）国内矛盾。究竟哪种矛盾是主要的？敌我矛盾，或者人民内部矛盾？有些同志说，如果把夏季形势那篇文章拿到春季讲，就好了。他们就是不主张讲人民内部矛盾是主要的，不主张说服，要压服，强调要斗争，不要团结。三中全会讲无产阶级与资产阶级的矛盾是主要矛盾，但不提是敌我矛盾。敌我矛盾是指同帝国主义、封建主义、官僚资本主义及资产阶级中的右翼的矛盾。这个矛盾已基本解决，现在斗争的锋芒主要是对资产阶级。右派分子反党、反社会主义，是敌我矛盾性质。但是右派是少数，三大敌人已基本解决，敌我矛盾不能成为主要矛盾。无产阶级与资产阶级的矛盾，才是主要矛盾。为什么现在不公开宣传？因为劳动人民内部的矛盾是大量的，例如乡社干部与社员的矛盾，是一个阶级内部的矛盾。领导与群众的矛盾，工厂、机关、学校内部的矛盾，也是一个阶级内部的矛盾。所以，无产阶级与资产阶级的矛盾是主要矛盾不能说早了，说迟点有利于整风。说早了，干部就有借口不整风了。人民内部矛盾有两类，最大量的是乡社干部与社员、厂矿干部与工人之间的矛盾。这种矛盾，不是剥削者与非剥削者的矛盾，是劳动人民内部的矛盾。这是第一类。第二类是剥削者与非剥削者的矛盾，即工人阶级与资产阶级、小资产阶级的矛盾，这是阶级矛盾，但是当作人民内部矛盾来处理，仍然要采用团结——批评——团结的方针。右派实际上是敌人，但是不作反革命处理，不捕、不杀、不剥夺选举权。（二）抓工业、农业、思想。要抓的问题多，主要抓工业、农业、思想（包括学校、科学）。各省以农业为重点，城市工农业同时并举，城市支援农业。思想是意识形态问题，它包含各个部门。此外，社会科学如美学、历史学、法学、哲学、政治经济学等都要去抓。如历史分期问题，什么时候由奴隶制过渡到封建社会，很多人不以所有制去分，而以工具去分。主要把工业、农业、思想三者抓住了，总不会错。（三）整风重点要注意城乡基层，农村合作社、城市厂矿、手工业社、中小学、街道，主要是乡村要认真搞。要说服，不要压服。整好了再选举，明年上半年基本搞完。（四）计划要搞八种：工业（包括交通）、农业、教育、卫生、文化、科学（省不搞科学不得了）、内外贸易（包括物价）、劳动工资。省、地、县、区、乡、社都要搞，搞比不搞好。先粗后细，半年搞好，每年修改一次。（五）交流经验。各省开会互派代表团。第一书记常抽出时间到外省跑跑，不要老死不相往来。省际交流，还有内部交流。书记与常委是否都要在家里集体领导？第一书记起，包括其他书记、常委，每年在省会只能住八个月，四个月外出，分批跑。强弱相比，推动前进。只要方法适当，一个县只要几天就行了，不要久。（六）防治三种病：人的病、动物病、植物病。以清洁卫生除四害为中心。防治血吸虫病、除四害，要搞一个专门的委员会。

12月17日　晨二时，批示叶子龙〔1〕：“请于今日上午八九时通知舒同、曾希圣、江渭清、刘顺元、柯庆施、叶飞、周总理等七位同志看《中国共产党浙江省委员会向中国共产党浙江省第二届代表大会第二次会议的工作报告》这个文件〔2〕，在下午一时以前看完。其他工作，可以移到明天上午去做。没有这个文件的，由你立即向浙江省委找到，分发各人。”

同日　下午三时，继续主持华东五省一市党委第一书记会议，

〔1〕叶子龙，当时任中共中央办公厅机要室主任、毛泽东的秘书。

〔2〕这个文件是中共浙江省委第一书记江华1957年12月10日在浙江省二届二次党代会上的工作报告。报告共9个部分：一、整风运动和反右派斗争；二、农村工作；三、工业生产和工人阶级；四、财贸工作；五、知识分子工作和文教工作；六、资产阶级和民主党派；七、肃反问题；八、军事工作；九、党的工作。同年12月28日，《人民日报》发表了这篇报告，题为《坚持党的正确路线，争取整风运动在各个战线上全胜》，并加编者按语。

在听取发言时多次插话。插话的主要内容有：（一）党要领导军队。省委要去抓，要去过问，了解情况，使他们觉得对工作有益处，有帮助，他们自然会找你。已有八年不抓了，现在应抓。地方要进行自我批评，对军队联系不够，帮助不够。军队也要自我批评。党是阶级组织的最高形式。党是大权独揽，小权分散，集体领导与个人负责相结合。不要回避这句话："大权独揽，小权分散；中央决定，各方去办；办也有决，不离原则；工作检查，中央有责。"〔1〕我们要讲一元论，不能讲二元论。（二）讨论文件，要不等到成熟而先争论一番。要像农业发展纲要四十条一样，先是七条、十七条，最后发展到四十条。先从几点谈起，吹一吹，酝酿成熟。去年纠偏，吃了很大的亏。去年六月《人民日报》那篇社论〔2〕，没有把位置摆正。现在说清楚，只是基建、招工多搞了一点，工资增多了一些。如十个指头只有一个指头害病，不能讲十个指头都害病了。那篇社论位置没有摆正，把当时的一股子劲赶走了，吹掉四十条，吹掉多快好省，吹掉促进委员会，这是不好的。（三）去年阶级斗争缓和一下，原因是三大改造，敲锣打鼓，资产阶级、富裕中农随大流，斗争无目标，而且没有暴露左中右。后提"组织独立，政治自由"，资产阶级右派就疯狂起来。帮助一个同志要彻底帮助，不要袒护，否则将来总会有一天要怪你的。不敢批评，无非怕少选票。整风是在劳动人民中，主要是烧自己。对人民内部动口不动手，不能压服；就是对右派，也不能压服，仍然有官做。对认真检讨的人与不认真检讨的人，应该

〔1〕引文中的"中央决定"、"中央有责"在1958年的《工作方法六十条（草案）》中改为"党委决定"、"党委有责"。

〔2〕指1956年6月20日《人民日报》社论《要反对保守主义，也要反对急躁情绪》。

有所区别。对湖北刘介梅，如开除了党籍，我们就会不得人心。（四）业务要和政治结合。搞业务的同志，钻业务多，不讲政治。业务不能无政治。任何业务都有人与人之间的关系，这就是政治。现在业务部门不大注意政治。业务无政治（观点、立场、相互关系等）不行。财经、文教均有此问题。无对立面，专而不红，不讲形势，不研究主流、次要，不讲矛盾，不讲理论，不讲辩证法。光是算账，不搞意识形态，光搞物质基础。只讲生产，不进行社会主义教育，结果增不了产。光搞社会主义思想教育，不搞增产，也要垮台。只搞业务、不问政治的人，就是只专不红。（五）我们干部有两个问题。一是外来干部要学本地话，也要教育群众学普通话。要长治久安，言语不通怎么行？二是作风要改，作风不要生硬。干部要交流，本地干部办本地事，不见得有利。

同日 复信周世钊："来信收到，极为感谢。因忙迟复，幸谅。你好吗？我还可以，勿以为念。"

同日 复信李淑一："给我的信及祭文，均已收到。迟复为歉。寄上五百元，聊佐菽水，勿却。不久可能去你那里，可谋一晤。"

同日 复信孙燕："来信收到。我同意你的意见，不去乡村。你母亲年已六十，不能劳动，当然不宜下放。你年小，你母亲需要照料，可以不去。但此事应由党作决定。你可持此信和你母亲一道，去湖南省委统战部，找那里的负责同志谈一谈，请他作出决定。我这封信只是建议，不是决定。问你母亲和你好！去统战部时，可把你母亲照顾杨开慧同志的历史谈一下，使那里的同志了解情况。"

12月18日 下午三时，继续主持华东五省一市党委第一书记会议。在听取发言时，毛泽东插话，主要有：（一）要互相依靠，不要互相依赖。社会主义阵营各国互相依靠，依靠苏联，但不要依赖。各省几千万人口，也应如此。安徽搞水利，依靠群众不依赖政府，一年就挖了十二亿土方，这个意义很大。遇事就怕不认真，认真的思想可以把妖魔鬼怪打掉。有了计划就一定要认真贯彻执行。（二）干部下放。口号是“统一安排，劳动锻炼”。各部门要成立专门管干部下放的十人小组，十年之内干部轮流下放锻炼一次。新吸收人员时，先吸收已经锻炼过的。

同日 审阅陈赓十二月九日关于台湾飞机侵入大陆活动情况和加强内地防空作战部署给彭德怀并中共中央军委的报告，批示：“退彭德怀同志：非常必要。请你督促空军全力以赴，务歼入侵之敌。请考虑我空军一九五八年进入福建的问题。”

12月19日 中华人民共和国政府发表支持苏联政府的和平建议〔1〕的声明。

12月中旬 阅中国驻朝鲜大使乔晓光十二月十七日关于金日成会见他谈志愿军从朝鲜撤退问题的电报，及金日成十二月十六日给毛泽东的信。乔晓光在电报中说：“金日成同志十二月十七日约见我，谈关于从朝鲜撤退志愿军问题。他说：在莫斯科时，毛主席在两次谈话中都谈到志愿军从朝鲜撤退的问题。现经劳动党中央政治局两次讨论，认为毛主席所讲的精神很好，遂同意志愿军撤退到鸭绿江北，这样在政治上可以取得主动，有可能逼美军撤退，对南、北朝鲜人民都将有良好的影响，倘若有事，志愿军亦可随时出动。”金日成在信中表示：“关于在莫市和您所谈情形，我党常务委员会一致感到满意，并认为此次会谈必使今

〔1〕1957年12月10日，苏联部长会议主席布尔加宁分别写信给印度、美国、英国、法国、西德等国政府的领导人，提出关于世界和平的若干建议。同年12月12日，苏联政府向联合国的全体会员国政府和瑞士政府发出照会，重申这些建议。建议提出：苏联政府要求美国、英国同苏联一起，承担不使用核武器的义务，共同宣布从1958年1月1日起停止核武器试验，并且彼此协议不在德意志民主共和国、德意志联邦共和国和别国的领土上设置任何类型的核武器。

后朝中两党之间之团结友谊愈臻巩固。”

12月23日　下午，同江华、胡乔木、田家英谈江华在浙江省二届二次党代会工作报告的修改问题。

12月24日　下午，同胡乔木、田家英谈他在莫斯科共产党和工人党代表会议上讲话稿的修改问题。

12月25日　上午，致信胡乔木：“除四害通知〔1〕尚有缺点，不扎实，轻飘一些，这是因为没有研究各地已经取得的丰富经验，你脑子里对此问题还很不懂的原故。现在有大批经验了，可用一个星期的时间将全国各省、市、县见于报纸的经验一齐找来仔细看一遍，边看边想，形成成套思想，然后下笔成文。至少改三遍、五遍，找彭真、刘仁及北京有经验的除害干部二三人及科学家二三人开一二次会，发表意见，修正文件，字斟句酌，逻辑清楚，文字兴致勃勃。文件可以长一点，达一千字至二千字左右也可以。总之使人看了感觉解决问题，百倍信心，千钧干劲，行动起来。内容要把人人振奋，改造国家，带动消灭人病、牲口病、作物病的道理讲清楚，这是理论。然后讲办法，也要讲得入情入理，使人觉得切实可行，没有外行话。要写这一部分，也要认真研究，下苦功钻一下。然后讲到书记动手，报纸、刊物、广播、定期扫除、定期检查等事，作为结束。两星期内写好、通过、发出也就好了。送我看一次。莫斯科讲话，请打字送我再看一次，还觉得有需要修改之处。到济南时，可歇一宿，认真谈一下。那里的斗争文件，工业、农业计划，找一份带回去，认真看一遍。”

同日　晚上，胡乔木来电话说：今天没有去济南，因气候不好，飞机不能降落。今晚与舒同同志打了个电话，山东派人将文

〔1〕　指中共中央、国务院关于除四害、讲卫生的指示稿。

件送去北京（他们派人到北京或北京派人去都可以）。除四害文件照主席指示办。讲话稿明日送来。

12月26日 致电祝贺亚非团结大会召开。

同日 审阅在莫斯科共产党和工人党代表会议上的三次讲话的修改稿，退胡乔木。

12月27日 致信胡乔木："这里有一篇报道，一篇特写，一篇社论和几张照片，[1] 可以看一下。《人民日报》似可转载。请告新华社注意报道除四害和卫生运动。"

12月31日 审阅周恩来十二月三十日报送的《关于从朝鲜撤出中国人民志愿军的方案》，批示："同意。"周恩来在附信中说："这个方案是经中央政治局常委和书记处商议后拟出的，在得到主席批准后，拟在政治局一谈，然后再向苏方提出。"方案提出：志愿军在一九五八年底以前全部撤完，分为三批，每批各撤三分之一。第一批在一九五八年三月至四月撤回，第二批在七月至九月撤回，第三批在年底撤回。

12月 应苏联驻中国大使馆的请求，为定于一九五八年一月创刊的《苏中友好》杂志题写刊名。

---

〔1〕 指1957年12月26日《浙江日报》刊登的报道《人人动手家家扑打，一年四季坚持不懈，吴兴南浔已成"无蝇镇"》、特写《王阿金老太太积极除四害》、社论《除尽四害》和9张有关的照片。12月30日，《人民日报》转载了这些报道、特写、社论和其中的一张照片。

1958年　六十五岁

1月1日　《人民日报》发表题为《乘风破浪》的社论，再次强调“多、快、好、省”的方针，并提出“鼓足干劲，力争上游”的口号。这篇社论是根据毛泽东在莫斯科会议上多次讲话的精神写的。

1月2日　下午，在杭州谢家花园会见也门副首相兼外交和国防大臣巴德尔王太子一行，周恩来、曾涌泉〔1〕等在座。毛泽东说：所有阿拉伯世界的人都要团结起来。阿拉伯民族很大，而且有斗志。我们是在两条战线上，你们在西，我们在东，而敌人是一个。我们互相支持。阿拉伯国家石油多、财富多，但被帝国主义霸占去了。你们独立后可以自己开发，当然不是一天两天的事，但只要赶走了帝国主义，就可以训练自己的技术干部来开发。整个亚洲（日本除外）和非洲的经济比他们落后了一百年或几十年，但我们不会长期落后下去，总有一天要赶上他们，并且超过他们。

同日　阅一九五七年十二月三十日《新民报》晚刊登载的一则新闻《江苏红领巾支援四十条》，批示胡乔木：“红领巾新闻可阅，并可参看江苏报纸由新华社写一条新闻播发。”这则新闻报道了南京市雨花台区第一中心小学少先队员利用课余时间，为农业社积肥十三万斤，挖了一条长一百二十丈的“红领巾灌渠”

---

〔1〕 曾涌泉，当时任外交部副部长。

等。他们向江苏省少先队员提出开展“我们也来支援四十条”活动的倡议。江苏省教育厅和共青团江苏省委支持他们的倡议。后来这则新闻经过改写，由新华社播发，题为《我们也来支援四十条》。

同日　晚上，同柯庆施、江华、林铁、石西民等谈话。

1月3日　为中共中央起草《关于在全国开展以除四害为中心的爱国卫生运动的通知》。通知如下：“今冬必须在全国各地开始大举进行以除四害为中心的爱国卫生运动。各地尚未动员的必须立即动员起来。杭州市已决定在两年内基本肃清四害。上海市亦已大动起来。兹将一九五八年一月二日收到的《上海市开展冬季爱国卫生运动的情况》〔1〕一份转发给你们，请你们参照办理。今冬除四害布置，城市一定要到达每一条街道，每一个工厂、商店、机关、学校和每一户人家，乡村一定要到达每一个合作社、每一个耕作队和每一户人家。一九五八年十二月全国各省市自治区共二十七个单位将在北京开评比会议，比较各地成绩的大小。”

同日　阅《浙江日报》一九五七年十二月三十一日社论《是促进派，还是促退派》，批示：“乔木：此篇很好，可转载，并可广播。”并将社论中“在我们的队伍中，毕竟有少数人是促退派”一句中的“少数”改为“许多”。社论说：农业发展纲要四十条，浙江可以争取在第二个五年计划或稍多的一点时间内提早实现。我们共产党人在革命和建设事业中都应当是促进派，而不应当是

〔1〕《上海市关于开展冬季爱国卫生运动的情况》说：1957年12月19日，中共上海市委和市人委、工会、团委、妇委、卫生局等机关团体负责人和干部千余人组成100个突击队，进行了半天的除四害突击活动，在全市人民中做出了榜样。现在全市比较显著的蚊蝇孳生地初步进行了清除垃圾、堵竹节、挖蛹工作。

促退派。《人民日报》一月五日转载了这篇社论。

同日 阅《光明日报》一月一日发表的《十五年后赶上或超过英国》一文，批示："江青阅，此件很好，可惜未比电力。"文章比较了中英两国在钢、煤、水泥、机床、化肥生产等方面的差距，认为我国在十五年后赶上或超过英国主要工业产品的产量是可能的。

1月3日、4日 在杭州主持召开华东四省一市党委第一书记会议，柯庆施、江华、曾希圣、舒同、刘顺元和林铁等参加。周恩来出席会议。会议主要讨论工作方法问题。毛泽东先后两次讲话，共十七条。关于抓两个十二项，他指出：要抓农业方面的十二项，即水、肥、土、种（改良品种）、改制（如复种、晚改早、旱改水）、除病虫害、机械化（新式农具）、畜牧、副业、绿化、除四害、防治疾病讲卫生。还要抓另一个十二项，即工业、手工业、农业、副业、林业、渔业、牧业、交通运输业、商业、科学、文教、卫生。要全面规划，几次检查，年终评比。工业也要有个四十条，科学、文教也要有。全国搞几个经济协作的区域，有些省可以交叉。各地要互相支持，要认庙不认神。关于两类矛盾的问题，他指出：一类是敌我矛盾，一类是人民内部矛盾。人民内部矛盾分两类：一是无产阶级与资产阶级、小资产阶级之间的矛盾，这是阶级矛盾；还有劳动人民内部的矛盾。劳动人民内部矛盾，一部分属于阶级斗争性质的，如受封建思想影响，又如自由主义、个人主义、绝对平均主义都反映着私人所有制的问题；一部分是属于先进与落后的问题，是认识上的问题。阶级矛盾是主要的，是要搞社会主义嘛。三大改造实际上是两大改造，改造资产阶级，改造小资产阶级。阶级矛盾是过渡时期的主要矛盾，搞得好再有十五年就行，十五年加八年共二十三年，不用四十年。大量的是先进与落后的矛盾。劳动人民内部矛盾产生的原因：一、资产阶级、小资产阶级影响劳动人民。二、主观主义的原因。看不准，估计不足，右了。要经常提醒跟着形势前进。三、领导的原因。领导好一些，经常把几个问题放在心里想一想，同少数人吹一吹，这是一个重要方法。关于不断革命论，他说：我们的革命步骤是，一、夺取政权，把敌人打倒，这在一九四九年完成了。二、土地改革，一九五〇年至一九五二年三年内基本完成了。三、再一次“土地革命”，社会主义的，主要是实行生产资料集体所有制，一九五五年也基本完成，一九五六年有些尾巴。这三件事是紧跟着的，趁热打铁，不能隔得太久，不能去建立新民主主义秩序；如果建立了，就得再花力气去破坏。四、思想战线上政治战线上的社会主义革命——整风运动，这一次今年上半年就可完成，以后有问题还要搞。五、技术革命。技术革命属于生产力、管理方法、操作方面的问题，第二个五年计划要搞。前三个问题今后没有了，思想战线上政治战线上的革命仍旧有的，但重点放在技术革命。要大量发展技术专家，发动向技术好的人学习，在工厂、农村中要有初级的技术家。政治家与技术家结合起来。从一九五八年起，在继续完成思想战线上政治战线上革命的同时，着重放在技术革命方面。着重搞好技术革命，不是说不要政治了。技术与政治不应脱离，思想政治是统帅，政治又是业务的保证。毛泽东说：消灭阶级，再有十五年就好了，以后人与人之间的思想政治斗争（或者叫革命）还会有，但性质不同，不是阶级关系，都是劳动人民先进与落后之间的矛盾。这时的斗争也是分两部分，一是劳动人民受到资产阶级思想影响，一是属于主观主义——认识上的原因，或者还有领导的原因。十五年后，国家权力对内职能逐步地不存在了，都是劳动人民了。现在对劳动人民来说，国家权力也基本上不存在了，对劳动人民只能说服，不能压服，不能使用权力，用权力就是压服。

有人这样做，好像很“左”，其实很右，是国民党作风。打倒官气，十分必要，对敌人威风凛凛是对的，对人民就不行了。在这次会议上，毛泽东又批评了反冒进。在这次会议上，毛泽东还说：以后翻译的书，没有序言不出版。初版要有序言，二版修改也要有序言，《共产党宣言》有多少序言。许多十七、八、九世纪的东西，现在如何去看它。这也是理论与中国实际的结合，这是很大的事。

1月5日 晨零时三十分，在杭州刘庄同应邀从上海前来的周谷城、谈家桢、赵超构谈话，内容涉及逻辑学、遗传学、新闻学等领域，谈话至晨三时结束。

同日 中午，到杭州市爱国卫生模范单位小营巷视察卫生工作。先后走进巷内的六十一号、五十六号、四十二号居民大院，到居民家中了解卫生情况和生活情况，询问蚊蝇消灭了没有。随后，来到浙江省农科所，了解经该所改进的新式农具双轮双铧犁的功能和推广使用情况，听取他们的汇报，建议浙江省成立一个专门部门进行农具研究工作，还向所长借了一本关于土壤学的书。又到农科所的试验田，实地观看双轮双铧犁耕地的操作演示，并亲自扶犁耕地，实际感受双轮双铧犁的功能。

同日 下午，乘专机从杭州到达长沙。从机场直接去程潜家中拜访。晚上，在长沙观看木偶戏《追鱼记》，鼓励文艺工作者要整理好地方戏曲。

1月6日 上午，先后同周世钊、程潜谈话。下午乘专机从长沙到达南宁，住明园（今明园饭店）。

1月7日 下午，到邕江游泳。

1月8日 下午，同陶铸、周小舟谈话。

1月9日 下午六时，同中共广西省委负责人刘建勋、韦国清、伍晋南、贺希明、覃应机[1]谈话，周小舟参加，晚十时结束。

1月11日—22日 在南宁明园主持召开有部分中共中央领导人和部分中央部委、地方的负责人参加的会议，通称南宁会议。会议的主要议题是，讨论一九五八年的国民经济计划与国家预算问题，继续研究改进工作方法问题。会议印发的二十二个参考材料中有三件是反冒进的。这三件材料是：李先念一九五六年六月十五日在第一届全国人大三次会议的报告中关于反冒进的一段话，一九五六年六月二十日《人民日报》社论《要反对保守主义，也要反对急躁情绪》，周恩来一九五六年十一月十日在八届二中全会上关于一九五七年计划的报告的节录。会前，毛泽东起草一个关于召开南宁会议的通知："吴冷西，总理，少奇，李富春，薄一波，黄敬，王鹤寿，李先念，陈云，邓小平，彭真，乔木，陈伯达，田家英，欧阳钦，刘仁，张德生，李井泉，潘复生，王任重，杨尚奎，陶铸，周小舟（已到），史向生，刘建勋，韦国清，毛泽东，共二十六人[2]，于十一日、十二日两天到齐，在南宁开十天会，二十号完毕（中间休息二天到三天，实际开会七天到八天）。谭震林管中央，总司令挂帅。陈毅管国务院。"

1月11日 晚上，南宁会议开始举行。毛泽东讲话，讲两个问题。一、关于反对分散主义问题。他说：国务院向全国人大的报告，我有两年没有看了。只给成品，不给原料，不行。要离开本子讲问题，把主题思想提出来，进行交谈。财经部门不向政

---

[1] 韦国清，当时任中共广西省委书记处书记、广西省省长。伍晋南，当时任中共广西省委书记处书记。贺希明、覃应机，当时任中共广西省委书记处书记、广西省副省长。

[2] 应为27人。从1月13日起又有柯庆施参加会议。

治局通情报，没有共同语言。集中，只能集中于党委、政治局、书记处、常委，只能有一个核心。为了反对分散主义，我编了一个口诀："大权独揽，小权分散；党委决定，各方去办；办也有决，不离原则；工作检查，党委有责。"党委方面的同志，主要危险是红而不专，空虚、空头政治家很危险，脱离实际就慢慢褪色，变成粉色。党委要主要抓工业、农业、思想三者。二、关于反冒进问题。他说：管"实业"的人当了大官、中官、小官，自以为早已红了，钻到里边出不来。一九五六年冒进，一九五七年反冒进，一九五八年又冒进，看是冒进好还是反冒进好？不要提"反冒进"这个名词，这是政治问题。首先没有把指头问题认识清楚，十个指头，只有一个长了疮，多招了一些人（工人、学生），多花了一些钱，这些东西要反。当时不提反冒进，就不会搞成一股风，吹掉了三条，一为多快好省，二为四十条纲要，三为促进委员会。一个指头有毛病，整一下就好了。没有搞清楚成绩是主要的，还是错误是主要的，是保护热情、鼓励干劲、乘风破浪，还是泼冷水泄气。有人批评我"好大喜功，偏听偏信，轻视过去，迷信未来"，破破烂烂的一个中国，蒋委员长二十年只搞四万吨钢，理应失败。

1月12日　上午，在南宁会议上作第二次讲话。毛泽东说：八年来，我为这样一个工作方法[1]而奋斗。在杭州会议上，我当着周恩来发了一通牢骚。《中国农村的社会主义高潮》一书的序言，对全国发生了很大的影响，是"个人崇拜"、"崇拜偶像"？不管是什么原因，全国各地的报纸、大小刊物都登载了，发生了很大的影响。这样，我就成了"冒进的罪魁祸首"。财经工作有很大成绩，十个指头只有一个不好，讲过一万次不灵。工作方法

〔1〕 指多、快、好、省。

希望改良一下子。这一次，千里迢迢请同志们来一趟，是总理建议的。本来我不想多谈，有点灰心丧志。右派的进攻，把一些同志抛到和右派差不多的边缘，只剩了五十米，慌起来了，什么“今不如昔”、“冒进的损失比保守的损失大”。我们要注意，最怕的是六亿人民没有劲，抬不起头来就很不好。要有群众观点，从六亿人口出发，看问题要分清主流和支流、本质和现象。宋玉写了一篇《登徒子好色赋》，就是“攻其一点，不及其余”。毛泽东再次批评分散主义，说：我对分散主义的办法是消极抵抗，还要小会批评，当着众人批评。事先要通一点情报，总是说没有搞好，实际上是封锁。开会前十分钟把文件拿出来，要人家通过，不考虑别人的心理状态。人的思想要逐步逐步影响它，毛毛雨下个不停，倾盆大雨一来就会发生径流，吸收不了。要文风浸润，不要突然袭击，使人猝不及防。我不是攻击所有的人，是攻击部长以上的干部，攻击下倾盆大雨的人。

同日 下午，去邕江游泳。

同日 关于办好省报问题，致信刘建勋、韦国清：“送上几份地方报纸，各有特点，是比较编得好的，较为引人看，内容也不错，供你们参考。省报问题是一个极重要问题，值得认真研究，同《广西日报》的编辑们一道，包括版面、新闻、社论、理论、文艺等项。钻进去，想了又想，分析又分析，同各省报纸比较又比较，几个月时间就可以找出一条道路来的。精心写作社论是一项极重要任务，你们自己、宣传部长、秘书长、报社总编辑，要共同研究。第一书记挂帅，动手修改一些最重要的社论，是必要的。一张省报，对于全省工作，全体人民，有极大的组织、鼓舞、激励、批判、推动的作用。请你们想一想这个问题，以为如何?”十一月十日，毛泽东批示胡乔木，说这封信“可以在新闻界的刊物上发表”。一九五八年十一月二十四日出版的

《新闻战线》第十三期，首先发表了毛泽东的这封信。

同日　写信给江青："我今晚又读了一遍《离骚》，有所领会，心中喜悦。"

1月13日　下午，主持南宁会议，李先念作关于一九五七年国家预算执行情况和一九五八年国家预算草案的报告。

同日　晚十一时十五分，同刘少奇、周恩来谈话，至次日晨一时半结束。

1月14日　在南宁会议上作第三次讲话，再次讲工作方法问题，共二十四条。这次讲话比在杭州会议讲的十七条，增加了一些新的内容，例如对立面的斗争是绝对的、平衡是相对的，九个指头与一个指头，抓两头带中间，五年看三年、三年看头年，材料应与观点统一，文件要有三性（准确性、鲜明性、生动性）。毛泽东指出：反冒进就是讲平衡，却不知道伤了许多人的心，修水利、办社、扫盲、除四害都没劲了。九个指头是大局，一个指头是小局，要抓住主流，抓错了就不好。"攻其一点，不及其余"，这种做法历史上吃过大亏，教条主义这样搞过，因小失大。

1月中旬　审阅修改柯庆施十二月二十五日在上海市一届二次党代会上的报告《乘风破浪，加速建设社会主义的新上海！》[1]，批示："即送乔木：有些修改，请即与柯酌定。今天印发各人。"主要的修改情况如下（加写和改写的文字用着重号标明）：（一）"还有一些政治资本的反社会主义力量是资产阶级的一部分，即尚未被揭发出来的资产阶级和资产阶级知识分子里头的右派分子。"（二）"……把两个阶级、两条道路的斗争中所包含的一部分敌我矛盾，即我们和右派之间的斗争，一概看作人民

〔1〕 1958年1月25日，这篇报告在《人民日报》上全文发表，并加了编者按语。

内部的矛盾，就要犯右倾错误。”（三）“我们说两个阶级、两条道路之间的矛盾，包括敌我矛盾和人民内部矛盾两类，这并不是说，目前我国人民内部的矛盾都属于两个阶级、两条道路之间的矛盾，而劳动人民内部就没有矛盾了。”（四）“在和过渡时期比较起来称得起完全巩固了的社会主义社会中，以及在往后亿万斯年的共产主义社会中，生产关系的发展到了一定时期仍然会落后于生产力的发展，上层建筑的发展到了一定时期也仍然会落后于经济基础的发展。因此，仍然需要及时地发现经济制度和政治制度中的日常性质和特殊性质的矛盾，及时地加以调整。”（五）“在阶级矛盾消灭以后，正确和错误、革新和守旧、先进和落后、积极和消极这类矛盾，仍将不断地在各种不同的条件下和各种不同的情况中出现。而人类社会也就将在不断地克服这类矛盾的过程中不断前进。矛盾永远是推动人类社会前进的动力。”（六）“我们的工作是得到了伟大成就的，这是主要方面，这是完全肯定的，不应当有任何怀疑。如有怀疑，应予解释。但是在我们的工作中也有很多的缺点和错误。”（七）“这些批评，除去属于资产阶级右派进攻性质的以外，绝大多数是善意的，正确的或者基本上正确的。虽然有些不完全正确，甚至大部分不正确，只是由于认识问题，不是由于恶意。这些批评，对于帮助我们了解了许多我们平时不了解的事情，使我们了解提意见者的心理状态，使我们更清楚地看到了我们工作的全貌，仍然有好处。”（八）“我们必须大胆地放，坚决地放，彻底地放；大胆地改，坚决地改，彻底地改。”（九）“资产阶级不但可以拿糖弹、拿阴谋手段来打败我们队伍中的某些人，而且还可以凭它的广泛的社会联系，凭它同小资产阶级上层分子和小资产阶级广大群众中一部分至今尚未觉悟的人们一起对我们党的包围，凭资产阶级个人主义和资产阶级生活方式在社会上的影响，凭党内右派分子和其他坏分子在党内向党的进攻和腐蚀作用，征服我们队伍中的那些意志薄弱的分子，征服那些在政治上不坚定的共产党人。”

1月15日 下午，主持南宁会议，听取一些省市党委负责人的汇报。在插话中说：水、肥、土，连干三年，十年决定于这三年，面目改观。各省理论怎么样？没有理论，领导困难。上海搞出那篇报告〔1〕，这一下把中央许多同志比下去了，中央工作同志不用脑筋，不下去跑跑，光在那里罗列事实。辩证法可以总结为对立的统一的理论，这样辩证法的核心就掌握了。各省成立农具研究所，与工厂结合。工具革命，把手把肩解放出来。参观农具展览，也是一种方法。除四害设全国委员会，这也是创造，各省照办。要搞联省自治〔2〕，城乡结合，工农联盟。

同日 晚上，同胡乔木、吴冷西谈话。毛泽东说：《人民日报》元旦社论写得好，题目用《乘风破浪》也很醒目。南北朝宋人宗悫就说过“愿乘长风破万里浪”。我们现在是要乘东风压倒西风，十五年赶上英国。你们办报的不但要会写文章，而且要选好题目，吸引人看你的文章。新闻也得有醒目的标题。《人民日报》能结合形势写出这样好的元旦社论，为什么去年就成了死人办报？毛泽东对胡乔木说：我当时很生你的气。我先一天批评你，第二天批评总编辑、副总编辑。当时在气头上，说话有些过重，很不温文尔雅，因为不这样就不能使你们大吃一惊，三天睡不着觉。去年四、五、六月，实际上是我当《人民日报》的总编辑。你也上夜班、看大样，累得不行。后来才找人给你作帮手，派吴冷西去。现在大家对《人民日报》反映比较好，认为有进

〔1〕 指中共上海市委第一书记柯庆施1957年12月25日在上海市一届二次党代会上作的《乘风破浪，加速建设社会主义的新上海!》报告。

〔2〕 指成立经济协作区。

步，评论、新闻都比较活泼。（吴冷西说：现在《人民日报》采取各编辑部包干写评论的办法。）《人民日报》的评论要大家来写，各编辑部在他们分工的范围内包干的办法是好的。但包干也要有个统帅，你这个总编辑就是统帅。你的任务是组织大家写，自己也写。有一些比较重要的评论你要亲自主持写，像我们前年起草论无产阶级专政的历史经验那两篇编辑部文章那样，是我亲自主持写的。我前几天写给刘建勋、韦国清的信，是鉴于《人民日报》的经验教训，不仅中央报纸，而且省级报纸，也要认真办好，关键是党委要抓紧。写评论要结合形势，结合当时的政治气候。要看得准、抓得快、抓得紧、转得快。评论要写得中国化，有中国气派，不要欧化，不要洋八股，不要刻板，要生动活泼。形式要多样化，有编者按语，有短评、时评，有专论、社论，有评论员文章、观察家文章、编辑部文章，等等。评论是说理的，但不排斥抒情，最好是理情并茂。《人民日报》和新华社的头头，一定要经常到地方上去，呼吸新鲜空气，了解下面的实际情况，搞好同省委的关系。人民日报社是中央一个部门，有任务经常联系地方，还有任务经常转载地方报纸上的好东西。这对地方报纸是鼓励，还可以把一个地方的好东西向全国推荐。你们前些日子介绍上海梅林食品厂和浙江桐庐县的经验就很好。（吴冷西说：《人民日报》准备有计划地在第五版发表一些思想评论。）《人民日报》是中央机关报，不能简单地报道各项具体工作、具体业务，它的主要任务是从思想上、政治上影响全国。我赞成你们写思想评论，而且要当作一项重要的思想政治工作来做，认真做好。在谈到人民日报社干部情况时，毛泽东说：要学会用人。金无足赤，人无完人。每个人都有长处和短处。要善于用他的长处，帮助他克服短处。不要搞一言堂，要让不同的意见能充分发表。古人就提倡兼听，共产党人应该更能兼听。兼听则明，听到各方面的反应，就能够从中吸取各方面的营养，减少工作中的失误。

1月16日 上午，在南宁会议上作第四次讲话。毛泽东对柯庆施的《乘风破浪，加速建设社会主义的新上海!》的报告再次加以称赞，说：这一篇文章把我们都比下去了。上海的工业总产值占全国的五分之一，有一百万无产阶级，又是资产阶级最集中的地方，资本主义首先在上海产生，历史最久，阶级斗争最尖锐。这样的地方才能产生这样一篇文章。这样的文章，北京不是没有，是不多。毛泽东问周恩来：这篇文章你写得出来写不出来？又说：周恩来的报告〔1〕，是一篇马克思主义的文章，问题是如何说成绩与缺点。接着说：省委、部委都忙得要死，昼夜奔忙，考据之学、辞章之学、义理之学不搞。理论、逻辑、外国文都要学。专家读很多书，我们读马列主义只能读十几本、二十本，不必读那么多。省委书记要研究理论，培养秀才。我们出版马克思主义的书籍，不敢写前言，赞一词，还处于奴隶地位。外国文也要学，我六十多岁，只有五年计划，我还学，你们为何不学？为何没有朝气？学点文学也好，古文、今文均可。光搞现实主义，也不好，杜甫、白居易哭哭啼啼，我不愿看；李白、李贺、李商隐，搞点幻想。部长、书记请个学习秘书，增加编制。暮气我们都相当有些，是朝气的对立面，还有官气。我们不下去跑跑，思想僵化，不改不行，地方逼着我们改。要讲革命朝气、精神旺盛。工作紧张是对的，但不要十分紧张，要很好安排。现在我们这一班人，容易压制新生力量。世界上的大发明家，往往不是大知识分子，都是青年。王弼二十二岁死的，颜回活了三十

〔1〕 指周恩来1957年6月26日在第一届全国人大四次会议上作的《政府工作报告》。

二岁，周瑜二十几岁、李世民十几岁当“总司令”，后生可畏。

同日 晚上，主持南宁会议，听取一些省市党委负责人的汇报。在插话中说：农村个体经济与集体经济，逐渐二八开，广东是三七开。个人与集体的斗争，可以万万年。积累是为社会主义。要把精神多搞一点，艰苦奋斗多搞一点。

1月17日 下午，主持南宁会议。在听取李先念汇报时插话说：内行、外行，促进戏剧改进的往往是外行，是看戏的。科学部门有时不懂科学，医务部门不懂医务，农业部门不懂农业，因为方向错了。反浪费很有搞头，搞出二十亿可能还不止。实行大力节约，事业费节约大有作为。矛盾没有重点，即没有中心。

同日 晚上，同李富春、李先念、薄一波谈话。

1月18日 下午，主持南宁会议。会议讨论长江流域的综合开发问题，就是否立即兴建三峡工程听取两种不同的意见。毛泽东肯定了李锐[1]的意见，决定推迟三峡工程上马。根据毛泽东的提议，会议决定由周恩来主持治理长江的工作。

1月19日 下午，主持南宁会议，听取一些省市党委负责人的汇报。在插话中说：要学些土壤学、农业科学，不然还是盲目斗争。现在是新的革命，向自然界斗争，要学习这些知识，需要五年时间。下半年就要提出学习技术，向全党提出，又红又专，在全党造成空气。以农业为主，工业为农业服务。各省都是农业为主，辽宁、黑龙江等省工农业并重。农业为主，工业也要赶一赶，积极发展工业。每省都有外来干部，外来干部要学习本地话。

同日 晚上，同周恩来谈话。谈话后，继续主持南宁会议。周恩来、刘少奇在会上发言，对反冒进承担了责任。

---

〔1〕 李锐，当时任电力工业部部长助理兼水电建设总局局长。1958年8月任水利电力部副部长、毛泽东的通信秘书。

同日　阅《文艺报》编委会一月十六日的报告。报告说：根据毛主席的指示，《文艺报》准备在第二期出一个特辑，以“对《野百合花》、《三八节有感》、《在医院中》及其他反党文章的再批判”为总标题，发表林默涵[1]等人的六篇文章。我们写了一个编者按，送上请审阅。毛泽东批示：“即刻送北京文艺报张光年、侯金镜、陈笑雨[2]三同志：看了一点，没有看完，你们就发表吧。按语较沉闷，政治性不足。你们是文学家，文也不足。不足以唤起读者注目。近来文风有了改进，就这篇按语说来，则尚未。题目太长，‘再批判’三字就够了。请你们斟酌一下。我在南方，你们来件刚才收到，明天就是付印日期，匆匆送上。祝你们胜利！”“用字太硬，用语太直，形容词太凶，效果反而不大，甚至使人不愿看下去。宜加注意。”毛泽东对编者按作了改写和加写。加写的内容主要有：“再批判什么呢？王实味[3]的《野百合花》，丁玲的《三八节有感》，萧军的《论同志之‘爱’与‘耐’》，罗烽的《还是杂文时代》，艾青的《了解作家，尊重作家》，还有别的几篇。上举各篇都发表在延安《解放日报》的

〔1〕林默涵，当时任中共中央宣传部文艺处处长、中国作家协会理事。

〔2〕张光年，当时任《文艺报》主编、中国作家协会理事、中国戏剧家协会副秘书长。侯金镜、陈笑雨，当时任《文艺报》副主编。

〔3〕王实味，曾在延安中央研究院文艺研究室任研究员。因发表《野百合花》等文章，在整风中受到批判。1942年10月被开除党籍，同年底被关押。1946年对他作的结论是“反革命托派奸细分子”。1947年7月在战争环境中被处决。毛泽东1962年在扩大的中央工作会议上的讲话中说：“对于这件事（指处决王实味——编者注），我们总是提出批评，认为不应当杀。”1991年2月7日公安部作出的《关于对王实味同志托派问题的复查决定》中说：“在复查中没有查出王实味同志参加托派组织的材料。因此，1946年定为‘反革命托派奸细分子’的结论予以纠正，王在战争环境中被错误处决给予平反昭雪。”

文艺副刊上。主持这个副刊的，是丁玲、陈企霞[1]。”“一九五七年，《人民日报》重新发表了丁玲的《三八节有感》。其他文章没有重载。‘奇文共欣赏，疑义相与析’，许多人想读这一批‘奇文’。我们把这些东西搜集起来全部重读一遍，果然有些奇处。奇就奇在以革命者的姿态写反革命的文章。鼻子灵的一眼就能识破，其他的人往往受骗。外国知道丁玲、艾青名字的人也许想要了解这件事的究竟。因此我们重新全部发表了这一批文章。”

1月20日 下午和晚上，主持南宁会议，听取一些省市党委负责人的汇报。在插话中说：两本账就是两种预算，不要因为解决历史问题，又来个大虚数。冒进是全国人民热潮冲起来的，

---

〔1〕 丁玲、陈企霞于1955年被打成“反党集团”，在1957年文艺界反右派斗争中又遭到批判。之后，丁玲、陈企霞、艾青、罗烽分别于1958年4月、5月被划为“右派分子”；萧军没有被划为右派分子，但点名说他在延安“和丁玲、陈企霞勾结在一起，从事反党活动”。1979年3月，中国作家协会对艾青、罗烽的右派问题分别作了复查，并报中共中央组织部同意，作出改正的结论，恢复党籍，恢复政治名誉，恢复原工资级别。1979年5月，中国作家协会对丁玲、陈企霞的“反党集团”问题和右派问题进行了复查，作出了“丁、陈反党集团”不能成立，把他们定为右派分子属于错划，应予改正的结论，并于1979年9月和1980年1月经中央组织部和中共中央同意，恢复他们的党籍、政治名誉与原工资级别。1984年8月，中央组织部又发出《关于为丁玲同志恢复名誉的通知》，除重申“定丁玲同志为‘丁、陈反党集团’、‘右派分子’都属于错划、错定，不能成立”外，还对她的历史问题作出了“维持1940年中央组织部的结论”，即“丁玲同志仍然是一个对党对革命忠实的共产党员”的决定，要求在适当范围消除影响。关于萧军的平反问题，1980年4月，北京市委经中央组织部和中央宣传部批复，给萧军作了正式的政治结论，确认他是“拥护中国共产党，拥护社会主义，有民族气节的革命作家”，并说“1958年1月《文艺报》‘再批判’的编者按语中，说萧军在延安与某些人‘勾结在一起，从事反党活动’，这种提法，与当时的实际情况不符”，为他恢复了名誉。

是好事，部分是坏事，反映在意识形态上，天天谈市场，天天谈库存，把前进放在第二位上了。不论哪个，专而不红，就很危险。我和华东五省约好今年开四次会，每次少数人参加，使两种“文章”配合——中央和地方配合，北京一种空气，地方又是一种空气。在杭州两星期开了两次会，头一回三天，没有说出什么，第二次两天，多少开出了点名堂。省委也要开这种小型会议，每次找几个县委书记就行，人太多了就不好开会。鲁迅解剖自己比解剖别人多。

1月21日　在南宁会议上作总结讲话，主要讲工作方法六十条。在讲到开会方法时，毛泽东说：小型会议最好商量问题，我对小型会议很有兴趣，时间不长，就地召开，这种形式最好。讲到不断革命时，毛泽东说：政治战线上思想战线上的社会主义革命今后还要搞一下，但今后必须抓技术革命。今年下半年就要以搞技术革命为中心。我们在人口上是大国，经济上是小国。思想、政治始终是统帅。思想、政治是灵魂，是技术、经济工作的保证，既是统帅，又为它们服务。讲到生和死的问题时，毛泽东说：从理论上讲，生和死都应该同样开庆祝会，因为灭亡并不是坏事，只有旧的灭亡，才有新的产生。讲到文章、文件要具有三性时说：文章的主要要求是概念明确，判断恰当，前后一贯，合乎逻辑，再就是文字生动，讲究一下词藻。讲到要学一点文学时说：这是认识生活的一种手段。

1月22日　下午三时半，和刘少奇、周恩来等冒雨到南宁市人民公园，参加广西各民族群众的游园活动。

同日　下午和晚上，南宁会议继续举行，讨论毛泽东的总结讲话。南宁会议于本日结束。

1月23日　下午，乘专机到达广州，住小岛招待所（今珠岛宾馆）。

同日 晚上，在广州会见奉调离任的印度驻中国大使拉·库·尼赫鲁和夫人，并共进晚餐，陶铸等参加。会见中，就禁止核武器、召开第二次亚非会议等问题进行交谈。在谈到控制人口问题时，毛泽东说：我们现在还无法控制人口的增长，大概到这个问题的威胁更大时，情况会好些。这同文化、教育水平有关。英国、法国、日本已经控制了人口的增长。他还说：到农村去，同干部谈谈很重要。我现在身兼两个主席，顾不过来，想减少一个。

1月24日 关于中国人民志愿军撤出朝鲜问题，复电金日成。复电说："一九五七年十二月十六日和二十五日两次来信都已经收到了。来信中关于中国人民志愿军撤出朝鲜的问题所提出的两个方案，我们已经仔细地研究过。我们觉得，由朝鲜民主主义人民共和国主动提出外国军队撤出朝鲜的要求，然后由中国政府响应朝鲜政府的要求，是比较适宜的。因此，我们认为采用十二月十六日来信中所提出的方案〔1〕较好。"关于中国人民志愿军撤出朝鲜的时间表，复电提出："（1）一九五八年三月至四月，在朝、中两国政府发表联合公报以后，撤回三分之一，其余的三分之二均放在第二道防线，由朝鲜人民军全部接防第一线；（2）一九五八年七月至九月，撤回第二个三分之一；（3）一九五八年年底以前撤回最后的三分之一。"复电最后说："以上各点意见，请你们研究后答复。"

1月25日 晚上，同李富春、陶铸谈话。

---

〔1〕 金日成在1957年12月16日致信毛泽东，信中对中国人民志愿军撤出朝鲜的具体步骤与措施提出以下意见："首先，由我国最高人民会议向联合国致信，提议联合国军和中国人民志愿军同时由朝鲜撤退。其次，由中华人民共和国政府发表声明，同意上述提议，并宣布在1958年底以前撤完。其次，周总理来访我国，由朝中双方发表共同公报时应包括这一问题。"

1月26日　乘专机从广州回到北京。

1月27日　中午，在中南海颐年堂同章士钊、王季范谈话，并共进午餐。

同日　下午，在中南海颐年堂会见加拿大劳工进步党总书记布克，刘宁一在座。在布克谈到中国共产党发动群众整风、反右派问题时，毛泽东说：在大鸣大放中，大家提了许多意见，大多数意见是好的，也有少数是不好的，是右派言论。又说：在所谓落后国家里，民族资产阶级和西方国家的资产阶级不同。尼赫鲁、苏加诺、纳赛尔和他们所代表的阶级组成的力量可以作为无产阶级同盟军的一部分，中国也有，那就是孙中山为代表的资产阶级民主革命派。马克思、恩格斯的个别论点不是不可以作一些修改的，例如关于社会主义革命首先在先进文明国家胜利的问题。当时他们也只能这样提，因为他们不可能预见到现在所发生的一些问题。俄国和中国都不能算先进国家，可是革命却取得了胜利。在俄国十月革命中，布尔什维克、工人阶级在广大的同盟军农民阶级的支持下取得了胜利。中国的工人阶级人数不多，解放前只有四百万产业工人，可是有十分广泛的农民同盟军——几亿的农民，主要是贫雇农，革命便取得了胜利。

同日　晚上，同彭真谈召开最高国务会议问题。

1月28日　上午，在中南海颐年堂主持召开最高国务会议第十四次会议，并讲话。会前写了讲话提纲。毛泽东说：七八年来，都看出我们这个民族有希望，特别是在去年一年，使得广大群众感觉到了光明的前途。几亿人口，精神发扬起来，许多认为做不到的事情，现在群众觉得做得到。我讲过这个话“大有希望”，文章就在这个“大”字。我们这个民族在觉醒起来，好像我们大家今天早晨醒来一样，在逐步觉醒。我们现在是又穷又白。穷者，几乎一无所有；白者，一张白纸，好做文章。穷，就要革命，就要干，就有一股干劲。现在的增产节约，各种社会风气的改革，就是希望我们的国家成为一个大国，一个强国。但现在的情况完全不相称，钢还比不上比利时，比利时一年生产七百多万吨钢，我们只有五百多万吨。十五年赶上英国，我看完全可能。我们这个民族现在的热情、热潮，就像打破原子核释放出热能出来。为了达到目的，就要有一股干劲。有些观点要弄清一下。比如“好大喜功，急功近利，轻视过去，迷信未来”，这个话对不对呢？说这个话的是一个好人，一个有正义感的人。不好大喜功不行，看你好什么大，喜什么功。是反动派的好大喜功，还是革命派的好大喜功；革命派里又有两种，是主观主义的好大喜功，还是合乎实际的好大喜功。不急功近利不行，看是什么急功近利，是反动的还是革命的，是主观主义的还是合乎实际的。对于过去就是不能过于重视，我也不是赞成根本不要历史，历史是要的。中国的古代房子，我看了几个城市，比如开封、北京，我很不高兴，我看青岛、长春的建筑好。我这个人是有一点崇拜外国吧。外国的好东西，为什么我们不搬来呢？外国的长处，用得着的东西，我们要搬来。我是在某种意义上说要轻视过去，要重视现在。要读历史，我赞成郭沫若那个古代史研究。读历史的人，不等于是守旧的人。还有一个迷信将来，不迷信将来还得了呀？人类就是希望有个将来，希望总是寄托在将来的。我们国家人多好，还是人少好？我说现在还是人多好，恐怕是要发展一点。人类不能掌握这个劳动力的扩大再生产，几亿人口还不能掌握这个命运。我看要搞到七亿人口，就会紧张起来，邵先生〔1〕那个道理就会大兴。邵先生之道大兴之时，是七亿人口到八亿人口那个时候。我并不是说不要做宣传，要做宣传，要尽可能做宣

〔1〕指邵力子。

传。我是赞成节育的，并且赞成有计划的生育的。现在人多一些，气势旺盛一些，要这样看这个问题。要节育。一方面讲节育，一方面要节省，要成为风气，我看一万年都要节省。讲到工作方法问题，毛泽东说：都是搞社会主义，可以有两种领导方法，一种是事情做得比较好一些，一种是做得比较差一些。我看还是趁热打铁，一气呵成，这个方法比较好，拖拖拉拉不见得好。再一点叫打掉官风。我们是做官，但是官风或者是官气要慢慢地打掉一些。我们每一个工作人员，不管你官有多大，主席也好，总理也好，部长也好，委员也好，总而言之，只能以一个普通劳动者的姿态在人民中间出现，要使普通劳动者在我们面前感到平等。这一点要达到是不容易的，现在先从我们共产党里面的干部整起。现在中共中央这样规定，领导干部每年有四个月要离开北京外出，下去调查。北京不产生任何东西。我所说的北京，不是指的北京地方，而是指的中央这一层。我这个脑筋不产生任何东西，没有原料。蹲在北京使人闷得慌，官气太厉害，一跑出去就觉得有点东西。原料都是从工人、农民中间来的，我们可以加工，我们是个制造工厂。劲可鼓而不可泄，元旦社论不是讲“鼓足干劲，力争上游”吗？应该鼓励士气，不是败坏士气。我劝同志们读一篇文学作品。两千多年以前宋玉写了一篇《登徒子好色赋》，他所采用的方法，我说是“攻其一点，不及其余”。现在是一场新的斗争，就是向地球开战。我们现在的知识不够，办法就是要认真学习。自然科学要学习，还要学习社会科学，学习技术科学，文学也要学习一点。不搞一点文学，言之无文，行而不远。整风，到五月六月就差不多了，大体告一段落。重心要转到技术革命，要革地球的命。要搞技术，搞工业、农业技术，要来一个革命。

同日 晚九时，同李先念、胡乔木、田家英谈话。十时，在中南海菊香书屋召集周恩来等开会。

1月29日 收到黄炎培本日来信及附文《试倡平地深葬》。阅后批示："电话告黄：信收到了，谢谢他。我赞成他的意见。因忙不写回信了。"黄炎培在信中说：我最近写了一篇《试倡平地深葬》文，认为一般采用土葬法，把很好的可耕地为埋葬死人而浪费，这种不合理的风俗习惯，应按农业发展纲要修正草案第二十三条的规定，予以改变。我以为此时应广泛地宣传，请新华社宣传一下。

同日 晚上，同周世钊谈话。

1月30日 上午，在中南海颐年堂继续主持最高国务会议第十四次会议。在各民主党派负责人和无党派民主人士共十九人发言后，毛泽东讲话说：现在的情况是全国人民都振奋起来了，我们要适应这种情况，我相信也能够适应这种情况。人是在环境中生活的，现在这个环境很有利于我们进步。我前天所讲的许多东西，首先是要求共产党的，比如一年要有四个月离开北京出去看一看，至于民主党派、无党派人士，酌量办理。右派大会，我看是要开的，先开一些小单位的，劝他们进步，给他们一条出路，他们有可能重新回到人民队伍里面来。至于古迹，并非所有古迹都不要，凡是可以保存的都保存。中国的房子，一般的旧式恐怕是改一改好，改成新式，变为新房子。

1月31日 为《工作方法六十条（草案）》写前言。前言指出："我国人民，在共产党领导下，一九五六年在社会主义所有制方面取得了基本的胜利，一九五七年发动整风运动，又在思想战线和政治战线方面取得了基本的胜利，就在这一年，又超额地完成了第一个五年建设计划。这样，我国六亿多人民就在共产党的领导下，认清了自己的前途、自己的责任，打击了从资产阶级右派分子方面刮起来的反党反人民反社会主义的妖风，同时也纠正了和正在继续纠正党和人民自己从旧社会带来的和由于主观主义造成的一些缺点和错误。党是更加团结了，人民的精神状态是更加奋发了。党群关系大为改善。我们现在看见了从来没有看见过的人民群众在生产战线上这样高涨的积极性和创造性。全国人民为在十五年或者更多一点时间内在钢铁及其他主要工业生产品方面赶上或者超过英国这个口号所鼓舞。一个新的生产高潮已经和正在形成。为了适应这种情况，中央和地方党委的工作方法，有作某些改变的需要。”“这里讲的也不完全是工作方法，有一些是工作任务，有一些是理论原则，但是工作方法占了主要地位。我们现在的主要目的，是想在工作方法方面求得一个进步，以适应已经改变了的政治情况的需要。这几十条现在只是建议，还待征求意见。”《工作方法六十条（草案）》经中共中央政治局批准，于一九五八年二月十九日印发。其中第六十条说：“今年九月以前，要酝酿一下我不作中华人民共和国主席的问题。”

2月1日 上午，同胡乔木、陈伯达谈《工作方法六十条（草案）》修改问题。二日上午，又同田家英谈草案修改问题。

同日 下午，第一届全国人民代表大会第五次会议在中南海怀仁堂开幕，毛泽东出席。会上，李先念作关于一九五七年国家预算执行情况和一九五八年国家预算草案的报告，彭真作全国人大常委会工作报告。

2月2日 晚上，同谭震林谈话。

2月3日 晨一时，阅《人民日报》准备在本日发表的社论《鼓起干劲，力争上游!》，批示：“退吴冷西同志。可用。”社论主要批评一九五六年的反冒进。

同日 下午，同程潜谈话。

同日 阅周恩来二月一日报送的化工部关于第二个五年化肥预计发展的报告。周恩来提出这个报告是否可以印发参加第一届全国人大五次会议的代表。毛泽东批示："退总理：可以印发，要署部长姓名。另注明'密件，注意保存'字样。重工业各部，每部都做出一个至几个这样的文件，在几天内交来。"化工部的报告说：一九五七年十二月规划时，曾将一九六二年化肥的生产水平定为七百万吨，最近又重新研究了这个问题，认为根据各方面的条件，到一九六二年有可能进一步提高到一千万吨的水平。

同日 阅杨勇〔1〕一月二十八日关于中国人民志愿军撤出朝鲜的安排的报告，批示："退彭德怀同志。此件看过。"

同日 写信给李讷："念你。害病〔2〕严重时，心旌摇摇，悲观袭来，信心动荡。这是意志不坚决，我也尝尝如此。病情好转，心情也好转，世界观又改观了，豁然开朗。意志可以克服病情。一定要锻炼意志。你以为如何？妈妈很着急，我也有些。找了小员、院长计苏华、主治大夫王历耕、内科大夫吴洁诸同志今天上午开了一会，一致认为大有好转。你昨夜睡了九小时，你跑出房门在小廊上看画报。白血球降下来了，特别是中性血球，已恢复正常。他们说不成问题，确有把握，你可以放心。这点发烧，应当有的，完全正常。妈妈很不放心，打了电话给她，她放心了。李讷，再熬几天，就可完全痊愈，怕什么？我的话是有根据的。为你的事，我此刻尚未睡，现在我想睡了，心情舒畅了。诗一首：青海长云暗雪山，孤城遥望玉门关。黄沙百战穿金甲，不斩楼兰誓不还。〔3〕这里有意志。知道吗？你大概十天后准备去广东，过春节。愿意吧。到那里休养十几天，又陪伴妈妈。亲

---

〔1〕 杨勇，当时任中国人民志愿军司令员。1958年9月任中国人民解放军北京军区司令员。

〔2〕 李讷当时住院连续做了两个外科手术，手术后伤口感染，引起发烧。

〔3〕 这是唐代诗人王昌龄《从军行》七首之一。其中第四句是："不破楼兰终不还。"

你，祝贺你胜利，我的娃!”“半睡状态执笔，字迹草率，不要见怪。有话叫小员来告我。”

2月4日　阅中共河北省委办公厅一月三十一日关于开展除四害爱国卫生运动情况的简报，批示：“吴冷西同志：此件可发表，广播，用后退叶子龙。”简报说，省委要求争取在三五年内使河北省基本上成为“四无”省。随后，这个简报改写成新闻报道，在二月五日《人民日报》发表。

同日　晚上，同彭真谈话。

2月5日　上午，从北京乘专机到达济南。晚上，在住处同中共山东省委书记夏征农、省委农村工作部部长谢华、莱阳和聊城的地委书记、寿张和泰安的县委书记、历城县的一个农业生产合作社社长，寿张县的一位驻社干部谈话。

2月6日　上午，同夏征农和中共济南市委书记、莱阳地委书记谈话。下午，回到北京。

2月7日　为转发中共河南省委关于传达和讨论《工作方法六十条（草案)》向中央的报告，起草中央给各省市区党委等的通知：“发给你们河南省委二月二日关于工作方法六十条问题的报告一份，供你们在研究这个问题的时候作参考。”并批示：“刘、朱、周、彭真即阅发。用电报发各地，印发各中央委员、中央候补委员。”报告说：省委书记史向生参加南宁会议回来后，在省委常委会议上传达了毛主席关于工作方法六十条的指示，又由省委常委分别向七个地区的县委书记以上干部作了传达。省委常委会完全拥护毛主席的指示，对当前工作做了新的部署。在新的部署中提出苦战三年改变全省面貌。

同日　审阅修改中共中央、国务院关于除四害讲卫生指示稿，批示即退胡乔木。毛泽东将指示稿中的“各基层单位的除四害讲卫生工作应该每月评比一次，年终应该大检查总评比一次，以便为实现长期计划打下基础”一句，修改为：“各基层单位（例如一个生产队，一个工段，一条街道）的除四害讲卫生工作应该每星期检查一次，各较大单位（例如一个合作社，一个乡，城市一个工厂，一个区）应该每月检查评比一次，年终应该大检查总评比一次，以便为实现长期计划打下基础。”同时加写一句“有臭虫、跳蚤的地区要加上消灭臭虫、跳蚤”。这个指示于二月十二日发出。

2月8日 审阅修改周恩来准备二月十日在第一届全国人大五次会议上作的题为《目前国际形势和我国外交政策》发言稿，批示退周恩来。毛泽东将发言稿的副标题“在第一届全国人民代表大会第五次会议上的发言”中的“发言”，改为“讲话”。将稿中的“中国人民也争取在十五年或者稍多一点的时间内在钢铁和其它重要的工业产品的产量方面赶上和超过英国”一句中的“稍多一点”，改为“更多一点”。

同日 审阅胡乔木为中共中央起草的关于普遍推行种试验田的经验的通知稿，将通知稿中的“官气”改为“官风”，并批示：“刘、周、朱、彭真阅，退胡乔木办。”这个通知于二月十四日发出。通知说：中共中央决定把湖北省委关于各级干部种试验田的报告在报纸上公布，并且要求全党各级组织加以讨论，根据这个经验改变自己的领导作风。种试验田是一种彻底克服官僚主义和主观主义的方法。它可以打掉官风，使干部真正到群众中间去领导群众。它可以使干部走上“又红又专”的道路，实现政治与技术的统一。

同日 上午，先后同彭真、周恩来谈话。

2月9日 下午六时半，同薄一波、贾拓夫谈话。晚十时半，同王震谈话。

2月10日 上午，就中国古代官吏是否禁带眷属的问题，致信刘少奇。信中说：“前读笔记小说或别的诗话，有说贺知章事者。今日偶翻《全唐诗话》，说贺事较详，可供一阅。他从长安辞归会稽（绍兴），年已八十六岁，可能妻已早死。其子被命为会稽司马，也可能六七十了。'儿童相见不相识'〔1〕，此儿童我认为不是他自己的儿女，而是他的孙儿女或曾孙儿女，或第四代儿女，也当有别户人家的小孩子。贺知章在长安做了数十年太子宾客等官，同明皇有君臣而兼友好之遇。他曾推荐李白于明皇，可见彼此惬洽。在长安几十年，不会没有眷属。这是我的看法。他的夫人中年逝世，他就变成独处，也未可知。他是信道教的，也有可能屏弃眷属。但一个九十多岁像齐白石〔2〕这样高年的人，没有亲属共处，是不可想像的。他是诗人。又是书家（他的草书《孝经》，至今犹存）。他是一个胸襟洒脱的人，不是一个清教徒式的人物。唐朝未闻官吏禁带眷属事，整个历史也未闻此事。所以不可以'少小离家'一诗便作为断定古代官吏禁带眷属的充分证明。自从听了那次你谈到此事以后，总觉不甚妥当。请你再考一考，可能你是对的，我的想法不对。睡不着觉，偶触及此事，故写了这些，以供参考。"“复寻《唐书·文苑·贺知章传》(《旧唐书·列传一百四十》，页二十四)，亦无不带家属之记载。近年文学选本注家，有说'儿童'是贺之儿女者，纯是臆测，毫无确据。"

同日 晚上，同彭德怀、黄克诚、粟裕〔3〕、罗荣桓、谭政谈话。

---

〔1〕见贺知章《回乡偶书》诗。全诗为："少小离家老大回，乡音无改鬓毛衰。儿童相见不相识，笑问客从何处来。"

〔2〕齐白石，画家。生前任全国人大代表、中央文史研究馆馆员、中国美术家协会主席、北京中国画院名誉院长。

〔3〕粟裕，当时任中国人民解放军总参谋长。1958年12月任中国人民解放军军事科学院副院长、国防部副部长。

2月11日 下午，在中南海怀仁堂出席第一届全国人大五次会议闭幕会议。

同日 发布中华人民共和国主席令，根据第一届全国人大五次会议的决定，任命：陈毅兼外交部部长，沙千里为粮食部部长，杨一辰为第二商业部部长，赵尔陆为第一机械工业部部长，傅作义为水利电力部部长，余秋里为石油工业部部长，李烛尘为轻工业部部长，王首道为交通部部长，张奚若为对外文化联络委员会主任，杨秀峰为教育部部长。免去：周恩来兼任外交部部长职务，王鹤寿兼任国家建设委员会主任职务，赖际发建筑材料工业部部长职务，黄敬兼任第一机械工业部部长职务，赵尔陆第二机械工业部部长职务，刘澜波电力工业部部长职务，李聚奎石油工业部部长职务，万里城市建设部部长职务，沙千里轻工业部部长职务，李烛尘食品工业部部长职务，傅作义水利部部长职务，杨秀峰高等教育部部长职务，张奚若教育部部长职务。

同日 发布中华人民共和国主席令，根据第一届全国人大五次会议的决定，任命郭沫若为中国科学院院长，陈伯达、李四光、张劲夫、陶孟和、竺可桢、吴有训为中国科学院副院长。

同日 复信杨开智："几次来信，均已收到。听说贵体有些毛病，望好好养息。两位老太太〔1〕高寿健康，甚为高兴，敬致问候之意。并问尊夫人好！"

同日 复信陈玉英："几次来信，均已收到。此次看见配君〔2〕，她说暂时不做工作，继续补习，将来再讲工作问题。我看这个主意不错，故让她回长沙。她还年轻，目前学习一时期有益。由她带上二百元，不足之数另寄。祝好！"

---

〔1〕 指杨开智的母亲向振熙和向振熙的姐姐。

〔2〕 配君，即孙配君，又名孙燕，陈玉英的女儿。

2月12日　下午，乘专机从北京到达沈阳。到后即去东塔飞机发动机制造厂参观。晚上，同中共辽宁省委和省政府的负责人及鞍山市委书记等谈话。

2月13日　上午，参观沈阳一一二飞机制造厂总装配车间和沈阳地方国营小型开关厂，并观看沈阳郊区一个农业社的打井情况。接着，乘汽车到抚顺，参观露天煤矿，向矿党委书记和矿长了解生产情况，指出煤的综合利用问题要好好研究，这是今后发展的一个重要方向。随后到抚顺制铝厂参观。下午，回到沈阳。又乘专机到达长春，参观第一汽车制造厂的作工车间和总装配车间。回到住处后，同吉林省委和省政府的负责人谈话。

2月14日　上午，同中共吉林省委、省政府、省军区的负责人和长春市委书记、市长谈话。后参观长春电影制片厂。下午，乘专机回到北京。

2月15日　下午，同彭真谈话。

2月16日　下午，同陈云谈话。本日晨，陈云曾致信毛泽东，请求就南宁会议涉及的有关问题同他谈一次话。

同日　晚上，同周扬谈话。

2月17日　晨，同刘少奇谈话。

同日　上午，关于讨论《工作方法六十条（草案）》致信刘少奇："想了一下，我想在今日或明日召集一次政治局会议，谈一下'工作方法六十条'如何分组研究征求意见的问题（这种研究，实际上是中央内部的整风），你以参加这一次会议再出去为宜。如何，请酌定。陈云同志可能在会议上讲他的意见。"

同日　晚上，同朱德、彭真谈话。

2月18日　下午，在中南海颐年堂主持召开中共中央政治局扩大会议，并讲话。出席会议的，除政治局委员外，有在京的中央委员、党员部长或副部长等，共一百一十九人。毛泽东说：

请大家来谈谈，说的是南宁会议的事。南宁会议的目的是想把工作方法搞对头，会议产生了一个六十条。今年是一个很大的生产高潮。以前没有解放，一部分上层建筑，一些环节，有错误、缺点，生产关系上不完善。因为整风，就改善了，破坏了不好的，建立了比较好的，人与人之间的关系比较平等了，能讲话了，可以贴大字报了，老爷气少了。这样，群众就高兴了，就来了一个生产高潮。当然，一九五六年春季是有一个高涨，但是没有现在这一次高涨。我赞成这个冒进。这个冒进好嘛！使农民的水利多了嘛！工人的气刚刚上来，在一九五六年夏季就来了一个巴掌。十一月二中全会以后就好一些了，因为二中全会也算挡了挡，我们和到会同志商量了七条〔1〕，挡了一下水，然后发了一个增产节约指示，没有几个月情况就改变了。冒是有一点冒，而不应该提什么反冒进的口号。有一点冒是难免的。同志们，今年下半年，你们就会看到要有一个大冒就是了。为了对付这个情况，我们怎么办？处在这个大的群众高潮面前，中共中央，共产党要采取态度。以后反冒进的口号不要提，反右倾保守的口号要提，人们的思想是往往落后于实际的。我们想出改进的办法，就是在北京做官的人，一年有四个月要离开北京，要下去，少一天也不行。这个办法我看会灵的，会使我们这个比较不切合实际的、不跟群众接触、比较空的脑筋好一些。我们要把国民党作风统统打掉。我们这个官还是官，可是是帮人民做事的，要以普通劳动者的姿态出现。不论你官多大，无非是当主席、当总理、当部长、当省长那么大的官，但是你只能以一个劳动者的姿态出现。这样，你的官更好做，更多地得到人民拥护。在北京做官，官气比较重，下去的时候要很注意，不要学“巡按出朝，地动山摇”那

〔1〕 见本卷第30至32页1956年11月13日的“同日”条。

一套。下去主要是找先进经验。有了先进经验，就可以把后进和落后的带起来。毛泽东说：所有制问题已经解决了，现在就要解决人与人在生产中的相互关系问题，就是党政军干部和群众，工厂的领导和职工，合作社的领导和社员之间的相互关系问题。群众中间有一个很大的革命热情。所以，我们中央委员会、政治局要适应这种情况，工作方法要改变，不改变就不能继续前进。会议结束前，毛泽东再次讲话，对《论十大关系》中涉及经济方面的几个关系，作进一步的说明和解释。他说：十大关系中跟经济有关的，主要是工业与农业、中央与地方、沿海与内地、军用与民用这四条。最大的是工业、农业两个产业的关系。一九五五年就感到要着重农业。到了一九五六年春季，我们就感觉到应该有所调整，不要单调地搞重工业，要着重农业和轻工业，但是明确地讲，就是见于去年二月二十七日讲的、六月十九日发表的人民内部矛盾问题的报告，那上面说的是同时并举。再就是去年三中全会上讲的，宣传上不要偏于工业的宣传。他又说：虽然总理有那篇报告，说讲冒进是错误的〔1〕，但是这个问题人们还不那么很了解，所以南宁会议还是要放一炮的，害得一些同志紧张。何必那么十分紧张。南宁会议我们就讲了的，就是这么一件事，一个时期，一个问题。一九五六年反冒进，这是个什么事情呢？这是大家都在正确的路线之下，在个别问题上意见不一致，这么一种性质。

2月19日　下午，同陈伯达、田家英谈话。晚上，同李先念谈粮食管理问题。

2月20日　复信杨开英："来信收到，很高兴。结婚了，病

---

〔1〕 指周恩来1957年6月26日在第一届全国人大四次会议上的《政府工作报告》。报告中说："有人认为，我国的发展国民经济计划在1956年全面冒进了，在1957年又全面冒退了。很明显，这种意见是不正确的。"

也好了，为你祝贺。好像是在一九五六年，听了胡觉民[1]同志说你又穷又病，曾付一信，并寄了一点钱给你，不知收到否？我还好。江青有一点病。谢谢你的问候。祝你努力为人民服务，同时注意身体。并问李同志[2]好！”

同日 下午，同李富春谈话。

2月21日 和刘少奇、周恩来致电苏共中央第一书记赫鲁晓夫、苏联最高苏维埃主席团主席伏罗希洛夫、部长会议主席布尔加宁，祝贺苏联军队建军四十周年。电报说：光荣的苏联军队是在伟大的十月社会主义革命的烈火中诞生的世界上第一支工人阶级和农民的军队。英勇的苏联军队，曾经胜利地保卫了十月革命的成果，粉碎了帝国主义的武装干涉；在第二次世界大战中，又消灭了德国和日本法西斯侵略军的主力，从而保卫了各国的独立，拯救了人类的文明。战后时期，苏联军队为保卫世界和平和人类的进步事业而奋斗不懈，并作出了极为卓越的贡献。

同日 上午，同谭震林谈话。下午，同邓小平、彭真谈话。晚上，同陈伯达、胡乔木、李锐谈话。

2月23日 下午，在中南海颐年堂主持召开有在京的中共中央委员和候补中央委员参加的政治局扩大会议，听取周恩来关于访问朝鲜的报告。毛泽东在讲话中肯定朝鲜取得的成绩，称赞朝鲜坚持反对帝国主义，坚持社会主义，坚持国际共运的团结。

同日 致电纳赛尔，祝贺阿拉伯联合共和国[3]正式成立和纳赛尔当选共和国总统。

---

〔1〕 胡觉民，毛泽东的侄媳。

〔2〕 指杨开英的丈夫李辉。

〔3〕 阿拉伯联合共和国，简称阿联，1958年2月由埃及和叙利亚合并组成。1961年9月叙利亚脱离阿联后，阿联单指埃及，1971年9月改名为阿拉伯埃及共和国。

2月24日、27日 两次审阅修改林默涵送审的周扬的文章《文艺战线上的一场大辩论》[1]。毛泽东二十四日批示:“默涵同志:此文写得很好。我作了几处小的修改,请看是否可以?如果最近一期《文艺报》尚未付印,最好将此文在《文艺报》和《人民日报》同时发表。”二十七日又批示:“退林默涵同志:有一点修改,请酌定。”毛泽东的两次修改,主要有:在文章谈到毒草已经长出来处,加写:“那么,就让它长吧。因为毒草是一种客观存在,毒草盛长,就标志着工人阶级锄草队伍要出动了。想把客观存在的毒草泥封土掩,不许露头,或者一露头就用简单办法一下子压死,是一种不懂阶级斗争策略的蠢笨作法,而且一定会留下后祸,将来要付出更多的劳动才能把它锄掉。”在文章谈到社会主义现实主义是最好的创作方法,但这只能向作家提倡处,加写“而不是向作家下一道强制执行的命令”。在文章第三部分“文艺上的修正主义路线”中,加写一段话:“在我国,一九五七年才在全国范围内举行一次最彻底的思想战线上和政治战线上的社会主义大革命,给资产阶级反动思想以致命的打击,解放文学艺术界及其后备军的生产力,解除旧社会给他们戴上的脚镣手铐,免除反动空气的威胁,替无产阶级文学艺术开辟了一条广泛发展的道路。在这以前,这个历史任务是没有完成的。这个开辟道路的工作今后还要做,旧基地的清除不是一年工夫可以全部完成的。但是基本的道路算是开辟了,几十路、几百路纵队的无产阶级文学艺术战士可以在这条路上纵横驰骋了。文学艺术也要建军,也要练兵。一支完全新型的无产阶级文艺大军正在建成,它跟无产阶级知识分子大军的建成只能是同时的,其生产收获也大

[1] 这篇文章是根据周扬1957年9月16日在中国作家协会党组扩大会议的讲话整理、补充并同文艺界的一些人士交换了意见之后形成的。

体上只能是同时的。这个道理，只有不懂历史唯物主义的人才会认为不正确。”这篇文章发表在二月二十八日《人民日报》和三月十一日出版的《文艺报》一九五八年第五期。

2月25日 下午，同陈毅、陈家康[1]谈话，后同周恩来谈话。

2月26日 上午，在中南海菊香书屋召集陈云、邓小平、彭真、李富春、李先念、王鹤寿、彭涛、徐达本[2]、余秋里、赵尔陆、段君毅、韩光[3]开会。

2月27日 中共中央主席毛泽东复信苏共中央，同意出版《和平和社会主义问题》杂志。信中说：“中共中央同意在布拉格出版一个国际性理论月刊，作为参加这一刊物的各国共产党和工人党中央委员会的联合刊物，也同意苏共中央所提出的关于刊物的基本原则[4]和出版经费的分担办法。”“中共中央准备派出王稼祥、刘宁一、赵毅敏[5]同志出席将于三月七—八日在布拉格召开的创办杂志的各党的代表会议。”八月，《和平和社会主义问题》杂志正式出版。

2月28日 下午，在中南海颐年堂会见苏联驻中国大使尤金，邓小平在座。尤金说：最近，苏共中央全会决定把机器拖拉

---

〔1〕 陈家康，当时任中国驻阿拉伯联合共和国大使。

〔2〕 彭涛，当时任化学工业部部长。徐达本，当时任煤炭工业部副部长。

〔3〕 段君毅，当时任第一机械工业部副部长。韩光，当时任国家技术委员会副主任。

〔4〕 苏共中央1958年1月31日来信中说：这个杂志可作为各国共产党和工人党中央委员会的联合刊物。它不应当成为发号施令的刊物；它将从事宣传、研究马列主义理论问题，并且是各兄弟党交流经验的国际讲坛。1957年11月于莫斯科举行的各国共产党和工人党会议的宣言中所提出的思想和原则将是这个杂志的基础。

〔5〕 赵毅敏，当时任中共中央对外联络部副部长、中央国际活动指导委员会常务副主任委员、中国人民对外文化协会副会长。

机站的拖拉机等生产资料交给集体农庄。毛泽东说：这样做得对，农业将会更迅速地发展。过去工业一马当先，农业落在后面，结果一个腿长，一个腿短，走起来十分不便。实际上，只有农业发展了，工业才会有广大的市场，才会更迅速地发展。尤金问：主席最近到各地走了一次，都到过哪些地方？毛泽东说：这次我先到山东、江苏、浙江、湖南、广西、广东看了看，回北京后又到山东、沈阳、抚顺、长春去了。我在外地的时候，我这个人就活了半个，一回到北京就成了死人。在抚顺主要看了电解铝厂，在长春看了汽车工厂。我们要多建些中小工厂，建筑期很短，投资少。以前我对你讲过，解放以来我没有一天是快乐的，直到一九五五年当我看到有那么多的农民参加了合作社，我才快乐了。接着是私营工商业改造。但是在一九五六年下半年和一九五七年上半年这两个半年中，我又没有快乐的日子了。我们现在解决相互关系问题，就是党、政和群众，工厂的领导和职工，合作社的领导和社员之间的相互关系问题。要消灭官僚主义，消除资产阶级作风，要使得大家感到现在是真正地解放了，建立起真正的平等关系。所有制问题解决后，要使社会主义在相互关系中取得胜利还需要相当长的时间。我们这次解决了，以后还会再发生的。以前，我们的相互关系，如在基层，厂长、党委书记、工会主席和职工之间，并不平等，群众把他们称为官，党、政、工、团是四大领袖。现在，经过大鸣大放、大辩论，情况就改变了，群众见到这些人可以批评，他们也真改正缺点，于是群众也纷纷起来改进工作，落后的职工批判了自己过去只为人民币服务、只为“五大件”〔1〕服务的错误态度。他们认识到应该为人民服务，于是劳动热情高涨，干劲十足。这样，我们解决相互关

〔1〕这里指手表、自行车、收音机、缝纫机和毛料衣服。

系这个中间问题，就进一步巩固了所有制，同时也使得分配问题容易得以解决。

同日 晚上，同王鹤寿、吕东、高扬文、徐驰[1]谈话。

同日[2] 复信黄炎培："惠书[3]敬悉。目前形势，确实是好的，如能予以适当的指导，定将产生很大的力量。一个月前赐书中论及深葬事，适获我心，将来适当时机，可能推广实行。"

3月1日 阅邓小平二月二十八日报送的《中共中央关于开展反浪费、反保守运动的指示》稿，批示："可用。"指示说：现在反浪费、反保守的群众运动，已经在工业、农业、交通运输、商业、文教卫生等部门、国家机关、党群机关和军队等方面开展起来了。这是一个社会主义的生产大跃进和文化大跃进的运动。中央决定以两个月到三个月的时间，在全国进一步普遍地开展反浪费、反保守、比先进、比多快好省地建设社会主义的运动。

同日 晚上，同粟裕、罗瑞卿、刘亚楼、吴法宪[4]谈话。

3月2日 为转发共青团中央机关召开右派分子座谈会情况的简报，起草中共中央给上海局、各省市区党委的批语，指出：

---

〔1〕 吕东、高扬文，当时任冶金工业部副部长。徐驰，当时任冶金工业部部长助理。

〔2〕 这封信的下款，毛泽东署的日期是"1958年2月29日"。经查核，1958年不是闰年，2月无29日。据《黄炎培日记》记载：2月28日，"得主席复信"。故订正为2月28日。

〔3〕 黄炎培1958年2月23日的来信中说，他在农历除夕同中国民主建国会中央小组到北京市参观商业时，看到商场中没有过去出现的拥挤现象，许多商店的售货员春节加班应市。一些公私合营企业互送挑战书、保证书，提出开展比思想、比学习、比卫生、比朴素、比干劲、比钻劲活动，说明私方人员包括民建会员决心抛弃资产阶级立场，转向社会主义立场了。

〔4〕 吴法宪，当时任中国人民解放军空军政治委员。

"各地应当召集右派分子开会，由主要领导同志去做报告，争取他们和分化他们。会可以是几十人的，几百人的，几千人的，都应由该单位（例如一个大学，一个部门）、该系统（例如文教系统）或该地区（例如一个区，一个市，市的右派人数很多时，则选择若干人，例如二千至三千人）最有威信的主要负责人去作讲演。这样，一定能收到很大的效果。"简报说：团中央机关于一九五八年二月十四日、十五日分别召开了两次右派分子会议。团中央第一书记胡耀邦在两次会议上都讲了话。指出他们的错误是十分严重的，是从根本上反对党、反对社会主义，是大是大非问题。但是，只要能真正地低头认罪，决心悔改，前途仍然是光明的。还向他们宣读中央关于处理右派分子的六条办法，说明严肃与宽大相结合的政策，指出只要他们愿意悔改，党对他们是采取宽大政策的，可以一不按反革命处理，二不剥夺公民权，三大部分不开除公职，给饭吃，给工作做，而且组织上还准备诚恳地帮助他们改造，鼓励他们要自己掌握自己的命运。这两次会议的效果都很好。

同日 下午，同彭真、陈伯达、吴冷西谈话。晚上，同彭涛谈话。

3月3日 下午，同王鹤寿谈话。晚上，同陈云、邓小平、彭真、胡乔木谈话。

3月4日 阅陈毅三月二日关于请求批准辞去上海市市长职务的报告，批示："退陈毅同志：同意辞去上海市长，因为现在兼任外交工作了。"

同日 阅中共福建省委、省人委一月二十九日关于开展以除四害为中心的爱国卫生运动情况的报告，批示："吴冷西同志：此件可发表，广播。退叶子龙。"报告说，我省自一九五七年十月以来，结合冬季生产运动，先后开展了以除四害为中心的爱国卫生运动。开展运动的体会是：（一）广泛深入地发动群众，真正做到家喻户晓。（二）领导亲自动手，书记挂帅。（三）要有具体规划，并使突击运动与运动经常化结合起来。（四）培养先进典型，组织观摩，推动运动前进。

同日　乘专机从北京到达成都，住金牛坝招待所。

3月5日　上午，阅新华社二月二十六日编印的《内部参考》第二四二四期刊载的《山东省轻灾区与非灾区灾情日趋发展，灾民断粮、要饭、外逃现象相当严重》的报道，批示："小平同志：此件所载山东灾情问题，请用电话向舒同询问一下，问他们是否注意了此事，救济办法如何？"

同日　下午，乘汽车参观成都市容。看见城墙边一些棚户时说：你们这里解放这么些年了，还不能给群众修些瓦房吗？群众住在这个地方怎么能休息？又怎么能讲卫生？汽车沿城墙走了一段时间后，又说：这个城墙为什么还不拆除？既不好看又妨碍交通。毛泽东还问李劼人〔1〕现在怎么样？他的工作和生活安排得怎么样？陪同人告诉他，李劼人现在任成都市副市长。

同日　下午，视察成都量具刃具厂，强调要进行文明生产。

3月6日　下午，游览成都武侯祠。嘱人将武侯祠的楹联抄录送给他。

3月7日　在成都游览杜甫草堂。在杜诗版本展览室，看完明、清和近世刻印的各种不同版本的杜诗后，望着陈列在橱内的杜甫诗集说："是政治诗！"还仔细观看了杜诗的各种外文版本。

3月8日　阅彭德怀三月五日关于中国人民解放军空军歼击机师进入福建的准备工作的意见，批示："已阅。退彭德怀同志：进福建事，同意你的意见，照那样作准备；但最后实行进入，到那时再作决定。"

---

〔1〕李劼人，作家、文学翻译家。

同日 下午，同刘少奇、邓小平、谭震林谈话。晚上，同刘少奇、周恩来、陈云、邓小平谈话。

3月9日—26日 在成都金牛坝招待所主持召开有中共中央领导人、中央有关部门的负责人和大部分省、市、自治区党委第一书记参加的工作会议，通称成都会议。出席会议的有：刘少奇、周恩来、陈云、邓小平、罗荣桓、李富春、李先念、陈伯达、薄一波、谭震林、胡乔木、廖鲁言、王鹤寿、彭涛、滕代远〔1〕、田家英、黄欧东、吴德、欧阳钦、张德生、张仲良、汪锋〔2〕、王恩茂、林铁、陶鲁笳、乌兰夫、刘仁、黄火青、李井泉、周林、谢富治、柯庆施、王任重、陶铸。

3月9日 下午，成都会议开始举行，毛泽东主持，作第一次讲话，共讲二十几个问题。他说：关于协作问题，现在普遍存在这个问题，这是少奇同志提出的。全国，省与省，市与市，社与社，农、工、商、交通、贸易、文教，都要协作。关于平衡问题，全国，省与省，城与乡之间的平衡，要很好研究一下。现在好像不要平衡，还是应当要一点。现在有人认为越不平衡越好，是否有道理？关于统一与分散（地方分权）问题，又统一又分散。中国自秦至今，一统天下，统了，地方就不发展。关于两种方法的比较问题，一种是马克思主义的“冒进”，一种是非马克思主义的反冒进。我看应采取“冒进”。反冒进是个方针问题，南宁会议谈了这个问题。谈清楚的目的是使大家有共同语言，好做工作，我绝无要哪个同志不好混之意。关于技术革命和文化革命问题，在南宁会议上只提出技术革命，现在又有人提出文化革命，可以研究。关于开右派大会问题，一个城市、一个区、一个

〔1〕 滕代远，当时任铁道部部长。

〔2〕 汪锋，当时任中共中央统战部副部长、国家民族事务委员会副主任。

学校召开右派大会，有左派参加，主要目的是争取分化右派，给他们一条出路。关于规章制度问题，规章制度从苏联搬了一大批，害人不浅。那些规章制度束缚生产力，制造浪费，制造官僚主义。建国之初，没有办法，搬苏联的，这有一部分真理，但也不是全部真理，不能认为非搬不可。搬，要有分析，不要硬搬，硬搬就是不独立思考，忘记了历史上教条主义的教训。马列主义的普遍真理与中国革命具体实际相结合，这是唯物论；二者是对立的统一，也就是辩证法。对苏联的经验，只能是择其善者而从之，其不善者不从之。什么事情都要提出两种办法来比较，这才是辩证法。为什么规章制度不可以有几个方案？规章制度是上层建筑，有一部分属于生产关系，工资福利属于分配，也是生产关系。

3月10日 下午，主持成都会议，听取华北各省市区党委负责人的汇报。毛泽东作第二次讲话，主要讲坚持原则与独创精神，批评教条主义。他说：学习有两种方法，一种是专门模仿；一种是有独创精神，学习与独创相结合。硬搬苏联的规章制度，就是缺乏独创精神。全国解放后，一九五〇年至一九五七年，在经济工作和文教工作中产生了教条主义，军事工作中搬了一部分教条，但基本原则坚持了，还不能说是教条主义。经济工作中的教条主义，主要表现在重工业、计划工作、银行工作和统计工作方面，特别是重工业和计划方面，因为我们不懂，完全没有经验，只好搬。商业搬得少些，因中央接触较多，批转文件较多。轻工业工作中的教条主义也少些。社会主义革命和农业合作化未受教条主义影响，因为中央直接抓，中央这几年主要抓革命和农业，商业也抓了一点。各个部门存在教条主义的情况不同，需要分析比较，找出原因。一、重工业的设计、施工、安装，自己都不行，没有经验，没有专家，部长是外行，只好抄外国的，抄了也不会鉴别。二、对苏联和中国的情况都不了解。对苏联的经济情况、历史发展不甚了解，既然不了解，只好盲目地学他们。三、在精神上受到压力。菩萨比人大好多倍，是为了吓人。戏台上的英雄豪杰一出来，与众不同。斯大林就是那样的人。四、不懂得比较法，不懂得树立对立面。对许多规章制度，我们许多同志不去设想有没有另外一种方案，择其合乎中国情况者应用，不适合者另拟，也不作分析，不动脑筋，不加比较。毛泽东回顾了一九五六年以来独立探索社会主义建设道路的历程。他说：一九五六年四月的《论十大关系》，开始提出我们自己的建设路线，原则和苏联相同，但方法有所不同，有我们自己的一套内容。十大关系中，工业和农业，沿海和内地，中央和地方，国家、集体和个人，国防建设和经济建设，这五条是主要的。一九五七年，在《关于正确处理人民内部矛盾的问题》的报告中，讲了工农业同时并举、中国工业化的道路、农业合作化等问题。这一年发生了一件大事，就是全民整风、反右派，群众性的对我们工作的批评，对人们思想的启发很大。一九五八年，在杭州、南宁开了会，现在又在成都开会。会上大家提了许多意见，开动脑筋，总结八年的经验，对思想有很大启发。南宁会议上提出了一个问题，就是国务院各部门的规章制度，可以改，而且应当改。怎样改呢？一个办法是和群众见面，一个办法是搞大字报。另一个问题是地方分权，现在已经开始实行。中央集权和地方分权同时存在，能集的则集，能分的则分，这是去年三中全会后定下来的。一九五六年，斯大林受批判，我们一则以喜，一则以忧。揭掉盖子，破除迷信，去掉压力，解放思想，完全必要，但一棍子打死，我们就不赞成。他们不挂像，我们挂像。对苏联经验，一切好的应该接受，不好的应该拒绝。有些人对反个人崇拜很感兴趣。个人崇拜有两种，一种是正确的崇拜，如对马克思、恩格斯、列宁、斯大林正确的东西，我们必须崇拜，永远崇拜，不崇拜不得了。真理在他们手里，为什么不崇拜呢？我们相信真理，真理是客观存在的反映。另一种是不正确的崇拜，不加分析，盲目服从，这就不对了。反个人崇拜的目的也有两种，一种是反对不正确的崇拜，一种是反对崇拜别人，要求崇拜自己。

同日　晚上，主持成都会议，继续听取华北各省市区党委负责人的汇报。毛泽东插话说：地方工业有三大任务，一为农业服务（基本的），一为大工业服务，一为城乡人民生活服务。此外，还要为出口服务。苦战三年，自留地和社员个人养猪不要减少。三年内增加合作社的积累，分得少了，应该让农民发展一些副业，增加一些收入。自留地减少，又不让多养猪，这样两头堵死不好。

3月11日　下午和晚上，主持成都会议，听取东北各省党委负责人的汇报。毛泽东插话说：现在有些虚，不要老加计划，要有措施。没有措施，工人没有信心。许多事还要有具体措施，才有保证。计划要和措施结合，否则会落空。各省的第一书记和参加会议的部长同志，都要读一本威廉斯[1]著的《土壤学》，从那里面可以弄清楚为什么会增产。苦战三年，基本改变本省面貌；在七年内实现“四十条”；实现农业机械化，争取五年完成。各省可不可以这样提，特别是农业机械化问题，各省可以议一下。搞农业机械化，小社势必要合并一些，合并后仍然不能搞的，可以联社搞。工业和农业同时并举，是在一九五七年二月《关于正确处理人民内部矛盾的问题》中才更明确地提出来的。辽宁以工业为主，八年来吃了这个亏。过去七八年来，宣传上有很大偏差，一直就是讲工业化，没有把农业放在恰当的位置上。

---

〔1〕威廉斯，苏联土壤学家和农学家、苏联科学院院士。他提出了一套关于恢复和提高土壤肥力的方法和理论，主张农、林、牧相结合，提倡草田轮作制。

中国社会主义建设的路线，是在过去八年中逐步形成起来的，再有五年就差不多了，苦战三年也可能完成。过去的八年，顾不上抽出手来抓建设。现在才有可能抽出时间来研究建设，开始摸工业，科学、文教、商业还没有摸。我们一定要苦战三年，切实去摸，形成一条完整的我们中国建设社会主义的路线。

同日　阅中共广东省委三月六日关于财政下放五年不变问题及工业下放问题的建议，批示："此件付讨论。"这个建议作为成都会议文件印发。

3月12日　下午和晚上，主持成都会议，听取西北各省区党委负责人的汇报。毛泽东插话说：我国又穷又白，省下来的钱多办学校，中小学可大办，农业学校也要发展。只有教育发展，才能赶上英国。靠文盲建设不起社会主义，我们要有上千万的知识分子。麦子穗太短，如能研究培育一种新的品种，穗很长的，那就很好。下次会议要把工业问题当成中心，大家摸一下，六七月开这样一次会。再下一次讨论文教，请大家准备。商业也要准备一下。

3月13日　晚上，成都会议继续举行。

同日　阅中共浙江省委三月五日关于冬季生产运动情况的报告，批示："此件可以一阅。水利、积肥不算突出，但有些经验值得注意。"报告除了水利、积肥外，还汇报了绿化造林、除四害讲卫生运动的开展情况，特别汇报了冬季生产运动中必须解决的几个问题。毛泽东的批示和浙江省委的报告作为成都会议文件印发。

3月14日　下午和晚上，主持成都会议，听取西南各省党委负责人的汇报。毛泽东插话说：十年或稍多一点时间赶上英国，二十年或稍多一点时间赶上美国，那就自由了，主动了。实现农业发展纲要四十条，辽宁三年，广东五年，是左派。三年恐怕有困难，可以三年到五年，上面打长一点，让下面超过。这次会议对一些项目完成的时间取得一致看法，除四害三年到五年，粮、棉五年到七年，绿化三年到五年，两本账，有伸缩，好些。为了水利综合利用，使用大型机械，需要合并一些社，建立大社。过去主张搞小社，现在考虑除了地广人稀的地区外，可搞大型社。当然，不是回去就并，而是五年之内逐渐并。农村房子很不卫生，在十年内应改为砖瓦房，不要茅草房。房子样子可搞好一点，因地制宜，搞些标准设计。苦战七年到十年，基本改变农村房子的面貌。

3月15日 下午，主持成都会议，继续听取西南各省党委负责人的汇报。

同日 阅中共陕西省委二月十六日关于组织县级以上负责干部和理论教育工作者进行专题研究的通知，批示："此件可阅。请各省、市、自治区党委书记处同志们研究一下，出一批题目发给若干干部，同时寄中央书记处一份。"通知说：省委决定凡县级以上具有进行理论研究工作条件的负责干部和具有一定实际工作经验的理论教育工作者，都要尽可能采用专题研究的方法，单独或组成小组，每年至少研究一个有关当前实际工作的重大问题，写出专题论文或报告，要有理论、有实际、有情况、有分析。通知列出了五十个参考题目。毛泽东的批示和陕西省委的通知，作为成都会议文件印发。

同日 阅中共中央宣传部编印的《宣教动态》一九五八年第二十八期刊载的《上海新闻出版和文学艺术部门党内负责干部的一些意见》。这个材料综合了中宣部部长陆定一于一月八日、九日、十三日、十四日分别召集上海市新闻、出版、文学、电影等单位党内负责干部座谈会的情况。在新闻界座谈会上，有人反映：有些同志谨小慎微，不敢说话。左派不愿替报纸写稿，有点踌躇；中中和中右，不敢沾报纸的边。版面上也没有生气。在出版界座谈会上，有人反映，对出版工作如何贯彻百家争鸣只是兢兢业业小心为妙。在电影界座谈会上，有人反映，反右以后，大家缩手缩脚，特别是在创作上很少发言。毛泽东批示："此件可一看，然后谈一下。为什么知识分子不敢讲、不敢写呢？我们人民的自由已被压死了吗？"毛泽东的批示和这个材料，作为成都会议文件印发。

3月16日 下午，视察成都附近的郫县红光农业合作社。走进一户农舍，同女主人交谈，询问口粮够不够吃？社长对你们好不好？知不知道除四害？随后，看了农田。当得知四川农村用一种野生毒草"打破碗花花"消灭蚊蝇时，饶有兴趣地问为什么叫"打破碗花花"？能不能找来一枝看看？社长从田坎边拔了一枝递给毛泽东，毛泽东说：很好！带回去，明天开会给大家看看。

同日 阅洛阳第一拖拉机厂党委二月二十七日上报的一九五八年至一九六八年跃进规划，批示："付讨论。拖拉机型号名称不可用洋字〔1〕。各种拖拉机样式和性能一定要适合我国的气候和地形，并且一定要是综合利用的，其成本一定要尽可能降低。"洛阳第一拖拉机厂跃进规划提出，品种由原设计的一种增至七种基本产品和十一种变型产品。到第三个五年计划期末，可累计生产一百一十一万六千八百九十一标准台，如全部用于农业，可耕七亿亩。毛泽东的批示和这个跃进规划作为成都会议文件印发。

同日 阅中共中央宣传部三月编印的《宣教动态》一九五八年第二十七期刊载的《山西河南加强理论工作队伍的措施》的报道。报道说：中共山西省委要求从一九五八年起，在第二个五年计划期间或者更多一些时间内，培养出一批系统地学习过马克思列宁主义经典著作（特别是毛泽东同志的著作）、具有一定的实

---

〔1〕 在洛阳第一拖拉机厂跃进规划所附的10年内增加品种与逐年产量表中，品种名称栏列有"ДТ－54型"、"ДТ－75型"等。

际工作经验、政治品质优良、思想意识健康、理论与实践相一致的理论工作干部。毛泽东批示："付讨论。山西的办法很好，各省、市、区可以仿行。"并删去报道中的"(特别是毛泽东同志的著作)"。毛泽东的批示和这个报道作为成都会议文件印发。

3月17日 上午，主持成都会议，听取柯庆施汇报。毛泽东插话说：现在的整改工作，反保守、反浪费，目标鲜明。知识分子、科学家的态度也在改。有些过去写东西的人，现在不写东西，因为他们还在过渡状态中，旧的破了，新的未建立起来。资产阶级思想已破得差不多了，无产阶级思想还没有建立起来，有一点也不多，所以难写。过些时候就会写出来。现在是过渡时期，需要的小说不是什么大作品，而是一些及时反映现实的中篇、短篇，像鲁迅的那些作品。鲁迅并没有写什么大作品嘛！学制、课程要由各省、市去研究改变，有了典型，教育部门才能改过来。历来统一的东西，都是由典型到普及的。要和中间派做朋友，也要找几个右派分子交朋友，给他们工作。现在连我们都怕沾右派的边，那怎么行？怎能了解他们呢？

3月18日 下午，主持成都会议，听取陶铸汇报。毛泽东插话说：总路线就全党来说，是逐步完备的。开始提出工业化就是不大完备的。七届二中全会对社会主义问题已讲清楚。二中全会决议不是突如其来的，是在整个民主革命过程中有了思想准备。在民主革命过程中，我们就看出社会主义因素。例如，群众耕田队，那也是社会主义萌芽。后来在陕北安塞发现一个完全集中的合作社，我们很感兴趣，并发展了互助组。马克思主义者不要隐蔽自己的观点，在原则问题上共产党员要有明确的态度。建设路线不能迷信苏联，不破除迷信，要妨碍正确贯彻执行建设路线。全国的青年工人、青年农民、青年学生、社会青年，确实需要很好的教育，让他们知道天有多高，地有多厚。

3月19日　上午，主持成都会议，听取王任重汇报。毛泽东插话说：一九五八年的劲头，开始于三中全会。许多事情是没有料到的，例如一九五六年的斯大林问题、波匈事件和一九五六年“反冒进”。当时对于社会主义革命也以为只是所有制问题，而没有弄清那只是一部分，还有生产关系的其他方面。技术决定一切，政治思想不要了？干部决定一切，群众不要了？全面的提法就是又红又专，领导和群众相结合。要技术，又要政治思想；要干部，又要群众；要民主，又要集中。

同日　为向成都会议印发《中国农村的社会主义高潮》一书中的一批按语[1]写说明，题为《一批按语》。全文如下：“这些

---

〔1〕这一批按语，是毛泽东为以下35篇文章写的：《书记动手，全党办社》，《只花一个多月时间就使全村合作化》，《这个乡两年就合作化了》，《合作化模范邓家乡》，《勤俭办社》，《勤俭办社，建设山区》，《五亿农民的方向》，《他们坚决选择了合作化的道路》，《谁说鸡毛不能上天》，《所谓落后乡村并非一切都落后》，《机会主义的邪气垮下去，社会主义的正气升上来》，《一个违背领导意愿由群众自动办起来的合作社》，《乡、村干部有能力领导建社》，《西乡县杨河坝乡党支部正确地领导了那里的互助合作》，《凤冈县崇新乡是怎样在党支部领导下开展互助合作运动的》，《新情况和新问题》，《福安县发生“中农社”和“贫农社”的教训》，《长沙县高山乡武塘农业生产合作社是怎样从中农占优势转变为贫农占优势的》，《一个整社的好经验》，《一个混乱的合作社整顿好了》，《中山县新平乡第九农业生产合作社的青年突击队》，《严重的教训》，《琼山县第一区红旗农业生产合作社，在同自然灾害和同资本主义思想作斗争中巩固起来了》，《合作社的政治工作》，《必须和反革命的破坏活动作坚决的斗争》，《沂涛乡的全面规划》，《在一个乡里进行合作化规划的经验》，《一个合作社的三年生产规划》，《红星集体农庄的远景规划》，《一个受欢迎的农业技术夜校》，《莒南县高家柳沟村青年团支部创办记工学习班的经验》，《大社的优越性》，《一个从初级形式过渡到高级形式的合作社》，《白盆窑农业生产合作社是怎样办成高级社的》，《高级社利益最大，而且并不难办》。

按语见《中国农村的社会主义高潮》一书中，是一九五五年九月和十二月写的，其中有一些现在还没有丧失它们的意义。其中说一九五五年是社会主义与资本主义决战取得基本胜利的一年，这样说不妥当。应当说：一九五五年是在生产关系的所有制方面取得基本胜利的一年，在生产关系的其他方面以及上层建筑的某些方面即思想战线方面和政治战线方面，则或者还没有基本胜利，或者还没有完全胜利，还有待于尔后的努力。我们没有预料到一九五六年国际方面会发生那样大的风浪，也没有预料到一九五六年国内方面会发生打击群众积极性的‘反冒进’事件。这两件事，都给右派猖狂进攻以相当的影响。由此得到教训：社会主义革命和社会主义建设都不是一帆风顺的，我们应当准备对付国际国内可能发生的许多重大困难。无论就国际方面说来，或者就国内方面说来，总的形势是有利的，这点是肯定的；但是一定会有许多重大困难发生，我们必须准备去对付。”

3月20日 下午，在成都会议上作第三次讲话，共讲四个问题。毛泽东说：第一，改良农具的群众运动，应该推广到一切地方去。它的意义很大，是技术革命的萌芽，是一个伟大的革命运动。以车子代替肩挑，就会大大提高劳动效率，由此而进一步机械化，机械化与改良农具运动要同时进行。改良农具运动的特点是迅速有效。群众性的创造是无穷无尽的，我们发现了好的东西，就要加以总结推广。第二，河南省提出一年实现“四、五、八”，水利化，除四害，消灭文盲，可能有些能做到，即使是全部能做到，也不要登报。就全国来说，我们的口号还是五年、六年、七年、八年，争取实现“四、五、八”。大家抢先，搞得天下大乱。实干就是了。各省不要一阵风，说河南一年，大家都一年。可以让河南试验一年，如果河南灵了，明年各省再来一个运动，大跃进。如果一年实现“四、五、八”，消灭文盲，也可能缺点很大，起码是工作粗糙，群众过分紧张。只要总路线正确，晚一年、二年、三年乃至五年完成“四十条”，那也不能算没有面子，不算不荣誉，也许还更好一些。搞社会主义有两条路线，我们做工作要轰轰烈烈，高高兴兴，不要寻寻觅觅，冷冷清清。建设的速度，是个客观存在的东西。凡是根据主观条件和客观条件能办到的，就应当多快好省，鼓足干劲，力争上游。但办不到的不要勉强。现在有股风，十级台风，不要公开去挡，要在内部讲清楚，把空气压缩一下。压缩空气不是泼冷水，而是要把事情办得扎实一点。要去掉虚报、浮夸，不要争名，而要务实，要有具体措施。第三，各省、市、自治区两个月开一次会，检查总结一次，开几个人或十几个人的小型会。协作区也要两三个月开一次会。运动变化很大，要互通情报。开会的目的，是为了调整生产节奏。工业要有生产节奏，农业也要有，商业、文教、政治，都要有点节奏。在多快好省、鼓足干劲、力争上游的总路线下，波浪式地前进，这是急与缓的对立的统一，劳与逸的对立的统一。如果只有急和劳，则是片面性。苦战与休整的对立的统一，这是规律，而且是互相转化的。没有一种事情不是互相转化的。要举丰富的例子，搞几十个、百把个例子，来说明对立的统一和互相转化的概念，才能搞通思想，提高认识。讲这些，是为了解放思想，把思想活泼一下。脑子一固定，就很危险，要开动脑筋，使思想活泼起来。第四，社会主义建设的总路线，还在创造中，基本点已经有了。现在只有少数人感觉这条路线是正确的，可能还有很多人将信将疑，或者是不自觉的。对于我们来说，从理论上和若干工作的实践上，例如工农业有相当的增产，工作也有相当的成绩，多数人心情舒畅，认为这条路线是正确的。但是“四十条”还没有实现，全国工业化还没有实现，十五年赶上英国还只是口号，一百五十六项尚未全部建成。第二个五年计划搞几十万项，县县都办起工业来，结果如何？会不会生产过剩？在我脑筋中存在问题。是好，还是天下大乱？我现在没有把握。所以，现在要开会，要每年抓四次，看到有问题就调节一下。总路线由于两个原因已开始形成，根本的是群众斗争的创造，其次是领导机关反映了这些创造。总路线已经开始形成了，但是尚待完善，尚待证实，不可以说已经最后完成了。错误还是要犯的，不可能不犯，犯错误是正确路线形成的必要条件。难免论是正确的，可免论是不正确的。问题是犯得少一点，犯得小一点。

3月21日　下午，参观四川灌县都江堰水利工程。称赞灌县是个好地方，山清水秀。当了解到都江堰每年岁修要用很多人工时说：今后应改用机器，用卷扬机、掘土机，这样就省力了。在从灌县返回成都途中，看到公路旁的田里有社员还在劳动，停车走进莙菜地里，同社员一起摘莙菜，并询问他们的生活情况。

同日　阅陈正人三月十四日关于河北省徐水县实现农田水利化情况的报告，批示："此件连同谭震林的报告〔1〕付讨论。徐水县的经验普遍推广。"报告中说：徐水县从一九五七年十一月起，苦战三个月，已经实现了农田水利化，境内三条河流基本得到治理，八十六万亩耕地绝大多数都已有了一套、两套或三套灌溉设施。徐水县兴修水利的特点，是在群众自办农田水利的方针下，建立一个以小型为基础、大中小型互相结合的、防洪除涝灌溉互相为用的水利工程系统。

3月22日　上午，在成都会议上作第四次讲话，主要讲领导作风问题。毛泽东说：那天我们谈《西厢记》的问题。惠明是

〔1〕指中共中央书记处书记谭震林1958年3月13日关于第二个五年计划水利建设的初步安排的报告。

一个和尚，他挺身而出去给白马将军送信。这个剧本把惠明写得勇敢坚决，为正义而奋斗。我想，我们中国现在出一点惠明才好。我们党从前有《向导》、《斗争》、《实话》等杂志，现在有《人民日报》，但没有理论性杂志。原来打算中央、上海各办一个，设立对立面，有竞争。现在提出各省都办，这很好。可以提高理论水平，活泼思想。各省办的，要各有特点，可以大部根据本省情况说话，但也可以说全国的话、全世界的话、宇宙的话。刊物搞起来，就逼得我们去看经典著作、想问题，而且要动手写，这就可以提高思想。要提高风格，讲真心话，振作精神，要有势如破竹、高屋建瓴的气势。要做到这一点，必须抓住马克思主义的基本理论和工作中的基本矛盾。但我们的同志现在有精神不振的现象，是奴隶状态的表现，像京剧《法门寺》里的贾桂〔1〕一样，站惯了不敢坐。对于马克思主义经典著作要尊重，但不要迷信，马克思主义本身就是创造出来的，不能抄书照搬。一有迷信就把我们脑子镇压住了，不敢跳出圈子想问题。不要怕教授，进城以来相当地怕教授，看人家一大堆学问，自己好像什么都不行，不要自惭形秽。自古以来，创新思想、新学派、新教派的人，都是学问不足的青年人。他们一眼看出一种新东西，即抓住向老古董作战，而有学问的老古董总是反对他们的。学问是抓来的，看你方向对不对，去不去抓。历史上总是学问少的人，推翻学问多的人。当面不说，背后嘀嘀咕咕，这最不好。可以尖锐一点，也可以委婉一点，但不能不说，有话不说就很危险。当然，说话要选择时机，不讲策略也不行。不敢讲话无非是一怕封为机会主义，二怕撤职，三怕开除党籍，四怕老婆离婚，五怕坐

〔1〕贾桂，京剧《法门寺》中的人物，明代宦官刘瑾手下的太监，在刘瑾面前奴颜婢膝，别人让他坐，他说站惯了。

班房，六怕杀头。我看只要准备好这几条，看破红尘，什么都不怕了。难道可以牺牲真理，封住我们的嘴巴吗？我们应当造成一种环境，使人敢于说话，交出心来。这次会议解决了一批问题，取得协议，为政治局准备了文件，但缺点是思想谈得较少。是否再用两三天时间谈谈思想问题，讲讲心里话。我的企图是要人们敢说，精神振作，势如破竹，把顾虑解除，要在地委副书记以上约一万人的范围内，把沉闷的空气冲破一下。我们这次印了一些诗净是古董〔1〕，我想搞一点新的民歌，对立统一。请各位同志负个责任，回去以后搜集一点民歌。中国诗的出路，第一条是民歌，第二条是古典，在这个基础上产生出新诗来，形式是民族的，内容应该是现实主义与浪漫主义的对立统一，太现实了就不能写诗了。现在的新诗不成形，没有人读。

同日　上午，致信滕代远："铁道文件，还宜作些补充，才有充分说服力。例如：每一条路为什么非修不可的理由，它的经济价值，有些是国防价值或政治价值；八万公里需要用多少钱，有无可能，每一个五年各需用多少钱，有无可能；铁道系统如何反教条主义。这些宜一起写进去，可以在回京后，跟一些同志研究之后，再行改写，不惜反复修改。三张图印得不大好，地名字太小，又不明显，有些地名看不清楚。三图现退还，请你用黑墨水笔在偏僻地名上重写出看得清楚的字，于本日下午交我。熟习的地名不要重写。"信中所说的铁道文件，指铁道部党组三月十四日《关于全国铁路十五年（一九五八年——一九七二年）新线发展规划的说明》和滕代远三月二十日的报告《建成四通八达的全国铁路网，促进社会主义建设的全面发展》。报告中说：旧中

---

〔1〕 指毛泽东选出唐宋人写的有关四川的诗词若干首，和明代人写的有关四川的诗若干首，印发成都会议。

国在七十三年内仅修筑过二万五千公里铁路，不仅数量少，分布也极不平衡。新中国成立以后，为迅速改变铁路的落后面貌，在恢复原有铁路的同时，于一九五〇年就开始新建铁路，到一九五七年底，全国已经通车的铁路总长度增加到近三万公里。但我国地大物博，人口众多，只有三万公里铁路是太少了。为适应目前全国工农业生产和建设大跃进的形势，铁道部党组反复研究了新建铁路的规划，要求在第二个五年计划期间修建新线二万公里，第三、第四两个五年计划期内各约修建三万公里，十五年共修建八万公里新线。到一九七二年，全国铁路总长度将达到十一万公里，仅次于美国和苏联，在世界上从第十一位跃至第三位。毛泽东的信和铁道部文件作为成都会议文件印发。

同日 阅中共中央宣传部三月十三日编印的《宣教动态》刊载的《上海化工学院两个右派分子的大字报》的报道，批示："可以一阅。有资产阶级的自由，就没有无产阶级的自由；有无产阶级的自由，就没有资产阶级的自由。一个灭掉另一个，只能如此，不能妥协。更多地更彻底地灭掉了资产阶级的自由，无产阶级的自由就会大为扩张。这种情况，在资产阶级看来，就叫做这个国家没有自由。实际是兴无灭资，无产阶级的自由兴起来了，资产阶级的自由就被灭掉了。"报道中说：目前上海化工学院学生正大张旗鼓揭发各班级中的资产阶级腐化堕落现象，形成"兴无灭资"巨流，许多"自由王国"、"自由天地"、"自由集体"已被揭发出来。该校两个右派学生也写了一篇大字报，揭发三舍二〇三室是化工学院的"自由王国"。毛泽东的批示和这篇报道作为成都会议文件印发。

同日 阅彭涛三月二十一日关于发展有机合成化学工业的报告，批示："可用。付讨论。请作者回京后，将文内一切化学名词注上分子式。三月间写的四级办肥料厂文件〔1〕，不如此件生动和有说服力，如有时间，请重写一次。”报告认为我国可以在有机化学产品上也来一个大跃进，并提出我国走以电石为主的发展合成化学工业的道路。毛泽东的批示和这个报告作为成都会议文件印发。

同日 批示田家英：“请着人再找一部金圣叹批注的《西厢记》，金批本与此本有些不同。”

3月25日 上午，在成都会议上作第五次讲话，主要讲思想方法问题。毛泽东说：会开得很好，重点归结到方法问题。马克思主义的理论基础，第一是唯物论，第二是辩证法。我们许多同志对此并不那么看重。反冒进不是什么责任问题，不要说得太多了，我也不愿听了。不要老做自我批评，作为方法问题的一个例子来讲是可以的。唯物论是世界观，也是方法论。我们的主观世界只能是客观世界的反映，主观反映客观是不容易的，要有大量事实，在实践中反复无数次，才能形成观点。一眼望去，一下抓住一两个观点，并无大量事实作根据，是不巩固的。要老老实实地听下级的话，个别交谈，小范围（县、社、工厂）交谈。省委解决问题如此，中央也如此，一定要与若干省委书记谈一谈。反冒进也是一种客观反映。反映什么呢？把个别的特殊的东西误认为一般的全面的东西。尊重唯物论、辩证法的人，是提倡争论，听取对立方面的意见的，这是对立的斗争。辩证法是研究主

〔1〕 指彭涛1958年3月4日给毛泽东并中共中央的报告。报告提出：为了适应农业发展的需要和到1962年实现化肥生产700万吨的规划，除在中央和省两级办化肥厂外，还准备在专署和县两级开办化肥厂。这样4级同时举办化肥厂，到1962年氮肥产量可达到1800万吨至2000万吨，再加上500万吨至700万吨磷肥和部分钾肥，就可以在数量上把英国远远地抛在后面，在每亩施肥量上，10年内赶上英国也就大有希望了。

流与支流、本质与现象、主要矛盾和次要矛盾。过去发生反冒进等错误，即未抓住主流和本质，把支流当作主流，把次要矛盾当作主要矛盾来解决。我们许多同志不注意理论。究竟思想、观点、理论从何而来？就是客观世界的反映。客观世界所固有的规律，人们反映它，不过是比较地合乎客观情况。任何规律都是事物的一个侧面，是许多个别事物的抽象，离开客观的具体事物，那还有什么规律？冶金部党组八人吸收了部分大企业的十几个人一起开会，谈了几天解决了许多重要问题。两种因素加在一起就起变化，空气就不同了。中央开会，有地方同志参加，除省委书记外，再加若干地、县委书记，就有了新的因素。中央下去的同志，同省委书记谈还不够，还要找地、县委书记，学校、合作社的人谈谈，一杆子到底。为什么要提出这个问题呢？就是要打掉官气。当了老爷不愿向人请教，这种自以为是的态度，各级都有。越是向人请教得多，提出来的东西大概比较有把握，但还不能说是正确的，因为没有证明。许多事情，我自己就半信半疑。“多快好省，鼓足干劲，力争上游”的建设路线究竟对不对？《论十大关系》究竟对不对？至少还要看五年。今后还要准备发生预料不到的事情。我希望一些过高的指标不要那么太高，要能办得到、行得通，至少有些东西不要去登报。做是一件事，讲又是一件事。即使能做得到，讲也要谨慎些，给群众留点余地，给下级留点余地，也就是替自己留点余地。写剧本有这么一个原则，要为观众留余地，就是要使人家有点想头，如果一切动作、一切语言都在台上做完了、讲完了，并不见得好。总而言之，支票开得太多，后头难于兑现。今年这一年，群众出现很高的热潮，我很担心我们一些同志在这种热潮下面被冲昏了头脑，提出一些办不到的口号。我并不是想消灭空气，而只是要求压缩空气，把膨胀的脑筋压缩一下，冷静一些，不是要下马，而是要搞措施。对本质问题、主要问题，要看得到，抓得起。如果看不到，那就不可能解决问题，当然也有能看到而抓不起的人，缺乏一种魄力、一种能力。所谓抓得起者，无非是加以分析研究，想办法解决。

同日 阅《上海最近情况（三月二十四日电话消息）》，写批语："可以一阅。落后分子觉悟起来，共产主义精神高涨，这是目前国内形势的显著特点。"毛泽东的批语和这个电话消息作为成都会议文件印发。

3月26日 晚上，在成都会议上作第六次讲话。毛泽东说：这次会议的一些决议、意见，都是给政治局的建议。我们这次会议始终没有声明是政治局扩大会议，正式文件还是要等中央政治局发。这次会议开得还可以，但事先未准备虚实并举，以致实业多了一点，虚业少了一点。这也有好处，一次解决大批问题，并且是跟地方同志一起谈的，也就比较合乎实际。不过现在我就希望多一点虚更好，因为过去我们太实了。要逐步引导各级领导同志关心思想、政治、理论的问题，就是南宁会议提出的红与专相结合。还是一年抓四次，特别是今年，要抓紧一点，以便更及时地掌握群众的情绪，稳一点掌握建设的速度。下次会议七月开，重点是工业。现在有些问题还是不摸底。今年这些要摸一摸。我看现在还是工、农、商、学、兵这五业，在这五业后面再加一个"思想"，成为工、农、商、学、兵、思。这里的"思"，是指比较概括地讲政治方面、思想方面、理论方面。毛泽东指出：我们国内存在两个剥削阶级、两个劳动阶级。两个剥削阶级，第一是帝国主义、封建主义、官僚资本主义的残余，就是地、富、反、坏没有改造好的那部分，现在要加上右派。地、富、反、坏、右的大多数是可以改造好的。第二是民族资产阶级和它的知识分子。两个劳动阶级，就是工人和农民，过去的被剥削者或者不剥削人的独立劳动者。独立劳动者，有一部分是有轻微剥削的，比如富裕中农和城市的上层小资产阶级。最后，毛泽东提出他要坐船看看三峡。成都会议于本日结束。

同日　审阅修改刘少奇准备在中共八大二次会议上作的工作报告的草稿[1]，批示："退陈伯达同志。此件可用。略有修改。或者还须作某些修改，可由少奇同志及小平同志斟酌处理。"

3月下旬　审阅王鹤寿的《钢铁工业的发展速度能否更快一些》文稿（三月二十日），加写一段话："这个教条主义是我们自己的。由于我们硬搬苏联经验中一部分不适合我国情况的经验，由此产生了教条主义，不应把责任归于苏联专家。这些专家同志是忠心耿耿地帮助我们工作的。"还修改一段话（加写和改写的文字用着重号标明）："正如主席所说的，我们永远要学习苏联的先进经验，和其他社会主义国家好的经验，因此，反对教条主义，绝不是否定苏联先进而又适合我国情况的经验的作用，绝不是不要尊重苏联专家，绝不是不要继续学习苏联的一切好的经验。"

3月　阅四川《农民日报》编辑部三月十九日写的介绍"打破碗花花"的一份材料，写批语："四川农民报提供的关于具有消灭蝇蚊作用的一种植物的材料。这种植物名曰'打破碗花花'。""红光社的同志们说：其所以叫做'打破碗花花'，是农村中大人们教导小孩子，不要去触动这种植物的身体，使它破裂流出一种汁来，粘在身上，腐烂皮肤。讲时并不是这么说的，而说成：如果谁去触动这种'花花'（植物），回到家里，就会有失手将碗打破的危险。"材料中说，四川各地农村里，在田坎边、水井旁生长着一种野生植物，郫县的农民叫它作"打破碗花花"，把它采来撒在粪坑、水凼能杀蛆灭孑孓，还能毒杀土蚕等，它又是一种很好的绿肥。

〔1〕这个报告草稿是1958年3月起草的，后来又重新起草。

同月 审阅修改廖鲁言准备在成都会议上的发言稿，为发言稿拟题《关于农业方面的几点意见》。在发言稿的“关于农业合作社经营管理中的几个问题”部分中，毛泽东加写一段话：“农业、畜牧业的经营，还一定和各地大、中、小片各种类型的（用材林、薪炭林、其他各种经济林、防风防沙防潮林和风景林）林业经营相结合。总之农、林、牧三业要结合。”这个发言作为成都会议文件印发。

同月 为成都会议印发马克思《资本论》第三卷中论述商品交换的一段话，拟题为《从生产出发，还是从交换和分配出发?》。马克思的这段话是：“近代生产方式最初的理论的考察——重商主义——必然会从流通过程及其独立化为商业资本运动时的表面现象出发，所以仅仅把握了一个外观。一部分因为商业资本是资本一般的最早的自由的存在方式。一部分因为在封建生产的最初的变革时期，即近代生产的发生时期，它（商业资本）曾经发生过压倒一切的影响。现代经济的真正科学，是在理论考察由流通过程过渡到生产过程时开始的。”

同月 为成都会议印发《毛泽东选集》第三卷中的《抗日时期的经济问题和财政问题》一文，另拟题为《从发展整个国民经济的观点出发，还是从片面的财政观点出发?》。

同月 选出唐宋人写的有关四川的诗词若干首，和明代人写的有关四川的诗若干首，印发成都会议，分别题为《诗词若干首(唐宋人写的有关四川的一些诗和词)》、《诗若干首（明朝人写的有关四川的一些诗。其中有咏曹操一首，不关四川，放在咏刘备一首之后，因连类而及)》。

同月 审阅成都会议三月二十三日通过的《中共中央关于改造农村落后居住条件的指示（草案)》，批示：“已阅。退胡乔木办。”指示草案说：各县和城市郊区可以先搞一两个试点，就房屋、厕所、人畜分居、绿化、公共场所等方面，拟出又适用、又卫生、又安全、又经济、又美观的几种标准设计，然后在适当的条件下，分期分批推广。由农业合作社统一安排，就地取材，自搞土木工程。不论试点、拟定标准设计、在乡社推广和实行修建新住宅的时候，都必须经过群众充分的、反复的讨论，不要违反群众自愿的原则。

同月　审阅成都会议三月二十五日通过的《关于三峡水利枢纽和长江流域规划的意见》。毛泽东在意见中的“从国家长远的经济发展和技术条件两个方面考虑，三峡水利枢纽是需要修建而且可能修建的”之后，加写：“但是最后下决心确定修建及何时开始修建，要待各个重要方面的准备工作基本完成之后，才能作出决定。”

同月　审阅《中共中央、国务院关于在全国大规模造林的指示（草案）》，批示：“退乔木。”指示草案提出，全国森林面积应该在十年内翻一番，即由一亿公顷（十五亿市亩）以上增加到二亿公顷（三十亿市亩）以上，使全国平均的森林覆盖率由百分之十以上增加到百分之二十以上。

3月27日　下午，乘专列从成都到达内江。下车参观盘龙坝工人宿舍，后在专列上同中共内江地委书记谈话。五时半，到达隆昌。下车冒雨视察我国第一个利用天然气生产炭黑（橡胶原料）的隆昌气矿，参观炭黑的生产过程。参观后，乘专列继续前行。

3月28日　晨，到达重庆。下午，参观重庆钢铁厂。在平炉车间，走近炉口，用蓝色眼镜观看炉火，问年产量是多少。后又参观二九六军工厂。晚上，在市委礼堂看川剧。

3月29日　晨，乘“江峡”轮离开重庆，柯庆施、李井泉、王任重等同行。在船上，同中共涪陵地委书记谈话。晚上，船行至白帝城。

3月30日 乘船过三峡。晨，在船上同万县地委书记谈话。船快到巫峡时，毛泽东披着睡衣来到驾驶室，一面观赏三峡风光，一面同船长和领航员谈到有关三峡的神话和传说。毛泽东问船长：三峡这一段开船是不是最危险？船长说：枯水季节在这一段开船是困难不小的，有时也会遇到危险，不过走熟了，出危险是很少的。毛泽东说：如果让我开船，我就喜欢在这险要的地方开。一潭死水好，还是不尽长江滚滚来好？我看还是不尽长江滚滚来好，人的生活平平淡淡没有什么意思。毛泽东用望远镜，从几个侧面观看神女峰。他说：宋玉在《神女赋》中说，“夫何神女之姣丽兮，含阴阳之渥饰。被华藻之可好兮，若翡翠之奋翼。其象无双，其美无极。毛嫱鄣袂，不足程式。西施掩面，比之无色。”其实谁也没有见过神女，但宋玉的浪漫主义描绘，竟为后世骚人墨客无限的题材。直至快过完西陵峡，毛泽东回到舱内客厅，同吴冷西、田家英闲谈。从田家英的同乡革命军中马前卒邹容〔1〕谈起，纵论苏报案中的章太炎〔2〕、章士钊等人，进而泛论中国资产阶级民主派也曾经是生气勃勃、勇于革命的壮士。

3月31日 乘船过荆江，在船上向宜昌、沙市的负责人了解情况。

4月1日 晨二时，乘“江峡”轮到达武汉，住武昌东湖客舍（今东湖宾馆）。

4月1日—9日 在武昌东湖客舍主持召开华东和中南两地区的省委、自治区党委第一书记会议。会议依次听取河南省委第二书记吴芝圃、安徽省委第一书记曾希圣、山东省委第一书记舒同、江苏省委第一书记江渭清、湖南省委第一书记周小舟、广西

〔1〕 邹容，近代民主革命家。

〔2〕 章太炎，近代民主革命家。

壮族自治区党委第一书记刘建勋、福建省委第一书记叶飞、江西省委第一书记杨尚奎、浙江省委第一书记江华关于本省、区跃进计划的汇报。参加会议的还有李先念、柯庆施、李井泉、谭震林、王任重、吴冷西、田家英等。这次会议通称武汉会议。

4月1日　下午，主持武汉会议，听取吴芝圃汇报。毛泽东不同意吴芝圃讲的河南一年实现绿化，问他：你们怎么能一年实现绿化？劝他把指标修改一下，规划调整一下。吴芝圃同意不提一年实现绿化、一年消灭四害，但坚持一年实现“四、五、八”。毛泽东在插话中还说：江苏、河南办农业中学的办法，看来是一个比较快地普及教育的办法，要先普及，再提高。现在要以改良农具为主，有条件的可搞新式机械，不要叫农民老是眼看着拖拉机，远水救不了近火。

4月2日　下午，主持武汉会议，听取曾希圣汇报。曾希圣汇报到安徽的水利问题，并拿出水利建设规划图给毛泽东看。毛泽东说：你们能三年改变面貌很好，但是我表示怀疑，多搞几年也不要紧，你讲得有道理，我不能完全不信。河南人多，你们恐怕赶不上，不要蛮干。不要过早宣布水利化，要留有余地。宣布完成水利化、绿化、“四无”是危险的，只能宣布基本完成。苦战三年，基本改变面貌，以后不是不奋斗了。我在《关于正确处理人民内部矛盾的问题》的讲话中提出，不是三年，而是艰苦奋斗几十年，才有希望。什么叫改变面貌？要粮、油、棉三者翻身。今年要大搞油料，用各种办法搞，千方百计搞。种花生、芝麻、黄豆、养猪、养鸡。我们几年来主要搞粮食，现在要把油料提高到同粮食一样的位置，回去要做出计划。毛泽东还说：各省都要采取检查的办法，组织检查团下去，检查措施是否可靠，省委第一书记做团长，省长做副团长。民主党派也要下去。

同日　晚上，在武昌东湖客舍会见由部长会议副主席雅罗谢维奇率领的波兰政府代表团，王任重、杨英杰、刘惠农[1]在座。毛泽东说：世界上有三类国家，第一类是社会主义阵营的国家；第二类是亚非民族主义国家和拉丁美洲国家；第三类是西方国家，其中主要是帝国主义国家。中国是个很穷的国家，世界各国什么地方有好东西，统统学来。这是件好事，是讲学好东西，学我们用得着的东西，包括苏联的经验在内。一个国家总有它的特点，不适合这个特点的东西就行不通。各国党应该根据马列主义原则去创造性地运用，结合各国情况去实行。关于中国国内的阶级情况，他说：我们这个国家、这个政权，主要基础是两部分人——工人和农民的大多数（贫农和下中农），他们占人口的百分之七十，即四亿二千万人。过去反对帝国主义、封建主义和蒋介石，是靠这个势力；现在进行社会主义革命和经济建设，也是靠这四亿多人。此外，还有百分之二十的人是上层小资产阶级。这些人，在城市就是手工业者（雇用一些工人）、一部分商人和小商人，在农村是中农。他们有一亿二千万人。这些人在经济上很重要，在政治上也很重要。他们是劳动人民中的一部分，基本上不是剥削者。对这部分人采取过左的政策是错误的，但是如果同他们妥协，跟着他们走，也是不正确的。除以上者外，中国人口中还有百分之十，就是六千万，这就是地主、富农、资产阶级。这里面有两个阶级，地主、富农差不多有三千万人，民族资产阶级和他们的知识分子大概有三千万人。关于社会主义制度及其发展问题，他说：在我们社会主义国家里，错误是可以改正的，因为我们的制度是社会主义制度。资本主义制度本身不能改正它的错误，所以资本主义要走向它的反面。我们当然也能走向

〔1〕 杨英杰，当时任国家计划委员会副主任。刘惠农，当时任中共武汉市委书记处书记、武汉市市长。

反面，因为我们这些国家现在还处于过渡时期，还没有最后完成资本主义到社会主义的过渡。比如说，农业还没有社会主义化，在上层建筑方面也还没有完全社会主义化。社会主义制度完全建成（包括思想意识方面）以后，还要走向高级阶段，社会主义阶段又要被否定。这个过程可能要几十年，甚至更长时间，如苏联农庄要由集体所有制变为全民所有制，城乡矛盾、脑力劳动和体力劳动的矛盾要消灭，消灭这些矛盾要有一个相当长的过程，那时就进入了共产主义时代。共产主义也不是永远不变的，会有无数的共产主义的阶段，每个阶段跟另一个阶段比较，都有质的不同。我们这个制度自己能够比较自觉地向高级阶段前进。

4月3日　下午，主持武汉会议，听取舒同汇报。毛泽东插话说：只谈情况，不谈观点，是开材料仓库。人的头脑是加工厂，没有材料不行，有了材料要经过加工，要产生观点，用观点统率材料。说苦战三年就水利化了，我是怀疑的。三年基本改变面貌，我看只能初步改变。三年初步改变面貌的提法比较好，但也不好改了。《人民日报》不要随便轻易宣布什么“化”，现在“化”搞得很烂，动不动就宣布“化”。话不要讲死，以后年年还有工作要做。除四害今年取得经验，今冬明春再大搞。苍蝇、蚊子一年如何能搞得掉？争取明年夏天少一点，五年搞掉就是大胜利。真正绿化，要在飞机上看见一片绿。粮食到手，树木到眼，才能算数。要比措施，比实绩。

同日　晚上，同与会人员一起到汉口老通成餐馆就餐，并看看武汉市民的生活。

4月4日　下午，主持武汉会议，听取江渭清汇报。毛泽东插话说：整风挂帅，生产为中心，带动其他工作前进，这个方针是正确的。报纸宣传，不要尽是规划，宣传工作要深入、细致、踏实。现在宣传注意了多、快，但对好、省注意不够。大话不须讲。好大喜功需要，但华而不实不好。

4月5日　下午，主持武汉会议，听取周小舟汇报。毛泽东插话说：一年要实现几“化”，不要说是“过火”了，只是某些口号要调节，登报时要小心。空气还是那么多，一点不少，不过是压缩一下。反冒进把空气砍掉了一半，我们不要砍，只是把空气压缩一下。现在担心会不会再来一个反冒进。如果今年得不到丰收，群众会泄气，到那时议论还会出来，又要刮台风的。此事要向地、县委书记讲清楚，如果收成不好，计划完不成怎么办？要有精神准备。现在劲头很大，不要到秋天泄了气。要搞具体措施，要看结果，吹牛不算。不要浮而不深，粗而不细，华而不实。今年有平津、淮海战役之势，要放手发动群众，一切经过试验。

同日　晚上，在武昌东湖客舍会见苏联驻中国大使尤金，周恩来在座。尤金通报了苏共中央主席团四月三日作出的决定，即不派代表团参加将于四月二十二日举行的南斯拉夫共产主义者联盟第七次代表大会，只是让苏联驻南斯拉夫大使以观察员身份出席代表大会。随后，中共中央决定不派代表出席南斯拉夫共产主义者联盟第七次代表大会，而委托中国驻南斯拉夫大使伍修权以观察员身份列席。

同日　晚上，在武昌东湖客舍会见由部长会议主席斯托伊卡率领的罗马尼亚政府代表团，周恩来、王任重、张体学[1]、曾涌泉等在座。毛泽东详细询问罗马尼亚的石油生产情况、出口的主要产品、工农业产值的比例、农民占有多少土地和农业合作化情况，表示中国应派人去罗马尼亚学习石油生产的有关问题。关于中国农村情况，毛泽东说：旧中国一是农民每户平均土地少，

〔1〕　张体学，当时任中共湖北省委书记处书记、湖北省省长、中国人民解放军湖北省军区政治委员。

二是大部分土地不在农民手里。这是个落后现象。可是这点也给我们一个好处，农民成为革命的一个很大动力，要求反帝、反封建。把这些东西推翻后，分配了土地，但一看，农民土地还是很少，生活还是很困难，唯一的出路就是组织起来，搞社会主义。

4月6日 上午，在武汉会议上讲话，说：两条道路斗争，恐怕还有几个回合，还有一个长期的反复，必须估计到。要估计是否还要出大问题，如国际国内出现什么问题，世界大战，国内出现大灾荒，右派可能作乱。但阶级斗争的基本战役已经打过了，基本胜利已经取得了。三十万人口以上的大城市都要开右派大会，主要负责同志去讲话，讲透一些，指明前途，使他们感到有希望。

4月7日 下午，主持武汉会议，听取刘建勋汇报。毛泽东插话说：群众要求我们改正缺点，即是搞好相互关系。相互关系不搞好，既无心，又无劲。汇报结束后，毛泽东说：防止反冒进，领导上要有精神准备，在措施上在方法上要有准备。特大灾害问题要向群众讲一讲。各省的问题要概括起来想一想。一个省那样多的事，干部、群众哪能没有思想问题？既有问题，就要有个道理讲一讲，否则领导如何建立起来？各省都可能有这样一些思想倾向性的问题。晚上，在湖北省委礼堂看黄梅戏。

4月8日 下午，主持武汉会议，听取叶飞汇报。毛泽东插话说：要有观点指挥材料，不要材料把观点淹没了。要学会用政治带业务，先讲政治面貌（观点、思想），然后谈工作面貌。不要倾盆大雨，而是要毛毛雨。大鸣大放，是全世界社会主义国家都不敢做的事，只有我国才敢实行。不怕发动群众是真正的列宁主义态度。整风没有内外夹攻是整不好的。人民政府不能对人民专政，而是要整风，调整关系。叶飞在汇报中着重批评中庸之道、不敢跃进和求稳的思想。毛泽东说：所谓稳当可靠，实际上，既不稳当又不可靠。我们这样大的国家，老是稳、慢，就会出大祸，快一点就会好些。对稳当派有个办法，到一定的时候就提出新的口号，不断提出新口号，使他无法稳。

同日 阅中共江苏省委三月二十八日关于农业中学问题的报告，批示："付讨论。研究推广办法。"报告说：现在江苏全省各县市都在筹办农业中学，截止本月二十四日，共兴办八百五十一所。在城市里并且举办民办的各种职业中学。举办农业中学必须贯彻群众自办、半耕半读、勤俭办校、为生产服务和谁读书谁出钱的原则。课程一般有语文、数学、农业知识（或者有关技术知识课等）、政治四门课。中共中央于四月八日转发了这个报告。

同日 晚上，同刘亚楼、王秉璋〔1〕谈话。后同国防部副部长李达谈话。

4月9日 下午和晚上，主持武汉会议，继续听取汇报。在杨尚奎汇报时，毛泽东插话说：对群众是说服还是压服？我们从红军时期开始，几十年来总是讲要说服，不要压服。为什么解放以来，忽然来了一阵风，只要压服，不要说服？国民党是压服，我们也压服，与国民党还有什么区别呢？蒋介石反共还讲七分政治、三分军事，为什么我们不讲政治？列宁曾多次尖锐地反对强迫命令。马克思说，对小资产阶级不能压服。农民瞒产量可以原谅，他是没有看清前途，但不能提倡。瞒产的原因，主要是干部带头和粮食不足。今后要把底告诉农民，把全国的总账告诉他，你再增产国家也只要这么多，今后完成征购以后的余粮也保存在乡、社。大字报古已有之，尧立谤木、设谏鼓，因为那时没有纸。农业中学要加一门理化课。在江华汇报时，毛泽东插话说：世界上的事，有真必有假，有得必有弊，不可不信，不可全信。

〔1〕 王秉璋，当时任中国人民解放军空军副司令员兼参谋长。

百分之百相信，就会上当；不相信，就会丧失信心。我们对各项工作、各种典型，要好好检查，核对清楚，有的是假博士、假教授、假交心、假高产、假跃进、假报告。武汉会议于本日结束。

4月10日 为中共中央起草转发甘肃省委三月二十九日关于解决甘南叛乱问题报告的批语："此件很好。转发上海局，各省（市）、自治区党委，西藏工委，并告中央各部委，国家机关各党组。"甘肃省委的报告，汇报了趁贯彻边打边改方针的机会解决甘南问题，区别对待部落头人、收缴叛乱地区的枪支、坚决彻底肃清外来反革命分子、继续保护宗教信仰自由和寺院、执行党的俘虏政策、废除封建制度和实行民主改革、在群众中追悼被杀害的藏族干部和群众、组织武装工作队等。

同日 下午，同李先念谈话。

4月11日 晚上，去东湖旅行服务社参观小型农业展览。

4月12日 下午，乘专机从武汉到达长沙。当天晚上，在长沙李合记饭馆就餐，后又看皮影戏。

4月13日 下午，乘专机从长沙到达广州，住小岛招待所。

4月14日 下午，同陶铸谈话。

4月15日 阅中共河南省封丘县委三月二十日关于介绍该县应举农业社的报告《一个苦战二年改变了面貌的合作社》后，写《介绍一个合作社》一文。文章指出："《一个苦战二年改变了面貌的合作社》，这篇文章值得一读。共产主义精神在全国蓬勃发展。广大群众的政治觉悟迅速提高。群众中的落后阶层奋发起来努力赶上先进阶层，这个事实标志着我国社会主义的经济革命（生产关系方面尚未完成改造的部分）、政治革命、思想革命、技术革命、文化革命正在向前奋进。由此看来，我国在工农业生产方面赶上资本主义大国，可能不需要从前所想的那样长的时间了。〔1〕除了党的领导之外，六亿人口是一个决定的因素。人多议论多，热气高，干劲大。从来也没有看见人民群众像现在这样精神振奋，斗志昂扬，意气风发。”“除了别的特点之外，中国六亿人口的显著特点是一穷二白。这些看起来是坏事，其实是好事。穷则思变，要干，要革命。一张白纸，没有负担，好写最新最美的文字，好画最新最美的画图。大字报是一种极其有用的新式武器，城市、乡村、工厂、合作社、商店、机关、学校、部队、街道，总之一切有群众的地方，都可以使用。已经普遍使用起来了，应当永远使用下去。清人龚自珍诗云：‘九州生气恃风雷，万马齐喑究可哀。我劝天公重抖擞，不拘一格降人材。’大字报把‘万马齐喑’的沉闷空气冲破了。”“中国劳动人民还有过去那一副奴隶相么？没有了，他们做了主人了。中华人民共和国九百六十万平方公里上面的劳动人民，现在真正开始统治这块地方了。”写完文章，又写一批语：“刘、邓、周、陈、乔木，吴冷西各同志：此件请审阅。如同意，请冷西同志在《人民日报》上发表。”毛泽东的文章和封丘县委的报告发表在一九五八年六月一日出版的《红旗》杂志创刊号。

〔1〕这句话，毛泽东最初写的是：“由此看来，我国赶上英美不需要从前所想的那样长的时间了，二十五年或者更多一点时间也就够了。”胡乔木综合了一些同志的意见，对这个提法写了一个建议：“原说十五年赶上英国，现说不需要从前所想的那样长的时间，二十五年就可以赶上英美，似觉复杂；可否改为：我国赶上英国固然不需要很长时间，就是赶上美国，也不需要从前所想的……？”毛泽东看了这个建议后，将他最初的写法改成现在这句话，同时写一批语：“十年可以赶上英国，再有十年可以赶上美国，说‘二十五年或者更多一点时间赶上英美’是留了五年到七年的余地的。‘十五年赶上英国’的口号仍不变。”

同日 晚上，听取萧华汇报福建前线情况。

4月21日 下午，同邓子恢谈话。晚上，同罗瑞卿谈话。

4月22日 晚上，在广州召开会议，讨论由刘少奇主持起草的在中共八大二次会议的工作报告稿，刘少奇、邓小平、陈伯达、康生、陆定一、胡乔木、胡绳、邓力群、田家英等出席。二十三日晚上和二十五日晚上，会议继续进行。

4月23日 给各省、市、自治区党委书记处各同志写《临时通信》。信中说："请你们立即将第二个五年计划期内关于你们省市区的地方工业指标大体研究一下，到一九六二年你地方重工业、轻工业产值可能达到何等高度，作成一个表，在五月五日前开党大会期间带来北京，以便谈一谈。有十几项主要指标就够了，更多不必要。一九五七年工业和农业的产值比例如何，一九六二年工农业产值可能的比例如何，这两项也请你们研究一下，连同前项列在一张表内。表之外，请你们作一个二至三千字的文字说明，附在表后。""四、五、六这三个月内省市自治区党委的工作应当依照成都会议、武昌会议〔1〕商定的，把注意力的重点放在工业、运输业、财金贸、文教、军事几项过去被忽视了的方面。初步接触一下，每项一个星期或者两三天时间也就够了，秋冬再做较深入的研究，明春再做更深入的研究。方法是以政治带动业务，以虚带实。农业方面在目前几个月内可以委托管农业的一位书记主持，第一书记注意方向、讲几句话安排一下也就可以了，因为去冬今春已经作了大力安排。以上各点如同意，请酌办。"并批示："刘、邓阅，罗光禄〔2〕用电话通知杨尚昆，请尚昆即刻用电话通知各省市区。"

---

〔1〕 应为武汉会议。

〔2〕 罗光禄，当时任毛泽东的机要秘书。

4月25日 致信周恩来、陈云、彭德怀、李富春、薄一波，请他们及有关负责人来广州开会。信中说："想在这几天内谈一下工业问题，除富春已答应来此以外，你们几位是否有时间，是否愿意来此谈一下。如果可以来的话，请于二十五日或二十六日南来。又想邀王鹤寿，彭涛，滕代远，张霖之（煤炭部长），刘澜波〔1〕，石油部长余秋里，地质部刘景范〔2〕，水利部李葆华〔3〕来此一谈，并请带李锐同志一道来。最好本日（二十五日）动身，以便开四天会，三十日回去，五月一日站天安门。如何，请酌复。或者今日到长沙，明日上午到此。"并批示："刘、邓即阅，用电话即发。"

同日 阅水利电力部向中共中央政治局报送的《电力工业的第二个五年计划》，批示："此件写得很好。有了正确的政治观点，从政治上想通了，政治统帅了业务，迷信破除，胸怀坦荡，势如破竹了。除了已经写了较好报告的几个部以外，希望各部仿照几个好的报告写一个或长或短的报告给我和政治局各同志。如有好文章，可写上万把字。要条理清楚，政治统帅，思想明确，文字生动。"

同日 下午，到珠江游泳。

4月27日 下午和晚上，在广州主持召开有中共中央领导人及部分部委负责人参加的会议，讨论工业问题。出席会议的有：刘少奇、周恩来、陈云、邓小平、彭德怀、李富春、宋任穷〔4〕、赵尔陆、王鹤寿、彭涛、滕代远、张霖之、刘澜波、余

---

〔1〕 刘澜波，当时任水利电力部副部长。

〔2〕 刘景范，当时任地质部副部长。

〔3〕 李葆华，当时任水利电力部副部长。

〔4〕 宋任穷，当时任第二机械工业部部长。

秋里、刘景范、李葆华、吕正操[1]、李锐。毛泽东在会上讲话。他说：（一）两个部提出十五年赶美国，有无可能？能不能超过？我们暂不提超美国，要苏联提，我们只提超英国，口号超英不变，超美国是第二本账，是内部的问题。（二）各部的资金、措施问题。总的投资有无问题？设备有无问题？措施要适应十五年，每年抓四次。党代会，各部的报告写出来，要虚实并顾，谈一些方针、政策、路线。即使一年能完成的，也应该说二三年才好。绿化、除四害，不可能一年完成。我们过去打仗觉得确实有把握，以为打一仗就可能解决，结果没有成功。（三）现在都从正面来讲十五年赶美国，从反面来看，这样调动六亿人民的积极性，究竟对不对？要提出想反面，不要只想好的一面。反面问题要分析一下，设想一下可能发生的灾难，如发生战争，社会主义阵营不巩固。国内出问题，如赤地千里，千年一遇的洪水，内部地震，高、饶，三分之一地方党出问题。现在得彩的是左派，这些人政治资本大了，将来挂帅的、可能出乱子的，也就是这些人。顶不顶上级，顶了就反党？中央通知过，不适合地方情况的，可以顶回来。顶得对，难受也要接受。党章规定有言论自由，有顶的自由。晚上，会议继续进行。毛泽东在插话中说：又红又专，是否有做不到专的危险？技术干部中，有政治积极性，与群众结合起来，就是又红又专。又红又专问题是从群众中来的，现在成为党的口号。所谓红者，无非是世界观要改变，思想方法要改变。过去建军时，不枪毙逃兵，不打士兵，这些相互关系，均为政治。阶级斗争灭亡了，还有新社会学。几十年后，人和人的关系，各业务部门的关系等，均为政治。旧的政治灭亡了，新的关系、新的政治又有了。

---

〔1〕 吕正操，当时任铁道部副部长。

同日 阅广东潮安县一名共产党员四月一日反映广东潮汕地区整风情况的来信。来信反映潮安县委书记在本地反地方主义运动中自杀，希望从速派人到潮汕检查该地区的反地方主义运动，及时解决存在的问题，使整风运动健康发展。批示："陶铸同志：此件所提问题，请派一个政治上强的同志去彻查一次。宗派主义可能有的，但死者有无因而致死的特殊情况，也值妥善详查。去的人不要带任何预定估计，完全从寻找真理出发。情况弄清，群疑可释。闻你病了，要静心养病，好了再工作，不急忙。潮汕这件事件，可用几句话交付一位书记去办就行了。"

同日 致信田家英："如有时间，可一阅班固的《贾谊传》。可略去《吊屈》、《鹏鸟》二赋不阅。贾谊〔1〕文章大半亡失，只存见于《史记》的二赋二文，班书〔2〕略去其《过秦论》，存二赋一文。《治安策》一文是西汉一代最好的政论，贾谊于南放归来著此，除论太子一节近于迂腐以外，全文切中当时事理，有一种颇好的气氛，值得一看。如伯达、乔木有兴趣，可给一阅。"

4月28日 下午和晚上，在广州主持会议，继续讨论工业问题。会后，同刘少奇、周恩来、陈云、邓小平谈话。二十九日下午和晚上，会议继续进行，出席会议的增加了陶铸、陈伯达、康生、杨尚昆。

4月30日 下午三时半，参观广州市郊区的棠下农业生产合作社，陶铸、朱光〔3〕陪同。毛泽东询问农业社今年早稻和副业生产、农民生活、社的公共积累等情况，还看了干部的试验田，勉励社干部有事多和群众商量，把生产搞好。五时余，到珠

---

〔1〕 贾谊，西汉政论家、文学家。

〔2〕 指东汉史学家、文学家班固著的《汉书》。

〔3〕 朱光，当时任中共广州市委书记处书记、广东省副省长兼广州市市长。

江游泳。六时余，在船上接见粤剧演员红线女。晚八时二十分，参观广东省改良农具展览会，看了耕耘、水利、水产、土壤肥料四个展馆，称赞群众的发明创造和革新精神。

5月1日 上午，乘专机到达武汉。晚上，同张体学、张平化谈话。

5月2日 上午，乘专机回到北京。

同日 晚九时半，同田家英谈话。

同日 晚十时半，在中南海颐年堂召开会议，讨论中共八大二次会议有关问题，刘少奇、周恩来、陈云、邓小平、董必武、彭真、陈伯达、胡乔木、杨尚昆出席。会后，同彭真、胡乔木谈话。

5月4日 晚七时，同林彪谈话。

同日 晚九时二十分，在中南海颐年堂会见以陆军参谋长穆罕默德·易卜拉欣中将为团长的阿拉伯联合共和国军事友好访华代表团，彭德怀、萧向荣在座。毛泽东说：阿拉伯人民是我们可靠的朋友。我们互相关心，互相支持。全世界人民都支持你们，阿拉伯民族都支持你们，因为都是一条战线。你们在西方挡住帝国主义。各国人民在制度、语言、宗教信仰方面不尽一致，但反对帝国主义侵略是一致的。会见时，易卜拉欣转交了纳赛尔给毛泽东的信和礼品，毛泽东表示感谢，并说我有一封给纳赛尔总统的信，明天送给你带回去。毛泽东五月四日给纳赛尔的信中说："我收到了你在一九五八年三月二十九日给我的信。我非常感谢你向我和中国人民所表示的那种深厚的友谊。""我高兴地看到贵我两国之间为了和平目的而日益发展和巩固的崇高友谊。我衷心地祝愿阁下所领导的伟大事业得到更大的成功，祝愿阁下健康和愉快。我的心向着阁下和贵国人民，向着整个阿拉伯民族的全体人民。中国人民的事业现在有较大的发展。大约再有若干年我国的情况可能更好些。这些，穆罕默德中将会告诉你的。不管帝国主义者怎样敌视我国，他们决不能阻止我国前进。正如同不管帝国主义者怎样敌视贵国和整个阿拉伯人民，他们也决不能阻止贵国和整个阿拉伯人民的前进是一样的。”

同日 晚十时至次日晨一时，同彭德怀谈话。

同日 审阅《人民日报》社论稿《现代修正主义必须批判》，批示：“即送陈伯达同志：此件写得很好，即刻照发。”社论是为纪念马克思诞辰一百四十周年而写的。内容是批判不久前南斯拉夫共产主义者联盟第七次代表大会通过的《南斯拉夫共产主义者联盟纲领草案》。这篇社论于五月五日发表。

5月5日—23日 中国共产党第八届全国代表大会第二次会议在北京中南海怀仁堂举行。会议通过关于中央委员会工作报告的决议、关于各国共产党和工人党的莫斯科会议的决议和全国农业发展纲要（第二次修正草案），增选了二十五位中央候补委员。

5月5日 下午，中共八大二次会议开幕。毛泽东主持会议，刘少奇代表中央委员会作工作报告，邓小平作关于各国共产党和工人党莫斯科会议的报告。刘少奇在报告中，对中央根据毛泽东的倡议提出的“鼓足干劲，力争上游，多快好省地建设社会主义”的总路线作了说明。工作报告确认了毛泽东一九五七年在八届三中全会上提出的关于国内社会主要矛盾的论断，即：“在整个过渡时期，也就是说，在社会主义社会建成以前，无产阶级同资产阶级的斗争，社会主义道路同资本主义道路的斗争，始终是我国内部的主要矛盾。”邓小平的报告讲了四个问题：（一）关于国际形势；（二）关于马克思列宁主义普遍真理和各国民族特点的相互关系；（三）关于思想工作和反修正主义的斗争；（四）加强社会主义阵营和国际共产主义运动的团结。刘少奇、邓小平作报告后，毛泽东说：我建议大家把少奇同志这个报告过细看一遍，一边看一边动手修改，把要补充的、应修改的写在报告本子上，明天或者后天的晚上把这个本子交上来。我刚才看了之后，认为有几点需要补充的，例如军队要讲一小段，文学艺术也要讲一小段，“长期共存、互相监督”这个口号还是要提，在讲科学、艺术的时候要讲一讲“百花齐放、百家争鸣”的方针。

5月6日 晚上，在中南海颐年堂主持召开中共中央政治局常委扩大会议，刘少奇、周恩来、朱德、陈云、邓小平、彭真、柯庆施、李井泉、陈伯达、康生、杨尚昆、胡乔木、田家英出席。

5月7日 晚上，在中南海颐年堂召开会议，听取中共八大二次会议各代表团讨论情况的汇报，刘少奇、周恩来、朱德、陈云、邓小平、林彪、彭真及各代表团团长欧阳钦、林铁、柯庆施、李井泉、陶铸、张德生、聂荣臻、杨尚昆出席。

5月8日 下午，在中共八大二次会议上作第一次讲话，讲破除迷信问题。毛泽东说：我们有些同志有几怕，一种是怕教授，怕资产阶级教授，整风以后慢慢就不大怕了；另一种是怕无产阶级教授，怕马克思，我在成都会议上讲过不要怕嘛。列宁说的和做的许多东西都超过了马克思，如《帝国主义论》，还有马克思没有做十月革命，列宁做了。马克思没有做过中国这样大的革命，我们的实践超过了马克思，实践当中是要出道理的。这种革命的实践，反映在意识形态上，这就是理论。不要妄自菲薄，不要看不起自己。从古以来，发明家在开始都是年轻的，学问比较少的，被人看不起的，被压迫的。为什么这些人能变成发明家？这是因为他们的方向对。学问再多，方向不对，等于无用。毛泽东在列举古今中外的二十几个例子之后，说：举这么多例子，目的就是说明青年人是要胜过老年人，学问少的人可以打倒学问多的人，不要为大学问家所吓倒。要敢想，敢说，敢做。不要不敢想，不敢说，不敢做，这种束手束脚的现象不好，要从这种现象里解放出来。劳动人民的创造性、积极性，从来就是很丰富的。我们现在的办法，就是揭盖子，破除迷信，让劳动人民的积极性和创造性都爆发出来。他说：革命精神应与实际精神统一，要把俄国的革命热情和美国的实际精神统一起来。在文学上，就是革命的浪漫主义和革命的现实主义的统一。我们的革命精神不是与实践相脱离的，而是与实践相结合的。有两种谦虚，一种谦虚是庸俗的谦虚，一种谦虚是实际。教条主义者是过分的谦虚，照抄外国，你自己干什么？你就不动脑筋。抄是要抄的，抄的是精神，是本质，而不是皮毛。比如说莫斯科宣言中的九条共同纲领，这是各国共同的东西，要认真学习。我们要把这共同的东西与中国的具体实践相结合，如果不结合，只是照抄，那是过分的谦虚。就是国内的东西，也不能照抄。真正的谦虚就等于实际。我们要学列宁，要敢于插红旗，要敢于标新立异。标新立异，一种是应该的，一种是不应该的。列宁向第二国际标新立异，另插红旗，这是应该的。旗子横直是要插的，你不插红旗，资产阶级要插白旗，资产阶级插的旗子，我们要拔掉它。设置对立面很重要。所谓对立面，是客观存在的东西，客观不存在的东西是设置不了的。

同日 致信张闻天。信中说："三个报告〔1〕都看了，第三个

〔1〕 指张闻天1958年4月13日关于同上海市对外贸易局局长齐维礼谈对外贸易工作等问题的报告，同年4月25日关于建议改变保留外商作为点缀方针的报告，同年4月26日关于上海、杭州一些工厂和合作社情况的报告。张闻天在第三个报告中说：我这次下来在上海、杭州看了一些工厂和农业合作社，最深的感觉是，中央的全民整风、反右斗争和最近双反（反浪费、反保守）运动的政策已经产生了十分丰硕的果实，农业发展纲要四十条、工业产品数量赶上英国的口号和多快好省的社会主义建设方针，已经深入人心，变成了极其伟大的物质力量。我们的民族确实是大有希望，前途无量。张闻天建议应把经常接触国内实际和国内群众作为外交部工作中的一项重要任务。

最好。你这个人通了，我表示热烈的欢迎和祝贺。我一直不大满意你。在延安时对你曾有五个字的批评，你记得吗？进城后，我对陈云、恩来几次说过，你有严重的书生气，不大懂实际。记得好像也对你当面说过。今天看这个报告，引起了我对你热情欢迎。一年下去四个月，走马看花也好，你的建议完全正确。外交部同志们轮流实行。”

5月9日 关于中国共产党准备派代表团列席经互会高级代表会议，致电赫鲁晓夫。电报说：我们收到了安东诺夫〔1〕转来您的关于召开经济互助委员会参加国的兄弟党高级代表会议问题的来信。中共中央高兴地接受你们的邀请，并且决定派出自己的代表团前往莫斯科列席五月二十日开始的经济互助委员会参加国的兄弟党高级代表会议。十三日，毛泽东再次致电赫鲁晓夫，通知中国共产党代表团的组成人员是：团长陈云（中共中央副主席、国务院副总理），团员李富春（中共中央政治局委员、国务院副总理、国家计委主任）、叶季壮（中共中央委员、对外贸易部部长）。

同日 下午，出席中共八大二次会议，听取大会发言。

5月10日 上午，同杨尚昆谈话。

同日 下午，出席中共八大二次会议，听取大会发言。

5月12日 上午，出席中共八大二次会议，听取大会发言。下午，在中南海菊香书屋收听大会发言。

同日 阅邓小平五月十日送中共八大二次会议主席团审阅的他在大会上作的关于各国共产党和工人党莫斯科会议的报告。邓小平附信说：为了便于公开发表，我的报告作了较大的修改，现印发。请主席团各同志立即审阅，将修改文字或意见批在本子

---

〔1〕 安东诺夫，当时任苏联驻中国大使馆临时代办。

上，于五月十二日午前退中央办公厅，以便再作修改后，印发大会各代表。毛泽东批示：“即送邓小平同志：看了一遍，可用。有几处文字上的修改，请酌定。有些地方尚待谈一谈。”

5月13日 下午，出席中共八大二次会议，听取大会发言。

同日 修改刘少奇在中共八大二次会议上的工作报告，批示：“即送胡乔木同志：有些修改，你看何如?”“第五章有些话显得重复多余，宜加删节。二、三、四章也有一些多余的话，可试删节。第一章则无一句多余的话，觉得很好。”二十四日，毛泽东再次修改刘少奇的报告，改后批示：“退胡乔木同志：改得很好，真正势如破竹了。我又作了一些修改，你看如何？并请送少奇同志酌定。”在两次修改中，毛泽东加写了一些内容，主要有：“一个马鞍形，两头高，中间低。一九五六年——一九五七年——一九五八年，在生产战线上所表现出来的高潮——低潮——更大的高潮，亦即跃进——保守——大跃进，不是大家都看得很清楚了吗？马鞍形教训了党，教训了群众。”“农民同盟军问题的极端重要性，革命时期是这样，建设时期仍然是这样。无论在什么时候，政治上犯错误，总是同这个问题相关联的。”“至于以破坏社会主义、复辟资本主义为目的的人们的言论行动，我们从来没有给以合法存在的权利，因为这是社会主义制度所不许可的；但是我们允许反社会主义的毒草长出来，在人民面前建立对立面，以便让人民从比较中看得清清楚楚，激起众愤，群起而锄之，借以锻炼群众的斗争本领，开辟社会主义的百花齐放的广阔天地。这个政策是公开宣布了的，过去采用过，今后还要采用。毒草是客观存在的，一万年以后还会有，不过遥远将来的毒草，不带现在的阶级斗争的性质罢了。”“锄毒草，这是敌我问题；放百花，这是人民内部问题。两类矛盾，两种方法。资产阶级的反动右派自命为社会主义的百花之一，那是冒称，不能算数的。”

5月14日 下午，出席中共八大二次会议，听取大会发言。会后，同刘少奇、邓小平、彭真谈话。

同日 晚上，同谭震林、田家英谈话。

5月15日 下午，出席中共八大二次会议，听取大会发言。会后，同陈云谈话两个多小时。晚上，阅陈云准备在中共八大二次会议上的发言稿，批示："此件可以用了，并且可以在明天讲。我加了几句，你看如何？"毛泽东加写和改写的一段话是（加写和改写的文字用着重号标明）："无论是工业方面、农业方面、财贸方面或交通运输方面的工作的方针路线问题及大的政策问题，都应经过中央和各级党委，作出决定。在执行决定的时候，又应经常注意检查，并且可以用座谈会、辩论会、大字报、大鸣大放的办法，敲起警钟，批判脱离群众和离开党委领导的倾向。"

同日 阅苏共中央五月九日给南斯拉夫共产主义者联盟中央委员会的信，批示："小平同志：苏共五月九日给南共的信，是一个好文件，和我们的立场完全一致。他们想通了，站起来了。请你做两件事：（一）找苏使馆负责人谈一下，表示热忱祝贺，或者在大会后由我找他谈一次。这是一件大事，苏共政治理论有转机，作风在改，大有希望。（二）将苏件立即印发大会代表阅读。如有时间在小组会上谈论一次，并可带回去。奇文互相赏，迅即印发。此信附印在苏件上，放在前面。"苏共中央的信认为，南共七大的纲领是与社会主义国家共产党和工人党代表会议宣言相对抗的，大多数南共领导人在代表大会上的发言，对苏联、苏共和各兄弟共产党进行了不友好的和敌意的批评。

同日 晚上，同陈伯达谈话。后同周恩来等谈话。

5月16日 下午，出席中共八大二次会议，听取大会发言。

同日 晚上，在中南海颐年堂主持召开中共中央政治局常委会议，讨论中国共产党代表团列席经互会高级代表会议问题，刘少奇、周恩来、朱德、陈云、邓小平出席，彭真、李富春、叶季壮列席。

同日 对中共第二机械工业部党组五月十四日转报的北京第三工业建筑设计院关于在总路线精神推动下和苏联专家由两股劲拧成一股劲的经验报告，写题为《四海之内皆兄弟》的批语："这是一个好文件，值得一读。请小平同志立即印发大会同志们。凡有苏联专家的地方，均应照此办理，不许有任何例外。苏联专家都是好同志，有理总是讲得通的。不讲理，或者讲得不高明，因而双方隔阂不通，责任在我们方面。就共产主义者队伍说来，四海之内皆兄弟，一定要把苏联同志，看作自己人。大会之后，根据总路线同他们多谈，政治挂帅，尊重苏联同志，刻苦虚心学习。但又一定要破除迷信，打倒贾桂！贾桂（即奴才）是谁也看不起的。"并批示："小平同志：此件请即办。批语印在文前。"

同日 阅滕代远准备在中共八大二次会议上的发言稿《怎样把铁路修得快些、办得好些?》。发言稿内容包括：（一）必须从教条主义的束缚中解放出来；（二）全国工农业大发展，迫切需要铁路建设大发展；（三）全党全民办铁路，十五年内修建十二万公里铁路是完全可能的。毛泽东批示："即送滕代远同志：此件写得很好，看了很高兴。立即就向大会去讲。"

5月17日 下午，在中共八大二次会议上作第二次讲话。关于形势，毛泽东说：苏联第三颗卫星上天，这是好事。现在资本主义世界乱子很多，我们这个世界乱子比较少。反正有一条，有时候形势好像不好，这个时候要有定见，不要被暂时现象所迷惑，不要被暂时的黑暗所迷惑。不要狂妄，也不要有自卑感，不要妄自菲薄，不要迷信，要把自己放在恰当的地位。要敢想、敢说、敢做、敢为，我们敢想、敢说、敢做、敢为的理论基础是马列主义。关于国内问题，他说：还是一个农民同盟军的问题。工人阶级没有农民这个同盟军，革命不能成功，建设时期也是一样，没有这个同盟军不能建设成强大的国家。中国的问题始终是农民同盟军的问题。有些同志不懂得，甚至在农村混了几十年也不清楚。对于农民的思想感情、心里想什么，不了解，因此就没有根，一种风浪一来，就容易动摇。现在我们规定中央的同志一年下去四个月，到几个社、几个工厂，解剖麻雀，扎根串连，人民群众的根扎在我们的脑子里，人民群众的观念才会扎深。扎根串连，主题就是说要研究几个合作社、几个工厂、几个商店、几个连队、几个学校、各行各业，然后我们脑子才有深刻的印象。谭震林的报告用了江苏提出的口号，叫作要注意防止"浮而不深，粗而不细，华而不实"。华者花也，不要只开花不结果实。我们至少当个张飞吧，粗中有细，不要粗而不细嘛。山东有个农业社，因为深翻而增产百分之百，至少也有百分之几十，所以我们现在把土壤放在前面，水、肥、土。把种子也提到前面去了，水、肥、土、种。还有一个密植。我们要尊重唯物论，要尊重辩证法，首先要尊重唯物论，就是说我们这个思想是从哪里来的，是天赋的，生下来就有，还是后来我们因为观察了世界才有的？"鼓足干劲，力争上游"，看来这两句话也是非要不可。没有一点劲，或者劲不足，那不好办事。"上游"，这是借用的一个词，就是要跟先进看齐。苏联卫星上天，我们想不想搞个把两个卫星，我们也要搞一点卫星。我们不提"技术决定一切"、"干部决定一切"，因为这两个口号不很全面，它容易片面。不管你做多大的官，但是要以一个普通劳动者的态度跟人民见面，真正的民主集中制。我们现在非常需要看列宁的著作，他讲民主集中制，讲党同群众的关系，讲得非常好。现在有一种新气象，就是落后阶层积极起来了。我们搞建设，必须发动群众。

昨天有同志讲，“跟着某个人走，就不会错的”，这个“某个人”就是指的我毛泽东。这话要考虑。我说，又跟又不跟，对的就跟，不对的就不跟，不能糊里糊涂地跟。要独立思考，一切什么都跟就不好。不管是伟大的领袖，或者是挖煤矿的、挑大粪的、扫街道的，对的就跟他们走，看真理在谁手里，我们就跟谁走。合作化我们是跟贫下中农。“多快好省”，是因为工厂、农村、商店、机关、学校、群众中出现了多快好省，可以多快好省，为什么慢慢来？糊里糊涂地跟某个人是很危险的，要独立思考。要准备对付灾害，还要准备打大仗，还要准备搞得不好我们党会分裂。

5月18日　晨，阅李富春报送的倪伟、王光中〔1〕五月三日关于安东机器厂试制成功三十马力单缸轮胎式拖拉机的报告，写题为《卑贱者最聪明，高贵者最愚蠢》的批语。全文如下：“此件印发大会各同志阅读。请中央各工业交通部门各自收集材料，编印一本近三百年世界各国（包括中国）科学、技术发明家的通俗简明小传（小册子）。看一看是否能够证明：科学、技术发明大都出于被压迫阶级，即是说，出于那些社会地位较低、学问较少、条件较差、在开始时总是被人看不起，甚至受打击、受折磨、受刑戮的那些人。这个工作，科学院和大学也应当做，各省市自治区也应当做。各方面同时并举。如果能够有系统地证明这一点，那就将鼓舞很多小知识分子、很多工人和农民、很多新老干部打掉自卑感，砍去妄自菲薄，破除迷信，振奋敢想、敢说、敢做的大无畏创造精神，对于我国七年赶上英国、再加八年或者十年赶上美国的任务，必然会有重大的帮助。卞和献璞，三刖其

〔1〕倪伟，当时任国家计划委员会副主任。王光中，当时任国家计划委员会机械局局长。

足；‘函关月落听鸡度’，出于鸡鸣狗盗之辈。自古已然，于今为烈。难道不是的吗?”同时批示：“小平同志：此件请即照发大会。”五月二十日，又批示：“送小平印发。此件有用，印发各同志阅。昨件‘戮’误为‘剹’；‘三刖其足’，‘三’应为‘两’。”

同日 晚八时四十五分，去中南海紫光阁投票站，同北京市西单区中南海选区的选民一起投票，选举西单区第三届人民代表大会的代表。

同日 晚九时四十五分，在中南海游泳池住处主持召开中共八大二次会议各代表团团长及一部分副团长参加的会议。毛泽东在讲话中说：搞一个近三百年来的各种科学技术发明家的小传，写明其年龄、出身、简历来。看这些人是不是大多数都是没有多少学问的人。一个人能够发明什么，学问不一定很多，年纪也不一定大，只要方向是对的。我在会上的两次讲话，一是讲破除迷信，二是讲国际国内形势，第三是讲灾难。国际形势总的来说是一片光明，但也可能有战争。国内形势是和五亿农民的关系问题。农民是同盟军，不抓农民问题就没有政治，不注意五亿农民的问题，就会犯错误，有了这个同盟军，就是胜利。中国党内相当多的人，不懂得农民问题的重要性，跌跟头还是在农民问题上。看到农民瞒产，我高兴，农民有就等于国家有。从民主革命到社会主义革命，有人以为要几十年时间发展资本主义，等待工人多了，农民觉悟了，才能搞社会主义革命。但实践证明，从民主革命到社会主义革命不需要几十年的间歇。苏联二月革命以后，几个月就进行十月革命，证明列宁是正确的。中国则不同，我们有了几十年民主革命，有根据地的经验，解放区的农民精神焕发，农村半无产阶级有三亿五千万人。我为什么讲十大关系?十大关系的基本观点就是同苏联比较，除了苏联的办法以外，是否还可以找到别的办法，能比苏联、东欧各国搞得更快更好。我们有两个出生父母，一个是旧中国，一个是十月革命。群众路线、阶级斗争，是学列宁的。你们有两个整月的时间抓工业、商业、文教、军队，现在就要准备和布置秋后的农业生产。大跃进不要搞得太紧。

5月19日 晨，阅中共中央宣传部编印的《宣教动态》一九五八年第六十三期刊载的《苏联专家对“多快好省”路线的看法》一文，批示：“小平同志：此件请印发大会各同志。”文中说：四月二十五日下午，宋任穷约集第二机械工业部在京的苏联专家座谈。一位苏联专家说，现在中国党提出的“多、快、好、省”的建国方针是完全正确的。因为这主要是提高劳动生产率和加速社会主义建设的问题。他认为要做到“又多又省”这两点，必须结合当地情况。在这次座谈以前，这位专家还反映，他发现有些中国同志在工作中不动脑筋，主动考虑问题不够，不管大事小事都要依靠专家来解决，甚至在讨论问题时，有些同志不提出自己的见解和看法，而是只抄专家的答案，事后原封不动地去照办。这不是创造性地学习先进经验，而是机械地搬用。因此，也就容易发生偏差，不合乎中国国情。

同日 下午，出席中共八大二次会议，听取大会发言。会议通过执行主席谭震林宣读的主席团的一个提案，提案说：为了加强中央委员会的工作，大会主席团提议，在本次大会上补选一部分候补中央委员。补选的候补中央委员的名额和候选人名单，建议由大会委托主席团提出，经过代表讨论后，由大会以无记名投票方式进行选举。会前，毛泽东同中国农业科学院副院长陈凤桐谈话。会后，同刘少奇、周恩来、朱德谈话。

5月20日 下午，在中共八大二次会议上作第三次讲话。关于破除迷信问题，毛泽东说：第一机械工业部搞出一个四十一个科学发明家的小传。这个材料可以证明，许多科学发明家是出身比较穷苦的人，像瓦特是工人，还有许多是农民，是小知识分子，只有七个人是比较有社会地位的。搞出这些科学发明家的小传，对我们有很大的帮助，这样可以帮助工人、农民、小知识分子、新老干部破除迷信，打掉自卑感。其他各部也要尽快地把这样的材料搞出来。关于以普通劳动者的姿态出现的问题，他说：这个问题所以要特别提出来，是因为我们有些干部是老子天下第一，看不起人，靠资格吃饭，做了官，特别是做了大官，就不愿意以普通劳动者的姿态出现。这是一种很恶劣的现象。靠做大官吃饭，靠资格吃饭，妨碍了创造性的发挥。因此，要破除官气，要扫掉官气，要在干部当中扫掉这种官气。谁有真理就服从谁。如果你的官很大，可是真理不在你手里，也不能服从你。官气是一种低级趣味，摆架子、摆资格、不平等待人、看不起人，这是最低级的趣味，这不是高尚的共产主义精神。以普通劳动者姿态出现，则是一种高级趣味，是高尚的共产主义精神。能够做到这一点，防止大国沙文主义，就有可能了。关于外行领导内行的问题，他说：外行领导内行，这是一般的规律。可以说，人人是内行，人人又是外行。世界上有一万门行业，有一万门科学技术，有一万种职业。一万行，每个人只能主要地精通他那一种、他那一行。对这一种他就是内行，对那九千九百九十九种来说他就是外行。对于我们党的领导工作者来说，除了本行之外，对其他行业也摸一摸，略微熟悉一下是必要的。党的领导工作者不可能精通所有的行业。关于插红旗、辨风向问题，他说：凡是有人的地方总要插旗子，不是红的，就是白的，或是灰的，不是无产阶级的红旗，就是资产阶级的白旗。现在还有一部分落后的合作社、机关、部门、车间、连队、学校、企业，那里边插的还不是红旗，是白旗或者灰旗。我们要在这些地方做工作，发动群众，大鸣大放，贴大字报，把白旗拔掉，插上红旗。以不愿插旗子来表示谦虚，这是一种庸俗的谦虚，不敢挺身而出，不敢想、不敢说、不敢做。这种庸俗的谦虚是从哪里来的呢？我看是由《儒林外史》里面来的，《儒林外史》里面充满了庸俗的谦虚的典型。要插旗子，首先要用鼻子嗅一嗅是东风还是西风？“不是东风压倒西风，就是西风压倒东风”，这是苏州姑娘林黛玉讲的。世界上的人总是要分党派的，总是要分左、中、右的，有的人是先进分子，有的是中间分子，有的是保守分子。我们的责任是要先进分子争取中间分子，带动落后分子。唐朝有个刘知幾，是个写历史的人，他主张写历史要有三个条件，就是才、学、识。才是才能，学是学问，识就是识别风向。我现在特别提醒同志们注意的是，我们应该有识别风向的能力，要提高这种识别力，这一点有极端的重要性。一个人尽管有才有学，如果不善于识别风向那还是很迟钝的。斯大林讲过要有预见性。所谓预见性，就是识别风向。要识别风向，这是个领导艺术。我们全党只要有一万两万人到三万人，有更高的觉悟，有识别风向的能力，有预见，我们的事情就能搞得更好一些。关于准备应付可能发生的灾难问题，他说：我们应当准备对付可能发生的灾难，我说的是大灾难，无非是世界大战，党内大分裂。我们党有过四次分裂，只要有党，就会有分裂，一万年也会有的。有些人觉得讲这个问题不舒服，有什么不舒服呢？讲了大家都有个精神准备，比不讲不是要好些吗？还有一个设置对立面问题。对立面有两种，一种是自然界和社会本来就存在的；一种是人工设置的，自然界原来没有，但是有物质条件，如修水库。在毛泽东写的讲话提纲中，还有如下一些内容：“思、工、农、商、学、兵，两个月内，都要抓一下，重点在工（交通在内）。”“品德就是忠实为人民服务，鞠躬尽瘁，死而后已；顾大局，不个人伸手；辨风向，敢于插红旗，拔黑旗、灰旗；以一个普通劳动者姿态出现，同群众打成一片。”“必须认真学马、学苏。不学，少学，不认真学，都是错误的。好的、坏的、不好不坏的都要学。不是搬，而是分析，研究，理解。资产阶级的东西也要认真学，非学不可。”“马、列是指导，不是教条，教条论是最无出息的，最可丑的。”“要产生自己的理论。”

5月21日　下午，出席中共八大二次会议，听取大会发言。开会前，观看国产的第一辆“东风”牌小轿车，并同林伯渠一起乘坐，在怀仁堂后花园缓缓行驶两周。下车后，对聚集在周围的会议代表们笑着说：“坐了我们自己制造的小汽车了！”

同日　阅《中国共产党第八届全国代表大会第二次会议关于在莫斯科举行的各国共产党和工人党代表会议的决议（草案修正案）》，批示：“邓小平同志：此件看过，可用。”

同日　关于向中共八大二次会议印发国务院科学规划委员会办公室五月二十四日编印的《400个科学技术创造发明家的小传资料（初稿）》，批示：“小平同志：此件是否已印发，如未，请立即付印，于明日务必发给各同志。”这个资料的“编者的话”中说：在这四百人中，中国的有七十人，外国的有三百三十人，我们把那些社会地位较低、年纪较轻、学问较少、条件较差，在开始时总是被人看不起，甚至受打击、受折磨、受刑戮的人算作一类，有二百三十人，占总数的百分之五十八。

5月22日　上午，复信张治中：“五月三日的信早已收到。原封不动，直至今天，打开一看，一口气读完了《六十岁总结》，感到高兴。我的高兴，不是在你的世界观方面。在这方面，我们是有距离的。高兴是在作品的气氛方面，是在使人能看到作者的心的若干点方面，是在你还有向前进取的意愿方面。我猜想，这一年多的时间内，害苦了你，一个老人遇到这样的大风浪。这种心情，我是理解的。觅暇当约大驾一谈。这几天尚不可能。祝安好！问候你的夫人和孩子们！”

同日 下午，出席中共八大二次会议，听取大会发言。会后，同刘少奇、周恩来、朱德、邓小平谈话。

同日 关于向中共八大二次会议印发煤炭工业部副部长沈鸿五月二十二日的来信，批示："小平同志：此件请即刻付印，发给各同志阅。"沈鸿在信中说，他拥护毛泽东的创议，编一本技术科学创造和发明者小传，并建议我国自己制造万吨水压机。

5月23日 下午，在中共八大二次会议闭幕会上作最后一次讲话，主要讲辨别风向问题。毛泽东说：我们这次大会是有成绩的，大会开得好，做了认真的工作，制定了我们的路线。世界上的事情就是怕认真。不认真，什么事情也搞不好；一认真，不管有什么困难都可以打开局面。我今天要谈的，主要可以说是以后要注意辨别风向。大风好辨别，小风就难辨别，领导干部要特别注意这种小风。宋玉写了一篇《风赋》，有阶级斗争的意义。他说，风就是一种风，对贫民一种态度，对贵族又是一种态度。"夫风生于地，起于青蘋之末，侵淫溪谷，盛怒于土囊之口。"这里写了一个辩证法。风有小风、中风、大风。"起于青蘋之末"，他说风就是从那个浅水中小草的尖端起的。"侵淫"，就是慢慢地，逐步逐步地。"溪"就是河川；"谷"就是河谷。"溪谷"就是在那两个高山中间的山谷。"盛怒"就是生了大气了。"土囊之口"，大概是三峡那个地方。从四川刮起一股风，通过三峡，叫"土囊之口"。有书为证，你们去翻那个《昭明文选》第四十五卷〔1〕，我昨天还翻了一下。问题是这个风"起于青蘋之末"的时候最不容易辨别，我们这些人在一个时候也很难免。"起于青蘋之末"，大概是成都的那个地方。"侵淫溪谷"大概是隆昌、重庆那个地方。然后到三峡这么一吹，就生了大气。这次我从那里

〔1〕 应为《昭明文选》第13卷。

过了一下，我想大概是那个地方。

5月24日 阅《红旗》杂志发刊词，批示："此件写得很好，可用。"并为《红旗》杂志题刊名，批示陈伯达："报头写了几张，请审检；如不能用，再试写。"《红旗》杂志于一九五八年六月一日创刊。

同日 阅中央警卫团干部队的李宝森、王立勤、段明玉写的反映山东省一些地区缺粮情况严重的材料，批示："震林同志：此件请你一阅。山东有那么多的缺粮户，值得研究一下。如你有时间，请找李宝森等三人（都是干部队队员，给我们守卫的，排长级干部）问一下情况。因我忙，不暇找他们谈。"谭震林找李宝森等开了座谈会，五月二十六日向毛泽东写了报告。二十七日晨，毛泽东批示："即送小平同志，即刻印发到会〔1〕各同志。粮食问题，请各同志注意。"

5月25日 晨，就发表刘少奇在中共八大二次会议的工作报告，批示胡乔木："少奇同志报告，最好迟一天发表，以便于今晚再斟酌一下，明（二十六）日下午广播。"

同日 下午，和刘少奇、周恩来、朱德、邓小平及中共中央政治局委员、候补委员，中央书记处书记、候补书记，全体中央委员和候补委员，到十三陵水库工地参加义务劳动。

同日 晚上，在中南海怀仁堂主持召开中共八届五中全会。会议增选林彪为中共中央副主席、中央政治局常委，增选柯庆施、李井泉、谭震林为中央政治局委员，增选李富春、李先念为中央书记处书记。由于中央委员黄敬、赖若愚去世，会议决定候补中央委员杨献珍、王恩茂依次递补为中央委员。会议通过出版中共中央主办的《红旗》杂志的决定。毛泽东在会上讲话。他

〔1〕 指1958年5月26日至30日举行的中共中央政治局扩大会议。

说：在南宁会议时就建议国务院有两位同志到中央书记处，把国务院和国务院各部的一些问题提到书记处讨论比较好，觉得把李富春、李先念选到书记处当书记比较适宜。中央办个刊物，这个问题也是南宁会议建议的，成都会议也谈过。我是主张要搞一个理论杂志的，需要在这个会上作出一个决定。邓小平同志关于莫斯科会议的报告，可以传达，但是如何讲法，就是正面讲我们的意见，即我们在莫斯科两党代表团起草委员会上宣读的那五条。《再论无产阶级专政的历史经验》这篇文章，原来有一部分是关于和平过渡问题，我们提出了我们的意见，后来三番四复，最后我下了一个决心，我说不搞这个问题了吧！不要两个炸弹放出去，一个斯大林问题，又搞个和平过渡问题，我们留下了这一手。关于和平过渡，这是个先礼后兵的问题，用和平的方法是先礼。我们跟蒋介石就是先礼后兵，有这么两手，和平一手，战争一手。我们研究了莫斯科宣言的那种表述形式，认为大体可以，但不很理想。我们那五条，是整个的有逻辑有理由的马克思列宁主义的观点。但是，现在公开宣传那五条，还不相宜。这五条是真理，总有一天要公开说的，但是目前不宜于公开说。会议结束后，毛泽东在怀仁堂休息室同刘少奇、周恩来、朱德、林彪、邓小平谈话。

同日 阅赵尔陆五月十七日关于建议从组织上加强各经济协作区的来信，批示："小平同志：此件请印发各政治局委员、书记处书记、各省市自治区党委书记。赵尔陆同志对区域协作问题，建议设立六个中央局及六个区域经济计划委员会。"

5月25日或26日 阅刘少奇五月二十五日关于改进劳动工资、劳保福利制度和实行两种教育制度、两种劳动制度问题给毛泽东和政治局常委的信，批示："退少奇同志处理。此件已看过，同意你的意见。"刘少奇信中说：我曾同恩来、定一同志及几个省市委的个别同志谈过两个问题：一个是在实行现在的学校教育制度和工矿、机关的劳动制度之外，是否可以同时实行一种半工半读的学校教育和半工半读的工矿、机关劳动制度；另一个是可否在为生活服务事业的基础上把职工家属和农村中的妇女及其他半劳力也组织起来，以与生产劳动相配合。

5月26日 上午，重阅一九五七年十一月十三日《人民日报》社论《发动全民，讨论四十条纲要，掀起农业生产的新高潮》后，写信给中共中央政治局、书记处各同志，及省市区党委第一书记，参加这次政治局扩大会议的其他同志："重看一九五七年十一月十三日《人民日报》社论，觉得有味，主题明确，气度从容，分析正确，任务清楚。以'跃进'一词代替'冒进'一词从此篇起。两词是对立的。自从'跃进'这个口号提出以后，反冒进论者闭口无言了，'冒进'可反（冒进即'左'倾机会主义的代名词），当然可以振振有词。跃进呢？那就不同，不好反了。要反，那就立刻把自己抛到一个很不光彩的地位上去了。此文发表时，我们一些人在莫斯科，是国内同志主持的，其功不在禹下。如果要颁发博士头衔的话，我建议第一号博士赠与发明这个伟大口号（即：'跃进'）的那一位（或者几位）科学家。"

同日 下午二时余，同杨尚昆谈组织干部到十三陵水库工地参加劳动一事。

同日 下午三时，在中南海怀仁堂主持召开中共中央政治局扩大会议，讨论经济协作区问题和工业企业等的下放问题，出席会议的有中央政治局和书记处的成员、各省市区党委第一书记和中央有关部委的负责人。

同日 晚上，同陈伯达、胡乔木谈写文章问题。

5月27日 中午，同陈伯达、田家英谈《红旗》杂志出版问题。

5月28日 上午，在北京西郊新六所一号楼会见胡志明，邓小平、杨尚昆在座。

同日 下午，在中南海怀仁堂继续主持中共中央政治局扩大会议，会议基本通过《中共中央关于加强协作区工作的决定（草稿）》〔1〕。

5月29日 晨五时，关于请各协作区主任留下开座谈会致信邓小平："本日有事商量，请通知柯、陶、王、张、林、欧、李〔2〕七位协作区主任委员留一天，我想有些事和他们谈一谈，或者由常委召开会议，或者由我、你、彭真主持。明天〔3〕酌定。昨天会议上气氛不大好，值得座谈一会儿。各省、市、自治区第一书记也以留一天为宜，待座谈会本日开后，明日再开一次政治局扩大会。以为如何？如以为可，请即执行。"

同日 晨七时余，到北京西郊新六所二号楼看望胡志明。

同日 上午，在中南海游泳池住处召集各协作区主任开务虚会议，刘少奇、周恩来、朱德、邓小平等参加。毛泽东说，这次政治局扩大会议气氛不好，有些人心情不舒畅，大家再讨论一番，求得一致。

同日 下午，在中南海怀仁堂继续主持中共中央政治局扩大会议，并讲话。毛泽东说：对不起，把你们从火车上、飞机上拽回来。我心血来潮，昨天晚上睡不着觉，今天早上还是睡不着，就是想昨天这个会不那么很好。昨天的会、前天的会〔4〕（前天

---

〔1〕 王任重1958年5月28日的日记记载："这个问题基本上算通过了，但大家意见不完全一致（主要是中央和地方分权问题）。"

〔2〕 柯、陶、王、张、林、欧、李，指柯庆施、陶铸、王任重、张德生、林铁、欧阳钦、李井泉。

〔3〕 这里的"明天"应为"今天"。

〔4〕 指1958年5月27日邓小平召集经济协作区主任研究经济协作的会议。

的会我没有参加）以及大前天的会，搞了一个决议案，这三天会有很大成绩，但是缺点也有一些，就是气氛不那么好，双方都有些气，但心里有话又没有讲出来。共产党不交心，我们这些人不交心，就不像样子。怎么办呢？改正错误，再开会。没有别的事，就是中央和地方、地方和地方这两种矛盾没有展开，没有揭露，真心话没有讲出来。地方同志对中央不完全信任，主要是对一些部不信任，这是有理由的。你的东西还没有拿出来，“无证不信”，无非是人才、钱财、资材。再一个就是地方与地方（大贫与小贫）的矛盾。穷得很的省，好像想靠中央，应当靠自力更生。我昨天讲了“物之不齐，物之情也”，就是说平衡是暂时的、过渡的、相对的。有几个经济协作区主任说，当个盟主，又没有东西。有两个比较富一点的，无非是东北和华东。今天，我们就搞点虚业，把这些问题好好谈谈。现在，还有那么一种倾向，就是想搞大的。冶金工业部走过这个弯路，不要再走了。王鹤寿已想通了，要大中小结合。毛泽东说：我这个人就是常常有许多忧愁。有许多方针，这样想又那样想，那样想又这样想，最后才有个定局。

5月30日　上午，中共中央政治局扩大会议继续举行。刘少奇讲话，谈两种教育制度和两种劳动制度问题。周恩来讲话，对《中共中央关于企业、事业单位和技术力量下放的规定（初步草案）》作说明。下午，会议继续举行，毛泽东出席会议。会议基本通过《中共中央关于加强协作区工作的决定》和《中共中央关于企业、事业单位和技术力量下放的规定》。从五月二十六日开始的中共中央政治局扩大会议至此结束。关于协作区的决定指出：全国划分为七个协作区，每个协作区都成立协作区委员会，作为各个协作区的领导机构。各协作区分列如下：（一）辽宁、吉林、黑龙江为东北协作区，以欧阳钦为主任委员。（二）北京、河北、内蒙古自治区、山西为华北协作区，以林铁为主任委员。

（三）上海、江苏、浙江、安徽、江西、福建、山东为华东协作区，以柯庆施为主任委员。（四）广东、广西壮族自治区为华南协作区，以陶铸为主任委员。（五）湖南、湖北、河南为华中协作区，以王任重为主任委员。（六）四川、云南、贵州、西藏地区为西南协作区，以李井泉为主任委员。（七）陕西、甘肃、青海、新疆维吾尔自治区、宁夏回族自治区为西北协作区，以张德生为主任委员。

5月31日 阅邓小平报送的中央经济小组五月二十九日关于追加一九五八年基本建设投资八至十亿元和试制万吨水压机及解除沈鸿在煤炭部的工作[1]的请示报告，批示："退邓即予处理。"

同日 下午，同王鹤寿谈话约两小时。

6月1日 晚上，同谭震林谈话三小时。

6月2日 下午六时起，同赵尔陆谈话三小时。

同日 晚九时，在中南海游泳池住处主持召开中共中央政治局常委扩大会议，刘少奇、周恩来、朱德、陈云、林彪、邓小平、彭真、陈毅、李富春、彭德怀、李先念、薄一波出席。陈云汇报中共代表团到莫斯科列席经互会参加国兄弟党高级代表会议的情况。

6月3日 发布中华人民共和国主席令，公布第一届全国人大常委会第九十六次会议通过的《中华人民共和国农业税条例》。

同日 中午十二时起，同谭震林、廖鲁言、陈正人谈话三个多个小时。下午六时二十分，同胡乔木谈话。

6月4日 在六月一日出版的《红旗》杂志第一期封面上批示："陈伯达同志：第四页第三行多了一个'的'字。其他各篇，

〔1〕 指免去沈鸿煤炭工业部副部长职务，任中国第一台万吨自由锻造水压机总设计师。1959年9月沈鸿任农业机械部副部长。

可能也有错讹字，应列一个正误表，在下期刊出。”

同日　批示林克，要他买一本作家出版社出版的《文学遗产增刊》第六辑。

同日　下午四时半，同王鹤寿谈话，至晚九时结束。随后，同陈伯达谈话。后召集刘少奇、邓小平、彭真开会。

6月5日　阅海军第三副司令员兼海军军事学院院长、政治委员方强五月二十九日对军委扩大会议开法的意见给会议主席团的信，批示："此件写得很好，提出了问题，彭、黄、邓[1]看后还我。我暂时不宜于讲话，先要让他们把问题都放出来。过几天，我准备找各小组长分别谈一下，调查一下情况，摸一下底。"方强在信中说，这次会议整风的指导思想是什么，要解决什么主要矛盾，还有明确的必要。他认为，当前军队建设的主要矛盾是：一方面，我们要建设一支现代化的优良的革命军队；另一方面，在各项工作中，却还或多或少地存在着教条主义和经验主义，阻碍着军队的发展。在信中说"建军方针、建军路线、战略方针都是正确的。……是不存在什么根本性的问题的"处，毛泽东批注："不存在问题吗？"在信中说我们的部队和学校，不主要去学习毛泽东的军事著作，不以《毛泽东选集》为指南，"而是着重去学习外国的经验，以外国的东西为指南"处，毛泽东批注："要学外国的技术。"在信中说"我们军队曾有一个时期，有这样一种趋向，只强调正规化，不重视发扬我军的光荣优良传统"处，毛泽东批注："一方面有优良传统，另一方面，就整个历史说来不占全军统治地位的另一个恶劣传统是存在着，即非马克思主义的、有时是反马克思主义的传统，例如教条主义，军阀主义。"同时批示："彭、黄阅后退小平。有些同志对会议的开法

〔1〕彭、黄、邓，指彭德怀、黄克诚、邓小平。

感到不满。此事容易，调整一下就好了。振起生气，大有可为。请小平商彭、黄召集七八个同志经常谈一下，似可不必开小型会，只开大会和小组会。如何，请酌定。”

6月6日 晚上，到中南海瀛台参观航空工业展览。后同赵尔陆谈话。

6月7日 晨，致信邓小平：“六、七两月份，你应做两件事：（一）第二个五年计划的布局，如你自己所提的；（二）帮助德怀同志将军事会议〔1〕开好，关键是本月一个月，宜与彭等少数同志每三天商量一次。大事抓起来干，多快好省。军事会议上，你应准备去讲一次话，时机可在结尾的时候。”

同日 下午，在中南海游泳池住处同十位驻外大使刘晓、伍修权、何英〔2〕、耿飚、陈志方、潘自立、柯柏年〔3〕、黄镇、何伟、乔晓光和即将出任驻外大使的郝汀〔4〕谈话，陈毅、张闻天、章汉夫等参加。毛泽东说：现在要抓三个东西，第一抓粮食，第二抓钢铁，第三抓机器。迷信首先在这三个问题上破除，再加外交上破除了迷信就行了。粮食三年后年产六千五百亿斤，每人一千斤。钢今年要翻一番，搞到一千万吨，后年可到三千万吨。单从学院中出来的哲学家大都不行，必须务点实。马克思因为是搞革命的，才能有马克思主义的理论。共产国际是两头好，中间不好。我们反对的是教条主义，不是反共产国际。个人崇拜哪个地方都有，为劳动人民所必要的权威是必须有的。工作总要有点压力，但不要迷信。

---

〔1〕 指1958年5月27日至7月22日在北京召开的中共中央军委扩大会议。

〔2〕 何英，当时任中国驻蒙古人民共和国大使。

〔3〕 陈志方，原任中国驻叙利亚大使。1958年9月任中国驻伊拉克大使。潘自力，当时任中国驻印度大使。柯柏年，当时任中国驻罗马尼亚大使。

〔4〕 郝汀，当时在中共中央调查部工作。1958年7月任中国驻阿富汗大使。

同日 审阅彭德怀六月五日关于苏联请求在我国建立特种长波无线电台问题给毛泽东并中共中央的报告和彭德怀六月四日同苏联军事总顾问杜鲁方诺夫谈话的记录。彭德怀的报告说：军事顾问昨日来谈，苏方仍坚持原来双方共同投资建电台的意见，并提议在六月上旬即派专家来华进行选址、设计施工、拟制协定等工作。看来苏方是不会很快接受我们的意见的。为了不影响勘查设计工作的进行，我意可先同意苏方专家来华着手进行一些技术性工作，有关投资和使用等问题可放在下一步解决。毛泽东批示："刘、林彪、小平、周、朱、陈、彭真、陈毅阅，退彭德怀同志。可以照所拟办理。钱一定由中国出，不能由苏方出。使用共同。如苏方以高压加人，则不要回答，拖一时期再说。或者中央谈一下再答复。此事应由两国政府签订协定。在谈话部分，毛批有意见，请彭注意。"毛泽东将彭德怀同杜鲁方诺夫谈话记录中的"这个无线电中心的投资，还是由中国方面负担好。建筑和装备等技术方面，请苏联同志帮助，所需设备，均应作价由我们付款。建成后可以共同使用，这里并没有其他意思"这段文字，修改为："这个无线电中心的投资，应当由中国方面负担，中国责无旁贷。建筑和装备等技术方面，请苏联同志帮助，所需设备，均应作价由我们付款。建成后可以共同使用，并且应当由两国政府签订正式协定。这是中国的意见，不是我个人的意见。"

同日 阅王鹤寿六月六日关于发展冶金工业给毛泽东的报告，批示："小平阅。一九六二年，可产六千万吨钢。"王鹤寿在报告中说：我们找林铁商谈了华北区的钢铁建设问题，他们原来的计划较小，商谈结果，认为争取明年底达到生产能力八百万吨是可能的。我们两方面都有信心争取完成这个指标。已商定最近在太原召集一次华北区冶金工业建设的协作会议，具体安排钢铁厂建设的措施。九日以后冶金部党组的同志分头到各区去，协同各省市采取措施。我们有极大信心完成和超过现在预定的指标。

6月8日 晨，审阅修改中共中央决定成立财经、政法、外事、科学、文教各小组的通知稿，批示："即送刘、林彪、小平、彭真、周、陈、朱、彭[1]阅，交小平办。此件加了职权划分，小组成员也有些增加，请你们阅后，退小平提付政治局讨论、通过，然后发出。有不同意见，请即告我。"毛泽东在通知稿中加写的职权划分是："这些小组是党中央的，直隶中央政治局和书记处，向它们直接做报告。大政方针在政治局，具体部署在书记处。只有一个'政治设计院'，没有两个'政治设计院'。大政方针和具体部署，都是一元化，党政不分。具体执行和细节决策属政府机构及其党组。对大政方针和具体部署，政府机构及其党组有建议之权，但决定权在党中央。政府机构及其党组和党中央一同有检查之权。"毛泽东在中央财经小组名单中，增加谭震林为副组长，王鹤寿、赵尔陆为组员。

同日 下午，同湘乡唐家坨的亲戚文东生、文炳璋、文涧泉谈话，了解乡情，王季范在座。

同日 晚上，同邓子恢谈话。后同邓小平、彭真谈话。

6月9日 上午，在中南海游泳池住处主持召开中共中央政治局常委会议。会议纪要如下："会议讨论了周恩来、彭德怀两同志的工作问题（彭提出不担任国防部长的工作，周提出继续担任国务院总理是否适当），会议认为他们应该继续担任现任的工作，没有必要加以改变。"会后，毛泽东同彭德怀谈话。

同日 晚上，同杨尚昆谈话。

6月11日 晚上，同陈伯达谈《红旗》杂志第二期的出版问题。

---

〔1〕 彭，指彭德怀。

6月12日　在六月十一日《光明日报》第一版上批示："陈伯达同志阅。研究马克思主义也要用这两位青年的方法，就是为解决迫切问题而去跑图书馆。列宁为了批判一九〇五年革命失败后在俄国党内兴起的有神论（卢那察尔斯基、波格丹诺夫）而去系统地研究哲学史，写出了《唯物论与经验批判论》，费了巨大的精力。"《光明日报》第一版刊载有两篇文章，分别介绍两名青年技术人员坚持跑图书馆，最终攻克科技难关的事迹。

同日　下午，同彭真、杨尚昆谈话。晚上，听取黄克诚关于军委扩大会议情况的汇报。

6月13日　晚上，同陈云、赵尔陆谈话。后同陈伯达谈话。

6月14日　晚上，接见河南省封丘县应举农业生产合作社社长崔希彦及河南省民政厅厅长施德生、封丘县县长张剑南，内务部农村救济司司长熊天荆参加。毛泽东详细询问应举社的生产情况，嘱咐要戒骄戒躁，干部和群众要紧密地团结。谈话后，同他们共进晚餐。

6月15日　阅王震六月十三日的报告，批示："小平同志：这好像是一个彻底的办法。请你想一下，并和一些同志谈一下，有些党、政、军部委，或者多数部委，都仿农垦部做法。是否可以呢？三分之二下去，三分之一留家，下去四个月，似乎可以吧？究竟如何，请你酌定。"王震在报告中说：农垦部三分之二的干部已于五月底分赴密山、佳木斯等垦区参加劳动，一律下场四个月，进行现场整风，学习八大二次会议文件和帮助农场工作。我个人拟待十七日处理完下放任务后，也去密山、佳木斯垦区。

同日　下午，同张闻天谈话。

6月16日　上午，在中南海游泳池住处第二次同中国十位驻外大使和即将出任驻外大使的郝汀谈话，刘少奇、周恩来、朱德、陈云、林彪、彭真、陈伯达和外交部正副部长参加。毛泽东说：你们这次务虚会议没有分析国际形势是个缺点，应当再搞一两天，专门谈谈国际形势。两个阵营，是我怕你呢，还是你怕我呢？还是双方都怕？我是有点怕的，和平好，战争总是要死人的。中心问题是哪个怕哪个多一些，程度上应有多少之别。敌人怕我们多一些，这是我们的估计。一九四六年，我讲过美国是个纸老虎。我经常考虑这个问题，但是有时天上有乌云，例如蒋介石打下张家口、美国侵入朝鲜等。抗美援朝战争时，我是放在美国占领鸭绿江这一个基础上来考虑问题的。莫斯科宣言谈到战争问题。我们要有战争的准备，五年出原子弹，十年出氢弹。当然，现在战争不是不可避免的。第二次世界大战，打出一个社会主义的中国和其他社会主义国家，也打出一些中立国家如印度等。《新民主主义论》没有说非共产党领导的国家也可以和美国闹独立性，例如印度、印度尼西亚、叙利亚、埃及等国。现在看起来，没有讲到这一点是不正确的。

6月17日 阅李富春向中共中央政治局提交的第二个五年计划提要，批示："此件即刻印发军委会议各同志。很好一个文件，值得认真一读，可以大开眼界。这是你们自己的事情。没有现代化工业，哪有现代化国防？自力更生为主，争取外援为辅，破除迷信，独立自主地干工业、干农业、干技术革命和文化革命，打倒奴隶思想，埋葬教条主义，认真学习外国的好经验，也一定研究外国的坏经验——引以为戒，这就是我们的路线。经济战线上如此，军事战线上也完全应当如此。反对这条路线的人们如果不能说服我们，他们就应当接受这条路线。'既不能令，又不受命，是绝物也'〔1〕，走进死胡同，请问有什么出路呢？"毛泽东将文件的题目改为《第二个五年计划要点》。

〔1〕 见《孟子·离娄上》。

同日　晚上，在中南海游泳池住处同应邀从上海到北京的周谷城谈形式逻辑问题。毛泽东说：问题移到《人民日报》上来了〔1〕，讨论可能展开。形式逻辑本来就是形式的，要把它同辩证法混同，甚至改成辩证法，是不可能的。它是一门独立学问，大家都要学一点。学了一点，自己在生活实践中应用，入了门，总会搞通的。谈话进行了三小时。十九日晨七时，批示机要秘书高智："请你在上午找一本一九五六年一月号的《新建设》；再将《哲学研究》一九五七年全年六期（第四期已到）找来为盼！《新建设》一九五六年全年各期，一九五七年全年各期都找来更好。马特和周谷城两篇在《人民日报》发表的文章，在江青那里，请给我于上午找来。"

6月18日　晨，同陈毅谈话。

同日　阅李先念向中共中央政治局提交的第二个五年财政计划要点，批示："此件很好，印发军委会议各同志。"要点说"第二个五年财政支出的分配，应当首先保证生产建设的需要"，毛泽东将其中的"生产建设"改为"生产和建设"。

同日　晚八时半至十时半，在中南海游泳池住处召开会议，决定一九五八年钢产量比一九五七年翻一番，搞一千一百万吨，〔2〕刘少奇、周恩来、朱德、陈云、林彪、邓小平、彭真、

---

〔1〕《人民日报》1958年4月15日发表了北京师范大学教授马特的《关于逻辑问题的讨论》一文，接着6月14日发表了周谷城的《六论形式逻辑与辩证法——略答马特》一文。

〔2〕陈云1958年8月21日在中共中央政治局扩大会议发言中说，1958年钢产量为1100万吨是1958年6月19日定的。毛泽东在1958年8月30日中央政治局扩大会议讲话和10月2日会见外宾谈话中，都说1100万吨钢的指标是6月19日定的（分别见本卷第427页、第455页）。本书经过考证，应为6月18日。

李富春、李先念、薄一波、黄克诚、王鹤寿、廖鲁言等出席。会后，同刘少奇、林彪、邓小平谈话。

6月19日 下午六时二十分，同陈伯达、赵尔陆谈话。十时半，在中南海游泳池住处召集刘少奇、周恩来、邓小平、陈毅开会，谈印度问题和有关南斯拉夫的问题。

6月21日 上午，在中共中央军委扩大会议上讲话。毛泽东说：抗美援朝战争打了以后，我就把一切推给彭德怀同志，四年多我没有管军事。我看了你们在会上谈的意见，没有一位同志说军事工作是完全搞坏了的。这八年来军事工作基本上还是搞得好，但是有一些缺点甚至错误。我们这次军委扩大会议，如主席团所规定的，就是要针对军委直属的一些总部，不要牵涉到军区。我看加一个中共中央，主要是我，你们放火烧。我批送了一些文件给你们看，现在主要是三件事，一为粮，二为钢，三为机械。粮食是救命菩萨，钢铁是制造机械的材料，没有这两项不行。我早就讲了，我们政府的部长们官气多了一点，政治少了一点。最近几年，我们先搞合作化，再搞农业，然后就是搞工商两业。学和兵呢，现在两个会在北京开，一个是教育界，一个是军界，我看也就动起来了。现在各方面都蓬蓬勃勃，军队也要蓬蓬勃勃。毛泽东回顾了党领导的人民军队的历史，指出：在第二次国内革命战争时期曾有过两种教条主义，一种以为资产阶级的军事学和管理制度神圣不可侵犯，一种以为苏联的军事学和管理制度神圣不可侵犯。到了抗日战争和解放战争时期，全党全军在基本上是一致的。就是抗战初期有些同志对于游击战争不赞成，后来也赞成了。全国胜利以后，不打仗了，办了许多军事学校，这个时候产生一些教条主义，我看也是很自然的。现在发生一个问题，军事工作方面有没有教条主义？我看总是多少有一点吧！有人说要学我的军事学，我是没有什么军事学的，不过写了几篇文章。主要是两篇文章：一篇就是《中国革命战争的战略问题》，答复那个中央苏区的军事教条主义。一篇是一九三八年写的《论持久战》。一九三七年王明[1]回国以后，大吹大擂，搞他那一套，把我们这一套推翻，还有那时党内在他回国以前就有的这个速胜论盛行一时，这篇文章批判了这些东西。此外，还有一些小文章，这些都是应时应用的。现在又要打原子战争，洲际导弹，我就不懂了。我还是希望搞一点海军，空军搞强一点的。还有那个原子弹，听说就这么大一个东西，没有那个东西，人家就说你不算数。那么好，我们就搞一点。搞一点原子弹、氢弹，什么洲际导弹，我看有十年工夫完全可能的。在我国现代工业、现代农业、现代科学文化发展的基础上，国防力量的建设，不仅要做好积极防御的战争准备工作，同时还要准备一旦帝国主义向我发动侵略战争时，在打败敌人进攻之后，实施战略反攻和战略追击，把侵略者赶出去。

6月22日　下午，在北京西郊新六所一号楼同胡志明谈话。然后一同乘车去看中共中央农村工作部的试验田。

同日　阅薄一波六月十七日向中共中央政治局提交的关于一九五八年国民经济形势和一九五九年经济发展展望的提要，批示："此件印发军委会议各同志。超过英国，不是十五年，也不是七年，只需要两年到三年，两年是可能的。这里主要是钢。只要一九五九年达到二千五百万吨，我们就在钢的产量上超过英国了。"毛泽东将汇报提要的题目改为《两年超过英国（向政治局的报告）》。薄一波在汇报提要中说，一九五九年我国主要工业产品的产量，除电力外，生铁、钢、原煤、铜、铝、原油、水泥、化肥、金属切削机床、棉纱等都将超过英国的生产水平。

---

[1] 王明，当时任中共中央委员，在苏联养病。

同日 阅冶金工业部六月七日向中共中央政治局提交的关于一九六二年主要冶金产品生产水平规划的报告，批示："此件印发军委会议各同志。只要一九六二年达到六千万吨钢，超过美国就不难了。必须力争在钢的产量上在一九五九年达到二千五百万吨，首先超过英国。这里是一些简单的表，很容易看。"报告列表说明以下内容：全国主要冶金产品（钢、铝、铜、金）的一九六二年生产水平，全国主要冶金产品分区的一九六二年生产水平，第二个五年需要的投资额，第二个五年需要的设备数量，第二个五年需要的建筑材料等。

同日 阅农业部六月十一日向中共中央政治局提交的关于第二个五年农业发展规划要点，批示："此件印发军委会议各同志。粮食、钢铁、机械是三件最重要的事。有了这三件，别的也就会有了。三件中，粮食及其他农产品是第一件重要的事，我们应当十分注意农业问题。"毛泽东将规划要点的题目改为《农业大有希望（农业部向政治局提出——第二个五年计划期内农业方面所要到达的目的）》。规划要点的内容包括：到一九六二年时，耕地面积和各种作物的种植比例，粮、棉、油产量指标（中央的第二本账），增产措施，畜牧业的发展指标。一九六二年，耕地面积发展到十八亿亩，粮食产量为八千五百亿斤，棉花产量为八千万担。

同日 阅中共冶金部党组六月二十一日关于钢的生产计划给毛泽东和中央的报告，批示："此件发给各大协作区，各省、市、自治区党委，各中央委员，中央各部委，中央国家机关各党组，军委会议各同志。刘、邓阅发。各省市用电报发去。军委会议，请克诚印发。"冶金部党组的报告说：在中央政治局扩大会议时，华东区提出争取明年华东区钢的生产能力达到八百万吨。根据这一指标，我国钢铁工业的发展速度，又将进入一个新的水平。这就表示我国第二个五年计划钢的生产水平将不是三四千万吨，而可能超过六千万吨。最近多数大协作区分别召开钢铁规划会议，确定各区明年钢的产量如下：华东六百至七百万吨，华北六百万吨，西南三百一十万吨，东北一千一百至一千三百万吨，西北一百至一百五十万吨。华中、华南尚未开会。根据以上情况，明年钢的产量可以超过三千万吨，而一九六二年的生产水平则将可能争取达到八九千万吨以上。

6月23日　下午，在中南海游泳池住处主持召开中共中央军委扩大会议主席团成员和各组组长会议，邓小平、彭德怀、黄克诚、谭政、邓华、许世友、杨成武、张达志、苏振华、陈锡联、甘泗淇、李聚奎、莫文骅、杨得志、黄永胜、刘培善〔1〕、杨勇、陈再道、秦基伟、廖汉生、陈伯钧〔2〕、吴法宪、张爱萍〔3〕、胡乔木出席。毛泽东在会上插话说：人民解放军有没有教条主义呢？我在成都会议上说过，搬是搬了一些，但建军的基本原则坚持下来了。教条主义究竟有多少，这次军委会议要实事求是地加以分析研究，不要夸大，也不要缩小，要坚持真理，修

〔1〕许世友，当时任中国人民解放军副总参谋长兼南京军区司令员。杨成武，当时任中国人民解放军副总参谋长兼北京军区司令员。张达志，当时任中国人民解放军兰州军区司令员。苏振华，当时任中国人民解放军海军政治委员。陈锡联，当时任中国人民解放军炮兵司令员。甘泗淇，当时任中共中国人民解放军监察委员会副书记、总政治部副主任。李聚奎，当时任中国人民解放军总后勤部政治委员。莫文骅，当时任中国人民解放军政治学院副院长。杨得志，当时任中国人民解放军济南军区司令员。黄永胜，当时任中国人民解放军广州军区司令员。刘培善，当时任中国人民解放军福州军区副政治委员。

〔2〕陈再道，当时任中国人民解放军武汉军区司令员。秦基伟，当时任中国人民解放军昆明军区司令员。廖汉生，当时任国防部副部长、中国人民解放军军事学院院长。陈伯钧，当时任中国人民解放军高等军事学院副院长。

〔3〕张爱萍，当时任中国人民解放军副总参谋长。

正错误。学习苏联的方针是坚定不移的，因为它是第一个社会主义国家，但一定要有选择地学，因此就要坚决反对教条主义，打倒奴隶思想，埋葬教条主义。苏联的经验有三种，一种是好的，我们用得上的，就要取经；第二种是不好不坏的，要取其好的一部分；第三种是坏的，也可以研究，引以为戒。关于十大军事原则，他说：十大军事原则，是根据十年内战、抗日战争、解放战争初期的经验，在解放战争进入反攻时期提出来的，是马列主义普遍真理同中国革命战争实践相结合的产物。运用十大原则，取得了解放战争、抗美援朝战争的胜利，当然还有其他原因。十大原则目前还可以用，今后有许多地方还可以用，但也要根据今后战争的实际情况，加以补充和发展，有的可能要修正。关于军委的领导方法问题，他说：军委的领导方法、工作方法一定要改进，办法就是一年去摸四次，有系统地去摸。今后军委这样的会要每年开一次。今后中央开代表会议应多吸收军队同志参加，和地方上应相当，地委书记以上参加的，军队师以上党委书记可以参加。

同日 阅新华社六月二十日编印的《内部参考》第二五一〇期刊载的《各地对少奇同志报告学习和讨论的情况》的报道（在目录上列为第一篇），批示陈伯达："请约定一、康生、乔木、胡绳、邓力群、田家英几位同志，将此期第一篇所列问题，主要是八、九、十节的问题，当场看一遍，当场逐个问题进行分析，有四五小时也就可以了。然后和我谈一次为盼！这些问题值得注意，不要置之不理。"这篇报道共有十节：一、关于过渡时期总路线和社会主义建设总路线的区别和联系问题；二、关于社会主义建设总路线基本精神的问题；三、关于多快好省建设社会主义问题；四、关于总路线基本点的问题；五、关于破除迷信问题；六、关于"马鞍形"的问题；七、关于知识分子问题；八、关于过渡时期的主要矛盾问题；九、关于国际形势问题；十、其他（包括插红旗、拔白旗的问题，领导干部如何以普通劳动者姿态出现的问题，目前世界范围内的主要矛盾问题等）。

6月24日　阅中共青海省委六月十八日关于全省镇压反革命武装叛乱问题的指示，批示："此件请克诚同志印发军委会议各同志，同时请小平同志印发各省、市、自治区党委，先发川、滇、黔、藏，使大家知道这件事。青海反动派叛乱，极好，劳动人民解放的机会就到来了。青海省委的方针是完全正确的。西藏要准备对付那里的可能的全局叛乱。乱子越大越好。只要西藏反动派敢于发动全局叛乱，那里的劳动人民就可以早日获得解放，毫无疑义。"青海省委的指示说：青海地区的反革命武装叛乱已经蔓延成为全局性的问题，全省牧业区的六个自治州都或多或少地先后发生了叛乱。要取得这场斗争的胜利，必须争取群众，坚决地实行社会主义改造，真正使劳动人民从政治上翻身，彻底铲除叛乱的根源。同时对于反革命的武装叛乱，必须以革命的武装予以严厉打击。〔1〕

同日　晚上，同陈伯达、田家英谈话。

6月25日　阅邓子恢六月二十四日报送的夏收粮食增产数字，批示："此件印发军委会议各同志，是一个好消息。克诚办。

〔1〕1981年3月23日，中共中央批复青海省委关于解决1958年平叛斗争扩大化遗留问题的请示报告。中央批语指出："应当肯定，当时平息局部地区的武装叛乱是正确的，但是，由于'左'的指导思想影响，犯了扩大化的错误，使一批干部、群众在政治上、经济上遭到了很大的甚至是不可弥补的损失。责任主要在领导。处理这个问题，要着重从政治上解决，要做好深入细致的思想政治工作，消除群众之间、干部之间、民族之间的隔阂，引导各族人民顾全大局，团结起来向前看；在经济上，也要给予适当的抚恤、救济和补助，但目前国家经济还有困难，不可能完全解决，最根本的办法，是发展生产，把经济搞上去。"

办后，将此稿送小平，印发在京各中委、各部长。”邓子恢的报告说：二十个省市统计加估计，今年夏收总产量达到九百五十一亿斤，去年是五百九十六亿斤，增产三百五十五亿斤。按夏收推算，全年粮食总产可突破五千二百亿斤，增产可达两千一百亿斤或一千五百七十亿斤。这样，今年即可超过八大规定的第二个五年计划的粮食产量指标〔1〕。

同日 晚上，同张治中谈话两小时。后同胡乔木谈话。

6月26日 晨，同刘少奇谈话。

同日 晚上，在中南海游泳池住处同陆定一、陈伯达、康生、周谷城、胡绳、田家英讨论逻辑学问题。

同日 阅第一机械工业部报送的关于机械工业的几个报告，批示：“此件印发军委会议各同志。此件分为几个部分，全文虽长，每一部分甚短，很吸引人，可以一阅。请克诚办。”这几个报告是：关于重型机械制造问题的报告，关于自由锻造水压机的生产分布和分配的报告，关于冶金设备制造问题的报告，关于电站设备制造问题的报告，关于石油设备制造问题的报告，关于氮肥设备制造问题的报告。

6月27日 中午，在中南海游泳池住处召集刘少奇、周恩来、邓小平、彭真、邓子恢、李先念开会，谈最高国务会议问题。

6月28日 下午，同黄克诚谈话。

6月29日 上午，在中南海游泳池住处主持召开中共中央军委扩大会议主席团成员和各组组长会议。出席会议的，除六月二十三日到会者外，增加林彪、陈毅、贺龙、李志民〔2〕。毛泽东讲话。他说：这次会议开得不错，有些同志的发言很好。这说

〔1〕 第二个五年计划规定1962年粮食产量为5000亿斤左右。

〔2〕 李志民，当时任中国人民解放军高等军事学院副政治委员兼政治部主任。

明军队同志是有水平的，可以写出东西来。最好组织一些军、师级同志发发言，写写东西，因为他们是做实际工作的，接触下面，写的东西能够做到理论与实际结合。会议内容应该丰富多彩，也要介绍工作中的先进经验。在写文章和讲话时，不要批评苏联，教条主义是我们学习的问题，不是苏联先进不先进。我军从建军开始就存在着两条建军路线的斗争。战争中按照苏军条令执行是不行的，还是搞自己的条令。现在教条主义者主张抄苏联，请问苏联当时是抄谁的。八大决议中有一节关于技术改革的问题，按照今天的发展情况来看，提得不妥当，就是过分强调依靠苏联的帮助。争取苏联的援助是很需要的，但主要的还是自力更生，如果过分强调依靠苏联援助，请问苏联在当时又依靠谁来援助呢？军队训练已经八年多了，连一本战斗条令都没有搞出来，这次要集中一些有丰富工作经验和战斗经验的同志，搞出一本自己的战斗条令来。这次会议主要是打倒奴隶思想，埋葬教条主义，以整风方式大鸣大放，破除迷信，提高思想，吸取经验教训，主要是教育全党全军，团结全党全军。因此，会议上可以指名批评，但我建议在写决议时只要达到分清是非，搞清问题，就不要写出犯错误的同志的名字。古田会议的决议就没有写谁的名字嘛。军队过去打仗，还不是把下面打的经验总结起来，再去训练部队，又再去打仗吗？我们各种工作都要注意总结好的经验加以推广。我们打败蒋介石、日本帝国主义、美帝国主义，我们有丰富的经验，把自己经验看得那么不值钱，是不对的。要以我为主，学习别人的先进经验。同时要研究敌情、友情，过去我们就是研究敌、友、我情况的。要翻译美国、日本的东西。将来美国在东方战争中不依靠日本是搞不起来的，因此我们要很好地研究日本的情况。学苏军的技术经验也要用发展的观点去学。最重要的是学习苏联先进经验一定要和自己的独创相结合，马列主义的普遍真理与中国革命的实践相结合。不能吃现成饭，吃现成饭是要打败仗的。中国古代一些人，如李世民、曹操等，他们都是会打仗的，中国过去还是有些东西的。海军发展值得研究，提出十年搞五十万吨位，这太少，最少搞一百万吨位。我们要和外国做生意，需要远洋船只，还可造军舰、飞机。要修水上铁路（造军舰）。目前，太平洋实际上是不太平的。

同日 下午，先后同朱德、谭震林谈话。

6月30日 上午，在中南海勤政殿会见以胡达法师为首的柬埔寨佛教代表团，陈毅、丁西林、赵朴初〔1〕等在座。

同日 中午，在中南海勤政殿会见印度尼西亚军事代表团，陈毅等在座。毛泽东说：对不起你们，没有高等的东西给你们，我们现在还不行，还要努力，希望你们也努力，搞起自己的工业来，国防就有了基础。你们的国家是很好的国家，人民好，人口多，地大，蕴藏物资很多，过去是帝国主义将人民智慧压住了。我们过去就是被帝国主义压得出不了气。军队是为了保卫国家，是人民的工具，使人民能够进行和平工作和劳动，有敌人来进攻时就起来保卫人民。

6月 在中共中央办公厅秘书局六月三日编印的《党史资料汇报》第一号刊载的《中国共产党宣言》（一九二〇年十一月）〔2〕上批示："不提反帝反封建的民主革命，只提社会主义的革命，是空想的。作为社会主义革命的纲领则是基本正确的。但土地国有是不正确的。没有料到民族资本可以和平过渡。更没有

---

〔1〕丁西林，当时任全国政协委员、文化部副部长、中国对外文化联络委员会副主任、中国人民对外文化协会副会长、中华全国科学技术普及协会副主席。赵朴初，当时任全国人大代表、全国政协委员、中国佛教协会副会长兼秘书长。

〔2〕这个文件是根据英文稿译成的中文。

料到革命形式不是总罢工，而是共产党领导的人民解放战争，基本上是农民战争。”

7月1日 作《七律二首·送瘟神》。其一：“绿水青山枉自多，华佗无奈小虫何！千村薜荔人遗矢，万户萧疏鬼唱歌。坐地日行八万里，巡天遥看一千河。牛郎欲问瘟神事，一样悲欢逐逝波。”其二：“春风杨柳万千条，六亿神州尽舜尧。红雨随心翻作浪，青山着意化为桥。天连五岭银锄落，地动三河铁臂摇。借问瘟君欲何往，纸船明烛照天烧。”毛泽东为这两首诗写的小引说：“读六月三十日《人民日报》〔1〕，余江县消灭了血吸虫。浮想联翩，夜不能寐。微风拂煦，旭日临窗。遥望南天，欣然命笔。”所写的后记说：“六月三十日《人民日报》发表文章说：余江县基本消灭了血吸虫，十二省、市灭疫大有希望。我写了两首宣传诗，略等于近来的招贴画，聊为一臂之助。就血吸虫所毁灭我们的生命而言，远强于过去打过我们的任何一个或几个帝国主义。八国联军，抗日战争，就毁人一点来说，都不及血吸虫。除开历史上死掉的人以外，现在尚有一千万人患疫，一万万人受疫的威胁。是可忍，孰不可忍？然而今之华佗们在早几年大多数信心不足，近一二年干劲渐高，因而有了希望。主要是党抓起来了，群众大规模发动起来了。党组织，科学家，人民群众，三者结合起来，瘟神就只好走路了。”当天致信胡乔木：“睡不着觉，写了两首宣传诗，为灭血吸虫而作。请你同《人民日报》文艺组同志商量一下，看可用否？如有修改，请告诉我。如可以用，请在明天或后天《人民日报》上发表，不使冷气。灭血吸虫是一场恶战。

〔1〕 1958年6月30日《人民日报》发表《第一面红旗——记江西余江县根本消灭血吸虫病的经过》的报道，同时发表社论《反复斗争，消灭血吸虫病》。

诗中坐地、巡天、红雨、三河之类，可能有些人看不懂，可以不要理他。过一会，或须作点解释。”这两首诗发表于一九五八年十月三日《人民日报》。

同日 开列索要一批图书杂志的清单给逄先知〔1〕：“古诗源，唐诗别裁，明诗别裁，诗韵，楹联丛话、续话，六朝文絜，初唐四杰集，西厢记（剧本），金瓶梅词话，红楼梦；一至六月：哲学研究，历史研究，文艺报，诗刊。”

7月2日 中午，到中南海瀛台参观第一机械工业部的机床展览。

同日 下午，先后同陈伯达、胡乔木谈话。

7月3日 晨，阅赵紫阳〔2〕六月八日给中共广东省委的信，写批语，题为《介绍一封信》。批语如下：“广东省委书记赵紫阳同志最近率领北路检查团到从化县，经四天工作，给省委写了一封信，提出了三个问题：一、对早造〔3〕生产的看法问题；二、群众路线问题；三、大字报问题。这些都是全国带普遍性的重要问题，值得一切从中央到基层的领导同志们认真一阅。《红旗》半月刊应当多登这样的通信。这封信的风格脱去了知识分子腔，使人高兴看下去。近来的文章和新闻报道，知识分子腔还是不少，需要改进。这封信在广东党内刊物上发表，由新华通讯社当作一份党内文件发到北京的。其实，这类通讯或文章，完全可以公开发表，无论对当地同志和全党同志都有极大好处。我同意赵紫阳同志的意见，早造每亩能收三百斤已经很好，比去年的二百斤增长百分之五十，何况还有三百五十到四百斤的希望。原先的

〔1〕 逄先知，当时任中共中央办公厅秘书，兼管毛泽东的图书。

〔2〕 赵紫阳，当时任中共广东省委书记处书记、中国人民解放军广东省军区第一政治委员。

〔3〕 早造，又叫上造，即早稻。

八百斤指标是高了，肥料和深耕两个条件跟不上去。这是由于缺乏经验，下半年他们就有经验了。对于这件事，从化的同志们感到难受，这种难受将促使他们取得经验，他们一定会大进一步。群众路线问题，仍然是一个值得全党注意的问题。其办法是从全省各县、全县各乡中，经过鉴定，划分为对于群众路线执行得很好的，执行得不很好也不很坏处于中间状态的和执行得很坏的这样三大类，加以比较，引导第二、第三两类都向第一类看齐，到第一类县乡去开现场会议，可以逐步地解决这个问题。这个问题，不但农村有，城市也有，故是全党性的问题，仍然需要采取大鸣大放、大辩论、大字报的方法去解决。”并批示：“小平、彭真、震林、伯达同志：你们看这封信是否可以发表？我看发表毫无害处。请伯达打电话给广东省委，问一下这封信是否已在党内刊物上发表，或者是用单个文件发到各县，或者并没有发去？再则告诉他们，我们拟在《红旗》上发表，他们意见如何？以其结果告我为盼！”赵紫阳的信发表在八月十六日出版的《红旗》杂志一九五八年第六期，题为《从化四日——给广东省委的一封信》。

同日 下午，同谭震林谈话。晚上，同聂荣臻、张劲夫、于光远谈话。

7月4日 为罗哲〔1〕烈士题写墓碑：“罗哲烈士之墓”。给曹云芳〔2〕题词：“为建设社会主义而奋斗。”

7月5日 晚上，同邓小平、谭震林谈话。

7月6日 晚上，在中南海颐年堂会见美国共产党中央委员蔡尔斯，王稼祥等在座。毛泽东说：没有经过风险的党是没有战

---

〔1〕 罗哲，中国共产党早期党员。大革命时期曾随毛泽东从事农民运动，1928年10月牺牲。

〔2〕 曹云芳，罗哲的妻子。大革命时期随罗哲一起在毛泽东领导下做革命工作。

斗力的，就好像在温室里长成的花草一样，经不起风霜。你们经历了风险，就大有希望。你们说你们的党现在还小，还要摆脱孤立状态。要摆脱孤立就是要做群众工作，要艰苦地做群众工作，要艰苦地进行工农群众的工作。群众工作做好了，也就不孤立了。谈到莫斯科宣言，毛泽东说：这个宣言是参加会议的十二个社会主义国家的党自己的宣言，其他国家的党接受与否和如何接受，要由他们自己决定。我们对你的谈话，也只能提供你们参考。你们要用自己的脑子去想你们的问题。马列主义基本原理是一致的，但是各国具体情况不同，马列主义者要善于独立思考来运用马列主义。

7月7日 阅谭震林六月二十五日在合肥召开的闽、浙、皖、苏、沪四省一市第一次农业协作会议上的总结，批示："陈伯达同志：此件似可登《红旗》，你看如何？谭震林去郑州，大约一星期左右回京。他回来后，可和他商量一下。题目另换一个。文字略作修改（不要多改）即可。"谭震林的总结说：从华东四省一市的情况看来，农业生产大跃进是大有希望的。去年华东四省一市粮食总产量只有七百一十五亿斤，今年可能达到一千二百多亿斤，比去年增加五百多亿斤。这就是说，华东四省一市平均每人一千斤粮食的任务原先设想要三年到五年内完成，现在今年一年就可以完成了，就基本解决了粮食问题。每人平均两千斤粮食这个任务，不需要五年，可能是三年，至多是四年就完成了。谭震林的这个总结，发表在八月十六日出版的《红旗》杂志第六期，题为《争取在两三年内做到丰衣足食》。

同日 晚上，在中南海勤政殿接受锡兰新任驻中国大使高伯拉瓦递交国书，陈毅等在场。毛泽东在致答词中指出：去年二月，中锡两国总理发表联合声明，共同确认了和平共处的五项原则，这就为我们历史上的友谊联系建立了新的巩固的基础。

7月8日　中午，在中南海游泳池住处召开会议，讨论中共中央军委扩大会议问题，林彪、邓小平、彭德怀、刘伯承[1]、贺龙、李先念、聂荣臻、叶剑英、黄克诚、谭政出席。

同日　下午，同廖鲁言谈话。

同日　阅新华社七月四日编印的《内部参考》第二五二一期刊载的《河南部分地区暴雨成灾》的报道，批示："彭真同志阅。河南暴雨冲毁水库一条，值得注意。"报道说，六月二十七日至三十日，河南部分地区暴雨造成严重灾情，平顶山市、宝丰县、叶县共冲毁中小型水库五十多座。

7月9日　阅邓小平七月八日报送的刘伯承准备在中共中央军委扩大会议上的发言稿，批示："退小平同志。伯承此件写得很好。所附七大讲话[2]一段，也是好的。"

同日　下午五时半，在中南海游泳池住处邀黄炎培、陈叔通、李济深、张治中、邵力子、章士钊座谈，并共进晚餐。晚上，同杨尚昆谈话。

7月11日　晚上，同邓子恢谈话。后同彭真谈街道居民组织等问题。

7月12日　上午，在中南海游泳池住处召开会议，讨论中共中央军委扩大会议问题，林彪、邓小平、彭德怀、陈毅、李先念、刘伯承、贺龙、聂荣臻、叶剑英、黄克诚、谭政、许世友、邓华、杨得志、萧劲光、杨勇、苏振华、刘亚楼、廖汉生出席。

同日　下午，在中南海勤政殿会见黑非洲青年访华代表团，陈毅等在座。毛泽东说：我们亚洲、非洲，还有拉丁美洲，这三

〔1〕刘伯承，当时任中共中央政治局委员、中国人民解放军高等军事学院院长兼政治委员、国防委员会副主席。

〔2〕指刘伯承在中国共产党第七次全国代表大会上的发言。

个地区过去都是受帝国主义压迫的。世界是被压迫人民的，压迫者是没有前途的。西方帝国主义者是压迫人民的，亚洲、非洲、拉丁美洲国家也有当地的压迫者。不过压迫者是少数，好人还是占多数的，就是西方国家里好人也占多数。西方帝国主义者自以为是文明的，说被压迫者是野蛮的。可是我们没有占领别的地方，非洲也没有占领过欧洲，而是欧洲占领非洲，这就很不文明了。帝国主义占领我们中国，这就很野蛮。我们中国过去、现在都没有占领别的国家，将来也不会去占领，所以我们始终是文明国家。帝国主义长期以来散布他们是文明的、高尚的、卫生的。这一点在世界上还有影响，比如存在一种奴隶思想。现在我国有些人中还有这种精神影响，所以要破除迷信。过去我们有恐美病，要去掉它。解放了的人民是什么都可以创造出来的。只要你们得到解放，你们也会什么都能创造出来的。你们办事要按照你们的实际情况，中国的这些情况只能供你们参考。一个民族有自己的历史，有自己的环境。我们过去吃过亏的，照搬外国，就是照搬苏联的经验，使革命受了很大损失。马克思、列宁曾说过他们提出的理论仅仅是行动的指南，是指导方向的，不能作为教条。一个国家要独立，没有军队是不可能的，但还要进行合法斗争、不流血的斗争，一个文的，一个武的。在斗争中要准备遭受困难，也要准备付出时间，可能要较长的时间，不要困难来了没有精神准备。

7月14日 阅新华社七月十二日编印的《内部参考》第二五二八期刊载的湖北省粮食厅工作组写的《农业社办食堂对发展生产改善生活有很大促进作用》一文，批示："陈伯达同志阅。退毛。第十一页湖北京山县合作乡一个合作社办食堂一事，可以考虑在《红旗》上发表。"该文说：办食堂对促进生产、改善生活有四大好处：节省了劳动力，扩大了社员的收入；节约了粮食；节约了燃料，减少了社员开支；有利于发展生猪生产。这篇文章发表在八月一日出版的《红旗》杂志第五期，题目改为《八一农业社的食堂是怎样办好的?》。

同日　晚上，在中南海游泳池住处召开会议，讨论外交问题，邓小平、彭真、彭德怀、陈毅、李先念、胡乔木、罗贵波〔1〕、乔冠华出席。

7月15日　下午，在中南海游泳池住处召开会议，讨论中美大使级会谈问题、伊拉克问题〔2〕等，邓小平、陈毅、罗贵波、乔冠华、胡乔木出席。

7月16日　本日出版的《红旗》杂志第四期刊载陈伯达的文章《在毛泽东同志的旗帜下》。文中说："毛泽东同志说，我们的方向，应该逐步地有次序地把'工（工业）、农（农业）、商（交换）、学（文化教育）、民（民兵，即全民武装）'组成为一个大公社，从而构成为我国社会的基本单位。"

同日　下午六时，在中南海游泳池住处召开会议，主要讨论伊拉克问题，邓小平、彭真、彭德怀、陈毅、李富春、李先念、聂荣臻、陆定一、陈伯达、康生、胡乔木、罗贵波、乔冠华出席。晚十一时，召集邓小平、彭真、陈毅、陆定一、胡乔木、罗贵波、乔冠华开会，继续谈伊拉克问题。次日晨零时十分，同邓小平、彭真、陈毅、陆定一研究承认伊拉克共和国问题。

7月17日　晚上，在中南海游泳池住处召开会议，继续讨论伊拉克问题等，邓小平、彭真、彭德怀、陈毅、李富春、李先念、聂荣臻、谭震林、陆定一、陈伯达、康生、胡乔木、罗贵

---

〔1〕 罗贵波，当时任外交部副部长。

〔2〕 1958年7月14日，伊拉克爱国军人在人民支持下发动革命，推翻了封建王朝的统治，成立伊拉克共和国。

波、乔冠华出席。

同日 阅萧向荣七月十二日关于彭德怀准备出访东欧一些国家等问题的报告。邓小平在报告上写批语："请主席批示。主要是彭总访东欧各国问题。"毛泽东批示："如时局许可，可以去。谈时可将时局许可与否商量一下。"〔1〕

7月18日 晚上，在中南海游泳池住处召开会议，讨论英国侵略约旦问题，邓小平、彭真、彭德怀、陈毅、李富春、李先念、贺龙、聂荣臻、谭震林、陆定一、陈伯达、康生、胡乔木、罗贵波、乔冠华出席。

7月19日 晨零时，同罗贵波、乔冠华谈中国对英国侵略约旦发表声明等事。

同日 晚上，同胡乔木谈对中共中央军委扩大会议决议稿的修改。

7月20日 晚上，在中南海游泳池住处主持召开中共中央政治局扩大会议，讨论目前国际局势和我军的准备问题，中央政治局委员和军队负责人共四十四人出席。

同日 阅董必武〔2〕七月十三日关于乌布利希〔3〕七月七日同中共代表团谈话要点给中共中央的电报，批示："定一同志：此件值得一阅，注意第二页。""钱学森〔4〕的文章收到了。"电报第

---

〔1〕 当时因中东局势紧张，彭德怀的出访推迟。后来他在1959年4月24日至6月11日访问了波兰、德意志民主共和国、捷克斯洛伐克、匈牙利、罗马尼亚、保加利亚、阿尔巴尼亚、蒙古人民共和国等8个国家。

〔2〕 董必武于1958年7月10日至16日率领中国共产党代表团在柏林参加德国统一社会党第五次全国代表大会。董必武一行7月6日到达柏林。

〔3〕 乌布利希，当时任德国统一社会党中央第一书记、德意志民主共和国第一副总理。

〔4〕 钱学森，物理学家、空气动力学家。当时任国防部第五研究院院长、中国科学院力学研究所所长、中国科学院学部委员。

二页上记录了乌布利希的话，乌布利希说："困难的问题是思想上的社会主义革命。……许多自然科学家在实验室里的时候，是辩证唯物主义者。可是，一涉及社会生活、哲学问题，他们就变成了唯心论者。""在思想斗争中，如果我们不进攻，敌人的思想影响就会得寸进尺，占领阵地。大约在半年以前，党中央向各基层组织发出了一封信，要求组织学习辩证唯物主义。信发出以后效果很好。农业生产合作社的社员在党的会议上出色地以辩证唯物主义的观点分析了他们的工作，介绍了应如何在实践中应用辩证法的经验。"

7月21日　晚九时，在中南海游泳池住处同今天回到北京的朱德谈话。九时半，主持召开中共中央政治局常委会议。

同日　晚十时至次日晨一时十分，在中南海游泳池住处会见苏联驻中国大使尤金等，刘少奇、周恩来、朱德、陈云、邓小平、彭德怀、陈毅参加。尤金说：最近我们中央主席团开了会，讨论了现代国际局势中的一些问题。我也参加了会议。主席团委托我回北京向您报告一下，征求您的意见。一共有四个问题向您汇报：第一，中东局势问题；第二，南斯拉夫问题；第三，中国政府请求苏联帮助加强海军和海岸防御的问题；第四，苏联国内的经济情况。关于中东局势问题，尤金说：具体来说，就是打不打的问题。美、英已经侵入了黎巴嫩和约旦，看来也会打入伊拉克，但能否说因此就应该打？我们主席团认为，我们的局面不是越来越坏以致非打不可，目前不宜打。毛泽东问：英、美是否准备打？尤金说：我们掌握的材料不充分。根据这些材料看来，敌人是准备打大仗的。毛泽东说：我看，他们不准备打。第一，军事上，他们的兵力不足。第二，政治上，他们国内不一致。在英国，工党反对，除二十多人弃权以外，其余都反对。在美国，有些议员反对。美国这次出兵没有经过国会，没有经过联合国，因为亏理。这是他们国内的政治问题，还没有讲他们同人民之间的对立，只讲了统治阶级的内部问题。第三，在资本主义世界没有得到支持。北大西洋公约组织未开会，在这样大的问题上都没有商量，这叫什么合作？他们的伙伴这次既不支持美国，也不支持英国，在联合国会议上很谨慎。第四，引起全世界的反对。我们搞和平运动很难，人家说是共产党搞的，效果不大。现在美、英侵入了黎巴嫩和约旦两国，起了宣传员的作用。谁主张和平，谁搞战争，不是很清楚吗？第五，世界各地蕴藏着革命力量。在保卫和平的口号下，在亚、非、拉美三洲到处酝酿着反帝反封建的革命，到处都是干柴，伊拉克就是这样。在欧洲也同样酝酿着革命。英、美帝国主义者害怕，现在的局势非常好，对我们有利，对他们不利。我赞成你们的意见，不必打。他们不敢直接打我们。他们同中间势力打。现在世界上有三个主义，一是社会主义，一是民族主义，一是帝国主义。现在帝国主义同民族主义打仗。民族主义说帝国主义侵略，我们共产党也说它侵略。总之，一共五个问题，因此他们不敢打。关于中国政府请求苏联帮助加强海军和海岸防御问题，尤金说：赫鲁晓夫同志希望中国同志了解：苏联的自然条件使我们不可能充分发挥核潜艇舰队的作用，而中国的海岸线很长，条件很好。同时考虑到将来如果打仗的话，我们共同的敌人是美国。因此，赫鲁晓夫同志希望同中国一起商量一下，建立一支共同潜艇舰队，越南也可以参加。毛泽东听到这里惊诧地说：啊?！像农民搞合作社一样。尤金说：希望中共中央派周恩来、彭德怀同志以及必要的助手到莫斯科，把我们的一切东西都看看，然后具体商量。毛泽东说：我们想叫你们帮助我们搞，但对“合作社”问题没想过，要研究一下。是否只搞“合作社”你们才干？首先要明确方针：是我们办，你们帮助，还是只能合办，不合办你们就不给帮助，就是你们强迫我们合办。

我们先讨论，同意就去人，不同意，又不帮助，我们就不搞。今天这个问题不作决定。会见后，同刘少奇等商谈至晨二时十分。

7月22日　上午十一时半至下午四时半，在中南海游泳池住处再次会见尤金等，刘少奇、周恩来、朱德、陈云、林彪、邓小平、彭真、彭德怀、陈毅、王稼祥参加。毛泽东说：昨天你们走了以后，我一直睡不着，也没有吃饭。昨天的问题我又想了一下，可能我有误会，也可能我是正确的，经过辩论可以解决。看来，关于海军提出的核潜艇的请求可以撤销。这个问题我脑子里没有印象，问了他们才知道，海军司令部里有那么些热心人，就是苏联顾问，他们说苏联已经有了核潜艇，只要打个电报去，就可以给。你们就是不相信中国人，只相信俄国人。俄国人是上等人，中国人是下等人，毛手毛脚的，所以才产生了合营的问题。你们只搞了一点原子能，就要控制，就要租借权。你们一直不相信中国人，斯大林很不相信。中国人被看作是第二个铁托，是个落后的民族。你们说欧洲人看不起俄国人，我看俄国人有的看不起中国人。斯大林在最紧要的关头，不让我们革命，反对我们革命。在这一点上，他犯了很大的错误，与季诺维也夫是一样的〔1〕。另外，我们对米高扬不满意。他摆老资格，把我们看做儿子。他摆架子，可神气了。一九四九年他第一次来西柏坡的时候，架子就很大，后来又来了几次，都是这样。我对米高扬在我们八大上的祝词不满意，那天我故意未出席，表示抗议。很多代表都不满意，你们不知道。他摆出父亲的样子。中国有它自己的革命传统，但中国革命没有十月革命也不能胜利，没有马克思列宁主义也不能胜利。苏联的经验要学。普遍真理要遵守，这就是

---

〔1〕 季诺维也夫，十月革命前夕任俄国社会民主工党（布尔什维克）中央政治局委员。因反对举行武装起义并泄露起义计划而受到列宁的严厉批评。

《莫斯科宣言》里所写的那九条。要学习所有的经验，正确的经验要学，错误的经验也要学。苏联人从什么时候开始相信中国人的呢？从打朝鲜战争开始的。从那个时候起，两国开始合拢了，才有一百五十六项。我们对你们是没有秘密的。我们的军事、政治、经济、文化，你们都知道，你们有一千多个专家在我们这里工作。我们相信你们，因为你们是社会主义国家，是列宁的后代。我们要学习苏联，但首先要考虑到我们自己的经验，以我们自己的经验为主。这些话，都是由于搞核潜艇“合作社”引起的。现在我们决定不搞核潜艇了，撤回我们的请求。我们总要有自己的舰队，两把手不好办。这次没谈通，可以再谈，可以每天向你谈一次。不行，我可以去莫斯科同赫鲁晓夫同志谈，或者请赫鲁晓夫同志来北京，把一切问题都谈清楚。彭德怀说：今年苏联国防部长马利诺夫斯基打来电报，要求在中国海岸建设一个长波雷达观测站，用来在太平洋指挥潜艇舰队，需要的费用一亿一千万卢布，苏联负担七千万，中国负担四千万。毛泽东说：这个问题和搞海军“合作社”一样，无法向人民讲，向国外讲，政治上不利。谈话又回到建立共同核潜艇舰队的问题，毛泽东说：那你们就帮我们建造核潜艇嘛！你们可以作顾问。为什么要提出所有权各半的问题？这是一个政治问题。要讲政治条件，连半个指头都不行。你可以告诉赫鲁晓夫同志，如果讲条件，我们双方都不必谈。如果他同意，他就来，不同意，就不要来，没有什么好谈的，有半个小指头的条件也不成。在这个问题上，我们可以一万年不要援助。但其他方面的合作还可以进行，决不会闹翻。我们还是始终一致地支持苏联。我们可以在房子里吵架。搞海军“合作社”，就是在斯大林活着的时候，我们也不干。这次提所有权问题，使我想起斯大林的东西又来了。可能是我误会了，但话要讲清楚。你们讲的话，使我感到不愉快。请你照样告诉给赫鲁晓夫同志，我怎么说的，你就怎么讲，不要代我粉饰，好让他听了舒服。他批评了斯大林，现在又在搞斯大林的东西。建立核潜艇舰队的问题，这是个方针问题：是我们搞，你们帮助，还是搞“合作社”，这一定要在中国决定。赫鲁晓夫同志也可以来，因为我已经去过他那里了。

同日 阅中共湖北省委七月二十一日关于推迟报送湖北省第二个五年计划全面规划和发展工农业规划向中央的请示报告，批示：“小平同志：通知各地，七月一日限期取消，改为明年春季交来，较为有利。”请示报告说：毛主席在南宁会议上曾经规定，各省要在七月一日以前把本省的第二个五年计划全面规划和发展工农业的规划报送中央。八大二次会议以后，情况变化很大，原订规划已经不适应新的情况，需要大大修改与补充。因此，此项规划拟于十月份报送中央。

7月24日 下午六时五十分接到杨尚昆的电话报告，说尤金告知他已同莫斯科方面通电话，有些事情要向毛泽东面谈。晚八时至八时四十分，毛泽东在中南海游泳池住处同刘少奇、周恩来、邓小平谈话，请他们会见尤金。晚九时至九时五十分，刘、周、邓在中南海西楼会见尤金。晚九时五十五分至十一时二十分，毛泽东听取刘、周、邓的汇报。

7月25日 晨，同胡乔木谈话。上午，在中南海游泳池住处主持召开中共中央政治局扩大会议，刘少奇、陈云、邓小平、彭真、彭德怀、李富春、李先念、薄一波、谭震林、王鹤寿、赵尔陆、刘澜波、何长工〔1〕、宋任穷出席。晚上，同陈毅谈话。

7月26日 晚上，在中南海游泳池住处召集彭德怀、黄克诚、刘亚楼、萧劲光谈福建前线问题。

---

〔1〕何长工，当时任中共地质部党组书记、地质部副部长。

7月27日 晨零时五十分至二时，同周恩来谈话。

同日 上午十时，关于把握打金门的时机问题，致信彭德怀、黄克诚："睡不着觉，想了一下。打金门停止若干天似较适宜。目前不打，看一看形势。彼方换防不打，不换防也不打。等彼方无理进攻，再行反攻。中东解决，要有时间，我们是有时间的，何必急呢？暂时不打，总有打之一日。彼方如攻漳、汕[1]、福州、杭州，那就最妙了。这个主意，你看如何？找几个同志议一议如何？政治挂帅，反复推敲，极为有益。一鼓作气，往往想得不周，我就往往如此，有时难免失算。你意如何？如彼来攻，等几天，考虑明白，再作攻击。以上种种，是不是算得运筹帷幄之中，制敌千里之外，我战则克，较有把握呢？不打无把握之仗这个原则，必须坚持。如你同意，将此信电告叶飞，过细考虑一下，以其意见见告。"

同日 上午，听取廖鲁言汇报参加东北农业书记会议的情况。

7月28日 中午，到中南海瀛台继续参观第一机械工业部的机床展览。

同日 下午，接受印度新任驻中国大使帕塔萨拉蒂递交国书。毛泽东致答词说：中印两国自古以来就存在着令人传颂的友谊。中印两国共同倡导的和平共处五项原则已经在世界范围内产生了巨大的影响。目前由于殖民主义者对西亚的侵略致使国际和平受到严重威胁，我深信，中印两国必将更加高举五项原则的旗帜，为维护亚洲和世界和平作出应有的努力。毛泽东在同大使谈话中说：中国过去一直不是水多就是水少，现在进行的中小型水利工程已经开始见效，一两年以后就更明显了。我们现在是以中小型为主。中国的血吸虫病问题很严重，我们要对它展开斗争。

---

〔1〕 漳、汕，指福建漳州、广东汕头。

中国现在有一千万人生这种病，一亿人受到威胁，这对我们的生产、人力都是很大的威胁。过去中国是个半殖民地，虽然有一个政府，但它是别人拿着自己的手写字的。苏联本来不存在，第一次世界大战以后才出现。中华人民共和国本来也不存在，第二次世界大战以后就出现了，还出现了许多共产主义者领导的国家和民族主义国家。如果再打一次世界大战，会不会出现更多的这两种国家呢？大概是会的。

同日 晚上，听取周恩来谈会见尤金的情况。

同日 复信周谷城："两次热情的信，都已收到，甚谢！大著〔1〕出版，可资快读。我对逻辑无多研究，不敢有所论列；问题还在争论中〔2〕，由我插入一手，似乎也不适宜。作序的事，不拟应命，可获谅解否？"

同日 对外交部新闻司七月二十三日编印的《国际时事资料》第一四一号刊载的《美国的对外贸易、对外"援助"和私人对外投资情况》一文，批示江青："此件看过，有用，由你保存，备我利用。"

7月29日 下午，在中南海游泳池住处召开会议，讨论日本问题，刘少奇、周恩来、朱德、陈云、林彪、邓小平、彭真、彭德怀、陈毅、廖承志出席。

7月31日 下午二时半，在中南海游泳池住处同刘少奇、周恩来、朱德、陈云、林彪、邓小平、彭真、彭德怀、陈毅、王稼祥、黄克诚、胡乔木谈话。三时，一同去南苑机场迎接赫鲁晓夫。四时，赫鲁晓夫乘飞机到达北京。

---

〔1〕 指周谷城等的论文集《形式逻辑与辩证法问题》，生活·读书·新知三联书店1958年11月出版。

〔2〕 指当时主要在马特和周谷城之间展开的关于形式逻辑与辩证法问题的争论。

同日 下午五时至晚九时，在中南海怀仁堂同赫鲁晓夫会谈。参加会谈的，中方有邓小平，苏方有波诺马廖夫、费德林。赫鲁晓夫说：我们收到了尤金的汇报，看了以后很不安，觉得有些事没有正确理解，问题弄得复杂了，有必要澄清一下。我向尤金交代的时候，就有顾虑，怕他不能完全了解我的意思。我问了他几次，问他听懂了没有，他都说听懂了。但是结果证明，他虽然转达了一大堆，但最重要的一个字也没有讲。我们自己已经有了舰队嘛，怎么能说搞共同舰队？毛泽东说：我和尤金同志的谈话是有记录的。（毛泽东拿记录给赫鲁晓夫看。）你看这不是写着吗？尤金说赫鲁晓夫建议建立共同舰队，并可吸收越南参加。第三次谈话的时候，尤金就改口了，他说是共同建设，共同努力。这次我没有见他，是少奇、恩来、小平见的，他们又驳斥了共同建设的说法。其实，关于海军的问题是苏联顾问建议提的，他们说只要给苏方去一封信，立刻就会有答复，就会得到援助。他们四次提出建议，希望我们这样做，结果我们写信给苏联方面提请援助。问题就是这样发生的。毛泽东问：怎么样？“合作社”问题不再提了吧！赫鲁晓夫说：我们从来也没有提过这个问题，并且永远不会提这样的问题。毛泽东说：永远不提了，那好，记下来。赫鲁晓夫说：对，记下来。过去没有过，现在没有，将来也不会有，这次是由于误会的结果，尤金在一定程度上错误地转达了我们的立场。接着，谈到在中国南方建立雷达站的问题。赫鲁晓夫说：这个问题我们中央没有讨论，只是国防部和马利诺夫斯基〔1〕他们提出的。他们建议在中国的南方搞个雷达站，战时指挥苏联在太平洋的舰队，当然平时也要用来指挥演习。雷达站最好由中国自己搞，我们可以给贷款帮助建

〔1〕 马利诺夫斯基，当时任苏联国防部部长。

设。这个雷达站对于我们两个国家都是需要的，问题就是个使用的问题。我们不是说由双方来指挥。我们请求中国方面在协定的基础上，允许我们通过这个雷达站指挥我们的舰队，所有权是中国的。毛泽东说：那末，这就不是个“合作社”啰！我们中央讨论了这个问题，同意在中国建设，认为不需要由苏方负担。我们认为，这个雷达站，既然苏联需要，而且我们也需要，所以我们同意搞，费用全部由中国负担，所有权是中国的，使用权一半一半。当赫鲁晓夫一再说苏联提供贷款时，毛泽东说：不要你们出钱，要搞就我们自己搞，你们要出钱，我们就不搞了。赫鲁晓夫说：那好吧，由你决定吧！毛泽东说：这次“合作社”问题，对我来说没有想到。这样一谈，就清楚了。谈到苏联的顾问和专家问题时，毛泽东说：在我们这儿工作的苏联专家百分之九十以上都是好人。我们对经济、文教系统的专家没有意见。我们所讲的只是个别人，是公安和军事系统的，主要的问题是他们来来走走，换人也不经过我们的同意。我们中央经常发指示给党员干部，给各级党委，告诉他们要怎样对待顾问，要团结好，要搞好关系。邓小平说：可以考虑把顾问制改为专家制，像经济方面的专家一样。任务还是一样的，工作也照旧，就是条件稍微有些不同。赫鲁晓夫说：这样也好，限制一下他们的权力，不要让他们乱发号施令。毛泽东说：好吧！这个问题就算这样了。

同日　晚九时半，在中南海游泳池住处召开会议，刘少奇、周恩来、朱德、陈云、林彪、邓小平、彭真、陈毅、彭德怀、王稼祥、黄克诚、胡乔木出席。

同日　关于相机透露自己准备辞去国家主席职务事，给中国驻英国代办处常任代办宦乡发去电报。电报说：“六月二十日你给外交部的电报我看了。所传辞职事是真正的。我决心辞去国家主席一职，中央及省市同志都认为有利，正向地、县、区、乡干部通知，并展开辩论，以免临时显得突然。国内民主党派已通知并酝酿一年多了。在华外人，如苏新[1]使节及前印度大使尼赫鲁等亦已谈过。请你经过新华社记者在伦敦新闻记者中相机陆续放出一点空气。要是非正式的，以闲谈方式出之。经过英共记者，或更好些。逐步使人们不当作谣言，而当作事实。”并批示：“刘、周、朱、林、陈、邓阅发。”

同日 阅中国驻印度尼西亚大使黄镇七月二十七日关于印尼寻求贷款问题给外交部的报告，批示：“陈毅同志：此件第二页第二段所说向我要求贷款事，黄镇是否曾有报告？如有，请送一阅。此件阅后退毛。”黄镇报告中第二页上说：根据印尼向苏联要求贷款的情况和印尼当前继续执行镇压颠覆活动的政策，要取得美国的贷款尚有许多困难，印尼既已向我政府迫切地提出了贷款的要求，我馆意见，我政府可酌量贷予一部分。这将和过去的米、布贷款一样，会起到雪中送炭的作用。

8月1日 上午十时四十五分至下午四时半，在中南海游泳池岸边同赫鲁晓夫进行第二次会谈。参加会谈的，中方有刘少奇、周恩来、朱德、陈云、林彪、邓小平、彭真、彭德怀、陈毅、王稼祥、黄克诚、杨尚昆、胡乔木，苏方有马利诺夫斯基、库兹涅佐夫[2]、波诺马廖夫、费德林、安东诺夫。毛泽东说：昨天谈完以后，一直没有睡，所以今天请同志们来得早一点。我们来个大会套小会，小会套大会，昨天的是小会，今天的是大会。想谈谈国际形势、工作方法和两党关系。关于国际形势，有些看法，和你们交换一下意见。西方帝国主义是力量有限，困难甚多。它们表面上装腔作势，三板斧，打了以后就没劲了。我们

〔1〕 指苏联和东欧各社会主义国家。

〔2〕 库兹涅佐夫，当时任苏联外交部代理部长。

古代有个程咬金，他打起仗来只有三板斧，三板斧砍完了以后就不行了。第二次世界大战以后，有过几次高潮，一次是朝鲜战争，一次是匈牙利事件，一次是这次的中东事件。从来没有这样好过，哪年我们能抓住过美国？第一次世界大战，它高唱自由平等；第二次世界大战，反法西斯，人家打了两年它才来。后来，美国人不能不自己冲上去，迫使他们改变了自己的方针，这是朝鲜战争和美军入侵黎巴嫩。在朝鲜战争的时候，他们说他们是反侵略，因为联合国通过了决议嘛。这次被抓住了，是谁在打黎巴嫩？全世界的人都看得很清楚。没有像美国资产阶级那样怕的，那样恐慌的，就像十五个吊桶打水七上八下的。资产阶级那样大，共产党很小，但是麦卡锡〔1〕主义就出在那里。这次美国非常惊慌失措。伊拉克事件一爆发，可以等一等嘛。不，就在当天采取了行动，早晨三四点钟，艾森豪威尔就召集开会，决策：如不上去，中东就完了。他们自己是力量有限，困难甚多。办法是，大吹大擂，装腔作势。好像要大干的样子，但结果只有一万二千人。最终目标是，先吞掉伊拉克，然后吞掉整个中东。想不到的是，来了一场风暴，掀起了反对浪潮。美国最大的困难是，世界舆论不在美国方面。这是他们没有考虑到的。美国这次很慌。它从来没有吃过亏，在朝鲜战争中吃了小亏。这次没想到这么多人反对它。帝国主义是外强中干，中东这次我们胜了，肯定的，敌人要退的。

8月2日 下午五时至晚九时，在中南海颐年堂同赫鲁晓夫

---

〔1〕 麦卡锡，1946年起任美国参议员，以反共著名。1951年至1954年，他操纵参议院常设调查小组委员会，对许多人和组织机构进行所谓的“忠诚调查”，采取非法审讯手段，迫害民主和进步力量，在美国国内制造恐怖。

进行第三次会谈。双方参加会谈的人同前。毛泽东说：今天谈谈北大西洋公约好吗？北大西洋公约[1]、马尼拉条约和巴格达条约组织，这三个集团包围着我们。这些集团的性质，毫无疑问，是侵略的。在莫斯科期间，我和你谈过这些组织是个钙化组织。我看，这些组织都是防御“共产主义细菌”的组织。在一种情况下，它们可能是进攻的，比如在匈牙利事件期间。另一种情况是，我们内部很团结，不可设想反革命能推翻我们，从这个观点来看这些组织是防御性的。这三个条约中，北大西洋公约组织的处境比较好，比较巩固，因为它的参加国连在一起。马尼拉条约组织和巴格达条约组织的敌人很强大，一方面是民族主义力量，一方面是共产主义力量。它们是一个薄板墙，左右受攻，墙脚本身也不巩固，中东的民族独立运动正在蓬勃地发展。第四个是泛美联盟，这个组织越来越弱了。所以，我们把亚洲、非洲和拉丁美洲的民族独立运动一起提，是有理由的。过去有时只提亚、非，不提拉丁美洲，现在一起提。拉丁美洲的民族独立运动已经起来了。东方有个墙壁，形式上未连上，实际上连上了，蒋介石、李承晚[2]、日本要组成东北亚集团。帝国主义一定要打，我们也不怕。我们要从两方面准备，一方面是和平，一方面是战争。一方面要搞经济文化建设，一方面要教育人民不怕战争。怕有什么用，人家要打嘛！要打就打，打完再建设。我们要争取七年时间不打仗，七年要争取到了，再争取十年、十五年、二十年

〔1〕 1949年4月，美国、英国、法国、荷兰、比利时、卢森堡、挪威、葡萄牙、意大利、丹麦、冰岛和加拿大在华盛顿签署《北大西洋公约》。同年8月24日公约生效，北大西洋公约组织建立，总部设在比利时首都布鲁塞尔。希腊和土耳其于1952年、德意志联邦共和国于1955年加入该组织。后来，又有一些国家加入该组织。

〔2〕 李承晚，当时任韩国总统。

就不成问题了。毛泽东说：谈谈紧张问题。紧张对谁有利？西方制造紧张是想对他们自己有利。我看，如果西方再继续搞下去，他们自己会发现，维持紧张局势是比较对我们有利。这种紧张局势最有利于动员人民，使人民想一想打起仗来怎么办。现在还不是战争，但有战争的危险。会谈中间，双方人员曾共进晚餐。会谈后，毛泽东同刘少奇、周恩来、陈云、邓小平、彭真、陈毅、王稼祥、黄克诚等谈话。

8月3日　下午一时至二时，在中南海勤政殿同赫鲁晓夫进行第四次会谈。双方参加会谈的人同前。毛泽东说：我有两个小问题和你谈一谈。第一个问题是核武器的试验问题，你们已经停止试验了，人家还在试验，这样对你们会不会有影响？赫鲁晓夫说：我们表示过，如果对方不停止试验，我们将不受约束。我们是有自由的，必要时还可以恢复试验。毛泽东说：第二个问题，美国在世界各地建立了许许多多的基地，你看这对我们有利还是不利？据我看来，在一定程度上这对我们是有利的。基地多，他们的力量就很分散。赫鲁晓夫说：这个问题很难讲。会谈结束后，毛泽东和赫鲁晓夫签署《毛泽东和赫鲁晓夫会谈公报》。随后，毛泽东等到南苑机场为赫鲁晓夫送行。会谈公报说：从一九五八年七月三十一日到八月三日，中国共产党中央委员会主席、中华人民共和国主席毛泽东和苏联共产党中央委员会第一书记、苏联部长会议主席赫鲁晓夫，在北京举行了会谈。会谈就目前国际形势中迫切和重大的问题，进一步加强中苏之间友好、同盟、互助关系的问题和为争取和平解决国际问题、维护世界和平而进行共同奋斗的问题，进行了全面的讨论，并且取得了完全一致的意见。

8月4日　晨零时二十分乘专列离开北京。途中在周口店支线停车休息。下午到达河北徐水，在专列上同中共徐水县委第一书记张国忠谈话。随后，在河北省委书记处书记解学恭、副省长张明河、保定地委第一书记李悦农和张国忠的陪同下，乘汽车去徐水县南梨园乡大寺各庄农业生产合作社视察。看了农业社的俱乐部、粮食加工厂、供销部、医院、猪场、缝纫工厂、幼儿园、幸福院和食堂，到农田看棉花、黍子、玉米、谷子、红薯等农作物的生长情况。又到徐水县城视察细菌肥料厂和铁工厂。当张国忠说今年全县夏秋两季计划生产粮食十二亿斤时，毛泽东说：要收那么多粮食呀！他对徐水县实行劳动力组织军事化表示赞赏。指示县委要早抓明年的粮食规划，多种小麦，多种油料作物，种菜也要品种多，满足人民的需要。小麦地一定要深翻，翻到一尺以上。以后人民就主要吃小麦，玉米和红薯喂牲口，喂猪；猪喂多了，人民就多吃肉。晚上，到达保定。

8月5日 上午，离开保定。到定县换乘汽车去安国。向陪同的安国县长了解今年的夏收情况、预计全年人均粮食产量、土地深翻情况等。在安国县先后视察新安村的玉米、药材生产和流水乡红星农业社的县委试验田。下午，乘汽车去定县，对陪同的李悦农说：合作社应该是全的，有农业、有工业、也要有商业、有民兵、有教育。徐水搞组织军事化是逼出来的，劳动力非常不足，像军队一样组织起来会大大提高劳动的效率。农业上去了，工业上去了，渔业也要上去，林业也要上去，牧业也要上去，副业也要上去，要全面发展。明年是不是少种点红薯，要大量地种小麦，华北人要多吃小麦、谷子、玉米、稻谷。深翻地是增产的重要一环，密植不深翻不行，肥多了不深翻也不行。

8月6日 晨，到达河南新乡。下午二时，在专列上同吴芝圃、史向生、耿起昌〔1〕谈话。三时，换乘汽车去新乡的王屯农业生产合作社和七里营人民公社视察。在王屯看了棉花和水稻生

〔1〕 耿起昌，当时任中共新乡地委第一书记。

长情况。在七里营，看见挂着的“新乡县七里营人民公社”牌子，说：“人民公社这个名字好!”看了敬老院、幼儿园、面粉加工厂、滚珠轴承厂。接着，到田间，走进棉田，称赞棉花长得好，并同社员一起给棉花打顶。面对一片丰收景象，毛泽东说：大有希望！六时五十分至七时二十分，在专列上同吴芝圃、杨蔚屏〔1〕、史向生、耿起昌和解学恭、张明河谈话。毛泽东说：看来“人民公社”是一个好名字，包括工农兵学商，管理生产，管理生活，管理政权。“人民公社”前面加上个地名，或者加上群众所喜欢的名字。公社的特点，一曰大，二曰公。公社的内容，有了食堂，有了托儿所，自留地的尾巴割掉了，生产军事化了，分配制度变化了，一个小并大，一个私并公，乡社合一了。人民公社还是社会主义性质的，但比合作社高了一级。当晚到达许昌。

8月7日 晨，乘汽车由许昌去襄城。先后看了双庙乡郝庄农业生产合作社、梁庄农业生产合作社和十里铺乡薛元农业生产合作社的烟叶和谷子的生长情况。中午由许昌到达长葛，去五四农业生产合作社，看了玉米生长情况和干部玉米试验田。后离开长葛，经郑州到达开封。

8月8日 中午，在专列上同中共开封地委书记张申、兰考县委书记陈约俊谈话。下午三时三十五分，到达商丘。在专列上同商丘地委第二书记任秀铎和商丘县委副书记刘学勤、王林谈话。四时，去商丘道口乡中华农业社“七一”试验站视察，看了架秧和不架秧的两种试验红薯的生长情况，以及这个社试种的水稻。

同日 下午六时四十分，到达安徽砀山。在专列上同中共砀山县委第一书记刘欣钊、县长张其明等谈话。

同日 晚八时十五分，到达江苏徐州。在专列上同中共徐州

---

〔1〕 杨蔚屏，当时任中共河南省委书记处书记、河南省政协副主席。

地委书记张洪范和专员梁如仁等谈话。毛泽东详细询问徐州的行政区划及工农业生产情况，指出：徐淮地区过去经常受水灾，这个地区很穷，中央很关心，希望你们早点翻身。你们要抓粮食、抓煤、抓钢铁，还要抓机械。河南已并大社，你们可以到河南看看。

8月9日 晨零时三十分，到达山东兖州。在专列上同中共山东省委副秘书长谢华、济宁地委书记、滕县县委书记、滋阳县委书记、滋阳中匈友谊社党支部书记、滋阳县长安农业生产合作社社长等谈话。毛泽东详细询问当地的粮食生产及群众生活情况。谈到并社时说：河南在合并，河南从下边来的压力很大，要省委下决心。你们可以去河南看看。

同日 晨三时，到达泰安。在专列上同中共泰安地委副书记、泰安地委农村工作部部长、泰安县委副书记等谈话，详细询问当地的粮食生产、水利建设、小社并大社、冶金工业、泰山旅游等情况。

同日 晨五时十分，到达济南。下午，同谭启龙、裴孟飞〔1〕和杨得志及中共山东省委秘书长吴健、历城县委书记吕少泉谈话。毛泽东问：大跃进中群众究竟愿意不愿意干，你们有没有下去看看？领导必须多到下面去看，帮助基层干部总结经验，就地进行指导。谈话后，到济南历城北园农业生产合作社参观大片藕田和丰产稻田。边看边问，了解水稻的品种、深耕、密植、产量等。又视察山东省农业科学研究所，看了由山东省委负责人和农业科学研究所合种的棉花试验田。回到专列上临行前说：这次来，谈也谈得好，看也看得好，就是时间短，谈得还不深，看得还不细。晚上，乘专列离开济南北行。

8月10日 晨，到达天津。下午三时，在专列上听取中共

---

〔1〕 裴孟飞，当时任中共山东省委书记处书记。

河北省委的工作汇报，刘子厚[1]、张明河、阎达开、解学恭、李耕涛、张克让、赵克[2]参加。谈到深耕时，毛泽东说：以后除水利、肥料之外，基本上要靠深耕吃饭。深耕对保水、保墒有好处，对多施肥料发挥肥效有好处，对改良土壤增加团粒结构有好处，对除虫、除草也有好处。有人汇报说在人均达到三千斤粮食以后，计划用一半的土地种粮食、棉花、油料，其余土地造林种果树，办牧场，养鱼等，并要建设工业区、文化教育区、居住区，搞河网，修公路。毛泽东说：这样农村和城市就差不多了。就是这个想法，没有别的出路。谈到水利时，毛泽东说：河北省河流很多，把几条河都通起来，连起来，搞几条南北运河。过去水是向东流，搞起南北运河，打起格子，水就可以蓄起来了，水就不缺了，天津也就不至于没有水了。修起运河之后，也可以通船。

同日　下午四时，到天津东郊四合庄乡新立村农业生产合作社参观稻田。一边看，一边问水稻密植、土地深耕的情况。走到苇田边上，指着苇田对大家说：这是好东西，不锄草不施肥，一年一收。

8月11日　下午，参观天津市进出口商品陈列馆。

8月12日　晚上，参观天津市工业技术革命展览会，看了“东风馆”和重工业、机电工业、化学工业、纺织工业、轻工业、手工业几个展馆，对职工们的劳动成就和创造精神表示赞扬。在参观中，对于每一件创造发明、技术改进都很关心，还会见了天津市著名的技术革新能手，鼓励他们继续努力。休息时，询问天津工业大跃进以来出现的新情况。当李耕涛说当前主要问题是原

---

〔1〕刘子厚，当时任中共河北省委书记处书记、河北省省长。

〔2〕张克让，当时任河北省农林厅厅长。赵克，当时任中共天津地委第一书记。

材料供应不足时，毛泽东说：地方应该想办法建立独立的工业体系。首先是协作区，然后是许多省，只要有条件，都应建立比较独立的但是情况不同的工业体系。天津制造工业的大型设备要抓紧，要早些安装，使用起来。

8月13日 上午，视察南开大学和天津大学。听了天津大学勤工俭学情况的汇报后，说：这样很好，光读书本上的，没有亲自去做，有的连看也没有看过，用的时候就做不出产品来。一搞勤工俭学、半工半读，这样有了学问，也就是劳动者了。听到天津六十多所中学也建立了工厂或生产车间时说：学校是工厂，工厂也是学校，农业生产合作社也是学校，要好好办。要讲实际，科学是反映实际，是讲实际的道理。不知道实际，老讲书本上的道理，怎么成？不仅学生要搞勤工俭学，教师也要搞。机关干部也要办点附属工厂，不然光讲空的，脱离实际。毛泽东参观了天津大学的机工厂、铸工厂和硫酸厂，嘱咐校长和党委书记，要师生有节奏地劳动和休息。离开天津大学后，到正阳春饭店进餐。一进饭店，就走进又窄又热的厨房，了解厨师们的工作和生活情况。这时，成千上万的市民聚集在饭店门前的街道上齐声欢呼"毛主席万岁"。毛泽东先后五次走到窗前，向市民们招手致意。

同日 下午，在停靠天津北站的专列上同河北省、天津市及南开大学、天津大学的负责人谈话。谈到国际形势时，毛泽东说：美帝国主义是处于进退两难之中。天下大势归纳起来是三个主义——社会主义、民族主义、帝国主义，我们占的力量大，在民族主义中是大有潜力可挖的。搞世界和平运动，有的国家的领导人不参加，而中东事件发生后他们都出面了，我看中东事件比世界和平运动的力量大。这次我走了三个省的若干农村，同志们都问到中东事件。政治形势对我有利，对帝国主义不利。

同日 晚上，回到北京。

8月15日 晚上，在中南海勤政殿会见由首相西哈努克亲王率领的柬埔寨国家代表团，周恩来、彭真、贺龙、陈毅、李先念、李济深、沈钧儒、黄炎培、王幼平[1]等在座。毛泽东说：最近中柬两国正式建立了外交关系，今天西哈努克亲王又重到中国访问，两国关系已更加密切。你们的政府是爱国的政府，是民族主义的政府。订出一个长期计划，注意在经济上军事上找点出路，可以搞出名堂。根本方针是搞经济，十年到十五年可搞粮食。你可以去看看农业生产合作社，我不劝你搞合作化，因为你们的制度不允许搞合作化。粮食有了，还可以发展，再搞点钢铁，就可以造机器和军火，不用向外国买。毛泽东说：我们外部困难也很大，就是美国同我们作对，台湾、南朝鲜有美国基地，日本、菲律宾、南越、泰国也有它的基地，菲律宾、泰国还参加军事同盟。一个国家没有重工业是不行的。我们希望所有的亚非国家都搞工业，亚非国家都搞起来了，对帝国主义就有话可说了。过去亚非只有日本有重工业，它的垄断资本集团还想打外国的主意。其他国家如印度、缅甸、印尼、巴基斯坦情况差不多，工业不发展。独立国家好办，它们都在进步。参加军事集团的国家难办些，他们内部是分裂的。所以，你的事情好办一些。看看我们的办法，可能不对，作个参考。决策完全在你，照抄一定对你不利。

8月16日 上午，在中南海游泳池住处再次会见由西哈努克亲王率领的柬埔寨国家代表团，并共进午餐，周恩来、陈毅参加。毛泽东说：昨天同亲王一谈，我没有睡好觉，所以今天再同亲王扯一扯。你们有困难，我们也有困难，要出主意，不能不管困难。你们有困难，我们可帮助你们出点主意，我们有困难，你们也可帮我们出点主意。西哈努克说：我们国家小，没有考虑过

---

〔1〕 王幼平，当时任中国驻柬埔寨大使。

这类问题，这不是我们自私。毛泽东说：大国、小国应该平等相待。有这样一种论调：大国是不好惹的，小国是可以随便欺侮的。这种论调是绝对没有道理的。什么大国、小国，大国往往是由许多小国联合组成。中国在古代就是由一万个左右的小国组织成的[1]，后来变成八百个小国，以后又变成七个小国，最后才统一成一个大国。现在中国还是由许多省份组成的。鹿和老虎谁比谁强？我看老虎不一定比鹿强。一九〇〇年，八国联军打进北京来，八国联军中也有小国，可是它们欺侮大国。日本也是小国，也侵略过我们。这是因为它们是工业国，我们是农业国，政府也很腐败。国家大小只是形式。我们两国是完全平等的朋友性质的国家。我们希望你们发达起来，我看这是完全可能的。你有干劲，有文化和知识，你是亲王，实际上又是一位平民化的政治家。你能团结各界人，从国王到劳动界。你做过国王，当了首相，又做政治领袖，同人民在一起，没有封建主义的架子。这证明你是受过民主教育的。在谈到华侨问题时，毛泽东说：我们要求在柬埔寨的华侨拥护柬埔寨王国政府，同柬埔寨人民合作，尊重柬埔寨的法律。有一点你可以放心，在柬埔寨的华侨中没有共产党组织。

同日 乘专机从北京到达北戴河，住一号楼。

同日 下午三时，主持召开中共中央政治局扩大会议的预备会议，商议这次扩大会议准备讨论的问题。最后，毛泽东归纳为十七个问题，即：一、明年、五年经济计划问题；二、今年铁、钢、铜、铝问题；三、明年农业问题；四、明年水利问题；五、合作化问题；六、今年商业收购和分配问题（包括今年粮食处理）；七、教育问题；八、干部参加劳动问题；九、劳动制度问

〔1〕 毛泽东的这个说法，可能是根据《书经·虞书·尧典》的“协和万邦”一语。这里的“万邦”，指许多的诸侯国。

题；十、五百七十万人去边疆问题；十一、技术保密问题；十二、国际形势问题；十三、今冬、明年农村社会主义教育问题；十四、协作问题；十五、深耕问题；十六、肥料问题；十七、民兵问题。刘少奇、朱德、陈云、林彪、邓小平、李富春、彭德怀、谭震林、薄一波、王鹤寿、赵尔陆，各协作区主任柯庆施、李井泉、陶铸、王任重、欧阳钦、林铁、张德生出席会议。会后，同刘少奇、朱德、林彪、邓小平谈话。

同日 阅陆定一《教育必须与生产劳动相结合》一文，批示："很好，登《红旗》。题目特大，全文宜用较大字型，例如四号或五号，不用新五。是否如此，请伯达酌定。"同时为该文写编者按语："编辑部按：陆定一同志这篇文章，是根据党中央召集的教育工作会议的结论写出的。党中央对这个问题即将有指示发给各级党委。我们希望各级党委在讨论党的指示的时候，结合陆定一同志的文章予以讨论。在学校党委讨论此事的时候，可以吸收非党的教授教员参加。"二十二日，阅陆定一报送的《红旗》杂志排印的这篇文章的清样，批示："定一同志：改得好。在教育史部分，应批评凯洛夫〔1〕、斯大林，对中苏都有益。中国教育史有好的一面，应当说到，否则不全。你看如何？"二十八日又批示："定一文章关于教育史部分，请再打印一份给我一阅，有人提议不要批评凯洛夫、斯大林，似较适宜，可以刮掉。"〔2〕在几次审阅中，毛泽东加写和改写一些内容。加写了关于中国教育史的一段话："中国教育史有人民性的一面。孔子的有教无类，

〔1〕 凯洛夫，苏联教育家。曾任俄罗斯联邦教育科学院院长，著有《教育学》等书。

〔2〕 毛泽东1958年8月16日在审阅《教育必须与生产劳动相结合》初稿时，写了批评凯洛夫和斯大林的一段话。这段话后来按照毛泽东的批示删去。

孟子的民贵君轻，荀子的人定胜天，屈原的批判君恶，司马迁的颂扬反抗，王充、范缜、柳宗元、张载、王夫之的古代唯物论，关汉卿、施耐庵、吴承恩、曹雪芹的民主文学，孙中山的民主革命，诸人情况不同，许多人并无教育专著，然而上举那些，不能不影响对人民的教育，谈中国教育史，应当提到他们。但是就教育史的主要侧面说来，几千年来的教育，确是剥削阶级手中的工具，而社会主义教育乃是工人阶级手中的工具。”陆定一文章说：“研究教育史，当然有好处，可以知教育的一般规律。但须知，教育的一般规律，并不等于社会主义教育的规律，更不等于中国的社会主义教育的规律。”毛泽东将这段话修改为：“研究教育史，如果是用马克思历史唯物主义观点去研究的话，那当然有好处，可以知道几千年阶级社会时代教育的规律。但须知，这种阶级社会历史上教育的规律，并不等于社会主义教育的规律，更不等于中国的社会主义教育的规律。”文章说：“没有实际工作经验而只有很多书本知识的人，只是资产阶级的所谓‘通才’，并不是我们所称的‘全面发展’的人。总结以上所说，我们所主张的‘全面发展’，是要使学生得到比较完全的和比较广博的知识。”对这一段话，毛泽东有两处修改：在“并不是我们所称的‘全面发展’的人”之后，加写：“儿童时期需要发展身体，这种发展要是健全的。儿童时期需要发展共产主义的情操、风格和集体英雄主义的气概，就是我们时代的德育。这二者同智育是连结一道的。二者都同从事劳动有关，所以教育与劳动结合的原则是不可移易的。”在“是要使学生得到比较完全的和比较广博的知识”之后，加写“发展健全的身体，发展共产主义的道德”。陆定一的这篇文章发表在九月一日出版的《红旗》杂志第七期。

8月17日—30日 在北戴河主持召开中共中央政治局扩大会议。出席会议的有中央政治局委员，各省、市、自治区党委第一书记，政府各有关部门负责人。会议主要讨论一九五九年国民经济计划，关于第二个五年计划的意见，当前的工业生产、农业生产和农村工作问题，商业工作问题，教育方针问题，加强民兵工作问题及其他问题。

8月17日 上午，在北戴河一号楼同中南各省区党委第一书记陶铸、王任重、吴芝圃、周小舟、刘建勋谈话。王任重请示两个问题。一个是重点抓工业问题，毛泽东同意。一个是大社问题，毛泽东主张规模搞大一点，五千户、一万户一个社。

同日 下午，在北戴河中直疗养院礼堂主持召开中共中央政治局扩大会议全体会议，并讲话。毛泽东说：这次会议的性质是个工业会议，农业也有，商业也有，工业是主题。今年要搞一千一百万吨钢，去年是五百三十五万吨，要翻一番。这个东西有完不成的危险。今天是八月十七日，只有四个月零十三天了。中心的问题是要搞到铁。还要抓紧一点，今年要把一千一百万吨钢搞到手。谈到干部参加劳动问题时说：凡是可能参加劳动的，不论做什么官，官大官小，都要参加。搞一点直接的劳动，使劳动跟工作结合起来，要作出一个决定。谈到国际形势问题时说：国际上有一堆问题，请你们大家研究一下。会不会打仗？恐怕是不会打。谁怕谁多一点？两边都怕，但是究竟哪个怕哪个多一点？我看恐怕还是西方怕我们多一点。现在世界上有三个主义：我们叫社会主义，纳赛尔、尼赫鲁、苏加诺这些人叫民族主义或者叫中立主义，还有一个帝国主义。后面这两个都叫资本主义，但是资本主义分裂为两派，一派是民族主义，一派是压迫别的民族的资本主义，就是帝国主义。中间这一派民族主义，本来是帝国主义的后方，但因为它又反帝，就转化为我们无产阶级的后方，社会主义的后方。要讲原子弹，苏联也有，这个东西两家差不多。其他力量比较，我们比它大，因为我们加上这些民族主义，再加上那些西方国家里头的共产党能够影响的人。所以说，西方比我们怕他们更多一点。因此，就不会打，它不想打，它很怕。但是我们要准备打，因为那个垄断资本也可能打。这就发生一个问题，怕打好还是不怕打好？你怕它也打，你不怕它也打，横直是要打，还是跟干部讲清楚，要打就打，叫做横起一条心，打烂了再建设。帝国主义搞的三个军事集团的性质是侵略的。它是向两方面侵略：向社会主义，向民族主义。但是不要把它看得太严重，与其说它是进攻的，还不如说它是防御的。它那个东西稀稀疏疏的，比如这回在巴格达不是搞了一个洞[1]吗？巴格达条约组织以外的那一边就是埃及、叙利亚、阿尔及利亚；我们这边的马尼拉条约组织外的那边有印度，有缅甸，有柬埔寨，有锡兰（今斯里兰卡），有印尼。它是很薄的一道薄板墙。这三个集团比较，还是北大西洋公约组织巩固，巩固程度也有限。所以，不要把它看得太严重。它是整中间地带的，也整我们，但是没有机会整，就只好整中间地带、整殖民地，而且它们内部互相整，比如英美联合整法国，也限制德国。我们现在总是说要缓和紧张局势，造成一种印象，好像对我们说来有利的是缓和，而对西方说来有利的是紧张。但是可不可以这样看，这个紧张局势比较起来对我们有利，而对西方比较不利。对它有一条有利，就是它的军火工业可以大发展，好通过预算，扩大军备。但是，对它并不都是有利，紧张使得人们想问题，紧张可以把人们的积极因素调动起来。英国人、美国人在约旦、黎巴嫩是慢一点走好，还是快一点走好？据我看，它多呆一天就有一天的好处，众矢之的，以便我们每天有靶子可射。谈到民兵问题时说：要武装民兵。除了一些较小的省、区之外，

〔1〕 指1958年7月伊拉克革命。1958年7月14日，以卡塞姆为首的“自由军官”组织，在人民支持下推翻费萨尔王朝，成立伊拉克共和国。

较大的省，或者以协作区为单位，由地方来生产轻武器，来武装民兵。全民皆兵，谁要来侵略，就拿这个东西去对付他。我就赞成多唱点穆桂英、泗州城、花木兰，少唱点梁山伯祝英台。

同日 阅《嵖岈山卫星公社试行简章（草案）》，批示："此件请各同志讨论。似可发各省、县参考。"并对草案作了一些修改。对草案中的"公社要逐步把社员培养成为有文化、有技术、有全面才能的劳动者"的"有文化"前，加上"有社会主义觉悟"。在"在条件具备的时候，建立适合公社需要的专科大学。在将来生产高度发展的时候，可以适当地减少社员劳动的时间，增加他们读书的时间"这段话后，加写"要使全体青年一代都有大学的政治、文化、技术程度"。在"公社实行全民武装。适龄的青壮年和复员退伍军人应该编成民兵，经常进行军事训练，并且担负国家所分配的军事任务"这段话后，加写"其目的是维持社会治安和准备对付帝国主义的侵略"。这个简章草案作为北戴河会议文件印发，发表在九月一日出版的《红旗》杂志第七期。

8月18日 晨，阅彭德怀报送的广州军区八月十三日关于根据中共中央军委的指示在深圳方向进行实兵演习的安排的报告，批示："德怀同志：准备打金门，直接对蒋，间接对美，因此不要在广东深圳方面进行演习了，不要去惊动英国人。再：请叫空司注意：台湾方面可能出动大编队空军（例如几十架至百多架）向我反击，夺回金、马制空权。因此，我应迅即准备以大编队击败之。追击不要越过金、马线。"

同日 晚上，在北戴河一号楼召集刘少奇、周恩来、朱德、陈云、邓小平、李富春、谭震林开会。

8月19日 上午，在北戴河一号楼召集各协作区主任柯庆施、李井泉、陶铸、王任重、欧阳钦、林铁、张德生开会。毛泽东讲话，他说：第一书记要亲自抓工业。"统一计划，分级管理，重点建设，枝叶扶持”。分级是在统一计划下，小部分中央管理，十分之二，投资和利润都可归中央；大部分归地方管理，十分之八。重点建设放在哪里，要看哪里有这种条件。只搞分散不搞集中不行。要图快，武钢可搞快些，但各县、社都发挥钢铁积极性，那不得了，必须有控制。全党办工业，各级办工业，一定要在统一计划下，必须要有重点有枝叶。不妨碍重点的大家搞，凡是妨碍重点的必须集中。各级只能办自己能办的事情。每个合作社不一定都办钢铁。合作社主要搞粮食加工、土化肥、农具修理和制造、挖小煤窑。要有所不为而后才能有所为。各协作区要有一套，但各省要适当分工，不要样样都搞。钢铁大的归中央，中小型的各省都可搞一点。地方分权，各级（省、专、县、乡、社）都要有权，内容有所不同，范围有所不同。分级管理，但不要把原材料都分掉了。各级计划要逐步加强。合作社的生产与分配，也要逐步统一管起来。没有严密的计划性和组织性是不行的。要破除资产阶级的法权思想。例如，争地位，争级别，要加班费，智力劳动者工资多、体力劳动者工资少等，都是资产阶级的思想残余。将来坐汽车要不要分等级？不一定要有专车，对老年人、体弱者可以照顾一下，其余就不分等级了。所有计划统统要公开，不要瞒产，调东西调不出来要服从命令。以后评比，要比完成任务，比技术改造，比工作方法，比组织纪律性，比更有秩序。钢明年两千七百万吨要完成，今年一千一百万吨要保证。中央计划，由各省、市参加共同制定，省计划由地、县参加制定。关于人民公社，我的意见就叫人民公社，这仍然是社会主义性质的，不过分强调共产主义。人民公社一曰大，二曰公。人多、地大、生产规模大、各种事业大，政社是合一的，搞公共食堂，自留地取消，鸡、鸭、屋前屋后的小树还是自己的，这些到将来也不存在了。粮食多了，可以搞供给制，还是按劳付酬，工资按各尽所能发给个人，不交给家长，青年、妇女都高兴，这对个性解放有很大好处。我们现在搞社会主义，也有共产主义的萌芽。学校、工厂、街道都可以搞人民公社。钢铁专门小组每十天检查一次才行。你们回去后，什么事情也不搞，专门搞几个月工业，不能丢就不能专，没有专就没有重点。粮食问题基本上解决了，高产“卫星”不要过分重视。帝国主义压迫我们，我们一定要在三年、五年、七年之内，把我国建设成为一个大工业国。为了这个目的，必须集中力量把大工业搞起来，抓主要的东西，对次要的东西，力量不足就整掉一些。要下紧急命令，把铁交出来，不许分散。大、中钢厂的计划必须完成，争取超过。在一定时期，只能搞几件事情。要讲透有所不为而后才有所为的道理。钢要保证完成，铁少一点可以，也要争取完成。现在搞建设，也是一场恶战，拼几年命，以后还要拼。靠物质奖励、重赏重罚过多是不行的。军官要下放当兵，师长、军长下放让班长管，搞三个月后再回来当师长、军长。干部参加劳动，我看搞一个月总是可以的。同劳动者在一起，是有好处的，我们的感情会起变化，会影响几千万干部子弟。曹操骂汉献帝“生于深宫之中，长于妇人之手”，是有道理的。协作区不搞政治不行，过去有人说协作区只搞经济不搞政治，我看还是要搞政治挂帅，思想一致了，才好搞经济，在政治挂帅之下抓计划。

同日　中午，同邓小平谈话。

同日　晚上，在北戴河一号楼召集刘少奇、周恩来、朱德、陈云、邓小平、李富春、谭震林开会。

同日　阅刘晓八月十六日给中共中央的电报，批示：“小平同志：此件请印发会议各同志。”刘晓的电报说：不久前我曾往访库西宁同志，向他转告了毛主席对苏共中央关于王明情况通知的答复。他表示对毛主席能充分地理解苏共中央他非常高兴，至于王明是否应该在苏联继续治疗的问题，应完全由中共中央决定。既然毛主席认为他可以留下，这对苏方来说也不会成为负担。这个电报作为北戴河会议文件印发。

8月20日 下午三时，在北戴河一号楼召开会议，讨论炮击金门问题，周恩来、林彪、邓小平、彭德怀、黄克诚、萧劲光、陈锡联、王秉璋、王尚荣〔1〕、叶飞、陶勇〔2〕出席。叶飞汇报福建前线的准备情况，把地图摊在地毯上。毛泽东一面听汇报，一面看地图。叶飞汇报完后，毛泽东问：你用这么多的炮打，能不能避免打到美国人？叶飞答：那无法避免。

同日 下午六时，在北戴河一号楼第三次会见由西哈努克亲王率领的柬埔寨国家代表团，周恩来、陈毅在座。毛泽东说：我们工业有一些进步，但要在按人口平均产量上赶上英国，那就不那么容易了，先在绝对产量上赶上英国。我建议你可以搞点小规模的重工业，比如炼钢，有了钢你就可以搞点机械。我们对你们没有什么帮助，一点点经济上的帮助，那算不了什么。如果说有帮助的话，那就是政治上的，我们是反对帝国主义的，这方面对你们是个支持。美国的手很长，到处抓。抓我们的台湾，抓南越、南朝鲜、菲律宾、泰国，现在又在抓新加坡。它把防线搞到我们门口来了。

同日 晚八时半，在北戴河一号楼召开会议，陈云、薄一波、陈伯达、王鹤寿、赵尔陆出席。会上，陈云谈冶金和机械生产的情况，陈伯达谈马、恩、列、斯论军事工作的一个材料。

8月21日 晨，同胡乔木谈话。

同日 上午，在北戴河一号楼主持召开各协作区主任会议，并讲话。毛泽东说：保证重点，明年搞两千七百到三千万吨钢，三十万台机床，完成这些就是胜利。二十四号开工业书记和厂党

---

〔1〕 王尚荣，当时任中国人民解放军总参谋部作战部部长。

〔2〕 陶勇，当时任中国人民解放军海军东海舰队司令员。

委书记会议〔1〕，看有没有把握。三令五申，凡有铁不拿出来者，要执行纪律。我看一千一百万吨钢有完不成的危险。六月间，我问王鹤寿：钢是否可能翻一番？问题是我提出的，实现不了，我要作检讨。有些人不懂得，完成一千一百万吨钢，是关系全国人民利益的大事。毛泽东说：人民的干劲为什么这样大呢？原因就是我们向人民取得少，我们不搞义务交售制，和苏联不一样。我们与人民打成一片，整风以后，一条心。要使同志们了解，马克思、恩格斯、列宁、斯大林对生产关系包括所有制、相互关系、分配三个部分及其相互关系，他们接触到了，但没有展开。我看经济学上没有讲清楚这一条。苏联在十月革命以后，也没有解决。人们在劳动中的相互关系，是生产关系中的重要部分。搞生产关系，不搞相互关系，是不可能的。所有制改变以后，人们的平等关系，不会自然出现的。中国如果不解决人与人的关系，要大跃进是不可能的。在所有制解决以后，资产阶级的法权制度还存在，如等级制度，领导与群众的关系问题。整风以来，资产阶级的法权制度差不多破坏完了，领导干部不靠威风，不靠官架子，而是靠为人民服务、为人民谋福利，靠说服。要考虑取消薪水制，恢复供给制的问题。过去搞军队，没有薪水，没有星期天，没有八小时工作制，上下一致，官兵一致，军民打成一片，成千上万的人调动起来，这种共产主义精神很好。不搞点帮助别人，不搞点共产主义，有什么意思呢？取消薪水制，一条有饭吃，不死人；一条身体健壮。我在延安身体不大好。胡宗南一进攻，我和总理、胡乔木等六人住两间窑洞，身体好了。到西柏坡也是一个小房子。一进北京后，房子一步好一步，我的身体不

---

〔1〕 中共中央召集的由各省、自治区、直辖市党委分管工业的书记参加的工业生产会议，于1958年8月25日至31日在北戴河举行。

好，感冒多了。大跃进以来，身体又好了，三天到四天中有一天不睡觉。空想社会主义的一些理想，我们要实行。《六祖坛经》记载，慧能和尚，不识字，很有学问。在广东传经，主张一切皆空，是彻底的唯心论，但他突出了主观能动性，在中国哲学史上是一个大跃进。马克思主义关于平等、民主、说服和人们相互关系打成一片的思想，没有发挥。人们在劳动中的关系，是平等的关系，是打成一片的关系。我们一定要把干部子弟赶到群众中去，不能有近水楼台。进城后，有人说我们有"农村作风"、"游击习气"，把我们的一些好的东西抛掉了，农村作风吃不开了，城市要求正规化，衙门大了，离人民远了。要打成一片，要说服，不要压服，多年如此，这些怎么都成了问题呢？原因在于脱离群众，在于特殊化。我们从来就讲上下一致，官兵一致，军民一致，拥政爱民，拥军优属，但进城以后变了。经过整风，群众说八路军又回来了，可见曾经离开过。过去我们成百万的人，在阶级斗争中，锻炼成为群众拥护的共产主义战士。二十二年的战争都打胜了，为什么建设共产主义不行了呢？是不是由干部带头恢复供给制？我们已经相当地破坏了资产阶级的法权制度，但还不彻底，要继续搞。不要马上提倡废除工资制度，但是将来要取消。我们的同志一年搞一个月劳动，与人民打成一片，对自己的精神状态会有很大影响。这一回要恢复红军、八路军、解放军的传统，恢复马克思主义的传统，要把资产阶级思想作风那一套化掉。有人问统一以后要不要有机动？机动还是需要的，在保证一千一百万吨钢以外，允许机动。统一主要是钢铁、机械。国家保证两千五百万吨钢，剩下五百万吨由省、市、县去安排，能超过一点更好。计划不可能搞得那样准确，不可能样样事先有计划，有些事难以预料，盲目性是不可避免的，乱是有一点的，成绩是很大的、空前的。过去我们没有管，现在全党要管这件事。第一书记右手抓工业，左手抓农业。各级党委都设几个书记。

同日　下午，在北戴河一号楼召集刘少奇、陈云、邓小平、李富春、薄一波、王鹤寿、赵尔陆开会。

8月22日　下午，在北戴河一号楼召开会议，讨论领海问题和炮击金门问题，刘少奇、朱德、陈云、林彪、邓小平、彭德怀、黄克诚、陈伯达、胡乔木、叶飞、柯庆施、李井泉、陶铸、王任重、欧阳钦、林铁、张德生出席。毛泽东对叶飞说照你们的计划打，并要叶飞留在北戴河指挥〔1〕。

同日　毛泽东提出请两个法律专家到北戴河来。随后来到北戴河的有周鲠生、倪征日奥、刘泽荣〔2〕。

同日　阅中共青海省委七月五日关于循化撒拉族自治县反革命武装叛乱事件的教训给中央的报告，批示："退少奇、小平同志：第五页，矛盾不表现在生产力与生产关系之间，这样说是不对的，那里的生产力并没有解放。第五页，阶级消灭了，这样看也是错误的，现在全国并未消灭阶级。这两点作了修改。"报告说："农业区虽然生产资料所有制已经改变，民族关系已经建立在社会主义经济基础上，但是无产阶级同资产阶级的斗争，社会主义同资本主义两条道路的斗争仍然存在着。只是这种矛盾不表现在生产力和生产关系之间，而表现在经济基础和上层建筑之间。"毛泽东将这段话的后一句修改为："这种矛盾既表现在生产力和生产关系之间，又表现在经济基础和上层建筑之间。"报告说："事实再一次表明，阶级虽然消灭了，但是阶级斗争并未熄

---

〔1〕叶飞在回忆录中说：炮击金门是在北戴河指挥的，也可以说是毛主席直接在指挥。

〔2〕周鲠生，当时任外交部顾问、中国人民外交学会副会长。倪征日奥，当时任外交部条约委员会委员、条约法律司法律顾问。刘泽荣，当时任全国政协委员、外交部顾问、外交部条约委员会委员。

灭；反革命虽然不多了，但是还有。”毛泽东将这句话中的“阶级虽然消灭了，但是阶级斗争并未熄灭”，修改为：“就全国说来，大规模的轰轰烈烈的阶级斗争虽然过去了，但是阶级尚未消灭，阶级斗争并未熄灭。”

同日 阅中共中央、国务院关于教育工作的指示草案，批示：“少奇、小平、定一同志：此件可用。似宜印发各主要民主人士，并同他们座谈一次，然后公布。”草案主要内容是：党的教育方针，是教育为无产阶级政治服务，教育与生产劳动相结合；为实现这个方针，教育工作必须由党来领导。各大协作区应该建立起一个完整的教育体系，各省、市、自治区也应该逐步建立起这种比较完整的教育体系，每个专区，每个县也应该这样做。全国应在三年到五年的时间内，基本上完成扫除文盲、普及小学教育，以十五年左右的时间来普及高等教育。这个指示九月十九日正式发出，二十日在《人民日报》发表。

同日 在北京市第三届人民代表大会第一次会议上被选为第二届全国人民代表大会代表。

8月23日 中国人民解放军福建前线部队奉命向驻守金门岛的国民党军队实施大规模的猛烈炮击。

同日 下午，在北戴河一号楼召开会议，讨论领海问题，周恩来、周鲠生、倪征日奥、刘泽荣、乔冠华、雷英夫[1]等出席。会议结束后，同周恩来谈话。

8月24日 晨，阅谭震林八月二十三日报送的中共中央政治局扩大会议基本通过的关于农业方面的六个文件，批示：“退谭震林同志：各件已阅，可用，照此付印。”谭震林的报告说：农村的九个文件，已基本通过六个，送上请审查。今天下午将讨论另三

〔1〕 雷英夫，当时任中国人民解放军总参谋部作战部副部长。

个文件，修改后于明天向你汇报。这九个文件是：一、关于在农村建立人民公社问题的决议；二、中央关于一九五九年农业生产安排的决议；三、中央关于今冬明春在农村中普遍展开社会主义和共产主义教育运动的指示；四、中央关于水利工作的指示；五、中央关于肥料问题的指示；六、中央关于深耕和改良土壤的指示；七、中央关于储备粮食问题的决定；八、中央关于农业社积累与消费问题的指示；九、中央关于改进农、林大专学校教育的指示。

同日 上午，在北戴河一号楼主持召开中共中央政治局常委和各协作区主任会议，刘少奇、陈云、邓小平、柯庆施、李井泉、陶铸、王任重、欧阳钦、林铁、张德生和中央有关负责人谭震林、廖鲁言、陈正人出席。毛泽东讲话。他说：明年还是要大干一年，劲还是愈鼓愈好。不要愁丰收成灾，不要怕多就不鼓劲。但要有节奏地生产，现在劳动强度很大，要使农民有适当的休息，这个意思要写到文件里去。粮食多，油还不够。粮、棉、油都要增产，中心是深耕。我们一反苏联之所为，先搞农业，促进工业发展，先搞绿叶，后搞红花。看来有些问题，需要重新解释，经济学和历史唯物论要有新的补充和发展。全民所有制不只是中央的，而且是全民的。现在百分之二十中央管，百分之八十地方管，省也要向下分权，直到企业也要有一定的权限和独立性。不控制死不行，统得太死也不行。军队拿出三分之一的时间搞政治、文化、劳动，不但没有影响军事训练，反而搞得更好。公安、法院也在整风。法律这个东西，没有也不行，但我们有我们这一套，调查研究，就地解决，调解为主。不能靠法律治多数人，多数人要靠养成习惯。我们每个决议案都是法。治安条例也靠成了习惯才能遵守，成为社会舆论。意识形态、宇宙观、方法论，报纸，文化教育的作用大得很。我们政治思想上的革命搞得比较彻底，干部参加生产，和群众打成一片，彻底改革规章制度，就是对资产阶级自由的彻底破坏，工人的干劲冲天。意识形态是客观实际的反映，为经济基础服务。去年三中全会，今年南宁会议、成都会议、党代大会，提出了破除迷信的口号，起了很大作用，因此才有大跃进。不正确地反映客观规律危害很大。关于分配的问题，苏联干部职工的工资等级太多，工农收入相差太悬殊，农民义务交售制，负担占收入的百分之四十八，限制了农业四十年不发展。我们只拿农民收入的百分之五到八（间接负担除外）。我们藏富于民，“民食足，君食孰能不足”〔1〕。人民知道我们反正是为了他们，积极性高。有人说“大国人多难办事”，看用什么办法。我们的方法，反正还是大鸣大放，自己管自己。我们是服从真理的。真理在下级的，上级就服从下级；兵高明，军官就服从兵；学生编教材，比先生编得好，先生就应该服从学生。我们搞公共食堂，也可以打回去吃。吃饭不要钱的办法〔2〕，可以逐步实行，暂时不定，一九五九年是否实行，明年再看。资产阶级法权不能完全废除，大学教授要比学生吃好一点。谈到少数服从多数的问题时，他说：有时少数人反映了多数人的意见，大家服从。达尔文的进化论、哥白尼的太阳系的理论都是一个人搞的，别人都服从。马克思、恩格斯是两个人，反映了客观规律，反映了多数人的意见。谈到人民公社问题时，他说：人民公社决议作为草案发下去，每一个县搞一二个试点，不要一下子都铺开。现在不搞人民公社不行，不搞要犯错误。一九五五年我就提倡大社。全国搞一万五千个到二万个社，每社五千户到六千户，二三万人一社，相当大了，便于搞工、农、兵、学、商与农、林、牧、副、渔这一套。我看将来有些大城市要分散，二万人到三万人的居民点，什么都会有，乡

〔1〕 见《论语·颜渊》。

〔2〕 当时会议上有人提出“公社实行吃饭不要钱”的办法。

村就是小城市，哲学家、科学家都将要出在那里，每个大社都将公路修通。卫星公社的简章要在《红旗》杂志上发表，各地参照执行。

8月25日 下午，同陈云、李先念、程子华、陈国栋〔1〕谈粮食、棉花的收购、储藏问题和商业工作问题。

8月26日 下午，应李烛尘的要求同他谈话。

8月27日 下午，在北戴河一号楼主持召开中共中央政治局常委和各协作区主任会议，刘少奇、周恩来、朱德、陈云、林彪、邓小平、柯庆施、李井泉、陶铸、王任重、欧阳钦、林铁、张德生和中央有关负责人彭德怀、李富春、李先念、谭震林、薄一波、王鹤寿、赵尔陆、陈伯达、胡乔木出席。

同日 晚上，同胡乔木、吴冷西谈话。毛泽东说：人民日报和新华社对国际问题应该有研究，形成一定看法，不要临时抱佛脚，发表感想式的意见。对许多国际问题都要有基本的看法，应该有比较深刻的评论。现在报刊上有些评论是感想式的，搞新闻工作，光务实、不务虚不好。要经常找有关同志吹一吹，有了看法，有了意见，就要找机会、找题目，加以发挥。《人民日报》在一个时期应有一定的方向，宣传要有重点，抓住当前的主要任务。今年年初报纸宣传方向比较明确。《从梅林看全国》的社论写得不错。最近一个时期，宣传上就显得杂一些，编辑条理差，把一些东西堆在一起，看不出方向，缺乏思想的鲜明性和一贯性，评论和消息配合不够。

8月28日 阅邓小平报送的中共中央军委关于几项人事配备和组织机构调整的方案，批示："应提交政治局批准。刘、周、

---

〔1〕 程子华，曾任中华全国供销合作总社主任。当时任全国人大预算委员会副主任委员。1958年9月又任商业部部长。陈国栋，当时任中共粮食部党组书记、粮食部副部长。

朱、陈阅，退小平同志照办。”

同日 下午，同周小舟谈话。晚上，同张仲良谈话。

8月 在中共中央办公厅机要室一九五八年八月二十六日印发的北戴河中央政治局扩大会议《关于民兵问题的意见（草案）》中加写一段话：“我国人民不需要也不应当侵占外国任何领土主权，但是我国人民必须保卫自己的领土主权不受侵犯。”同时，将标题改为《关于民兵问题的决定》。八月二十九日，中共中央政治局扩大会议通过这个决定。

8月29日 中共中央政治局扩大会议通过《中共中央关于在农村建立人民公社问题的决议》。此前，毛泽东在决议稿上加写了一段话：“人民公社建成以后，不要忙于改集体所有制为全民所有制，在目前还是以采用集体所有制为好，这可以避免在改变所有制的过程中发生不必要的麻烦。实际上，人民公社的集体所有制中，就已经包含有若干全民所有制的成分了。这种全民所有制，将在不断发展中继续增长，逐步地代替集体所有制。由集体所有制向全民所有制过渡，是一个过程，有些地方可能较快，三、四年内就可完成，有些地方，可能较慢，需要五、六年或者更长一些的时间。过渡到了全民所有制，如国营工业那样，它的性质还是社会主义的，各尽所能，按劳取酬。然后再经过多少年，社会产品极大地丰富了，全体人民的共产主义的思想觉悟和道德品质都极大地提高了，全民教育普及并且提高了，社会主义时期还不得不保存的旧社会遗留下来的工农差别、城乡差别、脑力劳动与体力劳动的差别，都逐步地消失了，反映这些差别的不平等的资产阶级法权的残余，也逐步地消失了，国家职能只是为了对付外部敌人的侵略，对内已经不起作用了，在这种时候，我国社会就将进入各尽所能，各取所需的共产主义时代。”

同日 下午，同谭震林、陈正人、廖鲁言谈农业问题。

8月30日 上午，在北戴河中直疗养院礼堂主持召开中共中央政治局扩大会议全体会议并讲话，主要讲人民公社问题和全党办工业问题。毛泽东说：人民公社这个事情是群众自发的，不是我们提倡的。因为我们提倡不断革命，破除迷信，敢想、敢说、敢做，群众就干起来了。不仅南宁会议没有料到，成都会议也没有料到，八大二次会议也没有料到。我们的人民在农业合作社的基础上搞起的人民公社不是空想的，他们就是有那么个趋势，想要干起来。但是条理化，说清楚道理，那就需要我们，需要我们在座的同志们，需要各级党委，需要中央。现在我们作了个决议。人民公社的特点是两个，一为大，二为公。我看是叫大公社。人多，地多，综合经营，工农商学兵，农林牧副渔，这些就是大。大，这个东西可了不起，人多势众，办不到的事情就可以办到。公，就比合作社更要社会主义，把资本主义的残余，比如自留地、自养牲口，都可以逐步取消，有些已经在取消了。办公共食堂、托儿所、缝纫组，全体劳动妇女可以得到解放。农业是个工厂，实行工资制度。工资是发给每一个人的，而过去合作社是发给一个户，一个家长。青年人和妇女非常欢迎现在这个工资制度。人民公社的公的特点比较合作社大为提高。这是最近一个很短的时间之内出现的一个新问题。看起来，只要一传播，把章程、道理一讲，发展可能是很快的。今年一个秋、一个冬，明年一个春，可能就差不多了。当然要实行工资制度，粮食供给制，无论谁人，都有饭吃。吃饭不要钱，还要有个过程，明年还要苦战一年，也许有些要苦战三年。我们这个决议案上有一句话，是不是妥当，请同志们考虑一下。比如讲，快的三四年，慢的五六年，或者更多一点时间，由从前合作社的集体所有制过渡到全民所有制，就是一切公有，跟工厂差不多，私人的生产资料、房屋也是公共的。农村、城市统统要园林化，好像一个公园一样。几年之后，亩产量很高了，不需要那么多耕地面积了，可以拿三分之一种树，三分之一种粮，三分之一休耕。我们现在这个国家刚刚开始建设，我看要用新的观点好好经营一下，有规划，搞得很美，是园林化。农林牧是互相联系、互相影响的。人民公社问题是个重要问题，将来还会有许多问题我们不知道，还要研究。现在一下就出来这么一个简单的章程，就是河南省卫星公社的简章，只要这个章程一公布，全国闻风兴起的就会不少。有一个文件讲，第三个五年计划就过渡到共产主义阶段（不单是农村，还有城市），我加了“第四个”三个字，第三个、第四个五年计划向共产主义过渡，不然太短了。（刘少奇：第三个五年计划开始过渡。）加上“开始”还可以。有个文件讲，明年这一年是决战性的一年，我看这个话讲得好。无论工业、农业都是，特别是一个钢铁，一个机械，当然还有粮食，因为粮食明年要再翻一番。要搞两千五、两千七，争取三千万吨钢，这就要好好准备，是一场大战。从二十一号算起，今年还有四个月。首先是我犯了错误，早抓一个月就好了，不是八月，而是七月，最好是六月。六月十九号出的题目，出了题目没有措施，就是官僚主义，不知道情况。从八月二十一号起，还有十九个星期，但是已经过去一个星期了，所以相当危险。为什么我们在这里开会？就是要紧急动员。能不能搞到，我总是怀疑，十五个吊桶打水，七上八下。如果搞不到，那末一是我的工作没有抓紧，二就是这个题目出错了，不应该出这个一千一百万吨的数目。这个一千一百万吨，你总要到了手才算数。请同志们努力奋斗，以期贯彻。钢铁尚未成功，同志仍须努力！明年争取三千万吨。毛泽东说：搞共产主义，第一个条件是产品要多，第二个条件是精神要好，就是要共产主义的精神。一有命令，自觉地做工作，懒汉甚少，或者没有懒汉。实行薪水制以来的缺点就是衣分三色、食分五等，坐椅子都要有等级的，办公桌是有等级的。这样一来，脱离群众，战士就不喜欢军官，农民就不喜欢我们县、区、乡的干部，城市里的工人也不喜欢我们。为什么不喜欢呢？你是当官，党官、政官、军官、学官，还有商官（做生意的），还有工官（当厂长的），官这么多，就出官僚主义。官气多，政治少。整风一来，就整官气，提政治，政治挂帅，从前争等级，争待遇，争薪水，后头不争了。我看要打掉这个东西。现在是不是马上废除薪水制？也可以暂时不废除。要来个一两年的准备，要人民公社搞起来逼我们。我们过去二十二年出了多少懒汉？我就没有见过几个懒汉。他不懒是什么原因呢？就是政治教育，政治挂帅，有个共同团体，有个共同目标，阶级斗争。现在，我们内有阶级斗争，外更有强大的帝国主义，而且我们是向自然界这个敌人作斗争，要征服这个自然界，这样一个伟大的目标，是为所有人的幸福，而不是为我们少数人的幸福，我们这少数人恰好是为他们的幸福的。现在人民公社有些地方提出了"组织军事化，行动纪律化，生活集体化"，我看这三个口号很好。实际上是个军队，是个产业大军。不仅工人是产业军，农民这个军更大。讲军事组织，就好像没有民主了。恰好我们的民主不在别的地方，而在我们的军队，它可以搞军事民主、政治民主、经济民主。人民公社这个军事化，又有民主，又有很严格的纪律，但是他们相互的关系是同志关系，是用说服，不是用压服。毛泽东说：我们这一次会议的重点是工业。全党真正要办工业，就是要第一书记来抓。从这次北戴河会议起，以后多少年，要偏到工业这个方面。现在，农业比较上轨道了，而工业没有完全上轨道。明年是决战的一年，这主要是指工业，首先是指钢铁和机械。因为有了这两样东西，百事皆有。有人封粮食、钢铁、机械这三个东西为三大元帅，我看是有理由的。毛泽东说：有一本书，叫作《马恩列斯论共产主义社会》，这本书请各省都印，印到县、区、乡，乡党委至少要有一本，能看的让他们去看。因为我们要搞进一步的社会主义，要向共产主义过渡，要看那个东西。这本书要公开出版，广为散发，对我们很有启发。第一条，很有启发；第二条，相当不足，许多话是模糊印象，那个时候的人讲的话，就没有像我们这个决议案这样具体。这也要破除迷信。毛泽东说：消灭老鼠、麻雀、苍蝇、蚊子这件事，近来不大强调了，请同志们回去搞一下。我希望，这四样东西越少越好，因为这些东西直接影响劳动人民的健康。

同日 邓小平将中共中央关于增挂林彪像的通知稿送毛泽东等审阅，批写：“拟同意。主席、刘、周核后发，退尚昆办。”九月二日，周恩来对通知稿批写：“可否考虑除增挂林彪同志的像外，再增挂总书记邓小平同志的像，请主席批示。”九月五日，毛泽东批示“同意此项意见”，并在通知稿的“应增挂中央副主席林彪同志像”后，加上“和总书记邓小平同志像”。这个通知于九月五日发出。

8月31日 下午，在北戴河一号楼召开会议，刘少奇、周恩来、陈云、林彪、邓小平、罗荣桓、张闻天、谭震林、陆定一、陈伯达、黄克诚、胡乔木、吴冷西、柯庆施、李井泉、陶铸、王任重、林铁、张德生、叶飞出席。

同日 晚上，同张治中谈话。

9月1日 晨，同周恩来谈话。

同日 晚上，同罗瑞卿谈苏联召回在我国公安部工作的苏联专家一事。

同日 就编印中共中央政治局扩大会议文件汇集一事，批示杨尚昆：“几十个决议，除印成一本发给各中央委员和几级党委（似应发到县级，军队发到团级，作为内部文件）外，哪些应在报纸上公布，请与小平、彭真同志商定。”后由中央办公厅编印成的《中央政治局北戴河扩大会议文件汇集》，共三十七个文件。

同日　嘱机要秘书问黄克诚：对金门、马祖作战方针指示写好没有？我电台对金门广播的宣传材料检查了没有？九月二日，阅谭政当天的检讨报告。报告说：八月二十七日，总政治部用中国人民解放军福建前线指挥部名义发出的给蒋军金门防卫司令胡琏及全体官兵的广播稿，事先未请示中央经中央审查批准，就发出去，是一种无组织无纪律的行为。由于这个文件内容上有些不妥〔1〕，使我们在对外斗争中产生了某种被动。这在政治上是一个极大的疏忽。所以发生这一错误，是由于我对炮击金门的作战意图领会不够，对金、马斗争的长期性复杂性认识不足。谨此检讨，请予指示。毛泽东批示："此件印发军委委员及中央常委，阅后收回。"三日，审阅《中共中央军委对台湾和沿海蒋占岛屿军事斗争的指示》及附件《关于海军、空军对付敌机敌舰沿海活动的几项规定》，批示："克诚同志：指示及附件，写得很好。请即交彭德怀同志看过，再经军委会议通过，然后发出。在军委会议上，请你详细解释理由。""发福建军区及各军区，各省、市、区党委，军委各总部，各特种兵司令部，中央政治局委员，书记处书记，外交部，陆定一，吴冷西。"指示指出：台湾和沿海蒋占岛屿是目前国际阶级斗争中最严重最复杂的焦点之一。解放台湾和沿海蒋占岛屿虽然属于我国内政问题，但实际上已变成一种复杂严重的国际斗争，我们不要把这个斗争简单化，而要把它看作是包括军事、政治、外交、经济、宣传上的错综复杂的斗争。台湾和沿海

〔1〕这个广播稿说：金门孤岛在我强大的空军、海军和炮兵的严重打击下，已经面临绝境。中国人民解放军决心解放祖国的领土台湾及沿海岛屿，对金门的登陆进攻已经迫在眉睫，你们的命运已到了最后关头。你们应该立即下令实行投降或率部起义，如果执迷不悟，就将得到可耻的下场。这是我们给你们的警告。

蒋占岛屿问题的全部、彻底解决，不是短时间的事，而是一种持久的斗争，我们必须有长期的打算。指示强调：一切重要的行动和宣传都必须遵守集中统一的原则，不得自作主张。毛泽东在“一切重要的行动和宣传”后，加写了“（文告、谈话、口号、社论、新闻、广播）”。指示对包括炮击金门在内的沿海蒋占岛屿的军事斗争方针作了四点规定：一、继续炮击封锁金门，但目前我军不宜进行登陆作战。二、炮击封锁金门的活动，必须有节奏，打打看看，看看打打，保持完全主动。三、目前海军、空军不得进入公海作战。蒋机不轰炸大陆，我也不轰炸金、马；蒋军轰炸大陆，我即轰炸金、马，但不轰炸台湾。四、我军陆、海、空不准主动攻击美军。如果美军侵入我领海、领空，我必须坚决打击。

9月2日 上午，就国家计划委员会、国家经济委员会八月二十五日向中共中央政治局扩大会议提交的《对一九五九年计划调整情况的说明要点》，致信邓小平、陈云、李富春、薄一波、李先念、黄克诚、谭震林、陈伯达、陆定一、康生、胡乔木。信中说：“这个文件看了两遍，觉得不大满意，不能动员群众。这次会议各类文件，以农村类文件为最好，每样事情交代清楚，前后次序有逻辑性，文字通顺，一般具有鲜明性和准确性，特别是人民公社一件为最好。其次，是陆定一同志论教育的文章，虽较长，理论水平颇高，逻辑性、准确性、鲜明性三者都具。其次，是民兵决议，写得很好，使人读得下去，读过后很舒服。其次，是商业类文件，也不错，可读。工业类文件要考下等了。有一个较好的，就是那个不长的意见书〔1〕，读得下去，提纲挈领。‘说明要点’最差，我读了两遍，不大懂，读后脑中无印象。将一些

〔1〕 指国家计划委员会、国家经济委员会向中共中央政治局扩大会议提交的关于第二个五年计划的意见。

观点凑合起来，聚沙成堆，缺乏逻辑，准确性、鲜明性都看不见，文字又不通顺，更无高屋建瓴、势如破竹之态。其原因，不大懂辩证逻辑，也不大懂形式逻辑，不大懂文法学，也不大懂修辞学。我疑心作者对工业还不甚内行，还不大懂。如果真懂，不至于不能用文字表现出来。所谓不大懂辩证逻辑，就工业来说，就是不大懂工业中的对立统一，内部联系，主要矛盾与次要矛盾的分别，因此构思写文，不可能有长江大河、势如破竹之势。讲了一万次了，依然纹风不动，灵台如花岗之岩，笔下若玄冰之冻。哪一年稍稍松动一点，使读者感觉有些春意，因而免于早上天堂，略为延长一年两年寿命呢！我对作者是很喜欢的，从文件内容看来，他是一个促进派，力争上游、多快好省的坚决拥护者，政治路线是正确的。甚为不足，是在理论与文风。”“建议：你们有意写工业纲要四十条，那很好，就动手吧，写一篇好文章出来，为五年接近美国、七年超过美国这个目标而奋斗吧！”“‘说明要点’，无年月日；无署名，不知谁人写的；表中有好几张除作者外，恐怕谁也看不懂。为什么如此呢？如果少奇、恩来尚在北京，请给他们一阅。彭真请给一阅。”

同日　晚九时，在北戴河一号楼会见巴西记者马罗金和杜特列夫人。当两位记者说到读了毛泽东的《新民主主义论》等著作时，毛泽东说：我在《新民主主义论》中讲到，第二次世界大战以后，不可能再出现基马尔〔1〕式的土耳其那样的国家，殖民地和半殖民地的资产阶级，要就是站在帝国主义战线方面，要就是站在反帝国主义战线方面，没有其他的道路。事实上，这种观点

〔1〕基马尔，一译凯末尔，土耳其民族商业资产阶级的代表。第一次世界大战后，领导土耳其的民族解放运动和资产阶级革命。1923年，在土耳其建立资产阶级共和国，当选为第一任总统。

只适合于一部分国家，对于印度、印度尼西亚、阿拉伯联合共和国等国家却不适用。它们不是帝国主义国家，也不是社会主义国家，而是民族主义国家。拉丁美洲也有许多这样的国家，将来还会多。这本书里讲的是资产阶级民主革命。一般说来书中的观点是对的，只有像上面所说的个别地方需要做一些补充。马罗金问：民族主义国家的中立立场可以长期维持吗？毛泽东说：什么事情都不能永久维持。帝国主义不能够永久维持。社会主义也不能够永久维持，因为还要进入更高级的共产主义社会。中立立场可以维持相当长的时期，维持到还有必要的时候。站在中立的立场，不参加双方的集团，这是适合于它们现时的情况的。但是，帝国主义国家却不喜欢，因为这些民族主义国家的中立是摆脱了它们的控制而取得的。民族主义国家的这种中立也就是一种独立自主、不受控制的立场。我们社会主义阵营欢迎这些国家的这种中立的立场，因为它有利于和平事业，不利于帝国主义的侵略计划和战争计划。我们把亚洲、非洲、拉丁美洲已经独立的国家看成朋友，把还没有独立、正在争取独立的国家也看成朋友。我们支持它们。毛泽东说：巴西人口占拉丁美洲人口的百分之六十，你们是大国。以后巴西人口还会多，土地那么大，跟中国差不多，你们的国家很有前途。拉丁美洲是美国的后方。亚洲、非洲、拉丁美洲的国家，都曾经是或者仍然是帝国主义的后方和仓库。现在后方造反了，许多国家已经摆脱帝国主义的统治。可以先取得半独立的状态，然后完全独立。亚非有许多国家就是如此。只要巴西和其他拉丁美洲国家愿意同中国建立外交关系，我们一律欢迎。不建立外交关系，做生意也好；不做生意，一般往来也好。中国和拉丁美洲国家的社会制度是不同的，但是在许多点上是相同的。首先，要求独立这一点是相同的。不仅你们有独立问题，我们也有。我们还有台湾问题，美国还在威胁我们，即使台湾收复了，美国的威胁还会存在。这是我们最大的共同点。其次，我们的经济都不发达。要求发展经济的愿望，在你们那里是迫切的，在我们这里也是迫切的。所有亚洲、非洲、拉丁美洲的国家的共同历史任务，就是争取民族独立，发展民族经济和发展民族文化。毛泽东说：目前国际局势很好。西方国家要达到它们的目的是很困难的。它们的目的是要统治一切可能统治的地方，但是它们到处受到抵抗。西方世界的太阳是傍晚的没落的太阳，亚洲、非洲、拉丁美洲的太阳是早晨的上升的太阳。帝国主义历来就是吓唬人的，不要怕它们。对西方的崇拜是一种迷信，这是由历史形成的，现在这种迷信正在逐渐破除。破除对西方的迷信，这是一件大事，在亚洲、非洲、拉丁美洲都要进行。在我们国家也要继续破除这种迷信。我说的是，要在战略上蔑视帝国主义，把帝国主义者看成纸老虎，不算数；但是在战术上和在每件具体工作上，却要重视它们，要认真地对待它们。帝国主义由真老虎变成半真半假的老虎，再变成完全的假老虎即纸老虎，这是一个事物走向反面的转化过程。我们的任务就是要促进这个过程。我说美国不好，只是说它的统治集团不好，美国人民是很好的。他们中间许多人现在还没有觉醒，但是一定会觉醒的。

同日　晚十一时，同曾希圣谈话。

9月3日　上午十时，同曾希圣、张治中谈准备到安徽等地视察事，并邀张治中同行。十一时五十分，同黄克诚、王鹤寿谈话。

同日　下午，乘专机从北戴河回到北京。

同日　晚上，在中南海颐年堂召集刘少奇、周恩来、陈云、邓小平、彭真、徐冰开会，商议召开最高国务会议第十五次会议。

9月4日　下午，在中南海游泳池住处召集刘少奇、周恩来、陈云、邓小平、彭真、彭德怀、黄克诚、张闻天、胡乔木开会，讨论《中华人民共和国政府关于领海的声明》和炮击金门问题。

《中华人民共和国关于领海的声明》于本日发表。声明宣布："中华人民共和国的领海宽度为十二海里。这项规定适用于中华人民共和国的一切领土，包括中国大陆及其沿海岛屿，和同大陆及其沿海岛屿隔有公海的台湾及其周围各岛、澎湖列岛、东沙群岛、西沙群岛、中沙群岛、南沙群岛以及其他属于中国的岛屿。""一切外国飞机和军用船舶，未经中华人民共和国政府的许可，不得进入中国的领海和领海上空。""台湾和澎湖地区现在仍然被美国武力侵占，这是侵犯中华人民共和国领土完整和主权的非法行为。台湾和澎湖等地尚待收复，中华人民共和国政府有权采取一切适当的方法在适当的时候，收复这些地区，这是中国的内政，不容外国干涉。"

9月5日 上午，在中南海勤政殿主持召开最高国务会议第十五次会议，并讲话。毛泽东说：最高国务会议六个月没有开了。这六个月，形势发生很大变化。我想，在座诸位都是有变化的，我的脑筋也有变化。有许多事情没有料到。今年二月那个时候虽然讲大有希望，那个希望比今天的现实还是落后些。国内形势，就是阶级关系、阶级力量对比，起了很大变化。几亿劳动群众，工人农民，他们现在感觉得心里通畅，搞大跃进，这就是整风反右的结果。整风以前我们有许多干部有两条：一条叫官气较多，一条叫政治较少。经过整风，大多数干部是以普通劳动者的姿态出现，跟工人农民打成一片，人们感觉跟国民党时期确实不同了，工作就积极起来了，一股热潮就起来了。资产阶级、民主党派，也起了变化，并且还在继续变化中。民主党派、大学教授、中学教员、文化界、新闻界、科学界、工程技术界、资产阶级（工商业者），总而言之，绝大多数人或者已经改变立场，或者正在向改变立场前进，还有少数没有改变的，还有左、中、右。阶级还是存在的。说现在阶级不存在了，阶级斗争已经消灭了，这个观点恐怕是不对的。毛泽东向会议通报了《中共中央关于一九五九年计划和第二个五年计划问题的决定》等文件中一些主要的经济指标。毛泽东说：国际形势，我们历来有个观点，总是乐观的。后来总结为一个“东风压倒西风”。美国现在在我们这里来了个“大包干”制度，索性把金门、马祖，还有些什么大担岛、二担岛、东碇岛一切包过去，我看它就舒服了。它上了我们的绞索。台湾也是个绞索，不过要隔得远一点。它要把金门这一套包括进去，那它的头更接近我们。我现在提出若干观点，是作为一种看法，拿这些观点去观察观察国际形势。第一条，谁怕谁多一点。据我的看法，是杜勒斯怕我们怕得多一点，是英、美、德、法那些西方国家怕我们怕得多一点。为什么它们怕得多一点呢？就是一个力量的问题，人心的问题。人心就是力量，我们这边的人多一点，它们那边的人少一点。我看是这样，双方都怕，但是它们怕我们比较多一点，因此战争是打不起来的。第二条，美帝国主义它们结成军事集团，什么北大西洋、巴格达、马尼拉，这些集团的性质究竟怎么样？不要把这三个军事集团看得那么严重，要有分析。它们是侵略性的，但是它们并不巩固。第三条，关于紧张局势。我们每天都是要求缓和紧张局势，紧张局势缓和了对世界人民是有利的。但这个紧张局势，对我们并不是纯害无利，也有有利的一面。它可以调动人马，调动落后阶层，调动中间派起来奋斗。第四条，中东的撤兵问题。美英侵略军必须撤退。帝国主义现在想赖在那里不走，这对人民是不利的，可是同时它也有教育人民的作用。第五条，戴高乐〔1〕登台好，还是不登台好？戴高乐登台要压迫法共和法国人民，但对内对外也有好处。对外，这个人

〔1〕 戴高乐，当时任法国政府总理。1958年12月当选法国总统。

喜欢跟英美闹别扭，他喜欢抬杠子，法国跟英美闹别扭很有益处。对内，为教育法国无产阶级不可少之教员。第六条，禁运，不跟我们做生意。一禁运，我们得自己想办法，搞掉了依赖性，破除了迷信，就好了。第七条，不承认问题。帝国主义国家不承认我们比较承认我们是要有利一些。现在还有四十几个国家不承认我们，主要的原因就在美国。不承认我们，我看比较好，让我们更多搞一点钢，搞个六七亿吨，那个时候它们总要承认。最后一条，就是准备反侵略的战争。头一条讲了双方怕打，仗打不起来，但世界上的事情还是要搞一个保险系数。因为世界上有个垄断资产阶级，恐怕他们冒里冒失乱搞，所以要准备作战。这一条要在干部里头讲通。第一，我们不要打，而且反对打，苏联也是，要打就是它们先打，逼着我们不能不打。第二，但是我们不怕打。氢弹、原子弹的战争当然是可怕的，是要死人的，因此我们反对打。但是这个决定权不操在我们手中，帝国主义一定要打，那么我们就得准备一切，要打就打。世界上的事情你不想到那个极点，你就睡不着觉。但是它一定要打，是它先打，它打原子弹，这个时候，怕，它也打，不怕，它也打。既然是怕也打，不怕也打，二者选哪一个呢？我看，还是横了一条心，要打就打，打了再建设。有这么八个观点，当作一种看法，供各位观察国际形势的时候采用。

同日　下午三时半，在中南海颐年堂召集周恩来、邓小平、胡乔木、吴冷西开会。四时半，周恩来会见苏联驻中国大使馆参赞苏达利柯夫，表示欢迎苏联外交部长葛罗米柯来华访问。周恩来谈了中国对台湾海峡形势的分析，美蒋矛盾以及中国的立场、策略和所采取的行动，着重说明中国炮击金门、马祖并不是就要用武力解放台湾，只是要惩罚国民党部队，阻止美国搞“两个中国”，如果打出乱子，中国自己承担后果，不拖苏联下水。五时半，周恩来向毛泽东汇报同苏达利柯夫会见的情况。

9月6日　下午，在中南海勤政殿继续主持最高国务会议第十五次会议。首先，由李富春就一九五八年工农业生产大跃进的情况和一九五九年国家建设计划及第二个五年计划等问题作报告。接着，会议讨论周恩来针对杜勒斯九月四日声明准备发表的《关于台湾海峡地区局势的声明》〔1〕，周恩来作了说明。在周恩来作说明前，毛泽东说：搞它一下，我们还没有讲话，社论都没有写，杜勒斯就写信，然后它那个总统谈话，国务院发言人谈话，什么陆军部长又在台湾讲话，援台湾的司令斯摩

〔1〕《中华人民共和国国务院总理周恩来关于台湾海峡地区局势的声明》（1958年9月6日），庄严重申中国政府对台湾问题的一贯立场：台湾和澎湖列岛自古就是中国的领土，中国人民行使主权解放这些地区，完全是中国的内政；美国支持蒋介石集团，并且直接用武力侵占台湾和澎湖列岛，是干涉中国内政、侵犯中国领土完整和主权的非法行为；蒋介石集团在美国的支持下，长期以来以金门、马祖等大陆沿海岛屿为前哨据点，对中国大陆进行骚扰和破坏活动，中国政府完全有权对盘踞在沿海岛屿的蒋介石部队给予坚决的打击和采取必要的军事行动，任何外来的干涉都是侵犯中国主权的罪恶行为；中国人民解放自己的领土台湾和澎湖列岛的决心是不可动摇的，中国人民尤其不能容忍在自己的大陆内海中存在着像金门、马祖这些沿海岛屿的直接威胁。中国政府根据自己的和平外交政策，一贯主张用和平谈判的方法解决一切国际争端。现在，鉴于美国政府表示愿意通过和平谈判解决中美两国在中国台湾地区的争端，中国政府准备恢复两国大使级会谈。必须指出，中国和美国在台湾海峡地区的国际争端和中国人民解放自己领土的内政问题，是性质完全不同的两件事。中国人民完全有权采取一切适当的方法，在适当的时候，解放自己的领土，不容许任何外国干涉。

特搞得满城风雨。[1] 等全世界各国一切情况都闹清楚了，我们现在才讲话。周恩来作说明后，毛泽东讲话。他说：研究一下，看有什么缺点，可不可以照这样发表？至少美国是被动的。它仓促调兵，有一个航空母舰，是从菲律宾调来的，还没有到，有些是从夏威夷调来的，有些是从日本调来的。它真诚地希望我们不去登金门，它是被那个索子套住了，使它难办。台湾是一根大索子把它套住，金门、马祖也算一个索子。蒋介石就是那么多兵，三分之一的兵力十一万人在两个岛上，九万五千人在金门岛，一万五千人在马祖岛。而金门岛三面在我们炮火包围中，金门距大陆海岸只有三公里。金门岛把厦门变成一个死港，马祖岛就把我们福州的闽江海口塞住了。这得整它一下。我们整金门，这是我们国内的事，当然整台湾也是，不过那个地方有你美国的兵，我还是暂时不去。你过去谈判又那么冷淡，中断了好几个月，现在你想谈，那好，可以谈。你不打，它就不想谈，要把这个绞索捏紧一下，它感觉到痛了，它说，好好

---

〔1〕 1958年8月23日，美国国务卿杜勒斯在回答众议院外交委员会主席摩根询问的复信里声称，如果中国人民要解放金门和马祖，他就“担心这可能构成对这个地区的和平的威胁”。并且威胁说：“这些岛屿始终在中华民国手中”，“任何人要是设想，中国共产党人企图用武力改变这种情况并在现在进攻和企图征服这些岛屿可能是一种有限的军事行动，那是十分危险的”。8月27日，美国总统艾森豪威尔在记者招待会上发表谈话，声明美国将不放弃它已经承担的关于以武力阻止中国人民解放台湾的“责任”。8月28日，美国国务院发表声明，诬蔑中国人民炮击盘踞在金门、马祖各岛的蒋介石军队的正义行动是“侵略性的扩张主义”。8月30日，美国陆军部长布鲁克抵达台湾，同蒋介石举行了三次会谈。在9月1日离开台湾时，布鲁克对新闻记者发表谈话，重申美国霸占我国领土台湾的野心，企图用恐吓手段来阻止中国人民解放台湾和沿海敌占岛屿。9月3日，“美国台湾防御司令部”司令斯摩特在台北的记者招待会上说，美国给予蒋介石集团的军事“援助正在来到”。

好，我们来谈吧。美国说他们已经决定了，要撤退金门、马祖，但是蒋介石又不撤。你不撤我就打，你一撤那我就可以不打，你全部撤走我可以一炮不打。这对蒋介石也是一个难事，他怕一撤，影响人心士气，又丧失了这两块土地。听说美国人也劝过他撤。美国要拿金门、马祖交换台湾，我们原则上是不能交换台湾。你把金门、马祖交我们，台湾就成为独立国，这总不可以吧！至于哪一年解放，我们又没有定日期，人民代表大会、人大常委会都没有作决议。但是，原则上台湾一定要解放。现在好处就是我们这一打，打出美国想谈了，它敞开了这张门了。看样子它现在不谈，也是不得下地，它每天紧张，不晓得我们要怎么样干。跟美国的事，就大局上说还是谈判解决，还是和平解决，我们都是爱好和平的人嘛。杜勒斯前天那个声明前面很硬，后面就软了，就是雷声大雨点小。毛泽东讲话后，会议一致通过《中华人民共和国国务院总理周恩来关于台湾海峡地区局势的声明》。

同日 下午六时，在中南海颐年堂会见苏联外交部部长葛罗米柯等，并共进晚餐，刘少奇、周恩来、邓小平、彭德怀、王稼祥、张闻天参加。葛罗米柯是受苏共中央的委托，来中国就台湾地区紧张局势和赫鲁晓夫准备给艾森豪威尔的信（草稿）〔1〕，同

---

〔1〕 赫鲁晓夫致艾森豪威尔的信于1958年9月7日发出。赫鲁晓夫在信中呼吁美国政府对在中国台湾及台湾海峡地区所采取的行动要慎重从事，不要轻易采取可能带来不可收拾的后果的步骤。信中说：远东经常保持极不正常的紧张状态，根源在于美国政府敌视人民中国，敌视它的社会制度和国家制度。当前紧张并且可以说是非常危险的局势的主要原因在于，美国以武力侵占了中国自古就有的领土——台湾岛以及澎湖列岛，并继续占领这些领土。对我国伟大的朋友、盟邦和邻国中华人民共和国的侵犯也就是对苏联的侵犯。

毛泽东等中共领导人交换意见的。葛罗米柯表示：苏共中央完全赞同周恩来昨晚向苏达利柯夫谈到的中国方面对台湾地区紧张局势的立场、策略和做法；赫鲁晓夫准备给艾森豪威尔的信，对美国和英国政府所执行的政策提出警告。他介绍了这封信的主要内容。此外，还通报三件事：一是联合国大会特别紧急会议讨论美英从黎巴嫩、约旦撤兵的情况，二是九月五日举行的苏共中央全会的情况，三是与即将召开的第十三届联合国大会有关的一些问题。

同日 阅谭震林报送的九月四日全国电话汇报会议关于各地办人民公社情况的材料，批示："小平同志：此件可以印发在京各中央委员。"材料说：据汇报，目前全国绝大部分地区建立人民公社的高潮已经到来，大部分省、区在九月底以前可实现公社化。至会前统计，全国农村已建立九千零三十四个人民公社，一般均是一乡一社，少数是数乡一社，个别是一县一社。各地建立人民公社一般分作两步走：秋前先搭架子，换牌子，上动下不动，实行统一调配劳动力，统一安排生产；秋后再处理具体政策和解决经营管理等问题。这次运动的发展非常迅速，群众情绪非常高涨，纷纷写决心书、申请书、大字报，要求办公社。已办公社的地方，又掀起新的生产高潮。只有少数地方由于思想发动不够好，有些群众有顾虑，发生了杀鸡、杀猪、卖牲口、砍树、藏粮等不正常现象。对此，各地均已引起注意，并在纠正中。

9月7日 晨七时，就研究赫鲁晓夫准备给艾森豪威尔的信（草稿），批示："恩来同志：本日上午约五六人，对赫致艾文件草件认真研究一次。如可能的话，写出一个意见书交葛外长带去。肯定正确部分占百分之九十，可商量部分只占少数。你看如何？""赫文中应对中美新声明有所评论。"

同日 晚上，同周恩来谈话。后同陈伯达谈话。

同日 美蒋军组成一支海上大编队，美国军舰配置在编队左、右两侧护航，蒋军舰只和运输船只夹在中间，美舰和蒋军舰只相距二海里，由台湾向金门开来。美军已经卷入，对打不打美蒋海军联合编队，叶飞立即请示毛泽东，毛泽东回答：照打不误。叶又请示：是不是连美舰一起打？毛回答：只打蒋舰，不打美舰。并且交代要等美蒋联合编队抵达金门料罗湾港口才打，要每一小时报告一次美蒋联合编队的位置、编队队形、航行情况，到达金门料罗湾时，要等北京的命令才能开火。叶请示：我们不打美舰，但如果美舰向我开火，我们是否还击？毛回答：没有命令不准还击。〔1〕八日中午十二时，美蒋海军联合编队抵达金门料罗湾港口，运输船只开始在料罗湾港口码头上卸下补给物资，叶飞立即将这一情况直报北京。毛泽东即下令开火。叶飞迅即命令各炮群按预定作战方案开炮，专打蒋舰，不准打美舰。全线所有炮群，即以突然的密集火力攻击蒋舰及其运输船只，集中攻击料罗湾港口码头。中国人民解放军一开炮，美舰丢下蒋舰及运输船只于不顾，立即掉头向台湾方向驶去。蒋舰被击沉三艘、击伤数艘。

9月8日 上午，在中南海勤政殿继续主持最高国务会议第十五次会议并讲话。毛泽东说：今天有两个议事日程：一是财政和商业，一是教育。我想讲几句话。我们六号发表了声明，美国跳起来欢迎，可见如获至宝，就是说可以不打了。它看到我们不打炮，就又来护航了，今天总是要打几万发炮弹吧！美国人不整是不行的。但是所谓“整”，请同志们放心，双方都是谨慎小心的。我们已经公布了领海十二海里，你到了七海里我都不打，我专打国民党军舰，我就不打你那个美国军舰，七打八打，你也得跑。关于绞索，上一次不是谈过吗？现在我们要讲对杜勒斯、艾森豪威尔，对那些战争贩子使用绞索。对他们使用绞索的地方很

〔1〕毛泽东的指示是通过中国人民解放军总参谋部作战部部长王尚荣传达的。

多，据我看，凡是它搞了军事基地的，就被一条绞索绞住了。现在不讲别的，单讲两条绞索：一个黎巴嫩，一个台湾。台湾是老的绞索，美国已经占领几年了。黎巴嫩是最近套住的。是它自己造的索子，自己套住的。金门、马祖据我看也套上了。为什么呢？他们不是讲现在还没有定，要共产党打上去，那个时候看情形再决定吗？问题是十一万国民党军队，金门九万五，马祖一万五，只要有这两堆人在这个地方，他们得关心。这是他们的阶级利益、阶级感情。总而言之，你是被套住了。要解脱也可以，你得采取主动，慢慢脱身。怎么脱法呢？就是这十一万人走路。台湾是我们的，那是无论如何不能让步的，是内政问题；跟你美国的交涉是国际问题。这是两件事，不能混为一谈。台湾这些地方早一点解脱，对美国比较有利，它赖着不走，就让它套到这里，无损于大局，我们还是搞大跃进。你搞紧张局势，你以为对你有利呀？不一定，紧张局势调动世界人心，都骂美国人。中东紧张局势大家骂美国人，台湾紧张局势又是大家骂美国人，骂我们的比较少。毛泽东讲话后，李先念就今年财政收支情况、明年财政预算的初步安排和商业工作等问题作报告，陆定一就今年教育事业的发展情况、我国社会主义教育方针和干部参加体力劳动问题作报告。最后，毛泽东作结束语。他说：教育比较带原则性，牵涉广大的知识界。几千年来，都是教育脱离劳动，现在要教育与劳动相结合，这是一个基本原则，是一个革命。大体上有这样几条：一条是教育与劳动相结合，一条是党的领导，还有一条是群众路线，中心问题是教育与劳动相结合。我们社会主义国家，马克思讲了的，教育必须与劳动相结合。我在天津看了两个大学，有几个大工厂，那些学生们在那里做工。老读书，实在不是一种办法。书就是一些观念形态，人家写的，让这些没有经验的娃娃来读，净搞意识形态，别的东西看不到。如果是学校办工厂，工厂办学校，学校有农场，人民公社办学校，勤工俭学，或者半工半读，学习和劳动就结合起来了。在财政方面，一九五〇年到一九五七年这八年全部财政收入是一千七百亿元，今年开始的第二个五年计划，预计大概可以收四千亿元。你看，八年一千七百亿元，五年可以搞四千亿元。这个数目值得注意。还有一个数目也是值得注意的：基本建设投资，前面这八年，五〇、五一、五二那三年合起来是八十亿元，第一个五年计划是四百九十二亿元，而明年就可以搞到五百五十六亿元，就是一年差不多等于那五年。这是两笔大账。人民公社是一件大事。大概九月就差不多搭架子搞起来了，来势很猛，没有办法阻挡。至于把一些问题搞清楚，充实这个架子，那就要今冬明春。这件事要好好领导，要积极领导，要采取欢迎的态度。人民公社的特点是大公社，这是最近这几个月出来的新事物。还有一点，是抓工业。工业要抓紧，主要是抓一个钢铁和一个机械，有了这两门，万事大吉。如果明年能搞三十万台工作母机，后年再搞五十万台，连原有的二十六万台就是一百多万台。那个时候，我们跟美国人谈判就神气一点了。

同日　审阅修改《毛泽东主席在最高国务会议上发表重要讲话》的新闻稿。在新闻稿中的“中央和省一级的领导机关，必须一手抓工业，一手抓农业”这句话后，加写：“而从现在开始，要把重点放在工业方面。”还在新闻稿中加写一段话：“毛主席对于中美两国在华沙即将开始的大使级代表的谈判寄予希望。他说：如果双方具有解决问题的诚意的话，谈判可能会取得某些成果。现在全世界人民都在注视着两国代表将要进行的谈判。”这个新闻稿发表在九月九日的《人民日报》，标题改为《毛主席在最高国务会议上论目前形势、美国侵略者把绞索套在自己脖子上》。

同日　晚上，在中南海颐年堂召集刘少奇、周恩来、邓小平、彭真、黄克诚、张闻天、王炳南、乔冠华开会，商谈中国政府关于缓和台湾海峡地区紧张局势的方案，听取王炳南关于前一段中美会谈情况的汇报。九日下午，继续商谈。毛泽东指示王炳南在中美华沙会谈中应该注意的事项，他说：在同美国人的会谈中，你要多用一种劝说的方法，比如说，你们美国是一个大国，我们中国也不小，你们何必为了仅仅不到一千万人口的台湾岛屿与六亿中国人民为敌呢？你们现在的做法究竟对美国有什么好处呢？在会谈中要多用脑子，谦虚谨慎，说话时不要对美国人使用像板门店谈判那样过分刺激的语言，不要伤害美国人的民族感情。中国人民和美国人民都是伟大的民族，应该和好。毛泽东还说，在王炳南返回华沙时由新华社发一条消息，就说王炳南回国述职完毕。

9月9日　晚上，接见毛宇居〔1〕。十日，致信毛宇居："遵嘱写了湘潭大学校名二纸，请转致选用为盼！另致东山学校〔2〕一缄，亦烦转致。"毛泽东致湖南湘乡东山学校的信内容如下："你们的大字报早已收到，甚谢。现遵嘱写了校名二纸，请选用，未知适当否？"

9月10日　晨，听取彭真、薄一波、王鹤寿汇报钢铁生产情况。

同日　中午，乘专机从北京到达汉口。下飞机后即去长江游泳。下午到达住地武昌东湖客舍。毛泽东这次南下，是到湖北、安徽、南京、上海等地视察，张治中、罗瑞卿同行。

同日　就台湾局势等问题复电胡志明："九月八日来信收到，谢谢你。我认为：（甲）美国人怕打仗，就目前说，很少可能大打起来；（乙）贵国似可以照常工作。"胡志明在九月八日给毛泽

---

〔1〕 毛宇居，毛泽东的堂兄和少年时的私塾老师。

〔2〕 1910年秋至1911年春毛泽东曾在湘乡县立东山高等小学堂读书。

东的电报中说：鉴于台湾情况之紧张，美帝态度之顽固，请您告诉我们：（甲）可能不可能发生美华战争？（乙）我们越南应该有什么准备？

9月11日　下午，到武昌第一纱厂参观小高炉出铁。参观后游长江。

9月12日　下午，到长江游泳。晚上，到武汉大学参观校办的炼焦厂、空气电池厂、硫酸厂、硅胶厂、炼铜厂等，称赞实行半工半读的学生，说青年人就是要有志气。在听取学校负责人汇报情况时说：学生自觉地要求实行半工半读，是学校大办工厂的必然趋势，应给他们以积极的支持和鼓励。在教学改革中应注意发挥广大师生的积极性，多方面地集中群众的智慧。

9月13日　晨，致信张治中："密件五份，送陈请览。阅后退还为荷！"

同日　中午，到长江游泳，说要一直游泳到武钢。游到接近蒋家墩码头时登上江轮，在蒋家墩码头上岸，视察武汉钢铁公司。走上武钢一号高炉炉台，观看这个高炉出第一炉铁水。在炉台铁栏前向群众招手致意，并会见在武钢帮助工作的苏联专家，向他们表示感谢。随后，到武钢的炼焦厂，观看一号炼焦炉出焦。离开武钢时，叮嘱说：像武钢这样的大型企业，可以逐步地办成综合型的联合企业，除生产多种钢铁产品外，还要办点机械工业、化学工业和建筑工业等。这样的大型企业，除工业外，农、商、学、兵都要有一点。

同日　下午，接见武汉市妇联的三位女干部。对她们说：社会主义建设中，要充分发动妇女，好比一个人有两只手，缺少一只也不行。缺少妇女的力量是不行的，两只手都要运用起来。

同日　关于金门炮击办法等问题，致信周恩来、黄克诚："送来连日金门情况二件及我军命令一件，收到。除照你们命令规定路线执行以外，白天黑夜打零炮，每天二十四小时，特别是黑夜，特别是对料罗湾三海里以内，打零炮（每天二三百发），使敌昼夜惊慌，不得安宁，似有大利，至少有中利小利。你们意见如何？大打之日，不打零炮。小打之日，即是打零炮。特别黑夜对料罗湾打，白天精确地校准炮位，黑夜如法炮制，似较有利。请征询前线研究，看可行否？华沙谈判，三四天或者一周以内，实行侦察战，不要和盘托出。彼方亦似不会和盘托出，先要对我们进行侦察。周、彭、张〔1〕、乔（冠华）诸位意见如何？顺祝旗开得胜！”毛泽东在信封背面又写了一段话：“如同意，内信请寄叶飞，刘亚楼，厦门前指〔2〕付讨论。不要勉强同意。是则是，非则非，以实际可行者见告。”

同日 在吴冷西九月十日送阅《动态》第一号的信上批示：“电话告吴冷西同志：《动态》第一号收到，看过，觉得很好。”吴冷西的信中说：人民日报和新华社为了便于中央领导同志经常了解这两个单位的工作情况和问题，并及时予以指导，合编了一个刊物，现呈阅。我们希望经常得到主席的批示，以便据以改进我们的工作。

9月14日 下午，游长江。后到汉口老通成餐馆就餐。

同日 晚上，在武昌洪山宾馆礼堂观看文艺节目。

9月15日 上午，视察武汉重型机床厂，观看该厂第一机械加工装配厂的装配车间和铸造车间，同在那里帮助工作的苏联专家见面，并了解工人的工作、学习、生活情况。随后，前往黄石的武钢大冶铁矿。途中，在鄂城县临江公社看了棉花试验田。上午十时，到达大冶铁矿后，视察露天矿场。强调要注意矿石的

〔1〕 彭、张，指彭德怀、张闻天。

〔2〕 指当时设在厦门的中国人民解放军福建前线指挥部。

综合利用，特别关心矿工的安全。并说：搞基本建设还是采用大包干的办法好，这样可以大大地降低建设成本。

同日 下午，登上停泊在黄石的“江峡”轮，前往安徽。途中，游长江。

9月16日 晨，乘“江峡”轮到达安庆附近，停船休息。上午，在大风中游长江十余分钟。上岸后，参观安庆高级中学小土炉炼铁和正在修建的安庆钢铁厂。

同日 下午，从安庆乘汽车到达合肥，住稻香楼西苑。途经舒城时，参观舒茶人民公社的远景规划模型和一部分新式农具。晚上，看庐剧。

同日 致信王任重：“敬挥数字〔1〕，看可用否？谨向烈士们致以敬意。此次在鄂，谈得好，看得好，虽是走马，热情已经看出来了。颂你们一帆风顺！”

同日 致信曾希圣：“校名遵嘱写了四张〔2〕，请选用。沿途一望，生气蓬勃，肯定是有希望的，有大希望的。但不要骄傲，以为如何？合肥不错，为皖之中，是否要搬芜湖呢？〔3〕从长考虑，似较适宜，以为如何？”

9月17日 下午，到安徽省博物馆参观农业馆、水利馆、除四害陈列馆，还参观了工业、交通、邮电、财贸、林业、水产、文化教育、卫生、历史文物等馆，历时两个半小时。毛泽东说：每个省的主要城市都应该有这样的博物馆，人民要认识自己的历史和创造的力量。

---

〔1〕 指毛泽东题写的“二七烈士纪念碑”。

〔2〕 1958年9月16日，曾希圣汇报安徽办了一所综合大学——合肥大学，请毛泽东题写校名，毛泽东题名为“安徽大学”。

〔3〕 指安徽省省会确定在合肥还是芜湖一事。

9月18日 晨，阅中共中央办公厅印发的《钢铁生产紧急汇报会商定事项的通知》（一九五八年九月十四日），批示："曾希圣同志：此件请一阅。你们收到否?"通知说：周恩来于九月十四日召开钢铁生产紧急汇报会，讨论了目前钢铁生产的情况，一致认为九月上旬平均每日钢铁产量显然比八月份有所增长，但是，铁的平均日产量才达三点一万吨，钢的平均日产量才达二点四万吨，离九月份计划产铁二百万吨和产钢一百二十万吨的任务还有一定的距离，今后半个月的工作还是十分紧张的。为此，中央各有关部门必须大力协助各省市、各钢铁厂及时解决当前钢铁生产中首先是生铁生产中的关键问题，并采取各种紧急措施，争取尽可能完成九月份产铁产钢任务，以利今年第四季度钢铁生产的更大跃进。

同日 下午，视察安徽省委机关钢铁厂和合肥钢铁厂。傍晚，参观新式农具展览会，看了新式水车、空中运土器、改良深耕犁、农民自造的插秧机等。

同日 关于中美大使级会谈，致信周恩来。信中说："外交部对王炳南的每次指示，都应当简明扼要，界限分明，坚决有力。过去几次指示，繁琐而不扼要，界限不明，软弱无力，以致犯了错误。""建议：（一）召陈毅立即回京，协助你主持此事；（二）将我此电交外交部党委，予以讨论，得出结论；（三）将我此电发给王炳南阅读；（四）恢复过去办法，每次王炳南发言稿，都由北京起草，不许擅作主张。"

9月19日 晨二时，致信曾希圣："请将安徽省委书记处书记、常委委员、省政府主要人员（主席、副主席、各厅局长、计委等委员会主任、法院及检察院院长），各地、市委第一书记，开一张名单给我，为盼。"

同日　晨四时，复信周恩来："十八日夜来信[1]收到，极好，有了主动了，读完后很高兴，即照办。你来信及我这封复信，请转发王炳南、叶飞二同志，使他们明白我们这种新方针、新策略，是主动的，攻势的和有理的。高屋建瓴，势如破竹，是我们外交斗争的必需形态。""我今日去芜湖，后日去南京。"

同日　下午，乘敞篷车经过合肥市区，夹道欢送的群众有二十多万人。晚上，到达芜湖。

9月20日　下午二时，视察芜湖造船厂。然后乘鱼雷快艇在长江中行驶。三时快艇靠岸，乘专列去马鞍山。在马鞍山钢铁厂视察，冒雨看了这个厂的五号、七号、八号高炉，炼钢车间，详细询问各方面情况，指出：马鞍山钢铁厂条件很好，可以发展成为中型钢铁联合企业，因为发展中型钢铁联合企业比较快。

同日　晚上，从马鞍山到达南京。

9月中旬　阅中共冶金部党组九月十五日关于目前钢铁生产情况的报告，批示："送曾希圣同志阅后，退毛。"报告主要汇报了河南省的钢铁生产自九月十五日开始跃进的情况。

9月21日　晨，致信江渭清："请照安徽办法，将江苏主要

〔1〕1958年9月18日夜，周恩来就中美会谈和台湾海峡军事斗争问题，同陈云、彭真、黄克诚、张闻天、廖承志、章汉夫、乔冠华等商量后致信毛泽东。信中说：针对美国的停火要求，我们应该从各方面扩大要求美军停止挑衅和从台湾、台湾海峡撤退的活动。具体办法商定如下：一、准备一个驳斥杜勒斯联大演说的外长声明；二、声明发表后，动员各地报纸、各党派、各人民团体广泛响应；三、将我们的斗争策略分告苏联代办和刘晓转告赫鲁晓夫和葛罗米柯，以便苏联和兄弟国家配合我们行动；四、以我名义致电西哈努克，感谢他支持我们，向他解释美国所谓的停火的阴谋，说明我国收复沿海岛屿的决心和解放台湾的神圣权利，不容美国干涉；五、将上述同样内容以外交备忘录形式递交社会主义国家、亚非和北欧国家政府，唤起它们注意。

负责同志抄一份名单给我为盼！如天气好，我也许今天去杭州。安徽名单，请阅后退我。”

同日 听取中共江苏省委负责人关于经济工作情况的汇报，指示各级党委必须一手抓工业，一手抓农业。随后，同许世友谈军队领导干部下连当兵的问题。

同日 晚上，到达上海。在中苏友好大厦观看文艺演出。

9月22日 晨，到达杭州，住刘庄。

同日 下午，就承认阿尔及利亚共和国临时政府和对金门作战方针问题致电周恩来：“（一）同意对承认阿尔及利亚临时政府的处理，我国必须早日宣布承认它，并着手商谈建立外交关系问题。（二）你九月二十二日三时对金门作战方针问题上的批语是很对的，即照此办理，使我们完全立于不败之地，完全立于主动地位。”周恩来在九月二十二日晨三时给毛泽东的电报中说：目前形势下对金门作战方针，仍以打而不登，断而不死，使敌昼夜惊慌，不得安宁为妥。海空炮联合作战确不易配合很好，且有触及美舰美空军的可能。我实施对金门空炸更不适宜，因这样做，恰好给蒋介石空军以轰炸我大陆的机会。目前，美军还在控制蒋空军不许其轰炸我大陆，其原因是摸不透我空军回炸何地：金门还是台湾？既然美方还摸不清我方空炸动向，我就以不促成蒋空军向我大陆轰炸为有利。

同日 致电阿尔及利亚共和国临时政府总理阿巴斯，祝贺阿尔及利亚共和国临时政府成立。电报说：“感谢你一九五八年九月十九日的来信。我代表我国和我国全体人民并且以我个人的名义热烈地祝贺阿尔及利亚共和国临时政府的成立。祝贺英勇的阿尔及利亚人民在争取民族独立和反对殖民主义的斗争中取得更加辉煌、更加伟大的胜利！”阿巴斯给毛泽东的信中说，阿尔及利亚临时政府的成立，满足了阿尔及利亚人民的热切愿望，是阿尔及利亚人民英勇斗争的结果。信中赞扬毛泽东是亚洲人民解放的巨匠，是人民自决权的不倦的保卫者。

9月24日 在九月一日出版的《红旗》杂志第七期的封面上批示江青："陆定一的文章极好，必须看，至少看两遍。"这一期《红旗》杂志发表了陆定一的《教育必须与生产劳动相结合》一文。

同日 晚上，先后听取谭震林、江华汇报工作。

9月27日 晚上，乘专列从杭州到达上海。

9月28日 晨零时至一时半，在上海文化俱乐部同上海文艺界代表共度中秋节。随后，到上海第一钢铁厂视察。登上该厂自力更生建设起来的五米高的炼钢炉台参观。晨三时，乘专列离开上海回北京。

9月29日 晨三时，回到北京。途经天津时，在专列上同林铁、刘子厚、吴砚农、万晓塘谈话。

同日 晨三时四十分，同周恩来谈话。

9月30日 晨，同彭真谈话。

同日 起草《巡视大江南北后对新华社记者的谈话》新闻稿。新闻稿概述毛泽东视察湖北、安徽、南京、上海等省市的情况后，写道："此次旅行，看到了人民群众很大的干劲，在这个基础上各项任务都是可以完成的。首先应当完成钢铁战线上的任务。""在大干钢铁的同时，不要把农业丢掉了。人民公社一定要把小麦种好，把油菜种好，把土地深翻好。一九五九年农业方面的任务，应当比一九五八年有一个更大的跃进。为此，应当把工业方面和农业方面的劳动力好好组织起来，人民公社应当普遍推广。""民兵师的组织很好，应当推广。这是军事组织，又是劳动组织，又是教育组织，又是体育组织。""帝国主义者如此欺负我们，这是需要认真对付的。我们不但要有强大的正规军，我们还要大办民兵师。这样，在帝国主义侵略我国的时候，就会使他们寸步难行。”“此次同毛主席一起旅行的，有张治中将军。他是人民代表和国防委员会副主席。他是安徽人。他对工业、农业大跃进感到兴趣。他很关心在台湾的那些过去和他有联系的人们，希望他们认识美帝国主义的凶恶，走到爱国主义的道路上来。”这个谈话新闻稿在十月一日《人民日报》发表。

同日 同吴冷西谈话。毛泽东说：这次外出巡视，看到各地群众干劲很大，尤其是大办钢铁，大办民兵。我为新华社写了一篇巡视大江南北的新闻稿。这次巡视特别请张治中将军一起视察。关于台湾海峡局势，毛泽东说：其实我们也不是不想拿下金门、马祖，但这个问题不单是同蒋介石有关，特别是要考虑美国的态度，切不可以鲁莽从事。美国人也害怕跟我们打仗。我们宣布十二海里领海后，美国军舰开始不承认，多次侵入我国领海线，但不敢驶过他们承认的八海里领海线。后来经我多次警告，美舰也不敢入侵我十二海里领海线了。美国空军虽然有时也飞到大陆内地侦察，在台湾海峡，美国飞机开始时经常侵入我领空，但后来也不敢越过海峡的中线。目前美国在台湾海峡集中了重兵，实力相当强大，不可轻视，需要认真对待。因此我们现在的方针是打而不登，断而不死。在华沙恢复的中美会谈，经过几个回合的互相侦察，大体上可以判断美国人要保台湾但不一定保金门，而且有迹象显示美国人企图以放弃金、马换取我承认其霸占台湾，这需要研究对策。

同日 阅中共河南省委九月二十五日关于钢铁生产情况给中央的报告，批示：“即送彭真同志：此件似可改写成一个新闻报道，在报上发表。即酌办。”报告说，我省钢铁生产已经形成大规模的群众运动，正在为国庆节前放出日产三至五万吨生铁的“卫星”而努力。这个报告改写成新闻报道，在十月三日《人民日报》发表，题为《群众发动越透，钢铁跃进越快》。

10月1日 上午十时，和刘少奇、周恩来、朱德、陈云、邓小平等党和国家领导人出席在天安门举行的中华人民共和国成立九周年庆祝大会，检阅中国人民解放军部队和群众游行队伍。晚八时，毛泽东等在天安门城楼观看焰火，并会见参加国庆庆祝活动的外宾四百余人。晚十时，毛泽东在天安门城楼会见伊拉克友好访华团和伊拉克文化代表团。

10月2日 晚上，在中南海勤政殿会见六个国家的一些代表团：保加利亚国民议会代表团和索非亚市人民会议代表团、阿尔巴尼亚军事代表团、罗马尼亚军事代表团、蒙古国军事代表团、苏联原子能代表团和苏中友好协会代表团、波中友好协会代表团。会见时，刘少奇、周恩来、朱德、邓小平、彭真、彭德怀、陈毅、聂荣臻在座。毛泽东同这些代表团进行了谈话。关于炮击金门问题，他说：金门打炮，这是真打，基本上还是文打，我们是要惩罚蒋介石。我们没有跟任何外国人开战。美国人要我们停火，我们没有跟你打仗嘛，为什么停火？杜勒斯现在很不好办，他搞得很被动。人们责问他，为什么管到金门去呢？全世界除了杜勒斯，都说金门是中国的岛屿，金门问题是中国的内政。所以他现在搞得很不好办事啦！我们还要继续使他难办，使他继续处于困难地位。关于中国的大跃进问题，他说：中国究竟有没有大跃进，我本来也是不相信的。今年在武汉有一次会议〔1〕，我们一些省委书记在那里开会。那时候正大搞小型水利工程，我问他们，究竟有没有大跃进？他们说确实有大跃进。我说你们看见没有？那些人说，他们可是看见的，确实有大跃进。那时我们辩论一个问题，就是关于苦战三年基本改变面貌这个问题。我那

〔1〕 指1958年4月1日至9日毛泽东在武汉主持召开的华东地区和中南地区的省委、自治区党委第一书记会议。

时候怀疑这个口号，我说是不是可以改为苦战三年初步改变农村面貌，他们都不赞成，他们提出一些材料，拿出一些图表给我证明。从那一次会上我才去掉这些怀疑，是否完全去掉了呢？还没有。之后，来了一个夏季丰收，我这个怀疑就减少了。到了八月我们开了北戴河会议，这个时候，今年的年成大体可以确定了，这次确定了苦战三年基本改变农村面貌，我的怀疑去掉了百分之九十九，还有百分之一的怀疑。为什么呢？因为粮食还没有到手。到今天我还要保留这百分之一。等秋收的结果最后证明了，那我就信了。我刚才讲，今年农业增加产量大体上可以肯定，请你们注意大体这两个字。我还有百分之一的怀疑。关于钢铁，现在我们用很大努力来搞了。我们这么多年，就不知道以钢为纲，今年才知道这一条。你把钢铁提起来了，其他东西都可以解决，都可以跟上来了，比如机械工业，有了钢铁就可以制造机械。为了炼钢铁，就得搞煤炭，搞电力。现在我们这里石油问题还提得不严重，将来也是摆在面前的问题，还得搞铁路、轮船、卡车。钢，去年我们是五百三十五万吨，今年计划原来是六百二十万吨，后来增加到七百五十万吨，又增加到九百万吨。今年六月十九日那一天，我们中央一些同志和冶金工业部一些同志在一个地方吹，我说你们搞九百万吨，何必不多搞一点，索性翻一番可不可以呀？搞一千零七十万吨。他们说行。到八月一查，还差得很多，我就着了急，我说我的炮放错了。就是在北戴河开会的时候，我和钢铁厂的党委书记、地方管工业的书记开了一次会。我们抓工业什么时候开始的呢？真正抓工业，认真地把工业放在第一位，全党抓工业，各级党委第一书记挂帅，是在今年八月。落后于时代呀！过去也不是完全没有抓，问题是抓得不紧。今年的钢产量究竟能不能翻一番？我自己也是怀疑派，要到了手才算数！最近我们各处抓了一下，各处数了一下，还是有希望的。但是不到把一千零七十万吨钢交给我的时候，还是有百分之一到百分之几的怀疑。在这里，我提了两个问题，一个农业，一个钢。我们中国人只是逐步认识的，并不是很早就认识的，在实践中认识客观世界。总起来说，我们今年是有一个大跃进。农业发展，工业发展，对我们整个社会主义阵营是有利的，对全世界共产主义阵营，对全世界反帝国主义反资本主义的人民也是有利的，对争取和平也是有利的，可能使世界上的战争打不起来。这讲的是可能，当然还不是现实性，有斗争，要争取。当外宾中有人问人民公社建立以后党怎样进行领导时，毛泽东说：党的核心作用，要加强，不是削弱。公社组织就是政权组织，这是可以的，但是同党的组织不能混淆，因为党是先进部分组织起来的，应该有坚强的领导核心。人民公社，它的特点就是一个大，一个公。但是，基本上还是社会主义的，不是共产主义的，有共产主义的因素。人民公社这个名称，并不是我们在座的这些人取的，也不是哪一个省委决定的，而是群众取的，首先是河南人，他们起一个章程，从今年四月间开始，有几处地方，挂出一块招牌叫人民公社。今年八月，我到河南、河北、山东走了一圈，就说了这个问题，究竟叫合作社还是叫人民公社这个问题。我说群众要叫人民公社，可以。后来在北戴河中央会议接受河南人民的办法，作出了关于办人民公社的决议。现在在试办，这个东西还要看，搞几年再看，不过大体可以肯定这个东西是不会失败的。群众迫切要求，基本上是因为劳动力不够。又要搞农业，又要搞工业，农业又要搞高产，小社不行，范围太小；要搞大企业，解放妇女，统统要搞公共食堂，几亿人民在公共食堂里吃饭，妇女就不要做饭了，妇女从家务劳动中解放出来是一个很大的劳动力。

同日 致信袁水拍："诗二首定稿，请照此发表。可以照我写

的字照相刊出，以为如何？字不好，与诗相称，似乎适宜。”〔1〕

同日 阅一封反映安徽灵璧县三个乡的灾情、饿死人、干部打人等的匿名信，批示曾希圣：“是否属实，请派人去那里查一下，酌量处理。”按照毛泽东的批示，安徽省委派出检查组进行了调查，并于十二月二十三日报告毛泽东，说信中反映的问题基本上是属实的，对此省委作了自我检查，并采取措施进行了处理。

10月3日 晚上，在中南海颐年堂主持召开中共中央政治局常委扩大会议，主要分析讨论杜勒斯九月三十日的谈话〔2〕。刘少奇、周恩来、邓小平、彭真、陈毅、彭德怀、黄克诚出席会议。周恩来说：杜勒斯的谈话，表明美国想趁目前这个机会制造两个中国，要我们承担不用武力解放台湾的义务。杜勒斯的政策，一句话就是以金、马换台、澎，这同我们最近在华沙中美大使级会谈中侦察美方底牌的情况是一致的。毛泽东说：侦察任务已经完成，问题是下一步棋怎么走。对于杜勒斯的政策，我们同蒋介石有共同点，都反对两个中国。蒋介石是不愿撤出金、马的，我们也不是非登陆金、马不可。可以设想，让金、马留在蒋介石手里如何？这样做的好处是：金、马离大陆很近，我们可以通过这里同国民党保持接触，什么时候需要就什么时候打炮，什

---

〔1〕 诗二首，指《七律二首·送瘟神》。这两首诗，发表在1958年10月3日《人民日报》第1版，两诗的毛泽东手迹刊印在第8版。

〔2〕 美国国务卿杜勒斯在谈话中重申美国在台湾问题上所持的要国共“双方放弃武力”的立场，批评台湾当局在金门、马祖等岛屿上保持大量军队是不明智和不谨慎的，并承认蒋介石反攻大陆是一个“假设成分很大”的计划，认为“只靠他们自己的力量，他们是不会回到那里去的”。当有记者问到如果中国共产党方面作出某些让步，那末美国的对台湾政策是否会有所改变时，杜勒斯说：“我们在这些方面的政策是灵活的，是适应于我们必须应付的局面的。如果我们必须应付的局势改变了，我们的政策也会随之改变。”

么时候需要紧张一点就把绞索拉紧一点，什么时候需要缓和一下就把绞索放松一下，不死不活地吊在那里，可以作为对付美国人的一个手段。我们一打炮，蒋介石就要求美国人救援，美国人就紧张，担心蒋介石给他闯祸。毛泽东最后说：方针已定，还是打而不登，断而不死，让蒋军留在金、马。但打也不是天天打，更不是每次都打几万发炮弹，可以打打停停。

10月4日 下午，同周恩来谈话。

10月5日 上午，就暂停炮击金门，致信彭德怀、黄克诚："不管有无美机美舰护航，十月六、七两日，我军一炮不发；敌方向我炮击，我也一炮不还。偃旗息鼓，观察两天，再作道理。空军必须防卫，但不出海。还有一事：两天中，不要发表公开声明，因为情况如何，尚待看清。以上请即令行。或者即以此信转发叶飞、韩先楚〔1〕。此件处理后，送总理一阅。"

同日 审阅中共中央军委关于当前对金门、马祖沿海岛屿军事斗争的指示稿。指示稿说：美国正在玩弄有条件撤退金、马的阴谋，企图摆脱其目前所处的进退两难的窘境。它要蒋介石撤退金、马，驻守台湾，以放弃金、马来换取盘踞台湾的合法地位，从而达到制造"两个中国"的阴谋。为此，军委决定减轻对金门、马祖的军事压力，使金门、马祖的蒋军能够生存下去。炮兵对金门各岛，在一定时期内，停止大规模的炮击，只作袭扰性的打击。毛泽东批示："此件同时发各省、市、自治区党委的书记处同志和各军区的负责同志。请受件人注意保密。"并在指示稿中加写一段话："为了打破美国停火阴谋，在必要时，我仍可组织过去那样的大打。灵机应变，主动在我。"

同日 晚十一时至十一时四十分，在中南海颐年堂主持召开

〔1〕 韩先楚，当时任中国人民解放军副总参谋长兼福州军区司令员。

中共中央政治局常委扩大会议，谈起草告台湾同胞书问题，刘少奇、周恩来、邓小平、彭真、陈毅、彭德怀、黄克诚出席。

10月6日　晨一时，起草完毕中华人民共和国国防部部长彭德怀《告台湾同胞书》。全文如下："台湾、澎湖、金门、马祖军民同胞们：我们都是中国人。三十六计，和为上计。金门战斗，属于惩罚性质。你们的领导者们过去长时期间太猖狂了，命令飞机向大陆乱钻，远及云、贵、川、康〔1〕、青海，发传单，丢特务，炸福州，扰江浙。是可忍，孰不可忍？因此打一些炮，引起你们注意。台、澎、金、马是中国领土，这一点你们是同意的，见之于你们领导人的文告，确实不是美国人的领土。台、澎、金、马是中国的一部分，不是另一个国家。世界上只有一个中国，没有两个中国。这一点，也是你们同意的，见之于你们领导人的文告。你们领导人与美国人订立军事协定〔2〕，是片面的，我们不承认，应予废除。美国人总有一天肯定要抛弃你们的。你们不信吗？历史巨人会要出来作证明的。杜勒斯九月三十日的谈话，端倪已见。站在你们的地位，能不寒心？归根结底，美帝国主义是我们的共同敌人。十三万金门军民，供应缺乏，饥寒交迫，难为久计。为了人道主义，我已命令福建前线，从十月六日起，暂以七天为期，停止炮击，你们可以充分地自由地输送供应品，但以没有美国人护航为条件。如有护航，不在此例。你们与我们之间的战争，三十年了，尚未结束，这是不好的。建议举行谈判，实行和平解决。这一点，周恩来总理在几年前已经告诉你们了。这是中国内部贵我两方有关的问题，不是中美两国有关的

---

〔1〕康，指西康省，1955年撤销，所辖金沙江以东地区划归四川省。1956年原所辖昌都地区划归西藏。

〔2〕指美国同台湾国民党当局于1954年12月签订的《共同防御条约》。

问题。美国侵占台澎与台湾海峡，这是中美两方有关的问题，应当由两国举行谈判解决，目前正在华沙举行〔1〕。美国人总是要走的，不走是不行的。早走于美国有利，因为它可以取得主动。迟走不利，因为它老是被动。一个东太平洋国家，为什么跑到西太平洋来了呢？西太平洋是西太平洋人的西太平洋，正如东太平洋是东太平洋人的东太平洋一样。这一点是常识，美国人应当懂得。中华人民共和国与美国之间并无战争，无所谓停火。无火而谈停火，岂非笑话？台湾的朋友们，我们之间是有战火的，应当停止，并予熄灭。这就需要谈判。当然，再打三十年，也不是什么了不起的大事，但是究竟以早日和平解决较为妥善。何去何从，请你们酌定。”晨二时，就发表《告台湾同胞书》，致信彭德怀、黄克诚：“彭、黄，请发韩、叶〔2〕：昨天我说不发声明，看两天再说。随后想了一下，还是先作声明为好，所以有告台湾同胞书。此件即将发出，请福建前线广播电台多播几次，为盼！”并批示：“即送克诚办。”当天《人民日报》发表了《告台湾同胞书》。

10月7日　晨，同周恩来、黄克诚谈话。上午十一时，黄克诚根据毛泽东谈话中的指示，起草了中共中央军委关于坚决执行七天停止炮击的声明给叶飞、韩先楚等的电报。这个电报经毛泽东审阅修改后发出。

同日　晚上，同周恩来谈话。

10月8日　上午，同陈伯达、田家英谈话。后同谷羽〔3〕谈话。下午，同康生、陈伯达谈话。

---

〔1〕 指在华沙举行的中美大使级会谈。

〔2〕 韩、叶，指韩先楚、叶飞。

〔3〕 谷羽，当时任中国科学院新技术局局长。

10月9日 晨，审阅修改《人民日报》社论稿《何去何从》[1]。将原稿中的一段话“中国内部的事情应当由中国人自己处理。我们的内战，从一九二七年算起，已打了三十一年，十年内战，再加八年抗战中的‘摩擦’，再加日本投降后的四年内战，再加中华人民共和国成立后的九年，这三十一年中间除了一两年没有打以外，充满了大大小小的仗”，修改为：“中国内部的事情应当由中国人自己处理。我们的内战，三十年了。这三十年中，有一两年没有打，其余的时间都消磨在大大小小的战争中。”将最后一段“当然，问题尚有待于解决，而不是已经解决了。目前台湾海峡地区的局势还不能说是风平浪静，相反的，现在正是多风多浪的季节，随时都有发生台风的可能。对于台湾当局来说，‘三十六计，和为上计’；对于美国当局来说，‘三十六计，走为上计’”，修改为：“看来，问题尚有待于观察和考验，离解决之期尚很远。帝国主义到底是帝国主义，反动派到底是反动派。且看一看他们究竟怎样动作吧！”并批示：“退吴冷西同志：不算好，勉强可用。”这篇社论发表在十月十一日《人民日报》，题目改为《且看他们怎样动作》。

10月10日 晚上，同李先念谈话。

---

〔1〕 据吴冷西回忆，1958年10月8日毛泽东对他说：先要做台湾国民党的工作，要写一篇社论着重对蒋介石说话，同时也给美国人出难题。可以说明《告台湾同胞书》并非诡计，阐述我们对台的一贯政策，这次是又一次伸出手来，还可以挑一下美蒋关系，说寄人篱下不好受，搭美国船不可靠。然后批杜勒斯的所谓停火，要美国人过五关（停止护航，停止侵犯中国领海领空，停止军事挑衅和战争威胁，停止干涉中国内政，从台、澎撤退美国全部武装力量）。毛泽东要吴冷西当天晚上把这篇社论写好，他在夜里等着看。

10月11日 上午，致信周恩来："苏来件[1]不忙复，谈一下再说。曹聚仁到，冷他几天，不要立即谈。我是否见他，待酌。叫克诚将八月十九日汕头空战以来五十多天中，我歼敌机多少，敌歼我机多少，确查统计，准备告诉苏方。他们信敌人谎报，不明实情。地空导弹应卖给我，由我使用，他们派少数人来教。我倾向这种方针。是否适宜，今晚或明晚可以商定。"

同日 上午，就《人民日报》转载九月十六日出版的上海《解放》半月刊第六期刊登的张春桥[2]《破除资产阶级的法权思想》一文，复信吴冷西："信收到。既然有那么多意见，发表时，序言应略为改一点文字，如下：'《人民日报》编者按：张春桥同志此文，见之于上海《解放》半月刊第六期，现在转载于此，以供同志们讨论。这个问题需要讨论，因为它是当前一个重要的问题。我们认为张文基本上是正确的，但有一些片面性，就是说，对历史过程解释得不完全。但他鲜明地提出了这个问题，引人注意。文章又通俗易懂，很好读。'请你看后，加以斟酌。如有不妥，告我再改。再则，请你拿此给陈伯达同志一阅，问他意见如何，并将你们讨论的详情给他谈一下。"吴冷西在给毛泽东的信中，谈了对张春桥的文章有不同意见，请毛泽东考虑《人民日报》在转载这篇文章的编者按语中是否说得活一些。

同日 晚上，在中南海颐年堂召开会议，讨论复赫鲁晓夫来信问题和炮击金门再停两星期给福建前线人民解放军的命令稿，刘少奇、周恩来、朱德、陈云、陈毅、彭德怀、黄克诚出席。会

---

〔1〕 指苏联共产党中央第一书记、苏联部长会议主席赫鲁晓夫1958年9月27日和10月4日给毛泽东的两次来信。赫鲁晓夫在信中说苏联要派一个导弹部队去福建前线，还要派携带导弹的轰炸机和歼击机到福建前线去，都由他们指挥，指挥权不交给中国。

〔2〕 张春桥，当时任中共上海市委宣传部副部长。

后同刘少奇谈话。

同日 阅中共卫生部党组九月二十五日关于组织西医学中医离职学习班的总结报告，批示："尚昆同志：此件很好。卫生部党组的建议在最后一段，即今后举办西医离职学习中医的学习班，由各省、市、自治区党委领导负责办理。我看如能在一九五八年每个省、市、自治区各办一个七十至八十人的西医离职学习班，以两年为期，则在一九六〇年冬或一九六一年春，我们就有大约二千名这样的中西结合的高级医生，其中可能出几个高明的理论家。此事请与徐运北〔1〕同志一商，替中央写一个简短的指示，将卫生部的报告转发给地方党委，请他们加以研究，遵照办理。指示中要指出这是一件大事，不可等闲视之。中国医药学是一个伟大的宝库，应当努力发掘，加以提高。指示和附件发出后，可在《人民日报》发表。"中共中央十一月十八日转发了卫生部党组的总结报告。中央转发这个总结报告的指示和总结报告，在十一月二十日《人民日报》发表。

10月12日 根据第一届全国人大常委会的决定，任命黄克诚为中国人民解放军总参谋长、陈云兼任国家基本建设委员会主任。

同日 晚上，在中南海颐年堂召集刘少奇、周恩来、朱德、陈云、陈毅、黄克诚、吴冷西、乔冠华开会，再次讨论关于炮击金门再停两星期给福建前线人民解放军的命令稿。

10月13日 晨一时，起草完毕中华人民共和国国防部部长彭德怀给福建前线人民解放军的《中华人民共和国国防部命令》。命令说："金门炮击，从本日起，再停两星期，借以观察敌方动态，并使金门军民同胞得到充分补给，包括粮食和军事装备在内，以利他们固守。兵不厌诈，这不是诈。这是为了对付美国人

〔1〕 徐运北，当时任中共卫生部党组书记、卫生部副部长。

的。这是民族大义，必须把中美界限分得清清楚楚。我们这样做，就全局说来，无损于己，有益于人。有益于什么人呢？有益于台、澎、金、马一千万中国人，有益于全民族六亿五千万人，就是不利于美国人。”“呆在台湾和台湾海峡的美国人，必须滚回去。他们赖在这里是没有理由的，不走是不行的。台、澎、金、马的中国人中，爱国的多，卖国的少。因此要做政治工作，使那里大多数的中国人逐步觉悟过来，孤立少数卖国贼。积以时日，成效自见。在台湾国民党没有同我们举行和平谈判并且获得合理解决以前，内战依然存在。台湾的发言人说：停停打打，打打停停，不过是共产党的一条诡计。停停打打，确是如此，但非诡计。你们不要和谈，打是免不了的。”“美国人想在我国的内战问题上插进一只手来，他们叫做停火，令人忍俊不禁。美国人有什么资格谈这个问题呢？请问他们代表什么人？什么也不代表。”“台、澎、金、马整个地收复回来，完成祖国统一，这是我们六亿五千万人民的神圣任务。这是中国内政，外人无权过问，联合国也无权过问。”“金门海域，美国人不得护航。如有护航，立即开炮。”当天《人民日报》发表了这个命令。

同日 起草中华人民共和国国防部部长彭德怀《再告台湾同胞书》稿。这个稿子没有发表，后来重新起草一个《再告台湾同胞书》。

同日 晨五时，审阅修改十月十二日送审的毛泽东复赫鲁晓夫的信稿后，批示：“恩来同志：加了几段，是否适当，请邀请中央若干同志商量一次，加以酌定。文件以十月十四日发出为宜。”在信稿的“从目前的形势看来，美国不敢为金门、马祖挑起对我国的战争，相反地，美国趋向于逐步从金、马脱身，以便冻结台湾海峡的局势，实现‘两个中国’的阴谋”一句后，毛泽东加写：“目前，美国人非常怕打仗，千方百计回避战争。当然，我们也决不去碰美国人。”对信稿的“我们的对策是让蒋介石集团继续占据金门、马祖，拖住美国，不让它脱身，这样就更便于我们教育人民，锻炼部队和孤立美国”这句话，毛泽东删去其中的“更”字，并在这句话后加写：“也有教育世界人民的作用，使得每个人想一想，美国统治者们是一些什么样的货色。”在信稿说到“当然，我们也不完全排除美国对我国发动战争的可能性”，甚至“一开始就由于使用了大规模毁灭性武器而成为全面战争”处，毛泽东加写：“但是，为了取得充足理由，使世界大多数人民站在我们一边，使美国完全输理起见，就是中国遇到美国的全面原子攻击，但尚未对苏联发动攻击，在这种条件下，苏联在头几天亦可考虑只作政治声明，呼吁停战，提到联合国制裁美国侵略者，而把正式全面原子参战放在稍后几天。后发制人，取得全胜。”在信稿的最后，毛泽东加写一段话：“总而言之，我们的看法，美国怕打，怕得利害。世界形势有利于我们共产党人，不利于帝国主义。美国在中东，在远东，都处于被动地位，而我们是主动者。争取七年到十年的和平是可能的。而为了达到这个目的，必须采取你们和我们对中东对台湾海峡的有理而坚决的斗争方式。”这封信后来作为八届六中全会文件印发。

同日 上午，在中南海颐年堂会见曹聚仁，周恩来、李济深、程潜、张治中、章士钊、童小鹏在座。毛泽东说：看了曹先生写的几个东西。你写给蒋介石他们的信是真的还是假的？曹聚仁说：是真的。毛泽东说：如果是真的，那就不能那样写，先写我们好的，他们会听不进的。你还是当自由主义者好。只要蒋氏父子能抵制美国，我们可以同他合作。我们赞成蒋介石保住金、马的方针，如果蒋介石撤退金、马，大势已去，人心动摇，很可能垮。只要不同美国搞在一起，台、澎、金、马都可由蒋管，可管多少年，但要让通航，不要来大陆搞特务。台、澎、金、马要整个回来，金、马部队不要起义，没有吃的时候，我们就不打炮，让它备足粮弹。但以后还有可能打一点，只不让它损失太大，不打，蒋介石也是不好办的。“在天愿作比翼鸟，在地愿为连理枝”，台湾的小枝在同美国的大枝连，总要被压断的，将来要变成殖民地或被托管的。当曹聚仁说台湾有人问生活方式怎么样时，毛泽东说：照他们自己的方式生活。水里的鱼都有地区性的，毛儿盖的鱼到别的地方就不行。但是美国不要他时，蒋可以来大陆，来了就是大贡献，就是美国的失败。吴佩孚失败后不出国，不住租界，就是好的。我们的方针是孤立美国，它只有走路一条，不走只有被动。以后华沙会谈可改为一星期一次，两星期一次，甚至一个月一次。要告诉台湾，我们在华沙，根本上不谈台湾问题，美国代表没有台湾的证书，又没有介绍信。毛泽东说：蒋介石为什么不再做总统？我们都是“拥蒋派”，问题是美国要整他。我们不同美国谈台湾、澎湖，只谈要美国人走路。蒋不要怕我们同美国人一起整他。大陆这么大，台、澎、金、马只是一大点点几小点点，让他们在那里搞他的三民主义、五权宪法，天天吹反共，我们也天天吹收复，商量好。他们同美国的连理枝解散，同大陆连起来。枝连起来，根还是你的，可以活下去，可以搞你那一套。一不要整风，二不要反右，不同美国搞在一起，就是伟大胜利。当章士钊说如果这样美国对台湾的援助会断绝时，毛泽东说：我们全部供应，那有几个大钱？他的军队可以保存，我们不压迫他裁兵，不要他简政，让他搞三民主义。要等到美国踢开他们的时候，才有可能同我们结合。现在公开谈判也不利，只能吓唬美国人，说些“你们可以谈判，我自己不会谈判？”这样的话。暂时美国大整台湾也不可能。几年后气候会变的，空气是不利于他们的。美国现在是空前孤立，无论在中东问题和远东问题上。台湾已经做了三件抗美的事：一搞掉孙立人，二打美国大使馆，三反对《自由中国》刊物。蒋怕我们瓦解他的军心士气，其实我们不会。一、金、马的物资粮食可以满足；二、我们同美国不会谈台、澎、金、马问题。我们松一点对台湾好，打厉害了美国就会压它。准备他十年、二十年吧。美国要压蒋，要以金、马换台、澎，我们不干，让蒋委员长多守几年。当谈到曹聚仁曾说台湾方面要组织回国观政团时，毛泽东说：他们来，我们欢迎。毛泽东最后又对曹聚仁说：你还是做个自由主义者好，不要红了，要有点保护色。

同日　中午，同周恩来谈话。

同日　下午，乘专列从北京到达天津杨村。

10月14日　下午一时半，在停靠杨村的专列上召集会议，讨论资产阶级法权问题，陆定一、陈伯达、胡绳、吴冷西、张春桥、朱子强、孙定国〔1〕出席。

同日　下午四时半，到达天津。同欧阳钦、吴德、黄火青、林铁、万晓塘谈话。

10月15日　下午二时，在天津同欧阳钦、吴德、黄火青、杨春甫〔2〕、林铁、万晓塘谈话，讨论钢铁生产和人民公社问题。下午六时三十五分，回到杨村。

同日　在专列上同彭真、陈伯达、王鹤寿等谈话。毛泽东说：司马迁的《史记》，李时珍的《本草纲目》，都不是因为稿费、版税才写的。《共产党宣言》，也不是因为稿费才写的。《红楼梦》、《水浒传》也不是因为稿费才写的。《诗经》、《论语》，孔夫子那些东西，还有《道德经》，谁给他稿费呢？《圣经》的“新约”、“旧约”是什么人写的？也不是因为稿费。这些都是因为有

---

〔1〕朱子强，当时任中共河北省委宣传部部长。孙定国，当时任中共中央高级党校哲学教研室副主任。

〔2〕杨春甫，当时任中共辽宁省委书记处书记。

一种需要，才写出来的。

10月16日　下午一时十分，在专列上同陈伯达、张春桥谈资产阶级法权问题。

同日　下午三时五十分，在天津市干部俱乐部召开会议，讨论人民公社问题，彭真、陈伯达、王鹤寿、张春桥、林铁、万晓塘、张承先、张明河、朱子强、李悦农、张国忠、王桂冀、刘振宗〔1〕出席。当徐水县委第一书记张国忠谈到幸福院、幼儿园和建筑房屋的试点规划，是夫妇住一处、小孩住一处、老人住一处时，毛泽东说：太单调了嘛，也要大中小结合，老人不跟壮丁、小孩结合怎么办？整天只是老头对老头，行吗？公社造房子，只造夫妇住的，不造老人、孩子的，他们要另住在一块，群众赞成不赞成？恐怕脱离老人和孩子了，两头不喜欢，中间也不喜欢。当张国忠谈到徐水是全民所有制时，毛泽东说：徐水叫全民所有制，你和鞍钢有什么不同？机械化、生产能力不如它，你的产品是不是由国家调拨？你在徐水讲全民所有制，可以；你在全国讲，同鞍钢还是有差别的，还有所不同，贡献不同。

同日　关于找草书字帖，批示田家英："请将已存各种草书字帖清出给我，包括若干拓本（王羲之等），于右任千字文〔2〕及草诀歌〔3〕。此外，请向故宫博物院负责人（是否郑振铎？）〔4〕

〔1〕王桂冀，当时任中共唐县县委第一书记。刘振宗，当时任中共安国县委第一书记。

〔2〕指书法家于右任（曾长期担任国民党政府监察院院长）选用历代草书名家的草字双勾而成的《标准草书范本千字文》。

〔3〕指明代韩道亨所书草楷对照的《草诀百韵歌》。

〔4〕郑振铎，作家、文史学家。当时任文化部副部长、中国文学艺术界联合会委员、中国作家协会理事、中国人民对外文化协会常务理事。这时任故宫博物院院长的是吴仲超。

一询，可否借阅那里的各种草书手迹若干，如可，应开单据，以便按件清还。”

10月17日 中午，在天津市干部俱乐部召开会议，陈伯达、张春桥、林铁、刘子厚、张承先、赵克、李悦农、张国忠、王桂冀、刘振宗、焦家驹[1]、朱子强、杨才魁[2]出席。毛泽东说：徐水还是全县人民的所有制，还不是六亿人口的所有制，徐水叫大集体所有制也好，就本县说叫全民所有制也好。在谈到徐水的供给制时说：供给制是可靠的保证，还是比较的可靠，天有不测风云，你遇到大水、大旱、连旱三年怎么办？遇到瘟疫怎么办？在谈到徐水的幸福院时说：我就不愿进你的幸福院，幸福要有点分析，幸福中有不幸福就不好。鳏寡孤独进幸福院可以。但是幸福院作为一个生活单位，一天净是见老人，看不见青壮年，是不是好？要训练保育员、小学教员，对待别人的孩子要同自己的孩子一样，要了解孩子们的心理。母亲就了解孩子，她打过、骂过、看过，了解他们。保育员对那么多孩子，全了解吗？我看是一个问题。毛泽东又说：苦战三年，基本改变农村面貌，在武汉开会时我说是否改为初步改变，现在看右倾保守了，他们当时拿了很多证据，看了看，不能叫初步改变，是基本改变，说服我了。在实践中，是逐步认识客观世界的。钢，吹出去了，没有管，北戴河会议才管起来，一个半月就情况大变，听说京汉路两侧烽火弥漫。

同日 下午，回到北京。

10月18日 下午，同陈伯达、张春桥谈话。

10月19日 晨，关于到河南遂平嵖岈山卫星公社作调查问题，写信给陈伯达：“想了一下，你和张春桥同志似以早三天去

---

[1] 焦家驹，当时任中共安国县委书记处书记、安国县县长。

[2] 杨才魁，当时任中共正定县委书记。

河南卫星公社进行调查工作为适宜，不必听二十一日刘子厚同志的报告。集中精力在卫星公社调查七天至十天，为杭州会议〔1〕准备意见，很有必要。可带李友九〔2〕去帮忙。如同意，请告叶子龙同志，为你们调一架专机即飞郑州。到郑州时，最好能请史向生同志和你们一道去卫星社。史对人民公社有研究，他去过卫星社。他是省委书记。”晨七时半，再次写信给陈伯达：“去河南时，请把《马恩列斯论共产主义社会》一书带几本去，你们调查团几个人，每人一本，边调查，边读书，白天调查，晚上阅读，有十几天，也就可以读完了。建议将胡绳、李友九都带去，练习去向劳动人民做调查工作的方法和态度，善于看问题和提问题。我过了下星期就去郑州，一到，即可听你们关于卫星社观察所得的报告，在四省第一书记会议上予以讨论。”

同日 晚七时十五分，同邓小平谈话。

同日 晚八时半，在中南海颐年堂召集周恩来、朱德、邓小平、陈毅、李富春、陆定一、黄克诚、杨尚昆开会。

10月20日 晨，阅中国驻苏联大使馆十月十六日给外交部的报告。报告说：刘晓大使已经将周恩来十二日致赫鲁晓夫的信面交库兹涅佐夫。库兹涅佐夫对周恩来向安东诺夫介绍关于台湾地区局势表示感谢，并说已经在昨天收到了毛泽东致赫鲁晓夫的信，信非常好，对局势的分析很精辟，特别是指出了各方面的情况都证明中国掌握了主动。他还说，中国所采取的政策是英明的，并已发生了重大的政治效果，这一政策对整个社会主义阵营

---

〔1〕 似应为郑州会议。1958年11月2日至10日，毛泽东在郑州召集了有部分中共中央领导人、协作区负责人和部分省市委书记参加的工作会议，即第一次郑州会议。

〔2〕 李友九，当时任《红旗》杂志常任编辑。

都是很有利的。毛泽东批示："恩来同志：我复赫鲁晓夫同志那封信，宜发给刘晓阅读。不知已发去否？"

同日 下午一时，阅周恩来本日十二时半关于报送国防部恢复炮击金门的命令稿的报告。报告说：国防部命令稿已写好，现送上请批阅后即退我，再以打字稿分送邓小平、陈毅、黄克诚三同志核阅。厦门前线，一切准备好了，已分别以电话和文字命令下达，由克诚签发，并告以炮击只限于金门各岛的工事、阵地和滩头船只，不打民房、兵房和指挥机关，更不要误击美国船只。我空海军均不出动。国防部命令拟三时广播，以口头广播读完后，立即开炮，中外文语同时广播。毛泽东批示："照办。口头广播后，隔一小时，或半小时，开始炮击，较为适宜。"

10月21日 中午，在中南海颐年堂同刘子厚、张明河、赵一民〔1〕、朱子强、王路明〔2〕谈话，杨尚昆、田家英参加。刘子厚汇报到徐水调查的情况。此前，根据毛泽东的指示，由刘子厚带领中共河北省委工作组，和参加地市委农村工作部长会议的全体干部共七十人，于十月十八日至二十日，到徐水作了三天的调查研究。汇报开始时，刘子厚谈到调查方法和群众情绪问题，毛泽东说：不论什么官，你们都住在老百姓家，好嘛。一片叫好声，群众叫好也是有理由的，有一利也有一弊，听不到群众意见，有缺点。要让张国忠他们注意这方面的问题，注意这个方法，不要总听叫好声，听不到群众意见。有个框框，那就发现不了问题了。刘子厚汇报说：徐水实际上还是集体所有制，不是全民所有制，他们已经公布了说是全民所有制，究竟如何提法为好。毛泽东说：实际上是集体所有，他们说全民所有，也不一定

〔1〕 赵一民，当时任中共河北省委组织部部长。

〔2〕 王路明，当时任中共河北省委农村工作部部长。

公开改，马虎下去好了。你们把这个问题弄清楚了好。是徐水全民所有，不是全国的全民所有。它和过去合作社不同，和国营工业也还不同。公社要从两个方面发展，一方面大范围的内部调拨要发展，另一方面社会主义市场、社会主义商业要发展，还是货币交易。必须多产经济作物，好交换，国家好供应，不然就没有交换的东西了。粮食可以交换一部分，即统销的那一部分。要大修铁路，运输紧张得很。关于供给制问题，毛泽东说：对供给制，真正赞成的占百分之三十至四十，要分析一下。要从发展生产中解决问题，明年发展生产一年，消费不要增加，就可消灭赤字。要有生产资金，要积累一部分，还要储备一部分，食堂也要储备一部分。有的户劳动不积极，他觉得吃亏了，别人把他的劳动占有得太多了。要把劳动力多的户的积极性调动起来，使他们收入多点，工资多点，不要平均主义，多劳多得还是社会主义原则。徐水应有清醒的头脑，知道事情有正面，还有另外的反面。关于体制问题，毛泽东说：统一起来，好处是有，问题就是如何发挥下面的积极性。过去全统一归中央，你河北、河南的积极性不能发挥嘛，天津、唐山钢厂不归你们，你们就不积极，邯郸钢厂就不能建。徐水全县一个社，下面十六个社，统一多了，如何发挥十六个社的积极性，看来将来还要权力下放。搞县联社，县一层也不要担负那么多责任。社、大队、队三级，每级都要有点权，没权不利于发展生产，当然权不能太大了。十六个社，可以有几种方法，不要样样都是一个样子，这才好比较。关于政策问题，毛泽东说：全国要普遍重新盖新房新村，恐怕得五到七年，短了来不及。盖新房，有利于并村，搞集体福利，劳动、居住就这么一片。恐怕要按劳动组织，以队为单位盖房子，便利生产，按大队恐怕太大了。居民点问题，要研究一下，主要是有利于生产。现在农村重点还是农业，和农业有关的有点工业，徐水有机械厂、钢铁厂，总不能每一社都办机械厂、钢铁厂，有煤、铁的社可办钢铁厂，没有的不一定办。家具不归公，这是一部分生活资料。吃饭集体，衣服、床、桌椅等等，不能归集体。对私人间的债务问题，一风吹，把人家的拿过来，不是借是侵占了。劳动人民内部的，还了它好不好？自己还不了，将来盖了大工厂，由公家替他还了。要调查统计一下，看社员之间的债务究竟有多少，能不能还得起？劳动人民的劳动所得，把它吹掉不好。在刘子厚谈到有假报产量现象时，毛泽东说：虚报不好，对虚报的人要进行教育，进行辩论，不要讲假话，是多少就是多少。在谈到家庭问题时，毛泽东说：要大中小结合，阴阳五行还要讲嘛。幸福院不幸福，老人们住在一起，见不到自己的儿女。老的去了不舒服，就活得短了，不如跟子女在家，多活些年嘛。谈到党的领导和干部作风问题时，毛泽东说：徐水有没有一个口号，叫党政社合一？政社可以合一，党和政社合一了，党的领导就削弱了，还要加强党的领导嘛。把穿衣都包起来，没那么多布怎么办？简单粗糙，不深思熟虑，不留余地。要考虑下一步。作为县级领导，大事不跟地委商量，县社两级领导不反复研究，交换意见，成熟了再做决定，就值得注意了。有捆人、打人的事就是还有封建残余嘛。一方面有社会主义全民所有制的因素，有共产主义因素，一方面又有资本主义残余、等级制，还有封建主义残余。事前不谈，辩论县长，这就不是正常地对待同志的方法。解决人民内部的矛盾，不要用压服嘛。一捆、二打、三骂、四斗，不是解决人民内部矛盾的方法，还是对敌我界限及人民内部的相互关系没有搞清楚。管制劳动，不是对待反革命的吗？县委要通过支部、小组跟群众商量。群众路线问题就包括反对强迫命令，划清敌我界限。你们帮助安国县搞一套看看，体制、作风，看有没有可能？一方面帮助徐水，一方面帮助安国，和它唱对台戏。我看，不要发动那么多人去看徐水了。丰收有成绩，容易骄傲起来，铺张起来，不实事求是了。把猪都并到那里，就不实事求是了。要告诉县里，叫他们不要搞这么一套。苦战三年，才只搞了一年嘛，要搞百把年，不要弄得好像什么都好。

同日　晚上，在中南海颐年堂召开会议，周恩来、朱德、邓小平、彭真、陈毅、李富春、陆定一、黄克诚、杨尚昆出席。会上，毛泽东对本日《人民日报》发表的社论《咎由自取》提出意见。《咎由自取》中说：这次蒋介石和杜勒斯会谈，据美国国务院和台湾当局宣布，目的是共商防卫台、澎、金、马的军机，进一步实施美蒋条约。两周以来的一系列的事实表明，美国和台湾当局在扮演双簧。一面是杜勒斯之流扮红脸，一面是台湾当局出来扮白脸。毛泽东说：这篇社论对中央的方针理解片面，摇摇摆摆，不适当地强调了美蒋一致。这次杜勒斯跑到台湾去，是要蒋介石从金、马撤兵，以换取我承诺不解放台湾，让美国把台湾完全掌握在自己手中。蒋介石不答应，反而要美国承担“共同防御”金、马的义务。两人吵了起来，结果各说各的，不欢而散。这完全不是唱双簧戏。美蒋关系存在着矛盾。美国人力图把蒋介石的“中华民国”变成附庸国甚至托管地，蒋介石拼死也要保持自己的半独立性，这就发生矛盾。这次杜勒斯同蒋介石吵了一顿，说明我们可以在一定意义上联蒋抗美。我们不登陆金门，但又不答应美国人的所谓“停火”，这更可以使美蒋吵起架来。我们的方针现在仍然是打而不登，断而不死，更可以宽一些，以利于支持蒋介石抗美。我们索性宣布，只是单日打炮，双日不打炮。这是政治仗，政治仗就得这样打。

10月22日　晚上，同周恩来、陈毅、黄克诚谈炮击金门问题。

10月23日　重新起草中华人民共和国国防部部长彭德怀

《再告台湾同胞书》，并送周恩来、朱德、彭真、陈毅、黄克诚阅看。

同日 致信陈伯达："你们调查研究卫星社大约要一个星期，包括调查团（社）、营（大队）、连（队）的各项问题。然后，请找遂平县级同志们座谈几次，研究全县各项问题。以上请酌量处理。"

10月24日 上午，听取陈正人、廖鲁言汇报在西安召开的农业协作会议的情况。毛泽东同意农村人民公社在以农业为中心的前提下，工农业并举，一般县的县委第一书记中心抓农业。他指出：要强调公社发展多种经营，发展经济作物，单搞粮食，除了吃饭以外，工资也开不出。不要过分强调公社自给，什么都自给，是不行的，交换一万年也是有的。大面积高额丰产田的做法，才是真正的精耕细作，过去所谓的精耕细作，实际上还是广种薄收。大面积高额丰产田搞成了，就不必种那么多地，劳动力可以节省。五亿人搞吃饭的局面要想法改变。谈到公社分配问题时，他同意供给和工资各占一半。指出：今年有些社除了吃饭，一个月只能发几毛钱，有的开不出工资，这要从增产增收来改变。吃饭不要钱，是供给制，工资还是要按劳取酬。现在就不要按劳取酬了，那也不行；工资差别太小了，也不妥当。同样，干部工资像过去差别很大，那不行；但是一下子搞得太小，没有差别，那也不行，不能持久。实行供给制，劳力多人口少的户收入减少了，估计有百分之二十五左右，有没有那样多？能不能不让他们减少收入？托儿所、公共食堂，这是大事，一定要办好。

同日 下午，同胡乔木谈话。

同日 通过林克向新华社传达以下指示：从最近《参考资料》上关于台湾海峡地区局势新闻的标题和编排可以看出，《参考资料》的编辑人员不了解我们这方面的政策和方针，他们应好好学习。

10月25日　上午，致信周恩来："此件[1]备用，是否用，何时用，待今晚或明天商谈一下。增加一段，插入第四页。请饬人打出几份，以一份并原稿交我。请乔冠华、浦寿昌二同志加以校正，并付翻译。"

同日　下午，同周恩来、彭真、陈毅、黄克诚、胡乔木、吴冷西、乔冠华讨论《再告台湾同胞书》。这个文件，毛泽东于本日修改定稿。

同日　复信周世钊："赐书收到，十月十七日的，读了高兴。受任新职，不要拈轻怕重，而要拈重鄙轻。古人有云：贤者在位，能者在职，二者不可得而兼。我看你这个人是可以兼的。年年月月日日时时感觉自己能力不行，实则是因为一不甚认识自己；二不甚理解客观事物——那些留学生们，大教授们，人事纠纷，复杂心理，看不起你，口中不说，目笑存之，如此等类。这些社会常态，几乎人人要经历的。此外，自己缺乏从政经验，临事而惧，陈力而后就列，这是好的。这些都是实事，可以理解的。我认为聪明、老实二义，足以解决一切困难问题。这点似乎同你谈过。聪谓多问多思，实谓实事求是。持之以恒，行之有素，总是比较能够做好事情的。你的勇气，看来比过去大有增加。士别三日，应当刮目相看了。我又讲了这一大篇，无非加一点油，添一点醋而已。坐地日行八万里，蒋竹如[2]讲得不对，是有数据的。地球直径约一万二千五百公里，以圆周率三点一四一六乘之，得约四万公里，即八万华里。这是地球的自转（即一天时间）里程。坐火车、轮船、汽车，要付代价，叫做旅行。坐

〔1〕指毛泽东重新起草的中华人民共和国国防部部长彭德怀《再告台湾同胞书》。

〔2〕蒋竹如，毛泽东在湖南省立第一师范学校读书时的同学。

地球，不付代价（即不买车票），日行八万华里，问人这是旅行吗？答曰不是，我一动也没有动。真是岂有此理！囿于习俗，迷信未除。完全的日常生活，许多人却以为怪。巡天，即谓我们这个太阳系（地球在内）每日每时都在银河系里穿来穿去。银河一河也，河则无限，'一千'言其多而已。我们人类只是'巡'在一条河中，'看'则可以无数。牛郎晋人，血吸虫病，蛊病，俗名鼓胀病，周秦汉累见书传，牛郎自然关心他的乡人，要问瘟神情况如何了。大熊星座，俗名牛郎星（是否记错了?），属银河系。[1] 这些解释，请向竹如道之。有不同意见，可以辩论。十一月我不一定在京，不见也可吧!"

10月26日　《人民日报》发表中华人民共和国国防部部长彭德怀《再告台湾同胞书》。全文如下："台湾、澎湖、金门、马祖军民同胞们：我们完全明白，你们绝大多数都是爱国的，甘心做美国人奴隶的只有极少数。同胞们，中国人的事只能由我们中国人自己解决。一时难于解决，可以从长商议。美国的政治掮客杜勒斯，爱管闲事，想从国共两党的历史纠纷这件事情中间插进一只手来，命令中国人做这样，做那样，损害中国人的利益，适合美国人的利益。就是说，第一步，孤立台湾；第二步，托管台湾。如不遂意，最毒辣的手段，都可以拿出来。你们知道张作霖将军是怎样死去的吗？东北有一个皇姑屯，他就是在那里被人治死的。世界上的帝国主义分子都没有良心。美帝国主义者尤为凶恶，至少不下于治死张作霖的日本人。同胞们，我劝你们当心一点儿。我劝你们不要过于依人篱下，让人家把一切权柄都拿了去。我们两党间的事情很好办。我已命令福建前线，逢双日不打

〔1〕牛郎星不属大熊星座，它是天鹰星座中的α星。大熊星座中的星和牛郎星都属银河系。

金门的飞机场、料罗湾的码头、海滩和船只，使大金门、小金门、大担、二担大小岛屿上的军民同胞都得到充分的供应，包括粮食、蔬菜、食油、燃料和军事装备在内，以利你们长期固守。如有不足，只要你们开口，我们可以供应。化敌为友，此其时矣。逢单日，你们的船只、飞机不要来。逢单日我们也不一定打炮，但是你们不要来，以免受到可能的损失。这样，一个月中有半月可以运输，供应可以无缺。你们有些人怀疑，我们要瓦解你们军民之间官兵之间的团结。同胞们，不，我们希望你们加强团结，以便一致对外。打打停停，半打半停，不是诡计，而是当前具体情况下的正常产物。不打飞机场、码头、海滩、船只，仍以不引进美国人护航为条件。如有护航，不在此例。蒋、杜会谈，你们吃了一点亏，你们只有代表'自由中国'发言的权利了；再加上小部分华侨，还许你们代表他们。美国人把你们封为一个小中国。十月二十三日，美国国务院发表十月十六日杜勒斯预制的同英国一家广播公司所派记者的谈话，杜勒斯从台湾一起飞，谈话就发出来。他说，他看见了一个共产党人的中国，并且说，这个国家确实存在，愿意同它打交道，云云。谢天谢地，我们这个国家，算是被一位美国老爷看见了。这是一个大中国。美国人迫于形势，改变了政策，把你们当作一个'事实上存在的政治单位'，其实并非当作一个国家。这种'事实上存在的政治单位'，在目前开始的第一个阶段，美国人还是需要的。这就是孤立台湾。第二个阶段，就要托管台湾了。国民党朋友们，难道你们还不感觉这种危险吗？出路何在？请你们想一想吧。此次蒋杜会谈文告不过是个公报，没有法律效力，要摆脱是容易的，就看你们有无决心。世界上只有一个中国，没有两个中国。这一点我们是一致的。美国人强迫制造两个中国的伎俩，全中国人民，包括你们和海外侨胞在内，是绝对不容许其实现的。现在这个时代，是一个充满希望的时代，一切爱国者都有出路，不要怕什么帝国主义者。当然，我们并不劝你们马上同美国人决裂，这样想，是不现实的。我们只是希望你们不要屈服于美国人的压力，随人俯仰，丧失主权，最后走到存身无地，被人丢到大海里去。我们这些话是好心，非恶意，将来你们会慢慢理解的。”

同日 下午，同吴冷西、田家英谈话。主要谈派吴冷西、田家英去河南调查人民公社一事。调查地点，毛泽东确定一为新乡地区的修武县（一县一社），一为新乡地区的七里营公社。毛泽东说：你们这次下去调查，要带两本书，一本是《马恩列斯论共产主义社会》，一本是斯大林的《苏联社会主义经济问题》。出发前要把这两本小册子通读一遍，至少把《马恩列斯论共产主义社会》看一遍，要你们的助手也这么办。不是要你们搞本本主义，按图索骥，对号入座，也不是要你们照本本去宣传，而是想使你们对马、恩、列、斯关于共产主义说过什么有个大致的了解，下去调查中面对眼花缭乱的实际情况能够保持冷静的头脑。特别当记者的，不能道听途说，人云亦云，要深入实际，调查研究，实事求是，心中有数，头脑清醒，做冷静的促进派。下去调查时不要各级领导作陪，要找生产队长就只找生产队长，不要公社书记、大队长参加，要找群众谈话就不要找干部参加，要找县委书记也只请他本人来谈，因为人多了谈话就有顾虑。找群众谈话要有各个阶层的人物，尤其要注意中农的态度。还可以找下放干部谈话，他们可能顾虑较少。总之要了解各种人的真实想法。下去不要张扬。谈到炮击金门问题，毛泽东说：在炮击金门过程中，我们和美国人都搞战争边缘政策。我们用战争边缘政策对付美国人的战争边缘政策。你们〔1〕要善于抓动向，看来现在还不大懂。

〔1〕 指人民日报社和新华社。

美国人想从金、马脱身，杜勒斯谈话就显露了这个动向，你们没有抓住，你们编辑部也不大会写文章。谈到如何写文章，毛泽东说：一、文章要有中心思想，最好是在文章的开头就提出来，也可以说是破题。二、文章要形象化。你们写文章偏于抽象，一般化，缺乏生动性，看了留不下具体印象。三、文章要有中国气派、中国风格。中国文字有自己独特的文法，不一定像西洋文字那样严格要求有主语、谓语、宾语。你们的文章洋腔洋调，中国人写文章没有中国味道，硬搬西洋文字的文法。

同日 晚上，同王鹤寿谈钢铁生产问题。

10月27日 下午，到中关村中国科学院参观自然科学跃进成果展览会，胡乔木、钱学森、谷羽陪同。参观时，对钱学森说：要独立自主，自力更生，敢于走前人没有走过的道路。

同日 陈云致信毛泽东，说七个协作区的基本建设工作会议都已结束，请求当面报告一些问题，以便准备提交十一月中共中央政治局扩大会议的文件。次日上午，毛泽东同陈云谈话。

10月28日 致信陈伯达："回信收到。我还须几天才能出发。如果遂平调查已毕，你们可去附近某一个县再作几天调查，以资比较。于十一月二号或三号回到郑州即可。已令吴冷西、田家英二同志昨日夜车出发，分赴修武、七里营两处调查几天再去郑州。"

10月29日 晨，同周恩来、陈毅谈话。

同日 下午，和周恩来、朱德、彭真、陈毅、李富春、薄一波、黄克诚、杨成武、张宗逊、萧华、郭沫若、李雪峰、廖承志在中南海怀仁堂接见由杨勇、王平〔1〕率领的中国人民志愿军代表

〔1〕 王平，当时任中国人民志愿军政治委员。

团和志愿军文艺工作团的全体人员[1]。接见后，同周恩来、朱德、彭真、陈毅、李富春、薄一波、王稼祥、李雪峰、胡乔木谈话。

10月30日 下午二时二十分，同胡乔木谈话。三时三十五分，在中南海参观中共中央办公厅机要室等单位炼钢。六时，同赵尔陆谈话。

同日 阅王鹤寿十月二十九日关于钢铁生产方面应当立即动手解决的几个问题的报告，批示："此件很好。请彭真同志即印发有关各单位的负责同志，并带至武昌准备发给到会[2]各同志。这是我要鹤寿同志写的。我已另要赵尔陆同志写一件。煤炭、电力、石油、化学、森林工业、建筑材料、铁道、交通等单位，请书记处通知各负责同志都写一件。文不要长，要是能看出问题的。"王鹤寿的报告说：在钢铁的生产建设上，虽然困难很多，只要书记挂帅，群众一起来，什么问题都会很快解决；小土群应该向建立钢铁基地的方向发展；各省、市、自治区和各重点钢铁厂，都大致按预计完成产量指标，但是土法炼出的钢大大超过计划，而各重点钢铁厂确有完不成计划的危险；目前生铁的关键问题，在于能否炼出更多质量更好的生铁。

10月31日 晨，关于炮击金门问题致信周恩来、陈毅、黄克诚："应将逢双日不打的地方加以推广，就是说，逢双日一律不打炮，使蒋军可以出来活动，晒晒太阳，以利持久。只在单日略为打一点炮。由内部通知福建实行，暂不再发声明。待有必要，再考虑发一声明。此事，请你们商量酌定。我今日下午南下。"

---

〔1〕 中国人民志愿军总部1958年10月26日发表撤军公报，宣布中国人民志愿军已全部撤离朝鲜，回到祖国。

〔2〕 指准备在武昌召开的中共中央政治局扩大会议。这次会议于1958年11月21日至27日举行。

同日　下午，同周恩来、陈云、彭真、陈毅、李富春谈有关钢铁生产和人民公社化运动中的问题。

同日　晚八时半，从北京到达保定，在专列上接见李悦农、陈子瑞、杨培生〔1〕等。

同日　晚十一时二十分，到达石家庄。在专列上同中共河北省委和石家庄地、市委有关负责人张承先、康修民、梁双璧、王力〔2〕等谈话。毛泽东说：人民公社搞得怎么样？只是搭起架子吧。食堂办了没有？是在一起吃饭，还是打回家吃，打回家去不冷了吗？食堂里做不做菜？你们这里食堂有办得好的吧。一个食堂，一个托儿所，两个事要注意搞好。搞不好影响很大，影响生产，饭吃不好就生产不好，小孩带不好，影响后一代。保育员要像母亲那样关心孩子，你们有没有人管这个事情？这个问题很值得研究，对小孩子一叫一闹就打，不好，要叫孩子吃得好，穿得好，玩得好，睡得好，要了解他们的心理状态。每个人民公社都要种商品作物，如果只种粮食那就不行了，那就不能发工资。山区可以种核桃、梨，可以养羊，拿到外面去交换。吃饭不要钱都实行了吧？（梁双璧答：已经有五个县实行了，计划在十一月份全部实行。）人家不要求实行，你计划实行怎么能行？有人说，劳多人少的不赞成，这部分占百分之十五，他们感到吃亏。发工资是否应当给他们多发一些？不然，他们就不舒服。一家五口四个劳力，一家五口只一个劳力，这两家就是不同了，恐怕要照顾一下劳力多些的。现在是社会主义，价值法则还是存在的。干部

〔1〕陈子瑞，当时任中共保定地委第二书记。杨培生，当时任中共保定地委书记处书记、保定地区专员。

〔2〕梁双璧，当时任中共石家庄地委第二书记。王力，当时任中共石家庄市委书记处书记。

里也有不痛快的吧？徐水县怎么样？实行供给制能不能持久？如果年把就垮台，还不如谨慎些好。现在还是依靠这些干部嘛，向干部讲清楚，不要同群众过于悬殊。城市公社石家庄搞了没有？可以慢慢研究，不要那么忙。接见后，乘专列离开石家庄。

10月 就《人民日报》转载《毛主席论帝国主义和一切反动派都是纸老虎》〔1〕问题，批示吴冷西："这篇文章可以转载。这个问题，在世界范围内都是一个大问题，永远有许多人总是不得解决。《世界知识》编辑部将我各个时期阐述这个观点的文章收集起来放在一起，看起来好像竟成一篇新文，似不妨予以转载，并予广播。建议重新译成三四国外文出一小册子。中文也可出一小册子。你看如何？请你和陆定一同志商量一下，看他同意否？《世界知识》编者按语，或者照登，或者另写一段，由你酌定。"吴冷西同陆定一商量后，认为毛泽东的有关论述还可以再增加一些，并重写编者按语。吴冷西找田家英帮助增选一些毛泽东的论述，并一同起草《人民日报》编辑部按语。毛泽东的论述及编辑部按语于十月二十七日排出清样送毛泽东审定。编辑部按语说："最近，《世界知识》杂志编辑部，把毛泽东同志历来阐述'帝国主义和一切反动派都是纸老虎'的文章，辑录在一起发表，这是一件有重大政治意义的工作。对于人民反对帝国主义主要是美帝国主义的侵略和压迫的斗争，很有益处。现在我们把《世界知识》杂志编辑部辑录的文章，补充了一些有关的重要材料，并且在体例和段落上作了一些调整，发表于此。"毛泽东审阅按语

〔1〕1958年10月20日出版的《世界知识》1958年第20期，以《毛主席论帝国主义和一切反动派都是纸老虎》为题，摘录了毛泽东1940年至1958年关于这个问题的论述，并写了编者按语。同日的《光明日报》转载了这一组论述，毛泽东的批语写在《光明日报》上。

稿时加写一段文字："这些文章、讲演和谈话，虽然多数是发表过的，没有发表过的只占少数，时间前后相距二十年之久，又是采取集纳的形式，但是看起来却使人感觉好像是一篇新的完整的政治论文。其原因是帝国主义及其走狗为一方，各国人民为另一方，这样一个基本的矛盾并没有解决，美帝国主义又特别张牙舞爪，以原子战争威胁世界和平，被压迫受威胁的人民的心思被这种紧张局势所吸引，迫切地要求解决这个矛盾，故尔使得读者对毛泽东同志关于论述解决这个矛盾诸多问题中的一个首先和主要的问题，纸老虎还是并非纸老虎的问题，自然感觉兴趣。"在辑录的毛泽东一九四七年十二月二十五日在中共中央会议上所作《目前形势和我们的任务》报告说到"当着一九四六年七月，蒋介石匪帮发动全国规模的反革命战争的时候……他们拥有三万万以上的人口……中国解放区还只有一万万多一点的人口"处，毛泽东加写："（编者按：当时的人口调查不确实，一般认为全国只有四亿五千万人，解放以后经过确实调查，中国人口有六万万。）"毛泽东的这一组论述十月三十一日在《人民日报》转载发表时，题目改为《毛泽东同志论帝国主义和一切反动派都是纸老虎》。

同月 阅中国驻苏联大使馆十月二十日给外交部的报告，批示："刘晓同志和他的助手是能想问题的。此件可以一阅。"中国大使馆的报告说：自中苏北京会谈以来，苏联各方面情况都有一些新的变化。第一，在国际斗争方面，苏联对于和平和战争的问题，依据中苏会谈公报精神，较之以前作了比较完善的论述。第二，在同我国的关系方面，由于中苏两国政策思想更趋一致，苏联在国际斗争中同我国的配合比较密切。第三，苏联将继续同南共修正主义进行斗争，但在不扩大现有冲突和不恶化关系这一政策范围内。第四，苏联国内情况最突出的变化，是苏联特别强调要加速建设的速度。

11月1日 晨，到达邯郸。下午，在专列上听取张承先、庞钧、刘琦、刘英[1]和邢台、曲周、肥乡、成安的县委书记等的汇报。毛泽东说：今年大丰收，老百姓高兴吧？要求休息两天吧？看来这是一个问题。群众有什么不满意的吗？一个是吃冷饭、没有菜，一个是托儿所，一个是累，三件事。解放了妇女，看找些什么人去托儿所教育孩子，青年人不愿去，搞那些老年人去。是搞钢铁，搞棉花、小麦重要？还是孩子重要？这是涉及下一代的问题。托儿所一定要比家里好些，才能看到人民公社的优越性。这是一个大事。每个省、地、县都要注意后一代的问题，我们再干几十年，总要他们来接替吧！要把占人口百分之二十五的娃娃带好。再就是吃饭，一是吃饱，二是吃好，吃不好就没有劳动力。要不吃冷饭，吃热饭，要有菜，菜里要有油有盐，要比在家庭、在小灶吃得好，这样农民才欢迎吃大锅饭。把这个当成个大事。再就是休息问题，下个命令，要休息，要睡够。现在不是军事化吗？下个命令睡觉，至少睡六个钟头，睡个午觉。冬天睡觉在地里太冷了，春、夏、秋可以。不让休息，人民会不满意的。要吃好、睡好，把小孩子带好。省、地、县委第一书记要抓这个关系人的事情。总之，要把劳动组织得更好些，又完成任务，又吃得好，休息得好。应当发展经济作物，每个社都应当种些有交换价值的经济作物，发工资不是一元、二元，应当多一些。你们这里古时是赵国，平原君就在邯郸，蔺相如在街上同廉颇相遇还要回车避让，我们的干部有的闹不团结，连车也不回，还不如他们呢！组织军事化，有些地方强迫命令，打人、骂人、捆人，还有辩论人，辩论成了一种处罚，这是对敌人的办法，不

[1] 庞钧，当时任中共邯郸地委第一书记。刘琦，当时任中共邯郸地委书记处书记、邯郸地区专员。刘英，当时任中共邯郸市委书记处书记。

要敌我不分。在人民内部是要从团结出发，经过批评达到在新的基础上的团结，不要压服。强迫命令，干是去干了，人家心里不服，等你走了，也许不干了。接见后，乘专列离开邯郸。

同日 晚上，到达河南新乡。在专列上接见耿起昌、张苏斌[1]和获嘉、安阳、内黄、济源、修武、温县的县委负责人。后听取田家英关于在修武县和七里营人民公社调查情况的汇报。毛泽东详细询问炼钢炼铁、棉花收成、公社食堂、工资等情况，指出：吃饭、睡觉和管好孩子是大事，你们研究一下。要深耕细作，用深耕细作的方法，达到少种多收的目的。一个深耕细作，一个机械化。过去浅耕粗作，广种薄收，改为深耕细作，可以少种多收。我出题目你们研究一下，不要一下弄得没饭吃。深耕细作，可能这是一条出路，加上机械化，不要搞得累得要死。

11月2日 晨一时，到达郑州。

同日 晨五时，就炮击金门问题致信周恩来、陈毅、黄克诚："建议明三日（逢单）大打一天，打一万发以上，对一切军事目标都打，以影响美国选举，争取民主党获胜，挫败共和党，同时使蒋军得到拒绝撤兵的口实。是否适宜，请加酌定。"

同日 为厦门前线写广播稿："金门群岛军民同胞们注意：今日，十一月二号，是个双日，我们一炮未打，你们得到补给。明日，十一月三号，是个单日，你们千万不要出来。注意，注意！"并批示："发周总理。""今日（十一月二日）下午，厦门前线口头广播，反复三次。"

11月2日—10日 在郑州主持召开有部分中共中央领导人、各协作区主任、部分省市委书记参加的中央工作会议，通称

---

〔1〕张苏斌，当时任中共新乡市委第一书记。

第一次郑州会议。

11月2日 下午，在停靠郑州的专列上主持第一次郑州会议。出席会议的有河北的林铁、张承先，河南的吴芝圃、赵文甫[1]、史向生，陕西的张德生，甘肃的张仲良，山西的陶鲁笳，和陈伯达、张春桥、李友九等。毛泽东说：人民公社问题，究竟扩大自然经济还是扩大商品经济？还是两者都扩大？人民公社的经济主要是自给经济的说法不对。人民公社应向两方面发展，它同时要扩大社会交换，不交换，就不能消费；不扩大交换，就不能发工资。京、津、沪地区富裕，就是商品生产发展，能交换。管理区是专员公署性质的。有个体制问题、作风问题（区分两类矛盾）、生产问题（不可单调，要尽量生产能够交换的东西，向全省、全国、全世界交换）。对陈伯达在会上强调的一县一社优越性比较大，可以统一调配劳力、统一财政收支、统一产品分配、统一发工资等，毛泽东说：统一是统其可统者，是有条件的，无条件的说法是错误的。无论什么事都是有条件的，要破条件论，又要立条件论。以县为范围的公社，可以说是小全民所有制或大集体所有制。北戴河会议以来两个月，人海战术大搞钢铁，组织了队伍，初步学会了技术，从农业中化出几千万人，是一件大事，是新的社会分工（不完全合理）。明年要定点，搞综合企业（煤钢联营），提高技术，要组织得比较合理。最后，毛泽东再次强调指出：公社要多搞商品生产，现在好像只有自给自足才是有名誉的，而生产商品是不名誉的，这不好。要扩大商品生产，扩大社会交换，要大搞交通运输。

11月3日 下午，在专列上主持第一次郑州会议，主要听取关于人民公社问题的汇报，参加会议的除上次会议的与会者

---

〔1〕赵文甫，当时任中共河南省委书记处书记、河南省副省长。

外，增加了湖北的王任重、湖南的周小舟、山东的舒同、安徽的曾希圣。毛泽东一面提问，一面发表意见。在谈到一九五八年钢铁生产任务的完成情况时，毛泽东说：报载到十月份钢产达到七百二十万吨，还差四百万吨。北戴河会议以后搞了几千万人上山，总要讲成绩是主要的。毛泽东问吴芝圃今天上午座谈了些什么？吴芝圃说：一、今后工农业的领导问题，现在实际上从省委到县委到人民公社，重点都转到工业上去了，农村工作部只考虑农业问题不行了。二、现在是叫联社，一县数社，还是一县一社？大家的意见是联社比较好一点。三、分配问题，群众欢迎的是供给制加工资制。毛泽东说：西安农业会议提出以农业为中心实行工农业并举，这个提法是否妥当？工业恐怕非抓不可。一县一社可以试行，但是要分权，还有一个办法，就是一县数社。供给是以伙食为主。现在开的支票太大恐怕不好。工资发一次，第二次就不能发了，先发多后发少，人家就不满意了。吴芝圃说：另外还谈到交换问题，有些东西是调拨，交换的范围缩小了。陈伯达说：现在，现金结算减少了。毛泽东说：现金结算，非现金结算，是一件事嘛！陈伯达说：虽是一件事，但不用货币来往了，有性质上的不同，没有货币流通了。毛泽东说：外国资本家，每天数钞票，谁去数呀？还不是银行里头算一算账，都见不了现金，见的是支票。资本家交换货物，哪一个见现金？我们现在也是这样，就是不数票子。当然，性质不同。我也没有学过货币学。在曾希圣说单是生产粮食的地区货币很少、没有货币流通了，经济作物地区货币多、货币比较容易流通时，毛泽东说：必须使每一个公社，并且使每一个生产队，除了生产粮食以外，都要生产商品作物。西安会议没有提倡这个事，他们一心一意要取消商业。每一个人民公社除生产粮食以外，必须大量生产经济作物，能够赚钱的，能够交换的，有农业品，有工业品，总之是生产商品。这个问题不提倡，以为人民公社就是个国家，完全都自给，哪有这个事？生产总是分工的。大的分工就是工业、农业。现在农业人口占得太多了，五亿人搞饭吃、种棉花，是很不合理的。既有分工，搞工业的就不能生产粮食、棉花、油料，他就没有吃的，没有穿的，只好交换。三国时候，张鲁的社会主义是行不长的，因为他不搞工业，农业也不发达。要提倡每一个人民公社生产有交换价值的农作物和工业品，不然生活不能丰富。吴芝圃说：上午还谈到家庭问题，遂平有的干部主张在实现共产主义以前，先消灭家庭。毛泽东说：现在老的住幸福院，小的进托儿所，青壮年住到一起，不是分割了吗？我们不是破灭家庭，而是废除家长制。家长制是个封建制度，本来应该在民主革命的时期解决，但是不可能，在社会主义时代才能解决。在社会主义的合作化时代还不能解决，只有现在人民公社阶段才能解决。废除家长制，社会成员平等，男女老少都是社会成员，都在食堂里头吃饭，都发工资，都学习或者劳动，年老的是休息，这是一个很大的解放。废除家长制，肯定不是废除家庭制度。在谈到公社社员劳动紧张、休息时间少时，毛泽东说：现在是十五小时工作，要下一个命令，忙时必须睡足六小时，少了一个钟头就是没有完成任务，要受批评。现在十五小时不能持久，持久了，工作的量同质势必要降低。除了睡觉、工作、吃饭以外，还要有点自由时间。吃饱吃好，还要加一个睡足歇足，歇者就是午休。忙时至少睡六个钟头，平时睡八个钟头。在这次会上，一些人提出要搞一个新的四十条，以取代农业发展纲要四十条。毛泽东说：就在这里起草，并指定吴芝圃负总责，下分工业、农业、文教科学、公社体制四个小组，分别由王任重、曾希圣、舒同、史向生负责。从四日起开始讨论，七日拿出初稿。

11月4日 下午，在专列上主持第一次郑州会议，听取新四十条起草情况的汇报，陈伯达、林铁、张德生、王任重、周小舟、陶鲁笳、舒同、曾希圣、吴芝圃、张仲良、刘子厚、史向生、吴冷西出席。吴芝圃汇报说上午议了文件的题目，一个叫“人民公社发展纲要四十条”，一个叫“中国共产主义建设十年规划纲要”，时间是一九五八年至一九六七年。毛泽东说：你现在牵涉到共产主义，这个问题就大了，全世界都不理解了。现在的题目，我看还是社会主义。社会主义里头有共产主义因素，不要一扯就扯到共产主义。吴芝圃说：不过这个文件主要的目标是十年内建成社会主义、向共产主义过渡。毛泽东说：建成社会主义，这好。准备向共产主义过渡，你说十年就过渡了，我就不一定相信，你加“准备”两个字，准备过渡，机动一点。陶鲁笳说：现在有些公社一九六二年就要过渡。毛泽东说：人们的想法是一件事，是否符合客观规律，又是一件事。接着，工业、农业、文教科学、公社体制四个小组，汇报了初步讨论的情况，提出一九六七年工农业生产的主要指标是：钢的年产量达到四亿吨，机床一千万台，煤四十亿吨，粮食亩产由原农业发展纲要定的四百斤、五百斤、八百斤，分别提高到四千斤、五千斤、八千斤，叫“新四、五、八”。毛泽东说：这个文件是为武昌会议准备的，至于是不是发表，什么时候发表，总要议几年。我看这个文件要发表，要过了苦战三年之后。不要把苦战三年放在这十年之内，从一九六一年算起。还是让苏联去赶美国，我们不过赶英国而已。在谈到公社体制问题时，毛泽东说：我们研究公社的性质、交换、集体所有制向全民所有制过渡、社会主义向共产主义过渡这些问题，可以参考的还是斯大林那本《苏联社会主义经济问题》。我大体看了一下。我们现在看这本书，跟它发表的时候看不同了，它发表的时候，我们谁也不想这些问题。他这本书是有些问题，但是还很可以值得研究，不要轻易全部否定它。它是有分析的，是几个文件合起来的。单看意见书，不看后边那些信，还很不清楚，信是展开的，有比较，有分析。斯大林说，为什么我们利用价值法则不会导向资本主义呢？因为我们实行公有制了，我们是工人的政权。斯大林还讲价值法则替社会主义服务的好处。他说在调拨范围内，就是生产资料，价值法则是作为一种经济核算的工具，它不是调节者，就是生活资料的生产和交换，价值法则也不是调节者，调节者是国家计划。这一点，我们现在看起来很懂得。因为我们的油料没有计划好，今年就没有大增长；粮食大增长，不是因为什么价值法则来调节的，而是由于我们过去粮食严重不足，结果来一个动员计划生产。在生产方面，斯大林也有缺点，他强调生产资料的生产，不大十分用力去搞生活资料的生产。讲社会主义政治经济学，除了斯大林这本书跟那个教科书〔1〕以外，成篇的东西，成系统的东西，还没有过。你（指陈伯达——编者注）找一下，把斯大林这本书一个人发一本。至于教科书，先找一两本看一看，找一本给我，你自己也找一本。这个书需要了，我们现在要作参考。这次会上，毛泽东决定请李富春、谭震林、柯庆施、李井泉、陶铸、欧阳钦来郑州参加会议。

11月5日 下午，在专列上主持第一次郑州会议，讨论人民公社和新四十条问题，李富春、柯庆施、陈伯达、欧阳钦、林铁、王任重、张德生、吴芝圃、周小舟、陶鲁笳、刘子厚、史向生、吴冷西出席。会上，柯庆施比较详细地汇报了上海的资产阶级和教授对建立城市人民公社的一些反映，如怕占用他们的房屋、家具，怕取消货币而提取存款购物，怕取消定息，等等。周小舟、舒同也反映了湖南、山东两省出现的一些类似情况。毛泽东说：现在有两种情况，一种是人心大定，一种是人心大乱。你

〔1〕 指苏联《政治经济学教科书》修订第3版下册。

（指柯庆施——编者注）现在来搞一个小组，研究城市如何搞人民公社，现在我们没有章程，天下大乱。资产阶级和教授等的生活资料一概不动，待遇也不降低。参加公社的资本家叫候补社员不好，资本家叫社员，工人也叫社员。关于起草纲要问题，毛泽东说：我看搞个十二年的，从一九六〇年到一九七一年。这就比你们的延后了四年，我就比较右倾一点。在纲要中城市人民公社问题要列为一个部分，有一个安定人心的问题。过去那个四十条，今年只能讲基本完成，还有好多没有完成。如果明年搞一年，大多数就完成了。当会上有人再次提出十年内向共产主义过渡，并说有些重点社已经基本上是全民所有制了时，毛泽东说：这个全民所有制指什么范围说的？就县说可以，就省还难说，就全国更难说。修武县不是成立了一县一社的人民公社吗？就他那个县说，首先表现在劳动力能够自由调动，其次产品采用调拨的方法。但是，在你河南全省，修武县的人力、财力、产品你调不动，国家更调不动。鞍钢就不同了。所以，只能叫县所有制或者叫社民所有。全民是六亿人口，你就所有不了。修武的粮食、七里营的棉花，是要交换的，不能调拨。不要把修武、徐水、遂平与鞍钢、上钢、上海国棉一厂、洛阳拖拉机厂等混同了。总不能说是全民所有制，可以说县全民所有制，小全民所有制，大集体所有制。把全民所有制、集体所有制混同起来，恐怕不利。好像我们现在差不多了，共产主义已经来了。这么快，太快了！奋斗太容易了！把它们提得过高，跟鞍钢一样，而实际上又不是，那就不好了。这是客观规律，是个客观的东西。我现在顾虑，我们在北戴河开那个口子，说少则三四年、多则五六年或者更多一点时间，即由集体所有制搞成全民所有制，像工厂那样，是不是开了海口，讲快了？我现在想，北戴河那个决议要有点修改才行。

同日　阅中共轻工业部党组十月三十日关于人民公社大办工

业问题给毛泽东并中央的报告。报告说：（一）当前的轻工业形势紧张，生产任务繁重。一方面各地为集中力量保证“钢铁元帅升帐”，要求轻工业让路，停工和半停工现象已经发生；另一方面，市场供应十分紧张，许多日用品和食品已出现脱销现象，要解决这一矛盾只有积极大力发展轻工业生产。（二）将带有关键性的技术上的创造发明加以系统总结，认真推广，是当前增加生产最为迅速有效的措施。（三）贯彻工农业并举的方针，在人民公社中大办工业，是轻工业发展的基本方向。应该放手发动群众，根据人民公社的经济特点和自然特点，因地制宜，自力更生，以小型为主，中小结合，以土法为主，土洋结合，并使骨干企业与群众企业相结合，既建新厂，也改造原有企业，特别是手工业。（四）为实现上述目标，必须继续开展反保守思想的斗争。毛泽东批示：“此件很好，轻工业找到了路子。立即印发到会各同志。”

11月6日　晚上，在郑州河南省委第二招待所主持第一次郑州会议，讨论人民公社和新四十条。刘少奇、邓小平、李井泉、谭震林、陶铸、杨尚昆、胡绳第一次出席会议，出席的还有李富春、柯庆施、陈伯达、欧阳钦、林铁、王任重、张德生、曾希圣、陶鲁笳、舒同、周小舟、张仲良、吴芝圃、张承先、史向生、吴冷西、张春桥、李友九。会议一开始，毛泽东提出由邓小平更替吴芝圃主持社会主义建设纲要四十条的起草工作。接着，毛泽东讲话。他说：现在他们搞了一个新四十条的草案，这次会我原来的目的不是搞这个，是搞人民公社的性质问题。我派了陈伯达、张春桥、李友九，还有田家英、吴冷西，分别到遂平县、修武县和七里营乡去作调查，又请来几个省委书记想研究这个问题。但是一来，他们题目变了，许多人说是不是搞一个新四十条。共产党搞了这么多年，就不晓得搞工业要以钢铁为纲。一个钢铁，一个粮食，一个机械，这是三大元帅，还有两个先行，电力和铁路。什么叫建成社会主义？什么叫过渡到共产主义？我昨天晚上跟河南同志商量，他们说由集体所有制过渡到全民所有制只要四年。我们在北戴河写了少者三四年，多者五六年或者更多一点时间，这个东西我总是动摇着，究竟能不能办到？能不能把农业办得跟工厂一样？产品能够调拨，积累能够调拨。河南说四年，我看四年比较困难一些，我给你们加一倍，八年。山东范县说两年过渡到共产主义，我看它那个时间太短。有两个过渡，第一个是由集体所有制过渡到全民所有制，大体需要多少时间？这次我们不要作决议案，交换一点意见。当邓小平说应有一个标准，有高标准、低标准时，毛泽东说：标准就是鞍钢、郑州的砂轮厂。第二个是从社会主义过渡到共产主义，从全民所有制到各取所需。现在我们先讲第一个过渡。现在我们对共产主义，只是吹，苏联也还没有实现。这第二个过渡，我们不要冒险，但是凡可以做的，我们就做，如吃饭不要钱和别的公共福利，这些你不能不说是共产主义的因素。什么叫由集体所有制过渡到全民所有制，什么叫从社会主义过渡到共产主义，你们去议一个标准。毛泽东说：现在必须搞工业。不能说两三年以农业为主，两三年以后再搞工业。要提倡每一个公社生产商品，不要忌讳“商品”这两个字。它现在有作用。你不生产商品，就只有饭吃，生活不能富裕，没有工资或工资很少。当邓小平说我们现在的供给制还是有共产主义因素时，毛泽东说：是呀，还是讲因素，要扫除障碍，为准备过渡到共产主义奠定基础。至于哪一年准备好，到时候再看。现在许多地方宣布公社为全民所有制，徐水已经宣布了，登了报的。我提出了一个问题，他就答不出来。恐怕河南也有很多公社也宣布了。它是大集体所有制，就它那个公社范围以内来说，某一些主要之点可以说是全民所有制，不能就全部来说。至于从省的范围，它还不是。所以，斯大林这本书要再看一遍，以便比较。此外，我们还印了一本关于破除资产阶级法权问题的材料，要看几遍，以便研究这个问题。还有两个问题，一个是钢的指标；一个是城市人民公社如何搞法，现在是人心惶惶，不可终日。资本家、演员、教授、工程师，还有我们的干部，是不是原则上不降低生活标准。我们党内可以略为调整一下，实际上降低一点，但是不要宣布。毛泽东说：明年一月一号就开始，农民一定要睡八小时觉，四小时吃饭、休息，二小时学习。搞一个农民的作息时间表，否则不能持久。至于工人，十二小时工作是不能持久的。今年这一年，好事多得很，开辟了道路，有好多是过去不敢设想的。

同日 阅中共中央宣传部十一月四日编印的《宣教动态》一九五八年第一三四期刊载的《山东范县提出一九六〇年过渡到共产主义》的报道，写批语："此件很有意思，是一首诗，似乎也是可行的。时间似太促，只三年。〔1〕也不要紧，三年完不成，顺延可也。陈伯达、张春桥、李友九三同志有意思前去看一看吗？行路匪遥，一周可以往还，会后出征，以为如何？"报道说，范县人民公社党委（县委）第一书记十月二十八日在范县共产主义建设积极分子大会上作报告，提出范县"二年过渡到共产主义的任务"的规划。毛泽东的批语及这个规划后来在中共八届六中全会上印发。

11月7日 晚上，在郑州河南省委第二招待所主持第一次郑州会议，讨论人民公社和新四十条问题，刘少奇、陈云、邓小平、李富春、谭震林、杨尚昆、柯庆施、李井泉、欧阳钦、林铁、陶铸、王任重、张德生、曾希圣、舒同、吴芝圃出席。毛泽东说：徐水的全民所有制，不能算是建成社会主义。小全民，大集体，人力、财力、物力都不能调拨。这一点需要讲清楚。社会

---

〔1〕 据谭启龙回忆：陈伯达、张春桥、李友九到山东范县去了一趟。毛泽东听了他们的汇报后说："加一个0（即30年）也不行。"

主义有两种所有制，即全民的与集体的，两者混同起来不利。现在不少干部认识模糊，如果谁说这不是全民所有制，就说是右倾。全民所有制的集中表现要能调拨，不能作全国的调拨，不能算是全民所有制。全民所有制的调拨，就不是政治经济学上的商品了。不完成公社工业化、农业工厂化，产品不可能丰富，不可能直接交换，不可能废除商品交换。现在的生产关系还是小集体到大集体，由高级社到人民公社，取消了自留地，经营范围扩大，教育、公共食堂、带小孩都由社会负担，废除家长制，吃饭不要钱，这是大变化。但所有这些变化，都是一个社、一个县范围内的变化，与社外无关，对全国来讲，还不是根本的变化。公社的性质是工、农、兵、学、商相结合的社会结构的基层单位，它的主要作用是生产和生活的组织者，同时又体现政权需要保留部分的作用。公社是大跃进的产物，不是偶然的，是实现两个过渡的最好形式，又大又公，有利于实现两个过渡，也是将来共产主义社会的基层单位。徐水县是独立王国，许多事情没有同省委、地委商量，省委、地委对它没有办法。徐水把好猪集中起来给人家看，不实事求是，有些地方放钢铁"卫星"的数目也不实在，这种做法不好，要克服。反对浮夸，要实事求是，不要虚报。大的方针政策问题要有个商量，领导机关要清醒。城市公社，要搞，有先有后，搞得好好的，北京、上海搞慢一点。一个城市一个公社，恐怕也是联社性质，一定要有自己的经济基础。大工厂、大学属于国家，成员加入公社，但干部、产品不能调动，可以发一点福利，帮助建卫星厂，享受公社的权利，也尽义务，这是国营工厂与公社的关系。公社不能派给工厂各种任务，为全国、全省服务的企业、学校，一般不下放为公社所有。工人创造价值大，收入应当略高于农民，明年应当考虑，把取消计件工资的损失补起来，并作到略略有些增加。资本家定息不取消，他们不要可以，但不宣布，加入公社是自愿原则。干部待遇问题，要慎重，先试验，不要宣布太早，党员降低工资的，也不必宣布。

11月8日 晨，听取吴冷西、田家英汇报调查情况。

同日 审阅修改《十五年社会主义建设纲要四十条（一九五八——一九七二年）》初次草稿，批示杨尚昆：“送小平同志阅办。略有修改。”

11月9日 上午，在郑州河南省委第二招待所主持第一次郑州会议。毛泽东在会上讲话，谈了两个方面的问题。第一个方面的问题是关于《十五年社会主义建设纲要四十条》。他说：我看了一遍。把这个意思是不是可以写进去：废除历史上的家长制，在住宅建筑方面，注意使住房适宜于每个家庭的男女老幼的团聚。我们现在要废除历史上的家长制，但是家庭里头总要有一个主，无非是能者或者长者。能者，不一定是长者，不一定是父母。再一个是商品问题。我们这个文件是避开这一方面的。现在人们都是要避开这一方面，谁讲到商品生产、商品交换，大概就不是共产主义者了。起草这个文件的同志以及在座诸公，都是避开这一点的。我就想要写进去。可不可以写这样一条：人民公社必须生产适宜于交换的社会主义的商品，以便逐步提高每个人的工资。在生活资料方面，发展社会主义的商业，并且利用价值法则的形式，在过渡时期内，作为经济核算的工具，以便逐步过渡到共产主义。是利用价值法则的形式，不是利用价值法则的内容，是作为过渡时期经济核算的工具。事实上，我们就是这样做的，而且年年要做，处处要做。现在我们的经济学家不喜欢经济学，苏联也是这样。谁讲到价值法则，就是不名誉似的，表现在雅罗申柯〔1〕的一封信上。这些人不赞成商品生产，以为苏联好

〔1〕 雅罗申柯，苏联经济学家。

像就是共产主义了，实际上还差得很远。我们搞社会主义只有几年，则差得更远。列宁就大力提倡发展商业，因为苏联那个时候城乡商品流通有断流的危险。我们在一九五〇年也曾有这种危险。现在运输情况不好，出现半断流的状态。我看要向两方面发展：一是扩大调拨，一是扩大商品生产。不如此，就不能发工资，就不能提高生活。谈到资产阶级法权问题，毛泽东说：资产阶级的法权，一部分必须破坏。比如，等级森严，居高临下，脱离群众，不跟群众接近，不以普通劳动者的姿态出现，不是靠工作能力来吃饭，而是靠资格，靠权力。这方面必须破除，坚决要破，经常要破，破了又生，生了又破。去年和今年，我们对这方面给了很大打击。搞试验田，干部下放，采取同群众商量的态度，解决人民内部的矛盾跟解决敌我矛盾的方法有所不同，不能压服而是说服，这些东西一来，空气大有改变。没有这个空气之改变，大跃进可以说是不可能的。破了这个方面，保留适当的工资制度和待遇的适当差别，多劳多得，少劳少得。另外还有一部分是属于赎买性质的，就是资产阶级分子的定息和高薪，资产阶级知识分子的高薪制。谈到指标问题，他说：许多问题，我不清楚你们是根据什么这样提的。工业方面，为什么搞四亿吨钢？到一九六二年搞多少吨？（李富春：搞一亿吨。）剩下五年就增长三亿吨，怎么增法？这个纲要哪一年准备公布？（李富春：明年看吧。）我看至少明年看一年，后年是否能公布？这个东西我们内部很需要，没有个目标，没有个方向，是不行的。要把根本的方针、界限、达到的目的、相互关系搞清楚，现在有些问题相当混乱。不仅在公社方面，就是在中央、省、地这三级里头，都相当混乱。但是纲要在内部一公布，一传就都传出去了，主要是钢、机床、煤、电四项指标吓人。过去我们提的是十五年或者更短一点时间总产量赶上英国，现在提按人口平均赶上英国，是不是还加一个更多一点时间，到那个时候办不到怎么办？对纲要第三十六条说的“人民公社应当根据必要的社会分工发展生产”，毛泽东说：这很好。对这一条说的“既要增加自给性的产品，又必须增加用以交换的产品”，毛泽东说：这就不清楚了。什么叫用以交换？是产品交换，还是商品交换？你们就是避开商品这个东西，使得人家糊涂。社会主义的商品生产，斯大林讲得很对，它不是为价值法则所调节，而是为计划所指挥。对纲要第四十条讲的加强党的领导实行政治挂帅问题，毛泽东说：问题的中心是解决工作方法问题，实行群众路线的工作方法，就是不要捆人，打人，骂人，辩论人，罚苦工。提倡实事求是，不要谎报。《人民日报》最好要冷一点，当然也不要太冷了。要把解决工作方法问题当成重点，党的领导，群众路线，实事求是。毛泽东讲的第二个方面的问题是对斯大林《苏联社会主义经济问题》一书的看法。他说：省委常委、地委常委以上干部都要研究这本书的第一章、第二章、第三章。这三章中有许多值得注意的东西，也有一些写得不妥当，再有一些他自己也没有搞清楚。在第一章，斯大林提出客观法则之外，还提出计划经济与无政府经济的对立。他说，计划经济这个法则是客观的，跟以人们的意志制订的东西要加以区别，这很值得研究。他说主观计划要力求适合客观法则，他提出了问题，但没有展开。他们对轻工业和农业是不重视的，他们恰好就吃了这个亏，眼前利益跟长远利益不能结合，直到现在，他们的商品比我们少。这就是一条腿走路。我们现在的提法是在生产资料生产（重工业）优先发展的条件下工农业并举，两条腿走路。他不强调政治，不强调群众路线，只讲技术，在这方面也是一条腿走路。第一章他提出了问题，使我们考虑研究，但他没有发展，只说要研究，要掌握。第二章讲商品，第三章讲价值法则，我是相当赞成这里头的许多观点，把这些问题搞清楚很有必要。在苏联，斯大林认为生产资料不是商品，在我们国家就不同，生产资料又是商品又不是商品，有一部分生产资料是商品，我们把农业机械是卖给合作社。他紧抓着农业机械不卖给集体农庄，而是掌握在国家手里。总的来说，他没有找出一条由集体所有到全民所有的道路来。他批评雅罗申柯要搞掉生产关系，剩下一个生产力，把生产关系变成生产力的一个组成部分。他这个批评是对的。但是上层基础与经济基础的相互关系，他在整个文章里头几乎不谈，有时候略谈到一点。但是如何使上层建筑适应社会主义时代的经济基础，他根本不谈。他这本书的好处是提出了社会主义经济学里头的一些问题，过去谁也没有提出过，或者只是略为涉及。只有列宁提到了，比如做生意这一套，社会主义的新经济政策。全线进攻的口号也是列宁提出的，我看太快了。毛泽东说：我们向两方面扩大：一方面发展自给性的生产，一方面发展商品生产。现在要利用这个商品生产、商品交换和价值法则，作为有用的工具，为社会主义服务。商品生产有没有消极方面呢？有就限制它嘛！我国是商品生产很不发达的国家，我看还要一个发展阶段。每一个人民公社都必须发展能够卖钱的东西。必须肯定社会主义的商品生产与商品交换还有积极作用。现在有一种偏向，好像共产主义越快越好。实行共产主义是要有步骤的。山东范县提出两年实现共产主义，要派人去调查一下。现在有些人总是想在三五年内搞成共产主义。

同日 写信给中央、省市自治区、地、县四级党委的委员们，题为《关于读书的建议》。全文如下：“不为别的，单为一件事：向同志们建议读两本书。一本，斯大林著《苏联社会主义经济问题》；一本，《马恩列斯论共产主义社会》。每人每本用心读三遍，随读随想，加以分析，哪些是正确的（我以为这是主要的）；哪些说得不正确，或者不大正确，或者模糊影响，作者对于所要说的问题，在某些点上，自己并不甚清楚。读时，三五个人为一组，逐章逐节加以讨论，有两至三个月，也就可能读通了。要联系中国社会主义经济革命和经济建设去读这两本书，使自己获得一个清醒的头脑，以利指导我们伟大的经济工作。现在很多人有一大堆混乱思想，读这两本书就有可能给以澄清。有些号称马克思主义经济学家的同志，在最近几个月内，就是如此。他们在读马克思主义政治经济学的时候是马克思主义者，一临到目前经济实践中某些具体问题，他们的马克思主义就打了折扣了。现在需要读书和辩论，以期对一切同志有益。为此目的，我建议你们读这两本书。将来有时间，可以再读一本，就是苏联同志们编的那本《政治经济学教科书》。乡级同志如有兴趣，也可以读。大跃进和人民公社时期，读这类书最有兴趣，同志们觉得如何呢？”十日下午，批示杨尚昆：“此信请即送少奇、小平、陈云、伯达、乔木五同志一阅，如果他们不反对，就请你立即付印，于今夜发到会各同志。另带北京印发如前示；再用电报即发各省市自治区。”

11月10日　上午，在郑州河南省委第二招待所主持第一次郑州会议。毛泽东讲话，谈对《郑州会议关于人民公社若干问题纪要》的修改意见。会前，对这个文件作过一次修改，将题目改成《郑州会议关于人民公社若干问题的决议》。他说：这个东西很好，现在很有必要。有四个问题[1]。第一个问题，是社会主义和共产主义，什么叫建成社会主义？要不要划一条线？大线是社会主义与共产主义，小线是集体所有制与全民所有制。有的同志不赞成，说不能划一条线，说划了就损伤积极性。斯大林对社会主义与共产主义是划了线的，他说过渡要有三个基本条件。我

〔1〕 毛泽东这次讲话讲了决议的前3个问题，第4个问题是几个具体政策问题。

看他这三个条件基本上是并不坏的，问题是如何实现这三个条件，他没有讲出个名堂来。第一条叫增加社会产品，首先是生产资料的产品。这是基本的，主要的。我们叫以钢为纲，极大地增加产品。第二条叫从集体所有制提高到全民所有制，将商品交换提高到产品交换，使中央能够掌握全部社会产品。我们有的同志不愿划界限，主要是认为现在时间已到，以为已经上了天，你们还没上，你们是右倾。当然，现在鞍钢是全民所有制，但还没有过渡到共产主义，总要搞个社会主义全民所有制再过渡到共产主义。现在只有一部分是全民所有，大部分是集体所有，全民所有也不一定就过渡到共产主义。第三条是讲文化水平，叫全面发展一切社会成员的体力、智力。他这三个条件还是好的，主要是第一条，基本点是增加社会生产力和社会产品。极大地增加生产资料和生活资料的产品，由集体所有制转到全民所有制就不成问题了。他提出几个原则，没有什么办法，问题是怎样多快好省地增加社会生产力和社会产品。他缺少一个政治条件。如果没有政治挂帅，没有群众运动，没有全党全民办工业、农业、文化教育，没有几个并举，没有整风和逐步破除资产阶级法权的斗争，斯大林的这三个条件，是不容易达到的。如果加上人民公社这种组织形式，过渡的条件问题就更加容易解决了。纪要第一个问题的第一条说："完成社会主义建设的集中表现，是实现全民所有制"，在"全民所有制"前面，应加上"社会主义的"、"全面的"两个形容词。全面的全民所有制的含义是：（一）生产资料为全民所有；（二）因此，社会产品（不但生产资料，而且是消费资料）也为全民所有。在过渡时期的目前阶段，国营企业已是全民的，人民公社的生产资料（包括土地、森林、水池、种子、农具、牲畜、机械、工业厂矿）和产品应该逐渐增加全民所有的成分，即逐步增加生产资料的全民部分和产品的调拨部分。第二个问题，是人民公社问题。第一条讲公社的性质，说“公社是工农商学兵相结合的社会主义结构的基层单位”，应把文字顺序调换一下，把社会主义社会结构这些话放在前面。所以修改为：“公社是我国社会主义社会结构的工农商学兵相结合的基层单位。”下面说“公社同时又是基层政权的组织”，在“公社”二字后加上“现阶段”三个字，因为政权总有一天要消亡的。第二条是讲公社的体制，再加一个内容：“使生产各部门（农业部门、工业部门、运输部门）的劳动分配要合理，劳动组织要适当。”讲到劳动调配，当前的重大问题还是各生产部门之间的比例，请你们各位注意。还要加一条，作为第六条，吃饭问题：“一定要注意食品中含热量和营养成分两个部分，对于每一个人的起码必需数量。”要能够吃饱，吃得好一点。再加一个第七条，过冬问题。西北、华北、东北三个地区，要立即布置烧炕。没有煤炭不能过冬，必须解决。第三个问题，是城市人民公社问题。其中第二条说“要分步骤地搞，各地进度可以有快有慢”，我看可以加上一句“八大城市应当放慢”。八大城市包括沈阳、北京、天津、上海、武汉、广州、重庆、西安。

同日 下午，在郑州河南省委第二招待所主持第一次郑州会议最后一次会议，并讲话。毛泽东说：这个东西还要在政治局通过一下。不要叫纪要，叫决议。〔1〕回去实行的时候，先要讨论，充分讨论后然后实行。现在改得比较严肃了。这里头有些是理论问题，有些是立即就要实行的。大跃进搞得人思想有些糊涂，昏昏沉沉。尽是写诗，报纸上都是诗。诗也是一个严肃的东西，要字斟句酌。有人说“诗无达诂”，这是不对的。诗有达诂，是可以解释的，达即是通达，诂即是确凿。我睡不着，还想讲一点。试图搬斯大林，继续对一些同志做说服工作。一个是不要划界限

〔1〕 指《郑州会议关于人民公社若干问题的决议（草案）》。

的问题，一个是混淆这几个所有制的问题。农民在中国是一个海，现在仍然是农民问题。有些同志忽然把农民看得很高，以为农民是第一，工人是第二了，农民甚至比工人阶级还高，是老大哥了。农村在有些方面走在前面，这是现象，不是本质。有的同志谨慎小心，避开使用还有积极意义的资本主义范畴——商品生产、商品流通、价值法则等来为社会主义服务。第三十六条的写法就是证据，尽量用不明显的词句，来蒙混过关，以便显得农民进入共产主义了。这是对马克思主义不彻底、不严肃的态度。这是关系到几亿农民的事。我国人民公社，不但种子，还有肥料、产品，所有权在农民。国家不给他东西，不进行等价交换，他的产品也不会给你。修武县县委书记，不敢宣布公社是全民所有制。他第一条是怕有灾荒，农业减产了，发不了工资，而国家又不能包下来，不能给补贴；第二条是怕丰产了，国家把粮食调走。这个同志是想事情的，不冒失。我们没有宣布土地国有，而是宣布土地、种子、牲畜、大小农具社有。只有经过商品生产、商品交换，才能引导农民发展生产，进入全民所有制。对《苏联社会主义经济问题》，我全文看了两遍。先把第一章《关于社会主义制度下经济法则的性质问题》稍微讲一点。斯大林讲到自由与必然问题，说自由是被认识了的必然，客观规律是独立于人们的意识之外的。我们对于社会主义的经济法则，要研究，这是个必然性。整个客观规律是不是就是我们这一套，是不是还要有新的增加，是不是我们会跌筋斗、垮台，我还是把这一方面考虑进去。这些意见，还要在群众里头实践和证明，不是什么几个月的证明，一年的证明，要有几年甚至于上十年的证明。现在写的四十条，我有许多怀疑，为什么你们搞了那些指标，我还没有得到你们的根据。总而言之，苦战三年我看是不发表，这个东西拿出来吓死人。究竟中国国民经济有计划发展的客观经济法则是什么？是不是就是我们这个总路线这一套？我们总路线这一套是不是完全反映或者相当程度地反映了客观法则？现在看起来，要在客观实践中逐步认识这个客观世界，不到那个时候，矛盾没有展开，客观实践不反映到人们头脑中来，还不能认识。请同志们注意，必须研究这个有计划按比例地发展的客观法则，认识这个必然性，运用这个法则。第二章《关于社会主义制度下的商品生产问题》，现在，我们有些人大有要消灭商品生产之势。他们向往共产主义，一提商品生产就发愁，觉得这是资本主义的东西，没有分清社会主义商品生产和资本主义商品生产的区别，不懂得在社会主义条件下利用商品生产的作用的重要性。这是不承认客观法则的表现，是不认识五亿农民的问题。在社会主义时期，应当利用商品生产来团结几亿农民。我以为有了人民公社以后，商品生产、商品交换更要发展，要有计划地大大发展社会主义的商品生产，例如畜产品、大豆、黄麻、肠衣、果木、皮毛。现在有人倾向不要商业了，至少有几十万人不要商业了。这个观点是错误的，这是违背客观法则的。只有把一切生产资料都占有了，才能废除商业。我们的经济学家似乎没有懂得这一点。斯大林说有一种"可怜的马克思主义者"认为应当剥夺农村的中小生产者，我国也有这种人。有些同志急于要宣布人民公社是全民所有，废除商业，实行产品调拨，这就是剥夺农民。现在农民的劳动，同土地和其他生产资料（种子、工具、水利工程、林木、肥料等）一样是他们自己所有的，因此有产品所有权。忘记了这一点，我们就有脱离农民的危险。商品生产不能与资本主义混为一谈。为什么怕商品生产？无非是怕资本主义。现在是国家同人民公社做生意，早已排除资本主义，怕商品生产做什么？不要怕，我看要大大发展商品生产。商品生产，要看它是同什么经济制度相联系，同资本主义制度相联系就是资本主义的商品生产，同社会主义制度相联系就是社会主义的商品生产。商品生产从古就有，商朝的“商”字，就是表示当时已经有了商品生产的意思。把纣王、秦始皇、曹操看作坏人是完全错误的。纣王是个很有本事能文能武的人。纣王伐徐州之夷，打了胜仗，只是损失太大，俘虏太多，消化不了，以致亡了国。说什么“血流漂杵”，纣王残暴极了，这是《书经》上夸张的说法。所以孟子说：“尽信《书》，则不如无《书》。”在奴隶时代，商品生产并没有引导到资本主义。斯大林说：“试问，为什么商品生产就不能在一定时期内同样地为我国社会主义社会服务而并不引导到资本主义呢？”这句话很重要。不要怕，不会引导到资本主义，因为已经没有了资本主义的经济基础。商品生产可以乖乖地为社会主义服务，把五亿农民引导到全民所有制。商品生产是不是有利的工具？应当肯定说：是。为了五亿农民，应当充分利用这个工具发展社会主义生产。要把这个问题提到干部中进行讨论。公社只愿意用他们生产的产品交换他们需要的商品，用商品交换以外的办法拿走公社的产品，他们都不接受。商品流通的必要性是共产主义者要考虑的。我们建国才九年就急着不要商品，这是不现实的。只有当国家有权支配一切产品的时候，才可能使商品经济成为不必要而消失。只要存在两种所有制，商品生产和商品交换就是极其必要、极其有用的。河南提出四年过渡到共产主义，马克思主义“太多”了，不要急于在四年搞成。我们搞革命战争用了二十二年，曾经耐心地等得民主革命的胜利。搞社会主义没有耐心怎么行？没有耐心是不行的。

同日　晚上，审阅修改《十五年社会主义建设纲要四十条（一九五八——一九七二年）》初稿后，批示杨尚昆：“请你邀集刘、邓、伯达三同志在一起，看一下，作最后斟酌，立即付印，在天明前分发到会各同志。当改即改，我不再看了。”毛泽东在初稿引言的最后，加写一段话：“在一九五六年九月召开的中国共产党第八届第一次全国代表大会上通过了两个长期计划，一个是规定在一九五八年至一九六二年期间包括工业、农业、运输业和文教卫生等项事业的‘第二个五年计划’，一个是‘一九五六年至一九六七年农业发展纲要四十条’，前者经过一九五八年一年的实践，后者经过一九五六年至一九五八年三年的实践，都已经在主要项目和多数要求方面基本上完成，有些并且超过了。这是全党和全国人民团结一致、英勇奋战的结果。现在，党和人民都希望我们制定一个新的计划性的长时间的纲领，以代替旧的过了时的纲领，作为全党全民的奋斗目标。‘十五年社会主义建设纲要’，就是这样一个新纲领。这个纲领，作为草案的第一稿，是在一九五八年十一月上旬郑州会议上通过的。随后在十一月下旬，在中国共产党八届六次中央全会上通过，仍为草案第一稿。由于是一个包括三个五年的长期计划，根据现在（一九五八年）的经验，对于若干问题，主要是工业方面的问题，所作的回答，是带有很大的估计性的。因此，我们——中共中央政治局——认为在苦战三年时间内，这个草案，还只应当在党的县级以上的高级干部范围内，予以研究。苦战三年，我们将取得很多的经验。大约到一九六〇年，至迟在一九六一年春季，这个草案就可以公开发表，交给全党全民展开讨论，然后，提到党的全国代表大会和全国人民代表大会，正式予以通过。”毛泽东的修改，主要还有：对讲劳动和休息的第二十九条，毛泽东加写：“每天睡眠、休息和娱乐的时间不得少于十二小时，学习时间不得少于两小时”。第三十二条谈到要逐步改造现有的旧式房屋分期分批建立新型的居民区，毛泽东加写“废除历史上遗留下来的不合理的家长制。在住宅建筑方面，注意使住房适宜于每个家庭的男女老幼的团聚”。第三十三条谈食堂问题，毛泽东加写“要把为食堂服务的工作，看成是为人民服务的一种崇高的工作”。第三十四条谈托儿所、幼儿园问题，毛泽东加写“要把为托儿所、幼儿园服务的工作，看成是为人民服务的一种崇高的工作”。将第三十六条改写为（加写和改写的文字用着重号标明）：“人民公社应当按照满足社会需要的原则有计划地进行生产。既要发展直接满足本社需要的自给性生产，又必须尽可能广泛地发展商品性的生产。这种商品生产，通过商品交换，既可以满足社会日益增长的需要，又可以换回等价物资，满足本社生产上和社员生活上日益增长的需要。在商品流通过程中，价值、价格和货币仍然将起它们的积极的作用。”将第三十八条改写为：“为了准备条件，在帝国主义如果发动对我国的侵略战争的时候彻底打败侵略者起见，我国应当实行全民皆兵的制度。”第四十条中说“一切浮夸和虚构，都必须反对”，毛泽东将这句话改为“浮而不实，爱好排场，谎报成绩，表里不一，这一切，都是要不得的”。

同日　阅中共中央办公厅机要室在徐水参加劳动的干部〔1〕关于徐水县所见所闻的情况报告，批示：“即送林铁、张承先同志：此件是说徐水县的情况的，长处短处都有，请你们研究一下。此种情况，可能不止一个社有。此件，你们带回去，我不要了。”报告说：一穷二白，干劲冲天，对明天充满希望和信心，是这里群众的显著特点。去冬今春，全县人民大搞水利建设，保证了今年的大丰收，亩产预计可达到一千六百多斤，人民生活有了显著提高。这个村已建立了食堂、幼儿园、幸福院、缝纫组、洗衣组、俱乐部、土化肥厂、供销部、粮食加工厂等。实行供给制，受到社员们的拥护，但也有个别劳力多、人口少、生活较富裕的社员有抵触思想。公社化后，我们看到一些问题是：（一）

〔1〕1958年9月中旬，中共中央办公厅派出18名干部，到河北省徐水县商庄人民公社前所营村参加秋收种麦劳动。

目前各营（即原来的村社）之间互相交叉的地很多，不便于耕作与组织劳动协作。（二）主观主义和强迫命令现象在局部地区依然存在。（三）虚报产量的不少，据说差不多的村都有虚报，因为上边规定的任务很难完成。（四）公社化以后，个人不再喂养鸡鸭，又没有组织集体饲养。（五）几个值得研究的口号，比如提出“一九六〇年建成社会主义，一九六三年建成共产主义”。

11月11日 下午，在郑州河南省委第二招待所同开封、新乡、洛阳、许昌的地委第一书记和鲁山、商丘、信阳、禹县、孟津、南阳、登封的县委第一书记谈话，谭震林、廖鲁言、胡乔木、吴冷西、田家英、吴芝圃、史向生、赵文甫参加。

11月12日 晨一时二十分，在停靠郑州的专列上听取中共中央办公厅在河南荥阳劳动锻炼的干部汇报。

同日 晨七时，就《郑州会议关于人民公社若干问题的决议（草案）》，写信给已回北京的邓小平：“想了一下，那个关于人民公社若干问题的决议（草案），还是稍等一下（大约两个星期左右），带到武昌会议上再谈一下，得到更多同志的同意（可能有好的意见提出来，须作若干修改，也说不定），然后作为正式文件发出，较为妥当。这并不妨碍各省同志按照他们带去的草案立即在干部中传达、讨论和实行。是否如此，请你同北京同志们商量酌定。既然如此，郑州会议就是一个为武昌会议准备文件的会议，因此不要发公报。”同日，又致信各省委、直属市委、自治区党委第一书记和各协作区负责人，信中说：“到郑州开会的同志们从郑州走后，我又想了一下。《郑州会议关于人民公社若干问题的决议（草案）》，宜于在武昌会议上征求更多同志的意见，然后发表，较为适宜。因为这是一个大问题，可能未到郑州的同志有些好的意见，也说不定。为此改变原定计划，中央政治局暂不批准，交给武昌会议再议一次。对这件事你们怎么处理呢？你们可以在这几天内，征求省地两级及个别县级负责同志们的意见，由你们将这些意见带到武昌，加以研究。这样做，时间耽搁也不甚多，不过十几天，并不妨碍大事。决议中有些要立即施行的，你们可以立即施行，仍如郑州会议时所约，并不变更。以上如以为可，即请照办。已另报告中央。”

此前，毛泽东对决议（草案）作了多次修改。对决议草案第一部分“社会主义和共产主义，什么叫建成社会主义”中的几段文字改写成为：“作为共产主义的第一阶段的东西，我们叫作社会主义。在这个阶段内，全党全民的任务是完成社会主义的建设。”“我们有了一个不全面的全民所有制，这就是国营工业，大森林地，河道，领海，国营水库、水湖、水塘，国营农场、林场、牧场以及其他各项国营事业。这还只是一部分全民所有制，而非全面的全民所有制。过渡时期，即社会主义时期的任务是实现社会主义的全面的全民所有制。”“现在存在的以人民公社形式出现的社会主义大集体所有制，也就系小全民所有制，要逐步地发展为全面的全民所有制。”“这一部分包括几亿人口，主要是农民，还有手工业工人。他们原先是个体的中小生产者，经过几个步骤，在一九五三年到一九五八年的六年时间，发展到了现在人民公社阶段。集体性逐步提高了。有可能开始向全民性发展，例如现在出现的县办工业，就带有向全民所有制发展的因素。但尚非全民所有制，可以称为县民所有制，即所谓小全民所有制。在全县范围内能够由县调配的劳动和产品，都属于这种制度。”“社会主义的全面的全民所有制的含义，是（一）社会生产资料为全民所有；（二）因此社会产品（不但是生产资料的产品，而且是生活资料的产品）也为全民所有。在过渡时期的目前阶段，除国营企业和其他国营企业的生产资料和产品已成为全民所有以外，人民公社的生产资料（土地、森林、水池、种子、肥料、牲畜、农具、农业机器、工业厂矿）和产品，应当逐步地增加全民所有的成分，即逐步增加生产资料的全民性部分和逐步增加产品能由国家调拨的部分，根据国家计划生产，根据国家计划调拨。”“要能实现调拨和逐步增加调拨的比例，就必须有雄厚的生产资料，就必须根据国家计划和公社需要，增加产品的品种和数量。因此，必须不断发展生产资料的生产和消费资料的生产，不断提高这两个部类的生产水平。”对决议草案第二部分“公社问题”中的几段文字改写成为：“公社是我国社会主义社会结构的工农商学兵相结合的基层单位。公社在现阶段同时又是基层政权的组织。”“公社是实现两个过渡的最好的形式。这两个过渡是：一个，由社会主义的目前阶段到完成阶段的过渡——即社会主义的集体所有制到全民所有制的过渡；另一个，由社会主义的全民所有制到共产主义的全民所有制的过渡。”“在劳动调配中，第一，必须实行和巩固生产责任制。第二，必须使生产各部门（农业部门、工业部门、运输部门）的劳动分配要合理，劳动组织要适当。”“一定要注意食品中含热量和营养成分两个部分对于每一个人的起码必需数量。为此，要同营养学家商量，作出适当规定，不可疏忽大意。”

同日　中午，在郑州河南省委第二招待所同开封、新乡、洛阳、许昌的地委第一书记谈话，吴芝圃参加。

同日　下午，在停靠郑州的专列上同谭震林、廖鲁言、胡乔木、吴冷西、田家英谈话。

11月13日　晨，关于建议在北京开会为武昌会议作准备等问题，致电刘少奇、邓小平：“建议在北京在政治局、书记处同志并再参加若干同志的范围内，在这几天内，开三次至四次会：（一）讨论郑州起草的两个文件，当作问题提出，征求意见；（二）讨论斯大林苏联经济问题‘意见书’部分的第一第二第三章。这样做，是为了对武汉会议[1]先作精神准备。是否可行，请酌办。我认为省级也应这样做，讨论上述同样的两个问题，也应当只是当问题提出，征求意见的性质。如以为可行，请以电话通知各省。所谓当作问题提出，即对每一个问题，都提出正反两面。例如对划一条线弄清界限问题，提出划线好，还是不划线好？对商品问题，提出现阶段要商品好，还是不要商品好。其他问题，以此类推。”十三日、十五日、十七日、十八日，根据毛泽东的意见，刘少奇、周恩来、邓小平主持在北京的中共中央政治局委员和书记处成员参加的会议，进行学习和讨论。

同日 下午，在停靠郑州的专列上同中共河南省委负责人吴芝圃、赵文甫、史向生、杨蔚屏等谈话，谭震林、胡乔木参加。毛泽东说：大跃进以来，热情很高，成绩很大。出了一点盲目性，很长时间的盲目下去也不会。对资产阶级我们采取赎买办法，小心谨慎。农民是五亿人口，更要小心谨慎，所有制变化得慢一些，不可太急。要吃好、睡好。现在还穷得很，从现在起十年，连前第一个五年计划，三个五年计划的时间改变为全民所有制也是了不起，北戴河会议文件，提出七八年[2]也许不对。快慢如何，还要看两三年再说。现在供给制的标准还很低，再大跃进三四年、四五年可能有很大变化。食堂、托儿所、幸福院、人民公社垮一些是可能的，但可取得经验再搞起来。我们是个很穷的国家，一贫二弱，钢千把万吨，人民生活水平低，河南每人年

[1] 指1958年11月21日至27日在武昌召开的中共中央政治局扩大会议，通称武昌会议。

[2] 指1958年8月29日《中共中央关于在农村建立人民公社问题的决议》。决议中说：“由集体所有制向全民所有制过渡，是一个过程，有些地方可能较快，三、四年内就可完成，有些地方，可能较慢，需要五、六年或者更长一些的时间。”

平均只有七十几元。要对高级干部讲清楚，现在绝不能高枕无忧。干劲很可贵，没有这股干劲就要倒霉。但是，要清醒，只顾前不顾后，只顾胜利不顾困难，那问题就大。山上五百万人，要搞好过冬的吃饭、睡觉、取暖、医药卫生。不顾广大群众生死就要灭亡。我们的好处是一年抓四次，不至于天下大乱。中央一年抓四次检查，省应多一些，有问题就来解决，这些要给地市委书记说明白。政治是好的，但物质基础很穷，要搞钢铁还得有时间，要考虑是否搞那么快，粮食作物长快了也不行，基础不实，容易倒伏。要水到渠成，瓜熟蒂落。

同日　下午，乘专列离开郑州南下，谭震林、廖鲁言、胡乔木、吴冷西、田家英同行。晚八时到达遂平县，在专列上接见中共遂平县委第一书记、遂平县县长、嵖岈山管理区党委书记等，谭震林、史向生等参加。毛泽东详细地询问当地人民公社的粮食收成、社员收入、多种经营、公共食堂、托儿所、幼儿园、文化教育、卫生等方面的情况和问题。在谈到来嵖岈山卫星公社参观的人很多时，遂平县委第一书记说：那是主席的一句话，说人民公社好，大家才来参观。毛泽东说：他们问我，我说好。

同日　晚十一时五十分，到达信阳。在专列上接见中共信阳地委第一书记、信阳地区专员等，详细询问当地人民公社的有关情况，谭震林等参加。

同日　阅中共轻工业部党组十一月七日关于大力发展猪皮制革的报告，上午八时批示："尚昆同志，并小平同志：（一）此件很好，应予批准转发。（二）人民公社大办轻工业那一件（即郑州会议印发的那一件）〔1〕怎么样？是否批准转发了？（三）省办

---

〔1〕指中共轻工业部党组1958年10月30日关于人民公社大办工业问题给毛泽东并中央的报告。

西医学中医训练班问题，拖得太久了，只需一百字左右的批文，要卫生部写，看来是不成的，应当自己动手，花三十分钟就写成了，以为如何?”报告提出：皮革工业要有个大发展，必须打破迷信牛皮的思想，大量发展猪皮制革。发展猪皮制革，应该首先面向人民公社，皮鞋的销售市场今后主要将是在农村而不是在城市。因此，社社县县都可以办原皮加工厂、制革厂和制鞋厂，这样皮革工业和皮鞋工业就可以遍地开花地发展起来。

11月14日　晨，阅新华社十一月十一日编印的《内部参考》第二六三〇期刊载的《邯郸专区伤寒疫病普遍流行》电讯稿后，批示："此件印发到会[1]各同志。很值得注意，是一个带全国性的问题，注意工作，忽视生活，必须立即引起全党各级负责同志，首先是省、地、县三级的负责同志的注意，方针是：工作生活同时并重。”毛泽东将电讯稿的标题改为：《邯郸专区伤寒疫病普遍流行，原因是抓了工作，忘了生活》。电讯稿说，今年入秋以来，河北省邯郸专区伤寒疫病普遍流行，痢疾、肠胃炎等症也有发生。发生流行病的主要原因是，某些领导干部只注意生产，忽视了对群众集体生活的领导和关心，社员的身体抵抗力下降，疫病蔓延很快。同时，毛泽东对这一期《内部参考》刊载的《岳阳县城关镇正在筹办人民公学》一文作批示："待去查一下。”文中说，中共湖南省岳阳县委决定办一所人民公学，使教学和生产更加紧密结合，贯彻学校办工厂、工厂办学校的方针，使学生和工人既有学习的机会，又有劳动锻炼的时间，培养出大批工人阶级的知识分子和红色专家。

同日　下午，到达湖北孝感。在专列上听取王延春、孝感地委和县委的第一书记、长风公社党委书记和农民代表的汇报，王

---

〔1〕 指即将在武昌召开的中共中央政治局扩大会议。

任重参加。当汇报说长风公社有人创造了亩产万斤稻谷的“万斤田”时，毛泽东说：我不相信。当有人说这是经过农村工作部长亲自验收的时，他说：靠不住，谁验收也靠不住。当听说妇女和男人一样干劲大，但是夜里干了活白天就没有劲时，他说：妇女和男人还是不能一个样啊！要关心她们，要执行‘三期照顾’（月经期、怀孕期、哺乳期）。今年三月我在成都会议上就讲了有张有弛劳逸结合嘛。群众积极性越大越要关心群众，不要搞夜战，人过分劳累要害病的。

11月15日 晨，到达武昌，住东湖客舍。

11月16日 晚上，同谭震林、廖鲁言、王任重谈话。

11月18日 晨，同谭震林、廖鲁言、王任重谈话。

同日 阅中共中央宣传部十一月十三日编印的《宣教动态》一九五八年第一三八期刊载的《关于“一个县能否进入共产主义”的辩论》的报道，批示：“值得一阅，印发到会各同志。”该文说：山东省寿张县、范县先后在十月二十六日、二十八日召开的万人大会上，提出一个县提前进入共产主义的问题。寿张县委第一书记的报告中，提出“为二年内实现工业化、机械化、电气化，基本上建设成一个像样的共产主义而奋斗”的任务。范县县委第一书记的报告中，提出“二年过渡到共产主义”的任务和具体规划。参加山东省宣传文教工作高唐现场会议的同志参观寿张、范县后，对这种提法大都表示怀疑，认为目前实行的吃饭、穿衣不要钱等等，虽具有共产主义因素，但还不是各取所需，还不是共产主义。一个省一个县单独提前进入共产主义的想法是不妥当的。但是，也有人认为一个县是能够建成共产主义的。毛泽东的批语和这个报道先后作为武昌会议文件和八届六中全会文件印发。

同日 阅十一月十二日编印的《经济消息》第三十四期刊载

的《长春汽车厂发动群众的好经验》的报道，批示："此件印发到会各同志。要实行技术革命，就应当这样做。"并将题目改为《长春汽车厂发动群众大闹技术革命的经验》。报道说：长春汽车厂在充分发动群众大闹技术革命的运动中，提出在明年"十一"实现年产十五万辆汽车的跃进方案，并丰富了"两参一改三结合"的内容。过去推广"两参一改"，一般还限于工人参加行政管理和日常行政工作的改革，这一次，工人不仅参加行政管理，而且全面地参加设计和技术管理，并对生产工作和技术工作中不合理的规章制度也进行了改革，使得工人、技术人员和职员密切结合起来，形成了党委统一领导下的"两参一改三结合"的管理制度。毛泽东的批示和这篇报道先后作为武昌会议文件和八届六中全会文件印发。

11月19日　中午，在武昌东湖客舍同武汉市、黄石市的市长和黄冈、襄阳、荆州、宜昌、恩施、孝感的地委第一书记谈话，并共进午餐，谭震林、廖鲁言、王任重、张平化参加。

同日　阅陈云报送的中共国家基本建设委员会党组十一月十七日关于当前基本建设工作中的几个重大问题的报告。报告说：基本建设工作中的几个重大问题是：（一）工业布局应该适当分散，企业类型应该以中小为主。（二）基本建设项目施工先后必须排队。（三）设计工作必须贯彻执行土洋结合的方针。（四）推广快速施工。（五）认真组织成套设备的供应。（六）基本建设必须加强党的领导，大搞群众运动。毛泽东批示："此件很好，印发到会各同志。应予批准，在全国推行。"

同日　阅谭震林、廖鲁言十一月十六日关于农业生产和农村人民公社的主要情况、问题和意见的报告[1]，批示："此件印发各同志，予以研究，需要修改的地方加以修改。然后由中央予以批准，发给省、自治区、直属市党委照此执行。"毛泽东对报告作了修改。报告说："今冬和明年的水利工程计划，比上一年度增加近三倍，有一千九百亿土石方（去冬和今年是五百亿方）。假定用农村男女劳动力的半数，约一亿二千多万人来兴修水利，每人工作一百天，每人每天平均要做十五方以上，才能完成。"毛泽东在这段话后加写："不能搞这样多，要大大减少。"报告说："在公社化的过程中，自留地等残余的私有生产资料归社公有，比较顺利，个别地方出现过某些波动（例如卖猪、宰鸡等等），时间也只有几天，政策交代清楚，就稳定下来了。运动是健康的，比过去的初

〔1〕 谭震林、廖鲁言报告的主要内容是：（一）根据西安、广州、南京、呼和浩特4个分片农业会议的预计，1958年的粮食总产量是8500亿斤，这是经过各省、市、自治区压缩后的数字，是比较可靠的，退一步讲总不少于7500亿斤。（二）1958年的粮食收购计划完成得不好，原因是多方面的。农民自用部分增多、留用种子增多、劳力紧张、加工和运输工具不足，此外，国家的收购计划没有真正成为农业社的计划等。（三）根据各省、市、自治区提出的1959年种植计划，粮食播种面积将缩减到15亿亩以内。改变广种薄收为少种多收，从根本上改变"五亿人搞饭吃"的局面。（四）1958年的粮棉总产量虽然增加一倍以上，但农副业总产值没有翻一番，副业增加不多，个别地方还有减少。有许多公社现金短缺，有的甚至开不出工资，也没有钱购置生产资料，扩大再生产。这种情况，必须力求及早改变。（五）1958年冬和1959年的水利工程计划，比上一年度增加近3倍。这样重的任务势必与钢铁、积肥、副业生产、交通运输和其他农村基本建设在劳动力安排上产生矛盾。必须保证重点工程如期完成，要减少一些次要工程。（六）生活问题，要有专人负责。分配问题，1958年的分配，可以以公社为单位统一分配，也可以由公社统一扣留之后，其余部分以原合作社为单位进行分配。（七）今后的任务是，加强党的领导，抓思想、抓生产、抓分配、抓生活，办好人民公社。

级合作化和高级合作化都顺利得多。”毛泽东在这段话后加写：“但过去两个多月各地人民公社忙于秋收秋种和大搞钢铁，大多数还只搭起个架子，一大堆问题尚未处理。处理这些问题是今后几个月的任务。”报告说：“群众当前所最关心的问题是分配问题和集体生活问题，所以公共食堂和托儿所、幼儿园必须办好……要把为公共食堂和托儿所、幼儿园服务的工作当做是为人民服务的最崇高的工作。”毛泽东在这段话中的“集体生活问题”后加写：“关于生活问题，主要有吃饭、睡觉、带小孩三件大事。睡眠一定要有八小时，加上吃饭和休息时间四小时，共计十二小时，一定不可少。劳动时间，一般为八小时，忙时可以有十小时，最忙也不可超过十二小时，以为持久之计。”在整个这段话后加写：“生产和生活两方面，必须同时抓起来。不抓生活，要搞好生产是困难的。生产好，生活好，孩子带得好，这就是我们的口号。”毛泽东的批语和这个报告作为武昌会议文件印发。

同日 阅中共化工部党组十一月十日关于坚决扭转化学工业发展的被动局面的报告，批示：“彭涛同志：此件写得很好。在第九页上有一处不明〔1〕，有一处需改变重点并举些例子〔2〕。请酌处。”报告的主要内容是：（一）当前化学工业的迫切任务。

---

〔1〕 中共化工部党组报告中说：希望1959年各省、市、自治区的化工设备制造能力达到1—2万吨。毛泽东对“1—2万吨”批注：“是总共这样多，还是每个省要这样多？”

〔2〕 中共化工部党组报告中说：“根据主席9月间关于建立综合性的联合企业的指示，我们希望其他工业部门和交通运输部门，也办一点化学工业，这不仅是对化学工业的支持，同时对于解决本身所需的化工原料也大有好处”。毛泽东对这段话批注：“可以举几个例子，重点是于他本身有益，并且必不可少。若为了支持化工部门，他们那样忙，谁肯支持呢？”

（二）走自力更生的道路。（三）学会用两条腿走路。大搞化学工业的“小土群”。（四）向综合性的联合企业发展。（五）急起直追，发展化学工业的尖端技术，以配合整个尖端科学技术的发展。

11月20日　下午，同陈伯达、张春桥、李友九谈话。晚上，同李井泉、陶铸、陶鲁笳、周小舟谈话。后同陈云、邓小平、彭真、王任重、杨尚昆谈话。

同日　阅中共中央宣传部十一月十五日编印的《宣教动态》一九五八年第一三九期刊载的《苏联〈政治经济学教科书〉第三版的主要修改和补充》一文，批示：“此件值得一阅，印发到会同志。”该文说：苏联《政治经济学教科书》第三版与前两版比较，修改补充得最多的是社会主义生产方式部分，包括社会主义基本经济规律的特征、国民经济有计划按比例发展的规律、商品生产和价值规律、为什么在社会主义制度下直接的社会劳动需要借助于价值和价值形式取得间接的表现、关于价值和使用价值的非对抗性矛盾、关于社会主义制度下价值规律作用的性质、关于物质鼓励和按劳分配原则等问题。毛泽东的批语和此文先后作为武昌会议文件和八届六中全会文件印发。

同日　对新华社十一月十三日编印的《内部参考》第二六三二期刊载的《安国的小麦千亩天下第一田》报道，写批语：“此件可看。”二十一日，毛泽东在武昌会议上说：安国县种了个天下第一田，搞得到搞不到，我是怀疑的。报道说：河北省安国县东风人民公社搞的一块“千亩天下第一田”，计划平均亩产二万斤。毛泽东的批语和这篇报道先后作为武昌会议文件和八届六中全会文件印发。

同日　对新华社十一月十三日编印的《内部参考》第二六三二期刊载的《稷山县食堂化的情况和问题》的报道，写批语：“此件可看。”报道说：山西省稷山县已普遍建立了食堂，大体可分三种类型。第一类是，制度健全，花样不少，吃饱吃好，人人基本满意。参加食堂人数为百分之九十五到百分之百。这类食堂约占全县的百分之三十。第二类是，大部分社是吃饭定量，大肚子吃不饱，小肚子吃不了，因而造成户户冒烟，两头吃饭。参加食堂的人数为百分之二十到百分之六十。这类食堂约占全县的百分之六十三。第三类是，社干不入灶，炊事员不固定，有的只蒸馍不管菜，有的只管菜不蒸馍，造成两头吃饭，浪费时间。群众意见很大，甚至有个别食堂垮了台。这类食堂约占全县的百分之七。毛泽东的批语和这篇报道先后作为武昌会议文件和八届六中全会文件印发。

11月中旬　对新华社十一月十四日编印的《参考资料》第二五一三期刊载的杜勒斯在西雅图商会上的演说，重拟了一个提要式的标题："杜勒斯批评我国的人民公社，他向亚洲人宣传共产主义的坏处和资本主义的好处，杜勒斯大谈其政治经济学，表示他对我国大跃进感到恐慌。"并批示："此件请小平印发。"

11月21日—27日　在武昌洪山宾馆主持召开中共中央政治局扩大会议，主要讨论人民公社问题和一九五九年国民经济计划安排问题。

11月21日　上午，在中共中央政治局扩大会议上作第一次讲话，共讲八个问题。毛泽东说：我有一些想法，请大家斟酌斟酌。第一，过渡到共产主义问题。现在我们乡级以上的各级干部就是要过渡得快，抢先于苏联。我们现在是一穷二白，还有一个一穷二弱。现在吹得太大了，我看是不合事实，没有反映客观实际。建设社会主义，我们没有经验，现在吹得那么厉害。我担心我们的建设。有一种树，叫钻天杨，钻得非常快，就是不结实，建设搞得太快了，可能天下大乱。这个问题，我总是担心得很。总的是讲，我们一定要让苏联先进入共产主义，我们后进。如果我们实际上进了，还是挂社会主义的招牌，行共产主义的实际。我们是有缺点的，北戴河会议中说三四年、五六年或者更多一点时间就搞成全民所有制。好在后面又讲，就是搞到像国营工业那样，还是社会主义的全民所有制，又讲到过渡到共产主义必须的几个条件。这不是说我们要慢腾腾的，所谓速度，所谓多快好省，是个客观的东西。客观上能速则速，不能速就还是不速。第二，十五年规划问题。社会主义建设纲要四十条，这次可以议一下，我建议实际上不作为重点，因为这个东西议不出好多事来。十年之内需不需要四亿吨钢？可能不可能搞到？没有把握。任重同志，你给我那个说明不解决问题。四十条传出去很不好，那叫作务虚名而受实祸，虚名也得不了，谁也不相信，说你们中国人吹牛。我看是要谨慎一点，摆他两三年再说。第三，这次会议的任务。我们现在是为全会作准备。一个是人民公社，一个是明年（主要是第一季度）的安排。第四，划线问题。划线如何划？要不要划？郑州会议划了五个标准才算社会主义的全民所有制，要全面地完成全民所有制才算是建成社会主义。北戴河会议有点急躁就是那个少则三四年，我是受了河南同志的影响。这个东西恐怕办不到，那个时候就搞全民所有制呀？只好改一下。（彭真：农村公社化了，工业化了，向全民所有制转得太慢了，到农民很富了以后再转也不利。刘少奇：农民穷一点好转。在北京讨论的时候，我的意见是达到一百五十元到二百元就发工资，达到一批转一批，再达到一批再转一批。彭真主张两年转完，发工资。）就是这个少则三四年、多则五六年，恐怕犯了冒险主义错误了。（刘少奇：如果这个时候不搞，他什么东西都搞起来了，再发工资，那就很难包了。彭真：搞慢了不利。）照刘少奇和彭真两位的意见，是趁这个穷来过渡，不然他不想过渡了。这个问题今天不讨论。第五，消灭阶级问题。苏联是一九三六年宣布消灭阶级的，他是十六年消灭阶级，我们今年是九年，十六年还有七年，也许可能。但是，现在我看不要肯定这个问题。阶级有两种情况：一种是作为经济剥削的阶级，我们已经消灭了，但是在政治上思想上的还没有消灭。这个问题，是在去年整风时发现的。我在一九五五年写的批语中，其中有一条[1]就是不妥当的。阶级哪一天消灭，我看还是吊着，总是要完全有保障，基本上没有害了，才能够宣布。我看宣布阶级消灭这一条不忙，谨慎一点。第六，商品经济问题。究竟要不要商品？商品的范围是哪些？我们在郑州会议就是严格按照斯大林，限于生活资料，加上一部分人民公社所需要的生产资料，进行商品的交换。现在有个消息，苏联出了《政治经济学教科书》第三版，把商品的范围扩大了，不但是生活资料，而且是生产资料。这个问题需要研究。一个时期认为好像是商品越少越好，最好是两三年之内就不要了。现在我看这个商品是要搞久一点，不是一百年，也是二三十年。如果搞了商品，经济就不发展了，阻碍了经济发展，那就要废除。苏联《政治经济学教科书》第三版没有大改，许多还是斯大林的观点。所以斯大林不可全部推倒，因为他那个东西是科学，要推倒一部分，因为那里面有缺点，有部分的错误。我们这些人，包括我在内，对社会主义经济规律是什么东西，过去是不去管它的。现在我们真正在这里搞了，而且全国也议论纷纷了，要看一看斯大林的《苏联社会主义经济问题》，还要看苏联《政治经济学教科书》。尚昆同志，教科书给每人发一本，大家把社会主义部分看一下。我们务一点虚，这是经济理论问题，政治经济学问题。第

〔1〕 指毛泽东在《中国农村的社会主义高潮》一书中，为《机会主义的邪气垮下去，社会主义的正气升上来》一文写的按语中说的“一九五五年，在中国，正是社会主义和资本主义决胜负的一年”。

七，减少任务问题。水利建设，还有别的任务，实在压得透不过气，压得太重，恐怕也需要考虑一下。谭震林、廖鲁言同志搞的那个文件，要求全国今冬明春和明年夏天水利工程要搞一千九百亿土石方，还说一定不可少。去年冬季到今年秋季是搞了五百亿土石方，一千九百亿土石方比五百亿土石方要多差不多三倍。我看这样搞下来，中国人非死一半不可，不死一半也要死三分之一，不死三分之一也要死十分之一。中国五亿农民，十分之一就是五千万人。如果死了五千万人，那个时候至少我的职要撤掉，你们都可以不撤，那不是撤职问题，我这个头也没有了。你（指曾希圣——编者注）是想搞多的，你搞多也可以，总是不要死人，以不死人为原则。一千九百亿土石方，总是多了，请你们议一议。你们如果一定要搞，那也没有办法，不能杀我的头就是了。我看，明年水利工程照五百亿土石方，一点也不翻。今年是五百亿，明年是五百亿，后年是五百亿，你搞他十年，不就五千亿了吗？我说留一点给我们的儿子去搞也可以，何必我们统统搞光！比如钢三千万吨，究竟要不要那么多？能不能搞那么多？现在才搞到八百万吨，就是六千万人上阵，明年三千万吨钢，要多少人上阵？是不是定三千万吨，值得考虑。这三千万吨，还联系到焦煤、煤、运输等，请你们议一议。此外，还有其他各种任务，煤、电、油、运输、化工、森林、建筑材料、纺织、造纸。我们在这一次唱个低调，把脑筋压缩一下，把空气变成固体空气。先搞少一点，如果行有余力，情况顺利，再加一点。胡琴的弦不要拉得太紧，搞得太紧了，就有断弦的危险。还有，农业的任务是搞多少？还是要议一下，总是要有实际可能。可能性有两种，一种是现实的可能性，一种是非现实的可能性。能够转化为现实的那种可能性，就是现实的可能性。所谓非现实的可能性，就是空的。第八，人民公社整顿问题。人民公社整顿四个月。要搞万人检查团，去检查睡觉睡够了八小时没有，睡七小时就没有完成任务。关于人民公社的生活问题，比如工作时间、食堂、托儿所、文化娱乐等，要有一个章程，可以在报纸上公开发表。人民公社问题还是要议一下，总得有个决议，或者搞个指示。河北同志讲他们现在已经有百分之七八的社分配搞得比较好，我是怀疑派。我说如果十个里头有一个人民公社真搞好了，就成功了。省委、地委、县委要集中精力帮助搞一个人民公社，现在谁也没有经验，要去摸，要跟群众商量。不然，这个东西要垮的。毛泽东最后说：我是提问题，把这些题目列出来，去讨论，哪样为好。各人都可以提问题。这一向，在我的脑筋里头，十五个吊桶打水，七上八下，就是刚才讲的那些问题，究竟是这样好还是那样好。现在是十一月了，这次会是今年这一年的一次总结性质的会，同时安排明年的计划，主要是第一季度。

同日　晚上，同胡乔木、吴冷西、田家英谈话，主要谈宣传上要压缩空气、实事求是的问题。毛泽东说：做报纸工作的，做记者工作的，对遇到的问题要有分析，要有正确的看法、正确的态度。矛盾有正面，有侧面，看问题一定要看到矛盾的各个方面。群众运动有主流，有支流，到下面去看，对运动的成绩和缺点要有辩证的观点，不要把任何一件事情绝对化。好事情不要全信，坏事情也不要只看到它的消极一面。比方瞒产，我对隐瞒产量是寄予同情的。当然，不说实话，是不好的。但是为什么瞒产？有很多原因，最主要的原因是想多吃一点，值得同情。瞒产，除了不老实这一点以外，没有什么不好。隐瞒了产量，粮食依然还在。瞒产的思想要批判，但是对发展生产没有大不了的坏处。虚报不好，比瞒产有危险性。报多了，拿不出来。如果根据多报的数字作生产计划，有危险性，作供应计划，更危险。记者到下面去，不能人家说什么，你就反映什么，要有冷静的头脑，要作比较。强迫命令不好，一定的命令还是需要的。如果什么事情都命令，就不好了。有些事情也并非强迫命令，例如党委的决议，一定要照办。总要有集中，集中的过程要有民主。要提倡民主作风，反对强迫命令。记者要善于比较。不要看到好的就认为全好，看到坏的就认为全坏。如果别人说全好，那你就问一问：是不是全好？如果别人说全坏，那你就问一问：一点好处没有吗？记者的头脑要冷静，要独立思考，不要人云亦云。这种思想方法，首先是各新华分社和《人民日报》的记者、北京的编辑部要有。不要人家讲什么，就宣传什么，要经过考虑。记者，特别是记者头子，头脑要清楚，要冷静。

同日　阅中共湖北省委十一月关于做好当前人民生活的几项工作的规定，批示："此件很好。请小平同志阅后，印发到会各同志，加以研究。"二十七日，邓小平将中央关于转发湖北省委这个文件的批语稿报送毛泽东审阅，并附信说"如认为可用，拟即印发全会，在全会后公布"。毛泽东阅后批示："退小平同志印发。既在会后公布，时间应是十二月某日。"并为中央批语拟题目为《关于人民生活问题》。中央批语说：湖北省委关于做好当前人民生活的几项工作的规定，写得很好。这个规定抓住了大跃进当中容易被人忽视的一个方面，而这个方面也是十分重要的。生产和生活两方面，必须同时抓起来。要在搞好生产的基础上搞好生活，而不是脱离生产基础的片面强调生活。一定要既搞好生产，又搞好生活，让劳动者吃好饭、睡好觉，托儿所带好孩子，使他们精神饱满，心情舒畅，用更大的热情来保证工业、农业生产更大的跃进。中央认为，各省、市、自治区党委都可照湖北省委那样，根据当地的条件，做出自己的规定，公布实行。毛泽东的批示和湖北省委的规定作为武昌会议文件印发。中央的批语和湖北省委的规定，十二月二十日在《人民日报》发表。

11月22日 晨一时，同李富春、薄一波、王鹤寿、赵尔陆谈话，谈一九五九年钢的指标问题。[1] 毛泽东指出，不是什么三千万吨有无把握的问题，而是一千八百万吨有无把握的问题。

同日 晨六时，写信给李富春："一九五九年指标[2]，请于每一个指标数字下面，注明一九五八年的预计完成的数字，例如：钢的第一个方案是二千二百万吨，在其下注明一九五八年的预计完成数为一千一百万吨。其他各项，照此注明，以便阅者比较。第二方案栏内，可以不注，以免重复。注好，请再抄一份给我，同时印发各同志。"

同日 晚上，在武昌洪山宾馆召集刘少奇、陈云、邓小平、彭真、谭震林和各个协作区主任柯庆施、李井泉、陶铸、王任重、欧阳钦、林铁、张德生开会，就一九五九年钢的指标问题向他们摸底。毛泽东问：翻一番是否可能？反复问他们：一千八百万吨靠不靠得住？

同日 阅王任重十一月二十一日报送的中共湖北省委关于人民公社实行工资制和供给制的指示，批示："小平同志：此件请印发到会各同志研究。"指示的主要内容是：（一）"吃饭不要钱，按月发工资"，即工资制和供给制相结合的分配制度。（二）以一九五八年的生产水平为依据，使百分之九十以上的社员比一九五七年的实际收入都有所增加，其余的社员也不致减少收入或减少过多。目前供给部分所占的比重不宜过大。（三）目前，各个人民公社以实行"吃饭不要钱"的供给制较为适宜。收入比较少的公社

---

〔1〕 薄一波回忆说：初到武昌的当天晚上（应为1958年11月22日晨1时——编者注），毛主席找李富春、赵尔陆和我，谈明年钢的指标定多少，他非常关心这件事，夜不能寐。

〔2〕 指准备提交中共八届六中全会讨论的1959年国民经济计划的决议草案中列举的1959年各项主要产品的产量指标。

也可以只实行粮食供给制。少数因灾减产的公社，可以暂时实行粮食半供给制。衣服、鞋袜以及其他日用品等，目前暂不实行供给制为好。（四）评定工资等级的主要条件，应当是劳动态度好坏、劳力强弱和技术高低。（五）从社员工资总额中抽出百分之十到十五作为奖励工资。（六）在一个公社内部，工资标准应当统一，但各人民公社都应当注意照顾与解决原农业社之间的穷富矛盾。

11月23日 中午，在中共中央政治局扩大会议上作第二次讲话，共讲七个问题。（一）写文章问题。中央十二个部的同志写了十二个报告，文章写得好，看了很高兴。路线还是那个路线，精神还是那个精神，就是所提指标和根据要切实研究一下。报告中提出的一些指标根据不充分，只讲可能，没有讲根据，需要补充根据。比如，讲十年达到四亿吨钢是可能的，为什么是可能的，就说得不充分。要搞得更扎实些，要求确实可靠，指标要改一下。（二）想压一压省市委的同志。北京来的同志写了十二个报告，你们一个也不写是不行的，是不是下次每人写一篇。写主要问题，写一个问题也行。要第一书记动手，即使不动手，也是动脑、动口，然后再动手，修修补补。（三）指标问题。一九五九年的钢产量究竟以什么指标为好？北戴河会议是说达到二千七百万吨，争取三千万吨，那是个建议性的。这次要决定下来，是办得到还是办不到，把根据讲出来。去年是五百三十五万吨钢，都是好钢。今年翻一番，这是个冒险的倡议。北戴河会议后这两个半月的经验，对于我们是一个很好的经验，就想到恐怕明年搞二千七百万吨到三千万吨，难于办到。我们是不是可以用另外一种办法，即把指标降低。从前别人反我的“冒进”，现在我反人家的冒进。今年一千一百万吨，实际上好钢是八百五十万吨。明年所谓一千八百万吨，就是要搞好钢。如果一千八百万吨搞不成，我看还要缩小，先搞一千五百万吨。以此为例，各部门的指标都要相应地降下来。（四）作假问题。郑州会议提出的关于人民公社若干问题的决议初稿，作假问题要专搞一条。建议跟县委书记、公社党委书记切实谈一下，要老老实实，不要作假。现在的严重问题是，不仅下面作假，而且我们相信，从中央、省、地到县都相信，主要是前三级相信，这就危险。经济事业要越搞越细密，越搞越实际越科学，这跟作诗不一样，要懂得作诗和办经济事业的区别。“端起巢湖当水瓢”，这是诗，巢湖怎么端得起来？即使检查了，也还要估计到里头还有假。有些假的，你查也查不出来。希望中央、省、地这三级都懂得这个问题，有个清醒头脑，打个折扣。这是不好的造假。另一种是值得高兴的造假，比如瞒产。再有一种假，也是造得好的，是对付主观主义、强迫命令的。现在有种空气，只讲成绩，不讲缺点。要进行教育，讲清楚，要老老实实，几年之内能做到就好。（五）破除迷信。不要把科学当迷信破除了。破除迷信以来，效力极大，敢想敢说敢做，但有一小部分破得过分了，把科学真理也破了。凡迷信一定要破除，凡真理一定要保护。（六）破除资产阶级法权问题。资产阶级法权只能破除一部分，例如三风五气，等级过分悬殊，老爷态度，猫鼠关系，一定要破除，而且破得越彻底越好。另一部分，例如工资等级，上下级关系，国家一定的强制，这些还不能破除。资产阶级法权有一部分在社会主义时代是有用的，必须保护，使之为社会主义服务。把它打得体无完肤，会有一天我们要陷于被动，要承认错误，向有用的资产阶级法权道歉。因此要有分析，分清哪些有用，哪些要破除。（七）苏联先进入共产主义问题。有许多人这样想，我们中国可能比苏联先进入，因为我们找到了人民公社这条道路。有的县说两年进入共产主义，有说四年的，也有说五六年的。山东范县说两年进入共产主义，我派陈伯达等去看了一回，他们说难于进。这个问题要在党内说一说，中国比苏联先进入共产主义，一是不可能，二是不应该。

11月24日 审阅修改《中共中央、国务院关于适应人民公社化的形势改进农村财政贸易管理体制的决定（草稿）》，晨五时批示："先念同志：此件很好。我只作个别文句的修改和一些增补，请加斟酌。此件印发各同志加以讨论（可能有某些修改），并待中央全会予以批准之后，即可公开发表。我的修改处，请送小平同志一阅。"毛泽东的修改，主要有：将决定稿中的"资产阶级式的法权有的正在破除"，改写为"资产阶级式的法权，在现时对于社会经济发展已经成为障碍的部分，正在遭到破除，而那些有用的部分，则还保留着，使之为社会主义事业服务"。决定稿说"在现阶段，利用商品生产、商品交换、价值规律等形式，是有利于促进社会主义生产，有利于向全面的全民所有制和共产主义过渡的"。毛泽东将这句话改写为"在现阶段，利用商品生产、商品交换、货币制度、价值规律等形式，有利于促进社会主义生产，有利于向社会主义的全面的全民所有制过渡（在现时，还只是在国营工业、运输业及其他国营企业和事业方面存在着全民所有制，所以还不是全面的），有利于为将来向共产主义过渡逐步地准备条件"。毛泽东还加写一句话："目前，全国各地的公社虽然已经搭起架子，也可以说基本上建立起来了，但是要在思想、组织、生产、分配、生活福利和各项业务上都弄清条理、建立就绪和走上轨道，至少还需要几个月的时间。"这个决定，在中共八届六中全会上通过，十二月二十三日《人民日报》发表。

同日 审阅修改重新起草的《中共中央关于人民公社若干问题的指示（第一次草稿）》，批示："乔木同志：提了一点意见，请与小平、任重酌定。"毛泽东将文件标题改为《关于人民公社若干问题的决议》。修改的主要内容是：在第三部分加写一段话："四、五年内实行耕作三三制，即是三分之一的耕地种作物；三分之一的耕地休闲，种牧草、肥田草和供人观赏的各种美丽的千差万别的花和草；三分之一耕地种森林。每处要有大小水塘或水库，其中有鱼类、虾蟹、水生植物之类。”在第四部分加写一段话：“近代的产业军，是资产阶级组成的，一个工厂就是一个军营。工人站在机器面前，其纪律之严，不下于军队。社会主义社会的工业产业军，是无产阶级一个阶级的产业军，去掉了剥夺剩余价值的资本家，实行了工人自己管理自己的自觉自愿的民主集中制。我们现在把这个制度应用于农村，建立了没有地主富农剥削的社会主义的农村产业军，同时就建立了人民群众斗志昂扬的民兵制。”

11月25日　下午，在武昌东湖客舍会见并宴请由金日成率领的朝鲜政府代表团，中方刘少奇、周恩来、陈云、邓小平、彭真和朝方朴正爱副委员长、南日副首相兼外务相、金光侠民族保卫相、李一卿教育文化相、李永镐大使参加。毛泽东说：对于一个党，一个民族，相互之间的认识都要有一个过程。我们对你们的认识有一个过程，也同你们认识我们有一个过程一样。我们肯定朝鲜党的路线是正确的，因此有三个尊重：尊重朝鲜的民族，尊重朝鲜的党，尊重朝鲜的领导人。看问题要看本质，要看主流。马克思主义告诉我们，看问题要看本质，看路线，就是它在国内是不是搞社会主义，在国际上是不是反对帝国主义，在社会主义阵营内是不是搞国际主义，这三点构成一条路线。你们是、中国共产党也是反帝的、社会主义的、国际主义的党，苏联和其他社会主义国家的党也是。这些方面表现了马克思主义路线的本质。毛泽东说：你晓不晓得我们为什么搞人民公社？就是因为农民苦得不得了。我们原有七十万个合作社，地少，人少，不利于搞大规模生产，也不容易搞综合性的生产。搞人民公社可以解放生产力。我们人多，很穷，百分之七十是下中农，吃的穿的都不够，房子也很简陋，也很不卫生。我去年到杭州去了一趟，看到老百姓的房子很差，也很潮湿。人们说上有天堂下有苏杭，你们到杭州去看看，居住条件不算好。这正是我们的动力。为什么群众有这样大的干劲呢？他们想摆脱贫困和没有文化的情况。所以，穷有穷的好处。一穷二白有两重性：第一方面是不好；第二方面它可以变为动力，革命的动力。我们亚洲，还有非洲、拉丁美洲，都有这两个条件。人民公社搞政社合一，我们开始时也不敢，也考虑要不要合并。以后我们要他们试行，有一个中央委员去看了以后觉得很好，结果普遍都搞起来了。

同日 阅中国驻英国代办处常任代办宦乡十一月十八日给外交部的报告，内容是英、法关于西欧自由贸易区谈判宣告破裂后的形势。毛泽东为报告拟题为《宦乡论西方世界的破裂》。写一个批语："宦乡论点是对的。四分五裂，这就是西方世界的形势。目前正在逐步破裂的过程中，还没有最后破裂，但是向着最后破裂前进，最后破裂是不可避免的。过程时间，可能有相当长，非一朝一夕。所谓西方团结是一句空话。团结也是有的，杜勒斯正在努力。但是要求'团结'在美国的控制之下，在原子弹下面要求他的大小伙伴们向美国靠拢，交纳贡物，磕响头称臣，这就是美国人的所谓团结。这种形势，势必走向所谓团结的反面：四分五裂。同志们，请看今日之域中，竟是谁家之天下。"并批示："小平同志：此件请印发。"宦乡的报告说：英、法之间进行了近两年的关于西欧建立自由贸易区的谈判，终于宣告破裂。帝国主义国家间的贸易经济战争已经开始。两年以来，英国力图分化西德和法国，拉开比利时、荷兰等小国，破坏共同市场计划的实施，结果都告失败。英国的这一失败，反映出英国在资本主义世界的"第二大国"地位又有了进一步削弱，战后以来英国所缔造的西欧霸权已经彻底动摇。西欧帝国主义间的力量对比正在酝酿着新的变化，帝国主义者之间在西欧问题上的矛盾空前尖锐。毛泽东的批语和这个报告作为八届六中全会文件印发。

同日　对中共云南省委十一月十八日关于肿病死人情况向毛泽东并中央的检查报告，写题为《一个教训》的批语。批语指出："云南省委犯了一个错误，如他们在报告中所说的那样，没有及时觉察一部分地方发生的肿病问题。报告对问题作了恰当的分析，处理也是正确的。云南工作可能因为肿病这件事，取得教训，得到免疫力，他们再也不犯同类错误了。坏事变好事，祸兮福所倚。别的省份，则可能有一些地方要犯云南那样的错误。因为他们还没有犯过云南所犯的那样一种错误，没有取得深刻的教训，没有取得免疫力。因而，如果他们不善于教育干部（主要是县级，云南这个错误就是主要出于县级干部），不善于分析情况，不善于及时用鼻子嗅出干部中群众中关于人民生活方面的不良空气的话，那他们就一定要犯别人犯过的同类错误。在我们对于人民生活这样一个重大问题缺少关心，注意不足，照顾不周（这在现时几乎普遍存在）的时候，不能专门责怪别人，同我们对于工作任务提得太重，密切有关，千钧重担压下去，县乡干部没有办法，只好硬着头皮去干，少干一点就被叫做'右倾'，把人们的心思引到片面性上去了，顾了生产，忘了生活。解决办法：（一）任务不要提得太重，不要超过群众精力负担的可能性，要为群众留点余地；（二）生产、生活同时抓，两条腿走路，不要片面性。"并批示邓小平印发。云南省委的报告说：今年春夏之间，云南省因肿病、痢疾、小儿麻疹等发生了严重的死亡情况。报告分析了造成这一痛心事件的主要原因是：（一）领导作风不深入，对于今年紧张持续的苦战中需要特别关心群众的生活注意不够；（二）对一些干部强迫命令、违法乱纪的严重情况估计不足；（三）问题发生后，领导上态度不够坚决，没有采取断然措施及时而严肃地处理，致使死人现象未能迅速制止。目前，省委正在召开地、市委第一书记会议，根据毛主席在成都会议上的讲话精神，集中检查省委和地、市委两级的领导作风，接受经验教训，并准备采取几项措施，使今后不再重犯类似错误。毛泽东的批语和这个报告作为武昌会议文件印发。

同日 阅《哲学社会科学动态》一九五八年第十期刊载的《苏联学者关于共产主义建设理论问题的几个新提法》辑录，批示邓小平印发。辑录说：最近《真理报》发表了经济学家奥斯特罗维疆诺夫和哲学家米丁的两篇文章，有一些新的提法。一、奥明确地强调了生产关系的作用，并指出了社会主义生产关系和生产力之间存在矛盾和解决这些矛盾的方法。二、奥提出，集体农庄的合作所有制有可能不经过国家所有制，而直接过渡到共产主义的全民所有制。三、奥认为今后在向共产主义过渡的时期，商品货币关系的作用会继续加强，而不是削弱，价值规律的作用也将随着加强。四、米丁的文章指出，在群众中开展广泛的关于共产主义劳动观点的教育，对共产主义建设有“极其重大的意义”。毛泽东的批示和这篇辑录作为武昌会议文件印发。

11月26日 晚上，在武昌东湖客舍第二次会见由金日成率领的朝鲜政府代表团，中方朱德、刘少奇、周恩来、邓小平、彭真和朝方朴正爱、南日、金光侠、李一卿、李永镐参加。谈话中，毛泽东向客人解释了人民公社实行组织军事化、行动战斗化、生活集体化三个口号问题。会见后，毛泽东在武昌洪山宾馆宴请金日成一行。宴会后，毛泽东和金日成等观看楚剧、汉剧、川剧演出。

11月27日 审阅修改《关于人民公社若干问题的决议（第三次草稿）》，批示：“即送乔木、小平同志阅办。”草稿第二部分中说，使我国的社会主义经济全面地实现全民所有制，把我国建设成一个具有现代工业、现代农业和现代科学文化的社会主义国家，“全部完成这个过程将需要十五年左右的时间”。毛泽东将

“将需要十五年左右的时间”修改为“从现在起，将需要经历十五年、二十年或者更多一些的时间”。草稿第四部分中说：“我国的广大农民对于民兵制度喜闻乐见，因为他们是在长期的革命战争中成长起来的……在帝国主义如果发动对我国的侵略战争的时候实行全民皆兵，彻底打败侵略者。”毛泽东将这句话修改为：“我国的广大劳动人民对于民兵制度喜闻乐见，因为他们在长期反对帝国主义、封建主义及其走狗国民党反动派的革命斗争中，认识到只有把自己武装起来，才能战胜武装的反革命，才能成为中国这块天地的主人；而在革命胜利之后，他们又看到，国外还有天天声言要灭掉这个人民国家的帝国主义强盗们存在；因此，全体人民决心继续把自己武装起来，并且声言：一心想要抢劫我们的强盗们，你们小心一点儿吧，不要妄想来碰我们这些从事和平劳动的人们，我们是准备好了的。……在帝国主义如果发动对我国的侵略战争的时候，民兵就能配合人民解放军，并且随时补充人民解放军，彻底打败侵略者。”

同日　阅中共中央调查部编写的《美国国会选举后的国内政治局势》材料，将题目改为《美国政治气氛向好的方面发展》，并写批语：“中央调查部这个分析，很有意思，同宦乡对欧洲的分析相似，都是好文章。总之，西方世界一天一天地在向好的方面变，无产阶级的直接同盟军和间接同盟军都在发展。”同时批示邓小平印发。材料说：一、在美国国会选举中，执政的共和党遭受了自罗斯福新政以来最大的惨败，民主党将以压倒多数在今后四年中继续控制国会。新当选或重新当选的议员，绝大部分属于民主党自由派，他们在对外政策上比较承认现实和稳重。二、在共和党内，代表中西部财团的保守派力量遭受到严重削弱。臭名昭著的极右翼分子或落选或见势不妙退休了。三、这次选举和选举后的形势表明，（一）在严重的经济危机情况下，美国统治集团内部和国内的阶级矛盾加剧；（二）美国国内政治气氛在往好的方面发展，美国各阶层人民普遍恐惧战争，厌弃战争狂人和法西斯倾向；（三）共和党政府今后的处境将更为困难，国会内民主党自由派力量的增长，必然会给政府以更多牵制，而美国内部的争吵必将更趋剧烈。毛泽东的批语和这个材料作为八届六中全会文件印发。

同日 晚上，在武昌洪山宾馆召集陈云、邓小平、彭真、胡乔木开会。

11月28日—12月10日 在武昌洪山宾馆主持召开中共八届六中全会。参加这次会议的有中央委员八十四人，候补中央委员八十三人。不是中央委员和候补中央委员的中央有关部门的负责人和省、市、自治区党委第一书记列席会议。会议的主要议程是：关于人民公社问题，关于一九五九年国民经济计划问题，关于不提名毛泽东作下届国家主席候选人问题。此外，还讨论了改进农村财政贸易管理体制问题和国际形势问题。

11月28日 上午十一时，就中共八届六中全会的编组和会议安排问题，批示邓小平："请考虑组织以大区为单位的七个小组，将北京来的同志们分别插入各小组，中央常委六人不插入，或只以一二人或二三人插入，边看文件边座谈。头几天每天只开会一次，酝酿思想，交换意见。此议，请提交今天下午会议上，征求各同志意见，看是否可行。没有几天座谈交换意见，人民公社决议（草案）中的许多理论和实践问题是不易弄清楚的。待通过一九五九年经济安排问题决议（草案），接着就要分组座谈这一件事。如何，请酌。"〔1〕

〔1〕 毛泽东的批示写在中共中央办公厅1958年11月27日的通知上。这个通知说："六中全会拟于12月2日开会，由11月28日起，到12月1日止，在这4天内，请同志们阅读文件。"

同日　审阅修改《关于人民公社若干问题的决议（草案）》，批示："即送乔木、小平阅办。"毛泽东在决议草案中，关于城市人民公社加写一段话："在大城市组织人民公社，目前应当从缓，不要性急。有些单位已经组织起来了的，照样进行，作为试点，取得经验。一般则暂时不忙兴办，只作酝酿工作。待到绝大多数人思想通了，认为可以兴办了，方才兴办起来。这样，公社的兴办，在城市也就可以同农村大体上做到一样，瓜熟蒂落，水到渠成。城市比农村不同。在这里，资产阶级思想在资本家和知识分子当中，还相当浓厚，在这个兴办公社的问题上，我们对于他们应当有所等待。"决议草案中说："集体所有制向全民所有制过渡的过程，同国家工业化、公社工业化、农业工厂化的过程是互相联系的，但是这并不是说，前一过程的实现必须以后一过程的完成为前提。"毛泽东将这句话的后半句修改为："但是这并不是说，前一过程的实现必须以后一过程的极端高度的发展和绝对全面的完成为前提，把事情强调到这样刻板的程度。"改后还写了一个批注："这里逻辑不清，相当混乱，故作如此修改。所谓逻辑，有一个必须遵守的通用原则，就是'全量大于部分'，或者说，'大比小为大，小比大为小'。说话，作文，必须注意及之。"决议草案说："人民公社的工业生产，既要与农业生产密切结合，为农业的机械化、电气化服务，又要为大工业和对外贸易服务。"毛泽东在这句话前加写："必须充分注意因地制宜、就地取材这个原则，不要办那些本地没有原材料、要到很远很远的地方去取原材料的工业，增加成本，浪费劳动力。"在这句话中的"为农业的机械化"一语前，加写"为满足人民日常生活需要服务，又要"。决议草案说："各个公社也只有扩大商品性的生产，才能够换回必要的机器和设备，实现机械化、电气化，也才能够换回更多的消费物资和现金。"毛泽东在这句话后加写："取得货币（现金），以便发工资，并使工资逐步增长，是每个人民公社在部署工业农业生产的时候必须注意的重大任务。”在决议草案的第六部分（正式决议的第五部分）末尾，毛泽东加写一段话：“现在世界上有一大堆蠢人，下死劲攻击我们的人民公社，其中就有美国的杜勒斯先生。这个杜勒斯，对于我国的事情，啥也不懂，却要装作一个中国通，疯狂地反对人民公社。特别使他伤心的是，据说，我们破坏了几千年传下来的好得不得了的家庭制度。不错，中国人民破坏了一个封建的家长制。须知这种家长制在资本主义社会中一般早已没有了，这是资本主义的一个进步。我们却更进一步，建立了民主团结的家庭，这在资本主义社会一般也是少有的。只有在将来，在那里实现了社会主义革命，消灭了人剥削人的资本主义制度以后，这样的家庭才有可能普遍出现。至于托儿所，幼儿园，工厂里的工人食堂，也是资本主义社会先有。不过，在那里，凡是由资产阶级举办的这类事业，都是资本主义性质的，目的在于便利资本家剥削男女劳动者。而我们所举办的这类事业，则是社会主义性质的，便利于社会主义事业的发展，便利于人类个性的解放，真正彻底地解放了妇女群众，并使儿童教养得更好些，因而得到全体劳动人民，首先是妇女群众的热烈欢迎。”

11月29日 关于调查处理乡村干部中的打人骂人问题，写信给吴芝圃等：“吴芝圃同志，并请转寄河南省委的同志们：一封信送上，长葛县的，值得注意。这种情况，肯定只是少数乡村有，可能不到百分之几的乡村，但是仍然要注意，要加以调查研究，作出处理，通报全省，引起注意。如能在省报公开揭露，则更好。但要分析原因，讲清道理，不要以使人害怕的态度去公布和处理。处理要细致。否则犯错误者，主要是那些犯了较轻微错误的同志们，会感到恐慌的，你看是不是呢？现在农村中，有一部分村、乡，权力还是掌在反动分子手里，长葛县那件事可能就是这种性质的，也说不定。可能写信人有所夸大也难说，但是似乎真有那样的事情似的，从信的气氛可以感觉得到。究竟如何，待查实方能见分晓。请酌处。”写这封信的是河南省长葛县坡胡人民公社的一个共产党员。他反映：该社的社队干部打骂人的现象非常严重，被打的不仅有普通群众，还有党团员和队干部，许多人挨打后或怕挨打而偷跑在外。有的坚持党的政策而没有打人的干部，被另外一些干部扣上斗争性不强的大帽子，公社的领导对此不深入了解情况，就盲目提出批评。他认为，出现这种情况，从县到乡、村的主要领导干部都有责任，要求上级机关派人进行调查。

同日 晚上，同谭震林、廖鲁言谈话。

11月30日 下午，在武昌洪山宾馆主持召开中共中央政治局常委和各协作区主任会议，出席会议的还有彭真、李富春、李先念、谭震林、薄一波、贺龙、罗荣桓、聂荣臻。毛泽东在会上讲话。关于明年计划安排，他说：搞这些事情，需要中央和地方结合，条条块块结合。条条，比如各个部，不跟大区这个块块结合，怎么搞得好？大区也有条条和块块，第一书记是块块，分工的书记是条条，也要结合。北戴河会议时一股热情，提出明年搞三千万吨钢，现在来看，当中至少有一千万吨是主观主义的。事非经过不知难呀！我现在泼点冷水，但要注意不要挫伤了干部和群众的积极性，是在鼓气的条件之下。关于人民公社决议，他说：这个文件要把一些事展开讲，不回答不好。例如，少种多收，“三三制”这个提法，我舍不得丢掉。这一条还是写进去好，时间上写得再灵活一些。又如，城市人民公社，索性公开回答：要搞，但是可以慢一点搞。再如，军事化、民兵，展开一下，讲得理直气壮。还有生活集体化，家庭问题，展开回答。我们现在是“老吾老以及人之老，幼吾幼以及人之幼”，由社会来照顾，由社会来养老。还有一个问题，就是工资差额问题，四倍左右或者更多一点，要讲清楚。现在农民的多数有平均主义的倾向，工资级别相差过于悬殊，他们不赞成，但也不能没有差别。还有个作风问题，一个是强迫，一个是造假。要拣那严重的典型搞几个，教育大多数。今年十二月或明年一月，各省都要开党代会，谈谈作风问题。今年夏秋两季，在我们面前有两个问题：一个人民公社问题，一个抓钢铁问题。以前好像没有这么紧张，北戴河会议并不那么紧张，北戴河会议到郑州会议这三个月紧张。现在搞出一些章程来了，心里就舒畅一些了。过去对这两个问题搞不清楚，许多是带理论性的问题。粮食收成到底有多少？是不是增加一倍左右？你们各位大区区长跟省委第一书记在小组里商量一下，切实算一下。关于国际形势，他说：事实证明，帝国主义采取守势，一点攻势都没有了。比如，杜勒斯十三号讲一篇，十八号讲一篇，都是守势。他的哲学讲不赢我们，他十九号说自由世界这一条不行，还有什么组织纪律性也不如我们。杜勒斯现在战争边缘不讲了，实力地位也不讲了。杜勒斯这个人是个典型人物，我们要研究这个人，要把他那些长篇大论的东西好好看一下。真正地讲，杜勒斯这个人比较稳，我就跟我的秘书吹过这一件事，他是专门给我看参考资料的。你们一个省委搞一个秘书，别的都不做，只叫他看参考资料，指导他一些看的观点。北戴河会议我谈了八个观点〔1〕，灵不灵？我看还是灵的。纸老虎这个问题，看起来多数人不甚了解。我写了一篇短文，答复这个问题。究竟它是真老虎还是纸老虎？其实我过去已经答复了。如果说不是真老虎，为什么又说在战术上重视它呢？我说，又是纸

〔1〕 这里指毛泽东关于国际形势问题的8个观点，是在1958年9月5日第15次最高国务会议上讲的，在1958年8月北戴河会议上他曾经讲了其中的6个观点。

的，又是真的。就暂时现象来说，它是真的；就长远来说，它是纸的。战术上要重视，战略上要藐视。阶级斗争是这样，向自然界作斗争也是这样。我们搞过两个长期计划，一个是十二年农业计划，一个是十二年科学计划。当我们做计划的时候，我们就藐视它，认为这是能够胜利的。但是，要实现，就得苦战。

11月下旬　对新华社十一月十九日编印的《参考资料》第二五二三期刊载的杜勒斯十一月十八日于克利夫兰在美国基督教会全国委员会上发表的演说，拟了一个提要式的标题："杜勒斯对国际形势的全面分析。——唱低调；——自己认输，说是在理论方面，组织纪律方面，西方不行；——招呼我们说：只要你们共产党埋头去办家里事，不出远门，西方就放心了。"杜勒斯的演说作为八届六中全会文件印发。

同旬　对新华社十一月二十四日编印的《参考资料》第二五三二期刊载的《美一批教会领袖妄图制造"两个中国"，佯称主张承认我国和恢复我联合国席位》的报道，重拟了一个提要式的标题："美国一大批教会领袖主张承认中国。他们说，这样做有四大利益。他们想把我国拉过去，而他们自己则向中国钻进来。美国资产阶级已感到恐慌，感到被动，想要设法脱出这种情况。"并批示邓小平印发。这篇报道作为八届六中全会文件印发。

同旬　批示邓小平将宦乡十一月二十六日给外交部的报告印发八届六中全会，并为报告拟一标题：《帝国主义内部矛盾重重，主动权操在我们手里（宦乡报告）》。报告的内容是柏林问题和欧洲局势动向。其中说：自苏联提出关于结束四国占领柏林法规的动议后，西方恐慌困惑。这个动议，虽然只涉及一个柏林地位问题，但在实际上却牵涉到谁赞成德国真正和平统一，谁反对德国真正和平统一的问题。目前在欧洲问题上，帝国主义间的矛盾十分突出。上与下的斗争方兴未艾，反对美英联盟操纵北大西洋公约集团的风浪还在继续汹涌，现在德国问题和欧洲安全问题上的明争暗斗又因柏林问题而重新激化起来。帝国主义阵营内部既然矛盾重重，国际政治斗争的主动权，无论从远东看，或从欧洲看，又都证明了只操在社会主义阵营手里。帝国主义者的日子是不好过的。

11月 起草中华人民共和国国防部部长彭德怀《三告台湾同胞书》稿。全文如下："台湾、澎湖、金门、马祖军民同胞们：鉴于金门群岛国民党军队广大官兵的良好反映，本部关于双日停止炮击金门飞机场、料罗湾的码头、海滩和船只这四种军事目标的规定，现在宣告推广到其他一切地区的军事目标，逢双日都不打炮，打炮一律于单日行之。有些目标，例如飞机场、料罗湾的码头、海滩和船只，单日也不一定打炮，但你们的飞机船只以不来为宜，免受可能的损失。禁止美国人护航，仍如历次文告所规定。周恩来总理两年以前即向你们建议举行和谈，合理解决国共两党历史纠纷，和平解放台湾地区，未获你们积极响应。美国人下死劲钳制台湾当局，不许你们和我们举行和谈，一心一意要干涉中国内政。美国人非常惧怕和平，非常惧怕国共两党重新接近，谈出一个和平局面来，妨碍他们孤立台湾和托管台湾的阴谋计划。我们必须击破这个计划。我们希望台湾当局有一天甩掉美国人那只钳制魔手，派出代表，举行和谈。我们的和谈是真和谈，谈成了，内战就可以宣告结束，全体中国人团结起来，一致对付外来的威胁，岂不是一件好事吗？美国人同国民党之间的所谓团结、互信云云，讲讲而已，归根到底是靠不住的。尽管申明一千次，连你们自己也不相信。同胞们，我们都是中国人。我们相信，在美国人要把国民党置之死地的时候，国民党就会觉悟过来，和谈就有可能成功，对于这件事悲观是没有根据的。亲美派散布出来的一切悲观言论，希望你们最好不要听。"这个公告没有发表。

同月 阅一份摘录斯大林在《苏联社会主义经济问题》一书

中论述过渡到共产主义三个基本条件〔1〕的材料，写批语：“意见：基本点是极大地增加社会生产力和社会生产品。问题是怎样多快好省地增加社会生产力和社会产品，没有政治挂帅，没有群众运动，没有全党全民办工业、办农业、办文化教育，没有几个同时并举，没有整风运动和逐步破除资产阶级法权的斗争，斯大林的三个条件是不易达到的。有了这些，加上人民公社的组织形式，过渡条件的问题就比较容易解决了。”

12月1日　在武昌撰写的《关于帝国主义和一切反动派是不是真老虎的问题》一文，本日定稿。文中说：“这里我想回答帝国主义及一切反动派是不是真老虎的问题。我的回答是，既是真的，又是纸的，这是一个由真变纸的过程的问题。变即转化，真老虎转化为纸老虎，走向反面。一切事物都是如此，不独社会现象而已。我在几年前已经回答了这个问题，战略上藐视它，战术上重视它。不是真老虎，为什么要重视它呢？看来还有一些人不通，我们还得做些解释工作。同世界上一切事物无不具有两重

〔1〕斯大林讲的过渡到共产主义的3个基本条件是：第一，必须切实加以保证的，不是神话般的生产力的“合理组织”，而是全部社会生产的不断增长，而生产资料生产的增长要占优先地位。生产资料生产的增长之所以必须占优先地位，不仅是因为这种生产应当保证自己的企业以及国民经济其他一切部门的企业所需要的装备，而且是因为没有这种生产就根本不可能实现扩大再生产。第二，必须用实行起来有利于集体农庄因而也有利于整个社会的逐渐过渡的办法，来把集体农庄所有制提高到全民所有制的水平，并且也用逐渐过渡的办法使产品交换制来代替商品流通，使中央政权或其他某个社会经济中心能掌握社会生产的全部产品来为社会谋福利。第三，必须使社会达到这样高度的文化水平，以致能保证社会一切成员全面发展他们的体力和智力，使社会成员都能获得足以成为社会发展中的积极活动分子的教育，都能自由地选择职业，而不致由于现存的劳动分工而终身束缚于某一种职业。

性（即对立统一规律）一样，帝国主义和一切反动派也有两重性，它们是真老虎又是纸老虎。”“中国人民为了消灭帝国主义、封建主义和官僚资本主义在中国的统治，花了一百多年时间，死了大概几千万人之多，才取得一九四九年的胜利。你看，这不是活老虎，铁老虎，真老虎吗？但是，它们终究转化成了纸老虎，死老虎，豆腐老虎。这是历史的事实。人们难道没有看见听见过这些吗？真是成千成万！成千成万！所以，从本质上看，从长期上看，从战略上看，必须如实地把帝国主义和一切反动派，都看成纸老虎。从这点上，建立我们的战略思想。另一方面，它们又是活的铁的真的老虎，它们会吃人的。从这点上，建立我们的策略思想和战术思想。向阶级敌人作斗争是如此，向自然界作斗争也是如此。”“大多的人类，首先是无产阶级，首先是共产党人，除掉怕死鬼以及机会主义的先生们以外，总是将藐视一切，乐观主义，放在他们心目中的首位的。然后才是重视事物，重视每件工作，重视科学研究，分析事物的每一个矛盾侧面，钻进去，逐步地认识自然运动的法则和社会运动的法则。然后就有可能掌握这些法则，比较自由地运用这些法则，一个一个地解决人们面临的问题，处理矛盾，完成任务，使困难向顺利转化，使真老虎向纸老虎转化”。“同志们，可能性同现实性是两件东西，是统一性的两个对立面。虚假的可能性同现实的可能性又是两件东西，又是统一性的两个对立面。头脑要冷又要热，又是统一性的两个对立面。冲天干劲是热。科学分析是冷。在我国，在目前，有些人太热了一点。他们不想使自己的头脑有一段冷的时间，不愿意做分析，只爱热。同志们，这种态度是不利于做领导工作的，他们可能跌筋斗，这些人应当注意提醒一下自己的头脑。另有一些人爱冷不爱热。他们对一些事，看不惯，跟不上。观潮派，算账派，属于这一类。〔1〕对这些人，应当使他们的头脑慢慢热起来。”毛泽东批示：“小平同志：写了一篇短文，请你看一下，如以为可用，请印发到会各同志。”这篇文章作为八届六中全会文件印发。

同日　阅王任重十一月二十八日报送的湖北随县金屯乡干部弄虚作假、放出所谓水稻亩产六万斤的“卫星”的材料，批示：“此件请小平同志印发。最近几期新华通讯社的《内部参考》，载了许多件各地（一部分人民公社）发生强迫命令，违法乱纪的材料，很值得看一下，请各同志予以注意。”王任重报送的材料说：今年九月，随县县委在得知金屯乡光大九社的一亩中稻试验田放出六万斤的“卫星”后，到现场调查，发现这块试验田是乡、社的一些负责人强迫群众用一天一夜时间将九点七五亩中稻拔掉移栽在一亩田里，谎称产量是六万斤。毛泽东的批示和这个材料作为八届六中全会文件印发。

同日　阅中国人民解放军总参谋部情报部编印的一份关于南越政治、军事情况动态的材料，拟了一个提要式的标题：“共产党捉不完，反动派大恐慌，这是整个资本主义世界大体相同的情况，不只是吴庭艳〔2〕一块地方而已。”并批示邓小平印发。材料说：南越吴庭艳统治集团在伊拉克革命爆发和台湾海峡地区局势紧张的形势下，暴露了恐慌不安的情绪，表现出对美国缺乏信心，忧虑自己的命运，更害怕内部不稳爆发反吴事变和畏惧人民及北越的力量。最近，它采取了一系列反动措施，加强“诉共”运动和武装扫荡、逮捕异己分子等。南越定祥省省长说：“共产

〔1〕1961年9月16日，毛泽东在审阅中共中央组织部、中央宣传部编辑的干部学习材料《关于社会主义建设的几个问题》中收录的这段话时，删掉了“观潮派，算账派，属于这一类”这11个字。

〔2〕吴庭艳，当时任越南共和国总统兼总理、国防部部长。

党捉不完，我们的镇压政策是失败了。”这份材料作为八届六中全会文件印发。

同日　为红线女[1]题词“横眉冷对千夫指，俯首甘为孺子牛。——鲁迅”，并写说明：“一九五七年，香港有一些人骂红线女，我看了高兴，其中有黄河。他骂的是他自己，他说他要灭亡了。果然，已经在地球上被扫掉，不见了所谓黄河。而红线女则活着，再活着，更活着，变成了劳动人民的红线女。一九五八年，在武昌，红线女同志对我说：写几个字给我，我希望。我说：好吧。因写如右。”

12月2日　晚上，同周恩来、陈云、邓小平、彭真谈话。

12月4日　下午，在武昌洪山宾馆主持召开中共中央政治局常委和各协作区主任会议，出席会议的还有彭真、李富春、李先念、谭震林、薄一波、贺龙、罗荣桓、聂荣臻。毛泽东说：二五计划最后一年钢搞到五千万吨，一年增加一千万吨，办到办不到，还要看一看。我们要稳步。有一种可能，办不到，放在少于一千万吨，比如七百万吨。

12月5日　审阅修改胡乔木十二月四日报送的中共中央关于一九五九年国民经济计划的决议草稿，批示：“即送小平、乔木同志：此件写得很好，比起《人民公社决议》来，好得很多。可即印发付讨论。”决议稿提出，中央全会决定把一九五九年的钢产量定为二千万吨[2]，粮食一万零五百亿斤，钢是好钢，钢要成材，材要多种。决议稿指出，一九五九年计划的制定，是一

〔1〕红线女，原名邝健廉，粤剧表演艺术家。抗日战争胜利后去香港，1955年底回广州，加入广东省粤剧团。

〔2〕正式通过的决议中为“一千八百万吨到二千万吨（以二千万吨为计算其他指标的根据）”。

个既反对太冷又反对太热的过程。它是一个跃进计划，是一个苦战计划。非跃进，非苦战，我们的国家不能较快地改变面貌。它又是一个比较有根据的计划，它的指标比一九五八年八月拟议的一般要低得多，因为不作这种调整，就缺少实现的客观可能性。毛泽东对决议稿作了修改，将稿中的“毛泽东同志很久以来就教导我们”、“毛泽东同志又指示我们”两句中的“教导”和“指示”都改为“告诉”。并批示：“注意：‘教导’、‘指示’这类字面，用于个人，很不好，缺乏民主气氛，使人看了不顺眼，以后不可再用。”决议稿说：“钢铁战线上的‘小土群’转向‘小洋群’，这是群众运动的必然的前进过程；但是土铁、土钢、土钢材、土机械、土铁路等等，在今后相当时期内，特别是在地方工业、公社工业中，仍将起重大的作用。同时，工业战线上的小型、土法的群众运动，还必须在炼钢、炼铝、采煤、发电、化工、轻工等方面继续发展。”毛泽东在这段话中的“重大的作用”后加写：“千万不可以小看了它的作用，小看了就会犯错误。”在整个这段话后加写：“同志们须知：一万年还会有跟大企业并行的中小企业的，还会有那时的‘小土群’和‘小洋群’，还会有‘土洋结合’这种事情。不过那时所谓‘小土’的内容和形式，跟现在大不相同罢了。宇宙是一个统一的多样化的宇宙，这是马克思主义宇宙观的一条法则。”这个决议稿作为八届六中全会文件印发。

同日　晚上，同刘少奇、邓小平、彭真、陈伯达谈话。

12月6日　上午，再次审阅修改《关于人民公社若干问题的决议（草案）》，批示：“即送小平、乔木同志：此件　至六节，又看了一遍（七、八两节未看），略有修改，请你提出和各同志谈一下，看是否可用。这一件还是十一月二十九日看的，各小组所提意见那时还没有，故没有涉及。”毛泽东所作的修改主要有：草案第二部分中说“集体所有制向全民所有制的过渡的快慢，只能取决于生产发展的水平和人民觉悟的水平”，毛泽东紧接其后加写“这些客观存在的形势，而不能取决于人们的主观愿望，想快就快，想慢就慢”。第五部分中说“目前工资等级一般可以分为六级至八级，最高工资可以等于最低工资的四倍左右”，毛泽东删去“左右”二字后，加写：“或者倍数稍为多一点，总以既体现了按劳付酬，又不使差额过于悬殊为原则。这种规定只是实行于目前的农村。因为农民还很穷，他们的多数人有一种平均主义的倾向，工资差额过于悬殊是不适当的。将来由于生产有了极大的高涨，所有一切人大家都富裕起来，这种差额就会逐步消失，那就是接近共产主义的时代了。目前城市的工资差额要比农村大一些，这是必要的，将来也会由于生产高涨而没有必要保持这种差额了。”

同日 下午六时半，在武昌东湖客舍第三次会见由金日成率领的朝鲜政府代表团，中方刘少奇、周恩来、陈毅和朝方朴正爱、南日、李一卿参加。毛泽东说：搞革命，我们已搞了几十年，是有了经验的。但是建设只搞了几年，没有什么经验。事实已经证明我们过去的资产阶级民主革命和九年来的社会主义革命的路线是正确的。现在我们所进行的新的革命是对地球和自然界的革命。社会主义建设路线是否正确，我们还不能完全肯定。什么时候建成社会主义，这个问题我们也在讨论。我们不忙于宣布建成社会主义，把标准提高一点，使人民有个奔头。资本家、地主还没改造好，就不能说阶级已经消灭。我们要进一步进行工业化，慢一点宣布阶级消灭，提高建成社会主义的标准。建成社会主义的条件，除了工业化和消灭阶级以外，还有精神条件，即实行共产主义教育，提高共产主义觉悟，提高文化水平，还要提高生活水平，等等。因此不要过早宣布建成。此外，还有消灭城乡差别、工农差别、脑力劳动和体力劳动的差别以及国家职能等问题。国家作为镇压的职能不存在了，但仍有经济管理的职能。建成社会主义与进入共产主义之间的时间，最好短一点。毛泽东说：我们的党一般说来是巩固的，但不能说就不会有问题，可能分裂。有两个可能，一个分裂，一个巩固。国家的前途，一个巩固，一个灭亡。这个问题，列宁经常讲。列宁公开讲，要么胜利，要么灭亡，总是提两种可能。同帝国主义斗争，要么胜利，要么灭亡。对党对国家要作两个可能的估计，这样才比较有利。要对干部讲清楚。作了准备，发生事件时，就不会惊慌失措。

12月7日　上午十时，就新华社十二月五日编印的《参考资料》专辑第三十四号《外国报刊关于中国的反应》中刊载和摘载的三篇文章，作批示："印发。极好看。请小平即刻处理。此件用后退毛。"这三篇文章是：一、捷克斯洛伐克《红色权利报》发表的《社会主义在中国的伟大成就》，该文说中国巨大的革命发展对于全人类有重大意义，认为毛泽东关于帝国主义寿命不长了的论断符合世界的发展。二、《红色权利报》驻北京记者写的题为《燃起了百万炉火》的通讯，赞扬北京全民炼钢运动。三、瑞士劳动党书记范桑发表的文章《新的时间表："宇宙是无限度的"……》，说中国全面大跃进是对"马克思主义僵化"的滥调响亮的回击。

同日　为在中共八届六中全会上印发《三国志·张鲁传》写长篇批语。其中说："这里所说的群众性医疗运动，有点像我们人民公社免费医疗的味道，不过那时是神道的，也好，那时只好用神道。道路上饭铺里吃饭不要钱，最有意思，开了我们人民公社公共食堂的先河。大约有一千七百年的时间了，贫农、下中农的生产、消费和人们的心情还是大体相同的，都是一穷二白，不同的是生产力于今进步许多了。解放以后，人们掌握了自己这块天地了，在共产党的领导之下。但一穷二白古今是接近的。所以这个《张鲁传》值得一看。""历代都有大小规模不同的众多的农民革命斗争，其性质当然与现在马克思主义革命运动根本不相同。但有相同的一点，就是极端贫苦农民广大阶层梦想平等、自由，摆脱贫困，丰衣足食。”“现在的人民公社运动，是有我国的历史来源的。我国的民族资产阶级没有来得及将农民中的上层和中层造成资本主义化，但是帝国主义与封建主义的反动联盟，却在几十年中将大多数农民造成了一支半无产阶级的革命军，就是说，替无产阶级造成了一支最伟大最可靠最坚决的同盟军。”在这个批语的铅印件上，毛泽东将整个批语划掉，十二月十日另写了一篇批语。这篇批语中说：“我国从汉末到今一千多年，情况如天地悬隔。但是从某几点看起来，例如，贫农、下中农的一穷二白，还有某些相似。”“张鲁等行五斗米道，‘民夷便乐’，可见大受群众欢迎。”“其法，信教者出五斗米，以神道治病；置义舍（大路上的公共宿舍）；吃饭不要钱（目的似乎是招徕关中区域的流民）；修治道路（以犯轻微错误的人修路）；‘犯法者三原而后行刑’（以说服为主要方法）；‘不置长吏，皆以祭酒为治’，祭酒‘各领部众，多者为治头大祭酒’（近乎政社合一，劳武结合，但以小农经济为基础）。这几条，就是五斗米道的经济、政治纲领。中国从秦末陈涉大泽乡（徐州附近）群众暴动起，到清末义和拳运动止，二千年中，大规模的农民革命运动，几乎没有停止过。同全世界一样，中国的历史，就是一部阶级斗争史。”这个批语和《三国志·张鲁传》作为八届六中全会文件印发。

同日 晚上，和邓小平、彭真在武昌洪山宾馆接见红安、麻城的县委书记和部分公社党委书记等，听取他们关于种试验田的汇报，并观看他们带来的花生、棉花样品。

12月8日 审阅中共八届六中全会同意毛泽东提出的关于他不作下届中华人民共和国主席候选人的建议的决定草案，对草案作一些修改，并批示邓小平即刻印发。九日又批示：“退小平同志印发各同志。请各有关同志今晚即以电话将此件通知各省市自治区，在明后两天至迟大后天（十二月十二日）开完电话会议，传达到人民公社。”十日，八届六中全会通过这个决定。决定全文如下（毛泽东加写和改写的文字用着重号标明）：“几年以来，毛泽东同志曾经多次向中央提出，希望不再继续担任中华人民共和国主席的职务。中央全会在经过了充分的、多方面的考虑以后，决定同意毛泽东同志这个提议，在第二届全国人民代表大会第一次会议上，不再提他作为中华人民共和国主席的候选人。中央全会认为，这完全是一个积极的建议。因为毛泽东同志不担任国家主席的职务，专做党中央的主席，可以使他更能够集中精力来处理党和国家的方针、政策、路线的问题，也有可能使他腾出较多的时间，从事马克思列宁主义的理论工作，而并不妨碍他对于国家工作继续发挥领导作用。这样，对于全党和全国人民都更为有利。毛泽东同志是全国各族人民衷心爱戴的久经考验的领袖，在他不再担任国家主席的职务以后，他仍然是全国各族人民的领袖。在将来，如果出现某种特殊情况需要他再担任这种工作的时候，仍然可以根据人民的意见和党的决定，再提他担任国家主席的职务。各级党委应当根据这些理由，在党的适当会议上，在各级人民代表大会会议上，在工矿企业工人的集会上，在人民公社的集会上，在机关、学校、部队的集会上，向党内党外的干部和群众进行充分的解释，以便大家了解这件事的理由，而不致有所误解。”

同日　下午，阅中共农业部党组十一月二十日关于全国土壤普查鉴定工作现场会的报告及附件，批示：“小平同志：请问一下，此件印发没有？如未，请发，让同志们带回去看。因为此件很有用。”报告介绍了会议的基本情况和提出的建议：一、土壤普查鉴定工作已成为推动农业连续跃进、不断增产的重要措施之一。全国已完成十个专区二百零九个县的土壤普查。二、土壤普查鉴定工作带来的好处是：摸清了土地资源和土壤分布情况，为人民公社和县以上各级党政机关进行土地利用规划和全面规划，提供了必要的资料。摸清了土壤的底细，为深耕改土，因土、因苗施肥，找到了对症下药的科学依据；打开了群众和干部的眼界，增强了更大跃进的信心；在农民中培养了大批的土壤科学技术干部。三、建议尚未进行土壤普查鉴定的地区，各级党委应在今冬明春将这项工作列入日程。毛泽东的批示和这个报告及附件作为八届六中全会文件印发。

同日　晚上，同刘少奇、邓小平、彭真、胡乔木谈话。后同陈伯达谈话。

12月9日　下午，主持中共八届六中全会全体会议并讲话，讲了十二个问题。毛泽东说：第一个问题，人民公社的出现。这是三月成都会议、五月党代表大会没有料到的。其实，人民公社四月已经开始在河南出现，这就是卫星公社。我们一直到八月才发现这件事。我们找到了一种形式来建设社会主义，便于从现在较低级的所有制（集体所有制）进到高级的所有制（全民所有制），便于从社会主义的全民所有制进到共产主义的全民所有制，便于办工业、办教育、办民兵，工农商学兵，各种事业综合起来搞，规模大，人多。这是一件极好的事情。第二个问题，关于保护劳动热情问题。对于犯错误的干部怎么处理？所谓犯错误，在这个时期，主要是强迫命令，还有讲假话，还有不关心人民的生活，注意了生产，忘记了生活。对百分之九十以上的干部应该采取耐心说服的方法，不给处分，叫他们作一些自我批评。对于严重违法乱纪的干部，就应该加以处罚，如果不处罚，就会挫伤干部的热情，就会挫伤劳动者的劳动热情。第三个问题，关于苦战三年，基本改变全国面貌的口号问题。我对这个口号有怀疑。对苦战三年，基本改变农村面貌这个口号，我也是曾经有怀疑的。在四月武汉会议上，我提出可不可以改为：苦战三年，初步改变农村面貌。后头，曾希圣拿出三张安徽河网化图，说服了我。现在看来，农村今年这一年大跃进，再搞两年，面貌基本改变，我看可以。至于说全国，那恐怕还要考虑一下。第四个问题，一些党内外的争论问题。最近围绕人民公社这个问题，有各种议论。一些地方纷纷宣布自己是全民所有制，纷纷宣布两年或三年或四年进入共产主义。他们有冲天的干劲，革命热情很高，这是非常之可宝贵的，缺点就是太急了一点。我们这回这个决议，主要的锋芒是向着急这方面的。当然，这个决议也给了观潮派、算账派以答复。第五个问题，关于研究政治经济学问题。郑州会议提出，研究斯大林的《苏联社会主义经济问题》、苏联的《政治经济学教科书》、《马恩列斯论共产主义社会》，请各省组织一下。在目前研究这个问题，有很大的理论意义和现实意义。第六个问题，关于研究辩证法问题。郑州会议期间，不知是哪位提出“大集体、小自由”，这很好，我很赞成。还有生产与生活问题，要抓生产，又抓生活。还有重工业与轻工业同时并举，中央工业与地方工业同时并举，大型工业与中小型工业同时并举，土法与洋法结合，还有管理体制的中央统一领导和地方各级分级管理，这些都是两条腿走路的问题，属于辩证法范畴，对立统一学说里面的问题。在社会制度问题方面，在社会主义阶段有两种所有制同时存在，也是对立统一。武昌会议，我们提出实事求是地制定一九五九年的经济计划，我们的思想又热，但是又有点冷。有相当的科学分析，比较实事求是，和我们的雄心壮志相结合，就避免了由于一九五八年的大跃进而产生的一些不切实际的缺乏根据的想法。比如，从前我们想过明年要搞三千万吨钢，到一九六二年搞一亿二千万吨。我那时忧虑的问题是这么些钢做什么用，我在中南海游泳池找人谈这些钢的出路。实际上有两个问题，一个是可能，一个是需要。那个时候我没有考虑这个可能性的问题。到了武昌，我就感觉不那么妙了。所以，现在我们把盘子放小，明年不搞三千万吨，而搞一千八百万吨到二千万吨。现在要把空气压缩一下。要留有余地，提出的计划低一点，让群众的实践超过我们的计划。第七个问题，十五年纲要问题。在郑州会议搞的那个十五年纲要，目前放它一下。因为纲要说的那个四亿吨钢可能不可能、需要不需要，这两个问题都缺乏根据。看来目前是没有可能作这样一个计划纲要。第八个问题，关于军事工作。一九五八年的军事工作，有相当大的发展。一是整风，二是官长当兵，三是参加生产，四是大办民兵。当然，军队现在要训练，如果统统去搞整风、参加生产、炼钢、搞公社、搞水利，根本不训练了，那也不行。第九个问题，关于教育制度的改革。今年这一年，实行了教育与劳动相结合的制度，这应该说是一件大事。第十个问题，关于两种可能性。公共食堂、托儿所、人民公社，这些东西会不会巩固？看来是会巩固，但是要料到有些东西要垮掉。巩固和垮台，这两个可能性都存在。总的说来，垮掉是部分的和暂时的，它的总趋势是要站立起来，发展起来。党也有这两种可能。现在，我们就要注意到可能发生的那种不利于巩固的大规模的分裂。你如果不想到，不准备着，就会发生；你准备着，就可能避免。关于我们这个人民共和国，我看还是两个可能，或者胜利下去，或者灭亡。列宁是不避讳这个问题的，他屡次三番地说或者是胜利，或者是灭亡。我们现在就要积极准备，比如搞钢铁，搞粮食，搞机械，搞电力，搞铁路，搞各种事业，争取在三四年内基本建立我们的基础，使我们这个国家比较现在巩固一些。我们现在是虚名很大，实力不大，名实很不相符。在政治上，我们是个强国，在实力上，在经济上和军事上，我们还是个弱国。因此，在我们面前提出了一个任务：我们要来一个变化，由弱变到强。不要因为外国人一吹，把我们自己的报纸打开一看，净是干劲冲天，搞得神乎其神，飘飘然。不要自己欺骗自己。要估计到不高兴的事情这一面，索性讲清楚。我借这个机会讲一下这些倒霉的事情，无非是托儿所、公共食堂、人民公社垮台，共产党分裂，国家被灭掉，我们又去打游击。不过，我们有一条马克思主义的基本规律管着，所有这些倒霉的事，都是暂时的、局部的。我们历史上经过多少次的失败都证明了这一点。帝国主义、世界上的资产阶级，一定要灭亡，是永久的。而社会主义事业，有损失，有失败，因为我们搞得不好，因为我们预先没有估计到，或者出了事情我们处理得不好，那种挫折、分裂、失败，甚至灭亡，都是暂时的，不久就要恢复。两种可能性中间，不仅要估计到好的可能性，还要估计到不好的可能性，这样有益无害。第十一个问题，关于我不担任共和国主席的问题。这次要作个正式决定，希望同志们赞成这个决定，并且要求三天之内，省、地、县逐级开一次电话会议，分别通知到地、县和人民公社，三天之后发表公报〔1〕，免得那时下面感到突如其来。最后一个问题，关于国际形势。今年这一年，国际形势又有很大的发展。我想拿两句话可以说：敌人方面烂下去，越烂而亡；而我们这边就好起来，我看是一年年好起来。当然，要估计到有曲折，还要经过长期曲折的斗争，并且要估计到战争的可能性。

12月10日 上午，同彭德怀、刘亚楼、谭政、杨得志、杨成武、陈再道、许世友、黄永胜、张达志谈话，并共进午餐。

同日 下午，主持中共八届六中全会全体会议。会议通过

---

〔1〕 中共八届六中全会公报中写有会议“决定同意毛泽东同志提出的关于他不作下届中华人民共和国主席候选人的建议”。

《关于人民公社若干问题的决议》、《中共中央关于一九五九年国民经济计划的决议》和《中国共产党八届六中全会同意毛泽东同志提出的关于他不作下届中华人民共和国主席候选人的建议的决定》。八届六中全会于本日闭幕。

《关于人民公社若干问题的决议》指出，人民公社是社会主义建设总路线和社会主义建设大跃进的产物，中共中央政治局在一九五八年八月北戴河会议所作的关于在农村中建立人民公社的决议是正确的，是具有历史意义的。决议强调要划清两种界限，即集体所有制和全民所有制的界限、社会主义和共产主义的界限。指出当前的农村人民公社是社会主义的集体所有制。无论由社会主义的集体所有制向社会主义的全民所有制过渡，还是由社会主义向共产主义过渡，都必须以一定程度的生产力发展为基础。发展生产是巩固和提高人民公社的中心环节，人民公社必须发展工业和商品生产。继续发展商品生产和继续保持按劳分配的原则，对于发展社会主义经济是两个重大的原则问题。人民公社对社员实行工资制和供给制相结合的分配制度，供给范围目前不宜过宽，随着生产的发展工资必须逐步增加。决议指出：人民公社是人民的生产和生活的组织者，而发展生产的根本目的是最大限度地满足全体社会成员经常增长的物质和文化生活的需要。必须关心人，关心群众生活，要保证社员必要的休息、办好食堂等。办好人民公社的根本问题是加强党的领导，党在任何工作中必须坚持革命热情和科学精神相结合的原则。决议规定一九五八年十二月至一九五九年四月进行整顿人民公社的工作。

12月11日 下午，在武昌东湖客舍会见由国防部部长雷维斯率领的匈牙利军事代表团，周恩来、陈毅、谭政、甘泗淇、陈再道在座。当雷维斯说匈牙利军队曾经有上下级关系紧张、下级害怕上级的问题时，毛泽东说：这要改变，不要使下级害怕，应当像一个家庭一样。让人家怕是不好的，应当让敌人怕。这是旧社会长期留下来的，一时不容易去掉，要慢慢地把这些东西去掉，人和人应是平等关系。薪水制、军衔等，如果搞得好，可以有用，我们不完全否定它；但是主要靠的是民主集中制，这是无产阶级的主要原则，是列宁创造的。民主集中制是主要的，是基础，其他如军衔等是辅助的。薪资、等级现在还不可少，但是上下距离不要过大。过去一个时期，我们在这方面有过缺点，今年已开始改进，利用整风的办法，干部参加生产，官长下连队当兵，大大地改进了上下间和军民间的关系。下去可以体会到群众是怎样生活的，只有益而无害。干部也根据其身体情况，每年参加一个月的体力劳动，或当工人，或当农民。根据我们的经验，这种做法是好的，不懂工农业劳动，容易脱离群众。我们不是资本家，我们都是国家工作人员，不能老爷式地工作，应当力求避免官僚主义，应当永远以一个普通劳动者的姿态出现。

同日　晚上，在武昌东湖客舍会见阿尔及利亚共和国临时政府代表团，并共进晚餐，周恩来、陈毅等参加。毛泽东说：非常欢迎你们并感谢你们。你们正在斗争着。在反帝国主义的形势下，我们这里也算是一条前线，是东方的前线，在太平洋西边。你们是西方的前线。你们现在正在困难时期，你们四年来进行战斗，正义是在你们这边，你们一定胜利。我们经过二十二年受过很多挫折，最后我们还是胜利了。印度同英国斗争了几十年，也胜利了。埃及独立也还没有几年。当然，他们采取的方式不同。你们现在对法国进行的是民族解放战争，斗争时间可能长一些，希望你们不会像我们那么长。战争对人民、对军队是个锻炼，对你们的民族解放阵线是个锻炼。时间虽长，但是得到的锻炼很大。时间越长，越要付出代价，但是牺牲会产生积极因素，把人民都锻炼了。世界大多数国家都承认法国，不承认你们，在这些多数国家面前，你们还是非法的，但是，这是暂时的。我们现在在大多数国家面前也是非法的，八十一个国家中只在三十一个国家面前是合法的，而五十个国家认为我们是非法的。谢谢你们，你们承认我们合法，得到你们承认我们很高兴。我们承认你们，应该如此，应该表示支持，因为你们在反对帝国主义，跟我们的斗争一样，这是我们的国际义务。阿尔及利亚对整个世界贡献很大，能牵制住八十万法国军队，这就使三个帝国主义中的一个动弹不得。你们不会失败，五年、十年会胜利的。

12月12日 下午，在武昌东湖客舍主持召开中共中央政治局常委和各协作区主任会议，并讲话。出席会议的还有彭真、罗荣桓、陈毅、彭德怀、谭震林、陆定一、陈伯达、王稼祥、胡乔木。毛泽东说：会议公报都看了没有？国际那一部分是不是讲得太凶了？比如说西方世界四分五裂，看样子有可能四分五裂。欧亚跟英美对立，内部矛盾重重，英美两国之间也矛盾重重。但它们是两个方面：又团结，又斗争。一九四六年我们就说，美国是抢美国和苏联之间的中间地带。那时候，中国还是中间地带，我们的革命还没有胜利。现在形势很好。中间地带，包括欧洲的英、法、德、意，整个亚洲，整个非洲。拉丁美洲是美国的后方。一个欧洲，一个非洲，一个亚洲，这么天下大乱，它还能走得过来？你原子弹一打，把人统统打死，白茫茫一片，那怎么办？我看，将来原子弹还是不打，订个条约。他接着问：我不当国家主席这个问题，开了电话会议，已经到公社了没有？有反映没有？（王任重：有反映，不赞成。）你们在会上讲又赞成又不赞成，你们省委第一书记还这么犹豫不决，那就难办了。这个问题，要下个决心。以后职务要可上可下，可多可少。毛泽东说：一九五九年计划，先照那个文件执行，对不对，执行两个月再讲。过去有些部分的失调要加以调整。北戴河会议那个时候没有那么多经验，是一种热情，搞了俄国的革命热情，没有搞美国的实际精神。〔1〕广州会议也好，党的代表大会也好，北戴河会议也好，都是革命热情，一条腿，另外一条腿叫作美国的实际精神，就缺。武昌会议就来了一个实际精神，俄国加上美国了。当邓小平说就全国来讲，第一个五年计划真正的基点是四个基点（上海、天津、黑龙江、辽宁）、两个半点（重庆、太原）时，毛泽东说：现在还是两条，一条，支援这些重点，保证这些重点，还有一些重要的厂，使它充分发挥作用。搞这些重点，都是为全国所有地方，它搞得多，别的地方也就快。再一条，至少三年内，也就是在第二个五年计划期间内，一定要打歼灭战，集中力量搞最关键的企业。原来中央的话也不大明确，无非是说在几年内不可能都搞成体系，只说到这里为止，没有说要根据全国的需要让步。你推迟，让一下步，实际上比较快，不是慢。把这些话跟省委书记和各部部长讲一讲。全国一盘棋和地方积极性这两个东西相结合，一有矛盾，按照全国一盘棋的原则解决。要顾全大局。顾大局，是最高的品德，并不吃亏。你那个地方越顾大局越有出路。现在的大局就是要牺牲自己，成全别人。你看那位红娘，晚上那么冷，站在外头，后头拷红，挨打，她有什么利益？专门帮人家。还有白蛇传里的小青，专打抱不平。搞基本建设，轻重缓急要排队，要顾全大局。

同日 阅邓小平十二月十一日报送的中共教育部党组关于教

---

〔1〕这是引用斯大林的话。原话是：列宁主义的工作作风的特点有两个，“（一）俄国人的革命胆略；（二）美国人的求实精神。列宁主义的作风就是党的工作和国家工作中的这两个特点的结合”。（见斯大林：《论列宁主义基础》）

育问题的建议。建议说：今秋以来，全国人民投入了钢铁生产和秋收秋耕秋种的突击运动中，所有的学校，也投入了这个运动，发挥了很大的作用。但是，也产生了某些劳动时间过长，忽视教学质量的现象。现在，今年产钢一千零七十万吨的任务已有完成的把握，“三秋”运动亦已基本结束，各级各类学校应当照常上课。各地党委既要继续克服只重视教学而忽视生产劳动的偏向，又要防止只注意生产劳动而忽视教学的现象，既要改变资产阶级教育中轻视体力劳动、轻视体力劳动者的错误现象，又要保证学校教育的质量。邓小平在报送时附信说：“这是经过两次讨论（省市第一书记都参加）修改成的，较重要，请你审阅指示，看能用否。”毛泽东批示：“已阅，退小平同志照办。”

同日 审阅修改《关于人民公社若干问题的决议（十一日修正稿）》。修正稿第一部分中说“这一切都证明，中共中央政治局在一九五八年八月北戴河会议上所作的关于在农村中建立人民公社的决议，是完全正确的，是具有历史意义的”，毛泽东在这句话中的“所作”一词前，加写“根据群众的创造”，并将“是完全正确的”改为“是正确的”。第二部分中说“苦战三年，可以争取全国大部分地区的面貌基本上改观”，毛泽东修改为：“苦战三年，加上再努力若干年，可以争取全国的面貌有一个很大的改变”。第八部分中说“复杂的阶级斗争在我们国内外还存在着”，毛泽东修改为：“复杂的阶级斗争，不但在国外，在资本主义世界，严重地存在着；就是在国内，也还是存在着。”

12月13日 上午，乘专列从武昌到达长沙。在专列上同中共湖南省委书记周惠谈话，陶铸、周小舟、陈伯达、胡乔木参加。下午乘专机到达广州，住小岛招待所。

12月14日 同陈伯达、胡乔木谈中共八届六中全会公报稿修改问题。

12月15日 本日前，对中共八届六中全会公报稿作过一次修改，将公报稿中的“今年我国国民经济的飞跃发展，证明了党的在优先发展重工业的基础上实行工业和农业同时并举的方针，在工业战线上以钢为纲、全面跃进的方针，中央工业和地方工业同时并举的方针，工业必须大搞群众运动的方针，是正确的”这段话，改写为：“今年我国国民经济的飞跃发展，证明了党的在优先发展重工业的基础上实行工业和农业同时并举的方针，重工业和轻工业同时并举的方针，在工业战线上以钢为纲、全面跃进的方针，中央工业和地方工业同时并举的方针，大型企业和中小型企业同时并举的方针，土法生产和洋法生产同时并举的方针，以及工业方面的集中领导必须同在工业方面大搞群众运动相结合的方针，一句话，用两条腿走路的方针，而不是一条腿或者一条半腿走路的方针，这样的一整套方针是正确的。”本日晚十时，关于中共八届六中全会公报稿，批示胡乔木：“此件可以定稿。只在第三页增了几个字。请用电话把修改处告诉北京，准备十七日下午广播，连同主席问题决议一起，十八日见报。”毛泽东加写的几个字，是在公报稿中“人民群众的共产主义觉悟的大大提高”一语的“共产主义觉悟”前，加上“社会主义和”五个字。本日晚上，毛泽东又同陈伯达、胡乔木谈六中全会公报稿和关于人民公社决议稿的修改问题。

12月16日 同陈伯达、胡乔木谈中共八届六中全会公报稿修改问题。

12月18日 阅十二月十七日《光明日报》刊载的关于赫鲁晓夫十二月十五日在苏共中央全会上所作的最近五年来苏联农业发展情况报告的报道，批示林克：“此件先给陈伯达同志看一下，如果他今天不走，下午可以谈一下。”

12月21日 上午，在文物出版社一九五八年九月刻印的大字线装本《毛主席诗词十九首》的书眉上写说明："我的几首歪词，发表以后，注家蜂起，全是好心。一部分说对了，一部分说得不对，我有说明的责任。一九五八年十二月，在广州，见文物出版社一九五八年九月刊本，天头甚宽，因而写了下面的一些字，谢注家，兼谢读者。鲁迅一九二七年在广州，修改他的《古小说钩沉》，然后说道：于时云海沉沉，星月澄碧，饕蚊遥叹，予在广州。〔1〕从那时到今天，三十一年了，大陆上的饕蚊灭得差不多了，当然，革命尚未全成，同志仍须努力。港台一带，饕蚊尚多，西方世界，饕蚊成阵。安得起全世界各民族千百万愚公，用他们自己的移山办法，把蚊阵一扫而空，岂不伟哉！试仿陆放翁曰：人类今娴上太空，但悲不见五洲同。愚公尽扫饕蚊日，公祭无忘告马翁。"〔2〕毛泽东还在书眉上写了一些批注。对《沁园春·长沙》一词中的"击水"批注："击水：游泳。那时初学，盛夏水涨，几死者数，一群人终于坚持，直到隆冬，犹在江中。当时有一篇诗，都忘记了，只记得两句：自信人生二百年，会当水击三千里。"对《菩萨蛮·黄鹤楼》一词中的"心潮"批注："心潮：一九二七年，大革命失败的前夕，心情苍凉，一时不知如何是好，这是那年的春季。夏季，八月七号，党的紧急会议，决定武装反抗，从此找到了出路。"对《清平乐·会昌》一词中的"踏遍青山人未老"句批注："踏遍青山人未老：一九三四年，形势危急，准备长征，心情又是郁闷的。这一首《清平

〔1〕这是毛泽东凭记忆写的。鲁迅1927年在广州编校《唐宋传奇集》后，作《序例》，文末题记说："时大夜弥天，璧月澄照，饕蚊遥叹，余在广州。"

〔2〕陆放翁，即陆游，号放翁，南宋诗人。陆游写有一首七绝《示儿》："死去元知万事空，但悲不见九州同。王师北定中原日，家祭无忘告乃翁。"

乐》，如前面那首《菩萨蛮》一样，表露了同一的心境。”对《忆秦娥·娄山关》一词批注：“万里长征，千回百折，顺利少于困难不知有多少倍，心情是沉郁的。过了岷山，豁然开朗，转化到了反面，柳暗花明又一村了。以下诸篇[1]，反映了这一种心情。”对《七律·长征》一诗中的“水拍”和“三军”批注：“水拍：改浪拍。这是一位不相识的朋友建议如此改的。他说不要一篇内有两个浪字，是可以的。”“三军：红军一方面军，二方面军，四方面军。不是海、陆、空三军，也不是古代晋国所作上军、中军、下军的三军。”对《清平乐·六盘山》一词中的“苍龙”批注：“苍龙：蒋介石，不是日本人。因为当前全副精神要对付的是蒋不是日。”对《念奴娇·昆仑》一词批注：“昆仑：主题思想是反对帝国主义，不是别的。改一句：一截留中国，改为一截还东国。忘记了日本人是不对的。这样，英、美、日都涉及了。别的解释，不合实际。”对《沁园春·雪》一词批注：“雪：反封建主义，批判二千年封建主义的一个反动侧面。文采、风骚、大雕，只能如是，须知这是写诗啊！难道可以谩骂这一些人们吗？别的解释是错的。末三句[2]，是指无产阶级。”对《七律·和柳亚子先生》一诗中的“三十一年”和“旧国”批注：“三十一年：一九一九年离开北京，一九四九年还到北京。旧国之国：都城，不是state，也不是country。”对《水调歌头·游泳》一词中的“长沙水”和“武昌鱼”批注：“长沙水：民谣：常德德山山有德，长沙沙水水无沙。所谓无沙水，地在长沙城

---

〔1〕 指《十六字令三首》(1958年出版的《毛主席诗词十九首》，《十六字令三首》排在《忆秦娥·娄山关》之后)、《七律·长征》、《念奴娇·昆仑》、《清平乐·六盘山》。

〔2〕 指《沁园春·雪》一词中的：“俱往矣，数风流人物，还看今朝。”

东，有一个有名的‘白沙井’。武昌鱼：三国孙权一度从京口（镇江）迁都武昌，官僚、绅士、地主及其他富裕阶层不悦，反对迁都，造作口号云：宁饭扬州水[1]，不食武昌鱼。那时的扬州人心情如此。现在变了，武昌鱼是颇有味道的。”对《蝶恋花·答李淑一》一词批注：“上下两韵，不可改，只得仍之。”

12月22日 阅中共中央宣传部十二月十九日编印的《宣教动态》一九五八年第一六五期刊载的《清华大学物理教研组对待教师宁“左”勿右》的材料，批示：“定一同志：建议将此件印发给全国一切大专学校、科学研究机关的党委、总支、支委阅读，并讨论一次，端正方向，争取一切可能争取的教授、讲师、助教、研究人员为无产阶级的教育事业和文化科学事业服务，你看如何？文学艺术团体、报社、杂志社和出版机关的党委、党支，也应发去，也应讨论一次。请酌定。”这个材料说：最近清华大学物理教研组支部的党员在讨论党对知识分子的政策时反映出一些不正确认识。（一）认为社会主义革命时期知识分子是革命对象，过共产主义关更是革命对象，因为他们中的绝大多数是资产阶级知识分子，连团员助教也被认为是革命对象。（二）认为高级知识分子都是从根本上反对党的教育方针，他们摆开了阵势向我们进攻，必须还击；所有的统战对象都是促退派，把他们摆在这里，只是为了树立对立面。（三）认为从工人阶级的利益出发，应当走阶级路线，在学校中提群众路线是不妥当的。为了划清界限，宁可“左”一些。提“发挥老教师的作用”，就会模糊阶级界限，放松斗争。（四）认为现在党的威信和群众觉悟都提高了，到了党员可以取而代之的时候了。一切组织都应当换上党员来领导。由于存

〔1〕“宁饭扬州水”，据《三国志·吴书·潘濬陆凯传》应为“宁饮建业水”。

在这些错误认识，这个党支部在工作中采取了一些错误做法。清华大学党委发现上述情况后，已检查纠正了这种错误做法。十二月二十七日，中共中央印发了毛泽东的批示和这个材料。

12月23日　下午，听取谭政关于中国人民解放军政治工作会议情况的汇报，陶铸参加。然后到广州军区接见参加全军政治工作会议的代表，并同与会的各总部、各军兵种、各大军区、各院校的负责人共五十余人谈话。当得知在座同志很少四十岁以下的、大多数都参加过第二次国内革命战争这一情况后，毛泽东说：要培养新生力量。在谈到军队一九五八年的跃进情况时说：过去不是说干军队没有奔头吗？军队还是有奔头，战时有奔头——养兵千日，用在一朝。就是平时也有奔头——多面手，一专多能。在谈到台湾海峡形势时说：金门打炮对我们部队的士气有没有影响？还要不要打？（众答：部队情绪高。）我们对台湾海峡的政策是，要拿就是台、澎、金、马一齐来，单是金、马，我们不干。美国想以金、马换台、澎。我们一打炮，蒋介石就有理由抵抗美国人，不从金、马撤走。有许多干部、战士想不通，为什么不打司令部？为什么说以利固守、贵我双方、可以供给粮食油盐？在政工会上，可以拿出一天的时间谈谈国际国内形势问题，这是政治问题。离开形势，政治工作是不好做的。政工会议上，要谈谈人民公社问题，看看大家有什么想法。我没有想过今年搞人民公社，也没有想过在农村搞食堂，帝国主义却造谣，说这些都是我出的主意。有些事情的发生是可以预料的，但有些也很难预料到。人民公社是没有预料到的，直到今年七月份还没有想到。钢翻一番，是我在中南海游泳池同王鹤寿吹的，我说试试看，没有料到真正翻了一番。还有军队起了变化。今年一月，我找彭德怀、罗荣桓、谭政、黄克诚、粟裕谈话，罗荣桓说军队有落后之感，地方向前走了，军队存在一些问题。多年我也没有管军队。其实解决问题也很容易，六、七月开五十五天会[1]，军区开，军、师开，一下子问题就解决了。军队是有希望的。你们这次政工会议搞了八个文件，还不是在今年形势发展的基础上才搞出来的？许多事情都是这样，你不搞多少年也不搞，你一搞几个月就搞起来了。许多好事、坏事，事先不可能完全料到，只能大体上料到。在谈到看问题要看到有两种可能性时，毛泽东说：坏事无非是打世界大战，扔原子弹，原子弹我们一个也没有。再有，中国共产党分裂，分成两个中央、三个中央。我们国家还有灭亡的危险没有？有。我们就是灭亡，也是暂时的局部的。人民公社也会崩溃一部分，这没有坏处，可以得到教训。你有垮台的准备，就不会垮，至少是垮得少，你可以整顿教育。你如果没有垮台的准备，那就危险。这样讲，与东风压倒西风、纸老虎等论点，似乎不符合了，其实还是符合的，什么事情都有两个可能性，巩固或者崩溃。所谓纸老虎，并不是说它现在已经死了，不打是不会死的。帝国主义还活着，还是要斗争，到最后它就死了。要经过斗争，中间有曲折，不会没有风浪的。美、英、法、西德统治阶级之间闹别扭，对我们有利。世界资产阶级分两部分，西方世界和尼赫鲁、纳赛尔、苏加诺有矛盾。这些因素合起来，争取七年、十年、十五年不打世界大战有可能。但也不能写保字，总有百分之一的危险。所以，莫斯科宣言就把这种危险性写上了。美国的事是杜勒斯在办，杜勒斯是美国政府的政治部主任、政治委员。这个人是个“好人”，办了不少“好事”，对无产阶级的团结与向帝国主义斗争有益。我们在金门一打炮，他从各地把海军舰队调来了，在一个地方集中了最多的军队。我们也没有料到，金门这一打炮，全世界这么震动。毛泽东最后说：我的

〔1〕 指1958年5月27日至7月22日在北京召开的中共中央军委扩大会议。

话，也有两种可能性，有人赞成，有人不赞成，可以议一下。

12月26日 下午，乘专列离开广州。二十七日晨，到达长沙。下午，在专列上同周小舟、周惠谈话。晚上，同程潜、唐生智谈话。随后，到湖南省委礼堂看花鼓戏《三女抢板》。看完戏，毛泽东问这个戏以前还叫过别的名字没有？当他听说曾叫过《生死牌》时，说：还是叫《生死牌》好，《生死牌》切题。

12月28日 下午，在停靠武昌的专列上同湖北省和武汉市的负责人张平化、赵辛初、宋侃夫、李尔重〔1〕、刘惠农等谈话。

12月29日 中午，由武昌到达郑州，在专列上同吴芝圃、史向生等谈话，陈毅参加。

同日 下午，到达新乡，在专列上同中共新乡地、市委等的负责人耿起昌、张超、罗毅〔2〕谈话。毛泽东详细询问当地的整社、农业生产、钢铁生产、水利建设、分配、食堂、社员休息时间、医疗卫生等情况。在谈到妇女问题时说：妇女参加生产劳动，对卫生注意不够，就影响她们的身体，这是一个大事呀！很值得研究一下。月经期一定得休息，或做轻活，不然对妇女不利，对后代也不利。他说：各方面一定有很多新东西，我们不知道，要在实践中了解，看暴露出些什么问题。谈到新乡的水利建设时说：你们今年搞水利的劳力是不是可以减少些，分几批搞？九亿土方是不是太多了，值得研究，可分两三年、三四年搞。你们粮食产量怎么样？你们抽查过没有？抽查几个队，看究竟有没有那么多。毛泽东还回答了一些问题。有人问：共产主义全民所有制与社会主义全民所有制有什么区别？毛泽东说：例如国营工

〔1〕 李尔重，当时任中共武汉市委书记处书记。

〔2〕 张超，当时任中共新乡地委书记处书记。罗毅，当时任中共新乡市委副书记。

厂、京广铁路、焦作煤矿、洛阳的矿山机械厂和拖拉机厂、鞍钢等都是全民所有制的，但它们实行的是按劳分配，而不是按需分配。按需分配要有五个条件，就是决议上写的那五条[1]。这两种所有制是有差别的，现在的鞍钢还没有具备这五个条件。有人问：社会主义全民所有制实现算不算社会主义社会建成？毛泽东说：社会主义全民所有制实现了，还说社会主义没有建成吗？到那个时候，我们的工业可能发展到占总产值的百分之七八十，也就差不多了。有人问：社会主义建成之日是不是就算进入共产主义社会？毛泽东说：不能。社会主义建成还是按劳分配，不是按需分配。我们的条件定高些，这好嘛。最后，毛泽东要求大家读斯大林的《苏联社会主义经济问题》、《马恩列斯论共产主义社会》、苏联《政治经济学教科书》。他说：从前我们的兴趣是在阶级斗争上，现在要搞经济建设，就得参考他们的意见。

同日 晚上，到达邯郸。

12月30日 中午，在专列上同中共邯郸地、市委书记谈话。下午，在停靠石家庄的专列上同石家庄地、市委书记谈话。晚上，在停靠保定的专列上同保定地、市委书记谈话。

同日 晚上，回到北京。

本年 三次读斯大林《苏联社会主义经济问题》一书，并写

---

〔1〕《中共中央关于在农村建立人民公社问题的决议》（1958年8月29日）中说："再经过多少年，社会产品极大地丰富了，全体人民的共产主义的思想觉悟和道德品质都极大地提高了，全民教育普及并且提高了，社会主义时期还不得不保存的旧社会遗留下来的工农差别、城乡差别、脑力劳动与体力劳动的差别，都逐步地消失了，反映这些差别的不平等的资产阶级法权的残余，也逐步地消失了，国家职能只是为了对付外部敌人的侵略，对内已经不起作用了，在这种时候，我国社会就将进入各尽所能，各取所需的共产主义时代。"

若干批注。（一）对第一章“关于社会主义制度下经济法则的性质问题”，毛泽东批注：“这是完全的重要的一章。”（二）第一章中说：“由于国内缺乏任何现成的社会主义经济的萌芽，苏维埃政权当时必得在所谓‘空地上’创造新的社会主义的经济形式。”“这个任务无疑是困难而复杂的，是没有先例的。然而，苏维埃政权光荣地完成了这个任务。……仅仅是因为它依靠了生产关系一定要适合生产力性质这个经济法则。”毛泽东批注：“我们有先例。”“在往后亿万年中，生产力性质不会不发生变化的，为了一定要适合它，生产关系也得改变，而且将有无数的改变。”（三）第一章中说：“有人说，我国国民经济有计划的（按比例的）发展的必然性，使苏维埃政权有可能来消灭现存的经济法则和创造新的经济法则。这是完全不对的。不能把我们的各个年度计划和五年计划跟国民经济有计划、按比例发展的客观经济法则混为一谈。”毛泽东批注：“这是一个客观法则。”（四）第一章中说：“国民经济有计划发展的法则，使我们的计划机关有可能去正确地计划社会生产。但是，不能把可能同现实混为一谈。这是两种不同的东西。要把这种可能性变为现实，就必须研究这个经济法则，必须掌握它，必须学会熟练地应用它，必须制定出能完全反映这个法则的要求的计划。”毛泽东批注：“我们是否研究了、掌握了、学会熟练地应用了这个客观法则？我们的计划是否完全反映了这个客观法则？注意。”（五）第二章中说：“某些同志断定说，党在我国取得了政权并把生产资料收归国有以后，还保存商品生产，是做得不对的。他们认为，党在当时便应当消除商品生产。”毛泽东批注：“我们也有这样的人。”（六）第二章中说：

"恩格斯的这个公式[1]不能认为是十分明确的，因为其中没有指出，究竟是社会占有一切生产资料，还是只占有一部分生产资料，即一切生产资料转归全民所有，还是仅仅一部分生产资料转归全民所有。""在《反杜林论》的另一个地方，恩格斯讲到占有'一切生产资料'，讲到占有'生产资料的全部总和'。""恩格斯认为，在这样的国家中在把一切生产资料公有化的同时，还应该消除商品生产。这当然是正确的。"毛泽东批注："我们现在还只有一部分生产资料归全民所有。""一切归全民，才能废商业。"（七）第二章中说："在十九世纪末叶《反杜林论》出版的时候，只有英国一个国家是这样的国家，在那里，工业和农业中的资本主义发展和生产集中已达到这样的高度，以致有可能在无产阶级取得政权时，把国内的一切生产资料转归全民所有，并且消除商品生产。""甚至，不仅在十九世纪末叶，而且在现时也还没有一个国家在农业中的资本主义发展和生产集中是已经达到了像我们在英国所看到的那种程度。"毛泽东批注："直到现在，只有英国一国。英国是否能废商业，还是一个待研究的问题。""看来还得生产商品。""美、法、德、瑞、挪、丹、荷、比、卢都不如英国吗?"（八）第二章在论述一个国家的工业中资本主义已有相当的发展，而农业中却主要是众多的分散的中小私有经济，无产阶级应否夺取政权这个问题时，将列宁的有关论述概括成的五条，毛泽东批注："列宁的五条，我们都做了，并且建立了人民公社，以全力发展工业、农业和商业，列宁是要以全力发展商业，问题还是一个农民问题，必须谨慎小心。"（九）第二章中说："有人说，商品生产在任何条件下总还是要引导到而且一定会引导到资

---

〔1〕 指恩格斯在《反杜林论》中所说的"一旦社会占有了生产资料，那末商品生产将被消除，而产品对生产者的统治也随之消除"。

本主义。这是不对的。并非在任何时候，也不是在任何条件下都是如此！”毛泽东批注：“不要怕资本主义，因为不会再有资本主义。”（十）第二章中说：“决不能把商品生产看作是某种不依赖周围经济条件而独立自在的东西。商品生产比资本主义生产更老些。它在奴隶制度下就存在过……试问，为什么商品生产就不能在一定时期内同样地为我国社会主义社会服务而并不引导到资本主义呢？”毛泽东批注：“商品生产是否有用的工具。”（十一）第二章中说：“现今在我国……在集体农庄的企业中，虽然生产资料（土地、机器）也属于国家，可是产品却是各个集体农庄的财产……集体农庄只愿把自己的产品当作商品让出去……除了通过买卖的交换以外，与城市的其他经济联系，都是集体农庄所不接受的。因此，商品生产和商品流通，目前在我国，也像大约三十年以前当列宁宣布必须以全力扩张商品流通时一样，仍是必要的东西。”毛泽东批注：“（一）劳动；（二）土地；（三）工具：都是公社所有的，因此产品也是公社所有的。”“三十年后还如列宁在时那样。”（十二）第二章中说：“我国的商品生产并不是通常的商品生产，而是特种的商品生产，是没有资本家参加的商品生产……它的活动范围只限于个人消费品。……有一些同志的意见是完全不对的……认为既然有商品生产，就应该有资本主义生产。”毛泽东批注：“不是普通的商品，而是特别商品。限于个人消费品吗？不，在我国，农业和手工业生产工具也是商品。是否会导致资本主义呢？不。”（十三）第二章中说：“现在讲到‘必要’劳动和‘剩余’劳动，也是令人非常奇怪的：仿佛在我国条件下，交给社会去扩大生产、发展教育和保健事业以及组织国防等等的工人劳动，对于现在掌握政权的工人阶级来说，并不是像用来满足工人及其家庭的个人需要的劳动那样必要的。”毛泽东批注：“两种劳动都是必要的。”（十四）第三章中说：“下面这个论断也是完全不正确的，就是说在我们现今的经济制度下，即在共产主义社会发展的第一阶段上，价值法则仿佛调节着各个不同生产部门间劳动分配的‘比例’。”“假如这是正确的，那就不能理解，为什么在我国，没有用全力去发展那比起往往赢利较少而且有时简直不能赢利的重工业说来是最能赢利的轻工业?”毛泽东批注：“值得研究。”（十五）在《答亚历山大·伊里奇·诺特京同志》中说：“商品是这样的一种产品，它可以出售给任何买主……生产资料并不‘出售’给任何买主，甚至不‘出售’给集体农庄，而只是由国家分配给自己的企业。”毛泽东批注：“可以出售给人民公社。”

本年　作《七绝·刘蕡〔1〕》：“千载长天起大云，中唐俊伟有刘蕡。孤鸿铩羽悲鸣镝，万马齐喑叫一声。”

〔1〕刘蕡，幽州昌平（今北京昌平）人。中唐大和二年（828年），举贤良方正，刘蕡在对策中痛论宦官专权，能废立君主，危害国家，劝皇帝诛灭他们。考官赞赏刘蕡的文章，但惧怕宦官的专横，不敢录取他。后被授为秘书郎，终因宦官诬陷，贬为柳州司户参军，客死他乡。毛泽东在读《旧唐书·刘蕡传》时，对刘蕡的策论很赞赏，旁批：“起特奇。”

1959年　六十六岁

1月1日　下午，和周恩来、朱德、陈云、邓小平、彭真、贺龙、李先念、谭震林、陆定一、康生、薄一波、邓子恢、李雪峰、杨尚昆、胡乔木、郭沫若、陈叔通等到北京体育馆，出席全国农业社会主义建设先进单位代表会议闭幕式。闭幕式结束后，同陈叔通谈话，后又同王震、廖鲁言等谈话。

1月3日　晚上，同周恩来谈话。

1月5日　下午，同朱德谈话。

同日　晚上，在中南海颐年堂主持召开中共中央政治局常委扩大会议，刘少奇、朱德、陈云、邓小平、彭真、李先念、谭震林、陆定一、薄一波、胡乔木出席。

1月11日　审阅邓小平一月十日报送的中共中央对外联络部关于在《红旗》杂志公开发表福斯特〔1〕来信的请示及代拟的毛泽东给福斯特的复信稿，批示："少奇、小平、乔木同志阅，退王稼祥同志处理。可照小平意见办。复信作了一点文字方面的修改。"邓小平报送时注明的意见是：我同意来信在《红旗》上发表，主席复信除用公开电发去外，亦可在《红旗》上同时发表。复信说："美国共产党虽然暂时还处于不大顺利的地位，但是你们的斗争是很有意义的，将来一定会结出丰硕的果实。黑夜

〔1〕　福斯特，美国共产党创建人之一。当时任美国共产党名誉主席。他在1958年12月19日写信给毛泽东。

是有尽头的。美国反动势力现已到处碰壁，显示着他们的寿命不会很长了。你们那里目前敌强我弱这种形势，完全是暂时的现象，它一定会向相反的方向起变化。请允许我代表中国共产党和中国人民向您——美国工人阶级光荣的战士和领袖，致以衷心的问候，并祝您早日恢复健康。”福斯特的来信和毛泽东的复信发表在《红旗》杂志一九五九年第三期，并载于二月二日《人民日报》。

1月12日 下午，在中南海颐年堂会见巴西伯南布哥州州长桑巴约和夫人等，廖承志在座。毛泽东说：中国是一个穷国，穷得要命。穷就弱，中国又穷又弱。中国在政治上算是比较强的，人多、地大，而且人民都组织起来了，有干劲，啥也不怕，帝国主义那一套也不怕，在这方面中国是一个强国。在经济上中国是一个弱国。六亿五千万人口只有一千一百万吨钢，算多吗？平均每人只有一指头的钢。杜勒斯怕我们的政治，不怕我们的军事，怕我们的将来，现在他还不在乎。桑巴约问到人民公社的工业计划是根据全国的计划制订的，还是根据自己的特点制订的。毛泽东说：两方面都有。和国家订立合同就与全国有关，公社与公社之间的产品也互相交换，这是全国性的和地方性的商品生产。公社还有自给性的生产，产品在公社内部分配。桑巴约问：一般为了积累资金，往往要减少消费品的生产，中国是否也如此？毛泽东说：要解决资金问题，就要发展消费品的生产。资本迅速和大量积累的来源是消费品的生产，即从轻工业、农业、林业、畜牧业等方面得来。重工业生产就不同，建设时间长，投资多，利润又薄。所以，必须是重工业与轻工业同时并举，工业与农业同时并举，大中小工业同时并举，洋法生产与土法生产同时并举。你们巴西那样大，资源那样丰富，又有六千万人口，自己也完全有办法。亚洲、非洲、拉丁美洲是世界的主力，除掉这三洲，世界还剩下欧洲、澳洲和北美，即所谓的西方世界。西方世界不过四亿人口，全世界有二十七亿人口，二十三亿就在亚洲、非洲、拉丁美洲。一位客人问：听说你在学英文？毛泽东说：在一字一字地学，若问我问题，我勉强答得上几个字。我要订五年计划，再学五年英文，那时可以看点政治、经济、哲学方面的文章。现在学了一半，看书不容易，好像走路一样，到处碰着石头，很麻烦。学点外文好，当做一种消遣，换换脑筋。我们国家文化太低，在十五年至二十年内，每人都要学一种外国语，英、俄、法、德、日这些主要的文字都得学。现在初中没有外文，将来也要搞一点外文。

1月15日 阅中国驻苏联大使馆一月三日关于中苏关系中一些问题的处理意见给外交部的报告，批送刘少奇、邓小平："此件所提内容值得重视，请书记处讨论一次，如何?"报告说：目前在宣传工作和处理中苏关系及事务中，不能不特别谨慎。近来我们有些同志在对外接触中，言谈尚欠慎重，表现不够谦虚，有的甚至态度傲慢。这是一个值得注意的问题。为了尽可能地防止和消除中苏关系中的消极影响，报告提出了几点建议。

1月18日 上午，在中南海菊香书屋召集陈云、彭德怀、李富春、李先念、谭震林、薄一波开会，谈经济问题和工业问题。

1月20日 上午，在中南海菊香书屋召集刘少奇、周恩来、陈云、邓小平、彭真、陈毅、张闻天、康生、廖承志开会。

1月21日 上午，在中南海颐年堂会见墨西哥前总统、世界和平理事会副主席卡德纳斯将军和同行人员，郭沫若、廖承志在座。毛泽东向客人询问墨西哥的土地改革、农产品种类、工业、文化、种族等情况。他说：我们对拉丁美洲很感兴趣，拉丁美洲人口多，经济水平和我们接近。谈到古巴革命胜利〔1〕时，

---

〔1〕 1959年1月1日古巴革命取得胜利，建立临时革命政府。

他说：新政府对美国态度很坚决。我们认为古巴事件是当前一个重大事件，亚洲人应该支援他们反抗美国，其次要支援刚果人民反抗比利时统治的斗争。我们三大洲不是互相孤立的，是相互支援的，还有西方世界的人民帮助我们。谈到台湾问题时说：我们还是内战的形势。我们还不想要金门、马祖，美国人想拿金门、马祖来换台湾、澎湖。我们总要收复这些地方的，要统统一起收回。同美国的大使级谈判还是继续，但是他们讲他们的，我们讲我们的，谈了三年了，不断，但谈不拢。去年七月的中东事件和八月的台湾事件，使美国非常惊惶失措。去年伊拉克革命胜利后，七月他们在黎巴嫩登陆，后来全世界反对，他们便撤走了。在联合国通过撤兵决议的第三天，我们在金门打炮，他们就以为我们要收复金门了，惊惶失措，调兵遣将。去年十一月，他们的共和党在选举中失败了。毛泽东说：要有十年或十五年的和平，以后仗就更难打了，帝国主义想在战争中占便宜，很不容易。

同日　复信黄炎培："惠书及大作〔1〕早已收读，甚为感谢！连日小病迟复，幸谅。顺致敬意！"

1月22日　阅西藏军区司令部一月十四日关于边坝、洛隆、扎木、雪卡、山南等地区目前叛匪的主要活动及企图给总参谋部等的电报。电报说：目前叛匪在这些地区集结，伏击我军，围攻守点分队，并企图截断交通要道，气焰非常嚣张。我守点分队被迫进行了还击。毛泽东写批语："这种战争，很有益处，可以发动群众，可以锻炼部队。最好经常打打，打五六年，或七八年，大举歼敌，实行改革的条件就成熟了。"

同日　审阅修改邓小平一月二十日报送的中共中央关于动员

〔1〕1958年12月30日，黄炎培将其新作的一首诗《迎一九五九年元旦》书写成册，寄给毛泽东。

两千青壮年入藏屯垦生产的指示稿。指示稿说：西藏反动统治阶级分子的叛乱，在美蒋公开支持和印度的暗中支持以及达赖集团的纵容下，有进一步扩大的趋势。目前西藏地区的叛乱武装约有万人以上，这些叛乱武装的活动日益猖獗，不断地破坏交通，伏击我来往车辆和人员，最近已开始袭击围攻我防备力量较弱的据点。毛泽东批示："送刘、小平、德怀、克诚阅后，尚昆办。我在尾上增了一段。"他加写的一段话是："在西藏地区，现在及今后几年内，是敌我双方争夺群众和锻炼武装能力的时间。几年之后，例如三四年，五六年，或者七八年之后，总要来一次总决战，才能彻底解决问题。西藏统治者原有兵力很弱，现在他们有了一支斗志较强的万人叛乱武装，这是我们的严重敌人。但这并没有什么不好，反而是一件好事，因为有可能最后用战争解决问题。但是（一）必须在几年中将基本群众争取过来，孤立反动派；（二）把我军锻炼得很能打。这两件事，都要在我军同叛武斗争中予以完成。"一月二十四日，中共中央将这个指示发给四川省委和西藏工委。

同日　阅邓小平一月二十一日送审的《人民日报》社论稿《认真贯彻党的中医政策》，批示："送胡乔木同志：此件可用，照发。"这篇社论于一月二十五日发表。社论说：党的中医政策是党在我国卫生工作方面的一项重要的方针政策。越来越多的事例，证实了中医中药在人民卫生事业中所起的重大作用。继续纠正轻视和排斥中医中药的错误观点，仍是卫生部门当前一项非常重要的任务。中医有很大的数量，他们掌握着我国几千年来积累下来的医药科学知识和治病经验，能治好很多疾病，包括一些用西医方法疗效较差的疾病。西医和中医，只有紧密地团结起来，很好地合作，才能共同战胜疾病这个敌人。不要对于中医治疗办法中暂时还不能作出科学解释的部分轻易加以否定。

1月23日 上午，同谭震林、陈正人、吴冷西谈话。

1月24日 晨零时，在中南海菊香书屋听杨尚昆读苏共中央来信。这封信是昨晚由苏联驻中国大使馆临时代办安东诺夫面交邓小平、杨尚昆的。来信说赫鲁晓夫将在苏共二十一次代表大会上提出修改“社会主义阵营以苏联为首”和“国际共产主义运动以苏共为中心”的提法，并就此征求中共中央的意见。毛泽东随即于一时四十五分召集中共中央政治局常委会议，讨论苏共中央的来信。会议认为目前作这种改变不好，委托周恩来到莫斯科参加苏共二十一大时，同赫鲁晓夫面谈，希望他们不要提出这个问题。二十六日下午，杨尚昆向毛泽东报告，今日凌晨周恩来从莫斯科来电话说，已同赫鲁晓夫等会谈，他们同意中共的意见，在苏共二十一大上不提出修改上述提法的问题。

1月25日 下午，同舒同、吴芝圃、刘建勋谈话。

同日 下午，同杨尚昆谈话，研究次日开始的省、市、自治区党委第一书记会议的开法和中央哪些人参加会议。

同日 阅陈伯达一月十八日从福建发来的一封信，批示：“小平同志：此件请印发到会各同志。同时，发给各省、市、区党委，作参考。即刻付印。”陈伯达在信中就他在广东、福建两省部分地区考察农业生产的情况，提出一些看法：（一）密植。根据不同地方的土质、气候和技术措施等条件，密植程度应有不同。（二）深耕。正如主席在北戴河会议上说的，深耕的尺寸，在北方和南方应该有所区别。就南方来说，在不同地区和不同气候和季节，应注意深耕的不同尺寸。（三）农民对于今年的粮食是有些担心的，应将粮食的底子向群众公开，商量如何节约用粮。（四）不论生产或生活问题，都应反复同群众商量，不宜只由干部单方面独断。要认真思索毛主席反复说过的要爱惜民力这个重要指示。（五）去年大跃进中，有些地方提出要压这个、跨那个的口号，这样做会使自己孤立，并往往使自己陷于落后。（六）今年这里的农业生产指标，可以考虑提翻一番，或稍低些，力争超过，不要提得过高。（七）公社需要有一套逐步完善的关于劳动组织、定额和报酬的生产管理制度。一月二十七日，中共中央向各省、市、自治区党委转发了陈伯达的信。

同日　阅新华社一月十九日编印的《内部参考》第二六八八期刊载的关于广东新会县一些人民公社在发放第一次工资后出勤率、劳动效率为什么普遍下降的报道，批示："小平同志：此件极有用，请印发到会各同志阅读，想一想，研究这个问题。"报道分析了造成上述现象的原因：（一）主要是分配比例不合理，供给部分和工资部分的比例一般是六比四或七比三，供给部分过多，工资部分太少。（二）劳动组织和责任制不健全。（三）群众对人民公社的性质和政策有误解，宣传工作又做得不够。此外，同某些干部的强迫命令作风也有很大关系。

同日　阅新华社一月二十二日编印的《内部参考》第二六九一期刊载的关于内地对香港副食品供应量锐减后所产生的影响的报道，批示："小平同志：此件有用，请印发到会同志们一读。"报道说：香港副食品历来绝大部分是依靠内地供应的。最近一个月来，内地副食品对香港供应量锐减，价格猛涨，在各阶层人士中引起了很大波动。

同日　阅新华社一月二十三日编印的《内部参考》第二六九二期刊载的关于中共四川省委要求各地市委加强工业战线上政治思想教育工作的报道，批示："小平同志：此件极好，应当仿行。请印发到会各同志。"报道说：四川省委今年一月十二日、十九日两次召开电话会议，要求各市委确定"一开头就抓紧、自始至终抓紧"的领导思想，进一步加强工业战线上的政治思想教育工作和组织工作，克服一部分领导干部中存在的松劲情绪，以扭转当前钢和钢材产量下降的情况。

1月26日—2月2日　在北京主持召开省、市、自治区党委第一书记会议。主要讨论一九五九年国民经济计划，当前生产和市场安排问题。

1月26日　上午，同李井泉、陶铸、王任重、周小舟谈话。后同柯庆施、曾希圣、江渭清、江华、叶飞谈话。

同日　下午，在中南海颐年堂主持省、市、自治区党委第一书记会议，由邓小平作报告，毛泽东不时地插话。在邓小平讲到武昌会议上主席讲过钢一九六二年搞到五千万吨时，毛泽东说：那就了不起了。五年计划，一年增加一千万吨，能不能搞这样多，我还怀疑。在邓小平讲到基本建设项目，北戴河会议提出一千八百多大项，武昌会议减为一千六百三十九项时，毛泽东说：减得不多。在邓小平讲到农村人民公社有一千四百万人办工业时，毛泽东说：这是一个大改组，钢铁一来，全党办工业，农村工业，公社工业，有一千四百万人。在邓小平讲到搞高潮的一套办法要拣起来，搞得轰轰烈烈，不要太冷，要热时，毛泽东说：郑州会议以后就压缩空气，到现在压了两个月了，我看再也不能压了。当然，有缺点还是要批评，那种批评也不能叫做压。但根本上现在要鼓气。在邓小平讲到目前有松劲现象时，毛泽东说：他们讲没有松劲现象。各省究竟有多少松劲现象？我问了很多人，他们都说没有松劲。究竟松了劲没有？恐怕有是很少数的。（谭震林：我看华东那个报纸，说他那个气那么高，不见得。）压缩空气，许多人不敢动笔了，新闻记者、社论作家不敢写了。重新鼓起气来，要善于写报告，善于写社论。去年元旦有个好社论，叫做《乘风破浪》。今年元旦没有写一篇好社论，今年元旦的社论没有劲。在邓小平讲到整社当中干部在一个时候头低一下是不可避免的，这是个必经过程时，毛泽东说：十二月、一月，低那么两个月，二月就要抬头了，二月还不抬头，这一年就完了。在邓小平讲到去年宣传方面确实有不实事求是的浮夸现象时，毛泽东说：把那一部分去掉，把那个热保存下来，恢复起来。现在报纸不那么很热了。要成版搞一个问题，搞那么几天，就搞起来了。

1月27日　上午，在中南海颐年堂会见由总理格罗提渥率领的德意志民主共和国政府代表团，刘少奇、彭真、陈毅、曾涌泉、王国权〔1〕等在座。毛泽东说：整个非洲、拉丁美洲是很有希望的，应该把亚洲、非洲、拉丁美洲并提。它们是帝国主义的后方，后方造反了，帝国主义就孤立了。美国最近半年来受了好几次整：南美八个国家搞示威反对美国。接着美国在黎巴嫩登陆，全世界都反对它。以后是台湾事件，去年我们在金门打炮，全世界都反对美国。第四件事是美国国内的选举，共和党失败了，美国国内的局面也不好维持。第五件事，苏联和你们为了柏林事件发出的照会炸弹〔2〕，使美国很难办。第六件事，就是古巴革命和刚果反殖民统治的斗争，美国很紧张，艾森豪威尔惊慌不安。毛泽东说：人民公社基本上是社会主义性质的，按劳付

〔1〕王国权，当时任中国驻德意志民主共和国大使。

〔2〕1959年1月10日，苏联政府照会美国、英国、法国3国政府和参加反对法西斯德国战争的其他国家以及德意志民主共和国和德意志联邦共和国的政府，向它们提出了对德和约草案。苏联在照会中建议在两个月内在华沙或布拉格举行和平会议，研究对德和约草案并且起草和签订一致同意的条约。照会指出，签订对德和约不仅对保证欧洲和平，而且对解决德国人民全民族的任务——统一德国都会有很大的积极作用。苏联在照会中还答复了美、英、法不久以前就柏林问题给苏联的照会，并且再次表示希望通过有关国家的谈判来解决柏林问题。同日，德意志民主共和国部长会议举行特别会议，原则上同意苏联提出的对德和约草案，并宣布它赞同苏联关于在两个月内在华沙或布拉格举行和平会议，以便制订出一致同意的条约。

酬。物质刺激与精神教育，都要以政治为主，物质为辅。专门搞物质刺激，有走向歪路的可能性。

同日 下午，在中南海颐年堂主持省、市、自治区党委第一书记会议，由李富春作关于一九五九年国民经济计划的报告。

1月29日 上午，省、市、自治区党委第一书记会议在中南海怀仁堂举行，讨论李富春的报告，发言的有周小舟、曾希圣、陶铸、李井泉、张德生、林铁、欧阳钦。

同日 下午，在中南海怀仁堂主持省、市、自治区党委第一书记会议。会议继续讨论李富春的报告，发言的有柯庆施、王任重、黄火青、吴芝圃、江渭清。

1月30日 上午，在中南海怀仁堂主持省、市、自治区党委第一书记会议。会议继续讨论李富春的报告，发言的有舒同、陶鲁笳、张仲良、李先念。

1月31日 下午，在中南海怀仁堂主持省、市、自治区党委第一书记会议。会议讨论农业和人民公社问题。

1月 阅中共中央调查部一月五日报送杨尚昆的《张国焘最近情况简报》，批示："应劝张国焘割断他同美国人的关系。如能做到这点，可考虑给以个人生活方面的补助。"简报说，张国焘去年十月表示愿意为新中国政府做点事，并要求给他以生活补助。

2月1日 下午，在中南海怀仁堂主持省、市、自治区党委第一书记会议，并讲话。毛泽东说：在高潮中有些人对一些事情怀疑，不足为奇，年年会有的。我们做这么大的事情，动员这么多人，又出了这么多缺点，要人家不讲坏话，怎么能行呢？最近这两个月，我们还是实行总路线，鼓足干劲，力争上游，不要改，也没有哪个提议来改总路线。四大指标要保证，其他指标都要保证，个别的加以调整是必要的。多一点、快一点总是好。同时，还要好、省，要照顾质量。现在有几个方面的失调，大量表现的就是副食品、日用百货、原材料等不足。工业方面有些东西没有收上来，农产品未收上来，棉花也未收齐。指标问题，原则是这样：经过努力能够做到的，一定要做到；经过努力还做不到的，那得改。现在这些失调的方面，经过努力可以改过来。现在看起来，经过去年这一年，已经展开了一个大跃进局面。我们曾经提过一些不适当的指标，包括我自己在内。这在武昌会议上已经纠正了，就是由三千万吨钢减到二千万吨。还有些指标也定得不适当，脑筋发起热来，想得很多，里头有一些胡思乱想。现在定下来的指标并不十分吓人，钢、煤、粮、棉，还有其他的指标，经过努力是可以实现的。请同志们注意发现新问题。现在我们所不知道的问题，在实践中、在斗争中才能发现。向地球开战这件事，问题还多得很。

2月2日 晨六时，写信给尚未离开北京的各省、市、自治区党委第一书记："你们今日走，我想留下你们一天，谈一点哲学问题，关于总路线、大跃进，诸问题，觉得有必要。你们意见如何？昨天我讲了一些观点，含意未申，不深不畅，未能畅所欲言，觉得馀事未尽，心里过不去，老是想，不能入睡。因此想把你们拽回来，今天不要走，如何呢？留一天，你们虽然归心似箭，也不会了不起吧！一定留下。我现在睡，下午三、四、五时开会。务一天虚，时间不长！离春节还有好大几天，呆住不过一天，大概也可以吧！有几个深切的辩证法问题要谈，与总路线、大跃进有大关系。请你们上午吹一吹当前实际问题的辩证法，打点底子。这个问题不想通，不开朗，不搭起架子，总路线是不可能的，一定要失败，或者半失败的。大跃进，干部大提高一步，群众也大提高一步，可能在我国造成一个有益于社会主义阵营、全世界善心的劳动人民的团结与奋进，大有益处。如荷同意，就请照办。阅后，立即送少奇、小平等参加会议的中央各同志，传一下，中午十二时传完，请小平办。”

同日 下午，在中南海怀仁堂主持省、市、自治区党委第一书记会议，并讲话。毛泽东说：社会主义革命成功了没有？还没有成功。建设叫不叫社会主义革命？也是革命。技术革命，文化革命，都没有成功。人与人的关系，意识形态，这些方面的革命还没有完成。他说：所谓工作方法，看问题的方法，做事的方法，就是辩证法。在这次会上，李富春同志讲了个辩证法，他说不能单讲经济规律，有计划按比例的发展，还要搞个主观能动性。还有许多同志提到，现在有些人一讲起去年尽是缺点了，而优点、成绩那方面的材料就记得少了，甚至没有了，就否认大跃进了。这也是个看问题的方法问题，就是所谓九个指头和一个指头的问题，形而上学的方法还是辩证法的方法问题。而我们的事业，归根结底，还是一个指头和九个指头的关系。不过，想做好事，不想做坏事，这是一件事，而做的结果又是一件事，还要加以区别。我们主观的东西究竟是好还是坏，要在客观实际中见效。这次计委、经委、建委以及中央各部门搞出来的这个计划比较完全，比武昌会议那个计划形而上学较少，各方面的联系比较全面。比如原材料工业跟加工工业的联系，农业跟工业的联系，生活资料（日用百货、副食品等等）同生产资料的联系，解决得更好些了。我们应该称赞这个计划，这次大进了一步。有重点，目前的重点是原材料工业，但还是两条腿。要宣传这种方法，讨论这种方法，并且要发展这种方法。经济的相互关系，是有计划按比例的发展，互为因果，连锁反应，很复杂。要钻进去，把几个侧面研究一下，分析一下。因为它那么复杂，很困难，我们要认识它，揭露它，解决它。问题就是矛盾。发现问题，经过调查研究，充分揭露，详细了解，才能认识问题，解决问题。我们过去搞革命战争，没有一次是情况不清楚、条件不成熟而打了胜仗的。现在我们搞建设，要攻这个敌人，我们是新手，我们不会搞，也要调查研究，善于发现、揭露、解决问题。他说：这个农业究竟踏实不踏实？一万零五百亿斤粮食，一亿担棉花，还有油料、麻，还有猪、鸡、鸭、蛋，还有大牲口。武昌会议这个指标完不成，其结果只好报笔假账，说有那么多，会不会搞成那个样子？不要搞成那个样子就好，要争取超额。今年的备耕，一为水，二为肥，三为土，要搞水、肥、土，中心是土，将来八字宪法应该改一下。过去因为灌溉问题非常突出，把水提到第一位了，再过一两年，就要把土放在前边，把深耕、改良土壤放在第一位，第二位是肥，第三位是水。毛泽东说：还有两个问题想说一下：（一）现在有些人批评我们，说是没有大跃进，讲得一塌糊涂。这一点就必须要警惕。在整社过程中间，检查工作过程中间，一定要让群众把缺点说出来，并且首先要自己作点自我批评，立刻改正。不能不让群众说话，但是一定要把那个缺点错误说成是十个指头中间的一个指头的程度，或者两个指头，或者三个指头。对干部，除了极少数之外，一定要作出恰当的结论，要保护积极性，不然工作就难做。民愤很大的人，不加以处罚是不行的，但是除此之外的绝大多数即百分之九十五以上的干部，我们要坚决保护。（二）关于有计划按比例发展的问题。这个问题，我现在是不甚了解，要研究。我们中国的国民经济，究竟怎样搞才叫合乎有计划按比例发展的客观规律？李富春同志提出主观计划合乎客观规律的问题，我想是不是不讲成两件事，是两件事的对立统一。主观能动性必须反映客观实际。主观能动性有两种，一种是主观主义的，一种是合乎实际的，要区别这两种情况。我们经常做事，要符合实际，不符合实际，脱离客观规律（自然界的规律，社会的规律），就要受挫折，要失败。现在没有蔬菜吃，副食品、日用百货、肥皂，什么东西都缺，在这一部分问题上，我们是脱离了客观规律，我们过去安排缺乏这一方面。我们在一九五八年的大跃进，可能是基本适合的，在我们国家是可以搞大跃进的。从一九五六年开始，我们找了几个相互关系（十大关系），提出了多快好省的口号。去年成都会议加了鼓足干劲、力争上游这两句。鼓足干劲，力争上游，多快好省地建设社会主义，现在看起来，这三句话是好的。鼓足干劲，力争上游，是一个主观能动性，多快好省就是搞物质工作、经济运动，要多、要快、要好、要省。当然，我们犯了一些错误。对于经济建设我们还是小孩，应该承认这一点。向地球作战，向自然界开战，这个战略战术我们就是不懂，就是不会。要承认这些错误、缺点。我们在实践中间展开斗争，才认识客观实际，才认识什么叫做有计划按比例。我们在一九五八年找到了道路。一九五八年的大跃进基本上是适合的，这是正面的，但要说明有这么几点：劳动力浪费；副食品、多种经营、轻工业、运输业，有些是没有注意，有些是注意不够，以致引起供应不足或者失调；基本建设上马过多了一点。这些东西应该引为教训。可能我们在武昌所定的四大指标及现在规定的各项指标，是基本适合的。但是，我们定的这些指标也可能不完全适合，这一点要讲清楚。经过努力，硬是做不到，你有什么办法？从总的看，不论我们定的这些指标，这些主观愿望，这些计划适合不适合，对于我们都是从实践中找经验。这一场战争，我们经验不足。没有完成计划，我们从没有完成这方面得到教训。明年再搞一年，苦战三年，我们的经验就多了，矛盾就展开了，就看出问题在什么地方了。不适合怎么办呢？我们就改。我看永远要做到鼓足干劲，力争上游，多快好省。这比较抽象，问题是什么叫多，什么叫快，要在实践中才能解决。关于有计划按比例发展的客观规律，现在我们开始接触这个问题，请大家研究。

2月3日 晚上，同胡乔木、谷羽谈话。

2月4日 上午，同陈云谈话。

2月5日 下午，同陈毅、张闻天、廖承志谈话。

2月8日 下午，同李富春谈话。

同日 晚上，在中南海颐年堂会见阿曼副教长哈尔塞亲王，陈毅、廖承志、包尔汉〔1〕等在座。毛泽东说：你们朋友多，敌人也不少，还要奋斗，但是会胜利。敌人看起来很凶，但是总要失败，这是我们的经验。我们支援你们的事业，凡是我们能办到的都帮助你们，主要是政治上帮助。阿拉伯已独立的国家要巩固下去，半独立的国家要逐步争取完全独立，未独立的要争取独立。最后胜利是你们的，但胜利的道路上会有曲折，你们要有充分的精神准备。

2月10日 晚七时半，在中南海菊香书屋召集刘少奇、周恩来、陈毅、康生、李雪峰、刘宁一开会。

同日 晚九时半，和刘少奇、周恩来在中南海颐年堂会见胡志明、黄文欢〔2〕。

2月12日 上午，在中南海颐年堂会见印度共产党中央总书记高士，刘少奇、刘宁一在座。在谈到了解农村和农民的问题时，毛泽东说：我了解农村用了很长的时间。从一九二四年起我有意要了解我国的乡村，到一九三四年共十年时间。起初很肤浅。蒋介石压迫的结果，下乡去打游击。我头一次提出的土地纲领，现在还保存着，现在看起来好笑，但比最早的还好些。后来在兴国调查，又写了一个土地纲领，进了一步，没有发表。后来

〔1〕包尔汉，当时任全国人大民族委员会副主任委员、全国政协副主席、新疆维吾尔自治区政协主席、中国伊斯兰教协会主任。

〔2〕黄文欢，当时任越南劳动党中央政治局委员、越南民主共和国国会常务委员会副委员长。

在寻乌调查，又进了一步。第四次又到兴国长冈乡调查，继续调查，逐步了解。慢慢地就引起了兴趣。不做这项工作，脑子里总是模糊不清的。他说：民主革命、社会主义革命，在中国都胜利了。民主革命的胜利为社会主义革命的胜利开辟了道路，为无产阶级消灭民族资产阶级、改变小农的所有制开辟了道路。最近这几年确实消灭了民族资产阶级，资产阶级的企业实际上变为国营的了，中国几亿农民的小生产所有制，都改为集体所有制。人民公社去年才搞，现在整社，五个月可以把公社整好，可以剩出大批人来搞工业。就全国来说，中国就变为半工半农的国家。我们的革命道路证明是正确的，当然中间有错误，而经济建设则是新问题，只搞了九年，这不比革命搞了几十年。从一九五五年冬天起三年多的时间，我们逐步形成了一条建设路线，即鼓足干劲，力争上游，多快好省地建设社会主义的总路线。几个并举，即工农业同时并举，轻重工业同时并举，中央工业和地方工业同时并举，大中小工业同时并举，土洋方法同时并举。有了这一套才可以多、快、好、省。还有一条，是集中领导与群众路线相结合，单有集中领导，没有群众运动，多、快、好、省搞不起来。精神与物质结合，即精神刺激与物质利益相结合，即是要政治挂帅。没有鼓足干劲，不可能多、快、好、省。这条建设路线可能是正确的，但尚待实践证明，现在还未证明。不但外国同志要看一看，我们也要看一看，还需十年、十五年的考验。错了怎么办？改就是了。小错误不可免，实行的过程中间，总有错误的。现在一年要研究总结四次到六次，随时纠正错误缺点，解决新的问题。就是人民公社也还要看，两种可能性都存在，或者巩固下去，或者崩溃，部分崩溃是难免的。

同日　阅中国驻英国代办处一月五日关于一九五八年英国同美、法、西德等国矛盾发展的初步总结给外交部的报告，批示：

“此件甚好。林克阅后，送江青阅。”报告的主要内容是：（一）一九五八年是英、美实行所谓“相互依靠”政策的一年，在这种“相互依靠”下，两国各谋保持并扩大自己的阵地，削弱乃至在必要时牺牲对方来挽救自己。随着资本主义世界经济危机的来临，两国在经济领域内的矛盾在过去的一年中有了新的发展，未来一年中两国的矛盾将更趋深刻化和复杂化。（二）一九五八年也是英、法矛盾发展到白热化和英国同西德矛盾逐步尖锐起来的一年，这种矛盾贯穿于政治、经济各个方面。（三）一九五八年英国同美、法、西德的矛盾更加尖锐决不是偶然的，而是由于一些正在起着经常作用的因素。由此可见，帝国主义国家间矛盾的进一步尖锐，将是一九五九年不可避免的趋势。

2月13日 审阅修改陈毅一月二十六日报送的《中央外事小组关于一九五八年外事工作的基本估计和一九五九年外事工作的方针规划》，及国务院外事办公室代拟的中共中央关于转发这个规划的指示稿，批示：“略有修改。退周总理、陈毅处理。另发各政治局委员、书记处书记。”毛泽东的修改主要有：在指示稿的末尾，加写“并应组织适当范围的干部，对有关涉外事项，加以讨论，坚持正确方针，纠正错误缺点，贯彻实行”。将“在党中央和毛泽东同志亲自掌握之下，我国就台、澎、金、马问题对美帝国主义展开了一场震动全球的胜利斗争。……这场斗争再一次揭露了美国纸老虎的本质……”这段话中的“这场斗争再一次揭露了美国纸老虎的本质”，修改为：“这场斗争再一次揭露了美国力量虽然强大但就其全局看来它归根到底不过是一个纸老虎的本质，揭露了美国有其强大的一面又有其虚弱的一面这种实际情况”。在“帝国主义内部的矛盾和危机将日益加深，他们将进一步走向四分五裂。美帝国主义将更加孤立和被动，它的日子越来越不好过”这段话后，加写：“资本主义发展不平衡的规律，将继续显著地起作用。”在“必须虚心地学习苏联和其他社会主义国家一切适合于我国情况的先进经验”一句之后，加写：“对其在历史上所犯某些错误，例如斯大林时期所犯某些政治上、经济上的错误，则从反面学习，引以为戒”。将“在岸信介〔1〕不改变敌视我国的政策以前，不考虑恢复中日贸易，对两国往来仍然采取‘断而不绝’的方针”这句话，改写为：“在岸信介不改变敌视我国的政策以前，原则上不考虑恢复中日贸易（对个别生意可以考虑做一点，以支持某些日本中小企业，例如出口小量生漆），对两国民间的往来应当继续进行。在适当时机也容许有某些官方人物的往来。”

同日 审阅修改邓小平二月五日报送的中共中央关于在对外关系中切实纠正骄傲现象的指示稿及附件——国务院外事办公室整理的《关于在对外关系中所表现的骄傲、急躁和轻敌情绪的一些材料》，批示：“应连同附件，一起发出。发给哪一些单位，请彭真同志商周、陈〔2〕酌定。”指示稿说：过去一年的国内和国际形势对我们极为有利。但是在有利的形势下，一部分同志正在滋长着一种骄气，不仅在国内工作中有所反映，而且在对外关系中也有明显的流露。这种骄气在宣传报道、对外活动、对外贸易、专家工作等方面都有程度不同的反映，其中突出的表现，是工作态度上的傲慢、宣传上的浮夸和处理对外事务中的轻率。指示稿要求各级党委和各部门的党组，应该向所有党员干部进行教育，并且对本地区、本单位在对外关系中所反映的骄傲现象进行认真的检查和纠正。毛泽东审阅时，在指示稿的“必须继续强调学习苏联和其他兄弟国家一切适合我国情况的先进经验”之后，加写：“对其历史上犯过的错误，有过的缺点，也要从反面学习，引以为

〔1〕 岸信介，当时任日本首相。

〔2〕 周、陈，指周恩来、陈毅。

戒。”在附件的末尾，加写了一段话：“以上材料是不完全的，可能有些同类材料还未收集到。以上材料中，有一些也未核对清楚，可能有说得过分之处。不管怎么样，暴露了这些错误，可以引以为戒，使坏事变成好事。总而言之，一九五八年，我们的成绩是伟大的，缺点错误是第二位的，是十个指头中的一个指头。分不清这个主次，就会犯错误。但既然是缺点错误，而且涉及对外，性质严重，就一定要改正，而且越快越好。其办法，就是向我们的工作人员进行教育，举行讨论，讲清道理，力戒骄傲、浮夸、急躁，坚决反对极端错误的、与党的路线水火不相容的大国沙文主义，坚持无产阶级国际主义，为争取一九五九年的更大胜利而奋斗。”

同日　审阅邓小平二月九日报送的中共中央关于坚决贯彻执行《各级干部参加体力劳动的决定》的通知稿，批示：“退彭真办。”通知说：一年多的实践证明，干部参加体力劳动是发扬我们党联系群众和艰苦奋斗的优良传统的重大措施，是贯彻执行党的干部工作路线的一项重要制度。现在，中央再次要求全国必须贯彻执行关于干部参加体力劳动的决定。

2月14日　下午，在中南海颐年堂会见智利《最后一点钟》报社社长马特，吴冷西在座。毛泽东同马特就有关马列主义的一些问题，进行了谈话。马特说：理论著作我看过很多，我认为只有列宁和您的著作最好。毛泽东说：忙于工作，没有充分的时间研究理论问题。马特说：我认为，所谓马列主义是指马克思和列宁两人的著作，其中属于认识论的唯物主义是普遍的真理，还有一部分是属于具体实用的而必须在实践中加以考察的学说。就此而言，马列主义中属于后一部分的学说是否需要不断改变？毛泽东说：你这个讲法不合适，马列主义至今未变。唯物主义并不等于马列主义，在马克思主义产生以前就已经有唯物主义，资产阶级曾经发挥了唯物主义，例如法国的唯物主义。辩证法也不是马克思发现的，例如德国过去有唯心辩证法。马克思是改造了这两种东西。他把唯物主义改造成为辩证唯物主义，认为世界是联系的、发展的。他把辩证法改造成为唯物辩证法。至于马克思、列宁关于个别问题的结论做得不合适，这种情况是可能的，因为受当时条件的限制，例如马克思关于无产阶级革命首先在西方几个国家同时取得胜利的结论。列宁已经解决了这个问题。列宁在第一次世界大战期间研究了这个问题，并且得出结论：无产阶级革命可以首先在一个国家取得胜利。当然，他没有预料到在什么国家首先取得胜利。马特说：列宁说专政只能由一个政党执行，而主席先生说无产阶级专政可以由几个政党联合执行，这是不是离开了马列主义？毛泽东说：不能说离开了马列主义。中国有两次革命：一九四九年以前是资产阶级民主革命，解决反帝、反封建、反国民党统治的问题，那时我们没有触动民族资产阶级的所有制；后一次革命，就触及了民族资产阶级的所有制以及个体手工业与个体农业的所有制。这两次革命，都是以共产党为领导进行的。马特说：还有一个理论问题，为什么马克思主义先在东方经济落后的国家取得胜利？毛泽东说：这个道理很简单。东方国家的统治者不能解决他们国家的问题，东方国家人民首要的任务是反帝、反封建。这些国家被西方国家剥削得很贫困。这里讲的东方，包括亚洲、非洲和拉丁美洲，即所谓帝国主义的后方。马特说：马列主义有关实用的部分，现在有些已不适用了，比如西方国家社会经济是垄断的，但政治上并不尽然，因为还有自由，这个自由并不影响社会的发展。所以，社会经济制度和政治上的专制这两个东西，是否可以分开来？毛泽东说：这首先要对专政作分析，西方国家的所谓自由，实际上是资本家有剥削的自由。西方国家的政权不可能由多数人掌握，而只由资本家统治，这就是独裁。马特说：西方国家已经经历了好几百年了，再过一百年也还会是那样。毛泽东说：但是今后的情况是会改变的。马特说：这就需要一个新的方案。毛泽东说：马克思活着的时候，不能将后来出现的所有的问题都看到，也就不能在那时把所有的这些问题都加以解决。俄国的问题只能由列宁解决，中国的问题只能由中国人解决。马特说：西方国家和拉丁美洲国家问题的解决将要受十月革命和中国革命的影响，但是你们说这将是马列主义的胜利，而不说是运用辩证唯物主义的胜利，如果你们对马列主义采取这种态度，拉丁美洲人民就会怀疑马列主义。毛泽东说：世界观是辩证唯物主义，这是共产党的理论基础。无产阶级专政与阶级斗争的学说是革命的理论，即运用这个世界观来观察与解决革命问题的理论。马列主义应包含三个部分：一、马列主义的哲学，这是理论基础；二、马列主义的经济学，这是用马列主义的观点来考察经济现象的学说；三、马列主义的革命学说，比如关于阶级斗争、政党、无产阶级专政等的学说。这三部分不能分割，而应视为马列主义的三个有机联系的组成部分。马特说：世界观不变，是不是革命理论部分是可以改变的？毛泽东说：要看是什么理论。比如列宁说革命将首先在一国或几个国家内取胜的理论，是改变了马、恩的结论的。马特说：如果把今天谈话的内容发表出去，会不会有人认为主席先生背叛了马列主义？毛泽东说：我不认为中国背叛了马列主义。中国的党一贯遵守马列主义的原则，因为它是普遍的真理。这是普遍真理与中国具体情况的统一的问题。马特说：我用智利人民的名义，希望中国不要多谈马列主义，而谈辩证唯物主义。毛泽东说：我们不同意。

2月15日　为中共中央起草转发赵紫阳一月二十七日关于广东雷南县〔1〕干部大会解决粮食问题报告的指示稿，批示："即

〔1〕 雷南县，今广东徐闻县。

送刘、彭真、周阅后，即刻印发，或用电报发去，越快越好。另印如前示。”二十二日，毛泽东对指示稿进行少量修改后定稿，拟题为《中央批转一个重要文件》，并批示：“即送李雪峰同志办。最好用电报发去。另印政治局各同志。常委各同志已看过。”指示全文如下：“各省、市、区党委：赵紫阳同志给广东省委关于解决粮食问题的信件及广东省委的批语，极为重要，现在转发你们。公社大队长小队长瞒产私分粮食一事，情况严重，造成人心不安，影响广大基层干部的共产主义品德，影响春耕和一九五九年大跃进的积极性，影响人民公社的巩固，在全国是一个普遍存在的问题，必须立即解决。各地各县凡是对于这个问题尚未正确解决的，必须立即动手照赵紫阳同志在雷南县所采用的政策和方法，迅速予以解决。瞒产私分是公社成立后，广大基层干部和农民惧怕集体所有制马上变为国有制，‘拿走他们的粮食’，所造成的一种不正常的现象。六中全会关于人民公社的决议，肯定了公社在现阶段仍为社会主义的集体所有制，这一点使群众放了心。但公社很大，各大队小队仍怕公社拿走队上的粮食，并且在秋收后已经瞒产私分了，故必须照雷南县那样宣布粮食和干部两条正确的政策，并举行一个坚决的教育运动，才能解决问题。只要政策和方法正确，解决问题的时间只需要十天或者半个月就够了。此件可登党刊，并可转发各地、县。”赵紫阳的报告说：自去年十二月中旬以来，粮食问题已经成为农村舆论的中心。雷南县去年晚造生产有很大跃进，年底却出现了粮食紧张的不正常现象。为此全县召开了一系列干部会议，结果查出瞒产私分的粮食七千万斤。雷南县的经验证明，目前农村有大量粮食，粮食紧张完全是假象，是生产队和分队进行瞒产私分造成的。雷南县没有一个队不瞒产不私分，而且情况十分严重。召开以县为单位的生产队长、分队长以上的干部大会是解决粮食问题最主要、最好的形式。

必须反复交待两条政策：一、粮食政策。明确宣布一九五九年夏收之前粮食消费以生产队为单位进行包干，除完成公粮、购粮和必要的上调外，其余全部由生产队自行支配，以解除大家对粮食问题的顾虑。二、对待瞒产干部的政策。应明确宣布瞒产是错误的，革命干部闹本位主义是可耻的，但只要坦白交待，一律不咎既往，不给处分；拒不交待的，要给予处分；在运动期间仍继续分散隐藏粮食的，要予以法办。广东省委一月三十一日转发赵紫阳报告的批语说：许多地方的事实证明，去年粮食大丰收、大跃进是完全肯定的，粮食是有的。必须坚决领导和进行好反瞒产、反本位主义的斗争，才能保证完成粮食外调任务和安排好群众生活。

2月17日 下午二时四十五分，同胡乔木谈话。

同日 下午五时，在中南海颐年堂会见摩洛哥共产党中央第一书记亚塔、中央政治局委员兼书记布尔基亚，刘少奇、王稼祥在座。毛泽东介绍了中国民主革命的历史和经验。他说：敌人教会了我们两个办法，一个是做秘密工作，第二是学会了打仗，一打就打了十年。他不杀人我们是学不会的。一九二七年时右，很大的失败；后来的“左”，又是一个很大的失败。但是失败教会了我们，大概这是不可避免的，没有失败教不会党员。敌人教育我们，“左”、右倾机会主义教会我们。这是一个认识中国的过程。最后他说：请你们注意一点，我们的经验仅供参考。千万不能照抄外国的经验，各国历史条件不同，地理环境也不同。

2月18日 晨，同周恩来、陈毅谈话。

同日 阅彭德怀二月十六日的请示报告。报告说：准备在四月下旬派一军事代表团到德意志民主共和国回访，然后到东欧六国回访，返回途中访问蒙古人民共和国。到时候如果我能去，我就去。毛泽东批示：“退彭德怀同志照办。”

2月19日 阅中国驻英国代办处商务参赞二月十四日关于英国各界对我撤销出口合同的反应给外贸部并外交部的报告，批示："恩来、陈毅同志：为什么采取这种政策，是否有利，请查明告我为盼。"报告说：上海土产公司与英商成交霜黄棉约二千吨，最近该公司以政府不发许可证为由撤销合同，已引起英国各界广泛注意和评论。我们认为，如毁约面太广，将对我政治上造成不利影响，故建议国内各公司应尽量缩小不履约的品种和客户范围；确实无法交货，亦应与对方协商解决；置之不理态度，将更会造成对方的对立情绪，采取不利于我的行动。

2月20日 阅徐冰二月六日送审的第三届政协全国委员会委员名单（草案）和说明，批示："退徐冰同志：与总理和小平、彭真同志商酌定案，我无意见。"

2月21日 晚上，在中南海颐年堂会见喀麦隆人民联盟代表和几内亚、怯尼亚（今译肯尼亚）、马达加斯加的青年代表，陈毅、胡耀邦等在座。毛泽东说：你们那里的斗争正在高涨，非洲人团结起来作斗争，这是伟大的事业。整个非洲的任务是反对帝国主义，反对跟着帝国主义走的人，而不是反对资本主义，不是建立社会主义。在非洲提出建立社会主义社会，要犯错误。目前非洲这种革命的性质，是资产阶级民主革命，不是无产阶级社会主义革命。一般说来，整个非洲的斗争还是长期的。第一，不要以为马上可以胜利，明天早上就胜利，要准备长期斗争。如不作长期斗争的思想准备，而帝国主义那么强大，就要失望。胜利可能快或是可能慢，两头都准备，就不至于失望。第二，要以依靠自己力量为主，争取外国援助为辅。要依靠非洲人自己解放非洲，非洲的事情非洲人自己去办，同时也要在世界上找朋友，包括中国在内。至于中国，一定支持你们。我不熟悉非洲的情形，我讲的意见，仅供你们参考。现在的非洲与过去的非洲有所不同。

第二次世界大战以后，一九五八年非洲反帝运动有很大的发展。可以料到，今后非洲的反帝运动会比过去发展得更快。客人们谈到毛泽东著作在非洲的影响。怯尼亚青年代表说：毛主席著作中有一篇感动非洲人，使我们印象最深，那一篇说美帝国主义是纸老虎。喀麦隆人民联盟的代表说：我们把《中国革命战争的战略问题》一书印得很多，发到游击队伍中去，他们运用到实际中去。

2月22日　下午，在中南海菊香书屋召集刘少奇、周恩来、陈云、邓小平、彭真、彭德怀、薄一波开会。

同日　晚上，同陈昌奉〔1〕谈话。

同日　阅陈毅二月五日报送的《陈毅外长答新华社记者问，驳斥杜勒斯诬蔑中国的谰言》一文和所附报告。陈毅的报告说：两周前我们商定用外长出面，发一篇驳斥杜勒斯的问答体的文章。我认为可以发表这一篇，但此事比较重大，请你审阅看可不可用。毛泽东批示：“陈毅同志：杜勒斯生病，近日美政府对我无多攻击，目前发表此项谈话，似不适宜。请与总理酌定。”毛泽东对这篇文章作了修改。在文章的“最近，在美国严密控制下的菲律宾，不满美国横暴干涉的情绪也在高涨”这句话后，加写：“日本人民也是反对美国的占领政策的。南朝鲜人民，南越人民，泰国人民，老挝人民以及受美国控制或威胁的其他国家的人民，都对美国的帝国主义政策蕴藏着不满。所有西太平洋各国人民不了解，处在遥远地方的美国人，为什么，有什么理由，要跑到西太平洋这些国家来，以其军事、政治、经济、文化的力量，对这些国家加以控制呢？实在说不出理由的。所以总有一天，不论迟早，如同美国要从世界其他地区放手、缩回家去一

〔1〕　陈昌奉，第二次国内革命战争时期曾任毛泽东的警卫员。当时任中国人民解放军江西省军区独立师师长。

样，美国也一定要从世界的西太平洋这部分地区放手，缩回家去。如果美国人自己不走，硬是要无限期地赖在这些国家的话，那末，总有一天，各国人民要起来把它赶走的。”这篇文章后来没有发表。

2月23日 晨零时，乘专列离开北京。在专列上，同林克读英语，谈到翦伯赞写的关于曹操的文章〔1〕。毛泽东说：曹操和秦始皇都应恢复名誉。曹操曾几次说，刘备很厉害，不过得计稍迟。《三国演义》的作者罗贯中不是继承司马迁的传统，而是继承朱熹的传统。曹操结束了汉末豪族混战的局面，恢复了黄河南北两岸的广大平原，对于后来西晋的统一铺平了道路。

同日 晨二时十五分，到达天津。下午，在停靠天津的专列上同中共河北省委负责人刘子厚、解学恭、张明河和天津市委负责人万晓塘、李耕涛等谈话，并共进晚餐。刘子厚等汇报当前整社、农业生产及工业生产的情况。当刘子厚汇报到整社抓六大问题，即思想、生产、分配、生活、政策、干部作风时，毛泽东说：有什么生产要抓？多种经济上了多少人？北方的省份多种经济还是少了一些。现在商品经济还是不够，商品有大发展的余地，要大搞，要超过自给部分。中国是商品经济不发达的国家，应该有个广大的发展。商品交换不但是城乡之间，还有乡乡之

---

〔1〕 指北京大学历史系教授翦伯赞的《应该替曹操恢复名誉——从“赤壁之战”说到曹操》一文，发表在1959年2月19日《光明日报》。文章说：曹操不仅是三国豪族中第一流的政治家、军事家和诗人，并且是中国封建社会有数的杰出人物。他一贯地把统一中国当作自己的政治使命，虽然他没有完成统一的任务，但是他结束了汉末以来长期存在的豪族混战局面，并且从中国的西北边疆排除了游牧种族的威胁，保卫了黄河平原的城市和农村，恢复了黄河南北的封建秩序，替后来的西晋统一铺平了道路。

间，还有对外省的交换。当刘子厚汇报说我们整社先抓表扬，先抓积极因素时，毛泽东说：以壮士气，先从积极方面抓，那对呀！搞大跃进搞了一年，似乎没有积极因素了，光消极因素了。要向人们讲清楚，先抓积极因素，不是不纠正缺点。先抓积极因素，这是六中全会的方向，一九五八年有伟大成绩嘛。当刘子厚汇报到分配问题时，毛泽东说：粮食完成了没有？瞒产的多不多？很多地方是百分之百。强调统一就吓住了，农民还是怕共产。要在有差别的基础上来搞统一，光讲统一就行不通。现在人民公社集体所有制，实际上是公社集体所有一小部分，生产队集体所有大部分，也就是基本上是生产队的集体所有制。要统的农业税、公积金、公益金，各生产队也是不同的，有的还要三免。公社基本上是“联邦政府”，不干涉生产队内政，这样积极性就提高了。社与队、社与社、队与队、社与国家，都是买卖关系，看来买卖关系缩小不对，要利用价值法则进行商品交换。社现在还没有什么东西，还穷。在谈到劳动力使用情况时，毛泽东说：农村的劳动力，要搞粮食，还有林、牧、副、渔，要有专业队搞多种经济，不然社的收入就成问题了。还有劳动管理问题，搞不好就浪费了。社办工业不要样样都搞。当李耕涛汇报说天津想搞一盘棋，全市搞一个城市人民公社时，毛泽东说：全市组织一个公社？那么大？你市委、市政府不是已经组织起来了吗？你们有郊区，加上十二个县，一千一百多万人口的公社，太大了，已经是一个省了。大城市搞不搞公社是值得研究的。不办公社也可以办食堂、托儿所、幼儿园吧！我说你早已是一盘棋了，市委就是公社党委，就是不叫公社的名字，没挂天津市人民公社的牌子就是了。毛泽东最后说：总的看你们还是有希望的了。全党抓工业是去年北戴河会议以后，抓了差不多半年了，要抓下去。既要抓农业，又要抓工业；既要抓重工业，也要抓轻工业；既要抓生产，也要抓生活，还要抓思想。

2月24日 晨五时，到达济南。晚上，在专列上同舒同、吴健谈话，李先念参加。

同日 关于整顿人民公社问题，致信刘子厚："昨天谈得相当舒畅，相当好，感谢你们！一月改变整社的方针政策，与党大会的想法不同，〔1〕是很好的。我觉得你们路线好，但是还有参考别省经验和做法的必要。山西一月决议〔2〕极好，你们可以打电话叫他们送一份给你们，可能对你们有某些参考价值的。你们有一个整社六个问题的指示文件没有？应当有吧。我极想看，有的话，送一份给我，两天内送到济南即可。我在这里有两三天住，来得及的。至祷至盼！"当天晚上，刘子厚复信毛泽东：收到你的来信后，我们从《山西日报》上找到了山西省委一月决议，省委书记处准备讨论一下，并即发给地、县委同志学习参考。我们在整社中要抓的六大问题，特别是有关分配问题，在一月召开的财贸会议和整社座谈会上，林铁、阎达开等同志都讲过，但未下达一个正式文件。我遵照省委书记处讨论的整社问题的意见，在全省电话会议上讲了一次。现将省委批转的《刘子厚

〔1〕 毛泽东在1959年3月1日中共中央政治局扩大会议上的讲话中说：他们（指河北省——编者注）1月9号散会的党代表大会的倾向是要一为大二为公，想统一，想统死，作了决议。到了1月中旬、下旬，觉得不对头了，省委赶紧转，到2月就下决心，2月13日开了次电话会议，相当明确，但是还没有触及所有制。

〔2〕 指1959年1月召开的中共山西省委第十一次全体会议通过的《中共山西省委关于整顿和巩固人民公社的决议》。

同志传达省委关于当前整社若干问题的意见》〔1〕送上，请你指示。二十七日，毛泽东对刘子厚送来的这个文件作批示："印发各同志〔2〕。此件很好，可作参考。注意看'第三，分配问题'。"

2月25日 晨零时，在中共山东省委交际处会议室同山东省委、济南市委的部分负责人谈话，李先念参加。

同日 下午，在停靠济南的专列上，同山东省委、历城县委、历城县东郊公社、东郊公社大辛管理区、大辛管理区第二生产队这五级负责人座谈，了解整社中对一九五八年大跃进、人民公社的看法和干部作风方面存在的问题，以及分配问题、小麦生长情况等，并共进晚餐。毛泽东提出，在分配制度上应以生产队为单位进行按劳分配，而不要拉平。他对这个座谈会感到很满意。

2月26日 上午九时半，到达郑州。晚上，在专列上同中共河南省委负责人吴芝圃、杨蔚屏、赵文甫、史向生谈话。毛泽东说：公社有穷队、中等队、富队三种。现在公社所有制是比较合作社扩大的所有制，基本上还是老社的所有制，不是全民也不是省、县所有制，实际上也不是公社所有制，而是队的所有制，

---

〔1〕刘子厚在1959年2月13日电话会议上传达的中共河北省委关于当前整社若干问题的意见，其中说在整社座谈会上提出整社要抓六大问题，即抓思想、抓生产、抓分配、抓生活、抓政策、抓干群关系。关于分配问题，要贯彻按劳分配原则，这是调动群众生产积极性的基本关键。要坚持实现百分之九十以上的社员增加收入。对去年收入的分配原则是：在生产有差别的基础上，分配应当有所不同。在公社从各生产队提取一定数额的必须提取的费用后，基本上以生产队（或原小社）为单位进行分配。社本身统一提取的不能太多，以发挥队的积极性。各队之间因生产情况不同，吃粮标准、工资标准应允许有所不同。社不能无代价调拨队的粮食。至于1959年生产收入的分配，原则上要采取包产包任务的办法，生产队上交社的任务完成后，所余完全归生产队自行分配。

〔2〕指第二次郑州会议的与会者。

即原来的合作社。我赞成两三年逐步统一多一点，但不能统得太多。现在，我看是半公社所有或者是原有合作社所有，即队所有。土地名义上为公社所有，实际上为队所有。劳动力、产品为公社所有，县、地、省都调，调太多了不行，队就没有了。一个公社有那么多管理区和队，有经营好坏、收入多少不同，粮食产量多少不同，吃得多少不同。队多，生产水平不同，分配不能一样。社有富社、穷社、中等社，社内又有穷队、中等队、富队，向富队讲清楚，去年挖了一点，今年不挖他们的，多劳多得。穷队挖富队不好，富队的人是劳动者。吃粮标准还是要不同，多劳的多得，少劳的少得，都积极起来了，否则就伤一头的积极性。提公积金可以有不同的比例，富队多提一点，穷队少提一点。公社的部分所有表现在公共积累。农民拼命瞒产是有原因的，怕共产，怕外调。不是责任制问题，是所有制问题。本位主义是怕调，这种本位是对的，情有可原，没有完成征购的那部分搞瞒产是没有理由的，其他合法。为何不外调？就是承认他的产品所有权。有人说这是对农民的让步，也可以这样说。人为的抽肥补瘦，就是无偿地剥夺一部分劳动者的劳动产品给穷的。必要时可用借的办法。要宣布一九五九年就按多劳多得，以安定人心，以利生产。大概是三五年，基本上是大队所有制，部分是公社所有制。第一年就积累那么多，银行贷款统统收回是错误的，收回贷款多的要退回一部分。一律收回是一个破坏公社的行动，把一九五九年的积极性搞掉了。去年积累多了些，个人分配少了些。今年夏收、秋收，积累要比较少些，个人收入比较多些。社办工业也不要太多，多了，农业就少了，就要抽人抽钱，就要多占原料，有些与国营工业冲突，有些与县营工业冲突。公社不许搞文工团。公社干部十几个人，管理区四五个人，生产队三个人。对于平均主义与本位主义要加以分析，首先是批评我们的平均主义，然后再说本位主义。一般说的本位主义，实际上不是本位主义，只有一小部分未完成国家任务的是本位主义，主要是平均主义。平均主义主要来自县、社。当然也要分析，想办工业这是主要的，抽肥补瘦还不是主要的。不要砍富的补穷的，而是把穷的提高到富的水平，否则是无偿占有别人的劳动。农民站岗是保护自己的劳动果实。如果我们的政策搞得稳，今明两年生产就可以大发展起来，否则，不稳，虽然是好心，就发展不起来。一县一社现在不行，除了小县修武，别的都改过来。行政人员、服务人员不可太多，不然农业成问题，结果是食之者众，生之者寡。讲全国一盘棋，光你国家算棋，农民不算棋？大队、小队不算棋？你是半盘棋，而那半盘棋人数最多。他们反对，我们就坐不稳。现在不是一盘棋，是半盘棋。

2月27日—3月5日　在停靠郑州的专列上主持召开中共中央政治局扩大会议，通称第二次郑州会议。

2月27日　上午，在停靠郑州的专列上同吴芝圃、史向生和新乡、洛阳、许昌、信阳的地委第一书记耿起昌、纪登奎、赵天锡、路宪文座谈。毛泽东说：人民公社是什么性质？是公社所有制，还是队所有制？有穷队有富队，有穷村有富村。现在我们对穷队富队、穷村富村采取拉平的办法是没有理由的，是掠夺，是抢劫。过去高级社就是多有多吃，少有少吃。评工记分是表现人与人参加集体劳动结果的关系，包工包产是表现村与村、队与队的关系，这个经验我们没有记取。我们反本位主义，强迫收回来，这样越反越不行。这实际上是无偿外调，你叫它本位主义，名词安得不对。这是所有制的问题，现在部分所有制是社，基本所有制是队。公社逐年扩大点积累，搞他七八年，社的所有制就形成了。现在的所有制，实际上生产队是八个指头、九个指头，公社是一个指头、二个指头，最多不超过三个指头。现在公社实际是

“联邦政府”。公社的权不能那么大，它有征收公粮之权，积累之权，而产品分配权应该在队。过去就讲个人、集体、国家三者的关系，现在是半盘棋，几亿农民是大半盘棋，光搞国家积累和公社积累不行，现在分配方案要改变一下。我考虑，国家的征收和公社的积累只占队的总产值的百分之二十五，生产费占百分之二十，群众分配占百分之五十五，这个比例不变。工业现在占用的资金、人力太多，是有冲突的。凡有人力、物力、财力冲突的要调整一下。学校也不可一下办那么多。什么事都要逐步来。如除四害，一次能够除净吗？绿化也要逐步来，文盲也是逐步扫，学校也是分批分期搞。财贸机关把贷款全部收回，现在应该全部退回，最后来个折中办法，叫它退一半。你把贷款都收回来了，人家发工资都没有钱，结果还得贷款发工资。要知道，人民公社的集体所有制是逐步形成的。现在要拉平不行，积累太多了，群众要反对，这样并非一盘棋。真正一盘棋，第一是农民，第二是公社，第三是国家。这样一来，农民就拥护我们了，反过来会照顾国家的。我是替农民说话的，我是支持“本位主义”的，因为现在是队所有制，几年以后才能实行社所有制。一定要注意什么事都要有个过程。

同日　晚上，第二次郑州会议开始举行，毛泽东主持。刘少奇、邓小平、彭真、李先念、胡乔木、吴芝圃、舒同、刘子厚、陶鲁笳、张德生出席会议。毛泽东作第一次讲话，内容包括所有制、劳动力分配、消费资料的分配和干部下放当社员等问题。他说：一九五八年，我们在各个战线上取得了伟大的成绩，特别显著的是工业和农业生产方面有了一个伟大的跃进。当然，我们的工作中也有一些缺点。我认为人民公社现在有一个矛盾，一个相当严重的矛盾，还没有被许多同志所认识，它的性质还没有被揭露，因而还没有被解决，而这个矛盾我认为必须迅速地加以解决，才有利于调动广大人民群众更高的积极性，才有利于改善我们同基层干部的关系，这主要是县委、公社党委同基层干部之间的关系。目前我们跟农民的关系在一些事情上存在着一种相当紧张的状态，突出的现象是在一九五八年农业大丰收以后，粮食、棉花、油料等等农产品的收购至今还有一部分没有完成任务。再则全国(除少数灾区外)，几乎普遍地发生瞒产私分，大闹粮食、油料、猪肉、蔬菜不足的风潮，其规模之大，较之一九五三年和一九五五年那两次粮食风潮都有过之而无不及。我们应当透过这种现象看出问题的本质即主要矛盾在什么地方。我以为主要的应当从我们对农村人民公社所有制的认识和我们所采取的政策方面去寻找答案。现在有许多人还不认识公社所有制必须有一个发展过程，在公社内，由队的小集体所有制到社的大集体所有制，需要一个过程，这个过程要有几年时间才能完成。他们误认人民公社一成立，各生产队的生产资料、人力、产品，就都可以由公社领导机关直接支配。他们误认社会主义为共产主义，误认按劳分配为按需分配，误认集体所有制为全民所有制。他们在许多地方否认价值法则，否认等价交换。因此，他们在公社范围内，实行贫富拉平，平均分配，对生产队的某些财产无代价地上调；银行方面，也把许多农村中的贷款一律收回。“一平、二调、三收款”，引起广大农民的很大恐慌。这就是我们目前同农民关系中的一个最根本的问题。目前公社所有制除了有公社直接所有的部分以外，还存在着生产大队（管理区）所有制和生产队所有制。要基本上消灭这三级所有制之间的区别，把三级所有制基本上变为一级所有制，即由不完全的公社所有制发展成为完全的、基本上单一的公社所有制，需要公社有更强大的经济力量，需要各个生产队的经济发展水平大体趋于平衡，而这就需要几年时间。目前的问题是必须承认这个必不可少的发展过程，而不是什么向农民让步的问题。在没有实现农村的全民所有制以前，农民总还是农民，他们在社会主义的道路上总还有一定的两面性。六中全会的决议写明了集体所有制过渡到全民所有制和社会主义过渡到共产主义所必须经过的发展阶段。但是没有写明公社的集体所有制也需要有一个发展过程，这是一个缺点，因为那时我们还不认识这个问题。这样，下面的同志也就把公社、生产大队、生产队三级所有制之间的区别模糊了，实际上否认了目前还存在于公社中并且具有极大重要性的生产队（或者生产大队，大体上相当于原来的高级社）的所有制，而这就不可避免要引起广大农民的坚决抵抗。从一九五八年秋收以后全国性的粮食、油料、猪肉、蔬菜不足的风潮，就是这种反抗的一个集中表现。一方面，中央、省、地、县、社五级（如果加上管理区就是六级）党委大批评生产队、生产小队的本位主义，瞒产私分；另一方面，生产队、生产小队几乎普遍地瞒产私分，甚至深藏密窖，站岗放哨，以保卫他们的产品。我以为，产品本来有余，应该向国家交售而不交售的这种本位主义确实是有的，犯本位主义的党员干部是应该受到批评的，但是有很多情况并不能称之为本位主义。即令本位主义属实，应该加以批评，在实行这种批评之前，我们也必须首先检查和纠正自己的两种倾向，即平均主义倾向和过分集中倾向。所谓平均主义倾向，即否认各个生产队和各个个人的收入应当有所差别，而否认这种差别，就是否认按劳分配、多劳多得的社会主义原则。所谓过分集中倾向，即否认生产队的所有制，否认生产队应有的权利，任意把生产队的财产上调到公社来。同时，许多公社和县从生产队抽取的积累太多，公社的管理费又包括很大的浪费，例如有一些大社竟有成千工作人员不劳而食或半劳而食，甚至还有脱产文工团。上述两种倾向，都包含有否认价值法则、否认等价交换的思想在内，这当然是不对的。目前我们的任务，就是要向广大干部讲清道理，经过充分的酝酿和讨论，使他们得到真正的了解，然后我们和他们一起，共同妥善地坚决地纠正这些倾向，克服平均主义，改变权力、财力、人力过分集中于公社一级的状态。公社在统一决定分配的时候，要承认队和队、社员和社员的收入有合理的差别，穷队和富队的伙食和工资应当有所不同。工资应当实行死级活评。公社应当实行权力下放，三级管理，三级核算，并且以队的核算为基础。在社与队、队与队之间要实行等价交换。公社的积累应当适合情况，不要太高。必须坚决克服公社管理中的浪费现象。只有这样，我们才能够有效地去克服那种确实存在于一部分人中的本位主义，巩固公社制度。公社在一九五八年秋季成立之后，刮起了一阵“共产风”。主要内容有三条：一是穷富拉平。二是积累太多，义务劳动太多。三是“共”各种“产”。所谓“共”各种“产”，即是说，在某种范围内，实际上造成了一部分无偿占有别人劳动成果的情况。无偿占有别人劳动成果的情况，是我们所不许可的。我们说明这一点，是为了说明勉强把贫富拉平，任意抽调生产队的财产是不对的，而不是为了要在群众中间去提倡算旧账。相反，我们认为旧账一般地不应当算。无论如何，较穷的社，较穷的队和较穷的户，依靠自己的努力，公社的照顾和国家的支持，自力更生为主，争取社和国家的帮助为辅，有个三、五、七年，就可以摆脱目前的比较困难的境地，完全用不着依靠占别人的便宜来解决问题。他说：除了平均主义倾向和过分集中倾向以外，目前农村劳动力的分配也有很不合理的地方。这就是用于农业（包括农、林、牧、副、渔各业）的劳动力一般太少，而用于工业、服务业和行政的人员一般太多。这后面三种人员必须加以缩减。公社人力的分配是一个重大问题。争人力，是目前生产队同社、县和县以上国家机关的重要矛盾之一。必须按农业、工业、运输业、服务业和其他各方面的正当需要，加以统筹，务使各方面的劳动力分配达到应有的平衡。他说：我们必须把安排人民生活、安排公社积累和安排国家需要这三个方面的工作，同时统筹兼顾。这样，才算真的做到了全国一盘棋。一般说来，一九五八年公社的积累多了一点。因此，各地应当根据具体情况，规定一九五九年公社积累的一个适当限度，并且向群众宣布，以利安定人心，提高广大群众的生产积极性。人民公社一定要坚持勤俭办社的方针，一定要反对浪费。社会对于粮食的需要总是会不断增长的，因此至少在几年内不要宣传粮食问题解决了。他说：最近各省都有干部下去当社员，这个办法很好。我提议各级干部分期分批下放当社员，少则一个月，多则一个半月。一部分干部可以下厂矿当工人。总之，一定要不断地巩固我们同广大群众的联系。采取以上所说的方针和办法，我以为，我们目前同农民和基层干部的关系一定会很快地改善。经过这样一个整顿和巩固人民公社的过程，我们同群众的团结将会更加紧密。在伟大的中国共产党的领导下，五亿多农民一定会更加心情舒畅，更加充满干劲。

2月28日 下午，在停靠郑州的专列上召开会议，讨论人民公社分配问题，刘少奇、邓小平、彭真、李先念、胡乔木、吴芝圃、耿起昌、纪登奎、赵天锡、路宪文出席。

同日 晚上，主持第二次郑州会议，柯庆施、李井泉、谭震林、胡乔木、陶铸、王任重、张仲良、曾希圣、江渭清、周小舟出席。毛泽东作第二次讲话，所讲的问题仍是所有制、劳动力分配、消费的分配和干部下放当社员。他说：我想要说的是关于我们同农民的关系问题。我们和农民的关系，现在有点紧张。我在北京看了一些材料，就想这个问题究竟是一件什么样的事。到天津同河北省委谈，在济南同山东省委谈，到河南，省委正在开四级干部会议，我便同他们的几个地委书记谈了。各地方都在那里解决这个问题。瞒产私分以来，就反本位主义，反个人主义，反贪污腐化。据我看瞒产私分不是错误，我的意见是应该打埋伏。

这几个月一股“共产”风潮，引起他们瞒产私分。中央、省、地、县、公社为一方，几亿农民跟他们的领袖队长、小队长为一方，两方面顶牛，普遍全国，绝无例外。我们要想一想这个问题。去年九月起，十月、十一月、十二月，我们的手伸得太长了，我们有个很大的冒进主义。去年十二月我们不感觉这个问题，谁料到大丰收还闹粮食风潮呢？所谓全国一盘棋者，首先第一，应该安排社员的生活，因为他是几亿人口。瞒产私分，不是几个干部的问题，没有群众拥护，他分得了？但是，部分的有本位主义，还有贪污，那另外处理。我准备讲几个问题，想征求意见，看对不对？也许你们全部反对。〔1〕一、所有制问题。现在基本上还是小集体所有制，还不能讲基本上是大集体所有制，那样就危险，就跟小集体冲突，他就瞒产私分，放哨守卫，不如承认他合法，他生产的嘛。有些人说，这是向农民让步，我说，在某种意义上是向农民让步，在另外一种意义上不是。现在是我们要得太多，买了东西钱交给公社，不交给生产队，这不对。不能拉平分配，不能积累过多，社办事业不能过多，要有几年过渡。粮食，生产多的多吃，生产少的少吃。要有几年工夫，逐步把穷队富起来，使他跟富队看齐。不要去砍富队的补穷队，而是要扶贫队跟富队看齐。总而言之，我现在支持保守主义，我反对平均主义和“左”倾冒险主义。现在的所有制只能是基本的队有，部分的社有，经过一个过程，逐步发展到反过来，基本的社有，部分的队

---

〔1〕据王任重日记记载：2月28日下午到了郑州，晚上主席找我们7个人去谈话，柯庆施、陶铸、曾希圣、江渭清、周小舟和我，还有李井泉。主席的谈话像丢了一个炸弹，使人一惊，思想一时转不过弯来。3月1日上午继续开会，由小平同志主持进行讨论。看来大家还有相当大的抵触情绪，怕变来变去影响生产。当天下午主席又找大家一起去谈，谈到晚上9点多钟。

有。没有这个过程不行。基本上不是一个向农民让步的问题，而是一个逐步发展的过程。这个过程，也就是农业的机械化、电气化，公社工业化，国家工业化，人民的社会主义、共产主义觉悟程度和道德品质的提高，文化教育、技术水平提高的过程。当然这还只是第一个阶段，以后还会有第二个、第三个、第四个阶段，才能完成建设社会主义的任务。刚才讲的这个过程，是公社集体化的过程。这整个过程，其性质是社会主义的即按劳分配的过程。我在出北京以前，也赞成反本位主义，但我走了三个省就基本上不赞成反本位主义了。不是本位主义，而是他维护正当权利。产品是他生产的，是他所有，他是以瞒产私分的方式来抵抗你。我基本的意思，就是想把我们拼命反对的这个本位主义帽子揭掉。我们现在是反对拿多了一点，凡是手伸长了，你得收回来，这种性质是一种冒险主义。办法，我看是要开个六级干部会，河南现在正在开。他们原先开的是四级，省、地、县、公社，现在我跟他们商量，加两级——管理区和队，这个对台戏就好唱。二、劳动力分配问题。现在农民怕的是人力、产品随便被拿走了。目前劳动力分配极不合理，农业（包括农、林、牧、副、渔）劳动力分配太少。工业、服务业和行政人员太多。必须把这个太多的部分坚决地减下来，充实农业，不然很危险。现在农村里许多生产队只剩下老弱和妇女。三、消费资料的分配问题。队有穷队、富队、中等队，因此，吃粮和工资的分配，也应该有差别。一九五九年要向农民宣布公社的积累不超过百分之十八，连同国税百分之七，总共不超过百分之二十五左右，即四分之一，以安定人心，以利于提高生产积极性，以利于春耕，使农民心中有个账。四、干部下放当社员的问题。干部下放当社员、当工人，这样一来，我们就跟群众打成一片了。总之，我们的目的就是发展生产，改善关系。

同日 阅中共山西省委二月十七日印发的省委第十一次全会

通过的关于整顿和巩固人民公社的决议，批示："即刻印发各同志。这是一个好文件，值得一读，借作参考。这里印的，斩头去尾，第一节、第六节、第七节略去了，中间二、三、四、五节，是精华。着重地读第三、第四、第五节，是讲得很好的。"山西省委决议的第二节主要讲的是，整社必须从生产入手又落脚于生产，动员广大社员为成倍地增长工农业产值而斗争；工业生产要和农业的发展密切配合，为实现农业机械化、电气化服务；要大大发展商品性的生产，以满足社会的需要和增加公社的现金收入。第三节主要讲的是，要解决好实行工资制和供给制相结合的分配制度问题。第四节主要讲的是，在这次整社中，必须像抓生产一样抓生活。第五节主要讲的是，在这次整社中，必须按照民主集中制的原则，建立和健全人民公社的组织机构和经营管理制度。毛泽东在这几节中写了一些批注。第三节说"必须批判只顾公社利益而不顾国家利益或者只顾个人利益而不顾公社利益的本位主义和个人主义思想。树立集体主义思想和顾全局、识大体的共产主义风格"，毛泽东在这段话之后加括号批注："这里应当加一句：又应当批判只顾国家和公社大集体而不顾生产队小集体和社员个人（全国共有几亿人口之多），公社积累过多、社员分配过少，社办县办工业过多因而抽去人力过多，使生产队人力过少、妨碍农业任务完成等'左'倾冒险主义思想；必需承认，目前实际上还是基本的队有制、部分的社有制。"第五节说"公社在劳动力的使用上，必须根据工农业并举，农林牧副渔全面发展的方针，对工业、农业、交通运输和服务事业所需要的劳动力，作统一的安排，规定适当的比例"，毛泽东在"农业"之后加括号批注："农业应放在第一位，要占有最大部分劳动力，在没机械化以前，应当如此。"第五节说"在一九五九年，我省用于农业方面的劳动力，一般应当占到农村现有劳动力的百分之八十五左右”，毛泽东在这句话之后加括号批注：“很对。”第五节说“每个公社的行政管理费，全年不得超过总收入的千分之四”，毛泽东在这句话之后加括号批注：“这就对了，行政人员服务人员就有了限制，不致浪费了。”第五节说“一切生产建设事业的开支，必须精打细算，厉行节约。必须严格控制非生产性的开支，防止和反对因为丰收而发生铺张浪费现象”，毛泽东在这段话之后加括号批注：“这是大事，有关积累，不可等闲视之。”

同日 阅二月十九日编印的《经济消息》第九期刊载的《是缺粮问题，还是思想问题?》一文，批示：“此件印发各同志。政策是对的，理由没有说清楚。基本的队有制，部分的社有制，不但一九五八年是如此，一九五九年及往后几年还是如此。要反过来，变为基本的社有、部分的队有制，需要多年时间，这是一个由小集体所有制（队有）到大集体所有制（社有）的逐步发展过程。不认识这个客观真理，不可能根本解决问题，不能说服人。”文中说“由于宣传工作没有做好，一些基层干部和群众以为‘成立公社后一切都要归公’”，毛泽东在“一些”之后加括号批注：“不是一些，而是大多数，或者全体。”文中指出：中共安徽省委工作组最近对桐城县闹粮情况进行了调查，发现目前农村的所谓粮食问题，不是缺粮问题，也不是国家征购任务过重的问题，而是思想问题，特别是基层干部的思想问题。各个农业社瞒产私分的现象非常普遍，而且瞒产的数字很大，花样也很多。查清问题的真相后，县委和工作组立即从党内到党外，进行了深入的思想教育，向干部和群众反复说明分配和统购政策，明确宣布一九五八年的收益仍以大队（原来的农业社）为单位进行分配，实行“三包”超产归队的办法；统购任务以农业社为单位结算；绝不无代价地调拨粮食，私人存粮一律归个人支配。这样，不少大队的闹粮情况发生了根本的改变。

2月28日或3月1日 阅中共河南省委四级干部会议办公室二月二十七日夜整理的关于郑州市和开封、新乡、洛阳、南阳、许昌、信阳六个地区以及巩县、太康等九个县的干部讨论毛泽东在郑州会议上的讲话的情况报告。报告说：巩县、太康等九个县的绝大多数干部听了主席指示的传达后，都表示非常拥护，讨论特别热烈。但由于大家思想没有准备，还存在着不少顾虑和糊涂认识。有人认为，生产队成了一级核算单位，这下不背大包袱了，但统一种植计划不好办了，工业化机械化速度慢了，抽调劳力不好办了，因此对人民公社统一调动人力、物力和财力的优越性发生怀疑。有人认为，这样搞公社还有什么权？生产队的权力大了，本位主义会更大。毛泽东写一批语："还有集中过多思想，即集中起来的权力、物力、人力过多了一点。"

2月 阅新华社二月二日编印的《参考资料》第二六七二期刊载的《杜勒斯谈如何抵挡东风》的报道，这篇报道介绍的是杜勒斯一月三十一日在纽约州律师协会授奖宴会上的演说。针对杜勒斯所说的"我们这个时代的一个极其重要的发展是，第一次——在联合国宪章下——决定致力于以法律和正义作为武力的明确的和重要的替代物"，"在这方面极为重要的是要认识到，在这种情况下放弃使用武力并不意味着维持现状，而是意味着和平的转变。单靠消除暴力是不可能保证世界秩序的，还必须要有从而显示正义的和平转变的过程"，毛泽东所写的批语是："畏战争、畏革命，想要维持现状。如果出现革命，那是不合所谓正义和平的，应当立即以战争去扑灭。如果出现战争，也是一样。扑灭革命和革命战争，永保资本统治，这是杜勒斯的目的。帝国主义者已基本上转到维持现状的立场。"

3月1日 上午八时，写信给刘少奇、邓小平及与会各同志。信中说："我建议此次会议开到明天，即三月二日散会。三日各同志回去。在各省、市、区召开一次六级干部会议。会期十天。六级干部：省级、地级（三人左右）、县级（三人左右），每社党委书记一人，每社来一个管理区（大队）总支书记及一个生产队支书，总共六级。大省可有三千至四千人，中省二千至三千人，小省一千人左右。最好另外从省、地、县、社四级共找算账派一千人左右参加会议。会厅小的，分开房间开。有十天时间，尽够将问题的道理讲清，政策和办法也规定得完整了。这是一个关键的时机。机不可失，时不再来。”“听了昨天十位同志的意见，我感觉有一些同志对我讲的那一套道理，似乎颇有些不通，觉得有些不对头，对他们那里的实际情况不相符合，感觉我的道理有些不妥。当然还待商量。我可以这样说，同志们的思想有些是正确的，但是我觉得我的观察和根本思想是不错的，但是还不完善。有些观点需要同志们给我以帮助，加以补充、修正及发展。我的这一套思想，是一月二月两个月内逐步形成的。到天津、济南、郑州，跟三省同志们交换意见，对我有极大的启发。因此到郑州，就下定了决心，形成了一套，虽然还有些不完善，还有些不准确，还有些需要发展和展开，需待今后再观察、再交换意见、再思再想。我准备三月十四日到上海。我要看一看河南六级干部会议的进展情况，还须呆四五天，看看他们想些和讲一些什么。武汉、长沙、南昌、杭州、上海各有几天商谈。建议请同志们认真、仔细、热情地读一读河南此次六级干部会议的详细记录，二月二十七、二十八两天的记录，极有味，极有益，其中有许多批评我右倾和倒退的意见。同志们如能再呆两天可以多带两天的记录回去。我已叫省委办公厅在今天九时左右将头两天记录送给你们，请你们收到即读，两小时即可完毕。读完再举行会议，讨论我所提出的人民公社问题。吴芝圃同志：今天晚上不要看戏，改在明晚看。因为我要在下午和晚上，跟同志们商量已经提出的问题。邓小平同志：请你安排三月三日在郑州我跟拉丁美洲各国同志们会见，请他们二日由武汉飞到这里，三日上午请吴芝圃同志替这些外国同志安排一次参观，看看人民公社，我要在三日下午或者晚上才能见他们。此信请胡乔木同志替我在会上宣读一遍。”

同日　下午，主持第二次郑州会议，刘少奇、邓小平、彭真、李先念、谭震林、胡乔木、柯庆施、李井泉、陶铸、王任重、张德生、曾希圣、舒同、江渭清、刘子厚、陶鲁笳、吴芝圃、周小舟、张仲良出席。毛泽东作第三次讲话。他说：要从所有制方面解决问题。现在是一平、二调、三收款。这样一来，统统违反按劳分配原则，否定价值法则，否定等价交换。价值法则、等价交换，不仅适用于人民公社集体所有制的内部，也不仅实行于全民所有制的产品跟集体所有制的产品之间，而且也实际上实行于国有企业各部门之间。世界上的东西是相互交换的，大体是等价。忽然一股风，一平、二调、三收款，完全破坏经济秩序。人民公社决议没有阻止一平、二调、三收款这股风。（邓小平：上午我们议了一个提法，是这样几句话：“统一领导，队为基础；分级管理，权力下放；三级核算，各计盈亏；收入分配，由社决定；适当积累，合理调剂；多劳多得，承认差别。”）等价交换不要一句？没有经济法则？有多劳多得，并不等于等价交换，可以叫价值法则、等价交换。把等价交换一否定，你的就是我的，我的还是我的，结果人家就恐慌。凡是不实行等价交换的，搞一平二调的，农民一定瞒产。去年十一月到今年二月，全国农村发生大恐慌，怕共产，从桌椅板凳开始，还有大炼钢铁中的献宝，什么破铜烂铁，都无代价地拿走了。放“卫星”今年要尽量节制，现在有什么体育“卫星”，有什么诗歌“卫星”，还有什么收购“卫星”、提款“卫星”。现在有些同志心里还在想共产主义。（柯庆施：大家心里都想早一点搞才好。）早一点好，我也赞成。但是你越想搞就越搞不成，你越不想搞就越成。现在要慢一点搞，不要想十五年、二十年搞共产主义。开头我放炮，要紧张一天半，不然扳不转来。究竟所有制基本是在哪个地方？不讲所有制，扳不过来的。头一天那几个小时，弯子转得太陡了，但是第二天就不同了，第二天就感到弯子并不是什么一百八十度。原先心里想的共产多了、个人少了，就是要转这个弯子，现在已经想通了。现在是去掉本位主义的帽子，反对平均主义思想和过分集中思想，这两个东西是很冒险的，它的性质是冒险主义。现在有些人说公社权小了。我看公社权并不小，过去是太大了，包而不办，办得天怒人怨，现在要放一点，下放以后权还是大。你现在包那么多，像我们中央过去那个蠢办法，把什么东西都包到自己身上，不晓得放到下面去。现在一放，轻而易举，事情还是做不完。了解一个公社不要很久，顶多一个星期。你越钻进去越不通，满脑筋尽是那些东西，就钻不出来了。了解一个公社，又要实际，又要超然，专门实际而不超然很危险。有些人在一个乡村搞半年，还是那么一点结果，反而搞糊涂了。无非是一些要点，一些关节，抓到这些东西，跑一跑，问一问，看一看。没有一点印象，没有感性的东西，也不好。明天要议一下公社究竟要统几项。（陶鲁笳：向下传达的时候，主要的锋芒是反平均主义。）不是只反平均主义，还有一个过于集中，你们还是想反本位主义？（王任重、陶鲁笳：干部里头的本位主义要批评。）你只要不反五亿农民和所有基层干部的本位主义，那可以。我赞成反那一部分本位主义，而不普遍戴本位主义的帽子。瞒产私分不是本位主义，瞒产私分极其正确，那股风一来，幸得他瞒产。要把什么叫公社所有制加以解释，基础是生产队，你不从这一点说，什么反对拉平、反对过分集中，就没有理论基础了。目前得承认队是基础，跟它做买卖，它的东西，你不能说是你的，同它是买卖关系。干部下放当社员、当工人，基本是解决两个问题：群众的积极性，改善相互关系。

3月2日 晨四时半，再次写信给刘少奇、邓小平及与会各同志："鉴于河南六级干部会的开法有极大利益，不集中开一次，领导不会很强，全省、区不能迅速作出一个统一的决定，而这种统一的决定是十分必要的。已是三月了，春耕在即，这个大问题不在三月上半月解决，将遇到大损失，我担心苏联合作化时期大破坏现象可能在我国到来。我国过去几年合作化讲步骤，无破坏。这次公社化，仍然必需讲步骤，避免破坏。同志们要求有时间，我想可以。增加一星期，到三月二十日为止，在省城开完六级（是六级，另加若干算账派）干部会，会期从三月十一日开始，二十日结束。中央会议改为三月二十五日开始，四月五日完，开十二天。人大仍定四月二十五日报到，看几天文件，月底只作报告，五月三日才开始进行讨论。起草文件有二十天时间尽够了。是否可行，请酌定。"

同日 上午八时，第三次写信给刘少奇、邓小平及与会各同志："我已请恩来、陈云、陈毅、德怀、富春、一波、萧华、定一、康生等九同志于今日来此，到即参加你们今日下午和晚上的会议，共同审定我的讲话稿〔1〕和你们议定的十二句话〔2〕，以昭慎重。我的讲话稿，即刻付印，你们收到，请即逐字逐句加以审改。今夜我还要修改一遍，要明三日上午才能再次印好，交与各同志带回去。因此，各省市同志明日起程时间，请推延到中午或下午二时左右。吴芝圃同志：今、明、后三天请不要安排任何晚会，因为我和大家都不能出席。小平同志：今天我不能见任何外

〔1〕 指毛泽东在第二次郑州会议讲话的整理稿。

〔2〕 指1959年3月1日郑州会议议定的关于整顿和建设人民公社方针的12句话。后根据毛泽东的意见，将12句话中的"多劳多得"改为"按劳分配"，并增加了"物资劳动，等价交换"两句，形成了写入《郑州会议纪要》的那14句话。

宾，明天（三日）才能见他们。”“请你们阅读昨天（一日）河南六级会议的记录。吴芝圃同志：今天（二日）你们的六级会议记录，请于明天（三日）上午发给各省市同志，使他们能够带回去。以后几天的记录，请用‘航快’直送各省、市、区及中央。”

同日 晚八时四十分，主持第二次郑州会议。出席会议的，增加今日从北京到达郑州的周恩来、陈云、陈毅、李富春、彭德怀、薄一波、陆定一、康生、萧华。会议一开始，毛泽东说：中央的同志都坐到我这边。你们（指出席会议的中央局和省委的第一书记——编者注）都坐到那边，我们对面，我要看你们的脸。〔1〕毛泽东在会上作第四次讲话。他说：头一天我把炮一放，他们一晚不睡觉，心里硬是斢不转，第二天就开始转过来了。河南这些干部也是这样，头一天放炮，大吃一惊，弯子转得太陡了。“倒退”、“右倾”、“不要共产主义”、“富农路线”这些帽子都给我安上了。（刘少奇：他们今天的心情转变过来了，昨天还有抵触情绪。）你们讲那个话，我觉得也对，党委书记究竟是搞共产主义，还是搞本位主义？这是个复杂的东西，不能简单地说是搞共产主义还是搞本位主义的问题。我们基本上不要本位主义这个帽子，部分的要。确有本位主义，说而不服，屡教不改，可以完成征购任务还有余，他不完成，应该积累的他不愿意积累，这一部分本位主义的帽子我们随时要拿到手里。但是，不要说五亿农民和成千万的基层干部（生产大队、小队的正副队长）都是本位主义。对我的讲话，我又把鼓励那一部分加了一点。现在主要是县、社这两级跟下面顶牛，这个东西一来，他们就灰溜溜的

〔1〕 王任重日记记载：“二号晚上主席又找大家去，当面宣布几项结论，征求大家意见，大家都同意了，是真同意了。他为了察颜观色，让我们坐在他的对面。”

了。所以，要开个全省会议，鼓起他们的气来，说明只有一个指头的缺点，不过是多统了一点，平了一点。搞了一个文件，叫《郑州会议记录》，有甲、乙两项，乙是我的讲话，甲是郑州会议纪要。（邓小平：我们正在议一个管理权限的文件，这个文件我们觉得可以放在这个记录中。）那末这个记录就是三项了。毛泽东说：穷队和穷管理区，要自力更生为主、争取外援为辅，要有这个志向，靠自己的双手起家。国家可以帮助他们，是不是在几年内拿出几十亿来支援穷队、穷社。山东历城的东郊公社十二万人，有一百五十四个生产队，这个公社党委书记的工作比我的工作还难做。要告诉他一种工作方法，无非一条是走马看花，一条是下马看花。走马看花，这些生产队，你得分期分批地走一走。下马看花，你得研究一个到几个典型，时间并不要长。有些人在那里搞几个月也搞不清楚，越搞越糊涂，材料越多，笔记写得越多，脑筋越乱。三国时期曹操的一个有名的谋士郭嘉，他说袁绍这个人多端寡要，多谋寡断，见事迟，得计迟。所谓的见事迟，得计迟，就是形势已经出来了，还不能作出判断，得出一个方针来，就处于被动。郭嘉这个人很有名，《郭嘉传》可以看。我借这个故事来讲人民公社党委书记以及县委书记、地委书记，要告诉他们，不要多端寡要，多谋寡断。谋是要多，但是不要寡断，要能够当机立断；端可以多，但是要抓住要点，一个时候有一个时候的要点。这是个方法问题。这个方法不解决，每天在混混沌沌之中，叫做什么没有功劳也有苦劳，什么辛辛苦苦的官僚主义。特别是对外斗争，得计迟是很危险的。世界上的事情，人有旦夕祸福，为了国家安全、党的安全，得想各种办法。我辞去国家主席，根本理由是这一条。这个话不好讲，所以武昌决议案上没有写。一是为了国家安全，二是免于出国，三是避免麻烦。

同日 晚十一时半至次日晨七时，同胡乔木修改在第二次郑州会议讲话的整理稿。

3月3日 上午，在停靠郑州的专列上会见拉丁美洲十五个国家共产党的领导人，邓小平、王稼祥等在座。这十五个国家是：智利、委内瑞拉、哥伦比亚、秘鲁、厄瓜多尔、玻利维亚、阿根廷、古巴、巴西、巴拉圭、哥斯达黎加、巴拿马、危地马拉、萨尔瓦多、洪都拉斯。在交谈中，毛泽东说：中国刚刚开辟了建设的道路。我们的经济发展水平不如拉丁美洲一些国家那样高。我们人口那么多，只有那么一点钢铁。我们在工业化中刚走了第一步。我国人民还很穷，需要继续努力，要有许多年时间才能发展起来。我们每年都有一些进步。中国的事业是国际共产主义事业的一部分。我们要团结成一体，全世界人民要大团结。你们的事业也是我们共同事业的一部分，你们每有一个胜利，我们就高兴。亚洲、非洲、拉丁美洲的人口占世界人口的大部分。这三个洲的国家是西方世界的后方。这个后方现在已经不稳固了，比较容易冲破帝国主义的统治。亚洲、非洲和拉丁美洲的经济落后，资本主义不发达，帝国主义和封建主义的统治占主要地位，在这些地区无产阶级有广大的同盟军，社会民主党的影响不如在西方国家那么厉害，工人阶级受资产阶级的影响不那么深，因此这些地区的革命斗争特别旺盛。现在亚洲、非洲、拉丁美洲蓬勃地开展起反帝斗争了。非洲人口有两亿多，他们处在反帝斗争的前线。拉丁美洲也是处在反帝斗争的前线。帝国主义为了它自己的目的，在这些国家造就了工人阶级，造就了知识分子，结果将是由它造就出来的人把它自己推翻。这是社会发展的规律，旧社会总是会创造新社会的因素的。美国名义上不是殖民主义国家，事实上是最大的殖民主义国家。美国在全世界钉了许多桩子，把它自己的腿也钉在桩子上了。我们面前有台湾、南朝鲜、日本、菲律宾、南越、泰国，美国在这些国家和地区都钉住了它自己的腿。这是西太平洋地区的情况。在美国看来，好像西太平洋不是我们这些居住在西太平洋地区的人的，而是美国人的，你们讲讲这公道吗？我们在西太平洋地区牵住了美国不少的力量，分散了它的力量。美国的主要力量还在西欧，苏联和其他社会主义国家牵住了它的力量，西德、法国、意大利等国家的工人阶级也牵住了它的力量，中东、北非地区也牵住了美国的力量，分散了它的力量。此外，它又不能不顾到拉丁美洲这个后方。有些人说，美国厉害得很，有原子弹、氢弹，但是去年五月尼克松去看你们，你们却对他不客气，赶走他，他也没有办法。我们对美国不妥协，它不承认我们，我们也不承认它。至于中华人民共和国进联合国，要他们驱逐了台湾的代表，请我们进，我们才考虑进。我看，在十年到十五年内不同美国建立外交关系、交换外交代表是要更好一些。过了十年、十五年，我们的房子打扫得干净了，可以迎接客人。毛泽东说：我看到了同志们很高兴，很亲近。我们这些国家所处的地位相同，同受帝国主义的压迫，经济发展水平也差不多，同是所谓不发达的国家。我同你们相处感到一种平等的气氛，我相信你们也是以平等的态度来对待我们的。西方国家就不同了，除了一部分进步人士和真正的马克思主义者外，他们不以平等的态度待我们，轻视我们。毛泽东说：工人阶级要取得胜利，要和两个阶级结成同盟。一个是小资产阶级，包括农民和城市的小资产阶级。另一个是剥削阶级，即民族资产阶级。民族资产阶级有两面性，有反对帝国主义的要求，又剥削人，还恐惧共产党。我们和民族资产阶级有共同之点，就是反对帝国主义，因此可以建立统一战线。第一个联盟是工农联盟，是我们的基础。第二个联盟是同民族资产阶级的联盟。亚洲、非洲、拉丁美洲的殖民地和半殖民地国家也有民族资产阶级，共产党如果搞得好，可以而且应当与他们结成同盟。在谈话中，毛泽东还列举了一九五八年一月至一九五九年二月世界上发生的对美国不利的十件大事：一、一九五八年一月委内瑞拉人民推翻希门尼斯的独裁政府；二、五月尼克松在拉丁美洲遭到八国人民扔石头、丢鸡蛋、吐口水；三、七月十四日伊拉克革命；四、美国出兵黎巴嫩，遭到全世界的反对；五、我们在金门打了几炮，杜勒斯就紧张起来；六、十一月的美国选举，民主党胜利，共和党失败；七、北大西洋公约集团四分五裂；八、赫鲁晓夫提出柏林问题，使西方帝国主义很为难；九、一九五九年一月古巴革命胜利；十、二月刚果人民的反帝斗争。

同日 下午，在停靠郑州的专列上会见日本共产党中央总书记宫本显治，刘少奇、邓小平、彭真、王稼祥和日共中央委员春日正一参加。毛泽东说：应当说，在某些时候，当外国同志有很大困难，或者一个国家的党有很大困难，因此一个党对另一个党在政治思想上有所帮助，同时又是出于那个国家的同志的要求，是许可的。一九一九年共产国际成立时，曾帮助各国党制订纲领，并由列宁亲自主持，这是极有必要的，给各国党很大的帮助。以后还可能有需要的时候，就互相交换意见。但是一个国家的党要领导革命走向胜利，不通过自己的路线、自己的经验、自己的头脑、自己的手，而靠别国帮助就不行。靠别国帮助太多是不好的，要自力更生为主，争取帮助为辅。要有独立自主的精神，日共这几年的情况正是如此。目前世界各国都自力更生，犯错误也是各国同志自己去犯，成绩也是各国同志自己的成绩。他们有成功的经验，也有失败的经验，包括犯错误的经验在内，各国共产党就能形成适合本民族的一套马列主义方针，使普遍真理和本国的具体情况相结合，这样革命才有可能取得胜利。共产国际的后期用干涉内政的方法，直接指挥各国党，是并不利的。要警戒，不可机械地搬用中国经验，因为情况不同。比如，我们制订宪法时，参考了资本主义国家和社会主义国家的经验，但以我们自己的经验为主。我们现在学习苏联的经验，包括正面的和反面的。如果日本同志有兴趣研究我们的经验，那末就请研究我们两方面的经验，成功方面的经验和受挫折的经验，研究受挫折的经验对你们有帮助。关于中日关系，毛泽东说：我们主张两国人民之间来往。生意做不做决定于日本政府是否敌视中国。中日贸易是日本政府破坏的。日本政府的地位是软弱的，它和蒋介石好，破坏第四次中日贸易协定。但当我们一断绝，它又要做生意，经过各种线索来试探和说服。会谈后，由邓小平和宫本显治分别代表中共和日共签署两党联合声明。

3月4日　晚上，在停靠郑州的专列上会见美国共产党中央书记杰克逊，邓小平在座。毛泽东说：我们很少有机会见到美国同志，所以特别高兴见到你。我们欢迎美国同志多来。现在的形势很好，对我们很有利，日子不好过的是帝国主义。从去年一月到现在，不过十四个月，出了十件大事。这十件大事都是对帝国主义不利的，都有世界意义。当杰克逊说经常学习毛泽东的著作，希望从中吸取教训时，毛泽东说：中国人民很穷、很苦，要斗争，要革命，就有对这种著作的需要。但是，我们的经验是针对中国问题的，对你们不一定适用，也许还有一点用处，可供参考，但只是供参考。你们的问题要靠你们自己解决。美帝国主义看来好像很强，实际上也是帝国主义中最强的，但也很弱。它的兵力分散得很薄，它在欧洲要驻兵，在亚洲也要驻兵，如此分散，到处都有，结果是到处不顶事。无论从军事、政治、经济方面来看，美国都是扩张得非常大的。它越扩张得大，力量就越分散，反对的人也越多，这样，事情就会向它的意愿的反面发展了。美国就好像一个用双手抱着一大堆鸡蛋的人一样，鸡蛋堆得满满的，可是一动都动不得，稍一动鸡蛋就掉下来了。美国国内的情况也不那么好，它很怕你们。美国的民主就不如法国和意大利。美国不仅怕共产党，凡是进步的它都怕，所以要设立非美活动委员会来压迫人民。它连演电影的卓别林也怕，它也怕罗伯逊[1]。这不是兴旺的征象。中国人民组织起来了，他们看到了前途，但仍须作很大的努力。中国是一穷二白，需要由穷到富，由无到有。

3月5日 下午，主持第二次郑州会议的最后一次会议。出席会议的有刘少奇、邓小平、彭真、谭政、黄克诚、胡乔木、刘仁、乌兰夫、欧阳钦、吴德、黄火青、叶飞、江华、邵式平、刘建勋、谢富治、周林、王恩茂、李景林。毛泽东在会上作第五次讲话。他说：人家都没有饭吃，你天天搞共产主义，向富队去共产，这怎么行？这是抢产主义。无偿占有别人的劳动成果，这是不许可的。至于一平、二调、三收款，根本就是否定价值法则，否定等价交换。这是个大事，民心不安，会影响军心的。国家收购是等价交换，国家付了钱的，但是公社拦腰抢劫。整社整了三个月（十二月、一月、二月），隔靴搔痒，没有落到痛痒之处。我看，首先要下楼的是我们，从中央到公社，要搞个楼梯，这个楼梯就是要解决所有制问题。因为我要把问题讲彻底，所以一些不好听的话都讲出来了，比如什么抢产之类。要承认三级所有制，重点在生产队的所有制。头一天我这炮一放，我说，什么瞒产私分，完全必要，这是我们的政策造成的结果。明明是我们以及在座诸公叫他们瞒产私分的，是我们的政策要他们这么搞，叫他们磨洋工，叫他们外逃。我现在代表五亿农民和一千多万基层干部说话，搞“右倾机会主义”，坚持“右倾机会主义”，非贯彻不可。你们如果不一齐同我“右倾”，那么我一个人“右倾”到底，一直到开除党籍。现在，六中全会决议很多东西没有实行。比如等价交换，根本就忘记了，否认价值法则，否认等价交换。

〔1〕 罗伯逊，美国黑人歌唱家。

这种办法，人民公社非散伙不行。这样搞下去，势必搞翻了农民，农民势必只进行简单再生产，能吃就完了，不要扩大再生产。因为他没有余力投资，他不能积累。什么大跃进，肯定没有了，任何跃进都没有了。各生产队之间的差别，永远也不能绝对消灭，总是有差别的。有了三年、五年、七年，公社的积累一年一年增多，办的事业一年一年增多，穷队发展起来，现在的基本的队所有、部分的社所有的所有制，就可以反过来，变成基本的社所有、部分的队所有的所有制。部分的队所有，我看永远存在。那时公社逐步集中就多了，要作为一个过程来看。过去对这个问题，我们包括我在内没有分析。在武昌我没有分析。在北京，一月份我烦闷，还没有分析；到二月份，我开始分析这个问题。谢谢几亿农民瞒产私分，坚决抵抗，就是这些事情推动了我，我就想一想。现在问题是在县和公社，特别是公社这一级，要使他们懂得价值法则、等价交换，这是个客观规律，违反它，要碰得头破血流。供给部分要少，工资部分要多。还有人说富队会要搞资本主义，怎么样才叫资本主义？有人说富队这个小行星要跑掉，不围着太阳转了。它跑到哪里去？我就不相信。现在我们实行三级管理，三级核算，权力下放，承认队的基本所有制，我看它高兴，它没有跑的必要。我要讲的话就是这么一点。郑州会议记了我的讲话，将来可能有一点修改，或者我将另外写一点东西。比如伙食与工资的比例，这个问题就没有讲。有些字句，有些文字，还要写妥当一点。现在已经发的这个东西〔1〕，当做初稿好不好？但是你们不要等我那个东西，基本观点不会变的，你们放手去做，将来无非是更恰当一点，更完备一点。

会后，毛泽东同一些省委第一书记进行交谈。他说：六中全

〔1〕 指毛泽东在第二次郑州会议讲话的整理稿。

会就是缺乏三级管理、队为基础这一部分。没有说公社内社与队、队与队也要实行等价交换，这是一个缺点。这个责任我们得担负起来。原先这个稿子说了，我本人就是没搞清楚，有责任。这是个认识问题，一步一步深入，发现矛盾，分析矛盾，揭露矛盾，才能解决矛盾。分析要有一个过程，发现矛盾开始是感觉性质的，分析才到理性阶段。解决矛盾就是进入综合阶段，你解决问题得一起解决，得各方照顾。为什么这些干部瞒产私分，决心那么大，行动那么迅速？就是五亿农民支持他。而公社，以及我们，在一个短时期，几个月时间，就脱离群众。不是全部脱离干净，总而言之是相当脱离。脱离一部分，他就不卖给你东西。在实践中，客观世界要反映到我们主观上来。迟早要反映，已经五个月了。要说服公社干部，使他们懂得有一个发展过程，懂得等价交换，不能拦路抢劫，这样公社才能发展比较快。财产权是神圣不可侵犯的。价值法则、等价交换，武昌会议是搞清楚了的，但没有哪个理会。现在我们要坚决执行这个决议，人力、物力、财力不能不等价交换。还有个城市办公社问题，我就想不通。我在天津跟他们讲过这个问题，天津他们说要办一个统一的公社，我说你已经是个公社了，你还办什么公社。我看县城可以搞，其他城市已经搞起来了的，不要动，不要又一股风吹掉了，还要试验试验。没有搞的暂时不搞。大城市现在不要搞。

同日　《郑州会议纪要》（《郑州会议记录》的第一部分）定稿。毛泽东亲笔书写一份，全文是：“一九五九年二月二十七日，在郑州举行了中央政治局扩大会议。会议进行了七天，三月五日结束。到会者，中央二十人，省、市、区党委第一书记二十七人，共四十七人。会议的主题是人民公社问题。首先由毛泽东同志讲了他的意见，然后进行了几次讨论。结果如下：（一）同意毛泽东同志的意见。（二）规定了如下十四句话作为当前整顿和建设人民公社的方针。这十四句话是：统一领导，队为基础；分级管理，权力下放；三级核算，各计盈亏；分配计划，由社决定；适当积累，合理调剂；物资劳动，等价交换；按劳分配，承认差别。（三）起草了一个关于人民公社管理体制的若干规定（草案）。”《郑州会议记录》第二部分是毛泽东在这次会议上的讲话，第三部分是王任重、陶鲁笳起草的《关于人民公社管理体制的若干规定（草案）》。

同日　晚上，在河南省交际处会议室召开会议，听取吴芝圃、杨蔚屏、赵文甫、史向生、戴苏理〔1〕及开封、新乡、洛阳、南阳、许昌、信阳的地委书记和郑州市委书记汇报河南省六级干部会议的情况。

3月7日　晨，在停靠郑州的专列上听取吴芝圃、杨蔚屏、赵文甫、史向生汇报情况。

3月8日　晨，阅中共湖北省委三月七日关于贯彻郑州会议精神的情况报告，批示：“湖北省委三月七日的这个报告，现在请中央书记处用电话方式立即传达给各省、市、区党委同志们，以作参考。湖北的特点，就是快，有准备，有步骤。他们从三月三日到十日，以八天时间，做准备工作。这种准备工作，是生动活泼的。四五天内，一下子弄通了省、地、县三级和少数几个典型公社的多数同志的思想，作了调查、研究，并且着手起草文件，以便提交三月十一日开始的有全省三千多人参加的六级干部大会。这个大会，有几百个观潮派、算账派参加，多么好啊！我认为，湖北省委的总方针是正确的，是符合郑州会议的精神的。他们的各项细节，我现在不准备发表评论，湖北的同志们会弄得好的。我准备于三月十日到武昌，研究他们六级干部大会的情况。”同时，批示吴芝圃：“湖北省的这个报告，请你印发六级干

〔1〕戴苏理，当时任中共河南省委常委、秘书长。

部会议各同志，每人一份，以为参考，以壮士气。不要吝惜三千多份纸张，各省交流经验，可以启发思想。以为如何?”湖北省委的报告说：近几天来，省委紧紧地抓住一条，即迅速、广泛、深入地把郑州会议的精神贯彻下去，召开了一系列各级干部会议。省委决定于三月十一日在武昌召开全省六级干部大会，加上各地六百名观潮派、算账派，参加人数将达三千五百多人。目前省委常委扩大会议正根据郑州会议精神和传达后的反映，进行讨论，写出文件草稿，交六级干部大会进一步讨论。

同日 阅河南省六级干部会议关于人民公社问题的综合材料，批示：“此件发各省、市、区党委。很值得一看。”并为这个材料写了一个说明：“河南省委召开的六级干部会议关于人民公社的体制问题、分配问题、穷队富队问题和几个具体政策意见问题的综合材料（一九五九年三月六日。根据此项材料，起草了一个《中共河南省委关于人民公社管理体制和若干政策的规定》和一个总结提纲〔1〕）。”本日上午九时二十分，在专列上同吴芝圃、胡乔木谈对规定和总结提纲的修改意见。次日晨一时半，继续同他们谈修改这两个文件问题。

3月9日 晨四时，就各省召开以讨论人民公社为主题的六级干部大会等问题，写信给各省、市、区党委第一书记，题为《党内通信》。信中说：“中央定三月二十五日在上海开政治局扩大会议，你们都要到会。各省、市、区党委根据此次郑州会议决议精神，以讨论人民公社为主题而召开的六级干部大会，大约需要开十天左右。因此，应当立即召开。例如湖北省委定于三月十一日开会，是适当的。太迟了，不利。时间太短，问题的分析、揭

〔1〕 指吴芝圃为河南省六级干部会议准备的《中共河南省委六级干部会议总结提纲》（草稿）。

露和讨论，势必不充分，解决得不会很适当和很彻底，就是说，不深不透。各省、市、区大会应当通过一个关于人民公社管理体制和若干具体政策问题的决议，第一书记要作一个总结性的讲话，以便又深又透地解释人民公社当前遇到的主要矛盾和诸项政策问题。将这两个文件立即发下去，使下面获得明确的根据。而这样两个文件的思想形成和文字起草，需要时间。假如三月十一日大会开幕，可能要开到三月二十日或者二十二日才能结束，各第一书记才有可能抽出身来，于三月二十五日到上海开会，这样就从容些，不至于太迫促。”“总之，三月份可以基本上澄清和解决人民公社问题中一大堆糊涂思想和矛盾抵触问题。四月起，全党全民就可以一个意向地展开今天的大跃进了。我希望各省、市、区也这么办。各省、市、区的六级干部大会，如果能像湖北那样在三月十一日召开，三月二十日或二十二日以前可以结束，三月底可以结束县的四级干部会议，四月十日以前可以结束社和队的讨论，比河南也只迟十天左右。有些同志或者会认为仓促、无准备，大会召开的时间应当推迟。我认为不宜如此。我们已经有了明确的方针，把六级干部迅速找来，把方针即刻放出去，三几天内就会将大小矛盾轰开，就会获得多数人的拥护。我们取得主动，观潮派、算账派无话可说。当然会有一部分人想不通，骂我们开倒车。这些人会有几天睡不好觉，吃不好饭，但也不过几天而已。三几天后，就会想通的。总之，慢了不好，要快。”“以上是我的建议。是否可行，还是由你们根据你们自己的情况去决定。”写信后批示：“小平同志：附信，请你看后，立即送交少奇同志看一下，叫尚昆务于今夜（三月九日），用电话发至各省、市、区，西藏除外。听说，湖南定于三月十六日召开六级干部大会，太迟了，故写此信。乔木正在帮吴芝圃同志修改大会的两个文件，迟一二天方回你处。”

同日　中午十二时，对曾希圣报送的关于安徽省六级干部大会的安排等问题的报告，写题为《介绍安徽的经验》的批语："曾希圣同志三月八日二十四时报告，九日上午收到。安徽六级干部大会定三月九日开始，十八日完毕，比湖北还早两天，非常之好。安徽大会人数竟达一万多人，内观潮派有一千多人，手面很大，没有怕鬼思想。共产党人如果怕鬼，那就不像样子了。此件发给各省、市、区党委，以为参考，西藏除外。"曾希圣的报告说：安徽省三月四日至六日开了地、市委书记会议，六日至八日开了省、地、县三级干部会议，定于九日到十八日开六级干部大会，到会人数为一万零三百七十二人。地、市委书记会议，全部同意主席指示，没有一个人表示异议。县委书记的百分之八十以上感到主席的指示及时、英明，但有一部分同志还有不少的顾虑。

同日 下午一时，对中共湖南省委报送的关于执行郑州会议指示的简报，写题为《关于湖南报告的意见》的批语："湖南省委三月八日的报告，九日上午十二时收到。六级干部大会宜早不宜迟。先布置生产，很对。县、社、大队和队，都有一二个强的领导者留在当地指挥生产，农时决不能误。但全省大会宜早开，分两批到省，第一批四级，第二批两级，一开始就是大会，河南就是这样开的。大会有公社三级干部，把方针一放，立即轰开，情况暴露，就是最好的调查。不必事先做调查，以省时间。很多同志做了几个月的调查，开过不少的大会小会，结果对于大量存在的事物，却是视而不见，听而不闻。原因是方法不对，找不到主要矛盾在什么地方。大家都读过马克思主义的哲学和政治经济学，办起事来却在长时间内不认识公社的集体所有制要有一个由小到大、由量到质的变化过程，几乎普遍否认价值、价格和等价交换的经济法则。这不是很奇怪吗？但却是事实。现在已有了郑州会议的方针，只须将六级几千人召集在一起，把方针一放，几天工夫，情况就会明白了，思想就会弄通了。会议早开早结，于农时也有利。”写批语后批示：“小平同志：此件请用电话于今夜发各省、市、区党委。下附湖南八日报告。”湖南省委的简报说：最近召开省委常委扩大会，传达讨论了第二次郑州会议的指示。由于当前正是春耕备耕和培育春收作物的紧张阶段，贯彻郑州会议精神必须要求在思想方面尖锐和深入地解决问题，同时又必须继续鼓足正在展开的生产跃进运动的劲头。为此，省委决定：布置当前生产工作，首先将生产锣鼓打响。三月十三日召开全省六级干部大会。省委、各地市委立即各搞一两个试点，摸清干部、群众思想情况，提出如何贯彻执行郑州会议精神的具体方案。

3月10日　晨四时，对中共广东省委报送的关于贯彻第二次郑州会议精神情况的报告，写题为《介绍广东的经验》的批语：“广东省委三月八日二十四时的报告，我在九日下午收到。他们决定三月十一日开六级干部大会，会期七天至十天，每个公社有五人参加，三级都有代表。据说生产队级代表二人，一人代表富队，一人代表穷队。五人中有一人是观潮派。六级干部共有五千人到会。我认为这样做是适当的，可供各地参考。”

同日　上午，在停靠郑州的专列上同胡乔木谈话。下午，乘专列去武汉。

同日　西藏地方政府和上层反动集团发动以拉萨为中心的武装叛乱。西藏叛乱集团大肆散布西藏军区部队要扣留达赖喇嘛的谣言，并且以此为借口，发动武装叛乱，提出“赶走汉人”、“西藏独立”等口号，当场打死反对叛乱的西藏自治区筹备委员会藏族官员堪穷·索朗降措并拖尸在市区游街，打伤西藏军区藏族副司令桑颇·才旺仁增等人。叛乱武装同时进攻人民解放军西藏军区司令部和中央代表与西藏工委驻地。

3月11日　晨，到达汉口。下午，在专列上向王任重了解湖北省六级干部会议的情况。十四日和十五日，又两次听王任重

汇报六级干部会议的情况。〔1〕

3月12日 晨，接受缅甸新任驻中国大使貌貌觉温递交国书。在同大使交谈中，毛泽东说：我们是两个友好的国家，又是邻近的国家。我们希望这种关系会一年一年地发展。当大使说使馆有很多人已开始学中文时，毛泽东说：我们也要学你们的语言。懂得彼此语言的人多了，就更容易相互了解了。英文现在是一种国际通用的语言，很有用处。将来世界上恐怕要有一种共同的语言。大使可以了解了解我们的工农业、文化、艺术。两个国家应该彼此了解情况，相互了解了，友好关系也就一年一年地发展了。

同日 上午，在武昌东湖客舍同王任重、周小舟谈农村人民公社是以生产大队还是以生产队为基本核算单位的问题。

同日 就西藏叛乱问题，致电中共中央。电报说："照此形势发展下去，西藏问题有被迫早日解决的可能。""西藏工委目前策略，应是军事上采守势，政治上采攻势。目的是分化上层，争取尽可能多的人站在我们一边，包括一部分活佛、喇嘛在内，使他们两派决裂；教育下层，准备群众条件。"电报还说：西藏工委争取在拉萨打一大仗更为有利。"如果达赖及其一群逃走，我军一概不要阻拦，无论去山南、去印度，让他们去。""我们现在就应考虑，在他们逃亡时，我们对达赖在政治上取何态度的问题。有两种办法：（一）宣布为叛国者，以后只有在他悔过认罪之后，才可以回来；（二）宣布为被人挟逃者，仍然希望他设法脱离叛众，早日回来，罗布林卡位置及人大位置〔2〕，仍给他留着。"

---

〔1〕 王任重日记记载："主席从十一日来到武昌亲自指导我们的会议，会议进行当中的若干重大问题都得到主席的支持和指导。"

〔2〕 指达赖当时担任的西藏自治区筹备委员会主任和全国人大常委会副委员长的职务。

3月13日　晨，阅中共广东省委三月十一日报送的关于贯彻郑州会议决议情况的第二次汇报，批示："小平同志：广东省委三月十一日报告很好，请你用电话方式，于今日立即转发各省、市、区党委，供参考。广东行动迅速，一面开会，一面即将方针直达各生产队长，毫不拖泥带水。湖北的方针〔1〕三月八日即下达各生产队，广东于三月十二日下达，也是很快的。各地宜仿此，一面开会，一面迅即下达方针。广东的'三定五放'，符合郑州会议精神，请各地研究，酌情采纳。"广东省委决定在农村普遍实行的"三定"是：定基本核算单位，一律以原来的高级社为基础；定领导人员，迅速搭起组织与管理生产机构的架子；定一九五九年生产计划和粮、油、猪等商品包干任务，生产队（或大队）完成任务后的其余部分即归队自行支配。"五放"是：下放劳动力，把生产队（或大队）的劳动力固定下来；下放土地、耕牛、农具等生产资料归生产队（或大队）所有；下放畜牧业，一律归生产队（或大队）所有和经营管理，果树及鱼塘等亦可同样下放；下放原有的肥料厂；下放粮食，食堂粮食消费由各队自行安排。汇报最后说，我们准备在本月十二日晚八时半召开全省各公社生产队长以上干部参加的有线电话会议，将上述规定布置下去，以安定人心，推动生产。

同日　上午，在武昌东湖客舍会见并设午宴款待美国著名黑人学者、世界和平理事会理事杜波伊斯博士和夫人，和美国作家斯特朗，王任重、丁西林等参加。毛泽东走到门口迎接杜波伊斯夫妇和斯特朗，说欢迎你们。入座后，毛泽东说：我游过好几条江，除长江以外，还游过珠江、湘江。还有几条江河，也准备要

---

〔1〕 见中共湖北省委1959年3月8日《关于人民公社管理体制和若干具体政策问题的决议（草案）》。

游，如黄河、松花江、黑龙江。你们美国有一条密西西比河，我能去游吗？有三个人会反对的，那就是杜勒斯、尼克松、艾森豪威尔。杜波伊斯说：黑人是美国的少数民族，在美国受尽苦难，有绝种的危险。毛泽东说：在美国有一千八百万黑人，绝种是不可能的。世界是你们的。拿我的家庭来说吧，我们兄弟三个，两个被国民党杀死，我的妻子被国民党杀死，我的妹妹被国民党杀死，我的弟弟的独生子被国民党杀死，我的大儿子在朝鲜战争中被打死。现在，只剩下我自己和另外一个儿子。我的家庭这种情况，说明中国成千成万的家庭有多少人被杀害。但是，共产党是杀不尽的，只会越来越多。我们家里的人少了，但是在全中国却出来了更多的共产党员。杜波伊斯问：为什么中国人不那么害怕战争？毛泽东说：如果帝国主义一定要发动战争，你害怕有什么用呢？你怕也好，不怕也好，战争反正到来，你越是害怕，战争也许还会来得早一些。因此，我们有两条：第一条，坚决反对战争；第二条，如果帝国主义一定要打仗，我们就同它打。把问题这样想透了，就不害怕了。斯特朗说：西方国家的科学家都认为现在世界上已经有足够的原子弹和氢弹，可以在下一次战争中把人类完全消灭掉。主席的看法好像不是这样？毛泽东说：人类是消灭不了的，总有一些人会留下来。我并不要打仗，是帝国主义要打仗。我手里连一个原子弹也没有。

3月15日 晨，阅中共安徽省委三月十三日报送的六级干部会议情况简报，批示：“小平同志：安徽三月十一日简报很好，请你迅即转发各省、市、区党委。他们收到后，可以印发正在开会的同志们每人一份。此外，广东的第二次简报，山东第一次、第二次简报，都很好，请同时转发各省、市、区大会，予以印发，供他们参考。”安徽的简报说：安徽六级干部会议中，绝大多数人对九个指头与一个指头的关系已认识清楚。在检查缺点时，社队干部分析去年“共产风”刮起来的原因有三：一是自己认识糊涂，把“共产风”当好风；二是害了“传染病”，互相传染；三是省里有关部门传下去的。公社一级的干部发言不多，省委已专门召集他们开了一次会，再一次说明责任主要由省委负，解除他们的顾虑，但也要他们注意总结自己的经验教训，大胆发言。

同日　下午四时，关于给达赖喇嘛复信问题，致信中共中央。信中说：“十四日以谭冠三〔1〕名义，答复达赖的一封信，很好，政治上使我处于主动。看他反应如何。如有复信，不论态度怎样，均应再复一信。以后礼尚往来，可再给信。这些信，准备在将来发表。为此，要准备一封信历述几年以来中央对诸大事件宽大、忍耐的目的，无非等待叛国分子、分裂分子悔悟回头，希望达赖本着十七条及历次诺言，与中央同心，平息叛乱，杜绝分裂分子，归于全民族团结，则西藏便有光明前途，否则将贻害西藏人民，终遭人民弃绝。以上请考虑。”

同日　下午六时，对中共湖北省委三月八日关于人民公社问题的决议草案等材料，批示邓小平：“湖北省委《关于人民公社管理体制和若干具体政策问题的决议（草案）》，及王任重同志的报告〔2〕，今天上午已送一百份去北京，请你即看一下，看是否可以转发各地作参考。主要是《决议》，主张以原高级社为基本核算单位，与河南的办法有所不同。如你认为可发各地，请于今晚或明（十六）日办一下，或用电话，或用电报，或用飞机送去。”

同日　就人民公社基本核算单位问题，写信给各省、市、自治区党委第一书记，题为《党内通信》。信中说：“我到武昌已经

〔1〕谭冠三，当时任中央人民政府驻西藏代理代表、中共西藏工委副书记兼监察委员会书记、中国人民解放军西藏军区政治委员。

〔2〕指王任重1959年3月11日在湖北省六级干部会议上的报告。

五天，看了湖北六级干部大会的材料，同时收到一些省、市、区的材料，觉得有一个问题需要同你们商量一下。河南文件已经送给你们，那里主张以生产大队为人民公社的基本核算单位和分配单位。我在郑州就收到湖北省委三月八日关于人民公社管理体制问题和粮食问题的规定，其中主张‘坚决以原来的高级社即现在的生产队为基本核算单位。原高级社已经分为若干生产队的，应该合为一个基本核算单位，不得再分。少数原高级社规模很小，经济条件大体相同，已经合为一个生产队的，只要是这些社的干部和社员愿意合为一个基本核算单位，可以经过公社党委审查决定，并报县委批准。’我到武昌，即找周小舟同志来此，和王任重同志一起，谈了一下。我问小舟，你们赞成河南办法，还是赞成湖北办法？他说，他们赞成河南办法，即以生产大队（管理区）为基本核算单位。”“这样，河南、湖南两省均主张以生产大队（管理区）为基本核算单位，湖北、广东两省均主张以生产队即原高级社为基本核算单位，究竟哪一种主张较好呢？或者二者可以并行呢？据王任重同志说，湖北大会这几天正辩论这个问题，两派意见斗争激烈。大体上，县委、公社党委、大队（管理区）多主张以大队为基本核算单位，生产队（即原高级社）支书绝大多数或者全体主张以生产队为基本核算单位。我感觉这个问题关系重大，关系到三千多万生产队长小队长等基层干部和几亿农民的直接利益问题，采取河南、湖南的办法，一定要得到基层干部的真正同意，如果他们觉得勉强，则宁可采用生产队即原高级社为基本核算单位，不致使我们脱离群众，而在目前这个时期脱离群众，是很危险的，今年的生产将不能达到目的。河南虽然已经作了决定，但是，仍请省委同志在目前正在召开的县的四级干部会议上征求基层干部意见，如果他们同意省的决定，就照那样办，否则不妨改一改。《郑州会议记录》上所谓‘队为基础’，指的是生产队，即原高级社，而不是生产大队（管理区）。总之，要按照群众意见办事。无论什么办法，只有适合群众的要求，才行得通，否则终久是行不通的。究竟如何办，请你们酌定。”

3月16日 晨二时，就召开县以下各级干部会议等问题，写信给王任重：“今日上午，请找各地委第一书记及几个县委书记商量一下：省的会议以后，是否应以几天时间召开县的四级或五级干部会议，此种会议应到些什么人，应开几天；然后再开公社代表大会，应到些什么人，应开几天，是否应选举社的管理委员会（其成员如何组成）。下午，我们再商量一下。”晨七时，再次写信给王任重：“送上文件二十四件，极有味，好读。我劝你于今天上午看一遍，一气看完，有三至四小时就够了。下午你再找地委书记、少数县委书记座谈，谈县、区、乡、村如何开会问题。我们晚上再交谈。以为如何？花费这一天，不是于湖北工作没有用的，你试一试看吧！”

同日 下午五时四十五分至晚九时五十分，在武昌东湖客舍同专程前来汇报西藏叛乱问题的黄克诚、张经武、张国华〔1〕、雷英夫谈话。对处理西藏叛乱问题，毛泽东谈了以下意见：一、同意中央方针，搞下去，好形势，总算在政治上争取了主动。二、尽可能不让达赖走，将来要放也容易，反正在我们手里，万一跑了也不要紧。三、进藏军队包围拉萨，包起来有利，可以分化，“围而不攻”，争取四月十日前到达。如拉萨不打，即先以一个团进山南，控制要点，断后路。四、平叛重点放在拉萨、山南，其他地区慢一步。五、说平叛，不提改革，在平叛下改革，区别对待，先叛先改，后叛后改，不叛不改。六、同意军委对于

〔1〕 张国华，当时任中共西藏工委副书记、西藏自治区筹备委员会第二副主任委员、中国人民解放军西藏军区司令员。

军队入藏的布置。七、外交处理同意指定地点的办法。八、不要登报，内部通报，进藏军队要出布告。九、移民不宜太急。十、班禅态度如何，为何至今无消息？

3月17日 达赖喇嘛逃离拉萨前往印度。十九日夜，西藏叛乱集团向人民解放军驻拉萨部队发动全面武装进攻。二十日上午，人民解放军西藏军区部队奉命平定叛乱。二十二日，拉萨的叛乱被彻底平定。

同日 晨，就召开县的五级干部大会和人民公社第一次社员代表大会问题，写信给各省、市、自治区党委第一书记，题为《党内通信》。信中说："关于县和公社的会议问题。各省、市、区六级干部大会即将结束，是否应开县的四级或五级干部大会呢？我的意见应当开，并且应当大张旗鼓地开，只是一律不要登报。""我建议县应召开五级干部大会，即县委一级，公社党委一级，生产大队（或管理区）一级，生产队（即原高级社）一级，生产小队（即生产组，又称作业组）一级，每级都要有代表参加，使公社的所有小队长，所有支部书记和生产队长，所有管理区的总支书记和生产大队长以及公社一级的若干干部都参加会议。一定要有思想不通的人，观潮派、算账派的人参加，最好占十分之一。社员中的积极分子，也可以找少数人到会。""要使三种对立面在会上交锋：一种，基层干部与他们上级（公社和县）之间交锋；一种，思想不通的人与思想已通的人之间交锋；一种，十分之一的观潮派、算账派（有许多被认为观潮派、算账派的人，其实并不是观潮派、算账派，他们被人看错了）与十分之九的正面人物之间交锋。""要告诉公社党委第一书记和县委第一书记如何做工作。在会中，专门召集这些同志讲一次，使他们从过去几个月中因为某些措施失当，吹"共产风"，一平、二调、三收款，暂时脱离了群众，这样一个尖锐的教训中，得到经验。

以后要善于想问题，善于做工作，就可以与群众打成一片。应当讨论除公社、管理区（即生产大队）、生产队（即原高级社）三级所有、三级管理、三级核算之外，生产小队（生产小组或作业组）的部分所有制的问题，这个问题是王任重、陶鲁笳两位同志提出来的。我认为有理，值得讨论。”“我们的公社党委书记同志们，一定要每日每时关心群众利益，时刻想到自己的政策措施一定要适合当前群众的觉悟水平和当前群众的迫切要求。凡是违背这两条的，一定行不通，一定要失败。”这封信后来作为八届七中全会文件印发。

同日　阅中共河北省委报送的关于六级干部会议情况的第二次报告，批示：“小平同志：河北省委三月十六日的报告，很有参考价值，请即用电话发各省、市、区党委。”报告说：河北省六级干部会议中绝大多数人主张以生产队（即原高级社）为公社的基本核算和分配单位，我们也是这样定下来的。关于分配问题，会议确定公社和生产队的扣留比例（包括农业税），一般占总收入的百分之四十左右。在扣留部分中，除农业税外，公社所得大体占总收入的百分之四至十。

同日　下午三时，阅中共山东省委报送的关于六级干部会议情况的第三次报告，批示：“小平同志：刚才请你转发河北省委三月十六日报告，认为很有参考价值。现在又看到山东省委三月十六日下午八时的报告，认为同样有很大的参考价值，也请你迅即转发各省、市、区党委。在目前时期，积累不可太多，而且公社三级都要有积累。湖北规定积累比例，有高有低，一般为百分之十八。此百分之十八，分配到公社为百分之七或百分之八，管理区为百分之三或百分之二，生产队为百分之八，而县则不抽积累。此种办法，值得参考。”山东省委的报告说：关于基本核算单位，我们的初步意见是原则上以相当于原来高级社的生产大队（管理区）

或生产队为基本核算单位。关于积累和消费的比例，大体上各种扣留可约占总收入的百分之四十七左右（国家税收和上缴任务占百分之七左右，公社积累占百分之十八左右，生产费用占百分之二十二左右），分配给社员部分约占总收入的百分之五十三左右。

3月18日 下午，在武昌东湖客舍会见由书记长浅沼稻次郎率领的日本社会党访华代表团，廖承志等在座。毛泽东说：你们做了很好的工作。浅沼先生在北京的演说〔1〕，这次你和张奚若的共同声明，我都看到了。只要是有远见的人，就知道我们的方针是正确的。日本政府和美国站在一起，中日贸易关系中断，但这是暂时的。贸易总有一天会重开的，不能一万年不做生意。日本这样一个伟大的民族，怎么能让人来占领控制呢？日本必然会完全独立，成为和平的国家。谈到人民公社时，毛泽东说：合作社变人民公社没有了不起的不同，名字不同，但性质一样是集体所有制，不过是扩大了些，提高了些。组成人民公社，可能使机械化快一些。

同日 晚上，在武昌东湖客舍会见印度尼西亚共产党中央总书记艾地，刘宁一、王任重和印尼共政治局委员胡达比亚参加。毛泽东谈了民族资产阶级问题和农民问题，详细介绍中国民族资产阶级在革命中的两面性和中共同民族资产阶级联合的经验和教训。他说：在一九二七年大革命失败以前，我们党就知道了俄国一九〇五年革命之所以失败，是由于资产阶级叛变所致，但是俄国一九〇五年革命失败，那是俄国人的经验，还不是中国共产党的经验。直到一九二七年蒋介石叛变革命，抛弃了人民，杀了共产党人，我们才从中真正获得了自己的经验。毛泽东再三强调团

---

〔1〕 1959年3月12日，浅沼稻次郎应中国人民外交学会的邀请在全国政协礼堂发表演说，提出“美帝国主义是中日两国人民的共同敌人”。

结农民的重要性，说苏联的经验证明，俄国共产党人和农民结成联盟，取得了十月社会主义革命的胜利，中国共产党的经验同样如此，恐怕亚洲、非洲、拉丁美洲的共产党都可以运用这个经验。他建议艾地等领导人到乡村去从事农民工作，说如果中央领导人不能下乡去，也可以在城里开会，把做农民工作的干部召集来，进行调查研究。

同日　阅中共河南省委转发的荥阳县四级干部会议情况的第八号简报，批示："小平同志：河南荥阳县四级干部大会的经验，值得各省、县参考，请即发给各省、市、区党委。请各省、市、区党委仿照河南省委的办法，在各县举行四级或五级干部大会时，抓住一个典型县，取得经验，指导全省。"简报说：荥阳县的四级干部会议分两阶段进行。第一阶段首先传达主席指示和省委六级干部会议的决定，放手鸣放辩论，解决思想问题，紧接着解决体制和政策问题。第二阶段讨论一九五九年生产计划（着重解决包产指标），安排当前生产。根据我们的经验，在解决思想问题的同时，还必须有意识地解决实际问题，这样可以使党的政策与群众见面快，思想通得快，改善公社干部和基层干部的关系，使干部和群众都心情舒畅。

3月19日　上午十时，阅中共四川省委报送的关于六级干部会议情况的第五号简报，批示："四川省委三月十四日报告（简报第五号）很好，即发各省、市、区党委参考。这是一个很可供各地研究和酌量采纳的文件。"简报介绍了四川关于人民公社的管理体制、人民公社的收益分配、粮食的分配和征购、劳动力安排、少数民族地区人民公社问题等方面的情况。

同日　上午十一时，同王任重、张平化、王延春和中共武汉市委书记，孝感、襄阳、黄冈、荆州的地委书记谈公社分配问题。

同日　晚上，从汉口到达长沙。在专列上同周小舟、周惠和常德、邵阳、黔阳[1]、郴州、衡阳、湘潭的地委书记和湘西土家族苗族自治州州委书记等谈话，了解湖南省六级干部会议情况。

同日 阅中共河南省委三月十八日报送的关于改变为以生产队为人民公社的基本核算单位的报告，批示："河南改变方针，以原来高级社为基本核算单位，得到广大群众拥护，请各省、市、区党委注意。"河南省委的报告说：省委六级干部会议原定以生产大队为基本核算单位，在这次各县的五级干部会议上，生产队、作业组和大多数社员则坚决主张以原高级社为基本核算单位。省委在接到主席关于这一问题的指示后，完全同意以生产队即原高级社为基本核算单位。

3月20日 晚上，从长沙到达南昌向塘。在专列上同杨尚奎、邵式平、汪东兴[2]和江西部分地、市委书记谈话，听取关于全省六级干部会议情况的汇报。当听说全省六级干部会议有七千多人参加时，毛泽东说：七千人还差不多。生产队要来三个，一个穷的，一个富的，一个不穷不富的。管理区也要来三个，一穷，一富，一不穷不富。下面人少，上面人多，对立面就不强。开会有一种办法，一定要有对立面。以后要用这个办法，不能光听一面之词。当听说六级干部会议有四百多名观潮派时说：有些叫观潮派，其实不是观潮派，名字安得不对。人家讲点老实话，讲点怪话，就叫人家是观潮派。当听说目前有些同志对权力下放还有顾虑、怕劳动力调不动时说：过去一平二调三收款，我看这是一股风，有些人是照"风"办事的。现在来个三级核算，队为基础，就感觉调不动了。如果他们那个政策行下去，我看人民公社非垮台不可。去年瞒产，今年不种，很危险。当听说六级干部

[1] 黔阳，今湖南怀化县。

[2] 汪东兴，当时任中共江西省委常委、江西省副省长兼农林垦殖厅厅长。

会议基本上统一了思想时说：省里开会基本上统一了思想，有些公社党委书记回去还不一定执行。所以县里一定要开会，小队长都要到，作业小组都要有人到，县委第一书记出来讲话。听完汇报后，毛泽东谈了几个问题。第一，现在省里开了会，县里开了会，就不要再开很多会了。让下面去开，生产队可以开群众大会，讲清道理。四月主要搞生产，到五月再开社员代表大会，选举管理委员会。大事一定要开管理委员会决定，不能由公社党委第一书记和社主任两个人就决定。公社党委也要经过选举，要把现在作为基本核算单位这一级的干部选到公社党委来，他们要占很大一部分。公社党委决定的大事，要他们参加决定。第二，小队的部分所有制的问题，也请你们研究一下。食堂在那里，土地在那里，耕牛农具在那里，它不负责任怎么行？它没有积极性怎么行？食堂也不能办得太大，跑几里路去吃饭。第三，小集体如何过渡到大集体，总要有一个过程，我看不要急忙过渡，现在还不能过渡。告诉各生产队不要着急，将来过渡采取的办法，要使得每个人不吃亏，要使大家有好处。将来是不是一下子过渡到公社所有制？也还可以先搞以乡为基本核算单位的集体所有制。这件事也还要自愿，不愿意的就让他们再看一看。就是到了以公社为基本核算单位的大集体所有制，生产队恐怕还是一个核算单位。第四，关于供给制，有的地方提出搞半吃饭不要钱，你们现在不要变动，可以研究一下，摸一下底，进行一些试验，多想点办法。第五，过去的重点都是去帮助富队，参观也都到富队。现在要反过来，要以穷队为重点，使那些困难很大的、土地不好的穷队逐渐变富。当然也不是根本不理富队，现在那些富队也是政府帮助他们翻过身来的。第六，居民点不要太大，总要利于生产。

同日　阅中共中央办公厅三月十七日编印的《情况简报》（六级干部会议专辑）一九五九年第四十三号刊载的河北省委办

公厅三月十六日的电话汇报，批示："此件简单明了，可转各地参考。"电话汇报谈了河北省委在六级干部会议上提出的十二条措施，主要有：人民公社以原来的高级社即现在的生产队为基本核算单位，生产队所有的产品、劳力等不得无价调拨；一九五八年工资部分一般不能少于消费总额的百分之五十，一九五九年一般应占到百分之六十以上；社员工资要坚决贯彻多劳多得和多产多分的原则；积极扶持困难的生产队；合理安排农村劳动力；妥善清理公社化后的账目和资产。

同日 阅中共中央办公厅三月十七日编印的《情况简报》（六级干部会议专辑）一九五九年第四十八号刊载的关于山东省委对公社管理体制等的意见及如何向群众贯彻的一些经验的材料。材料中介绍了一个公社贯彻上述意见的经验：不要光摆开解决思想问题的架子，而是要着重把怎么办讲清楚。毛泽东批示："这个经验有用，可转各地。对基层干部和广大群众，要少讲空话，多讲办法。"

同日 阅中共中央办公厅三月十八日编印的《情况简报》（六级干部会议专辑）一九五九年第五十三号刊载的陶鲁笳三月十七日关于山西省六级干部会议情况的电话汇报，批示："此件转各地参考。其中粮食分配问题（五十斤粮食按劳动分给个人，四百五十斤给食堂，按人定量，吃剩的余粮归自己）和生产小队应当有部分所有制问题，值得注意。"

3月21日 下午，从南昌向塘到达杭州，住刘庄。同谭震林、江华谈公社分配问题。

3月23日 阅中共安徽省委转发的桐城县委三月十九日关于五级干部会议情况的报告，批示："此件可以发到县委，以供研究和参考。尚昆印发到会〔1〕各同志。"同时写一条批注："至

〔1〕 指即将在上海召开的中共中央政治局扩大会议。

少在二十年内，不是由社会主义到共产主义过渡的问题，不可能这样快。在大约五年至十年内，也还不是在整个国家内就能完成由集体所有到全民所有的过渡问题，而是只能看情况，逐步地完成由基本的小集体所有制首先过渡到以一个乡为范围的大集体所有制。然后经过若干年的发展，情况表示确有可能又有必要的时候，才可再考虑实行过渡到以一个区为范围的更大的集体所有制。过渡的时候，一定要使每一个小集体都不吃亏，而且都感到比较不过渡对于每一个小集体每一个个人都更为有利些，要是出于各个小集体和大多数社员的要求，否则谈不到过渡。不管过渡到乡或区的大集体，目前生产队这种小集体总还是一级核算单位。”

3月24日 阅中共四川省委三月二十日报送的关于六级干部会议情况简报第七号，批示：“发各省、市、区党委参考。四川的公社是以乡为单位建立的，公社党委即乡党委，相当于别省的总支部。”简报说：关于公社权力下放到以哪一级为基础的问题，会议中多数人同意大部分地区应以管理区为基础、少数地区以生产队（即原小社）为基础的意见。

同日 阅中共福建省委三月二十日报送的关于公社所有制和分配问题的意见的报告，批示：“发各省、市、区党委参考。其中第二、第三两段所说问题，应当引起充分注意。”报告的第二段是讲生产队的部分所有制，指出：解决生产大队和生产队（原高级社下属的生产队）的关系，即解决生产队的部分所有制问题，是广泛地调动广大干部和社员的积极性的一个重大问题。忽视这个部分所有制，将会犯错误，农业生产基本上依靠生产队。但这种生产队又不能成为基本核算和分配单位，因为规模太小、力量薄弱，在许多方面不便于生产的发展，而群众也习惯于原高级社作为统一的分配和核算单位。因此，生产队的部分所有制既不能太大，也不能太小。报告的第三段是讲分配问题，指出：公共积累部分，一九五九年拟提高为百分之十五左右。社员的消费部分，坚持按劳分配，工资制和供给制相结合，供给部分今年不可过多，工资部分应当高于供给部分。

同日 阅中共浙江省委三月二十二日下发的关于整顿人民公社的十项规定（草案），批示："此件简单明了，发各省、市、区党委和地、县委参考。请尚昆用电话发各省、市、区党委，另印发到会各同志。"十项规定的题目是：（一）定基本核算单位。（二）定领导人员。（三）定任务。（四）定分配计划。（五）定集体福利。（六）定劳动计酬方法。（七）定劳动力。（八）定生产小队的部分所有制。（九）定工业管理体制。（十）其他问题，包括账目结算、土地、耕牛、农具、房屋、家具、资金、种子、口粮、肥料等。

同日 晚上，从杭州到达上海，住兴国路招待所。

3月25日 上午，在上海兴国路招待所主持召开中共中央政治局常委扩大会议，研究西藏上层反动集团叛乱、政治局扩大会议的议程以及国家机构领导人的人选问题（即国家主席、副主席，总理、副总理，各部部长的人选）。刘少奇、周恩来、陈云、林彪、邓小平、彭真、李富春、彭德怀、李先念、柯庆施、李井泉、陈伯达、薄一波、陶铸、林铁、欧阳钦、杨尚昆、胡乔木、吴冷西出席会议。

3月25日—4月1日 在上海锦江饭店礼堂主持召开中共中央政治局扩大会议。会议的主要议题是：工业问题、人民公社问题、国家机构领导人的人选问题。

3月25日 下午，主持中共中央政治局扩大会议，并讲话。毛泽东说：这次会议是工业问题为主。这个问题因为今天还没有资料，不好谈，所以先说人民公社。人民公社是不是这样几个问题：（一）组织章程。公社、大队、生产队、生产小队的各级管理委员会，人员的组成，就是组织形式。郑州会议解决了各级的职权范围和任务，但是没有议出一个组织形式来，还没有章程。这次要搞一个章程。（二）小队的部分所有制。这个问题是陶鲁笳、王任重他们首先提出的，我看浙江有一个文件搞得比较充分。小队不搞好，公社也不行，因为事情都要通过小队去办。（三）吃饭不要钱。第一条，一定要坚持供给制与工资制结合，一定要实行吃饭不要钱。这是多数群众的要求，不能动摇。第二条，要使吃饭不要钱跟按劳分配原则基本结合。（四）算账问题。我讲过一般不算账，实际上是某些账不算，另有许多账非算不可。算账有个好处，就是能训练我们的干部。我是站在算账派这一面的。一般不算账，并不能保护我们的干部，而会毁坏我们的干部。（五）五月要进行选举。公社各级，全国一律要开代表大会，进行选举。现在的委任制很危险，公社干部是上面委派的，他们没有管理经验，没有经营生产的经验。要找一点有经验的人当委员，但又不妨碍管理区同生产队的工作。公社单独决定大事是不许可的。现在的问题是一些人胆子太大了，权力太大了。（六）今年要开一次会，决定今年的分配和明年的计划。在决定明年计划的时候，要包括一些重大措施。（七）要把绝对数定下来。现在什么都是百分比，究竟分到我这个队是多少担粮，多少元人民币。统购多少粮、棉、油、麻、猪，要把这个绝对数定下来，使群众知道这个数目以外的东西是他的。（八）县不要搞积累。（九）银行收款放款问题，我在郑州会议讲，或者全部退回，或者部分退回，现在怎么处理，要议一下。（十）国家投资十亿元的问题。这十亿的投资是专门帮助公社和穷队建立家务的，怎样分配，多少给穷队，多少交公社，要划分清楚。（十一）开会方式。原则上要有对立面。在省里不管开多少人的会，必须每一个社有三个队的支部书记参加，一个穷队，一个富队，一个中等队；每一个公社有三个管理区的总支书记参加，也是一个穷，一个富，一个中等。而公社一级，只许它来第一书记，或者加上一个，共两个人，不然它的势力太大，加上县一级，下面就说他们不赢。总之，参加会的人，要使基层的数目超过中层、上层。你们想一下，还有什么问题？（江渭清：公社的管理费和不脱产干部的补贴问题要有所规定。）好，就是这十二个问题吧。明天要搞工业，到二十九号，四天搞工业，再不搞工业不得了。工业和商业，农业也可以谈一点，总而言之是经济。农业，定指标要实事求是，指标要低于可能性，潜力要人民去发挥。

3月26日　晨二时，关于请与会各同志在今天会前阅读薄一波关于一九五九年第一季度工业计划执行情况和第二季度安排的发言稿，致信刘少奇、邓小平："薄一波的发言印出来了，我正在看。今天上午，请将薄的发言印本，发给各同志阅读，先有一点印象，下午三时或四时开会，大家听一波宣读他的讲稿，就会有获得一个较好的启发和理解了。须知有不少人是没有接触过这个问题的，心理状态各不一样。请照办为盼！"

同日　下午二时，同胡乔木谈新华社关于西藏叛乱事件的公报稿。

同日　下午四时二十分，主持中共中央政治局扩大会议，薄一波作关于第一季度工业计划执行情况和第二季度安排的发言。薄一波发言时，毛泽东多次插话。他说：搞了十年工业，积累了十年经验，还不晓得一套一套要抓？第一季度安排了九十八套轧钢机，结果只搞了十六套，还有一部分配不齐全。这是什么人办工业？是大少爷。不是有十年经验了吗？总是总结不起经验来。走群众路线，这个问题讲了一万年了，大概还要一万年。为什么不交给群众讨论？你们喜欢开工业书记、工厂党委书记的会，不找车间支部书记，你就没有对立面。尽相信这一套人，等于只相信县委同公社党委书记一样。要让车间主任、支部书记或小组长、积极分子到会。河南有明显的教训，因为支部书记来得少，县委书记、公社党委书记占优势，于是决定要以管理区为基本核算单位。走群众路线，交群众讨论，哪一年可以实行？是不是经过这次会议可以实行？从前我们讲轻重缓急要排队，现在你们搞出一个重重急急要排队。这个分析好，这算得了一点经验了，对于事物观察得深入一点了。重中有重，急中有急，这好。你们不是说要抓得紧、抓得狠吗？你们就不狠。现在工业需要出“秦始皇”。我看你们搞工业的人就是不狠，老是讲仁义道德，结果是一事无成。搞那么多项目干什么？削他五百项，如果不够，再削，削六百项。明年索性少搞一点，聚积力量，以备后年翘起来。何必那么忙，一定要搞一千多项？搞得成我赞成，问题是你搞不成。你总而言之要具体化一点，这个发言的全文再增加三分之一，有些情况要有个交代，使人家看了记得。比如，说运输力量不够，什么叫运输力量，什么叫不够？作者本人是知道的，而读者就不知道。粮食、棉花要议一下，报纸登了要搞那么多，结果完不成怎么办？

同日 阅中共安徽省委三月二十四日报送的六级干部会议对公社体制及有关问题的一些规定的简报，写批语：“这个文件，较之他省有许多新鲜东西，又是切实可行的。写法也是一项改革，用口语，使人一看明白，较之现在相当流行的半古半今、半文半白、使人硬是看不懂或者勉强懂了但是过眼即忘记得干干净净的那种文体，要好得多。”并批示：“即印发。然后，用电话传至各省、市、区党委。”安徽的具体规定主要是：以原来高级社为基本核算单位，但现在的大队由原来规模较大的高级社划分开的，一般不再合并，而以大队为基本核算单位。公社和大队的行政管理人员，较大的社不超过全社人口的千分之一点五，较小的社不超过千分之二点五。除公社对生产队实行包产外，生产队对生产组也应实行包产。包产要有两种指标：一为生产指标（即国家规定的生产任务），作为期成数；一为包产指标，作为必成数。包产指标可低于生产指标百分之十六到百分之二十。对穷队应教育他们自力更生，在两三年内赶上富队，同时国家和公社也应予以支持。劳动力的分配，确定用于农业的占百分之八十四到八十六。

3月27日 审阅修改新华社关于西藏叛乱事件的公报稿，晨三时批示："少奇、小平同志：新闻公报已改好，请你们约集常委及其他几位同志，于今日上午看一下，斟酌文句。然后，叫吴冷西，连同政府命令〔1〕、军区布告〔2〕，用电话发至北京，译成藏文及外文，准备于三月二十八日用汉藏英俄各种文字广播，二十九日见报。政府命令应署明发布时间（二十七日〔3〕）。命令和公报均有人名须查实填入。"毛泽东对公报稿作了修改，主要有：公报稿说"中国与西南邻国的关系，则是坚持和平共处的五项原则"。毛泽东将这句话改为"中国与西南邻国的关系，首先是我国与伟大友好国家印度共和国的关系，是坚持和平共处的五项原则"。并在这句话后加写一段话："和平共处的五项原则，是

---

〔1〕 指《中华人民共和国国务院命令》。《命令》指出："查西藏地方政府多数噶伦和上层反动集团，勾结帝国主义，纠集叛匪，进行叛乱，残害人民，劫持达赖喇嘛，撕毁关于和平解放西藏办法的十七条协议，并且于三月十九日夜间指挥西藏地方军队和叛乱分子向驻拉萨的人民解放军发动全面进攻。这种背叛祖国、破坏统一的行为，实为国法所不容。为维护国家统一和民族团结，除责成中国人民解放军西藏军区彻底平息叛乱外，特决定自即日起，解散西藏地方政府，由西藏自治区筹备委员会行使西藏地方政府职权。"

〔2〕 指中国人民解放军西藏军区司令员张国华、政治委员谭冠三等于1959年3月20日签署的《中国人民解放军西藏军区布告》。

〔3〕 发布时间后来署为28日。

在一九五四年四月二十九日中印两国关于中国西藏地方和印度之间的通商和交通协定中首次提出的，现在和将来，为了两国的根本利益，双方都没有任何理由不将这些原则坚持到底。中国政府人士欢迎印度总理尼赫鲁先生三月二十三日关于不干涉中国内政的声明，认为这个声明是友好的。中国方面从来没有干涉过印度的内政，也没有在全国人民代表大会及其常务委员会上谈论过印度的内政，并且认为对一个友好国家的内政进行这样的谈论是不礼貌和不适当的。”公报稿说“各地各级军管委员会将由人民解放军的代表和当地爱国进步分子共同组成”。毛泽东将这句话改为“拉萨和各地军事管制委员会都由人民解放军的代表和当地爱国人民的代表共同组成”。并在这句话后加写一段话：“现在拉萨以西的阿里，拉萨西南的江孜、帕里、亚东，拉萨以北的当雄、黑河，拉萨以南的泽当，拉萨以东的太昭、林芝、扎木、丁青、昌都、察隅等重镇和要区，都在人民解放军的坚强控制之下，当地人民的绝大多数是与人民解放军密切合作的。叛匪活动的地方，只是一些很偏僻的地区。”公报稿照毛泽东的上述修改再排出清样后，毛泽东又作修改。在公报稿的“中央本着民族团结精神，一再责成西藏地方政府负责惩办叛乱分子，维护社会治安。但是，西藏地方政府和上层反动集团，把中央这种仁至义尽的态度看做软弱可欺”这段话后，毛泽东加写：“他们说，汉人是可以吓跑的；九年以来，汉人动也不敢动一下我们的最美妙最神圣的农奴制度；我们打他们，他们只有招架之功，并无还手之力；他们不敢平叛，只是要我们负责平叛；只要我们从外地调来一大批叛乱武装到拉萨，给一打，汉人准跑；如果不跑，我们就把达赖佛爷架往南山〔1〕，聚集力量，举行反攻，夺回拉萨；最后不

〔1〕 应为山南。

行，就跑印度；印度是同情我们的，可能援助我们；还有强大的美国，也可能援助；台湾蒋总统，已经积极援助；达赖是神，谁敢不从？美国人说过，中国人民公社闹得天怒人怨，都要造反了，现在是驱汉自立的大好时机，云云。这些反动派的灵魂，已经飞到九霄云外，简直要管领整个宇宙了。”在公报稿的“为了彻底肃清叛匪，国务院已命令人民解放军驻藏部队在西藏各地实行军事管制”这一句话后，毛泽东加写：“军事管制委员会的任务是：镇压叛乱；保护人民；保护遵守中国法律的外国侨民；受西藏自治区筹备委员会和人民解放军西藏军区的委托，组织西藏自治区的各级行政机构和组织西藏爱国人民的自卫武装，以代替腐败透顶、已经叛变、毫无战斗力，而且为数只有三千多人的旧藏军。”

3月28日 下午一时，同谭震林谈话。

同日 下午四时，主持中共中央政治局扩大会议，由李先念作关于当前财贸工作的情况和意见的发言。李先念发言时，毛泽东多次插话。他说：去年是一大教训。同样是大丰收，但只是河南、湖南、黑龙江、吉林、四川、上海市、北京市等少数省市完成了粮食征购任务，其他各省就没有完成。这就是抓得不紧，抓得不及时，这跟中央也有关系。你讲一个时期内解决粮食问题，究竟是一个什么时期内？写十年内好不好？也许不要十年，多打一点。至少十年内不要宣布粮食问题已经解决。我们国家有六亿人口，将来是八亿、九亿人，那么多，我们总是讲粮食问题没有解决，解决了，也不说解决了。这样才保险一点。过去的错误不能再犯。生产队的东西，要一手交钱、一手交货，不能在银行里头搞非现金结算。“国内市场为主，国外市场为辅”这个口号好是好，但有一个缺点。我看应该加一句：但是国外市场极为重要，不可轻视，不能放松。辅是辅，但是非常重要。目前是战略也藐视，战术也藐视，一概都藐视，完全不在乎。好，粮食就收不起来。要强调具体问题的切实解决，抓紧、抓狠、抓实。目前要强调在战术上重视困难这句话，要改变现在在战术上、在具体问题上漫不经心，不认真，不切实，你推我、我推你的情况。我们工人阶级老底子是四百万。解放八年，一九五〇年到一九五七年，平均每年增长一百万工人，这算很快的。去年一年搞大跃进，增加二千零八十万，这是个特殊现象。就照这样下去不得了。要减，要压一些回去。毛泽东说：明天中央政治局常委、大区区长，另外还加几位同志（临时通知），讨论国家主席、副主席，国务院总理、副总理，各部部长的人选。还有一个变动计划的问题，现在请小平同志讲一下。邓小平说：现在的情况是原材料不足，主要是钢材不足。武昌会议是按钢材一千四百万吨（加一百万吨进口，是一千五百万吨）来订的计划，但今年钢材不会超过一千二百万吨，加进口九十五万吨，不到一千三百万吨，所以存在危险。跟一些同志商量，大家一致赞成把计划订在切实可靠的基础上，想把今年的计划放在生产一千一百万吨钢材的基础上，钢搞一千八百万吨。农业方面有些项目也要议。毛泽东说：现在看，这是人心所向，横直是没有东西。我们从前讲过的，钱只有这么多，现在是钢材只有这么多，看办多少事。

3月29日　下午，主持中共中央政治局常委扩大会议，讨论计划问题和国家机构领导人人选问题。毛泽东说：计划要不要改，请陈云同志讲一讲。当陈云说完全赞成砍基本建设时，毛泽东说：不仅是基本建设，还有生产指标也要相应地砍。我对以后每年是否能增产一千万吨钢是怀疑的，世界上没有先例。说保证多少，有个实际和不实际的问题。保证一九五九年生产两千万吨钢，一千四百万吨钢材，这是我们在武昌定的，北京一月会议还是这么定的。现在到了三月底，不行了，保证不了啦。“著作最谨严，岂惟中国小说史；遗言太沉痛，莫作空头文学家。”这是蔡元培追悼鲁迅的一副挽联。空头文学家不要做，空头经济家、建设家也不要作批示。在薄一波说钢按一千八百万吨部署，最后结果比按两千万吨部署还要好时，毛泽东说：问题是一千八百万吨钢是否也高了，有人提出这样的意见没有？在邓小平说根据实际可能安排以后，无非是各部、各地方立军令状时，毛泽东说：军令状有时也靠不住。关云长立了军令状，结果华容道上曹操还是走掉了。公社党委书记、管理区总支书记、县委书记，主要是这三级，这些人的话就是不能都听，比如增产这样的问题，不能听。生产队长比较可靠。过去不大听支部书记的话，但是现在证明非听支部书记的话不行，真理比较在支部书记手里和一部分总支书记手里。工业方面是否也有这个问题。我们总是听这些厂长、党委书记，司局长，各级党委的工业书记、计划委员会主任的话，把统计数字一累计。真要研究一下，用几天工夫，要工段长、车间主任、支部书记、总支书记来，最好再有一些有经验的工人和积极分子，他们同意了，他们都觉得可行，我看就差不多了。农村支部书记、农民向我们提出了问题，并且很明显，瞒产私分，搞粮食风潮，我们才开郑州会议。所以，真理总是来自群众。上面的命令不大行得通，就是中间那一两级作梗。我们的办法就叫上下夹攻中间层。上，大概是中央、省、地这三级；中间层，主要是县委跟公社党委这两级；基层，就是支部书记、队长同小队长，此外还有相当一部分管理区。每年要开这样的会议，基层要占优势。工业是不是也这样搞？过去在工业中群众路线推不开，是不是这样一个问题？把工段长、车间主任、车间支部书记作为一个基层对立面，这部分向上面攻，我们就向下面攻，中间那些不适合情况的思想，脱离群众的观点，就可以挤掉，把这些人就教好了。城市是不是可以搞有工段长、车间主任、支部书记占优势的会议？一年搞两次，把大问题提出来，夹击区委同厂一级的党委。这样才有检查，才有所谓群众监督。总而言之，事情都是群众在那里决定的。我们这些人是群众的领袖，你得老老实实替他办事，叫做为人民服务。办得好，就叫做他们的领袖，办不好，就不要了。会议在讨论关于国家机构领导人人选问题时，邓小平说：这次主要把国家主席变动一下，其他不动，我是主张这一次一般不作大变动，现在这个名单就是一个基本不动的方针。毛泽东说：我赞成这个方针，这个方针好。一般不动，略有变动。国家主席、副主席职务是基本上动了；人大常委会委员长是相应地动了；国务院的组成，基本不动，增加四位副总理；政协主席周恩来，增加一位副主席帕巴拉·格列朗杰〔1〕，这个人十九岁，年纪比较轻，他是昌都地区的活佛。

同日 写信给中央各部委党委书记或党组书记、各市委书记和省（自治区）委书记，题为《党内通信》。全文如下："上海几个县的材料〔2〕可阅。城市，无论工矿企业，交通运输业，财政金融贸易事业，教育事业及其他事业，凡属大政方针的制定和执行，一定要征求基层干部（支部书记，车间主任，工段长），群

〔1〕 帕巴拉·格列朗杰，当时任西藏自治区筹备委员会副主任委员。1959年4月，任全国政协副主席。

〔2〕 指柯庆施1959年3月28日报送的两个报告。一个是中共上海市委书记处书记魏文伯3月26日关于南汇、川沙两县五级干部会议情况的报告。报告说，南汇县的五级干部会议有7000人参加，川沙县的有6000人参加，其中生产队、小队干部均占60%以上。事实证明，召开一杆子到底的会议，把政策交给群众，是最容易见效的。另一个是上海市委常委、市委农村工作部部长马万杰关于上海县和七一公社干部会议情况的电话汇报。其中说，这里的会议，在县委书记、公社书记讲话以后，来势很猛，时间只有一天半到两天半，放的东西直接、具体，放过以后心平气和。目前出勤的多了，干群关系也有变化，群众把干部当知心人了。

众中的积极分子等人的意见。一定要有他们占压倒多数的人到会发表意见，对立面才能树立，矛盾才能揭露，真理才能找到，运动才能展开。总支书记、厂矿党委书记，城市区委书记，市委市府所属各机关负责人和党组书记，中央一级的司局长同志们，我们对于这些人的话，切记不可过分相信。他们中的很多人几乎完全脱离群众，独断专行。上面的指示不合他们胃口的，他们即阳奉阴违，或者简直置之不理。他们在许多问题上，仅仅相信他们自己，不相信群众，根本无所谓群众路线。有鉴于此，尔后每年一定要召开两次五级，或者六级，或者七级的干部大会，每次会期十天，上层基层，夹攻中层，中层干部的错误观点才能改正，他们的僵化头脑才能松动，他们才有可能进步，否则是毫无办法的。听他们的话多了，我们也会同化，犯错误，情况不明，下情不能上达，上情不能下达，危险之至。每年这样的大会开两次，对于我们也极有益处，可以使我们明了情况，改正错误。这里说的是城市问题，乡村问题同样如此，我在前次通信中已经大体说过了。”这封信作为八届七中全会文件印发。

同日 阅李先念报送的中共中国人民银行总行党组三月二十五日关于收回农业贷款中发生的问题的检查报告，写批语：“此件写得很好，有恰当的分析，几乎每一个问题都有交代，使人看得懂，不会头痛。”报告说：一九五八年冬季以来，银行在收回农贷的工作中确实存在着不少的错误和缺点，若干地方由于收贷过多，影响了公社资金的正常周转，给公社生产和社员生活安排造成了一定的困难。造成这些问题的原因是：第一，有些地方去年在收购农产品的过程中，采用放“卫星”的方式收回贷款，把到期和未到期的农贷全部收回。第二，去年有些地方在改革规章制度中实行“存贷合一”的办法，公社一有钱存入银行，就自然地作为归还贷款，致使收回了一部分不应收回的贷款。上述错误的发生，从思想上来检查，主要是我们从业务上考虑问题多，从政治上考虑问题少。为了纠正上述错误，报告提出了四条办法。毛泽东的批语和这个报告作为八届七中全会文件印发。

3月30日 晨，审阅代拟的毛泽东对董必武辞职书的批语稿。经毛泽东作了一些修改的批语全文为："我和大家同意此信意见，改换工作。中央已建议董必武同志当人民共和国副主席，刘少奇同志当主席，朱德同志当人民代表大会常务委员会委员长。这个建议，将提到中央全会去讨论，然后做出决定。这个建议，是三月二十九日中央常委交换意见的时候提出的，有中央其他几位同志和各大区区长同志们参加。到会人一致同意这样做，认为对党对国家都是有利的。这几位同志的新工作，责任大，荣誉高，名气也大，实际则是做苦工。我希望同志们勉为其难，为党担负这些担子，为人民艰苦地服务。"董必武在三月二十五日写信给毛泽东，信中说：我去年曾函请小平、彭真两同志转报中央，请求在第二届全国人民代表大会上不再推荐我为最高人民法院院长的候选人，并请求中央考虑我的能力和体力，不安排我担负国家机关的任何实际职务。

同日 下午，在上海兴国路招待所召开会议，谭震林、廖鲁言、柯庆施、李井泉、陶铸、王任重、欧阳钦、林铁、张德生、陶鲁笳、吴芝圃、曾希圣出席。

同日 阅陶鲁笳三月二十九日报送的关于山西省各县五级干部会议情况的报告及附件，写批语："此件很好，很容易看。如有头昏病，还可以愈头昏。"并在报告和附件中，写了一些批注。对报告中的"事实上，各县在五级干部会议举行以前，所有公社对于郑州会议所提出的所有制问题和'十四句话'的方针，已经展开了全民讨论"这句话，毛泽东批注："有些地方不是这样，他们怕鬼，不敢将郑州要点立刻一竿子通到生产队、生产小组和全民中去。他们怀着无穷忧虑，怕天下大乱，不可收拾。”对报告中的五级干部会议和全民大讨论结合进行的三种方法，毛泽东批注：“这三条办法好。群众一到，魔鬼全消。本来没有鬼，只在一些同志的大脑皮层里感觉有鬼，这个鬼的名字叫做‘怕群众’。”对报告中的“各县县委都按照省委的指示，在五级干部会议的头一天，向大家宣布了‘言者无罪’，‘不戴帽子’，‘允许任何人保留自己的意见’”这句话，毛泽东批注：“很好，必须这样肯定。”对报告中的“据榆次市、太谷县的材料，五级干部会议经过三天鸣放，有观潮派、算账派的言论甚至有反动言论的人，约占到会人数的百分之十左右。估计其中相当一部分人的言论是属于发牢骚的性质”这段话，毛泽东批注：“牢骚也吧，反动言论也吧，放出来就好。牢骚是一定要让人发的，当然发者无罪。反动言论，放出以后，他们立刻就会感觉孤立，他们自己会作批判。不批判也不要紧，群众的眼睛里已经照下了他们的尊容，跑不掉了，故也可以实行言者无罪这一条法律。现在是一九五九年，不是一九五七年了。”对报告中的“各县五级干部会议和全民讨论的情况证明，主席提出的旧账要算、要处理的指示，是完全正确的，是群众的一个迫切要求”这句话，毛泽东批注：“旧账一般不算这句话，是写到了郑州讲话里面去了的，不对，应改为旧账一般要算。算账才能实行那个客观存在的价值法则。这个法则是一个伟大的学校，只有利用它，才有可能教会我们的几千万干部和几万万人民，才有可能建设我们的社会主义和共产主义。否则一切都不可能。对群众不能解怨气。对干部，他们将被我们毁坏掉。有百害而无一利。一个公社竟可以将原高级社的现金收入四百多万元退还原主，为什么别的社不可以退还呢？不要‘善财难舍’。须知这是劫财，不是善财。无偿占有别人劳动是不许可的。”对报告中的“各县的材料，都毫无例外地证明，五级干部会议和全民大讨论，对于当前的生产运动起到了巨大的促进作用。思想运动的高潮，已经带动起了一个新的令人鼓舞的生产运动的高潮”这段话，毛泽东批注：“开大会将要妨碍当前紧迫的春耕生产，这也是一项迷信，已被群众打破。看开什么会。开一平二调三收款的会呢，还是开现在这样的会。前者一定妨碍生产，毁坏社会主义，毁坏人民公社。后者则完全相反。”

同日 阅班禅额尔德尼三月二十九日关于拥护国务院解散西藏地方政府和平息叛乱的命令给周恩来并转毛泽东的电报，批示：“请小平叫乔木即予发表。”电报说：“我个人并代表西藏广大僧俗人民，坚决拥护国务院解散西藏地方政府和平息叛乱的命令，拥护人民解放军西藏军区出示的布告。”“我完全接受国务院命令我担任西藏自治区筹备委员会代理主任委员的工作。我将竭诚努力，团结西藏僧俗人民和一切爱国人士，满怀信心地积极协助人民解放军平息叛乱，彻底粉碎西藏上层反动集团在帝国主义和蒋介石集团支持下所搞的一切无耻的叛国勾当。”这个电报在三月三十一日《人民日报》发表。

3月31日 阅谭启龙三月二十八日给舒同、谭震林并转中共中央的信，谭启龙当时在山东济宁地区指导各县召开五级干部会议。对信中说的“鸣放中反映的情绪主要是怕再变，有人说‘共产党和孙悟空一样，多变’”这句话，毛泽东批注：“（一）不得群众同意不变；（二）变的时候，一定要以有利于生产队，不使生产队、小队、群众任何一个单位一个个人吃亏为原则；（三）以公社级大发展和穷队大发展为基础，这是从不使富队吃亏反而有好处这样一个原则出发的具体措施；（四）先变乡，后变区。三、五、七年之后，群众要变的话，先变到乡。何时变到区不能定，现在设想，大概要在十年、十五年或者二十年之后，才有可能变。因此，不要怕。”

同日 中午，同刘少奇、周恩来、陈云谈话。

3月底 阅印度报业托拉斯三月二十九日发表的印度外交部发言人对新华社关于西藏叛乱事件公报说叛乱指挥中心在印度噶伦堡一事进行辩解的报道，和美联社三月二十八日发表的“美国星期六宣布，它对西藏人民遭到共产党中国的‘野蛮干涉’寄予‘深切的同情’”的电讯稿，拟题为《第一批反映》，并写批语：“印度处于被动，它的反映对我们最有利。”“美国限于所谓‘深切的同情’，大说其空话。”毛泽东对印度报业托拉斯的报道写了几个批注。在“印度外交部发言人发言说‘来自西藏的许多人多年来一直住在噶伦堡，其中有些人是在过去三四年到达的。印度政府一再向他们表明，他们不应该在印度领土上搞任何反对一个友好国家的政府的宣传活动’”这段话后，批注：“为什么不公开？谁也不知道印度政府有这样‘友好’的措施，直到一九五九年三月二十九日人们才知道。”在“印度外交部发言人接着说‘最近一次警告大约是在六个月以前提出的。从那时起，这些人一直没有任何举动’”这句话后，批注：“可见六个月以前是有举动的。”在“印度外交部发言人接着说‘在噶伦堡或其他地方，这些人和其他一些人都没有进行非法活动’”这句话后，批注：“亲爱的印度朋友们，不要轻信那些西藏人，他们指挥西藏叛乱活动是秘密的，你们不知道，我们可知道呢！”毛泽东的批语和这两篇报道，作为上海会议文件印发。